잔인한 국가

외면하는 대중

스테파니를 추모하며

잔인한 국가
외면하는 대중

왜 국가와 사회는 인권침해를 부인하는가

스탠리 코언 지음 조효제 옮김

창비
Changbi Publishers

"우리는 내면에 부인기제가 작동하고 있음을, 그리고 골치 아픈 현실을 인정하고 싶지 않은 욕구가 자리잡고 있음을 알고 있다."

크리스토퍼 볼라스 『사람되기』(*Being a Character*)

"사람들은 상상을 초월하는 끔찍한 일을 제대로 의식하기 어렵다. 또한 그것을 맞닥뜨릴 만한 용기도 없다. 따라서 '아는 것' (knowing)과 '모르는 것'(not knowing) 사이의 어렴풋한 점이지대에서 살아가기 쉽다."

신학자 비써르트 호프트

교회가 홀로코스트를 인지했는가에 관한 1973년 글에서.

"민족지상주의자들은 똑같은 사실들을 놓고도 서로의 유사점을 발견할 능력이 없다. 그들은 자기편이 저지른 만행을 규탄하기는커녕 그런 이야기에 귀를 막아버리는 데 비상한 재능이 있다. 그리고 진실이지만 허위인 사실, 즉 잘 알면서도 모르는 사실이 존재한다고 믿는다. 알려진 사실이 너무나 소름끼치면 습관적으로 그것을 잊으려 하거나, 그것이 논리적 사고과정에 들어오는 것을 막는다. 심지어는 그런 일이 사고과정에 들어오더라도 결코 사실로 인정하지 않는다. 자기 마음속에서조차 이같은 부인이 일어난다.

모든 민족지상주의자들은 과거를 바꿀 수 있다는 망상에 사로잡혀 있다. 물증을 은폐하고, 날짜를 조작하며, 인용문을 맥락에서 떼어내거나 조작하여 의미를 바꿔놓는다. 일어나지 말았어야 한다고 생각되는 사건은 언급조차 하지 않으며 결국 사건 자체까지 부인한다. 세상을 편가르다보면 객관적인 진실에는 점점 무감각

5

해지기 십상이다. 따라서 실제로 어떤 일이 일어나는지는 더욱 미궁에 빠진다. 충절이나 증오를 품은 민족지상주의자에게는, 설령 명백한 사실마저도 증거로 채택할 수 없는 허구일 뿐이다."

조지 오웰 『민족지상주의에 관한 논평』(Notes on Nationalism)

그들은 고통에 대해 절대 헛짚지 않았다
옛 거장들*은 얼마나 잘 알고 있었던가
삶에서 고통이 차지하는 바를
누군가 식사하거나 창문을 열거나
아니면 그저 어슬렁거리고 다닐 때에도
고통이 일어나고 있다는 사실을

W. H. 오든 『미술관』(Musée des Beaux Arts)

(*브뤼셀 미술관에 전시된 페터 브뢰겔 등 16~17세기 화가들—옮긴이)

"알고도 행하지 않으면, 모르는 것이다."

왕양명 『전습록(傳習錄)』

내 기억에 남은 최초의 '정치적' 사건은 1950년대 중반 요하네스버그의 한겨울밤에 일어났다. 그때 나는 열둘 아니면 열세살쯤이었다. 아버지는 출장을 떠나 집을 며칠 비우셨다. 남아프리카공화국(이하 남아공) 여느 중산층 가정(특히 유대인과 노파심 그득한 사람들)처럼, 우리집도 아버지의 출장 때면 '야경꾼'을 불렀다. 나는 지금도 그날 온 사설경비업체의 줄루족(族) 노인의 둥근 나무 귀걸이를 생생히 기억한다. 잠자러 가기 전 노인이 카키색 외투 깃을 올리고 웅크린 채 숯불 곁에서 손을 비비고 있는 것을 창 너머로 보았다. 푹신한 침대시트 안에 따끈따끈한 탕파(湯婆)를 넣고서 할머니가 폴란드에서 가지고 오신 오리털 이불이 선사하는 포근한 잠자리에 들다가 퍼뜩, 왜 저 노인은 밖에 있고 나는 안에 있는가라는 생각이 들었다.

우리 어머니는 늘 내가 "너무 예민"하다고 말씀하셨다. 정말 너무 예민한 탓이었을까, 죄책감까지는 아니더라도 — 그런 것은 나중에 알게 되었다──뭔가 잘못됐다는 느낌이 어슴푸레 들기 시작했다. 왜 저 노인은 이 추운 날 밤새도록 한데 있어야 하나? 왜 흑인들('사내애'나 '여자애' 또는 그저 '토인들'이라고 부르던)이 우리 집(다른 집도 마찬 가지였지만) 하인으로 와 있는 걸까? 왜 그들은 뒷마당의 손바닥만 한 움막집에서 살고 있을까? 그들의 아내, 남편, 아이들은 도대체 어디에 있단 말인가? 왜 그들은 나를 '주인나리'(baas)라고 부르는 것일까?

그날 잠자리에서 그런 중대한 의문을 품은 내가 어떤 행동을 했는 지는 기억이 나지 않는다. 그냥 곯아떨어졌을 것이다. 나는 훗날 아파 르트헤이트(apartheid, 흑백분리정책), 즉 특권·불의·인종차별 등을 사 회학적으로 생각하기 시작할 때에도 왠지 마음이 편치 않던 그날밤의 기억이 떠올랐다. 그 불편한 심정은 뭔가 대단히 잘못됐다는 느낌에 서 비롯했지만, 그것을 계속 의식하면서 살 수는 없었다. 불현듯 나타 났다 사라지곤 하던 불편한 심정은, 이같은 의식이 사라지는 몇주, 몇 달은 무지·망각·몽유병 같은 상태가 지속되었다. 하지만 정치적으로 각성한 후에는 당연히 이런 무지, 망각의 기간이 줄어들었다.

시간이 지나면서 나는 또다른 의문이 들기 시작했다. 같은 집·학 교·동네에서 자라고, 같은 신문을 읽고, 같은 골목길을 오가던 사람들 은 내가 본 것을 '못 본' 걸까? 그들은 아파르트헤이트의 공포가 눈에 띄지 않고, 흑인의 존재가 의식에서 완전히 지워진 세계를 살고 있었 단 말인가? 그들 역시 나처럼 분명히 봤으면서도 개의치 않았거나, 어 쩌면 그런 현실이 잘못되었다고 생각하지 않았는지도 모른다.

사회학을 전공하면서 나는 다른 분야에 흥미를 느끼면서도 어릴 적 그 문제의식이 머릿속을 떠나지 않았다. 나는 신문 스크랩, 옥스팸 (Oxfam, 1942년에 설립된 인도적 구호·개발을 하는 세계적인 국제 비정부기구──옮

8

긴이)의 홍보물, 비아프라(Biafra, 나이지리아 남동부 지역으로 1967년 독립하여 1970년까지 비아프라공화국이라 불렸다—옮긴이)와 베트남전쟁 사진들, 인용문, 단행본, 대담 등 온갖 자료를 모았다. 모든 자료를 집대성해 기고만장하게 '부인의 사회학'이라고 명명한 전문영역을 언젠가는 구축하겠다는 환상을 품었다. 환상은 사라졌지만 타인의 고통을 알게 되었을 때 우리는 어떻게 행동하며 그 사실은 우리에게 어떤 영향을 미치는가 같은 문제의식은 여전하다.

사람들은 흔히 누군가가 고통받는 현실을 아예 모른 척하거나 이미 아는 사실임에도 미처 몰랐다는 식으로 반응한다. 아니면 정보 자체는 의식에 '등재'하지만(사실 자체는 부인하지 않으나) 의미는 무시해버린다. 사람들은 무관심하고, 수동적이며, 냉담하고, 목석 같다. 사태를 편리하게 합리화하여 자기 행동을 해명해버린다. 나는 이런 현상을 모두 아우를 수 있는 '부인'(否認, denial)이라는 용어에 마음이 끌렸다. '부인'이라는 어휘가 대단히 모호하긴 해도 대체어를 찾을 수 없었다.

마찬가지로 내가 '부인'의 반대말로 채택한 '시인'(是認, acknowledgement)이라는 말도 딱히 만족스럽지는 않았다. '시인'은 어떤 정보에 강한 자극을 받았을 때 '마땅히' 나타내야 할 생각이나 감정, 행동을 말한다. 사람들은 시인할 때 비로소 심리적·도덕적 의미에서 자신이 아는 것에 적절히 반응하는 셈이다. 즉 자신이 관심을 기울여야 할 문제를 깨닫고, 불쾌해 화를 내거나 안쓰러워 공감과 연민을 표하며, 현실에 적극 개입해 피해자를 돕는 것 같은 어떤 행동에 나선다.

유년기 남아공에서 촉발된 문제의식 때문에, 나는 처음에는 불의와 인종차별, 탄압으로 인한 고통을 정치적으로만 접근하려 했다. 그러나 차츰 개인적·가족적 차원의 고통을 많이 생각하게 됐다. 길거리, 자선단체와 국제적인 인도지원단체와 인권단체의 호소 그리고 언론 등 도처에서 부인과 시인의 현격한 대비가 뚜렷했다. 내 전공인 일탈, 범죄, 사회통제, 처벌 등의 영역마저도 이와 연관된 듯했다.

내 문제의식은 예상치 못한 지점에서 다시 고개를 들었다. 1980년 나는 가족들과 함께 영국을 떠나 이스라엘로 이주했다. 1960년대 급진주의의 세례를 받은 터라 이스라엘 생활은 너무나 생소했다. 나는 영국에서 20년 가까이 살았지만 어릴 적 남아공의 청년 시온주의운동에서 체득한 이상주의를 고이 간직하고 있었다. 하지만 이스라엘에 도착한 지 얼마 되지 않아, 내 이상과 이스라엘사회가 동떨어졌음을 깨달았다. 1982년 이스라엘의 레바논 침공시, 내가 속한다고 생각한 자유주의 진영의 평화운동에 이미 환멸을 느끼고 있었다. 점점 이스라엘 사람들이 '극좌파'라 부르는 운동에 빠져들었다.

나는 점차 인권, 특히 고문사건에 관여하기 시작했다. 1990년 이스라엘 인권단체 '베첼렘'(B'Tselem, 이 단체명은 창세기 1장 27절에 나오는 신의 '형상'을 뜻하는 히브리어 'בצלם'에서 따왔다—옮긴이)의 조사부장 다프나 골란과 함께 팔레스타인 구금자 고문 문제를 조사하기 시작했다. 우리는 이스라엘 당국이 심문과정에서 상습적으로 폭력과 불법을 자행한다는 조사결과를 내놓았지만, 이는 사실 다른 출처를 통해서도 확인할 수 있었다. 하지만 베첼렘의 발표가 나오자마자 우리는 '부인의 정치' 속으로 휩쓸려 들어갔다. 공식기관과 여론의 반응은 지극히 적대적이었다. 그런 일이 없었다는 '새빨간 부인', 우리 단체가 애당초 편향적이며 배후세력에 휘둘려서 속아넘어갔다는 '흠집 내기', 그와 비슷한 일이 일어났으나 그것을 고문이라 부르기 어렵다는 '호칭 변경', 현실적·도덕적으로 '그것'을 용납할 수밖에 없지 않느냐는 '정당화' 논리가 동원되었다. 자유주의자들이 이런 발표에 관심과 우려를 나타냈지만 그뿐이었고, 얼마 후 이스라엘 현실을 감안해야 한다는 여론이 일기 시작했다. 우리 상황에서 인권침해는 일정부분 감수해야 하지 않겠는가, 정치적 해결책을 찾을 때까지 해결하긴 어렵지 않겠는가, 고문이 필요한 때도 있지 않겠는가, 어쨌든 이런 문제를 계속 듣고 싶지는 않다 같은 여론이.

이처럼 문제를 정당화하는 태도를 이성적으로 설명하기는 어려웠다. 우리 보고서가 초기에는 언론에 즉각 영향을 미쳤다. 언론은 통상적인 고문기법을 시각적으로 묘사했으며, 그때까지 금기시하던 주제를 공개토론에 부치기 시작했다. 하지만 금세 다시 침묵이 찾아왔다. 고문이 보도되지 않는 것보다 기사거리조차 안되는 현실이 더 심각했다. 순순히 받아들이기 힘든 고통스런 사실을 일어날 수 있는 평범한 일로 치부해버리는 것이다.

고문과 관련된 무엇이든 무시해버리는 암묵적 카르텔이 자리잡은 것 같았다. 이스라엘 시민과 관광객 수천명이 예루살렘 중심가인 자파로(路)를 매일 지나다닌다. 그 부근 러시아 구역(19세기에 러시아정교회의 성삼위일체 대성당이 있던 곳—옮긴이)에는 '모스꼬비야'라 불리는 교도소와 구치소가 있다. 이곳은 이스라엘 국내 보안기관인 샤바크(Shabak) 요원이 팔레스타인 주민을 구금·심문하고 고문하는 장소로 널리 알려져 있다. 1995년 4월 22일 팔레스타인 피의자 아베드 알사마드 하리자트(Abed al-Samad Harizat)는 심문 15시간 만에 혼수상태에 빠졌다. 그는 끝내 의식을 회복하지 못하고 사흘 뒤 병원에서 사망했다. 하리자트는 문자 그대로 '흔들려서' 죽었다. 조사관들이 그의 셔츠를

움켜쥐고 15시간 동안이나 마구 흔들어댄 것이다. 사망자 가족이 아니라 이스라엘 변호사가 이런 심문방식을 금지하라는 진정서를 법원에 제출했다. 하지만 고등법원은 기각판결을 내렸다.

행인들은 사건이 일어난 감방과 불과 몇미터 떨어지지 않은 곳을 활보한다. 길거리나 사람이 붐비는 근처 까페 어디서나 여느 때와 차이가 없다. 고등법원 판결 후 이틀 뒤, 법관들이 '틸툴림'(히브리어로 '흔들림'이라는 뜻—옮긴이)을 어떻게 규정했는지를 놓고 두 버스 승객은 태평스럽게 이야기하고 있었다.

20년간 군사점령에 대항해 팔레스타인 주민들이 1987년 일으킨 인티파다(intifada, 봉기) 직후, 이스라엘 당국의 대응이 보도됐다. 구타, 고문, 모욕, 마구잡이 살상, 통금, 가옥 파괴, 재판 없는 구금, 추방, 집단처벌 등의 실상이 드러났다. 이스라엘정부는 국제앰네스티 연례보고서 같은 인권침해 보고서에 세계적인 악명을 올렸다. 그러나 사람들은 비난받는 다른 나라보다는 민주주의와 법치가 자리잡은 나라로 이스라엘을 여기는 것 같았다. 물론 인권단체와 훌륭한 언론인들이 열심히 이스라엘의 인권 실태를 파헤쳤다. 공적 정보를 개인이 확인할 수도 있다. 이스라엘 국민 대다수가 직간접으로 군복무를 경험한다. 국민개병제이기 때문에 누구나 군복무중이거나 예비군에 소속된 남편, 아들, 이웃이 있다. 이들은 자기 경험을 대놓고 이야기한다.

하지만 자유주의자들조차 합당한 반응이 없어서 "지금 무슨 일이 일어나는지 알고 싶기나 하는 건가요?"라고 묻고 싶었다. 그러나 그들은 이미 모든 사실을 알고 있었다. 나는 이런 태도도 또 하나의 부인이라 생각했다. 냉소적인 옹호론자들의 새빨간 거짓말까지는 아닐지라도, 뻔한 사실을 인정하지 않음으로써 자신의 결백을 주장하려는 태도 말이다. "우리가 제대로 알았더라면 분명 어떤 조처를 취했을 것이다"
는 믿음에 기반한 보고서, 보도자료, 기사, 다큐멘터리가 나올 때가 되
었으나 전혀 그러지 않았다. 사실을 알리는 정보는 많지만 의식에 '등
재'되거나, '소화'되지 않았다. 정보는 정책이나 여론을 바꾸지 못하고
그저 의식의 수면 아래로 가라앉아버렸다. 그렇다면 우리가 인권 현
황을 대중에게 알리는 방식에 본질적인 오류가 있는 것은 아닐까? 아
니면 더 많은 정보, 더 정확한 정보가 쌓이더라도 여론에 더는 영향을
미칠 수 없는 한계점 같은 게 있단 말인가.

　이스라엘이 유독 끔찍한 사회이므로, 즉 이스라엘만의 문제로만 치
부할 수도 있다. 그러나 인권운동가들은 이스라엘 같은 인권 문제가
세계 도처에서 일어나고 있다고 말한다. 인권침해를 어떻게 널리 알
릴지를 그들은 고민하고 있었다. 북미나 서유럽 시민들이 동티모르,
우간다, 과테말라에서 자행된 인권침해에 어떻게 반응했던가? 나는
뉴욕, 런던, 빠리 혹은 토론토에 사는 선량한 삼십대 부부가 아침식사
를 커피와 크루아쌍으로 하는 모습을 상상해보았다. 이들은 조간신문
을 펼친다. '르완다 투치족 또 대량학살.' 우편함에서 편지 2통이 떨어
진다. 하나는 국제구호단체인 옥스팸에서 온 것이다. "당신의 아침식
사 동안 소말리아 아이 열명이 굶어 죽었습니다." 국제앰네스티에서
온 편지는 "당신이 점심식사를 하는 동안 브라질에서 버려진 아동 여
덟명이 살해되었습니다라고 적혀 있다." 이런 '소식'이 부부에게 어떤
영향을 끼칠까? 그리고 이들은 어떻게 행동할까? 머릿속에 어떤 생각
이 스쳐 지나갈까? 서로 어떤 이야기를 나눌까?

　나는 인정하고 싶지 않은 사실에 직면한 인간의 반응이라는 처음
문제의식으로 돌아와 있었다. 특히 인간이 다른 인간에게 가하는 고

통에 관한 문제의식. 여러 인권침해에 "마땅히 조처를 취해야 해"라고 말한다면 조처가 의미하는 바는 무엇일까. 조처란, 최근에 보스니아, 이라크, 자이르, 르완다, 꼬소보, 소말리아 등지에서 애매모호하게 시도된 '개입' 정책을 의미한다. 내가 소중히 여기는 보통사람이 취하는 조처란 공감과 결의·행동을 뜻한다. 즉 기부하고, 불매운동에 참여하고, 인권단체에 가입하고, 양심수를 돕고, 호소문에 서명하고, 시위에 참가하는 개입을 뜻한다. 부인하지 말고 '시인'하고 행동해야 한다.

나는 책으로 꾸리려던 '부인의 사회학' 자료들을 창고에 처박아두고, 1992년 포드재단의 연구기금을 받아 인권침해의 정보가 어떻게 전파되는지 조사하기 시작했다. 나는 미국과 영국내 국제인권단체들, 특히 국제앰네스티에 초점을 맞췄다. 그리고 자선단체, 구호지원단체와 개발단체, 공익 부문의 시장조사기관이나 광고회사, 주류언론과 대안언론 등도 조사했다. 공식보고서, 보도자료, 캠페인 홍보물, 광고, 우편 홍보물과 각종 기사, 면담과 회의자료 그리고 인권·긴급구호·개발 NGO 활동가 약 쉰명, 언론인 스무명 등도 조사했다. 1995년 이 연구는 보고서로 출간되었다.[1]

각종 정책 수립과 실천의 숨가쁜 현장을 벗어나 이론과 연구라는 안온한 세계로 나는 돌아왔다. 그후 프로이트에서 시작된 심리학의 부인이론을 탐구한 후, 에이즈·노숙자·지구온난화처럼 개념을 적용할 수 있는 대상들을 조사했다. 그사이 '현실 부인'이라 흔히 쓰이는 심리학적 표현이 대중문화에 자주 등장할 정도로 인기를 끌었다. 개인과 사회 모두 부인하는 분위기에 휩싸이는 중이었다.

홀로코스트(Holocaust, 2차대전 당시 나찌가 유럽의 유대인, 집시, 슬라브계 시민, 동성애자, 정치적 반대자 등을 탄압하고 살해한 사건. 원래 신약성경 마가복음 12

장 33절에 나오는 '완전히 태운 번제물燔祭物'을 뜻했는데, 17세기 영국 시인 존 밀턴이 '불로 완전히 파괴하다'는 넓은 의미로 쓰기 시작했다—옮긴이)와 문헌 연구에도 깊이 몰입했다. 나는 분명 "당신이 이런 일을 '알려고만' 했다면 모든 일을 이해했을 것이다"라는 이론적 입장(거의 확실히 잘못된)에서 출발한 듯하다. 그후 제노싸이드(genocide, 법학자 라파엘 렘킨Raphael Lemkin 이 1943년에 제안한 용어로 '집단학살'이라고 번역하기도 하나, 국제법의 정의에 따르면 집단의 구성원을 살해하는 것뿐 아니라 그들에게 심대한 육체적·정신적 해악을 끼치는 행위도 포함된다—옮긴이), 학살, 고문 자료들을 읽고, 인간의 고통을 그린 영화를 감상했다. 다시금 "고통을 대변하는 표현들을 많이 접할수록 이 문제에 접근하는 올바른 방법을 알 수 있을 것이다"는 이론적 입장(확실히 잘못된)을 갖게 되었다.

하지만 연구결과는 처음 계획과는 크게 달랐다. 첫째, 나는 사회학자지만 이제 심리학 용어도 자연스럽게 구사할 수 있게 되었다. 사회학자가 심리학을 연구할 지경이니, 이제 누군가 '부인의 정치경제학'을 연구한들 누가 뭐라고 하랴! 둘째, 나는 원래 인권침해의 관찰자(방관자)가 나타내는 부인만을 연구하려 했으나, 가해자와 피해자의 부인도 연구하게 됐다. 셋째, 이스라엘에서 난감한 심정으로 18년이나 살았기 때문에 이스라엘 사례를 지나치다 싶을 정도로 많이 다루었다.

나는 자민족중심주의자나 문화적 제국주의자인 보통의 '우리'들, 즉 교육수준이 높고 안정된 사회에서 편히 살아가는 이들을 이 책의 '일반독자'로 생각하고 썼다. 우리 자신이 어느 장에서는 연구대상이 된다. 우리는 보통 가난하고 불안정하고 폭력으로 찌든 곳에서 살아가는 타자들을 먼 거리에서 지켜볼 뿐이다. 삶의 조건이 유난히 잔혹하고 고통스러운 곳에서 군대와 난민, 암살대와 기근을 매일 대면하고 살아가는 사람들…… 그들도 살아 있는 인간이고, 무언가를 창조하고 억압에 저항하는 존재들이다. 책에서 다루는 그들은 단순한 피해자들이 아니다. '우리' 자신도 추악한 현재와 과거, 선선히 시인하고 싶지 않은 사회적 문제를 안고 있는 사람들이 아닌가.

책에서는 주로 인권침해와 인권운동단체를 다루었지만, 인도적 지원단체, 구호단체, 보건단체 혹은 개발단체가 제기하는 문제들도 고려했으며, 최근 '사회적 고통'(social suffering)이라는 개념으로 이해되는 문제들도 다루었다.[2] 나는 이 단체들을 언급할 때 보통 '인도적' 활동단체라는 용어를 사용했다. 심리학 이론(2장)과 연구(3장)를 다룬 부분 외에는 학술문헌의 인용을 최대한 피했다. 그러나 때론 교육자처럼 '부인의 사회학'이라는 교과목의 내용을 집필한다는 착각에 빠지기도 했다.

| 감사의 말 |

그동안 아낌없이 도움을 준 많은 사람들에게 감사드린다. 내가 1995년에 펴낸 보고서 『인권침해 정보의 영향력』(*The Impact of Information about Human Rights Violations*)의 '감사의 말'에서 나는 두해 동안 함께 일한 단체들과 직원들의 명단을 열거해놓았다. 나는 그들에게 다시 감사의 말을 전한다. 특히 언제나 변치 않은 관심을 보여준 국제앰네스티 영국지부의 댄 존스와 카렌 셜록을 비롯한 활동가들, '고문피해자 치료의학재단'의 벗들에게 감사드린다.

이 책은 포드재단 국제문제 프로그램 연구지원사업의 재정지원을 받았다. 당시 이 프로그램의 담당자였던 마고 피켄은 이 사업의 공식 책임자였을 뿐 아니라, 하나부터 열까지 지원과 도움, 격려를 아끼지 않았다. 국제인권운동에 처음 나를 인도한('라말라'라는 팔레스타인 인권지원단체를 통해) 든든한 친구 에머 플레이페어도 마찬가지다. 마고와 에머 덕분에 나는 계속 일하고 걷고 생각할 수 있었다. 국제인권정책협의회에서 만난 새 친구들에게도 감사를 표한다.

보고서 작성을 도와준 조시 글라우슈스와 책의 집필을 도와준 케이트 스튜어드 덕을 많이 보았다. 둘 다 적절한 도움과 많은 읽을거리를 제공해주었다. 또한 브라이디 베셀, 미건 컴퍼트, 레베카 파스머, 샤론 샬레브, 앤디 윌슨, 그리고 런던정경대학(LSE) 대학원생들이 도움과 지지, 뜨거운 열성을 보여주었다.

이스라엘과 팔레스타인의 인권평화운동에 헌신하는 친구들의 많은 자극과 동지애를 선물로 받았다. 십년지기이자 동료로 책에 많은 아이디어를 제공한 이들을 통해 다프나 골란을 만날 수 있었다. 여러 도움에 감사한다. 런던에서 브루나 슈를 만날 수 있어서 천만다행이었다. 슈는 '부인의 심리학'으로 나를 이끌었고 어려울 때 도움을 주었다. 그녀의 지적 자극과 조언, 열성이 없었더라면 책을 마칠 수 없었을 것이다.

다른 친구들도 오랫동안 개인적·지적으로 도움이 되었다. 주디 블랭크, 닐스 크리스티, 콜린 코빙턴, 모리스 그린버그, 바버라 콜터브, 애덤 쿠퍼, 제시카 쿠퍼, 케이시 래스터, 하비 몰로치, 이블리 슐렌스키, 라자 샤하드, 페니 존슨, 쎌리아 슈스터먼, 로리 테일러, 루스 타우스, 앤드류 폰 허시 등이 그들이다. 노엄 촘스키에게도 큰 빚을 졌다. 내 학문의 안식처인 런던정경대학의 앤서니 기든스, 오랜 친구 데이비드 다운스, 폴 로크, 새로운 친구 어맨더 구달, 니콜라 레이시, 리처드 쎄니트에게 특별히 감사를 표한다.

아내 루스(그 어느 때보다 인내를 강요당한), 딸 주디스(와 사위 섀넌), 제시카(와 사위 애덤), 동생 로빈(과 제수 쎌리나), 이들은 내게 가족 이상의 존재다. 이들은 내 마음을 알 것이다. 내 손주 녀석들 리아와 요나탄은 책이 세상의 전부가 아니라는 사실을 일깨워주었다.

18

1

이 책의 원제인 *"States of Denial"*에는 '부인하는 국가'라는 뜻과 '부인하는 상태'라는 뜻이 함께 들어 있다. 즉 ①인권침해의 가해자이면서도 그러한 행위를 부인하는 국가(와 가해자들)와 ②인권침해와 인간의 사회적 고통을 알고 있으면서도 그 사실을 부인하는 일반대중의 경향이라는 이중 의미가 담겨 있다. 스탠리 코언은 가해자와 관찰자 그리고 간혹 피해자들조차, 인권침해와 인간고통의 현실을 '부인'하는 현상을 "무엇을, 언제, 어디에서, 왜, 어떻게"라는 관점에서 접근·분석함으로써 21세기 인권연구와 인권운동에 새로운 지평을 열었다. 지금까지 인권침해를 다루는 연구와 사회운동에서는 "사실→진상규명→처벌과 제재→재발방지"라는 비교적 단순한 인과관계에 따라 문제를 다뤄왔다. 다시 말해, 인권침해 '사실'이 발생했을 때 비록 은폐되어 있더라도 사실을 찾아내기만 하면 '진상규명'을 할 수 있고, 진상규명은 자연스레 '처벌과 제재'로 이어지며, 이를 통해 인권침해의 '재발을 방지' 할 수 있다고 가정해왔다. 그러나 인권침해와 인간의 사회적 고통에 관한 '사실'이 이처럼 단순하다면 왜 세상의 비극이 사라지지 않는가? 왜 인권침해의 '사실'이 '사실'로 폭로되더라도 가해자는 끝까지 그것을 부인하기 십상이고, 왜 관찰자(방관자)들은 엄연한 사실 앞에서도 눈을 감아버리는가?

이런 질문은 우리에게 복잡한 인식론적 문제를 제기한다. 가해자가 자신의 행위를 부인할 때 그는 단순히 새빨간 거짓말을 하고 있는 것인가, 아니면 자신의 행위를 정당화하는 독특한 기제를 보유하고 있는가, 또는 애초에 자신의 행위를 인권침해라고 인식하기는 하는가? 그리고 자기가 아는 인권침해와 인간고통을 외면하고, 못 본 체하고, 눈을 돌리는 관찰자는 왜 그렇게 행동하는가? 단순히 귀찮아서일까, 남의 일에 말려들기 싫어서일까, 냉담한 성격 때문일까, 괴로워서일까, 아니면 인권침해 현실을 관찰자 스스로 정당화하는 어떤 동기나 혹은 관찰자가 그렇게 행동하도록 만드는 정치문화나 사회풍토가 있는 것일까?

이는 그저 호기심에서 던져보는 질문이 아니다. 이는 인권침해와 인간의 사회적 고통을 해결하려는 모든 학문적 모색과 사회운동에서 제기되는 핵심적인 질문이자 여태까지 경시돼온 인권의 '잃어버린 고리'인 것이다. 코언 교수는 인권 분야에서 오랫동안 수면 아래 방치되어온 현실의 '부인'문제를 우리시대 인권의 가장 중요한 쟁점 하나로 격상하고, 부인의 메커니즘을 해부했을 뿐 아니라 해결방안을 제시함으로써 향후 세계 인권운동의 방향을 완전히 바꿔놓았다. 또한 이 책을 계기로 국가론, 권력, 일탈사회학, 범죄심리학, 형사정책학 등을 종합한 '인권 사회학'과 '정치범죄학'(political criminology)이라는 새 분야를 개척했다는 평가를 받고 있다. 2002년 영국학술원 선정 "사회과학 저술대상" 2001년 미국범죄학회 선정 "국제부문 학술대상" 2002년 『로스앤젤레스 타임스』 선정 "올해의 학술저서" 등의 수상경력으로도 책의 가치는 입증된 바 있다.

독자는 책을 읽으면서 20세기 이후 발생한 다양한 인권침해 사례들을 종횡으로 일별할 수 있는 드문 경험을 하게 될 것이다. 따라서 이 책을 인권이라는 보편적 가치를 중심으로 한 20세기 역사의 파노라마라고 칭하는 데 모자람이 없을 것이다. 20세기초 아르메니아 대학살부터 나찌의 홀로코스트, 이스라엘의 팔레스타인 주민 박해, 스딸린과 마오 쩌뚱(毛澤東)이 자행한 대규모 인권유린, 남아공의 인종차별 정책, 라틴아메리카에서의 '더러운 전쟁', 베트남전쟁에서의 민간인 학살, 1960년대 문화혁명의 의미와 그 지성적 여파, 새로운 부인기제를 낳고 있는 전지구적 시장자본주의와 탈근대 경향 등을 일정한 이론틀 속에서 정교하게 다루고 있다.

그렇다고 과거사 관련 저서로만 책을 읽는다면 이는 심각한 오독이다. 왜냐하면 과거·현재·미래의 모든 인권침해 및 인간의 사회적 고통을 '부인'하거나 '시인'하는 현상을 꿰뚫는 보편적 일반이론을 제공하기 때문이다. 따라서 역사사회학 저서이자 사회심리학 저술이고, 행동하는 지식인의 경험적 증언이자 이론적인 작업이며, 현실 고발이자 구체적인 처방을 함께 제시한 희귀한 지적 성과물이라 할 수 있다.

여기서 저자가 '부인'과 '시인'이라는 개념을 사용하는 방식을 간략히 짚고 넘어가자. 인권침해와 인간의 사회적 고통을 조장·악화하는 행위를 '부인'(denial)으로, 그것을 경감·해결하려는 움직임을 '시인'

(acknowledgement)으로 대단히 폭넓게 규정한다. 거칠게 표현하면 '부인'하는 사람은 인권침해 쪽에, '시인'하는 사람은 인권존중 쪽에 서는 것이다.

코언은 이러한 보편적 해석틀에 따라 부인을 문자적 부인, 해석적 부인, 함축적 부인으로 나눈다. 저자의 이러한 등식은 홀로코스트 같은 거대한 역사적 범죄에서 용산참사 같은 한국내 문제에 이르는 모든 인권침해 사건들을 하나의 해석틀로 분석할 수 있게 해준다. 그러므로 코언의 부인-시인 개념틀을 통해 홀로코스트, 난찡(南京)대학살, 일본군 성노예 사건, 제주 4·3사건, 한국전쟁 전후 민간인 학살 사건, 한국 현대사의 각종 의문사와 인권유린 사건들, 이명박정부가 들어선 이래 발생한 인권침해 사건들을 단일한 해석틀로 파악할 수 있게 되었다. 예컨대 한국의 과거사 논쟁시에 항상 득세했던 부인논리들을 기억해보자.

> "그런 일은 일어나지 않았다."(문자적 부인)
> "설령 그 일이 일어났어도 이는 좌익세력의 짓이다."(해석적 부인)
> "설령 인권침해였더라도 사과와 사면복권은 안된다."(함축적 부인)

또는 2009년초 발생한 용산 참사를 생각해보자.

> "경찰은 직무수칙을 철저히 준수했다. 용역업체와 공모하지는 않았다, 과잉진압은 없었다."(문자적 부인)
> "사망자 발생은 사실이지만 정당한 공무집행중 일어난 것으로 인권침해라 할 수 없다. 농성자들이 뿌린 시너에 화염병 불이 붙어

난 사고이므로 경찰에 책임을 묻긴 어렵다. 외부세력이 개입했으니 선량한 피해자들의 순수한 자구 움직임이 아니다."(해석적 부인)

"책임자 파면과 처벌보다 진상규명이 우선이다. 진압 책임자 사퇴 주장은 반정부세력의 체제전복 시도이다. 공무원의 적법한 행위를 처벌하면 누가 열심히 일하겠는가."(함축적 부인)

경찰총수는 당시 "무전기를 꺼두었으므로 자세한 사항은 몰랐다"고 말했다. 이 말은 코언의 분석에 너무도 잘 들어맞는다. "조직 책임자들이 어떤 일이 실제로 일어나고 있는지 전혀 몰랐다고 둘러대려면 (…) 상급자는 하급자에게 무슨 일이 일어나는지 묻지 않고, 하급자는 상급자에게 어떤 일이 벌어지고 있는지를 말하지 말아야 한다. 권력자들은 자신이 결코 보고받아서는 안된다는 점을 명확히 해둘 필요가 있다. 중급 가담자들은 상급자에게 진실을 보고하지 않음으로써 나중에 '진정한' 부인이 이루어지도록 미리 손을 써둔다. (…) 그들은 진실에 눈감을 필요조차 없다. 숨길 게 없도록 미리 조치를 취해두었기 때문이다."[1]

코언은 시간적으로 과거와 현재를 꿰뚫는 이론틀 제시에서 한걸음 나아가, 공간적으로도 국내외를 연결할 수 있는 방안을 제시한다. 우리는 공간적 거리를 초월하여 타인의 고통에 같은 인간으로서 분노하면서 "어떤 행동이든 일단 할" 수 있고(Do something!), 또 그래야만 한다. 예컨대 대한민국 시민으로서 촛불집회에 참여하는 것과 북한에 대한 인도적 지원에 힘을 보태는 것, 수단 다푸르 지역의 인권침해를 규탄하는 것과 캄보디아의 어린이 교육사업을 돕는 것을 단일한 인식

차원에서 실천할 수 있는 것이다. 그러한 이론틀이 구세대에게는 다소 어색할지 몰라도 신세대에게는 대단히 호소력있는 '공감의 등고선'(empathetic contour)을 제시한다.

인권침해와 인간고통을 '부인'과 '시인'이라는 틀로 이해하고 진단하는 코언의 작업이 왜 그토록 중요할까. 두가지 이유가 있다. 지금까지 인권침해와 인간의 사회적 고통은 주로 법적·정치적 판단의 대상이었다. 법적·정치적 판단은 앞선 예들처럼 단선적 논리구조를 상정하기 쉽다. 그러나 이제는 사회심리학적 해석을 추가할 필요가 있다. 가해 행위만이 문제가 아니라, 인권침해와 인간의 사회적 고통을 가중하고 재생산하는 데에는 가해자와 관찰자의 완고한 부인제도가 도사리고 있기 때문이다. 물론 가해자의 부인과 관찰자(방관자)의 부인을 똑같은 차원에서 다룰 수는 없다. 하지만 이 둘은 "서로가 서로의 은유"가 된다.[2] 즉 가해 권력의 부인은 방관하는 일반대중의 태도에 대한 은유이고, 방관하는 일반대중의 부인은 가해 권력의 행위에 대한 은유가 된다. 따라서 권력에 의한 인권침해와 반민주적 행위를 근본적으로 파헤치고 가해자를 단죄하려면, 사회학과 심리학적 연구기법을 동원해 방관하는 대중의 주관적 심리상황을 함께 이해해야만 한다.

누구나 느끼듯 소위 '민주주의' 시대를 맞아 인권침해는 날로 교묘해지고 있다. 인권가해측은 과거와 다른 방식으로 현실을 부인하고 있으며, 인권침해를 정당화하는 '알리바이'로 민주주의제도를 악용한다는 느낌마저 든다. 심지어 이러한 세태에 발맞춰 관찰자(일반대중)의 방관과 부인 정도도 심해지는 듯하다. 그러므로 일반대중의 부인, 무관심, 소극성—이를 코언은 '아는 것'(knowing)과 '모르는 것'(not knowing) 사이의 어스름한 상태로 규정한다—에 대한 적절한 분석

24

과 처방 없이 한국사회에서 민주주의와 인권의 진정한 발전은 불가능하다.

둘째, 인권침해와 인간의 사회적 고통을 야기하는 1차 가해자와 더불어 상황을 악화하는 2차 가해자(및 관찰자)들의 논리와 심리에 맞설 수 있는 구체적인 방법론을 제시한다. 우선 유권자를 기만하면서 교언영색으로 빠져나가는 정치인들, 부도덕한 재산형성 과정을 변명하는 공직자들, 불법행위에 구차한 논리를 들이미는 기업인들, '객관성'이라는 이름하에 불의와 인간의 사회적 고통에 눈감고도 양심의 가책을 느끼지 않는 언론인들, 국익과 민족의 발전이라는 명목하에 진실을 호도하는 이념 집단들이 내세우는 부인의 메커니즘을 철두철미하게 규명할 수 있다. 최소한 그들의 부인이 어떤 식으로 작동하는지를 정확히 이해하고, 대응논리를 만들어내며, 부인의 패턴을 예측할 수 있게 해준다.

이 책은 허위에 근거한 해명과 합리화를 논리적으로 추궁할 수 있는 이론적 근거를 제공한다. 오늘날 우리 삶의 현실과 상당히 유리된 진보담론들보다, 인권침해와 인간의 사회적 고통을 부인하는 현상을 분석한 코언의 해석 틀이 우리 사회의 인간화에 훨씬 더 실질적인 도움을 주리라 생각한다.

코언은 전통적 부인담론과 현 시대의 새로운 부인담론을 구분한다. 특히, 새로운 부인담론은 오늘날 지배적 경제체제(신자유주의적 시장만능주의)와 탈근대적 문화경향에 힘입어, 전통적 부인담론보다 더 영악하고 간접적이며 세련된 형태로 대중을 사로잡는다. "개념 정의상 자신의 부도덕성을 아예 부인하는 체제인 자유시장적 후기자본주의는 부인의 문화를 창조한다. 더욱더 많은 사람들이 불필요한 존재,

주변적 존재로 밀려나고 있다. 탈숙련·미숙련 빈곤층, 벼랑끝 빈곤층, 더이상 일할 수 없는 노령인구, 미취업 청년층, 이주자·망명신청자·난민 등의 대규모 유동인구가 대표 사례. 오늘날 자본주의가 낳은 문제를 해결하기 위해 부인의 상황이 다시금 물리적으로 재생산된다".[3] 게다가 다층적 현실인식과 도덕적 상대주의에 입각한 포스트모던 이론이 대두하면서(의도하지는 않았겠지만) 지식계 일각에서는 구체적인 인권침해와 사회적 고통마저도 마치 관점과 해석의 차이처럼 묘사하는 경향이 나타났다. 결국 매우 복잡한 인권침해 상황이 현재 형성되었고, 그것이 효율성, 경쟁, 서구적 첨단지성이라는 이름으로 부인·왜곡되고 있다. 실로 암울한 현실진단이다.

하지만 코언은 비관주의만을 설파하지는 않는다. 그는 본질적으로 희망의 메시지를 주려고 애쓰는 낙관론자이다.[4] 예컨대 저자는 인간에게 '부인' 심리는 예외가 아니라 정상이라고 설명한다. 따라서 "왜 그 사건에 침묵하고 부인하는가?"라고 묻기보다, 대다수 사람들이 부인하지만 왜 어떤 이들은 부인하지 않고, 인권단체에 가입하며, 미약하게나마 행동에 나서고, 자기가 할 수 있는 바를 실천하는 것일까,라고 되물어야 한다. 따지고 보면, 아무리 상황이 어려워도 타인의 고통에 공감하는 이타적 인간(비록 적은 수일지라도)이 늘 존재했고, 이런 사람들의 존재가 인간성에 대한 일말의 신뢰와 낙관을 품게 해왔다. 우리는 자신의 '소극성을 자책하는 깊은 수치심'을 사회적 행동의 원동력으로 역이용할 수 있다고 저자는 주장한다. 고통과 절망에 빠진 타인을 돕고 구하는 의무가 사회의 주도 이념으로 격상된 도덕공동체를 코언은 꿈꾸고 있다. 이를 위해 부인의 증거를 더 수집하기보다, 어떤 정보를 시인하고 행동에 나서게 하는 조건을 찾고, 그러한 정치적 조건을 창조하는 것이 더욱 필요할지도 모른다. 이 질문의 답을 찾을 수 있게 되면 "내 진짜 관심거리인 보통사람의 (…) 공감, 그리고 결의와 행동을 끌어낼 수 있다. 즉 기부하고, 상품불매운동에 참여하고, 인권단체에 가입하며, 양심수를 돕고, 호소문에 서명하고, 시위에 참가하는 것이다. 즉 부인만 하지 말고 '시인' 하고 행동할 수 있"게 될 것이다.[5]

2

그렇다면 코언의 저서는 우리에게 어떤 의미일까. 몇가지로 정리해보자. 첫째, 앞에서 말했듯이 인권침해가 일어나는 원인을 근본적인 인식론 차원에서 따져 물음으로써 인권침해를 더 정교하게 이해할 수 있게 해준다. 타인에게 고의로 고통을 가한 가해자들은 ① 자신이 인권침해를 한다는 사실을 명확히 인식했으면서도 사후 부인하거나 ② 자기 행위의 의미를 부정하면서(자기기만) 인권침해를 자행하거나 ③ 인권이니 인간의 사회적 고통이니 하는 개념 자체에 대한 '선(先) 구조화'된 틀이 아예 없거나, 대단히 이질적인 틀에 갇혀 인권침해를 자행한다. 우리가 흔히 인권침해 사실을 '부인'하는 사례로 ①의 경우를 들지만, 코언에 따르면 이보다 훨씬 심각한 ②와 ③의 경우도 많다. 다시 말해 타인의 고통을 애초부터 '인지하지 않기로' 마음먹으면('원초적 부인') 그 사실을 지각할 수도 없다는 것이다. 2008년말부터 2009년초 사이에 발생한 이스라엘의 가자지구 공격을 예로 들어보자. 놀랍게도 당시 이스라엘 국민은 공격을 압도적으로 찬성했고, 팔레스타인 주민들의 고통을 '하마스의 도발에 대한 당연한 응보'라고 간주했다. 가자지구 공격은 이스라엘이 과거에 수행한 어떤 군사작전보다 높은 여론의 지지를 받았다.[6] 전형적으로 ②와 ③에 해당하는 현실 부인이다. 이런 경우, 인권침해가 일어난 뒤에 그 사실을 '왜' 부인하느냐고 묻기보다, 인권침해가 '애당초' 왜 일어났는지를 물어야 한다.

둘째, 인권운동이 전통적으로 상정해온 인권문제 해결방식 자체를 근본적으로 재검토하게 한다. 이제 "사실→진상규명→처벌과 제재→재발방지"라는 단선적 공식을 넘어 인간의 사회적 고통이 '실재'한다는 것을 인정하고 직시하도록 하는 것, 다시 말해 인권침해와 인간 고통의 현실을 부인하지 말고 시인하도록 하는 움직임을 인권운동의 근본 목표로 삼아야 한다. 이는 인권운동에서 매우 의미심장한 주장이다. "사실→진상규명→처벌과 제재→재발방지"라는 전통적 방식은, 인권에 관한 일정한 규범을 전제한 후 거기서 벗어난 일탈을 비정상으로 해석하여 제재를 가하는 전문가적 접근방식이다. 반면, 코언은 인권과 인도적 가치를 시인하는 '인간' 양성을 제안한다. 타인의 고통에 공감할 줄 아는 인간의 양성, 그것을 성취하기 위한 교육, 이것이 인권운동에서 제1의 사명이라는 것이다.

인간의 사회적 고통을 부인하지 않고 시인하는 인간 양성을 인권운동의 근본 목표로 설정한다면, 어떤 교육이 구체적으로 필요할까. 코언은 청소년 교육과정, 특히 민주·공민 교육과정에서 인권침해와 부인의 문제를 정면으로 다루어 토론하고 가르쳐야 한다고 제안한다. 이 과정에는 부인의 언술과 화법을 탐지해내고 그것을 격퇴할 수 있는 '언어적 도덕성' 교육이 반드시 포함되어야 한다. "교육자는 합리화, 변명, 정당화 및 방관자의 핑계 등에 관한 해명방식을 비판적으로 가르쳐야 한다." 예컨대, '한반도대운하사업'이 하루아침에 '4대강살리기사업'으로 탈바꿈하는 현실 앞에서 우리는 '부인의 화법'이 우리사회의 공공영역을 어떤 식으로 파괴하는지를 생생하게 목격하고 있지 않은가. 또한 사회가 잘못 돌아간다고 느껴질 때 뭐가 잘못됐는지 '알아봐야겠다는 마음'이 들도록 만들어야 한다. 그리고 말장난의 베일을 벗겨 세상을 올바로 직시하는, '분명히 볼 줄 아는 능력'을 배양해야 한다. '언어적 도덕성'으로 무장하고, '알아봐야겠다는 마음'을 갖추고, '분명하게 볼 줄 아는 능력'을 보유한 시민들이 늘어가면 사악한 국가 권력과 하수인들이 자행하는 인권침해뿐 아니라 부인도 현재보다 훨씬 줄어들 것이다. 그런 의미에서 이 책은 모든 인권교육의 기본서이자, 인권에 관한 모든 논의를 열어젖히는 필독서로 취급되어야 마땅하다. 어떤 이념 교육보다 인도적 가치를 시인하는 인간 양성이 인권운동의 급선무라고 주장하는 저자의 외침은 2차대전 당시 나찌 점령지에서 목숨을 걸고 피해자를 도운 이들에 대한 예화에서 잘 드러난다.

"곤경에 처한 타인을 돕는 행위는 구조자의 가장 깊숙한 내면에 존재하는 가치와 신념의 핵심을 표현하는 것이다. (…) 무엇보다 '덕의 평범성'이 가장 자주 등장하는 테마이다. 상식적으로 '인간의 품위'에 걸맞게 행동하는 것, 자기가 특별한 일을 한다고 생각지 않는 것, 그 상황에서 타인을 돕는 것 외에 다른 방도가 없다고 생각하는 것, 당연히 그래야 하므로 돕는 것, 자기가 속한 공동체와 가족내에서 배우고 실천한 일상의 도덕을 타인에게도 계속 행하는 것 (…) 이들은 의식적으로 다른 선택을 할 수가 없었다. 오히려 그럴수록 자기들이 어떤 인간인지를 더욱 인식하게 되었고, 그것은 결국 특정한 방식으로 행동할 수밖에 없다는 것을 의미했다. 이것은 내 주변의 거의 모든 인권운동가들에게 들어맞는 말이다."[7]

최근 한국에서 보도된 사건(2009년 2월 23일자 연합뉴스)을 예로 들어보자. 진실화해를 위한 과거사정리위원회에 따르면 한국전쟁 직후 '김해 국민보도연맹 사건'과 관련, 이 지역에서 많은 사람이 희생되었지만 한림면에서는 희생자가 거의 없었다고 한다. 당시 면장이던 최대성(1906~78) 씨의 양심과 인간애가 빛을 발했기 때문이다. 한림면 보도연맹원들이 금융조합창고에 구금된 뒤 대한청년단원과 한림지서 경찰이 이들을 살해하려는 것을 그는 반대하고 나섰다. 최 면장은 대한청년단장이던 동생 최대홍 씨를 통해 경찰을 설득, 구금된 사람 중 젊은이들은 대한청년단에 가입시켜 빼주고, 나이든 사람들은 창고 뒷구멍으로 탈출시켜 보도연맹원들이 전원 살아나게 해주었다. 이같은 최면장의 노력으로 진실화해위에서 김해 보도연맹 희생자로 확인한 272명 중 한림면 거주자는 모두 네명에 불과했고, 이들은 CIC(Counter Intelligence Corps, 방첩대)에 직접 연행돼 살해된 사람들이었다. 최 면장의 행위는 이념이나 사상을 초월해서 '덕의 평범성'을 실천한 소중한 사례라고 할 수 있다.

　이렇게 인권친화적인 인간을 양성하려면 도덕적 포용성과 개인적 모범 강조, 자기와 다른 존재를 이해하며 자신의 도덕적 판단 범위 확장, 맹목적인 복종의 한계 그리고 인권침해를 지속시키는 수동적 방관자에 대한 공공교육, '서로 배려하는 네트워크' 속으로 사람들을 끌어들이기 등을 실천해야 한다. 또한 이타적 행동을 이끄는 인간 심리구조를 적극 설명하고 장려해야 한다. 이런 주장이 낡은 도덕교과서의 훈계처럼 들릴지도 모른다. 코언 자신도 "인권의 호소력은 공적인 삶의 영역, 우애, 연대, 보편성, 공통된 시민권 같은 '시대착오적' 이상으로부터 나온다"고 밝힌다. 오늘날처럼 좌우를 막론하고 앞다투어 선명한 이념적 입지를 점하려는 상황에서 '도덕적' 인간을 양성한다는 것이 너무 한가하게 들릴지도 모르겠다. 하지만 한국의 비정규직 문제에서 늘 지적되는 대기업 노조원들의 비정규직에 대한 태도를 상기해보자. 휴머니즘과 연대를 추구하는 이상주의적 자세 없이 이념 천명이나 제도 구축만으로 비정규직 문제가 풀릴 수 있을까?

셋째, 인권활동에도 도움이 될 실질적 조언을 제시한다. "어떤 행동이든 일단 취하고 보자"라는 최소주의적 제안이 대표적 예이다. 한국의 민주·개혁·진보진영은 행동 이전에 행동의 이념적 '성격'부터 따지는 경향이 적지 않다. 혁명이냐 개량이냐, 진보노선이냐 개혁노선이냐 아니면 민주노선이냐, 정치화된 시민운동이냐 구체적인 생활운동이냐 등의 논쟁이 아직도 무성하다. 분석위주의 이러한 공리공론보다 시급하고 절실한 것이 최소한의 인도주의에 공감하는 일반대중의 확보가 아닐까? 이것이 바로 '중첩되는 합의'의 영역이라 할 수 있다. 타인의 고통에 대해 "어떤 행동이든 일단 취하고 보자"라는 인권친화적인 대중을 확보하지 못한다면 우리사회의 발전을 기대하기는 어려울 것이다. 이기적이고 단자화된 '경쟁 인간'(homo certamens)만 모여있는 사회에서는 어떤 민주·개혁·진보운동도 진정한 효과를 거두기는 어렵다.

이 책에서 많이 거론되는 국제앰네스티와 옥스팜은 특정 인권단체이기보다, 비유적으로 모든 시민사회운동을 대표하는 조직이라고 보아야 할 것이다. 앰네스티와 옥스팜은 시민사회운동의 두 축을 나타낸다. 즉 앰네스티 같은 '주창형'(advocacy) 단체와 옥스팜 같은 '현장활동형'(operational) 단체는 모두 인간의 사회적 고통을 시인하고 그것을 극복하려는 움직임을 상징한다. 이렇게 보면 사회운동형

NGO(앰네스티)이든, 복지제공형 NGO(옥스팸)이든 넓은 의미에서 인권과 인도적 가치를 추구하는 포괄적 시민사회운동내에 위치한 조직들이다. 이처럼 코언은 시민사회단체들간의 차이점보다 큰 틀에서의 공통점을 강조하면서 모든 시민사회 NGO들이 대승적으로 단결하여 공통의 목표를 설정해 나아가기를 촉구한다. 더 나아가, 오늘날 침체한 한국 시민사회운동이 귀담아 들어야 할 유용하고 시사적인 조언도 내놓고 있다. 특히 인권침해를 관찰하는 대중매체가 인권의제를 생성하고 전파하는 과정에 대한 분석 그리고 효과적인 캠페인 방안에 대한 실증적 연구는 "모든 시민사회단체들이 필독해야 할" 대목이 아닐 수 없다.[8]

　마지막으로, 코언의 책은 사회과학 서술방식에서 새로운 전형을 창조했다. 현대 사회과학의 전공서를 읽는 사람들은 은연중에 두가지 문제를 느껴왔을 것이다. 하나는 지나치게 전문적이고 기술적인 용어 나열로 인한 '서사의 부재'이다. 다른 하나는 지나치게 과학주의적이고 비인격적인 접근으로 인한 '도덕적 언어의 소멸'이다. 다시 말해 사회과학 책은 읽기도 어렵고 감동도 없다는 비판이 있다. 오죽하면 "사회과학 책은 건너뛰면서 읽는다"라는 우스갯소리가 세간에 나돌겠는가. 그러나 코언은 이 문제점들을 보기 좋게 넘어서고 있다. 독자의 인생을 달라지게 하는 경험을 선사하는 사회과학서가 우리시대에 얼마나 있겠는가. 이 책은 사회과학과 인문학의 통합을 보여주는 모범사례이며 독자에게 '인생이 달라지는 경험'을 선사해주리라 옮긴이는 확신한다. 일찍이 혁명가 토머스 페인(Tomas Paine)은 "지성적이되 대중이 실제로 쓰는 말"(intellectual vernacular prose)로 집필해야 한다는 문장철학을 설파한 바 있다. 코언에게 기념논총을 헌정했던 편자들도 이 점을 강조한다. "많은 사회과학자들과 달리 그는 풍부한 문화적 소양을 지니고 문학적인 눈으로 세상을 볼 줄 아는 학자이다. 일시적 유행이나 똑똑한 체하는 태도 또는 피상적인 과시욕에 굴복하지 않고, 깊이있는 분별력과 현실적인 지혜로 학문을 탐구하는 연구자다."[9] 모름지기 '인권적 글쓰기'를 하는 21세기의 사회과학자라면 코언의 서사방식을 진지하게 성찰해야 한다고 믿는다.

이러한 이유들로 이 책은 국가를 포함한 가해자들의 '부인' 논리를 파악하고, 해부하고, 비판하고, 폭로하는 투쟁의 최전선에 있는 모든 인권운동가, 법률가뿐 아니라 인권에 관심있는 학생과 지식인들이 꼭 읽어야 할 저술이다. 특히 올바른 인간 양성에 애쓰는 교육자와 대중의 계몽에 종사하는 언론인들에게 추천하고 싶다.

3

코언은 한국에 많이 소개되지 않았지만 서구에서는 인권, 일탈사회학, 범죄학 분야에서 독보적인 존재로 알려져 있다. 그는 자신의 학문과 삶을 통해 진정한 인권학자란 어떠해야 하는지를 잘 보여준 인물이다. 이들 분야에서 일종의 '고전적 지위'를 획득한 인물이라고까지 말해지는[10] 코언의 학문과 일생을 간략히 소개해볼까 한다.

스탠리 코언은 1942년 남아공 요하네스버그에서 태어났다. 어머니는 폴란드에서 이주해온 유대계로, 당시 여성으로 드물게 집안의 유일한 대졸자였다. 아버지는 리투아니아에서 이주해온 유대인으로 개인사업을 했다. 아버지는 고등교육을 받지 못했고 영어로 말할 줄은 알았지만 쓸 줄은 몰랐다. 코언은 아버지의 사업을 지켜보면서 "세상 사람들이 모두 도매상이나 소매상인 줄 알고" 자라났다. 코언과 유년기를 함께 보낸 애덤 쿠퍼에 따르면 당시 남아공에 이주해온 동유럽 출신 유대인들은, 코언 가족을 포함해 종교적 정체성이 거의 없었다. 디아스포라로서 생존을 위해 유대인 동포사회의 일원이 되었을 뿐, 유대교 신자로서의 일체감은 없었던 것이다.[11] 오히려 유대교 씨나고그에 열심히 나가는 경건한 유대인들을 '또라이'(meshugas)라고 생각할 정도였다. 남아공에서 코언의 집안은 백인 주류사회와는 별 교류가 없었고, 문화적으로는 앵글로쌕슨에 가까웠다. 코언은 아프리카어(남아공 공용어)와 히브리어를 할 줄 알았지만 학교에서는 주로 영어교육을 받았다. 코언은 자라면서 유대인 동포사회를 뜨겁게 달군 사회주의적 청년 시온주의운동에 푹 빠지게 된다. 즉 이스라엘 건국을 통해 평등과 정의, 연대를 지상에 실현하겠다는 이상주의의 세례를 받은 것이다. 코언은 1959년 요하네스버그의 비트바터스트랜드(비츠)대학에 입학하여 응용사회과학부에서 사회학과 사회복지학을 공부했다. 당시는 아파르트헤이트 체제가 확고하게 자리잡아가는 동시에 아파르트헤이트 반대투쟁도 달아오르던 시절이었다. 비츠대학은 넬슨 만델라(Nelson Mandela) 대통령과 노벨문학상 수상작가인 나딘 고디머(Nadine Gordimer)가 졸업한 대학이자 아파르트헤이트 반대운동가들을 제일 많이 배출한 곳이기도 하다. 코언의 동급생 중에는 타보 음베키(Thabo Mbeki) 전 대통령의 부인도 있다. 코언은 학창시절 아파르트헤이트 반대시위나 행진에 자주 참여했고 경찰과 충돌하기도 했다. 졸업 후에는 요하네스버그에서 사회복지사로 잠깐 일했다. "청바지와 티셔츠를 입고 근무할 수 있는" 유일한 직종이었기 때문이라고 한다. 그후 남아프리카 소수민족 출신의 대학 졸업생들이 흔히 그러하듯 '당연히' 남아프리카의 '촌구석'을 떠나 영국으로 건너갔다. 1963년의 일이다. 그는 런던에서 정신의학 분야의 사회복지사로 일하면서 런던 정경대학(LSE) 사회학과 박사과정에 진학하여 1969년에 일탈, 범죄, 사회통제 전공으로 박사학위를 취득했다. 그의 나이 스물일곱살 때였다. 그가 박사논문으로 제출한 「Hooligans, Vandals and the Community: A Study of Social Reaction to Juvenile Delinquency」는 1972년 런던에서 『대중의 적과 도덕적 공황』이라는 단행본으로 출간됐고, 1980년에 개정판, 2002년에는 출판 30주년을 기념하는 제3판이 나오는 기록을 세웠다.[12] 이 책은 '도덕적 공황의 사회학'이라는 분야를 창조했다는 호평을 받으며 오늘날까지도 지난 40년간 출판된 가장 영향력있는 범죄사회학 관련 저서로 꼽힌다.

코언은 1970년대초 영국의 더램대학에서 교편을 잡았으며, 그후 서른두살의 나이에 당시 비판적 사회과학의 아성이었던 에씩스대학의 사회학 정교수로 임명되었다. 이 시기는 형사정책 분야에 혁명적 변화가 일어나던 때였다. 코언은 동료 사회학자 로리 테일러와 함께 더램 중범죄자교도소에서 흉악범들에게 사회학을 가르치고 그들의 재사회화 가능성을 모색했다. 또한 재소자들을 대학원 쎄미나에 초청해 직접 이야기를 들어보는 파격 행보를 보여 학계의 이목을 끌었다. 그러나 코언은 1980년 예루살렘 헤브루대학의 초청을 받아 가족과 함께 이스라엘로 '알리야'(היליע, '귀향'이라는 말이며 '올라가다'는 뜻이 있다)를 결행했다. 왜 영국에서 촉망받는 젊은 정교수라는 안정된 생활을 뿌리치고 이스라엘행을 결심했을까? 코언은 "내가 진정으로 소속되었다고 느낄 수 있는 공동체를 찾고 싶었다"고 한다.[13] 그리고 날로 악화되어가던 이스라엘의 정치상황 속에서 자신 같은 '이상주의자'의 역할이 있을 거라는 생각도 영향을 미쳤다. 헤브루대학은 이스라엘이 건국되기 훨씬 전인 1918년에 설립된 대학으로, 초대 이사진에 아인슈타인과 프로이트가 포함되어 있을 만큼 학문적 명성이 높은 곳이었다. 1959년 창설된 이 대학의 형사정책연구소는 중동지역에서 가장 오래된 범죄학 연구기관이었다. 코언은 연구소 소장과 사회학 교수를 겸임하면서 이스라엘의 범죄 현황을 연구하다 팔레스타인 주민들의 인권을 대변하는 운동을 이끌었고, '고문반대 시민위원회'라는 인권단체의 창립 구성원으로 활동하기도 했다. 그러나 청년 시온주의운동의 이상을 품어온 자신의 예상과 이스라엘의 현실은 너무도 달랐다고 한다. 특히 팔레스타인 구금자에 대한 고문을 조사하면서 겪은 '부인의 정치'(새빨간 부인, 흠집 내기, 호칭 변경, 정당화 논리)는 그의 이스라엘 생활을 자신의 인생에서 가장 절망적인 시기로 만들었다고 회고한 바 있다.[14]

환멸 속에서도 그는 인권운동에 더욱 매진해, 이스라엘군 점령지구에서 일어난 팔레스타인 주민에 대한 고문사건의 진상이 세상에 알려지게 됐다. 당시만 해도 유대민족은 홀로코스트의 피해자로 받아들여졌기 때문에 이스라엘 정책을 공개적으로 비판하기는 쉽지 않았다. 따라서 유대인인 코언이 팔레스타인 주민을 위해, 이스라엘내부에서, 이스라엘정부를 정면공격한 행동은 국제적인 이목을 끌기에 충분했다. 이 일을 계기로 그는 미국의 진보학자 노엄 촘스키 교수와 가까워지게 되었으나 이스라엘내에서 그의 위치는 점점 고립무원의 지경에 빠져들었다. 특히 팔레스타인 주민에 대한 고문진상보고서를 펴낸 일을 계기로 진보적인 동료들에게도 외면당하는 처지가 되었다.[15] 그는 로리 테일러와의 인터뷰에서 다음과 같이 말한 적이 있다. "우파나 중도파는 비판할 가치도 없었다. 그러나 현실에 맞서 싸워야 할 진보진영조차 침묵하는 것에 분노하지 않을 수 없었다."[16] 남아공의 진보적 백인 지식인들이 아파르트헤이트 반대운동에 열심히 동참하던 분위기와는 너무 달랐기 때문이다. 코언이 보기에 이스라엘내 소위 진보파라는 집단은 '국익'과 자국의 대외 이미지만 염려하는 기회주의자에 지나지 않았다.

이런 분위기에서 코언은 고뇌 끝에 '예리다'('ירידה, '이향'이라는 뜻이며 원래 '내려가다'라는 말에서 나왔다. 약간 경멸적으로 쓰인다)를 결심하게 된다. 유대 지식인으로 이스라엘을 사랑했지만 이스라엘 국가의 인권정책에 절망한 것이다. 이때 시온주의 이상도 완전히 버렸다고 한다. 오랜 이스라엘 생활을 청산하고 영국으로 돌아간 코언은 런던정경대학 사회학과 석좌교수로 임명되었고 현재 이 학교 명예교수로 있다. 1998년 영국학술원 회원으로 선출됐으며 국제인권정책협의회(ICHRP) 창설에 산파 역할을 했다. 2007년에는 데이비드 다운스(David Downes) 등이 편집하고 촘스키가 머리말을 붙인 스탠리 코언 기념논총인 『범죄, 사회통제 그리고 인권』이 런던의 윌란출판사에서 발간되어 본인에게 헌정되었다.[17]

코언의 학문세계는 시대순으로 보아 범죄·일탈의 사회학 시기와 인권의 시기로 나눌 수 있다. 위에서 말했듯이 그의 박사논문은 단행본으로 나왔고 2002년에 출판 30주년 기념판이 나왔다.[18] 이 책은 범죄사회학 분야에서 영국에서 지난 40년간 출간된 가장 영향력있는 저서 중 하나로 손꼽히며 '도덕적 공황'(moral panic)이라는 용어를 세상에 알렸다. 기념판 서문에서 저자는 1993년 영국에서 열살짜리 소년 둘이 제임스 불저라는 두살짜리 아이를 유괴하여 구타·살해했던 사건을 예로 들면서 당대의 '도덕적 공황'을 분석한다. 『더썬』(The Sun)

은 "병든 사회를 구하기 위한 십자군전쟁이 필요하다"고 했고, 당시 내무장관이던 토니 블레어(Tony Blair)는 "우리나라의 잠자는 양심을 두드리는 망치 같은 사건"이라고 평했으며, 『인디펜던트』는 "우리는 이제 근심에 빠진 나라가 되었다" 그리고 『이코노미스트』는 "우리 영혼의 어두운 구석을 직시해야"한다고 했지만, 조지 캐리(George Carey) 성공회 대주교만이 영국사회가 "도덕적 공황에 빠져선 안된다"고 경고했다고 코언은 지적한다. 한국에서 연쇄살인범이 출현했을 때 대중의 반응을 상기시켜시키는 대목이라 할 수 있다.

정치적 헤게모니 장악을 위해 우파는 '도덕적 공황'을 선동하고 확대·재생산하는 문화전략을 더욱 활용하고 있으며, 개혁·진보진영은 이 점을 주시하면서 대중의 도덕적 공황을 더욱 철저하게 파악해야 한다고 코언은 주장한다. 흔히 경제적 측면에서만 이념적 스펙트럼을 분석하지만, 실제로는 범죄사회학적 통찰도 이념대립에 중요한 역할을 한다는 사실을 그는 강조한다. 우파들은 사적 일탈행위인 범죄와 공적 통치행위인 정치를 제도적으로 접합하려고 늘 기회를 엿보고 있기 때문이다.

코언은 또한 현대 영국사회에서 도덕적 공황을 야기하기 쉬운 집단과 개인, 특정 주제를 조사했는데 여기에는 노동계급 남성, 마약사용자, 아동 추행·살해, 이주자, 사회복지 수혜자, 성도덕 윤리 등이 있었다.[19] 한국사회에 이를 대입한다면 연쇄살인범, 청소년 일탈, 북한 관련 주제 등을 추가할 수 있을 듯하다.

코언은 또한 '일탈 증폭 악순환'(Deviancy Amplification Spiral) 이론을 창안한 학자로도 잘 알려져 있다. 이 이론은 2단계로 나뉜다. 첫 단계는, 어떤 일탈행위가 발생한다. 그 행위는 불법일 수 있고, 불법은 아니고 단순히 대중의 눈살을 찌푸리게 하는 행위일 수도 있다. 또한 완전히 낯선 행위일 수도, 오래전부터 익숙한 행위일 수도 있다. 이 행위를 대중매체가 보도한다. 대중매체는 그 행위의 실상을 있는 그대로 알리는 게 아니라 '정형화'된 사건으로 보도한다. 결국 예외적이고 불명확한 행위를 대단히 보편적이고 우려되는 행위인 듯이 대중은 의식하게 된다. 둘째 단계는, 대중의 지지를 등에 업은 미디어가 경찰, 검찰, 법원 등에 일탈행위를 '일벌백계' '발본색원'하라고 압력을 가한다. 검사는 중형을 구형하고 정치인은 새 법을 만든다. 이런 식으로 초기의 사소하고 불확실한 일탈행위가 뚜렷한 정체성과 정형성을 갖춘 심각한 현상으로 규정되면서 그것을 모방하거나 미화하는 제2, 제3의 일탈행위가 늘어난다. 대중과 언론은 제2, 제3의 일탈증폭 조치로 또다른 정형화를 창출한다. 결국 사회의 균형 잡힌 인식과 상황파악 능력은 오히려 낮아지게 된다.

코언의 학문영역이 인권연구로 접어든 것은 이스라엘에서 활동하던 때부터다. 그의 범죄사회학 연구가 더욱 명확하게 "타자의 억압과 고통에 대한 지속적인 관심"의 차원으로 옮겨간 것이다.[20] 이는 당시 출판된 『사회통제의 비전』에 잘 나타나 있다. 일상의 사소한 규정으로부터 지역사회 참여 프로그램, 카운슬링, 의료화 그리고 법정과 감옥, 고문과 제노싸이드 같은 거대한 인권유린까지 인간고통을 야기하는 모든 사회적 통제가 이 시대의 특징이 되었다.[21] 특히 코언은, 사회적 통제가 아무리 늘어나더라도 "타인의 고통에 대한 작은 공감 그리고 다수의 비인간성에 대한 작은 저항이 세상을 바꾼다"고 주장하고 있다.[22] 어찌 보면 코언은 20세기 인권의 격랑을 온몸으로 헤쳐온 인물이다. 홀로코스트를 피해 타향살이를 해온 유대인 집안에서 태어나, 남아공의 아파르트헤이트를 몸소 겪고, 이스라엘로 이주하여 팔레스타인 주민의 인권보호에 헌신한, 범상치 않은 이력의 소유자인 것이다.

이런 배경에서 체득한 코언의 인권사상은 인간을 중심에 둔 계몽주의적 휴머니즘에 토대를 두고 있다. 그런 점에서 그는 '전통적' 인권론자라 볼 수 있다. 헌법, 형법, 국제법, 국제정치 등으로 인권에 접근하는 '현대식' 인권 전문가들과는 확연히 다르다. 코언은 특히 인권보장을 위한 법의 유용성을 인정하면서도 인권을 해석하는 지배적인 언어가 법의 언어로 되어 있는, 즉 "법학에 의한 인권의 식민화"를 우려한다. "국제법상 금지규정 같은 것은 언제나 '개념규정의 정치'에 의해 좌우된다. 제노싸이드협정에 나오는 '제노싸이드' 개념에 부합하려면 도대체 어느 정도나 '파괴할 의도'가 필요한가? 고문금지협정에서 '극심한 고통'을 가하지 마라고 했는데 도대체 어느 정도가 '극심한' 고통인가? 이러한 개념정의를 둘러싼 논쟁이 일어나는 이유는 법 자체가 다양한 해석을 허용하는 '가변적 담론 매체'이기 때문이다."[23] 더 나아가, 고문이나 제노싸이드 같은 인권침해가 일어나는 역사적 · 사회적 · 정치적 조건이 무엇인가? 어떤 사안이 '인권' 문제로 호명될 때, 어떤 상황하에서, 어떤 이유로 그렇게 되는가? 인권은 '인간'(human)이라는 부분과 '권리'(rights)라는 부분으로 이루어진 개념이다. '권리'만 추구해서 '인권'이 보장되는 사회를 이룰 수 있겠는가. '인간'에 내재된 인도적 휴머니즘 전통과, '권리'에 내재된 법적 · 계약적 논리를 섬세하게 구분하면서 동시에 통합할 줄 알아야 한다. 단순히 권리담론만으로 인권의 전모를 드러내기에는 역부족이다. '권리'담론의 바탕에는 인도적 휴머니즘이 깔려 있어야 한다. 다른 인간의 고통에 '공감'하고 그것을 인류의 '우애'(fraternité)──프랑스혁명의 전통에 따라──로 이해하며, 정치적 '연대' 행동으로 표출하는 것, 그것이 바로 피상적인 '권리 운운'(rights talk)을 넘어선, 인권의 보다 깊은 의미라고 코언은 역설한다.

여기서 코언 교수의 개인적 면모 몇가지를 소개하고자 한다.

첫째, 촘스키 교수와의 관계. 원래 코언은 이스라엘에서 인권운동을 할 때부터 촘스키와 교분을 맺었다. 촘스키는 코언이 이스라엘에서 용기있게 전개한 팔레스타인 인권운동에 깊은 인상을 받았고, 그가 조사한 이스라엘 당국의 인권침해 사례를 자기 책에서 여러차례 인용하기도 했다. 그러나 두 사람은 '부인'에 대한 생각이 서로 달랐다. 인권침해의 정치적 비판이 중요하지 가해자·방관자의 부인 동기와 사회심리를 이해하는 것은 그리 중요치 않다고 촘스키는 처음에는 생각했다. 그러나 이 책을 읽은 후 생각을 완전히 바꾸었다고 한다. 오늘날 촘스키는 자신이 제일 존경하는 사회학자로 서슴없이 코언을 꼽을 정도다. 촘스키는 스탠리 코언 기념논총에 기고한 '머리말'에 자신의 심정을 밝히고 있다. "우리 미래에 희망이 있다면 코언이 용기있고 헌신적이고 정직하게 걸어간 길을 다른 사람들도 따를 것이기 때문이리라. 그의 모범적인 삶과 기억에 남을 만한 성취를 기념하여 이 자리에 몇마디나마 보탤 수 있게 되어 진정 영광이다."[24]

둘째, 지식인으로서의 삶의 자세. 코언은 사적·개인적인 삶과 공적·정치적인 삶을 합치시키는 것이 우리시대 지식인의 책무라고 강조한다. "나는 인생의 모든 측면을 통합할 수 있다고 한 1960년대식 사상에 아직도 푹 빠져 있습니다. 사람의 영혼, 교육, 저술, 정치적 활동이 모두 한 인격 속에서 조화를 이룰 수 있다고 생각합니다."[25] 코언을 잘 아는 지인들은 하나같이 그를 지행합일(知行合一)하는 지식인의 전범으로 꼽는다. 나아가, 활동이 주변상황에 미친 영향력을 다시 연구주제로 삼아 조사하는 '재귀적'(reflexive) 연구에도 능하다. 희귀한 연구자라 할 수 있다.

셋째, 그의 인간성. 코언은 인권침해와 인간고통이라는 대단히 무겁고 심각한 주제를 평생 다루어온 학자이다. 그러나 농담을 즐길 뿐 아니라 수집하여 학생들에게 들려줄 정도로 다정다감하다고 한다. 천성적으로 겁이 많고 소심한 유대인을 빗대어 코언 교수가 테일러에게 들려준 농담 하나를 소개해보면, 어느 유대인이 다른 유대인 동포에게 전보를 보냈다. "걱정 시작하라. 자세한 소식은 나중에."[26]

책을 번역하게 된 동기를 소개하면서 옮긴이 해설을 마칠까 한다. 나는 2002년에 이 책을 처음 접하고 코언의 메시지에 깊은 인상을 받았다. 당시 한국에 소개하고 싶었지만 밀려 있는 과제와 특히 한국사회의 민주화가 진전되면서 '부인'의 문화가 미약해졌다는 판단 때문에 출판계획을 접어두었다. 그러나 2008년 이명박정부 출범을 전후하여 우리사회 여러 분야에서 '부인'이 핵심 부조리로 다시 등장하는 현상을 목격하면서 절박한 심정으로 다시 책을 꺼내 번역하기 시작했다. 정서적으로 공감되는 내용이 많아서인지 번역 내내 꿈속에 책 내용이 나타나는 특이한 경험을 했다. 이 자리를 빌려 우리 독자들에게 이 책을 소개하라고 격려해주신 토오꾜오케이자이(東京經濟)대학의 서경식 교수께 감사드린다. 또한 번역 원고를 읽어주신 박성준 박사께도 감사의 인사를 전한다. 책의 중요성을 인정하고 창비에서 책을 낼 수 있도록 주선해준 염종선 편집장께도 감사드린다. 초고를 일일이 읽고 잘못된 곳을 짚어준 아내 권은정에게 고마운 마음을 전한다. 적지 않은 분량의 원고를 초고속으로 깔끔하게 편집해준 창비 인문사회출판부의 안병률, 강영규, 김도민 선생 그리고 교정을 맡아준 박기효 선생에게도 고마움의 인사를 드린다. 마지막으로, 코언 교수는 현재 힘든 노년을 보내는 것으로 알려져 있다. 책이 출간된 후 요하네스버그 시절부터 함께 학생운동을 했던 동지이자 부인인 루스가 암으로 사망했고, 본인은 파킨슨병으로 건강이 상당히 좋지 않은 형편이라고 한다. 한국어판의 발간과 이 책의 메시지가 한국사회에도 확산되리라는 희망이 투병중인 코언 교수에게 조금이나마 위안이 되기를 진심으로 기원한다.

2009년 5월
항동골 연구실에서
조효제

〈후기〉

이 책의 한국어판 초판이 나온 지 며칠 후인 2009년 6월 4일 영국범죄학회(British Society of Criminology)는 제1회 범죄학 학술대상 수상자로 스탠리 코언 교수가 선정됐음을 발표했다. 학회는 현재 활동중인 대다수 범죄사회학자들이 그의 연구로부터 영감을 얻었으며, 특히 『잔인한 국가, 외면하는 대중』이 나온 이래 "이 책을 읽지 않고 인권침해를 연구하기는 이제 불가능해졌다"라고 수상자 선정 이유를 밝혔다.

차례

1장

부인의 초보적 형태

진실을 부인하는 수많은 방식에는 공통점이 있다. 너무나 끔찍하고 위협적이며 비정상적이어서 전모를 파악하기 어려운 데다 인정하기도 힘든 정보를 종종 접한다는 점이다. 이때 사람들은 어떤 반응을 보일까? 그 정보를 어떤 식으로든 억제하거나 부정하거나 제쳐두거나 재해석한다. 설사 의식에 '등재'하더라도 인지적·정서적·도덕적 의미를 회피하거나 무효화하거나 합리화해버린다.

다음 표현들을 보자.
- 눈 감아버린다
- 못 본 체한다
- 보고 싶은 것만 본다
- 듣고 싶은 것만 듣는다
- 모르는 게 약이다

- 거짓으로 점철된 삶
- 침묵의 음모
- 적당히 아는 진실
- 그건 나와 무관해
- 괜한 평지풍파 일으키지 마라
- 그들은 전형적인 방관자였다
- 나는 아무일도 할 수 없어
- 현실을 피하는 사람
- 이런 일이 일어나다니 믿을 수 없군
- 이런 건 더이상 알고/듣고/보고 싶지 않아
- 전체 사회가 현실을 부정하고 있어
- 우리에게 있을 수 없는 일이야
- 최대한 부인하도록 짜인 계획
- 시선을 돌리다
- 눈가리개를 씌운 것처럼
- 도저히 뉴스를 더는 볼 수 없어
- 차라리 몰랐다면
- 외면해버렸지
- 심지어 자신도 인정하지 않았다
- 그런 일을 공개적으로 거론하다니
- 내가 보고 있을 때는 그런 일이 없었는데
- 그 정도면 나도 알 수 있었을 텐데

자, 이제 다음 사례들을 살펴보자.

• 텔레비전 화면에 비통과 절망으로 일그러진 인간의 얼굴이 나타난다. 길 잃은 난민들, 배곯는 어린아이들, 강변에 버려진 시신들······ 우리는 종종 이런 정보에서 눈을 돌려버린다. 실제로 이를 얼마나 접하는지, 또는 어느 정도로 외면해버리는지 자신도 모르는 때도 많다. 이런 정보를 똑바로 보지만 수동적이고 무기력하며 속수무책 상태에 빠질 수도 있다. "나는 아무일도 할 수 없어." 반대로 치를 떨며 분노할 수도 있으니, 이는 양심의 가책과 죄책감으로 자신을 괴롭히는 일이기도 하다. 국제연합협회의 홍보문안을 보자. "현재 전세계에 1800만명의 난민이 있다. 아프리카, 아시아, 남아메리카 그리고 유럽에도 박해와 강간, 고문과 전쟁을 피해 도망쳐 나온 난민들이 있다. 눈을 감을 수도, 귀를 막을 수도, 마음을 닫을 수도, 문을 잠글 수도, 국경을 폐쇄할 수도 있다. 반대로 당신 가슴을 열 수도 있다."

• 1915~17년에 125만명에 이르는 아르메니아인들이 터키군에게 학살당하거나 대대로 살아온 땅에서 추방되어 죽었다. 이 사건은 공식 기록, 생존자들의 구술, 법정의 증언, 역사연구를 통해 철저히 조사되었으며, 관계자들은 주요한 내용에 별다른 이견을 보이지 않았다. 그러나 사건 발생 후 80여년 내내 터키정부는 이 야만적인 학살의 책임을 전혀 인정하지 않았다. 특히 미국과 나토 가맹국들은 이러한 과거사 은폐에 가담하고 동조했다.

• 미국의 역사학자 고든 호르위츠는 1942~45년에 오스트리아 마우타우젠(Mauthausen)내 강제수용소 인근 주민들을 40년이 지난 시점에서 면담했다. 주민들은 수용소 굴뚝에서 나오는 연기를 보았고, 풍문으로 듣긴 했지만 실제 무슨 일이 벌어지는지는 전혀 몰랐다고 단언했다. 그들은 자세한 내막을 굳이 물어보지도 않았을뿐더러, '전모

를 알 수도' 없었다고 주장했다. 호르위츠는 주민들의 반응을 다음과 같이 기록했다. "그들은 주위에서 일어나는 일을 알아보려고 하지 않았다. 사람들은 수용소의 존재를 전면 부정하지는 않지만, 이미 오래 전 일이라는 식으로 심드렁한 태도를 보인다. 하지만 이런 태도를 '망각'이라 할 수 없다. 알려고 하지 않았던 일은 잊을 수도 없기 때문이다.[1]

• 1964년 뉴욕에서 키티 제노비스라는 여성이 새벽에 귀가 도중 집 앞 길가에서 습격을 받았다. 그녀는 자기 아파트로 피신하기 위해 피를 흘리면서도 40분간이나 사투를 벌이다 숨졌다. 적어도 서른여덟명이 넘는 동네 사람들이 그녀의 비명과 도움 요청 소리를 듣거나 싸우는 것을 보았다. 하지만 누구도 싸움을 말리거나, 경찰에 신고해 그녀를 도우려 하지 않았다. 오랜 시간이 지났지만 이 사건은 아직도 토론의 주제가 되고 있다.[2] 사회심리학자들은 '수동적 방관자 효과'라고 명명된 이 사건을 면밀히 조사했고, 600편 이상의 관련 논문이 학술지에 게재되었다. 이러한 방관자 현상이 어떻게 작동하는지 이해하고 극복 방안을 찾기 위해, 실제상황과 모의실험에서 온갖 변수들을 검토했다.

• 앰네스티 영국지부는 신문 전면광고에 비통하게 울부짖는 무슬림 여성을 게재했다. 사진 주변에는 "목을 벤, 학살된, 절단된, 산 채로 불태워진, 발코니에서 아이를 던진, 임신부의 배를 가른" 같은 어휘들이 서로 겹쳐 있거나 흩어져 있다. 설명문은 이렇게 시작된다. "알제리 여성의 감정을 말로 표현할 길이 없다." 아기는 멀리 팽개쳐져서, 어린 딸은 창자가 터져 죽었으며, 어머니의 잘린 목은 흙먼지 위를 나뒹군다. **말이 힘을 상실한다.** "우리는 이제 어떤 충격적인 헤드라인에

도 놀라지 않는다. 마음이 동하지 않는 것이다. 우리는 남들에게 조종당하는 걸 원치 않는다. 당신은 이 글을 읽고 신문 한장을 넘기면 본 것을 잊어버릴 것이다. 다른 사람과 마찬가지로, 시선을 끄는 광고에 대응하는 법을 이미 체득했기 때문이다."

이런 사례는 '부인'에서 다룰 것이다. '부인'은 변치 않는 심리적 '메커니즘'도, 보편적인 사회적 과정도 아니다. 이 장에서는 '부인'이라는 개념이 사용되는 방식들을 간단히 분류만 할 것이다. 또한 이 책 전체에서 다룰 주제들을 개괄할 것이며, 되도록 주석·부연·이론·학술적 인용 등을 자제하려 한다.

심리적 위상 — 의식적 또는 무의식적?

어떤 사실을 '부인'한다는 것은 그 일이 일어나지 않았거나 진실이 아니라고, 혹은 알려져 있지 않다고 주장하는 것이다. 이러한 주장들의 진리치(眞理値)를 따지자면 세가지 개연성이 있을 수 있다.

첫째, 이런 주장이 진실하고 정당하며 옳을 수 있다는 점이다. 개인·조직·국가가, 어떤 사건이 '일어나지 않았다, 알려진 것과는 다르다, 우리는 전혀 몰랐다'고 진심으로 주장하는 경우에 해당한다. 그다음 단계는 사실관계를 확인하는 것이다. 증거와 반대증거를 제시하고, 상반되는 주장을 조사할 수 있으며, 거짓말을 밝혀내고, 신뢰성 높은 증언을 채택할 수도 있다.

그런데 객관적 진리에 대한 오늘날의 탈근대적 회의론을 굳이 거론하지 않더라도, 이런 진실게임에는 너무나 변수가 많다. 각국 정부, 인권문제 비판자들, 반정부세력 등이 제기하는 얽히고설킨 주장과 반박 속에서 인권침해의 진상을 가려내기란 정말 쉽지 않은 일이다. 시위대가 먼저 폭력을 사용했는가, 경찰이 먼저 폭력을 사용했는가? 그 심문이 진짜 고문이었나, 아니면 '강도'가 높긴 하지만 합법적인 심문이었나? 법적인 증거를 제시하기는 이보다 더 어려우며, 인과관계를 설정하기가 불가능한 경우도 많다. 그럼에도 불구하고, 거짓 없는 진심으로 어떤 사실을 부인할 수 있는 것이다. 정부도 그럴 수 있고("학살은 없었다") 개인도 그럴 수 있다("아무것도 보지 못했다").

둘째, 논리적으로 간단하지만 확인하기는 더 어려운 경우로, 거짓말을 하는 것이다. 진실이 분명히 드러났는데도 개인적 이유든 정치적 사유든, 정당화할 수 있든 없든 감추어버린다. 이런 경우 개인은 몇 마디(거짓말, 은폐, 허위)로 상황을 정리할 수 있으며, 조직은 더 많은 어휘(공적 영역에서 거짓말이 얼마나 광범위하게 유포되어 있는지를 보여주는)를 동원한다. 허위 선전, 역정보, 여론 무마, 조작, 윤색, 오보, 협잡, 은폐 등이다. 이는 인권침해, 부정부패, 정부 실책에 관련한 혐의를 부정하기 위해 사용되는 상투적인 말들이다. 국민 모두가 편견에 사로잡혀 있고 신뢰할 수 없으며 거짓말을 하고 있을까? 그렇다치자. 하지만 정부의 주장이 진실임을 입증할 증거가 없다면, 대다수 국민은 정부의 공식 '부인'이 거짓이라고 여긴다. 마음에 안 드는 정보에 자신을 노출시키지 않으려는 의식적인 '부인'도 있다. 우리는 어린 아이들 수천명이 매일 굶어죽거나 예방할 수 있는 질병으로 죽어간다는 사실을 머릿속에 담아두고는 살아갈 수는 없다. 따라서 의식적으로 그런 정보를 차단해버린다. 길가에서 동냥하는 거지와 마주치지 않기 위해 다른 길을 택하는 행위와 비슷하다.

하지만 간혹 스스로 무언가를 회피하거나 차단한다는 사실을 의식하지 못할 때도 있다. 이것이 제일 복잡한 셋째 개연성이다. 이때 '부인'은 진실을 말하는 것도, 의도적으로 거짓말을 하는 것도 아니다. 의도적인 부정은 아니지만, 그렇다고 진실을 명확히 '아는' 상태도 아니다. 우리가 무언가를 '알고도 모르는' 상태나 그런 사회 전체의 문화가 있는 것 같다. 어쩌면 이것이 강제수용소 부근에 거주한 주민들의 상태가 아닐까? 혹은 자기 남편이 다 큰 딸에게 무슨 짓을 하는지 '모르는' 아내의 마음이 아닐까?

'부인'의 복잡한 심리학은 다음 장에서 다룰 것이다. 가장 잘 알려진 '부인'에 관한 심리학 이론은 일상생활에서 활용될 정도로 잘 알려져 있는데, 정신분석학에서 나온 것이다. 여기서 '부인'은 현실에서 생겨난 죄책감, 불안 또는 심란한 감정에 대응하는 무의식적 방어기제이다. 상상하기조차 끔찍하고 참아내기도 힘든 정보를 우리 정신이 차단해버리는 것을 말한다. 어떤 생각이 의식 속에 들어와 '지식'이 되지 못하도록 무의식이 장벽을 쳐버리는 것이다. 정보와 기억이 마음속의 출입제한구역에 갇힌 상황이라 할 수 있다.

이런 일이 정말 의식적인 자각 없이 일어날 수 있을까? 이런 일은 의도적인 선택과 무의식적 방어막 사이 미지의 영역에서 일어나는 것일까? 이것은 배경 소음을 억제하여 좀더 중요한 일에 집중하게 도와주는 정상적인 기제인가? 아니면 개인 차원에서 위협적인 지각에 대응하는 방어기제인가? '부인'은 부정적인가(에이즈 감염 위험이 높은 집단이 그 사실을 부인하는 것) 혹은 긍정적인가(말기암 환자가 생존할 수 있다는 헛된 희망을 가지는 것).

'눈을 감아'버리거나 '외면'하는 심리는 분석하기 어려운 과제다. 그러니까 원한다면 실상에 접근할 수 있지만, 무시해버리는 쪽이 편리하므로 그렇게 한다는 얘기다. 부인이 단순한 허위일 수도 있다. 이런 부인에서는, 정보를 구할 수 있고 그것이 의식에 등재되어 있지만, 알면서도 현실을 회피해버린다. 하지만 '안다'는 것은 실상 훨씬 더 모호하다. 우리가 어떤 사실에 눈을 감기로 어렴풋이 마음먹었지만, 정확히 무엇을 피하려 하는지 확실치 않은 상태도 있다. 뭔가를 알면서도 동시에 모르는 상태 말이다.

이러한 마음을 반영하는 정치현상을 억압국가, 인종차별국가, 식민지배국가 등에서 발견할 수 있다. 지배집단은 주변에서 벌어지는 불의와 고통을 막아버리거나 무시할 수 있는 신비한 능력을 가지고 있다. 민주사회에서도 사람들은 어떤 결과에 눈감곤 한다. 외부의 강압 때문이 아니라 문화적 습관 때문이다. 예컨대 노숙자, 결핍, 빈곤, 도시문제 같은 가시적인 현상에 눈을 감아버리는 습관을 들 수 있겠다. 게다가 먼 곳에서 벌어지는 인권침해 소식은 더 쉽사리 차단할 수 있다. "텔레비전 뉴스에 르완다에서 살해된 사람들 시체가 나오기에 그냥 꺼버렸어."

또한 '부인'은 인지심리학과 의사결정이론에서도 연구된다. 여기에서는 '부인'과정이 정상임을 강조하며, 그 정서적 측면을 과소평가한다. 이에 따르면 '부인'은 정보를 처리하는 초고속 인지메커니즘이다. 마치 컴퓨터에서 '저장'이 아니라 '삭제'를 택하는 것과 비슷하다. 하지만 이는 **부인의 역설**을 전제하는 것이다. 어떤 사람이 '나는 몰랐어'라고 말하는 데 '부인'이라는 용어를 사용한다면, 그 사람이 과거에 알았거나, 지금 알고 있는 사실을 부정한다는 의미이다. 그렇지 않은 경우에 '부인'이라는 말을 쓰는 것은 부적절하다. 엄밀하게 말해 과거에 알았거나 지금 알고 있는 것을 모른다고 할 경우에만 '부인'이라는 말을 쓸 수 있는 것이다.

인지심리학자들은 정보처리, 감시, 선택적 지각, 여과(濾過), 주의지속 시간(attention span) 같은 개념을 통해 우리가 어떻게 무언가를 인지함과 동시에 인지하지 못하는지를 연구한다. 어떤 학자는 이를 설명하기 위해 '맹시(盲視)'라는 신경학적 현상을 제시하기도 했다. 즉 마음의 한 부분은 현재 일어나는 일을 알지만, 다른 부분은 모른다는 것이다. 기존 지각틀에 들어맞는 정보는 선택되고, 위협적인 정보는 차단된다고 설명하기도 한다. 이때 마음은 현재 일어나는 일을 어떤 식으로든 인지하지만 위협을 느끼면 즉각 자신을 보호하는 여과막을 친다. 이렇게 되면 외부 정보는 관심에서 멀어지고 자기기만이 일어나는 사각지대, 즉 '마음의 블랙홀'로 빠진다. 따라서 사실 또는 사실에 근거한 의미에 관심을 기울일 수 없다. 이때 가정폭력, 근친상간, 성적 학대, 간통, 가정불화 등의 문제를 가족들이 쉬쉬하며 덮어두는 '결정적 거짓말'(vital lies)이 발생한다. 그들은 침묵하고, 알리바이를 조작하며, 공모하여 거짓말하고, 사실을 은폐하는 것이다.[3]

가족만이 아니다. 정부관료, 정당, 전문직 단체, 종교, 군, 경찰 등이 모두 나름의 은폐와 거짓말을 한다. 그러한 집단적 부인은 전문직 윤리, 조직보위와 비밀엄수의 전통, 상호 보호, 침묵의 원칙에서 비롯된다. 외부인들은 집단 내부의 수치스런 정보를 알 길이 없으므로 이런 집단을 둘러싼 가공의 신화가 유지될 수 있다. 조직 내부에는 공모와 전략적 무지를 위한 암묵적 합의가 자리잡는다. 자기 상관이나 부하직원이 정확히 무엇을 하는지 모르는 편이 차라리 낫기 때문이다.

56

이런 설명은 '자신에 관한 지식'과 '불성실', 특히 싸르트르의 '부정직'(mauvaise foi, '자기기만'으로 번역하기도 한다—옮긴이)이라는 유명한 개념을 둘러싼 철학적 문제와 비슷하게 들린다. 싸르트르는 '부인'을 의식적인 행위로 보았다. '부정직'이란 직면하기 싫은 진실 앞에서 자신을 감추는 행위를 말한다. 싸르트르는 '속이는 자'와 '속는 자'로 양분한 후 무의식적 기제를 통해 '부인'이 발생한다는 이론을 비판한다. 그는 우리 마음이 의식적으로 자신을 속인다는 '부정직'이론을 기반으로 부인을 다룬다. 하지만 우리는 어떻게 우리 자신을 속이는가. 어떻게 같은 사실을 알면서도 모를 수 있을까.

2장에서는 이런 문제들을 다룬다. 공권력이 애용하는 역정보, 거짓말, 은폐 같은 정치적 '부인'에서는 미묘한 심리적 문제를 다루지 않는다. 정치적 '부인'은 냉소적이고 계산된 행위이며, 어쩌면 '투명'하기까지 하다. 그러나 인권침해와 인간고통을 아는 대중이 이에 어떻게 반응하는지를 알기 위해서는 반드시 의식과 무의식 사이에 존재하는 회색지대를 이해해야 한다. 바로 그 지점에서, 밝혀진 비밀과 진실을 외면하고 현실에 눈을 감는, 즉 진실을 외면하려는 태도가 나타나기 때문이다.

'부인'의 내용

꼭 집어 **어떤 것**을 부인하느냐에 따라 세가지 '부인'이 있을 수 있다. 바로 문자적, 해석적, 함축적 부인이다.

문자적 부인

'문자적'(literal) 부인이란 사전적 의미에 들어맞는 용어이다. 엄연한 사실을 일어나지 않았다거나 진실이 아니라고 주장하는 것이다. 문자적(또는 사실적, 노골적) 부인에서는 사실 자체, 또는 사실에 관한 지식 자체를 부정한다. 사적인 예로 가정폭력 사건을 보자. 내 남편이 우리 딸에게 그런 짓을 했을 리 없다, 딸아이가 거짓말을 했다, 사회복지사가 오해하고 있다. 이번엔 공적인 예로, 인권침해라는 사건을 보자. 아무일도 일어나지 않았다, 학살 따위는 없었다, 그런 말 하는 사람들은 다 거짓말쟁이여서 우린 믿지 않는다, 아무 낌새도 채지 못했다, 우리에게 아무것도 말해주지 않았다, 그런 일이 있었다면 분명 우리가 알았을 것이다, 또는 우리가 모르는 상황에서 그런 일이 일어났을 수도 있다. 이런 식으로 부인하는 사람들은 그 이유가 무엇이든, 선의로든 악의로든, 그런 부인이 사실이든(진정한 무지) 새빨간 거짓이든(고의적 거짓말), 무의식적 방어기제가 작동한 결과이든 아니든 간에, 사실 자체를 시인하려 들지 않는다.

해석적 부인

문자적 부인과 달리 '해석적'(interpretive) 부인은 어떤 일이 일어났다는 사실 자체는 부정하지 않는다. 하지만 그 사건을 전혀 다른 방식으로 해석한다.

사적인 예를 들어보자. 나는 알코올중독자가 아니라 사교적인 음주가야, 또는 그 사건을 진짜 '강간'이라고 할 순 없지, 또는 클린턴 대통령이 학창시절 마리화나를 피웠지만 들이마시지는 않았으니 그걸 대마초 사용이라고 할 수는 없다 등. 그후 클린턴(Bill Clinton)은 모니카 르윈스키(Monica Lewinsky)와의 스캔들에서 처음에는 문자적 부인으로 일관하다(그런 일은 절대 일어나지 않았다) 나중에는 창의력을 발휘해 해석적 부인을 덧붙였다. 즉 오럴 쎅스는 '부적절한 행동'이긴 하나 '성행위'나 '성관계'는 아니므로 간통도 바람피운 것도 아니라는 주장이다. 이렇게 보면 사실 '쎅스'는 없었다고 할 수 있다. 따라서 클린턴이 르윈스키와 성관계를 맺지 않았다는 주장이 거짓말은 아닌 셈이 된다.

공적인 예를 들어보자. 그것은 '인구교체'(population exchange)이지 '인종청소'(ethnic cleansing)는 아니다 또는 무기거래는 불법이 아닐뿐더러, 엄밀한 의미에서 무기거래라 할 수도 없다 같은 표현이 있다. 이때 정부관리들은 "아무일도 일어나지 않았다"고 주장하는 게 아니라, 그것은 겉으로 드러난 것과 다른 사건이며, 당신이 규정하는 사건은 아니라고 주장한다. 민간인 학살이 아니라 '부수적 피해' (collateral damage)이고, 강제추방이 아니라 '인구이동'(transfer of population)이며, 고문이 아니라 '경미한 물리적 압박'이라는 것이다. 해석적 부인을 하는 관찰자는 단어를 바꾸고, 완곡어법을 구사하며, 기술적인 전문용어(jargon)를 써서 인지적 의미를 부정하면서, 사건을 다른 범주에 넣어 재배치한다.

함축적 부인

사실 자체를 부정하거나 통상적인 해석을 부정하지 않는 경우도 있다. '함축적'(implicatory) 부인은, 어떤 사건에 흔히 따라오는 심리적, 정치적, 도덕적 함의를 부정하거나 축소한다. 소말리아에서 굶어 죽어가는 아이들, 보스니아에서 집단강간당한 여성들, 동티모르 집단학살, 길거리 노숙자에 대한 사실 자체는 인정한다. 그러나 이런 일을 가슴 아파하거나 시급히 조처해야 할 도덕적 사건으로 보지 않는다. 지하철에서 강도사건을 목격했다고 하자. 당신은 지금 일어나는 사건을 정확히 보고 있다. 하지만 한 사람의 시민으로서 필요한 행동을 할 의무가 있다는 점을 부정한다. 이런 식의 '부인'을 흔히 '합리화'라고 한다. "나랑 무관한 일이야" "왜 위험을 무릅쓰고 나서야 하지?" "다른 사람이라면 어떻게 했을까?" "이보다 더 심한 일도 많아" "나 말고 다른 누군가 감당해야 할 문제지."

문자적 부인처럼 함축적 부인도, 도덕적으로든 사실적 면에서든 정당화될 수 있다. 콜롬비아의 암살단에 대해 내가 무엇을 할 수 있단 말인가, 노상강도를 잡으려다간 큰 코 다칠 수 있어. 하지만 어떤 일을 할 수 있고, 해야만 하며, 방법이 있고, 위험이 따르지 않을 때조차 행동하지 않는다면 그런 '합리화'는 심각한 문제가 된다. 이는 현실을 인정하지 않는 게 아니라 사건의 중요성이나 함의를 부정하는 것이다. 나의 엉성한 '함축적 부인'이라는 신조어는 정당화, 합리화, 회피 같은 개념들을 포괄한다. 함축적 부인이란 끔찍한 고통의 이미지를 인식할 때 그것을 처리하는 방식을 의미한다.

함축적 부인이 극단으로 치달으면 진부하고 뻔뻔해진다. 이렇게 되면 정당화니 합리화니 하는 말들을 정교하게 분석할 수 없거나 그럴 의향이 없는 사람이 되어버린다. 정당화나 합리화라는 말 대신, 초연하다거나 무관심하다거나 자기중심적이라는 일상어를 사용한다. "난 전혀 상관 안해" "난 괜찮아" "내 문제가 아냐" "그런 일엔 관심 없어"
"왜 이리 난리야" "그래서 나더러 어쩌라고." 이런 극단적 부인이 이상
해 보이면 해명을 덧붙이기도 한다. "그는 이 사태를 잘 이해하지 못하
고 있는 것 같아"(그는 정보가 더 필요하다) "정말 그런 뜻으로 한 말은
아닐 거야"(그녀는 부정직하지만 알고 보면 좋은 사람이다) 또는 각자
좋아하는 담론에 따라 이름을 달리 붙이기도 한다. "그는 싸이코패스
임에 분명해" "도덕적으로는 바보야" "마거릿 새처 같은 자본주의적
개인주의의 산물이지" "탈근대적 역설의 극치지."

다른 쪽 극단에는 당신이 아는 사실과 행동, 당신의 정체성과 행동
(또는 무행동)의 도덕적·정신적 간극을 메우기 위해 계속 늘어만 가
는 풍부하고 복잡하고 낱말들이 있다. 회피, 발뺌, 편향, 합리화하려면
그럴싸한 이야기를 지어내야 한다. 이런 이야기들은 해석하기 힘들
다. 소극성과 침묵은 망각, 무관심, 냉담처럼 보이지만, 이들은 공통점
이 전혀 없을지도 모른다. 어떤 일에 대단한 열성을 보이고 관심을 기
울이면서도 그것을 입 밖에 내지 않을 수도 있기 때문이다. '함축적 부
인'이라는 말은 이러한 상태를 모두 포괄한다. 이 경우 문자적 부인이
나 해석적 부인과 달리 '지식' 자체는 별 문제가 안된다. 그러나 이런
지식에 접한 후에 '옳은' 일을 하느냐 하지 않느냐 하는 점이 문제다.
이런 일은 의지 그리고 참여와 직결되기 때문이다. 그러나 어떤 경우
에도 행동하지 않는 것이 '부인'과 밀접히 연관된다는 점은 분명하다.
영국정부의 중동정책이 무지에서, 아니면 무관심에서 비롯되었는지
를 묻는 질문에 한 관리가 내뱉은 답변을 들어보라. "모릅니다. 신경
도 안 씁니다." 도대체 속내를 알 수 없는 답이다.

각각의 '부인' 방식은 독특한 심리적 상태에서 기인한다. **문자적 부**

인은 진정일 수도 있고, 죄를 물을 수 없는 무지에서 비롯되었을 수도 있다. 또는 너무 지나쳐서 도저히 인정하고 싶지 않은 진실을 외면하는 행위이거나, 진실을 감추는 자기기만의 회색지대에서 나온 반응일 수도 있다. 기존 세계관을 당연시하는 문화적 풍토 때문에 문제를 인지하지 못했을 수도 있고, 전부 아니라면 거짓, 허위 또는 역정보의 계산된 형태일 수도 있다. **해석적 부인**은 어떤 사실이 남들에게 무엇을 의미하는지 정말 이해하지 못하는 무능, 도덕적·법적 책임 회피를 위해 사건을 냉소적으로 달리 명명하는 것 등 여러 행위를 포함한다. **함축적 부인**은 도덕적·심리적 부담을 덜기 위한, 평범한 사람들의 얄팍한 계산에서 비롯되지만 짐짓 진심인 체하기도 하는 것을 가리킨다.

그러므로 '부인'은 **인지**(사실을 시인하지 않음), **감정**(느낌이 없음, 괘념치 않음), **도덕성**(잘못된 것을 인정하지 않고 책임도 부정함), 그리고 **행위**(알고 있음에도 적극적인 조처를 취하지 않음)를 모두 포함한다. 타인의 고통을 알고 있을 때 대중매체, 정치단체, 구호단체의 호소 같은 공적 영역의 행동이 제일 중요하다. 옥스팸(Oxfam)이나 앰네스티(Amnesty)는 자기 단체에서 보내는 정보를 당신이 차단하거나, 무시하거나, 잊어버린 채로 살아가기를 원치 않는다.

조직―개인적 부인, 공식 부인, 문화적 부인

'부인'은 개인적·인간적·심리적·사적 성격을 띨 수도 있고, 사회적이고 집단적이며 조직적인 그 무엇일 수도 있다.

개인적 부인

간혹 '부인'이 온전히 사적이거나, 적어도 심리학적 용어로 설명할 수 있는 것처럼 보일 때가 있다. 말기암 진단을 받은 환자가 그 사실을 까맣게 잊는다거나, 남편의 외도에 대한 의심을 애써 지워버리는 부인의 예가 '개인적 부인'(personal denial)에 속한다("그 사람이 바람을 피우는지 전혀 알고 싶지 않아요"). 우리는 가족이나 친구들이(우리 '편'이) 그렇게 잔인한 짓을 했다는 사실을 믿으려 들지 않는다. 사람의 마음속에서 이런 과정이 어떻게 일어나는지는 알 길이 없다. 프로이트 심리학에 따르면 이는 영구히 무의식의 영역에 남을 수 있는데, 심지어 그의 자아조차도 전문가의 도움을 받아야 거기에 다가갈 수 있다.

공식 부인

공개적·집단적이며 고도로 조직된 '부인', 특히 현대국가의 엄청난 권력기구를 동원한 각종 '부인'이 있다. 예컨대 기근이나 정치적 학살의 은폐 또는 국제 무기금수조치의 의도적인 위반 등이다. 이런 경우 정부의 전반적인 대응방식이 바로 '공식 부인'(official denial)이라 할 수 있다.

전체주의사회, 특히 스딸린체제에서는 공식 부인이 특정한 사건 차원을 넘어(예컨대 "학살이 일어나지 않았다") 아예 역사를 왜곡했을 뿐 아니라 현재와의 관계를 완전히 차단해버렸다. 결국 과거에 일어났거나 현재 일어나는 사건의 진실을 시인하는 것 자체가 불가능하거나 위험한 일이 된다. 이보다 민주적인 사회에서는 공식 부인이 좀더 교묘하게 행해진다. 사건을 윤색하고, 공적인 의제를 선점해버리고, 진상을 비틀고, 미디어에 정보를 흘리고, 상대하기 쉬운 피해자들만 골라 관심을 기울이고, 대외정책을 해석적으로 '부인'하는 식이다. 따라서 이때의 '부인'은 국가의 공식 이념에 내장된 것으로, 인권침해가 일어나는 사회적 조건과, 실상을 공식 부인하는 수법(관찰자들뿐 아니라 가해자 자신도 그 실상을 부인하는)이 결합되는 결과를 낳는다.

문화적 부인

'문화적 부인'(cultural denial)은 개인적 부인이나 국가 개입과는 다른 사례이다. 스딸린이나 오웰류의 전면적인 사상통제에 의존하지 않고도 전사회가 집단적 '부인'에 빠지는 경우가 있다. 무엇을 생각하라거나 생각하지 마라는 지시를 받지 않고도, 금지된 것을 '알고 있다'는 이유로 처벌받지 않고도, 사회가 어느 선까지 기억하고 시인할 것인지가 불문율 같은 합의에 도달한다. 사람들은 뻔히 거짓을 알면서도 정보를 믿는 체하거나, 의미 없는 구호와 저급한 의례에 충성을 바치는 척한다. 민주적인 사회에서도 이런 일이 종종 일어난다. 집단적인 과거사 부인은 고사하고(원주민 인권침해), 현재도 아무것도 모른다는 듯이 행동한다. 이런 사회는 '알려져' 있긴 하나 결코 시인하지 않는 잔인함, 차별, 억압, 배제 등에 기반을 둔 사회나 마찬가지다. 이런 '부인'은 국가가 먼저 시작할 수도 있지만 일단 시작되면 알아서 살아남아 가지를 뻗어간다. 사람들은 자기 사회는 아무 문제가 없다는 듯이 멀리 떨어진 다른 사회, 즉 '그런 데'서나 인권침해가 일어날 수 있다고 말한다. 이것은 보란 듯이 조직되기도 하지만, 국가가 직접 관여하지 않는다는 점에서 '공식적'이지는 않다. 홀로코스트 부정운동이 이런 문화적 '부인'의 악랄한 사례라 할 수 있다.

공식 부인과 문화적 부인의 상호의존성은, 인권침해와 사회적 고통에 대한 대중매체의 보도에서 가장 뚜렷하게 나타난다. 걸프전(1990년 이라크가 쿠웨이트를 침공하자 미국이 주도한 다국적군과 이라크군이 1991년에 벌인 전쟁─옮긴이) 당시 대중매체에 비친 전쟁 이미지는 현실의 생산자와 재생산자가 공모한 '부인' 중 압권적 사례였다. 대중도 눈에 보이는 이미지 이상을 진정 알고 싶어 하지 않았다. 핵무기 경쟁을 묘사하는 언어에도 공식 거짓말과 문화적 회피가 결합되어 나타난다. 워게임(war game)으로 비유한다거나 핵전쟁의 참상을 무효화(neutralization)하기 위해 말장난을 하는 경우를 들 수 있다. 핵무기 경쟁이 야기할 '상상 초월의 재앙'을 온전히 생각지 못하게끔 '부인' 언어체계를 별도로 만들기도 했다.[4]

'의식의 고양'을 위한 여러 움직임(여성운동, 정치운동, 인권운동)은 이런 부인이 초래하는 마비효과에 대항하는 운동이다. "이라크의 쿠르드족에 무슨 일이 일어났는지 나는 정말 몰랐어" 따위의 주장이 나오지 않게 하려면 개인적·심리적 기제에 주목하기보다 미디어와 정치문화를 급진적으로 변혁해야 한다. 사람들이 자신은 "그 사실을 몰랐다"고 쉽게 말하지 못하게 해야 한다. 극작가 아서 밀러가 앰네스티의 보고서에 서문을 쓴 적이 있다. "전세계에서 날아드는 소식을 쉴 새 없이 보고하는 앰네스티는 매일, 매주, 매월 '부인'을 공격하고 있다."[5]

특정 제도나 조직에서 일어나는 미시적인 '부인의 문화'도 있다. 가족들의 '결정적 거짓말' 그리고 정부관료·경찰·군 지휘관의 은폐와 조작은 개인적이지도 공식적인 행위도 아니다. 이런 집단은 자기검열을 행할 뿐 아니라, 공개적으로 논의할 경우 자기네 이미지에 먹칠할 문제에 침묵하는 법을 배운다. 국가가 직접 나서서 정교한 신화를 유지하는 경우도 있다(이스라엘군이 내세우는 '순결한 무력'이라는 신화로, 이들은 자기방위를 위해 도덕적으로 정당화되는 무력을 사용한다고 주장한다). 조직구성원이 서로 협동해 무지를 실천하기도 한다. 한 조직내에서 서로 다른 부서에서 일어나는 일을 모르게 해놓기도 한다. 이때 진실을 말하는 것은 고자질이고 밀고이며 적을 이롭게 하는 짓이기에 금기시된다.

시간—역사적 부인과 동시대적 부인

우리는 지금 먼 옛날에 일어나 이제는 기억과 역사의 영역에 자리잡은 일을 말하는가, 아니면 지금 일어나는 일을 말하는가? '오래전'이라는 말은 모호한 개념이지만, 역사적 부인과 동시대적 부인을 구분짓는 상식적인 시점이다.

역사적 부인

'역사적 부인'(historical denial)은 개인적이고 전기적(傳記的)인 차원에서 보자면 기억, 망각, 억압에 해당하는 문제이다. 우리는 흔히 자신이 원하는 것만 기억한다고 말한다. 좀더 논쟁적인 주장도 있다. 아동기의 성적 학대 같은 기억은 몇십년 동안 완전히 차단되어 있다가 갑자기 '회복'되기도 한다는 것이다. 그러나 여기서는 역사적으로 인정된 고통을 부인하는 행위만을 다룰 것이다. 여기서 다루는 기억은, 당신에게 일어난 일(피해자로서), 당신이 저지른 일(가해자로서), 당신이 목격한 일(관찰자로서)을 잊거나 회복하는 문제와 관련이 있다. 나찌시대를 거치면서 '방관자적 부인'을 다루는 단어장에 두가지 상투적인 문구가 추가되었다. '착한 독일인'과 '우리는 몰랐다.' 이런 부인은 집단적 망각('사회적 기억상실')이라는 더 넓은 문화적 범주에 속하는 현상이다. 예컨대 자기들이야말로 진짜 피해자라는 극히 편협한 기억 조작과 민족적 증오를 정당화하기 위해 부추기는 공격심리들이다. 국가가 공식적으로 제노싸이드나 과거의 인권침해 기록을 은폐하는 등 기억상실을 주도하기도 한다.

아르메니아 학살과 홀로코스트는 문자적·해석적 부인이 결합된 사례이다(그 사건은 일어나지 않았다, 너무 오래전 일이라서 정확히 입증할 수 없다, 사실을 여러가지로 해석할 수 있다, 그런 일이 일어났지만 제노싸이드는 아니다 등). 흔히 역사적 부인은 계획적으로 사건을 지웠다기보다, 사실 자체가 점차 기억의 블랙홀 속으로 빨려들어간 것이라 볼 수 있다. 전체 사회가 수치스런 역사적 진실을 은폐하기 위해 어떻게 공모했는지를 알기 위해 음모론이나 고의적 왜곡설을 들먹일 필요도 없다. 나찌 점령 시절의 부역 사실을 덮기 위해 레지스땅스 신화를 지어낸 프랑스의 예를 보라(2차대전중 프랑스에서 레지스땅스 운동이 활발했다는 주장은 전후 프랑스 역사해석의 주류를 이루었다. 그러나 이런 해석은 나찌에 부역한 비시정권이 프랑스사회의 참모습이고 레지스땅스 저항운동은 극히 일부에 지나지 않았다는 반론이 대두되면서 격렬한 논쟁이 벌어졌다—옮긴이). 머나먼 곳에서 일어난 인간고통의 기억은 '소수민족에 관한 기억상실의 정치' 메커니즘을 통해, 자기 주변에서 일어나는 기억상실보다 더 빨리, 더 철저히 삭제된다. 먼 나라에서 일어난 사건은 즉시 가해국정부에 의해 부인된다. 이 경우 정보의 전파는 제한되며, 그곳과 지정학적 이해관계가 거의 없거나 정반대로 너무나 밀접해서 상황은 더욱 악화된다. 피해자들은 멀리 떨어진 외딴 지역의 고립된 하찮은 사람들이다. 물론 이 중에는 좀더 동정이 가고 기억되는 집단도 있다.

국가폭력과 탄압을 자행하던 정권이 물러가고 새 정부가 들어서면 '과거사 해결'이 시급한 과제로 대두된다. 새 정부는 과거의 인권침해를 어떻게 처리할까? 남아프리카, 라틴아메리카, 과거 공산권 국가에 들어선 민주정부는 사건의 진상을 밝혀 상처를 치유할지 말지와 한다면 어떻게 할지를 둘러싸고 복잡한 논쟁이 벌어졌다. 너무 최근 일이라 차라리 덮어두는 게 나은 상처가 있을까. '과거를 파헤치는 것'이 사회 재건과 국가 차원의 화해 도모에 방해가 될까. 이전까지 은폐되고 부인되던 정보를 무조건 백일하에 드러내는 게 좋을까.

옛 소련 진영에서는 거북한 사실을 사람들이 잊어버렸으면 하면서 공식적으로 국가가 역사를 다시 쓰기도 했다. 하지만 대다수 사람들은 과거를 너무나 생생히 기억하고 있었다. 누구도 공식 거짓말을 믿지 않았다. 그러나 사적인 기억이 공개적으로 인정받으려면 공공담론에 포함되어야 했다. 진실위원회(Truth Commission, 진실화해위원회라고도 하며, 독재나 내전을 겪은 나라에서 과거사 해결을 위해 설립한 기구인데 전세계 20여개국에서 가동되었다. 한국에도 '진실화해를위한과거사정리위원회'를 비롯한 여러 진실위원회가 설립됐다—옮긴이)는 대중이 이미 알고 있는데도 공식 부인된 사실을 상징적으로 인정받을 수 있는 계기를 마련했다. 나는 이 책에서 '**아는 것**'(knowledge)과 '**시인하는 것**'(acknowledgement)을 자주 구분할 것이다.

동시대적 부인

우리는 주변에서 일어나는 모든 일을 다 인식할 수는 없다. 인지심리학에 따르면 사람들은 자기 마음이 처리할 수 있는 양보다 훨씬 더 많은 자극을 받는다. 미디어만 해도 엄청난 양의 정보를 제공하므로 (정보 과부하) 우리는 순간순간 선택할 수밖에 없다. 지각 필터가 사건들을 걸러내 어떤 지식은 완전히 차단되어버린다. 이렇게 '지금 이 순간을 부인하는 것'을 '동시대적 부인'(contemporary denial)이라고 한다. 이때 우리는 어떤 감정도 느끼지 못할뿐더러 받아들이는 정보에 대응하여 행동해야겠다는 책임감도 없다. 우리는 매일 접하는 사회적 고통에 관한 정보를 모조리 부인하지는 않는다 하더라도, 거기에 깃든 의미를 대부분 부정할 수밖에 없다. 고통 하나하나에 똑같이 의무감을 느낄 수는 없기 때문이다. '온정 피로증'(compassion fatigue, 너무 흔하거나 지속되는 불행에 동정심이 줄어드는 현상—옮긴이) 이론에 따르면 어떤 고통에 반응할 수 있는 능력은 시간이 지날수록 둔해지며('이제 굶주리는 아이들 사진을 더는 볼 수가 없어'), 여과작용은 더욱더 선택적으로 변한다. 오늘날처럼 각종 메시지가 비오듯 쏟아지는 환경에서는 역사적 부인이 일어날 때까지 기다릴 필요도 없다. 어떤 정보는 생성되는 순간 바로 사라져버리기 때문이다. 여기서는 어떻게 그런 일을 '부인'할 수 있느냐가 아니라, 사람들이 어떤 일에 애당초 주의를 기울일 수 있느냐가 중요하다.

역사적 부인과 동시대적 부인 사이에는 흥미로운 연관성도 있다. 인권침해 사건이 일어났을 때, 가해자들은 자기 행동이 불러올 파장을 피하기 위해 역사적 부인 같은 표현을 사용한다. 의도적이고 교묘한 완곡어법을 사용하고, 이중으로 해석할 수 있는 어휘를 구사하며, 법적으로 문제되는 문서를 인멸해버린다면 이런 표현은 사건 발생 이후에도 오랫동안 살아남을 수 있다.

행위 주체 — 피해자, 가해자, 관찰자

인권침해에는 삼각지대가 있다. 한쪽 모서리에는 '**피해자**'(victim)가 있다. 둘째 모서리에는 '**가해자**'(perpetrator)가 있다. 셋째 모서리에는 사건을 목격했거나 알고 있는 '**관찰자**'(observer) 또는 '**방관자**'(bystander)가 있다. 역할은 고정되어 있지 않다. 관찰자가 가해자 또는 피해자가 될 수도 있고, 가해자나 관찰자가 같은 '부인의 문화권'에 속하는 사람일 수도 있다.

피해자

피해자는 어쩌다 자신에게 '일어난' 사건이나', 누군가 고의적으로 저지른 끔찍한 행위로 고통받는 사람이다. 태풍에 집이 쓸려갔든, 폭행을 당했든, 이유를 막론하고 피해자는 '이런 일이 내게 일어날 순 없어'라고 중얼거린다. 이런 말은 그저 고통을 겪는 사람의 자연스런 반응이거나 상투적인 표현일 수도 있다. 또는 더욱 심오한 부인의 표현일 수도 있다. 현실감을 거의 느낄 수 없어서 지금 내게 일어난 일이 실제로는 다른 사람에게 일어난 거라고 여길 수도 있다. 강간당한 여성, 에이즈 양성 판정을 받은 사람, 자녀가 교통사고를 당했다는 소식을 접한 부모 또는 고문당한 정치범들에게 흔히 이같은 반응이 나타난다. 2장과 3장에서는 골치 아픈 정보를 잊기 위해 스스로 활용하는 심리적 수단을 고찰할 것이다.

문화적 차원에서도 이런 현상이 일어날 수 있다. 잠재적 피해자는 물론이고 노골적으로 박해받는 피해자조차 다가올 운명에 눈을 감곤 한다. 독일을 비롯한 유럽에 거주하던 유대인들은 경고음이 주변에서 들려왔음에도 앞으로 발생할 사건과 이미 다른 유대인들이 겪는 고난을 믿으려 하지 않았다. 명백한 경고를 무시했고, 조금씩 심해지던 박해를 매번 마지막이라고 생각했다. 또한 초기 소문을 믿지 않았으며, 자신은 물론이고 사랑하는 사람들이 죽임을 당할 터인데도 그것을 막을 방도가 전혀 없다는 사실을 애써 외면했다. 그리고 죄 없는 사람이 고통을 당할 리 없다는 믿음을 끝까지 고수하려 들었다. 사태를 관망하던 각국 정부 역시 유대인 절멸계획을 뒷받침하는 명백한 정보를 믿으려 하지 않았다. 도덕적인 무관심 때문이기도 했지만 피해자들처럼 현실을 내심 '부인'하고 싶어 했다. 도저히 믿을 수 없는 진실을 인정하지 않으려 했던 것이다.

이같은 부인은 임박한 위험에서 자신을 지키지 못하는 피해자에게 압도적으로 불리하지만, '부인'이 정신건강에 도움이 될 때도 많다. 폭탄테러의 위협이 상존하는 베이루트, 보고따, 벨파스트의 주민들을 생각해보라. 어떻게 1년 365일 계속 전전긍긍하며 살아갈 수 있겠는가. 일상생활을 꾸려나가려면 어떤 식으로든 '신경을 끄고' 살아야 한다.

가해자

정치적 박해와 중범죄를 저지른 가해자에게 "도대체 인간이 어떻게 그토록 흉악한 짓을 저질러놓고도 자기 행위를 부인할 수 있느냐"는 질문이 제기될 수 있다. 이러한 '부인'이야말로 인권침해에 원인을 제공하며, 가해자가 아무일도 없었다는 듯이 태연히 살아갈 수 있게 해준다. 이같은 '부인'기제는 시민들에게 악행을 저지르라고 부추기거나 어떤 일에 입도 뻥긋 마라고 촉구하는 공식담론과 정부의 대국민 성명 같은 데서도 나타난다. 이런 주장은 그후 비판을 잠재우기 위해 사용되는 정치적 수사에 다시 등장한다. 이런 식의 '연속성'은 4장에서 다룰 것이다.

방관자

내가 주목하는 주제가 바로 구경꾼, 청중, 목격자, 관찰자, 관객, 방관자들의 반응이다. 이들은 어떤 사건을 알거나 보거나 들은 사람인데, 세 부류로 나눌 수 있다. (1) **직접적·문자적·물리적·내부적 방관자**(인권침해나 고통의 현장을 직접 목격한 사람 또는 목격자에게 직접 전해 들은 사람). (2) **외부적·은유적 방관자**(주로 대중매체나 인도적 단체 등으로부터 정보를 접한 사람). (3) **방관국가**(타국 정부들이나 국제기구).

사건현장의 방관자

외부 관찰자가 볼 수 없는 사적 영역에서 많은 사람들이 고통받는다. 가까운 친지라도 피해자의 은밀한 고민은 알기 어렵다. 가정폭력은 피해자와 가해자만 아는 비밀로 영원히 묻힐 수 있다. 하지만 제삼자가 타인의 비밀스런 고통을 알게 되기도 한다. 예컨대 고문의 진상이 피구금자와 심문관을 넘어서 외부로 전해지기도 한다. 수감자를 심문관에게 호송해준 경찰이나 군인, 심문과정에서 수감자를 검진한 의사, 수감자의 진술을 청취한 판사와 변호사 등을 통해 소식이 바깥으로 새 나간다. 난민의 대규모 이동이나 인종청소 또는 기근 소식을 완전히 감출 수 없다. 이때 관찰자들은 사건현장에 있었거나 증언을 들을 수 있다. 강제수용소 근처 거주민, 노상강도 현장을 목격한 행인, 동네에서 납치된 후 끝내 '실종'(disappeared, 정식 사법절차 없이 행방불명 상태로 만들어버리는 불법행위. 주로 정적을 제거한 후 은폐를 위해 사용하며, 냉소적·은유적 개념임을 강조하기 위해 따옴표로 처리한다. 라틴아메리카에서 1970년대부터 'desaparecidos'라는 용어를 처음 사용했던 데서 비롯되었다―옮긴이)된 사람들을 목격한 주민 등이 직접 관찰자이다.

이제 고전이 된 '수동적 방관자 효과'―도시 주민들이 뻔히 아는 고통에 무심하고, 피해자를 돕지 않는 태도―라는 주제는 내가 머리말에서 간략히 언급한 제노비스 사건에서 비롯되었다. 3장과 6장에서 다룰 연구에 따르면, 다음 같은 경우에 주위사람들이 개입하지 않을 개연성이 높다. 우선, **책임이 분산될 때**이다("다른 사람들도 보고 있었어" "왜 내가 꼭 나서야 해?" "내 일도 아니잖아"). **피해자와 자신을 동일시하지 못할 때**도 개입하지 않는다. 우리는 누군가를 피해자로 인식하더라도 그 사람의 고통에 감응(感應)하지 못하면 행동하지 않을 개연성이 높다. 가족이나 친구, 동네사람들, 즉 우리의 도덕적 울타리 안의 사람이라면 돕겠지만, 밖의 사람이라면 돕지 않을 것이다. "그런 사람은 고생을 자초한 게 아닌가" 이는 성폭력을 당한 여성이 흔히 듣는 비난이다. 그리고 **어떻게 해야 할지 모를 때** 역시 사람들은 개입하지 않는다. 이런 경우에는 부인의 장벽을 치지 않더라도 혹은 진정 도덕적·심리적 갈등을 느끼더라도("소말리아의 사진을 내 마음에서 지울 수 없어"), 반드시 개입한다는 보장이 없다. 관찰자들은 어찌해야 할지 모를 때, 속수무책이거나 무기력할 때, 행동에 나선다고 해서 보상을 받는 것도 아닐뿐더러 괜히 나섰다가 불이익을 당할지도 모를 때에는 몸을 사릴 것이다.

방관자의 수동성에 관한 이런 설명은 도시 범죄, 노숙자 문제, 사건·사고 같은 일상적인 상황에도 적용된다. 사회심리학자들은 각종 실험을 통해 이런 수동성의 원인과 해결책을 찾으려고 노력해왔다. 일상적인 골칫거리든, 대규모 인간고통이든, 어떻게 하면 보통사람들의 측은지심과 이타적인 반응을 끌어낼 수 있을까? 방관자는 가해자와 대단히 유사할지도 모른다. 둘은 같은 소수민족 집단에 속하거나, 같은 이념을 신봉하고 고정관념에 사로잡혀 있고, '정의로운 세계건설' 같은 사고방식에 젖어 있으며, '피해자 비난'에 가담하는 사람(자기 같으면 그런 사건의 피해자가 되지 않을 거라고 믿거나, 피해자가 그런 일을 당해도 '싸다고' 생각하거나)일 수 있다. 이때 가해자처럼 방관자도 처음에 불쾌하게 생각하던 사건을 시간이 지나면서 점차 그럴 수 있는 일로 받아들이는 경향이 있다. 이들 방관자는 고통스런 피해자 정보를 회피하거나 최소화함으로써 자기가 목격한 일의 심각성을 부정한다.

홀로코스트의 방관자 연구에 따르면 이들은 '행동하지 않음, 무관심, 무감각의 이력'을 보인다고 한다.[6] 이웃이 고통받음에도 팔짱을 끼고 있었고, 피해자를 못 본 체했을 뿐 아니라 피해자의 지위나 재산을 차지하고도 아무렇지 않게 생각했다고 한다. 10장은 이런 수동성의 반대 사례를 검토한다. 위험을 무릅쓰고 인권침해 현실에 개입해 피해자를 돕는 관찰자도 분명히 있다.

외부 방관자

고통스러운 참상과 소식을 편안한 거실에서 마주하는 우리는 모두, 은유적 혹은 외부 방관자다. 그런 소식을 접한 후에도 짐짓 태평하게 신문을 넘기거나 텔레비전 채널을 돌리고, 심지어 휴가를 떠나기도 한다. 하지만 이런 망각전술은 그리 오래가지 못한다. 특히 어린이 뉴스는 우리 머릿속을 떠나지 않는다. 리우데자네이루의 길거리에서 살해된 어린이, 루마니아 고아원에서 에이즈로 신음하는 어린이, 방글라데시에서 노예노동자로 팔린 어린이, 태국의 집창촌에서 "깨끗하다"는 꼬리표가 붙어 거래되는 열두살짜리 여자아이, 손발이 잘린 씨에라리온의 소년병을 생각해보라. 그뿐인가. 양심의 가책을 가중시키려는 듯, 인도주의단체들은 우리에게 거듭 고통스러운 현실을 직시하라고 요구한다. 단체에 기부하라, 어린이와 결연을 맺으라, 탄원서에 서명하라, 시위에 참여하라, 회원가입을 하라, **무슨 일이든 좀 도와달라**······

우리가 인도구호단체의 호소에 어떻게 반응하는지를 설명하는 이론이나 자료는 많지 않다. 일부는 행동에 나서고, 대다수는 적당한 핑계를 찾아내며, 그저 무력감을 느끼며 앉아 있기도 하고, 아예 신경을 끄기도 한다. 먼 곳에서 일어나는 비극을 전하는 텔레비전 화면은 딴 세상 일을 전하는 듯하다. 그러나 사건현장의 방관자든 외부 방관자든 모두에게 제기되는 의문이 있다. 이것이 정녕 내 문제인가? 내가 피해자들과 감응할 수 있을까? 내가 대체 무엇을 할 수 있을까?

방관국가

각국 정부와 '국제사회' 역시 외부 방관자에 속한다. 원래 '방관국가'는 일찍이 유럽의 유대인들이 박해받는다는 사실을 인지하고서도 적극 대응하지 않은 연합국 정부들을 가리키는 용어였다. 이들 정부는 제노싸이드 혐의를 인정하지 않으려 했고, 강제수용소에 폭격을 가하는 조치를 취하지도 않았다. 르완다, 꼬소보, 체첸 사태에 서방정부가 행동을 취해야 한다고 계속해서 주문을 외는 일은 이제는 공염불이 되어버렸다.

오늘날 평화유지활동이나 인도적 개입 논쟁이 뜨겁다. 이런 논쟁은 국익, 도덕적 주체, 내정불간섭 원칙과 국가주권 원칙, 도덕적 상대주의에 대한 신념 같은 개념을 둘러싸고 벌어진다. '부인'이나 '방관자' 개념을 너무 넓게 규정하지 않더라도 둘은 어느정도 유사하다. 관찰자 정부는 가해국이나 무기거래측의 인권침해 행위에 공식논평을 내놓아야 할 때 문자적으로 부인하곤 한다. 냉소적이고 기만적으로 상대가 어떤 짓을 했는지 전혀 몰랐다고 주장하는 것이다. 현지 미국대사관에서 올려 보낸 '증거'를 미 국무부의 전세계 연례 인권보고서는 '혐의'로 둔갑시킨다. 인권침해 정보를 전혀 다른 인지적 틀 속에 배정하거나('민족분쟁' '질서회복' '안전보장 필요성' '평화협상 추진' 등), 그 사건의 정치적 함의를 부정해버린다. 유엔 같은 국제기구에서는 이런 행동이 거의 제도화되어 있다. 레오 쿠퍼는 "인권침해국을 감싸기 위해 유엔 회원국들이 발전시킨 부인 기법"이 있다고 말한다.[7]

보스니아 사태는 명백히 홀로코스트를 떠올리게 한다. 공식 소식통들은 인권침해, 집단강간, 강제수용소, 인종청소 등의 초기 현장보고를 처음에는 무시했다. 시간이 지나면서 모든 정부가 인권침해 자체는 인정했지만, 여러 현실적 이유를 들어 불개입 입장을 합리화했다. 보스니아보다 훨씬 홀로코스트에 가까운 르완다 사태 때도, 너무 동떨어져 있고 비중이 낮아 보였기 때문에 개입원칙을 둘러싼 논쟁조차 일어나지 않았다.

공간과 장소 — 당신 자신의 땅 또는 다른 곳

우리 가족, 사랑하는 친지들의 고통과 이방인의 고통을 인지하는 것 사이에는 너무나 근본적인 차이가 있다. 사랑과 염려와 의무가 얽힌 가족이라는 원초적 결합관계는 다른 어디도 없다. 그러나 인간의 도덕관의 경계는 사람마다 다르고, 역사적으로 볼 때 확장되거나 축소돼왔다. 우리의 도덕관은 가족과 친지, 이웃, 공동체, 민족, 종교, 국가, 나아가 '전세계 어린이'들에게까지 확장될 수 있다. 이 경계 지점은 심리적인 문제뿐 아니라 "이방인의 욕구"에 우리가 어떻게 대응해야 하는가라는 더 큰 담론에 연관되어 있다.[8]

당신은 자신이 속한 사회내 관찰과 경험을 통해 사회적 고통을 알게 된다. 그러나 머나먼 낯선 곳에 관한 정보는 주로 대중매체나 인도적 단체를 통해서만 접할 수 있다. 국가가 정보를 완전히 통제하는 고립된 사회가 아니라면 외국인보다 내국인이 자국의 사정을 더 잘 아는 게 당연하다. 내국인들은 직접 체험, 기억, 개인적 접촉, 국내 언론, 풍문, 정부 발표문이 풍기는 느낌, 대중이 공유하는 문화를 통해 다양한 정보를 입수할 수 있다. 이런 정보는 의미가 풍부하고 개인적이며 다차원적일 뿐 아니라 역사적 맥락을 띠고 있다. 당신은 최루가스 냄새를 맡을 수 있고, 고문 피해자를 알고 있으며, 군복무중인 사촌이 있고, 최근에 정치활동에 참여한 적도 있다. 또 적에 대해 뿌리깊은 적의를 품고 있을 뿐 아니라 타협의 결과를 걱정하기도 한다. 이런 구체적인 정보는 우리가 전해 듣는 외국 관련의 피상적이고 일차원적인 정보(헤드라인, 단신, 50초짜리 텔레비전 뉴스)와도 크게 다르다.

과거의 인권침해 사건의 진상을 밝히기 어려울 수도 있다. 고문실이 완전히 감춰져 있거나 집단매장지 표시가 없기도 하기 때문이다. 그러나 사람들은 자기 나라 안에서 일어나는 사건의 진상을 대개 짐작할 수 있고, 정부 역시 이런 상황을 알게 마련이다. 국가폭력 사건은 극비사항은 아니지만 공개적으로 시인되지도 않는다. 정보가 유포되지만 동시에 부정된다. 국민은 인권침해 사실을 알기 때문에 **그리고** 불확실하게 알기 때문에 하며, 다음엔 누가 잡혀갈까 하며 더욱 공포를 느낀다. 그러나 국가의 대외적 이미지는 정부의 공식 부인으로 별 문제가 없다.

가해자가 당신네 정부라면 당신의 정체성과 정치적 역할은 어떤 식으로든 영향을 받을 수밖에 없다. 물론 당신 자신은 인권침해에 직접 책임이 없다. 오히려 당신은 정부의 반대자이거나 피해자일지도 모른다. 그러나 어쨌든 당신의 나라다. 아무리 인권침해와 무관하고 그것에 비판적이더라도 당신은 문화, 역사, 충절 같은 견고한 끈으로 조국과 연결되어 있다. 이것은 별 느낌 없는 먼 나라의 공포정치 이야기가 아니다. 다른 나라의 인권침해는 죄책감, 수치와 충절 사이에서 고민조차 불필요하다.

그러나 내 나라 사건이라면 내 물질적 이익과 신변이 모두 위험할 수 있다. 이스라엘 시민의 '이해관계'는, 이스라엘에서 벌어진 사태에 관한 동일한 기사를 읽는 캐나다 시민과는 전혀 다르다. 자기네 정부 또는 일반대중의 통념에 맞서 행동한다면 혹독한 댓가를 치를 것이다. 배척, 고립 심지어 '배신자'라는 오명을 뒤집어쓰기 십상이다. 피해자를 위해 행동하다 자신의 인권을 침해당할 수도 있다.

대조적으로 외부 관찰자는 행동 전에 이런저런 고려가 불필요하다. 거창하게 뭘 하는 것이 아니라 후원금을 내고, 양심수에게 편지를 보내고, 단체에 회원으로 가입하는 정도가 고작이다. 이런 일엔 위험이 따르지 않는다. 씽가포르의 사형제도 폐지를 위해 앰네스티의 탄원서에 서명하는 스웨덴 시민은 대단한 행동을 하는 것이 아니다. 외부 관찰자는 이런 간단한 행동에 쉽게 참여할 수 있다. "그래, 나는 동티모르의 점령에 반대해" "그래, 나는 쿠르드족의 권리를 지지해" 외침 같은 아주 사소한 행동이라 하더라도 자국내에서는 사람들의 통념과 어긋날 수 있고 그리하여 불이익을 받을 수도 있다. 하지만 먼 곳에서 일어난 사건에 대한 도덕적 분노는 안전하고 비용도 크게 들지 않으며 그리 복잡하지도 않다.

그러니 국제적 사안에 적극 참여할 수 없도록 가로막는 다른 이유가 있을지도 모른다. 내 나라에서 일어나는 범죄, 실업, 아동학대, 노숙자, 인종차별, 환경오염 문제에 왜 관심을 기울여야 하는지 잘 안다. 하지만 알제리에서 100여명이 학살당한 사건 또는 말라위(Malawi)에서 어느 시인이 투옥된 사건에 내가 왜 신경써야 하는가? 강력한 도덕적 상위규범에 따르면 자국민을 먼저 돌보아야 마땅하다. "선행은 집안에서 시작되는 법이다." 국내의 시급한 사회문제가 먼 나라의 문제보다 분명 더 중요한 듯하다. 이런 상위규범을 1994년 동티모르에 관한 텔레비전 다큐멘터리에 출연한 영국의 국방차관 앨런 클라크가 아주 솔직히 표현했다.[9] 인도네시아에 수출된 무기가 동티모르의 학살에 사용된다는 사실을 아는가, 라는 질문에 클라크는 "나는 외국인이 다른 외국인에게 무슨 짓을 하든 별 관심이 없다"고 답했다.

그럼에도 국제인권단체들은 시민들에게 외국일을 생각해보라고 촉구해야 한다. 자신의 안락한 일상에서 벗어나 굳이 먼 외국의 문제에 신경쓰는 것이 자연스러운 행동은 아니다. 그리고 이런 정보가 전달되는 경로는 아주 단순하므로―대중매체, 우편물, 공개 탄원―손쉽게 우리 일상생활에서 분리될 수 있다. 우리는 텔레비전을 끌 수 있고, 후원 요청 편지를 던져버릴 수 있으며, 쉽게 자신의 일로 돌아가는 것처럼.

이와 달리 불편한 진실에 계속 '직면'할 수 없고 그것과 '함께 살' 수도 없으며, 그렇게 하기를 거부하는 '부인'은 더 깊은 차원의 보편적 현상이다. 예컨대 내 나라 문제든 다른 나라 문제든 "그보다 더한 일도 있는데" 하는 식으로 무시해버리는 행동처럼. 이리하여 당신은 "지금 일어나는 일이 사실은 그렇게 끔찍하진 않아"라는 회피성 안도감 속으로 도망칠 수 있다. 그리고 먼 나라에서 일어나는 일은 다른 여러 나라에서 발생하는 더 흉악한 사건들과 비교 후 상대화돼버린다. "다른 나라에서는 더 끔찍한 일도 일어나는 판에 왜 그 나라 사건에만 신경을 써야 돼?"

오든 같은 옛 거장들이 잘 알고 있었듯이, 고통은 언제나 다른 곳에
서만 일어나는 법이다.

2장

아는 것과 모르는 것
—부인의 심리학

이 장에서 나는 '부인'이라는 말이 일상에서 어떻게 쓰이는지 검토하고, 이 개념의 정신분석학적 기원을 고찰한 후, '자기기만' 이론과 인지 이론에서 다루는 '부인' 개념을 살펴보겠다.

일상 속의 부인

다음 같은 말을 '부인'하는 전형적인 응답을 상상해보라. "터키 경찰은 정치범들을 일상적으로 고문한다" "흡연은 폐암 발생 개연성을 높인다" "당신의 아내가 외도를 하고 있다." 이러한 정보를 부인하는 다섯가지 방식이 있다.

현실−지식 어떤 말의 '진리주장'(truth-claim, 진실이라고 주장되지만 경험적으로 입증되지 않은 가설—옮긴이) 자체를 부인하는 경우가 있다. "터키에서 고문은 일어나지 않는다" "흡연은 폐암과 아무 상관이 없다" "내 아내의 외도는 전혀 사실이 아니다." 아니면, 현실 자체를 부정하지는 않지만("그래, 아마 그런 일이 있었을지도 몰라"), 그 사실을 알았거나 알고 있다는 사실을 부정한다("그런 일이 있다는 건 전혀 몰랐어"). 사실 자체를 부정하는 것과 그 사실을 몰랐다고 주장하는 것은 전혀 다른 문제이다. 따라서 터키정부는 고문을 하지 않을 뿐 아니라 고문 자체가 금지되어 있다고 공식 주장한다. 터키에 휴가를 가지 마라는 인권단체의 호소에 영국 관광객은 그 나라에서 고문을 저지른다는 사실을 전혀 몰랐다고 대답한다.

사실에 대한 진술 자체를 허위라고 말하는 것은 '문자적'(총체적, 완전한, 사실적, 단언적) 부인에 속한다. 그런데 어떤 현실을 몰랐다고 표현할 때에도 문자 그대로 말을 사용하므로 혼선이 빚어지기도 한다. "나는 전혀 몰랐어, 내 아내가 그럴 줄은 정말 몰랐어, 내가 어떻게 알겠어."

현실-해석-함의 '해석적' 부인은 '어떤' 일이 일어나고 있다는 사실 자체는 인정한다. 하지만 이렇게 주장한다. 그러한 '어떤' 일은 사람들이 주장하는 것과는 다르게 보아야 한다. 또는 '어떤' 일은 다른 범주에 속한다. 경찰이 피의자를 약간 거칠게 다뤘을 수는 있겠지만 그것을 고문이라고 할 수는 없다. 흡연과 폐암 사이에 통계적 상관관계(correlation)가 있다 하더라도, 그렇다고 인과관계(causation)가 있다고 할 수는 없다. 내 아내와 이웃남자가 가까운 관계이긴 해도 그것이 외도는 아니다 등.

'함축적' 부인은 사실관계 그리고 그것의 일반적인 해석도 받아들인다. 하지만 그 사건에 깃든 정서적·도덕적 의미는 인정하지 않는다. 현실의 심각성을 부정하는 것이다. 함축적 부인은 가장 느슨한 형태의 부인이다. 그 사건을 경시하거나 아예 무관심한 태도를 보임으로써 행동에 나서라는 요구를 피해간다("나는 별로 개의치 않아. 내가 왜 나서야 해?").

  진실–기만 어떤 사건이나 그 사건에 대한 지식을 진심으로 또는 선의로 부정할 수도 있다. 그 사건을 진짜 '알지' 못했을지도 모른다(이때 '안다'는 말은 거의 무의식에 해당하므로 접근할 수 없다는 의미에서만 성립된다). 다른 한편, 악의적인 기만과 새빨간 거짓말도 있다. 터키정부의 공식 태도나 담배회사 경영자들이 내놓는 부인이 좋은 예이다. 차니는, 제노싸이드 사건은 '결백한' 부인과 '악의적' 부인은 부인의 연속선상에 있다고 말한다. '결백한' 부인은 그들(홀로코스트를 부인하는 '수정주의' 역사가들처럼)이 자신의 세계관을 진심으로 믿는 경우이다. 따라서 이들의 부인은 소위 '진정'한 부인이라 할 수 있다. '악의적' 부인은, 사람들이 진실을 뻔히 알고 있으면서도 새빨간 거짓말을 하고, 그것을 감추려 드는 것이다.[1] 정치인들과 공인들이 흔히 하는 거짓말이 바로 '악의적' 부인이다. 아내의 부정을 부인하는 남편의 경우에는 좀더 미묘한 해석이 가능하다. 정말 몰랐을 수도 있고, 의심은 했지만 적극적으로 조사하지 않았을 수도 있으며, 알면서도 몰랐다는 식으로 행동할 수도 있다.
  '부인'은 언제나 부분적인 현상이다. 부인하는 정보가 조금이라도 의식에 등재되기 때문이다. 이러한 역설 또는 이중성―'알면서도 모르는 상태'—이 '부인' 개념의 핵심이다. 윕저는 이것을 '의사(擬似) 우둔성'(pseudo-stupidity)이라고 부른다.[2]

의식-무의식 어떤 사건에 대한 대중의 반응—고문에 관한 인권단체의 고발, 담배와 발암에 관한 연구 발표, 부정부패를 폭로하는 언론 보도—에 대한 당사자의 부인은 결코 '무의식' 상태에서 이루어지지 않는다. 공인들은 자신이 당연히 알고 있어야 할 일도 거짓말을 한다. 그러나 외도, 질병, 가정폭력, 애도, 중독, 쎅슈얼리티 같은 개인사는 그 반대가 진실이다. 프로이트류의 메타서사를 흔히 수용하지 않는 사람도 거의 모든 '부인'을 무의식적인 방어기제로만 묘사·설명한다. 불편한 진실은 너무 위협적이어서 '알기' 어렵다. 따라서 이런 진실을 무의식적으로 접근 금지구역에 처박아둔다는 것이다. 이 장에서는 이런 설명에 관한 이론들을 다룰 것이다.

경험-행동 '부인'에 관한 인간 행동의 네 요소 중 세가지는 자연스럽게 연결된다. **'인지'**(아는 것) 영역에서는 어떤 사실을 부정하거나 그 사실을 알지 못했다고 한다. **'감정'**(느끼는 것) 영역에서는 아무런 느낌이 없다고 말한다("그 말을 들어도 아무 느낌이 안 들어"). **'도덕성'**(판단하는 것) 영역에서는 어떤 사건을 선선히 받아들이려 하지 않거나 아무런 판단도 하지 않는다고 말한다("뭐가 그리 잘못됐다는 건지 도대체 모르겠어").

네번째 요소인 **'행동'**(어떤 일을 행하는 것) 영역에서는 좀더 미묘한 방식으로 부인이 적용된다. 흡연과 폐암의 연관성을 입증한 분명한 정보를 알았다 치자. 하지만 당신은 그 정보를 무시하고 담배를 계속 피운다("결국 내가 문제지"). 또는 다른 방식으로 합리화하면서—무관심, 둔감, 수동적 방관—흡연을 계속한다("나도 이러고 싶겠어?"). 이런 현상은 복잡한 정신분석학보다는 정치적 신조, 비겁, 태만, 이기심, 도덕 불감증(amorality)으로 더 잘 설명될 수 있다. 물론 "알고도 행하지 않으면 모르는 것이다"라는 중국 금언에 동의하지 않는 한에서 그렇다.

천만다행으로(!) 일상적 의식이라는 핑계 덕분에 이러한 다섯가지 차원의 부인을 정연한 체계로 정리하기란 쉽지 않다. "몰랐다"라는 말에서 문자적 부인의 예를 들어보더라도 여러가지 의미가 있다. "그걸 생각도 못했어" "나 스스로 진실을 피한 거지" "긴가민가했어" "약간 알았지" "잠깐 안 적이 있어" "스스로 모른다고 믿었지만, 사실은 알고 있었음에 분명해." 임상심리학자들은 이들의 차이를 측정해 수치화하려고 한다. 부인 수치가 낮게 나온 것에는 경미한 인식의 과오(lapse), 불편한 느낌을 줄이려는 노력, 어려운 상황에서 희망을 찾으려는 시도 등이 포함된다. 외부 현실을 완전히 부인해버리면 수치가 높게 나온다. "나는 입원한 게 아니야. 여기는 관광호텔이야." 중간 수준에서는 어떤 사건 자체는 인정하면서도 그것의 의미와 고통스러운 결과를 부인한다.[3] 부인은 알려진 사실을 차단하려는 반응 외에도, 그러한 사실이 드러나는 상황을 피하려는 '사전(事前) 결정'일 수도 있다.

정신적 영역에서 정치적 영역으로 넘어가면 이같은 섬세한 구분이 아주 중요해진다. 평범한 시민인 당신이, 정부가 소수민족을 박해한다는 사실을 알게 됐다고 하자. 상황이 점점 더 악화되고, 이들 집단을 다른 곳으로 '이송'하리라는 소문도 들린다. 이 모든 정보를 어떻게 부인할 수 있을까?

• 당신은 현실에서 눈을 돌린다. 심란한 소식을 듣고 싶지 않거나, 어떤 입장을 취해야 할 상황에 놓이고 싶지 않기 때문이다. 그래서 텔레비전이나 신문을 멀리하고 정치활동을 하는 친구들과 연락을 끊는다.

• 당신은 이런 현실을 개의치 않거나, 그 의미를 이해하지 못한다. 당신의 세계관으로는 당연한 일이기 때문이다. 이런 상황에서도 당신은 정말 아무렇지도 않을뿐더러 거리낌도 없다.

• 일어나는 일을 보고는 있지만 그것을 믿으려 하지 않거나 '접수할 수'가 없다. 이런 사건이 실제 일어났고 그 의미 또한 진실이라면 당신의 정체성은 심각하게 흔들릴 것이다.

• 지금 무슨 일이 일어나는지 잘 알고 있지만 당신은 그 현실을 소리 높여 부정한다. 당국의 정책을 지지하거나 이 사건에 아무런 영향을 받지 않기 때문이다. 당신은 눈앞의 사건을 모른 체하거나 전혀 신경쓰지 않는다. 또는 국가의 공식 명령에 순종하거나, 어떤 문제에 대해서는 의사표현을 하지 말고 더 잘 아는 분들의 말을 곧이곧대로 믿어야 한다고 배워왔기 때문이다.

• 당신은 이런 사건에 신경이 쓰이고 심란하고 화가 나지만 여러 이유(괜히 나섰다가 찍히면 어쩌나 하는 두려움, 무력감, 자기보호, 뚜렷한 해결책의 부재) 때문에 침묵을 택한다. 개인적인 저항(편지 쓰기, 내부고발, 공직에서 물러나기)은 물론이고 집단적 항의에도 참여하지 않는다.

정치적으로 무관심하고 순종적인 사람들의 태도가 겉으로 보면 비슷해 보일지라도 심리적으로는 서로 다를 수 있다. 이들의 태도는 물론 '부인'이지만 단 하나의 개념에 딱 들어맞지 않을 수도 있다.

**세상이나 자신(또는 세상이나 자아에 관한 당신의 지식)에 관해 백퍼
센트 진실도 아니고 그렇다고 남을 속이려는 거짓말도 아닌 진술이 있기
때문에, 무엇인가를 알면서도 동시에 모르는 기이한 상태가 생겨난다. 사
람들이 어떤 사실을 부인하더라도, 그것의 존재를 '어떤 식으로든' 알고
있을 뿐 아니라, 동시에 그 사실을 부인하는 진술을 '어떤 식으로든' 믿
고 있음에 분명하다.**

'부인' 개념의 여러 용법들이 이같은 설명에 들어맞지 않을 수 있
고, 부인의 역설에 미치지 못할 수도 있다. 이런 경우, 정신분석학을
통해서만 '부인' 개념의 핵심에 다가갈 수 있다. 정신분석 전문가는 골
치 아픈 문제를 외면하는 피험자의 무의식을 다룬다. 어떤 일을 '부
인'하게 만든 처음의 괴로운 생각과 감정을 드러내게 하려고 한다. 이
때 환자는 저항하지만, 부인하는 사건을 결국은 의식하게 된다. 볼라
스의 말을 들어보자. "우리는 우리 내부에 부인기제가 작동하고 있음
을, 골치 아픈 사실을 인정하지 않으려는 욕구가 있음을 안다."[4] 나는
'부인'을 이처럼 정의하고자 한다.

'부인'의 정신분석학

기원—프로이트의 부인이론과 거부이론

첫번째 수수께끼는 표준적인 『프로이트 용어사전』(*Freudian Lexicon*)에 있다. '부인'(denial)이라는 말이 별도의 표제어가 아니라 거부 Disavowal(부인Denial)처럼 이중 표제어로 처리되어 있다.[5] 사전 편찬자는 전통적인 학설에 따라 프로이트의 독일어 용어 Verleugnung을 'disavowal'(거부 또는 부정)로 옮겼다. 편찬자는 '부인'이 좀더 일반적인 번역어지만, 'Verleugnung'을 사용한 프로이트의 원래 의도와 달리 영어의 '부인'이라는 단어는 좀더 강한 의미를 갖고 있다고 본 듯하다(예컨대 "나는 당신 주장의 진실성을 부인한다"라는 식으로). 게다가 'denial'이라는 말에는 '재화, 써비스, 권리 따위를 어떤 사람에게 제공하지 않는다(즉 '제공'을 보류하다)'처럼, 이 책에서 말하려는 내용과 무관한 뜻도 있다고 지적한다.

두번째 수수께끼는 프로이트가 '거부'(또는 '부인') 개념을 처음에는 상당히 모호하게 적용했다는 점이다. 사전에 따르면 프로이트는 'Verleugnung'을 "피험자가 트라우마성 지각(특히 여성이 남근의 결핍을 지각하는 것)을 인정하지 않으려 하는 일종의 방어양식을 설명할 때나 특히 페티시즘(Fetishism, 물신숭배)과 정신병을 설명할 때 Verleugnung 기제를 원용하는" 특정한 경우에 썼다."[6] 여기서 정신병(psychosis)을 거론한 것은 오해의 소지가 있다. 프로이트는 'Verleugnung' 이론을 주장하고 나서 얼마 되지 않아 '거부'와 '부인'—심각한 정신병적 상태—을 구분했기 때문이다.

프로이트는 이미 1894년에 "자아는 견디기 어려운 생각과 그에 연관된 정서를 거부하며, 자신이 마치 그런 생각을 전혀 하지 않은 듯이 행동한다"라고 언급한 바 있다.[7] 그러나 'Verleugnung'이라는 용어 자체는 1923년에 작성한 소아생식기 조직에 관한 논문에서 처음 등장한다. 프로이트에 따르면 어린아이는 우연히 어머니나 누이의 맨몸을 보고 모든 사람이 남근을 가진 것은 아니라는 사실을 깨닫는다. 여기서 조금 이상한 점이 발견된다. "우리는 남자아이가 어떤 사람에게는 남근이 없음을 지각한 후 어떻게 반응하는지 알고 있다. 그 아이는 이 사실을 거부하고(disavow), 자신이 실제로는 남근을 보았다고 믿는다."[8] 이는 자신이 목격한 것을 받아들이지 않는 것이나 마찬가지이다. 아이들은 어쩌면 자신의 관찰경험과 기존 생각의 불일치를 무시할 방법을 찾을지도 모른다. 예를 들어 "나중에 자라겠지"라고 생각할 수 있다. 그러나 시간이 지나면서 이들은 여성에게는 남근이 없고 영원히 없는데 이는 '거세'되었기 때문이라는 당혹스런 진실에 직면한다. 그럼에도 여자아이의 '거세' 가능성은 차마 받아들이지 못하고 자신에게도 그같은 일이 일어날 수 있다고 생각한 남자아이는 자신이 여자아이의 남근을 **실제로 보았다**고 믿는다는 것이다. 과연 그럴까.

그로부터 2년 뒤 프로이트는 여자아이에게도 이와 비슷한 거부기제가 작동한다는 점을 입증하려 했다.[9] 여자아이는 자신에게 남자아이와 달리 크고 뚜렷하고 우월한 생식기가 없다는 중요한 사실을 발견하는데, 이를 통해 남근을 '선망'하도록 운명지어져 있다는 것이다. 남자아이는 자기가 본 것을 즉시 '거부'하거나 '아무것도 못 봤'다고 주장하지만, 여자아이는 시간이 지난 후에야 자신의 발견에 대해 정신적인 중요성을 부여한다고 한다. 하지만 남근의 결핍을 처음 안 시점에서도 여자아이는 남자아이와는 달리 행동한다. "여자아이는 그 사실을 알자마자 자기에게는 남근이 없다는 사실을 인정하고, 그것을 원하게 된다."[10] 프로이트에 따르면 여성에게는 남근을 갖고 싶은 희망과 그 무엇보다 남성이 되고 싶다는 선망이 오랫동안 사라지지 않는다. 이런 선망이 지나치면 기이하고 설명하기 어려운 행동도 할지 모른다. "또다시 내가 '거부'라고 부르는 과정이 시작될 것이다. 이 과정은 소아의 정신세계에서는 생소하거나 위험하지 않은 것으로 받아들여지지만, 성인의 경우 정신병의 발병에 해당할 수도 있다."[11] 프로이트는 계속해서 이렇게 설명한다. "따라서 이런 여성은 자신이 거세되었다는 사실을 인정하지 않고, 자신에게도 남근이 존재한다고 확신하며, 그 결과 자신이 마치 남성인 양 행동할 위험이 있다."[12] 실로 심각한 '부인'이다.

이같은 주장을 하기 1년 전에, 프로이트는 '신경증적(neurotic) 현실부인'과 '정신병적(psychotic) 현실부인'을 구분하면서도, 두가지 모두 '억압'(repression)에 속한다고 생각함으로써 혼동을 낳았다. 현실적 상황 때문에 자아가 삶의 본능을 지배하는 '이드'의 일부를 억제하는 것이 신경증인 반면, 정신병에서는 이드가 자아를 통제하기 때문에 자아는 현실세계에 발붙이지도 못한다. 이에 따르면 신경증은 불완전한 억압인 셈이다. 그러므로 자아가 본능적 욕구(예컨대 금지된 대상을 사랑하는 것)를 억압하는 것은 신경증에 속한다. 이때 우리는 억압을 통해 그것을 '잊게' 된다(반드시 따옴표 사용). 프로이트가 거론한 사례가 좋은 본보기다. 형부를 마음속으로 짝사랑한 여성이 있었다. 언니의 임종을 맞아 이 여성은 "이제 형부와 결혼할 수 있겠구나"라고 생각하고선 자신도 깜짝 놀라 즉각 이 금지된 욕망을 억눌러버린다.

이에 반해, 정신병은 실제 일어난 사건, 즉 언니의 죽음을 거부했을 것이다.

이 모든 해석은 약간 혼란스럽다. 프로이트의 논문은 신경증적 반응과 정신병적 반응의 유사점과 차이점을 모두 보여준다. 두 경우 모두, 스스로 적응할 수 없는 외부세계의 금지를 반항하는 이드를 드러낸다. 그러나 "신경증은 현실 자체를 거부하지 않고 무시하는 반면, 정신병은 현실을 거부하고 다른 것으로 대체하려 한다."[14] 프로이트는 결국 우리가 일상에서 경험하는 '부인'에 가까운 개념을 정의하는 데 이른다. "신경증은 문제가 되는 현실을 회피하고, 그것과 접촉하지 않도록 자신을 보호하는 데서 만족을 찾는다."[15]

프로이트는 1927년 페티시즘에 관한 논문을 발표한다. 이 논문은 흔히 프로이트의 '거부' 개념 또는 '부인' 개념의 기원이 되었다고 인용되는데 이건 오류다.[16] 페티시즘에 빠진 사람은 양립될 수 없는 두 입장을 고수하려는 유아적인 태도를 견지한다고 프로이트는 주장한다. 이런 사람은 여성 거세 같은 사실을 거부할 뿐 아니라 인정하기도 한다. 예컨대 사람의 발에 집착하는 페티시즘의 경우 **모든** 남근을 무조건 대체하는 대상으로 발을 숭배하는 게 아니라, 성년이 되면서 '상실한' 유아기 남근의 대체물로 그러한다는 것이다. 프로이트는 이같은 기이한 학설을 확증하기 위해 필사적인 노력을 기울인다.

이러한 페티시즘은 남자아이가 어릴 때 철석같이 믿었을뿐더러, 우리에게도 친숙한 이유로 성장해서도 포기하지 못하는 여성(어머니)의 남근을 대체하려는 것이다. 그러므로 이런 남자아이는 여성에게는 남근이 없다는 사실을 지각하고도 그것을 인지하려

94

들지 않는 셈이다. 아니야, 그럴 리 없어. 만일 여성의 남근이 거세되었다면 내가 가진 남근도 거세될지도 몰라.[17]

그의 설명은 더욱 모호해진다. 프로이트는 갑자기 '부인'의 내용 대신 '부인'의 작동기제로 주제를 옮긴다. 여기서 우리는 앎과 모름의 역설을 볼 수 있다. 프로이트는 이렇게 묻는다. 남자아이가 자신의 지각을 '암점(暗點)화'(scotomatization, 시야에 보이지 않는 부분, 즉 '암점'이 발생한 현상—옮긴이)했다고 말해야 할까? 즉 자기 지각을 정신병적 의미에서, 심지어 생리적 의미에서도 '쓸어내'버렸다고 말할 수 있을까? 아니다. 정신분석학은 이런 현상을 설명하기 위해 '억압'이라는 완벽한 용어를 준비해두고 있다. 하지만 '거부'와 '억압' 개념은 구분해야 한다. 'Verleugnung' 즉 '거부'는 어떤 **관념**을 나타내지만 '억압'을 뜻하는 'Verdangung'은 **감정**에 적용되는 용어이다. 또한 '암점화'는 망막에서 상이 사라진 것처럼, 정신적으로 전혀 지각할 수 없다는 뜻을 함축하므로, '부인'(거부)을 표현하기에는 부적절한 용어라 할 수 있다.[18] 진정한 '부인'은 '암점화'와 다르다. '부인'하려면 최초의 지각을 유지하면서도, 그것을 거부하기 위해 적극적인 행동을 취해야 하기 때문이다. 남자아이는 여성이 남근을 가지고 있다는 믿음을 고수하거나 견지하지 않았다. "남자아이는 그것을 계속 믿음과 동시에 그 믿음을 포기했다."[19]

이러한 모순적인 상황이 존재하거나, 존재한다고 의심해야만 '부인'의 개념이 중요해진다. 프로이트는 아버지의 죽음을 '암점화'한 듯한 형제의 사례를 거론한다. 하지만 이 경우는 오히려 '의식의 분할'에 가깝다. 아버지가 돌아가신 것을 인정하지 않는 태도는 "그들 정신의 한가지 저류에만 해당될 뿐이었다. 다른 한쪽에는 아버지의 죽음을 충분히 인지하는 저류가 있었다. 자신의 소망에 부합되는 태도(아버지 죽음의 부정)와, 현실에 부합되는 태도(아버지 죽음의 인정)가 공존했다."[20]

프로이트는 삶의 거북한 현실을 수용하면서도 거부하는, 놀라운 발견에 매료되었다. 이런 거북한 현실을 직면하기는 두렵지만 그렇다고 무시할 수도 없다. 그에 대한 타협책으로 현실을 '인정하면서도 부인'하는 것이다. 하지만 프로이트는 이런 해결책이 바람직하다고 보지 않았다. 그것은 현실을 직시하지 않고 도피하려는 '허위의 해결책'이자, 피험자들이 자신의 통찰력을 이용해 이러한 지각분할을 통합하려 하지 않고, '전도된 주장'을 통해 현실을 오도하는 것이다. 프로이트는 이를 "교활하다고 해도 좋을 만큼" 현실을 제멋대로 다루는 방식이라고 보았다.[21]

'부인' 중에는 분명 '교활한' 것들도 많다. 실제로 '부인'이라는 말에서는 무의식이라고 여겨지는 과정에 고의성이 숨어 있다는 뉘앙스가 묻어난다. 어쨌든 남근 선망, 거세, 페티시즘에 관한 소위 지적인 고찰은 차치하고라도 프로이트류의 메타심리학이 여전히 '부인'에 관한 논쟁의 이론틀을 제공하고 있는 것은 사실이다.

현실과 의미

프로이트는, 사람들이 어떤 객관적인 현상의 존재 자체를 부인한다기보다, 자신이 지각하는 현실과 연관된 '싫은 생각'을 부인한다고 주장했다. 정신병을 앓는 게 아니라면, 피험자는 사물을 정확히 묘사할 수 있는(적어도 이론상으로는) 능력이 있다는 것이다. "원래 프로이트가 설명한 거부나 부인은 실제 지각이 결여되었거나 왜곡된 상태를 가리키는 게 아니라, 지각되는 사물의 중요성이나 그 함의를 완전히 평가하지 못하는 것을 말한다."[22]

하지만 이런 구분은 겉보기와는 달리 훨씬 더 복잡미묘하다. 첫째, 프로이트는 사람들이 부인하는 대상이 현실 그 자체가 아니라 현실의 심각성(해석과 함의)이라고 주장했지만, 프로이트 자신의 설명들에는 일관성이 결여되어 있다. 따라서 이런 설명에 따르면 흔히 현실(사건, 사실, 사물) 자체도 부정된다. 둘째, 지각과 의미의 엄밀한 구분은 결코 단순하지 않다. 셋째, 어떤 사람이 부인하는 것을 그 사람이 이미 알고 있거나 알았을지—분명히 알았을 것이다, 또는 알았어야 했다, 라는 식이 되면 이야기가 훨씬 더 복잡해진다—어떻게 확신할 수 있는가? 정신분석 치료사라면 어떤 증상을 관찰할 수 있으므로 피험자의 꿈, 말실수, 억압된 감정의 무의식적인 '행동화'를 판별할 수 있는 방법이 있다. 하지만 오래전 학살사건을 목격한 사람의 증언을 기자가 들은 경우, 그 사람이 뭔가를 보지 못했다고 주장하지만 사실은 분명히 보았을 거라고 생각할 수 있는 근거가 어디에 있는가?

지각 분할

프로이트는 페티시즘 논문에서 우리 정신에는 양립할 수 없는 지각 또는 분할된 지각이 포함돼 있다는 학설을 제시했다. 그는 어린아이가 남성과 여성의 해부학적 차이를 거부하는 까닭은 피험자의 자아가 분할되기 있기 때문이라고 생각했다. 몇년 뒤에는 자아가 분할되기 때문에 거부한다는 설명을 재차 내놓았다.[23] 페티시즘에 빠진 사람은 두가지 반응을 함께 보인다. 즉 여성에게 남근이 결핍되었다는 지각을 **거부**하면서도, 그러한 결핍과 그로 인한 불안을 **인정**한다. 프로이트는 '거부'에는 반드시 '인정'이 따른다고 주장한다. 이처럼 양립 불가능한 입장이 언제나 존재한다는 것이다. 현실을 고려하면서도, 현실에서 자아를 분리한다. 이러한 정신상태는 "서로 영향을 주지 않으면서 평생 공존한다. 바로 이것을 자아의 분할이라고 부를 수 있다."[24]

의식의 '분할'이라는 비유는 '부인'에 관한 거의 모든 이론, 더 나아가 대중담론에서도 나타난다. 논란의 여지가 대단히 큰 주장임에도 불구하고 그 개념이 쉽게 용인된다는 사실이 놀랍다. 프로이트는 '거부'를 "하나의 사물을 알면서 동시에 알지 못하는, 시야의 암흑상태"로 규정한 듯하다.[25] 이 설명은 '부인'의 이미지를 완벽하게 전달한다. 하지만 어떻게 이런 일이 일어나는가? 도대체 어떻게 우리가 어떤 존재를 부인하면서, 마음 한구석에서는 인정할 수 있단 말인가?

억압 대 부인

프로이트는 '억압'과 '거부'를 구분하려 했지만, 그의 논리에 앞뒤가 맞지 않은 점이 엿보인다. 어떤 글에서 억압은 감정을, 거부는 관념을 가리킨다. 하지만 다른 글에서는 억압을 내면의 본능적 요구에 맞서는 방어기제로, 거부/부인을 외부의 현실에 맞서는 방어기제로 표현한다. 후대의 이론가들은 이 모든 구분을 더욱 혼란스럽게 만들어놓았다. 어머니가 갓 태어난 아이에게 느끼는 적대감을 부정하고, 아들이 오이디푸스적 환상을 부정하며, 남성이 동성애적 욕망을 부정하는 등의 '부인'을 설명하는 서술들이 있는데, 이는 외부 실재의 인정과 실재에 관한 소망을 구분하려고도 하지 않는다.

프로이트가 의도한 대로 '억압' 개념은 머지않아 전체 정신분석학

98

서술방식을 추동하다시피 했다. 이 개념은 특히 유아기의 성적 경험—그것이 실제 사실이든, 상상이든, 욕구의 대상이었든 간에—을 '잊어버리는' 현상을 묘사하기 위해 사용되었다. '과거의 부인'은 '과거의 억압'과 동의어가 되었고, 부인 개념 그 자체도 억압이나 해리(解離, dissociation) 같은 방어기제와 명확히 구분되지 않았다.

의식 대 무의식

'부인'의 전과정은 무의식 속에서 일어난다고 정신분석학적 모델이 가정한다고들 생각한다. 그러나 정신분석학은 불쾌한 지각의 일부만이 무의식의 영역으로 사라지고, 나머지는 의식의 영역에 남아 있을 수 있음을 인정한다. 불쾌한 지각이 처음에는 인식되지만(이것도 부인될 수 있지만), 그후 시간이 지나면서 무의식적으로 정보의 '소실'이 일어난다. 이렇게 순서대로 '부인'기제가 발생한다는 설명은, 의식적인 사고가 침투하지 못하게 하고, 외부 정보를 철저히 검열해서 도저히 그 안쪽을 볼 수 없게 만들다가도 범상치 않은 일이 일어날 것이라는 경고등을 비쳐주기도 하는 신비한 내면의 장벽을 가정하는 것보다 더 그럴 듯하게 들린다. 하지만 이러한 부분적 '의식/무의식'의 서글픈 설명을 받아들이지 않을 때도 있다. 우리는 "그 여자가 무슨 짓을 하는지 너는 처음부터 알고 있었지!"라고 잔인할 정도로 매섭게 추궁하지 않는가.

그러나 프로이트의 이론에서 방어기제는 반드시 무의식적이어야 한다. 어떤 일을 진실이 아니라고 '통념적인 의미에서' 부인하는 것이, '과학적인 의미에서' 무의식적으로 부인하는 것과 반드시 일치하지 않을 수도 있다.[26] 이런 구분이 불가사의할 것 같지는 않다. 인권침해 사건을 직접 본 많은 목격자들이 일반인들이 흔히 구사하는 '공간적' 은유로 지각의 '분할'을 설명한다. "나는 몰랐어." 하지만 (보통 시간이 지난 후에) "내 마음 **한구석**에서는 그것을 알았겠지(또는 분명히 알고 있었을 거야)." 따라서 "자아의 일부는 어떤 일을 진실이 아니라고 '선 언'하면서도, 또 **다른 구석**에서는 그것을 진실이라고 '인정'할 수 있 다."[27] 그런데 문제는, 당신의 자아에서 어떤 것을 '부인'하는 부분이 **무의식적**인 데다 현실에서 완전히 분리되어 있다면, 당신이 무슨 짓을 부인하든 어떻게 책임을 물을 수 있겠는가?

이후의 전개과정

'부인'에 관한 후대의 이론도 초기 이론과 크게 다르지 않다. 안나 프로이트의 연구에 따르면 '부인'은 어린아이의 유희와 공상에서 자주 일어난다.[28] 어린아이는 성인처럼 정교한 방어기제를 동원할 수 없다. 따라서 싫거나 무서운 지각을 차단하기 위한 대응기제로 흔히 '부인' 을 구사한다. 안나 프로이트는 긍정적인 주장(즉 공상)이 부정적인 부 인 위에 일종의 장막을 쳐버린다고 했다. "어린아이가 실제 사실을 자 신의 공상이나 말이나 행동 속에서 뒤집을 때 현실을 부인하는 행위 가 성립되고 확인된다."[29] 대다수 프로이트파 학자와 마찬가지로 안나 프로이트 역시 분석의 초점을 외부의 실재에서 내면의 감정으로, 부인 에서 억압으로 계속 옮겨간다.

또한 안나 프로이트는 성인이 어린아이보다 더 완강히 부인한다고 지적한다. 어린아이는 실제 현실의 어떤 측면을 한순간 부인했다가 다음 순간 그것을 인정하곤 한다. 성인들, 특히 부인대응기제 하에서 자신의 삶을 구축해온 이들은 자신의 입장을 끝까지 고수하려 하고, 현실과 직면할 때 커다란 위협을 느낀다. 선동 정치인들과 완고한 사람들의 경우 "부인은 거짓말과 곡해로 이어진다."[30] 하지만 이런 설명은 설득력이 있지만 또한 혼란스럽다. 무의식적인 방어기제가 대체 어떻게 고의적인 거짓말과 정치적 선동으로 '이어질' 수 있는가?

'부인' 관념을 정상(긍정적, 건강한, 필요한, 도움이 되고 가치있는 것)으로 보는 관점은 '항상성'(homeostasis, 생명체가 내외 환경의 변화에 맞추어 생리적인 균형을 유지하려는 경향—옮긴이) 개념에 근거한다. 즉 강렬한 빛 앞에서 망막을 보호하기 위해 고개를 돌리거나 눈을 감는 것처럼, 부인 역시 고통스런 감정에서 자신을 보호한다는 것이다. 우리가 어떤 상황을 위험하다고 '전(前)의식적'으로 평가할 때 고통스런 감정이 발생하며 그것이 관심의 초점을 다른 데로 돌리게 한다는 말이다.[31] 하지만 어떤 방어기제가 현실 적응력이 있는가? 만일 환자가 현실을 '부인'한 후 상태가 호전된다면 그것은 건강에 도움이 된다고 할 수 있겠지만, 더 악화된다면 병적이라고 할 수 있지 않겠는가?

억압과 부인 그리고 거부를 명확히 구분하기는 어렵다. 이 개념들은 모두 무의식적인 위험을 쫓아버리고, 억압된 채 남아 있을 '진실'이 침투해 들어오는 것을 '방수처리'하기 위한 '원초적 동인(動因)'에서 비롯된다.[32] 웨잉은 우리가 '부인'을 결코 '자발적으로 의식'하지 못하며, 외부의 관찰자만이 그것을 인지할 수 있다고 한다. 하지만 우리는 억압에도 불구하고 진실이 스며드는 '누수 현상'에 맞서는 **의식적인** 기제를 작동시킨다. 이러한 의식적 기제는 종교적 믿음이나 새빨간 거짓말 같은 구성물에 의해 추가 '방수처리'된다. 당신은 거짓말로 상대를 속이는데, 이는 다시 현실을 부인하는 당신의 성향을 강화한다. 특히 정치적 영역에서는 결정적으로 중요한 이론적 절충안이다. 웨잉은 여기서 '방수처리'보다 더 적절한 비유를 제시한다. "어떤 정신적 표상을 부정하거나, 감정을 거부하는 것은 '소극적 환각'(negative hallucination)을 경험하는 것과 유사하다." 이것은 무언가 있어야 할 자리에 아무것도 없는 상태를 뜻한다. 그러나 이러한 지각의 공백 상태는 현실감각의 압력과 현실을 인식하려는 갈망 때문에 쉽사리 허용될 수 없다.[33] 당신은 "아무일도 없었다"는 식의 공허함을 오래 견디지 못한다. 따라서 성공적이지 못한 '부인' 기제를 돕기 위해 '적극적 환각'(positive hallucination)——공상, 가공의 상상, 합리화, 요정 이야기, 이념 등——이 등장해 구체적인 이미지를 갈망하는 욕구를 충족시킨다. 물론 이러한 '이미지'는 개인이 마음대로 만들어낼 수 있는 것이 아니고, 자신을 둘러싼 문화에서 비롯된다.

그런데 이런 결론에 도달하기 위해 그렇게 먼 길을 돌아갈 필요는 없다. 그리고 대다수 부인이 명백한 실재를 정신병적으로 부정하는 게 아니라 그 의미만을 회피한다 하더라도, 정신병이 아닌데도 '문자적'으로 부인하는 경우도 많다. 물론 지속적으로 현실을 부정하는 행위 가운데는 정신병적인 것도 있고("아버지는 돌아가시지 않았어"), 남에게 피해를 주지는 않지만 문화적 **'또라이'**(meshugas)라서 그런 경우도 있고("엘비스 프레슬리는 절대 죽지 않았어"), 종교적 믿음 때문인 경우도 있다("우리 교주님은 돌아가신 게 아니야"). '어떤 일'을 인정하는 것 자체가 상상할 수 없는 비극일 때 대안적 진술을 내놓을 필요성이 더욱 커진다. 인간이 극심한 대규모 고통에 직면할 때 이런 반응이 나오기 쉽다. 웨잉은 고통스러울 만큼 적절한 사례를 제시한다. 바르샤바 게토의 유대인들은 자신들이 절멸의 위험에 처했다는 사실을 부인했다. 유럽 한복판에서 어떻게 그런 일이 있어날 수 있어? 공산주의자들만 죽이겠지. 그러나 부인이 당장은 불안을 덜어주긴 하지만, 언젠가 닥칠 위험에 대비해 정신을 바짝 차리기 위해서는 "부인이 주는 편안함을 물리쳐야 한다"는 이상한 '역설'에 처할 수밖에 없다.

이러한 설명은 관찰자가 타인의 고통을 부인하는 것보다, 피해자가 자기 현실을 부인하는 데 더 잘 적용된다. 우리 자신과 관련된 불쾌하고 위험한 소식을 부인하는 현상을 반드시 연구해보아야 한다. 하지만 타인의 고통에 대해서는 그 사실을 꼭 인지해야 할 이유도 없다. 동티모르 집단학살 사건의 의미를 부인하는 행위가 반드시 불합리하지만은 않다. 또 그런 사실을 인정한다고 해서 우리에게 위험이 닥치는 것도 아니다. 어떤 정신분석가들은 '진짜 현실'을 심리적으로 존재하지 않는 것으로 전환하려면 합당한 댓가를 치러야 한다고 주장한다. 에르리히(Ehrlich)는 이렇게 말한다. "그런 식으로 우둔하게 현실을 부인해버리더라도, 그것을 못 본 체할 수 없을뿐더러 결국 댓가를 지불해야 한다. 죄를 지은 자아는 조만간 정신적 가책에 직면할 수밖에 없다."[34] 그런데, 이 설명은 자기 아버지를 미워했던 운 나쁜 '죄인'인 아들에게는 들어맞을지 모른다. 하지만 인권침해가 일어나는 이 현실세계에서는 사건의 추이를 잘 아는 관찰자 또는 심지어 가해자조차도 최종 결과에 직면하지 않을 개연성이 높다. 공적 영역에서는 부인에 따르는 정신적 비용이 발생한다고 보장할 수 없기 때문이다.

공적 영역에서든 사적 영역에서든 '부인'은 소극적(주의를 기울이지 않는 것, 시선을 돌리는 행위) 행위가 아니라 적극적(완강한 부인, 거절, 부정, 거부 등) 행위인 듯하다.[35] 폭정에 시달리는 사람들이 현실을 적극 부인할 때도 있겠지만, 대다수는 그저 잊은 듯이 일상을 살아갈 수도 있다. 먼 데서 들려오는 고통의 소식에 대해서는 더욱 그러하다. 우리는 매일 수천명의 어린아이들이 기아로 죽어간다는 사실을 **적극** 부인하지는 않는다. 단지, 이같은 지식을 망각의 주머니에 집어넣고, 그것과 더불어 살아가는 법을 배운다. 흔히 하는 말로 자나깨나 **그것만 생각하면서** 살지는 않는다. 하지만 '망각의 주머니에 넣기'라는 말은, 분할이나 구획화(compartmentalization), 고립처럼 공간적 비유이다. 그러나 이런 비유는 중요한 정보가 어떻게 의식에 등재되고 부인되는지를 결국은 설명하지 못한다. 지각과 해석의 모호한 구분은 더욱 설명하지 못한다. 만일 '리틀 레드 라이딩 후드'(Little Red Riding Hood)리는 소녀가 침대가 비었다고 착각했다면 이는 분명 정신병적인 부인에 속했을 것이다(그림Grimm 동화에 등장하는 소녀 '리틀 레드 라이딩 후드'는 숲에서 집으로 돌아왔을 때 늑대가 할머니처럼 위장하고 침대에 누워 있는 것을 발견한다—옮긴이). 그러나 정신병적 부인까지는 아니라도, 정말 그 순간 '통상적인' 부인이 작동하여 침대에 누운 이를 진짜 할머니라고 오인할 수 있던 걸까(얼굴도 이상하고, 주둥이도 뾰족하고, 큰 스카프를 쓰고 있고, 손가락 사이에 털이 나 있는데도?). 소녀는 침대를 보는 순간 거기에 자기 할머니가 아닌 늑대가 누워 있음을 알아차렸어야 마땅하다. 그러나 자신이 마주한 것의 정체를 깨닫지 못했다. 따라서 현실에 내재한 함축성, 요구, 메시지, 위험성을 오롯이 파악하려면 소녀에게는 치료와 교육과 의식훈련이 필요하다. "후드 양, 잘 들으세요. 늑대 가까이 다가갈 때는 그놈이 어떤 짓을 할지 잘 알고 있어야 해요."

사실과 해석의 차이는 차치하고, 개인적·정치적 삶에서 우리는 다음을 끊임없이 물어야 한다. "무엇이 진실을 끝까지 추구하지 못하도록 가로막는가?" 그리고 "우리는 진실을 발견했을 때 무엇을 하는가?"

역사상 가장 유명한 '부인자' 오이디푸스에게 이 질문을 해보자. 오이디푸스 극을 재해석한 슈타이너는 어느 환자의 사례연구를 제시한다. 이 환자는 겉보기와 달리 자신이 회피하는 현실을 모르지 않으며, 분할이나 억압의 피해자도 아니다. "나는 그가 점점 더 우월감을 느끼고 도덕적으로 옳다고 믿으면서부터 현실에 눈 감고 사실을 은폐하기 시작했다고 생각한다."[36] 소포클레스는 주인공 오이디푸스를 철저히 비극적인 인물로 그렸다. 오이디푸스는 자기 지식 그리고 현실과 투쟁하는데, 자기 행위의 진실을 알기도 하고 모르기도 한다. 용감하게 진실을 추구했던 운명의 희생자인 오이디푸스는 정신분석 치료를 받는 환자—무의식의 비밀이 조금씩 밝혀지는—의 비유로 전환된다. 치료사가 인내심을 갖고 장기간에 걸쳐 환자를 도와준 덕분에 마침내 환자의 '부인'은 통찰로 이어질 수 있었다.

작가 소포클레스는 가혹한 운명에 휩싸인 결백한 오이디푸스와 이와 다른 오이디푸스라는 메시지를 우리에게 던진다고 슈타이너는 설명한다. 오이디푸스는 자신의 행동을 전혀 눈치 채지 못한 것이 아니라, 아버지를 죽이고 어머니와 결혼한 사실을 자신도 알고 있었다는 것이다. 물론 이 사실을 하나하나 모두 다 알았다는 말은 아니다. "그는 진실의 절반을 알았고, 나머지 절반은 모른 체하기로 마음먹었다."[37] 극중 주요 인물들도 오이디푸스의 존재뿐 아니라 그가 저지른 일도 알고 있었을 것이다. 물론 오이디푸스가 진실을 정확히 얼마나 알고 있었는지는 확실치 않다. 극중 인물들 모두 자기가 아는 것을 외면하고 의구심을 애써 억누를 이유가 있었다. 그중 누구라도 사실을 확인하거나 의구심을 해소하려 했다면 진실은 쉽사리 드러났겠지만 대신 이들은 의식적·무의식적으로 오이디푸스와 공모하여 은폐극에 참여한다. 이에 반해 오이디푸스는 절반의 진실을 알고 있다는 사실조차 숨기고, 자기 자신과 남들을 설득한다.

따라서 오이디푸스 이야기는 진실을 끝까지 파고드는 전설이기는 커녕, 진실을 철두철미하게 부인한 이야기다. 오이디푸스는 워터게이트나 이란-콘트라 사건에 비견될 전설이다. 미국에서 일어난 이런 스캔들에서 제기된 질문은 오이디푸스 이야기에 나오는 질문과 비슷하다. 닉슨, 부시, 레이건은 진실을 언제, 얼마나 알게 되었을까. 당사자들은 어떻게 공모했을까. 누구를 위해 계속 은폐했을까. 이런 문제의식은 '착한 독일인'이라는 질문에서도 유효하다. "착한 독일 사람들은 도대체 진실을 얼마나 알고 있었을까." 진실위원회에서도 이 질문은 유효하다. "이 공직자는 자기 부하들이 암살대를 이끌고 있었던 사실을 알고 있었을까"

'골치 아픈 사실을 인정하지 않으려는 욕구'로서의 부인은 오이디푸스 비극의 이러한 해석과 정확히 맞아떨어진다. "우리는 진실에 접근할 수 있었지만, 모르는 게 편리했으므로 그 사실을 무시하기로 했다."[38] 또한 "사실을 외면한다"는 표현은 "그 지식을 얼마나 의식했는지에 관한 모호성"을 나타내는 말이다.[39] 이는 접근할 수 있는 진상을 부정하는 단순한 거짓말이나 기만이 아니라, 당신이 알고도 피한 사실에 대한 결론으로 이끈다.

즉 "우리가 피하는 것이 정확히 무엇인지 의식하지 못한 상태에서, 그 사실을 직시하지 않기로 했음을 우리는 어렴풋이 알고 있다."[40] 우리는 자신의 통찰을 외면하고 거기 담긴 의미를 숨긴다. 우리는 절반의 진실을 알지만, 다른 절반은 알려 하지 않는다.

이러한 수정주의적 해석이 전통적인 설명을 대체하지는 않는다. 안다는 것과 모른다는 것, 둘 다 사실일지도 모른다. 여기서 발생하는 긴장은, 알려는 의도와 아는 데서 오는 두려움의 갈등에서 비롯된다. 때에 따라 어느 한쪽이 다른 쪽을 압도하곤 한다. 우리 모두 마찬가지다. 결국 "오이디푸스는 오랫동안 사실 확인에 미적거렸던 자신을 극복하고 진실을 찾는 여정에서 승리했기" 때문에 영웅의 위치에 올라선다.[41] 「오이디푸스 왕」이 클라이맥스에 도달하는 과정에서 그는 더이상 모순적인 태도를 취하지 않으며, 진실이 만천하에 드러나자 그것을 인정하고 죄책감에 빠진다. 하지만 스스로 맹인이 된다는 설정에서 알 수 있듯이, 낱낱이 드러난 진실은 정녕코 견디기 힘들다. 「오이디푸스 왕」의 후속편인 「콜로누스의 오이디푸스」(Oedipus at Colonus)에서는 현실에서 더 멀리 물러나 극심한 부인, 자기 정당화, 결백하다는 주장, 그리고 자신이 전지전능하다고 느끼는 극단적인 상태가 이어진다.

개인적이거나 집단적인 고통이 만연한 현실을 회피하는 데에는 두 가지 방식이 있다.

첫째, "눈 감아버리기." 이것은 사실관계를 멋대로 무시하면서, 사실을 '알기도 하고 모르기도 한' 상태로 만드는 것이다. 이런 방식은 대단히 병적이지만 "진실을 존중하면서도 그것을 두려워한다는 사실을 보여준다. 진실을 두려워하기에 그것을 감추려 한다."[42] 진실에 눈 감는 것은 사회적 행위이다. 우리는 인간의 고통을 잘 알면서도 그것이 가리키는 바를 외면하려 한다. 하지만 그러한 불편한 진실을 영원히 바라보고 있을 수도 없다.

둘째, 진실에서 멀어져 스스로 전지전능하다고 느끼는 것. 이는 더 숨어버리는 증상이며, 치료나 통찰에 더욱 거세게 저항하는 태도이다. 이런 부인은 방관자보다는 가해자가 흔히 택하는 행동이다. 이제 진짜 맹인이 된 오이디푸스는 진실에 눈 감을 수 없게 되자 그것을 경멸한다. 여기서 오이디푸스의 부인은 '함축적 부인'으로 전환된다. 특히 이렇게 되면 자신을 의인이라고 여기는, 대단히 위험한 상태로 접어든다. 오이디푸스는 모든 악행을 다 용인하고 강박적으로 타인을 비난한다. "그는 사실 자체를 부인하지는 않는다. 자기 아버지를 죽이지 않았고 어머니와 결혼하지 않았다는 식으로 행동하기에는 이미 너무 늦었기 때문이다. 그러나 그 사실에 대한 책임과 죄책감은 부인한다. 또한 이러한 잘못은 스스로 저질렀다기보다, 그저 어쩌다 **일어난** 거라고 주장한다."[43] 오이디푸스는 도도하고 거만해진다. 현실을 존중하지 않고 후안무치하며 자신의 죄를 감추려 들지도 않는다. 아마 이런 것이 최근 민족지상주의적 분쟁에서 드러난 '새로운 야만성'의 육성일 것이다. 자기들이 항상 옳고 전지전능하다는 환상, 타인을 비난함으로써 자신을 변호하는 뻔뻔함 말이다.

이런 설명은 비유이지, 정신적 부인과 정치적 부인이 인과관계가 있다는 말은 아니다. 아도르노의 『권위주의적 인성』(The Authoritarian Personality)을 재해석한 최근 논문은, 개인 차원에서 정치적인 사건을 끄집어내 함부로 추정할 때 어떤 일이 발생하는지를 다룬다.[44] 이 주장에 따르면, 어떤 사실을 부인하는 태도는 부모가 엄격하고 가혹한 양육방식을 택했기 때문에 생겨난다. 특히 매질을 하면서도 자신의 적대감은 부정하는("이게 다 너를 위한 거야") 부모 아래서 자란 아이는 어릴 때부터 자신이 고통받는 현실을 부인하고, 분노와 수치심을 억누르는 법을 배운다. 또한 상상의 세계를 구축하는 방법도 배운다. 이런 아이는 성인이 되어도 유아기에 경험한 정서적 고통을 상기시키는 현실의 여러 측면들을 부인한다. 이들은 부모가 되어서도 자신이 부인한 고통을 자녀에게 전가한다. 정치의 영역에서도 부인현상은 세대에서 세대로 전승되며, 정치문화의 넓은 틀내에서 해석된다고 한다. "우리가 현실을 부인한다면, 보스니아 또는 옆집 사람이 겪는 고통을 느끼지 못한다면, 우리는 이런 현실을 바꾸려는 노력도 하지 않을 것이다."[45] 그러나 이런 주장을 입증하기는 대단히 어려우며, 이제는 보수종교의 득세, 동성애자에 대한 폭력, 학내 처벌, 사형제도, 아동학대, 미국 백인남성과 관련된 온갖 비난 등을 하나로 꿰어보려는 경향마저 나타난다.

최근 들어 대중적인 용어가 된 '현실 부인중'(in denial)이라는 관념은 엄격한 정신분석학적 분석이 아니라 통속 심리치료에서 비롯된 것이다. 어떤 사실을 알고도 모르는 사람들, 단순히 거짓말하는 것도 그렇다고 현실을 지각하지 못하는 것도 아닌 사람들의 불가해한 반응을, 좀더 전문적인 용어를 사용해 설명하는 것이 더 바람직하다. 정신분석학에서 정평있는 '정신장애 진단과 통계편람'(DSM, Diagnostic and Statistical Manual of Mental Disorder)은 임상의에게 환자의 현실 적응성에 따라 점수를 매기는 7단계 '방어기능 척도'(Defensive Functioning Scale)를 사용하라고 권장한다.[46] 2단계에서는 '해리와 억압' 기제가 잠재적으로 위협적인 현실을 의식에서 차단하는 역할을 수행한다. 4단계인 '거부'에서도 부인기제가 "불쾌하거나 용납하기 어려운 스트레스 인자, 충동, 생각, 정서 또는 책임을 의식에서 차단한다." 부적응 정도가 제일 높은 '방어조절장애'(Defensive Dysregulation)인 7단계에 이르면 "객관적 현실에서 현저히 이탈"한다. 두말할 필요도 없이 다른 학자들은 '부인' 기제를 달리 측정한다. '성숙도'에 따라 방어기제를 평가하는 척도에 따르면 '부인'은 성숙도에서 최저 수준인 '나르씨시즘적 방어'에 속하는데, 이는 "최고 미발육 상태이며, 아동과 정신병을 앓는 사람들이 구사하는" 것이다.[47]

이런 설명을 통해 정신분석학 이론에서 지적으로 모호한 부분이 외견상 엄밀한 '과학적' 분류와 물신화된 '의학적' 진단으로 그럴싸하게 포장된다. 그런데 DSM은 한가지 판단기준을 당연 전제하고 특히 그것을 중시한다. 즉 누군가 '고통스런 현실'을 시인하지 않더라도, **타인들은 그 현실을 분명히 인식**할 수 있다고 가정하는 것이다. 하지만 타인들이 현실을 명백히 인식한다고(또는 인식했다고) 확신하지 못하는 상황에서, 당사자는 '시인하지 않지만' 타인들은 명백히 인식할 수 있다는 것이 과연 어떤 의미인지는 정확히 알 수 없다.

이러한 임상의학적 근거는 부정확한 듯하지만, '부인의 문화'라는 관념을 대중적으로 유행시킨 뉴에이지 심리학은 좀더 설득력이 있어 보인다. 척도니 증후군이니 하는 용어보다, 자아성찰이니 주관성이니 하는 개념을 더 강조하기 때문이다. 그래서 나는 처음에 쎌프헬프(self-help, 自助) 집단, 자아성장, 뉴에이지, 대체의학, 보완의학, 영성운동 등에 지면을 많이 할애하려 했다. 그러나 이런 책을 서른권쯤 읽고 나니 뉴에이지 담론이 지나치게 반복적이고 단순해, 깊이 언급할 가치가 없음을 깨달았다. 뉴에이지 담론은 '부인'에 관해 두가지를 주장한다.

첫째, 뉴에이지 담론에는 '부인' 관념이 넘쳐난다. 쎌프헬프 책들은 어떤 주제에 관한 것이든, 모든 독자들이 현실 '부인'의 문화에 빠져 있다고 가정하고,[48] 바로 그것이 독자들의 '진짜' 문제라고 주장한다. 당신은 자신의 의존성을 부인한다(마약, 인스턴트 음식, 파괴적인 인간관계, '화성에서 온 남자'류의 통속심리학, 또는 비타민제 과다복용 등). 또는 자존감이나 정서적 지능이 낮다며 자신을 폄하한다. 또는 자기파괴적 성향이나 나르씨시즘이 지나치다. 또는 참된 내면, 참된 자아, 내면의 천진무구성을 회피하고 있다 등.

둘째, '부인'은 극복하거나 이겨내거나 돌파하거나 분쇄할 수 있고, 또 그래야만 한다고 주장한다. 이렇게 해야 통찰을 얻고 세상을 있는 그대로 받아들여 현실을 인정할 수 있다. 그러고 나면 숨은 진리가 드러나며, 치유가 시작된다. 진단표의 자가점검 질문들에 표시하고, 매일 '부인' 극복 일기를 쓰고, 권장운동을 실천하자. 자, 이제 얼마나 좋아졌는지 확인할 수 있다(또는 얼마나 더 **나빠졌는지를** 확인할 수 있다. 더는 부인하지 않으므로 현실에 직면해야 하기 때문이다). 필자는 캘리포니아 싼타크루스에서 개최된 '자기실현'에 관한 연속강좌에 참석한 적이 있다. 그런데 권장도서 목록에 랭의 저작이 포함된 것을 보고 기뻐한 것도 잠시, 랭의 전매특허 같은 정신치료 요법에 관한 반어법적 설명이 부인에 관한 나쁜 임상사례로 소개되는 게 아닌가.

그는 이 세상에 자기에게 중요한 일이라곤 하나도 없다고 생각한다.
왜냐하면 자기에게 중요한 유일한 일이라곤
자기에게 중요한 일이 하나도 없다고 생각하는 것이기 때문이다.
그러므로
우리는 이 세상에 자기에게 중요한 일이라곤 하나도 없다고 생각하는 것이

그에게 중요한 일 중의 하나임을

그가 깨달을 수 있도록 도와주어야 한다.[49]

프로이트의 원래 담론은 이같은 내적 긴장을 인식하고 있었다. 통일된 자아가 존재한다 또는 존재할 수 있다는 가정을 예로 들어보자. 프로이트의 본래 입장에서는 부인을 설명하고 그것을 극복하기 위해 이탈, 고립, 분열 같은 표현기법을 동원한다. 그런데 그런 것들은 통일된 자아가 존재하는 경우에만 성립될 수 있다. 이와 대조적으로 후기 근대(late-modern)와 탈근대(post-modern)적 자아에는 본질이라는 것 자체가 없다. 이런 식으로 파편화되고 유동적이며 구획화된 자아에는 부인이 비정상이 아니라 당연한 귀결일 뿐이다. 하지만 이는 단순히 세계관의 변화만을 의미하지 않는다. 프로이트 스스로 가장 건전하고 잘 '통합'된 사람의 통일된 자아라 하더라도 끊임없이 위협받고 있다는 사실을 인정했다. 자아는 결코 완전히 사회화될 수 없는 그 무엇이다. 즉 부인과 자기기만은 인간 존재의 일부라는 뜻이다.

물론 정상적인 (정신병적이 아닌) 부인의 경우, 항구적인 진실은 손상되지 않은 채 그 함의만 거부된다는 주장은 또다른 긴장을 남길 것이다. 그러나 그런 주장으로 인해 의미, 해석, 상징, 주관성 등을 논의할 수 있는 여지가 마련된다는 것 또한 사실이다. 반면, 방어 '메커니즘' 운운하는 기계론적 이론에는 이런 식의 개념이 들어설 여지가 없다. 예루살렘, 벨파스트, 베이루트, 보고타, 알제리 주민들이 폭력적 일상을 의식에서 떨쳐내기 위해 활용하는 의식적·무의식적 수단들을 상상해보자. 사람들은 나날의 일상에서 위험만을 인식하면서 살 수는 없으나, 반대로 그런 인식 없이는 어떤 행위도 할 수 없다. 인지적 '손실'이니 지각의 '공백지점'이니 하는 말이 이러한 뉘앙스를 포착할 수 없듯이, '메커니즘' 운운하는 표현도 마찬가지인 것이다.

그렇다면 '부인의 정상성'이라는 문제가 계속 제기될 수밖에 없다. 부인의 정상성 이론에 따르면, 부인은 위협 요인을 생각하거나 거론하지 못하도록 미리 차단함으로써 불안에서 우리를 보호한다고 한다. 하지만 부인은 교정해야 할 실패, 왜곡 또는 '인지적 장애'의 증거로 거론되기도 한다. 그런데 만일 부인이라는 방어기제가 잘 작동한다면 누가 그것을 흠잡을 수 있겠는가? 책의 마지막 장에서는 이 질문의 더 큰 의미, 즉 진리에 직면하고 진리를 말하는 것에는 어떤 절대적 가치가 존재하는지를 고민해볼 것이다.

거짓말과 자기기만

우리는 새빨간 거짓말은 부인보다 훨씬 더 단순한 문제라고 가정해왔다. 예컨대 "루리타니아(Ruritania)정부는 자국 군대가 학살을 자행했다는 보도는 단연코 거부한다" 같은 태도. 만일 이런 주장이 진실이 아니고, 정부가 그것이 진실이 아님을 알았으면서도 의도적으로 속이려 들었다면 어떤 의미에서도 결코 '부인'이라고 할 수 없다. '단연코 거부'하는 것은 거짓말할 때 통상 써먹는 표현일 뿐이다. 이 따위 고의적이고 기만적인 '부인'은 정신분석학적으로 진지하게 통찰할 가치조차 없다.

그러나 어떤 정신 상태나 정치적 상황에서는 명백한 거짓말과 역설적인 부인의 차이가 흐려진다. 이것은 **자기기만**(self-deception)과 부정직의 영역이다. 자기기만은 흔히 기이하게도 "자기 자신을 속인다"는 의미로 쓰이는데 도대체 이것이 무슨 뜻인가? 거짓말이란 "거짓말쟁이의 의도와 태도를 포함해, 누군가를 속이기 위한 진술"이다.[50] 거짓말쟁이는 자신도 믿지 않는 사실을 순진한 '봉'이 진실로 받아들이도록 몰아간다. 반스에 따르면 진실과 허위의 차이는 현실세계의 성격이 진실이냐 허위냐에 달린 게 아니라, 거짓말쟁이의 의도에 달려 있다. 로빈슨은 '새빨간 거짓말'의 전형을 'P—S—A' 명제로 명쾌하게 정의한다. 즉 "발신자를 S(Sender)라 하고, S가 주장하는 명제를 P(Proposition)라 하며, P를 받는 수신자를 A(Addressee)라 할 때 (1) P가 허위이고 (2) S는 P가 허위라고 믿으면서도 (3) S가 A에게 P를 발설하여 A로 하여금 P를 진실로 믿게 하는 것이 바로 거짓말이다."[51] 이런 공식으로 진정한 '부인'에서 '새빨간 거짓말'에 불과한 진술(이런 경우가 태반이다)을 가려낼 수 있다.

하지만 '자기기만'은 또 어떠한가? 만일 자기기만이 타인을 속이는 게 아니라 단지 **자기 자신을 속이는** 것이라면, 그것은 전형적인 부인과 비슷해 보인다. 그러나 위에서 말한 P—S—A 개념을 여기에 대입해보면 도무지 말이 되지 않는다. 자기 자신에게 이런 식으로 거짓말을 한다는 논리 자체가 성립되기 어렵기 때문이다. 당신 자아의 일부인 S가 당신의 또다른 자아인 A를 속이려 든다고 가정할 수 있겠는가. 여기서 '자기기만'이라는 관념은 일종의 내면의 대화 또는 다면적인 대화를 가정하는 것임을 알 수 있다. 예컨대 어떤 사람이 거짓말쟁이의 역할과 '봉'의 역할을 동시에 연기하거나 상상해야만 하는 것이다('내'가 '나'를 속인다).[52] 이는 흡사 개인의 내면에서 지속적으로 이루어지는 현실에 대한 타협 같은 것이다. 이런 내면적 타협에는 부인, 거짓말,

망상, 환상, 기만 등이 포함될 수 있다. 이런 식으로 느슨하게 규정할 때 자기기만은 상상에 기반한 것이다. '자기망상'(self-delusion)도 마찬가지다. 이때 거짓말쟁이는 자기가 말하는 거짓이, 거짓이 아니라 진짜라고 믿기 시작한다. 자기 자신을 유지하고 살아가려면 당신은 자신의 기만에 '속아 넘어가도록' 만들어야 한다. 따라서 내면의 부인은 자기기만 또는 자기망상과 유사하다.

하지만 사람들은 자기가 자신 또는 타인들에게 말하는 거짓을 도대체 어느 정도나 '진짜라고' 믿을까? 우리는 4장에서 끔찍한 짓을 저지른 가해자들이 자신의 책임을 부인할 뿐 아니라 도덕적으로도 흠결이 없음을 주장하고 남들도 그렇게 믿게 한다는 사실을 살펴볼 것이다. "그들이 먼저 총을 쏘기 시작했다. 실은 우리가 피해자다. 그러니 그들은 죽어 마땅했다. 그게 신의 뜻이다." 물론 이런 독선은 단지 전술적인 책략, 수사적인 표현, 단순한 허언에 지나지 않을 수 있다. 이때, 이런 말을 하는 사람은 자신이 거짓말을 하고 있음을 알고, 자신도 자기 말을 전혀 믿지 않는 셈이다. 그러나 이와 달리 그런 사람들(그리고 그들의 말을 경청하는 이들)이, 자신이 진실을 말하고 있다고 확신할 개연성도 없지 않다. 만일 이런 상황이면 자아 그 자체가 하나의 텍스트가 된다. 오랜 관행과 문화적 학습, 세뇌, 거짓말의 일상화(routinization), 변심 등이 쌓이면 사람들이 자기 거짓말을 스스로 믿게 되며, 자신이 현혹된 상태에 있음을 믿지 않게 되는 것이다.

리즈먼(Riesman)의 고전적인 정의처럼, 사람들은 자신의 선전을 믿기 시작할 때 진지해진다. 그러한 서술의 진실 여부가, 그것이 새빨간 거짓말인지 공허한 말장난인지 또는 극단적으로 진지한 신념인지 말해주지는 않음을 기억해야 한다. 마치 CNN 방송에서 인터뷰하는 쎄르비아 군인의 입에서 나오는 말처럼, 이런 서술은 거짓과 말장난과 신념이 한데 뒤섞인 것일 수 있다.

그러나 어떤 가해자가, 자신을 설득하거나, 자신의 신념에 한번도 의문을 제기해보지 않았기 때문에, 진심으로 자기 말을 믿고 있다고 가정해보자. 이런 경우 그것은 자기기만인가 진정성인가? 그리고 병사나 홍보담당자나 정치인이 자신의 말을 수사로만 받아들이는 것보다 자신의 수사를 진심으로 믿는 편이 차라리 더 나은가(덜 위험한가)? 이런 이들은 자기 말을 믿기 시작하면서부터 냉소적인 존재가 된 것일까, 아니면 자신들이 냉소하는 것을 믿기 시작한 것일까?

인간이 자신에게도 진실을 '은폐'할 수 있다는 논의를 하면서 '기만'이니 '은폐'니 하는 용어들을 쓰면, 부인이 무의식적 과정이라는 생각이 '무효화'된다. 프로이트의 이론은 우리 자신의 행위에 대해 완전히 무의식적이어야 한다고 가정하지는 않는다. 다만 우리는 숨어 있는 지각을 찾아내는 조사를 "그가 모임에서 무슨 소릴 지껄였는지 알고 싶지도 않아"처럼 의식적으로 회피하는 것이다. 또한 우리는 자기 행위를 인식하지 못한다고 진술할 때, 또는 자기 행위를 타인이 상당히 적절한 명칭으로 부르는 것을 거부할 때에도 결코 무의식적이지 않다. "내가 너를 정말로 **떠나는** 것이 아니라니까." 그렇다 하더라도 역시 우리 삶을 지배하는 가장 큰 힘은 무의식이다. 이 무의식으로 인해 우리가 인정하는 것과 전혀 다른 행위를 한다고 자신과 타인에게 주장하는 것이다. 따라서 우리는 부인기제에 의해 보호받을 때—초자아의 판단을 회피한 것에 아무런 책임을 지지 않아도 된다—불안을 회피할 수 있을 뿐 아니라, 금지된 것을 은밀히 즐길 수 있다.

이것은 자기기만과 상당히 가까운 듯하다. 표준적 해석에 의하면 자기기만 상태에 놓인 사람들은 자신의 행동을 '명확히 설명'하지 않고 방어적인 태도를 취한다. "자기기만자는 어떤 식으로든 세상에 관여하면서도 그 사실을 부정한다. 자기 자신에게도 마찬가지다."[53] 핑가레트는 이것이 프로이트가 말한 '자아의 분할'과 비슷하다고 지적한다. 이런 사람들은 명확히 자아정체감을 갖고 있으며, 어떤 행위가 도덕적으로 용인될 수 없음을 알면서도 그것을 행한다. 여타 자아에서 분리된 별도의 행동을 추구하는 것이다. 이런 유형의 부정은 진심에서 우러나온 것—"그런 행동은 나 자신과 아무 상관이 없다"고 믿으므로—일 수도 있다. 바로 그래서 자기기만이라 하는 것이다. 앞으로 보겠지만 자기기만은 지속적인 인권침해 행위에서 결정적으로 중요하다. 더 극단적인 형태의 부인도 있을 수 있다. 즉 베트남에서 그런 끔찍한 짓을 저지른(또는 관찰한) 사람은 **나 자신이 아니었다**는 식의 부인도 있다.

자기기만은 스스로 직면할 수 없는 끔찍한 진실을 자신에게도 숨기는 것이다. 보크는 "다른 방식으로는 전혀 이해할 수 없으며, 너무나 분명해서 절대 놓칠 수 없는데도 그 사람 혼자만 시인하지 않는 현상은 자아가 자신을 기만하기 때문에 나타난다고 볼 수밖에 없다"[54]고 지적한다. 하지만 이런 설명은 문제가 있다. "한 사람이 정확히 어떤 식으로 인사이더이자 아웃사이더가 동시에 될 수 있는가? 어떻게 자신에게조차 진실을 숨길 수 있는가? 자신에게 거짓말을 할 수 있는가? 어떤 사실을 알면서도, 동시에 그것을 무시하고 숨기고 모르는 체하며 살 수 있을까?"[55] 이러한 '동시성'(simultaneity)—같은 시간에, 같은 사실을, 알면서 **동시에** 모른다. 양지에 있으면서 **동시에** 음지에 있다. 비밀을 간직하고 있으면서 **동시에** 그것을 무시한다—이 없다면 '자기기만' 개념이나 '부인' 개념은 둘 다 역설적인 성격을 잃게 된다. 하지만 이런 현상을 실제로 '입증할' 수는 없다. 만일 내가 나 자신을 속이고 있다거나 부인상태에 있다는 말을 들을 때, 그렇지 않다고 확실히 부인할 수 있는 방법도 없다. 이때 부인하면 할수록 내 부인이 얼마나 깊은지, 내 저항이 얼마나 강고한지, 내 의식이 얼마나 허위적인지를 증명하는 것밖에 되지 않는다.

프로이트류의 해설이 호소력있는 이유는 "자아가 여러 부분들로 이루어져 있다"는 분할이론의 논리가 이러한 '이원성'(동시성)을 가능케 하기 때문이다. 바로 이 점을 싸르트르가 조롱한 것이다. "〔자아의 이원성이란〕세관, 출입국 관리, 외환규제 등에서 사물을 양분하는 것을 본떠〔정상적인 수출입과 밀수, 자국시민과 외국시민, 국내통화와 외국통화 등의 구분〕, '속이는 자아'와 '속는 자아'의 이원성 개념으로 자아를 재설정하려는 '검열관 가설' 비슷한 것이다."[56] 그가 대안으로 내놓은 '부정직' 개념은 의식이 자신에게 '거짓말'을 하는 것은 아닌, 일종의 부인을 말한다. 부정직을 행하는 사람은 분명 불쾌한 진실을 감추고 있다. 하지만 당신이 진실을 자신에게 숨긴다고 해서 그것이 반드시 '허위'는 아니다. 이 경우 속이는 자아와 속는 자아의 이원성이 존재하지 않는다. 단일한 의식 속에서 모든 일이 발생한다. "그러므로 이러한 결론이 나온다. 즉 거짓말을 하는 자아와 거짓말을 듣는 자아는 동일인이다. 이것은, 속일 줄 아는 능력을 가진 '내'가, 속을 줄 아는 능력을 가진 '내'가 모르는 진실을 알고 있어야 한다는 것을 뜻한다. 더 나아가, 내가 진실을 더욱 조심스레 숨길 수 있으려면 나는 진실을 정확히 알고 있어야 한다."[57]

여기까지는 말이 된다. 그러나 싸르트르는 매우 불명확한 설명을 한다. 그는 어떤 사람이 '부정직'한 상태에 빠질 수 없다고 주장한다. '부정직'은 정확히 말해 어떤 '상태'가 아니다. 의식이 "스스로 자기기만을 하게 된다"는 것이다. "부정직을 위한 원래 의도와 계획이 세워져 있어야만 한다."[58] 그러나 타인에게 사회적 고통을 안겨주는 세계에서 도대체 어떤 계획이 있을 수 있는가? 싸르트르는, 진실을 '매우 정확히' 아는 것과 진실을 '매우 조심스레' 숨기는 것이 각기 다른 순간에 일어나지 않고, '단일한 계획의 통일된 구조 속에서' 일어난다고 주장한다. 만일 그 '계획'이 무의식이 아니고, 자신에게 거짓말을 하기 위한 고의적·냉소적 노력도(실패하게 되어 있는) 아니라면, 도대체 그 '계획'이란 무엇인가?

그러한 계획은, 자신이 세상과 관여한다는 사실을 명확히 설명하지 않으려는 태도를 낳는다. 엘스터는 이것을 자신에게 불리한 정보를 고의적으로 받아들이지 않으려는 태도라고 해석한다.[59] 따라서 독재자는 부하들에게 자기가 인권침해의 상세한 내용을 알고 싶지 않다고 말한다. 독재자는 분명 뭔가 불미스런 일이 일어나고 있음을 알지만, 상세한 내용은 알지 않겠다는 태도를 보임으로써, 나중에 자신과 타인들에게 당시 무슨 일이 벌어지고 있었는지 전혀 몰랐다고 말할 수 있다. 이런 이유로 수많은 독일인들에게 유대인 말살정책을 외면할 수 있는 능력이 생겼던 것이다. 뭔가 끔찍한 일이 벌어지고 있다는 사실을 알았지만, 자기들이 상세한 내용을 모르고 있는 한 나중에 "우리는 몰랐어요"라고 말할 수 있었던 것이다. 이런 것은 설명하기 어렵거나 역설적인 자기기만이 아니다. "우리가 자기기만을 행하는 자에게 그가 원치 않는 진실을 강요할 필요가 없고, 그저 그런 사실이 있다는 정도만 알려주면 되기" 때문이다.[60] 다들 장난삼아 이런 식의 자기기만

놀이를 해본 적이 있을 것이다.

그러나 자기기만의 핵심은 여전히 모호하게 남아 있다. 철학자들은 도대체 자기기만이 무엇인지, 또는 그것이 어떻게 합리화, 희망적 생각, 자기조작적 정신전략과 연관되는지에 합의하지 못했다. 실제로 최근의 종합 연구는 "순수한 자기기만 사례가 **있는지에** 관해 합의할 수 없다"고 결론지었다.[61] 로티(R. Rorty)에 따르면 자기기만은 부인에 가깝다.[62] 로티는 두가지 경우를 구분한다. 첫째, 당신이 거짓이라고 알고 있는 것을 고의적으로 믿는다는 의미에서 '자신을 속이는 관념'이 있을 수 있다. 둘째, 당신이 믿는 바를 '알면서도 동시에 모르는' 상태가 있을 수 있다. 로티가 제시하는 탈근대적 대안은 비교적 자율적인 미시체계로 이루어진 '분절된 자아'(fragmented self)라는 관념이다. 분절된 자아로 인해 "구획화, 초점을 스스로 조작하기, 선택적 둔감, 맹목적 완고함, 교활한 무반응" 등이 나타날 수 있다.[63]

우리 모두 항구적인 자기기만에 빠지도록 운명지어져 있다는 비극적 견해(우리 자신을 속일 수밖에 없다)와 자기기만이란 불가능하다는 주장(왜냐하면 같은 사람이 같은 것을 같은 방식으로, 알면서도 모른다고 하는 것이니까)을 비교·조사했던 엘스터는 이렇게 결론을 내릴 수밖에 없었다. "둘 사이 중간쯤에 상식적인 견해가 있다. 즉 사람들은 늘 그런 것은 아니지만 간혹 자신을 속인다."[64] 또한 "늘 그런 것은 아니지만 간혹" 방어적으로 부인하면서도 그것을 의식적으로 인지하지는 않을 수도 있다.

우리의 정신세계는 너무나 복잡하므로 무의식적 방어로서의 부인, 그리고 자기기만으로서의 허위를 둘 다 수용할 수 있다. 프로이트의 난쟁이 인형과 싸르트르의 난쟁이 인형이 있다고 상상해보자. 살아 있는 이 인형들이 각기 다른 시간에 다른 재료로 무엇인가를 만든다고 가정해보자. 당신 마음속 한구석에는 프로이트의 양순한 난쟁이 숙모 인형이 앉아 있다(당신이 초대하지도 않았고 거기에 와 있는 줄도 모르지만). 프로이트의 숙모 인형은 미소지을 수도 있다. 하지만 인형은, 당신이 두렵거나 싫어하는 것과 함께 살아야 하는 정신적 부담을 덜어주기 위해 언제나 열심히 노력한다(당신은 의식적으로 인형을 돕지 않는다). 숙모 인형은 당신이 너무 초조하게 살기를 원치 않는다. 또한 온갖 민간요법(투사, 해리, 반응 형성 등)을 이용해 당신을 돕지만, 제일 잘 구사하는 수법은 당신이 스스로 부인하게 하는 것이다. 어찌나 재빨리 일을 처리하는지 당신은 숙모 인형이 무슨 짓을 했는지 잘 알아차리지도 못한다. 문자 그대로 당신이 알지도 못한 사이에 감정이나 환상, 목격한 사실 같은 모든 '심란한 인식'이 사라져버린다. 간혹 어떤 일이 있은 후 당신은 사라진 기억을 흘낏 인식할 때가 있다. 물론 이런 일이 일어나면 숙모 인형은 즉시 당신이 그 생각조차 부인할 수 있게 해준다. "그냥 마음속 생각일 뿐이야"라고 웃으며 말해준 다음 구석으로 가서 다시 뜨개질을 계속한다.

당신 마음의 또다른 구석에는 대단히 엄격하고 성질 고약한 싸르트르의 난쟁이 삼촌 인형이 서 있다. 당신은 삼촌이 거기에 있다는 것을 거의 언제나 알고 있다. 삼촌 인형 역시 정말 열심히 일한다. 그는 당신의 멍청한 도덕적 판단, 무도덕적 환상, 이기적 충동, 못된 행동을 당신이 시인하고 책임지기 위해 치러야 하는 도덕적 비용을 면제해준다. 싸르트르의 삼촌 인형은 당신과 공모하여 당신을 부정직이라는 음모로 끌고 들어간다. 예컨대 당신이 도덕적으로 깨끗하지 않거나, 자신의 자아 이미지 또는 공적 이미지에 반하는 어떤 일을 하려고(또는 이미 시작했다) 생각하는 중이라고 하자. 그러나 당신은 자신에게 선택의 자유가 있다는 의식을 똑바로 들여다보기가 너무 겁이 난다. 그래서 눈을 껌벅거린 후 서글픈 변명을 늘어놓기 시작한다. "선택의 여지가 없었어" "충동에 사로잡혔어" "무의식적으로 그랬어" "명령에 따랐을 뿐이야" "무슨 일이 일어나고 있는지 나도 몰랐어." 당신이 이런 변명을 늘어놓는 동안 삼촌 인형은 파이프를 피우며 건성으로 듣는 척한다. 결국 당신은 삼촌 인형의 조언을 받아들여 적극적으로 부정직을 행한다. 일단 부정직하게 행동하기 시작하면 살아 있는 동안 다시는 진심어린 행동을 하지 못한다.

인지적 오류

지난 30년간 발전된 인지이론의 혁명으로 프로이트의 이론과 여타 동기론적 이론이 자취를 감추게 되었다. 당신이 외부세계를 왜곡한다면, 그 까닭은 정보를 처리하고 이성적인 의사결정을 내릴 수 있는 당신의 능력에 이상이 생겼기 때문이다.[65] 오늘날 인지심리학 교과서에는 '부인'이니 '억압'이니 하는 용어가 '찾아보기'란에 올라와 있지도 않다. 대신 인지과학, 신경심리학, 인공지능, 뇌기능학 등의 발전에 힘입어 주로 '주의집중' '지각' '의식성' '기억' 같은 용어들이 자리잡았다.

부인 같은 현상은 최근 인지심리학에서 그 자체로 다뤄지기보다 다음의 다섯가지 맥락에서 등장한다.[66]

의식 없는 지각

만일 지각이 온전히 의식에 의존한다면 지각 주체는 지각되는 것을 내적으로 성찰하고 그것을 보고할 수 있어야 한다. 그러나 인지심리학자들과 신경심리학자들은 의식 없는 지각 양식의 증거를 오랫동안 연구해왔다. 이것을 일반적으로 '잠재적 지각'(subliminal perception)이라 부르기도 한다.[67] 여기서 세가지를 이야기할 수 있다.

소극적 환각 부인을 '소극적 환각'이라 비유한다면, 이는 당신이 무언가를 보지 않은 것처럼 상상한다는 의미다. 실제로 소극적 환각은 실험실 상황에서 유도되는 '의식 없는 지각'의 본보기이다. 그러나 최면에 걸린 사람은 방 안 의자를 못 보리라는 암시를 받은 후 방안을 걸으라는 지시를 받았을 때 의자에 부딪히지 않고 걸어다닐 수 있다. 피험자는 의자물체를 '의자'로 인지하지는 않지만 그것을 시각적으로는 인지하는 듯하다.

맹시 뇌손상 환자들 중 두뇌의 시각피질에 장애가 생긴 경우가 있다. 이들은 시야의 일부가 차단되어 시야에 존재하는 대상을 의식적으로 인지하지 못한다. 그렇지만 이들은 시야가 차단된 영역에 존재하는 시각적 자극을 상당히 정확하게 판단하고 구분할 수 있다. 아마도 무언가를 주관적으로 인지하지 않으면서도 '등재'할 수 있는 것 같다. 이런 이상한 증상을 '맹시(盲視)'라고 한다. 바이스크란츠는 뇌수술을 받고 맹시가 생긴 DB라는 환자를 철저히 연구했다.[68] 그러나 맹시를 정말 '의식 없는 지각'이라 할 수 있을까? DB는 "저기에 뭔가 있다"는 느낌을 받는다고 말했지만, 동시에 아무것도 '보지' 못한다고도 했다. 그는 이런 환자들이 "뭔가 있다"는 '직감'을 보유한 중간단계의 인지상태에 놓여 있다고 생각하는 듯하다.

이런 현상을 '맹시'라고 부르는 것이 적절하든 않든, 주목할 만한 현상인 것은 사실이다. "맹시는 인간정신에 대해 놀라운 가능성을 시사한다. 정신의 일부는 자신이 스스로 무엇을 하고 있는지 알 수 있지만, 정작 그 사실을 알고 있을 것으로 생각되는 부분(의식)에서는 까맣게 모르고 있다."[69] 이런 의미에서 정상인에게도 발견되는 '맹시' 현상[70]은 일상 속 부인과 유사하다. 인간 정신은 어떤 '알려진 것'을 의식하지 못한 채 무언가를 알 수 있다.

잠재의식적 지각 1960년대 초반에 영화 관람객들의 소비성향이 '써블리미널 광고'(subliminal advertizement, '잠재의식 광고' 또는 '역치 이하 광고'라고도 하며, 극히 짧은 순간 메시지를 영화에 삽입하면 관람객이 자기도 모르게 메시지의 영향을 받는다고 한다―옮긴이)의 영향을 받을 수 있다는 사실이 알려진 후, 잠재의식적 지각 연구가 대중의 관심을 끌었다. 화면에서 어떤 브랜드 이미지를 보았다는 의식이나 기억이 없는데도 이런 광고기법을 쓰면 관객들이 특정 브랜드의 음료수나 담배를 구입할 가능성이 높아지는 것이다. 이러한 초기 실험결과는 논란의 대상이 되었다. 그러나 의식적으로 감지하지 못한 상태에서 어떤 자극에 정신적·신체적으로 반응하는―피부 전류반응, 뇌파검사, 감정, 심지어 의사결정의 변화 등―경우가 분명히 있다. 지각의 '**객관적인 역치**'(threshold, 정신이 자극을 감지하고 기록하는 경계)는 '**주관적인 역치**'(정신이 자극을 의식적으로 감지하는 지점)보다 낮게 나온다. 이것은 실제로 봤으면서도, 자신이 본 것 또는 심지어 보았다는 사실 자체를 모르는 부인현상을 가장 과학적으로 풀이하는 방식일 것이다.

지각의 방어기제와 선택적 주의집중

그렇다면 왜 어떤 자극은 걸러지고 어떤 자극은 그렇지 않을까. 1940년대말에 나온 '지각의 방어기제 모델'이 표준적인 설명을 제공한다. 사진, 깜빡이는 빛, 잠재의식상의 메시지 같은 외부자극을 통제하면서 사람들이 특정한 자극을 무시하는지, 아니면 그것에 주의를 기울이는지를 알아보았다. 산만하고 주변적인 감각보다 초점이 분명한 감각이 재배치되거나 억제되기 쉬웠다. 정서적으로 예민한 자극보다 중립적인 자극이 더 용이하게 인지되었다. 이것은 불쾌한 정서를 담은 대상을 의식하지 않도록 해준다. 당신도 모르는 사이, 정신은 내면의 필터나 감지기를 '작동'시킨다. 당신이 본 것을 의식하면서도 부인한다면, 그것은 단순히 '속임수'나 '거짓말'이라 할 수 있을 것이다. 그러나 외부자극은 의식적인 인지 이전에 불안 또는 쾌락이라는 자율적인 반응을 불러일으킬 수 있다.[71]

이는 사실상 정신분석학적 설명이다. 어떤 외부자극은 불안감이나 스트레스를 주기 때문에 그것을 회피하거나 차단하거나 왜곡한다는 것이다. 이때 인간주체는 그러한 자극을 덜 불안한 것으로 규정하거나, 어떤 방식의 지각에도 저항한다. 위협을 피하기 위해 덜 고통스럽고 더 중립적이거나 더 즐거운 쪽으로 관심을 돌리는 것이다. 이러한 '동기론적 부인'은 반(反)상식적인 지각론을 요구한다. 즉 어떤 사안이 의식 속에 들어오기도 전에 그 의미를 의식해야만 한다. 어떤 현실을 모르기 위해서는 어떤 식으로든 그것을 먼저 알고 있어야 하기 때문이다. 이것이 바로 강제수용소 인근의 주민들에게 들어맞는 말일까? 이것은 또하나의 부인의 역설이다. "만일 지각의 방어기제가 진짜 지각과 관련이 있다면 인간주체가 자신이 막아야 하는 외부자극을 **먼저 지각하지** 않는 이상, 그 사람이 어떻게 특정한 외부자극을 막을 수 있을까?"[72] 호위(Howie)의 초기 비판은 부인에 관한 모든 '설명'에 해당된다. "지각의 방어기제 운운하는 것은, 지각과정에 정확한 의미부여(또는 정말 이해할 수 있는 의미부여)를 할 수 없게 만드는 담론 양식을 차용하는 거나 다름없다. 왜냐하면 그렇게 됐을 때 지각과정을 '아는 과정'이자 동시에 '아는 것을 피하는 과정'이라고 말하는 것이 되기 때문이다."[73]

프로이트류의 '검열관' 이론은, 지각을 '동결된' 사건이 아니라, 동시다발적인 정신과정으로 보는 모델로 바뀌었다. 즉 부인을 정서적 동기에서 비롯된 방어기제가 아니라 인지와 이성의 단순 오류로 보기 시작한 것이다.[74] 아직도 통속 사회심리학은 서로 잘 부합되지 않는 이러한 생각들을 결합하려 든다. 우리가 위협의식을 부인하거나 우리의 생각을 '편집'할 때 "주의집중이 왜곡되어 어렴풋한 불안감이 감소된다."[75] 이때 '맹점'이 만들어지면서 고통을 벗어나 위안을 느끼게 된다. 주의집중이 흐트러지면서 유년기의 잊을 수 없는 기억이나 현재의 정서적 상처, 타인이 고통스러워하는 이미지, 질병의 공포 등에서 비롯된 날카로운 고통이 무뎌지는 것이다.

선택적 주의집중에 의해서도 스트레스와 불안이 줄어들 수 있다. 부인은 심리적 엔도르핀과 비슷하다.[76] 또한 진통제처럼 작용하기도 한다. 사랑하는 사람의 죽음 같은 황망한 사건 앞에서 우리는 심리적 간섭(또는 침입)과 여러 종류의 부인(회피, 명백한 의미의 부정, 마비 등) 사이를 오가게 된다. 이런 것은 주의집중의 두가지 측면이다. 둘 다 건강한 것이 아니고 편향을 야기할 수 있다. 부인은 완화제에 불과하다. 불안은 줄어들지만 위협은 그대로 남아 있다. 여기에서 언제나 '흥정'(trade-off)을 하게 된다고 골먼은 주장한다. 의식의 모호성은 위협받는 인간주체의 정신을 보호하고 안전함을 줄지 모르지만, 그 결과 초래되는 주의집중 차단이라는 맹점과 자기기만은 자멸에 이르기 십상이다. 이러한 완화제를 특히 상습적으로 사용한다면 온전하게 주의 집중할 수 있는 능력 또는 사물을 있는 그대로 보는 능력이 방해를 받는다. 인지모델에서 여과장치의 정서적 면은 크게 중요하지 않다. 진실로 중요한 것은 그 여과장치의 **지적 능력이다**.[77] 우리의 '똑똑' 여과장치는 내외부의 메시지를 자동적으로 검색해서 '적절한' 메시지만을 통과시킨다.

이러한 기만적인 주의집중을 여러 사람들이 공유할 수도 있다. 실제로 왜곡과 자기현혹은 여러 사람들간에——가족내, 친근한 사람들 사이, 또는 어떤 조직내——동시에 일어날 개연성이 높다. 공개적으로 거론해서는 안될 불문율(언급된 적도 언급될 수도 없는 규정)을 보유한 사회가 적지 않다. 당신은 이러한 규정에 복종하게 되어 있는, 규정의 적용대상이다. 그러나 당신은 원래 규정을 알고 있었다는 사실 자체를 부인해야 하는 메타규정의 적용을 받는다.

그들은 게임을 하고 있네.
그들은 게임하지 않는다는 게임을 하고 있네.
내가 자기들의 참모습을 보고 있다고 말해버리면

나는 규정을 어긴 것이고, 그들은 나를 벌준다네.

나는 그들의 게임규칙대로 해야만 하네,

내가 게임을 보고 있지만 마치 보지 않는 것처럼.[78]

인지적 오류와 추론적 실패

우리가 특정 순간에 동원할 수 있는 정신적 자원은 제한되어 있다. 우리가 쓸 수 있는 정보 중 극히 일부만이 처리되며 이 과정은 의식적인 감시 없이 일어난다.[79] 주의집중이나 의식에서 동기만으로는 선별적 선택 또는 방어기제의 역할을 설명할 수 없다. 써블리미널(잠재의식)하의 지각은 '의식 전(前)단계 절차' 또는 '준비절차'에 불과하다. 특정한 외부자극은, 뒤따라오는 연관 자극을 처리할 수 있는 능력을 강화할 수 있는 정신적 통로를 열어놓는다. 사건의 배경이 지나치게 '시끄러울' 때에도 준비절차가 시작될 수 있다.

이것의 차이는 '자동적 과정'(의식에서 숨겨진 것들, 비의도적이고 소진되기 쉬운 희소한 주의집중 자원이 관여하는, 순서대로 일어나지 않고 한꺼번에 병렬적으로 일어나는 과정)과 '통제된 과정'의 차이이다. 자동적 과정—습관이나 일상생활의 일과—을 수행할 때 우리는 문자 그대로 "정신을 딴 데 팔고 있다." 정신을 딴 데 두고 있는 것이다. 주의집중이나 데이터 처리과정에서의 과오를 설명하기 위해 '부인' 같은 신비로운 동기론적 상태를 거론할 필요도 없다. 과오는 과오일 뿐이다. '프로이트적 말실수'(Freudian slip)는 복잡한 데이터 처리 씨스템에서 흔히 일어날 수 있는 실수에 불과한 것이다.

이때 부인에 가장 가까운 과정은 '사고의 억제'이다. 우리는 특정한 생각이 우리 의식 속으로 들어오지 못하게 막으려 한다. 이렇게 의식적으로 노력하지 않아도 자동탐지기가 원치 않는 생각을 계속 '검색'하지만, 결국 이런 생각은 우리 의식 속으로 들어온다. 인지적 탐지는 **'습관화'**를 통해 용이하게 이루어진다. 현관 앞에 앉아 있는 노숙자와 발칸반도의 학살사건 같은 외부자극에 익숙해질수록 우리는 그것을 점점 덜 인식할 수 있다. 여기서 동기나 감정은 별로 중요치 않다. '사고의 억제'는, 경계(어떤 신호가 떨어지기를 기다림), 신호감지, 탐색(주위환경을 살펴봄) 또는 주의분산(다중 과제를 수행함) 같은 여느 인지적 현상 중 하나에 불과하다.

'사고의 억제'에 관해 두가지 이론이 있다.[80] **여과 및 병목**(filter and bottleneck) 이론에서는 여러 감각들이 병목지를 거쳐갈 때 어떤 감각에 대해 주의를 집중해야 할 것인지를 분류한다. **주의집중 자원**(attentional resource) 이론에서는 사람들이 주의를 기울일 수 있는 양이 정해져 있으며, 과제에 맞추어 그 자원들을 배분할 수 있다고 가정한다. 주의력은 무엇을 보고, 느끼고, 알고, 듣는 역할을 수행한다. 지각은 이러한 감각들을 인식하고 그것을 이해한다. 즉 우리는 감지하는 것이 아니라 그것의 의미와 중요성을 해독하는 방식을 배운다.

일상에서 제대로 지각되지 않는 현상을 설명하기 위해 사용하는 표현을 보자. 이는 '방관자의 부인' 현상을 설명하는 은유가 될 수 있다. "등잔 밑이 어둡다" 또는 "나무만 보고 숲을 보지 못한다" 등이 좋은 예이다.[81] '시각 실인증'(視覺 失認症, visual agnosia) 같은 증상을 보이는 사람은 눈앞의 사물을 정상적으로 감각하지만 그 정체를 인식하지 못한다. 보통사람들이 활용하는 '부인' 방식은 간혹 이 정도로 극단적인 것처럼 보일 때가 있다. 그러나 뇌가 손상된 경우를 접어두더라도 왜 관찰자들이 자기 눈앞에 있는 것을 보지 못하는 것일까? 인지과학에 따르면 이런 사람들은 고의적으로 거짓말하는 것도, 프로이트적인 방어기제에 얽혀 있는 것도, 자기기만에 넘어간 것도, 그렇다고 부정직하게 행동한 것도 아니다. 그들은 그저 '너절한 정보처리자'일 뿐이다. 그저 추론의 오류를 범하고 있을 뿐이다.

그렇다면 어떻게 해서 이런 오류가 일어나는가? 정보처리 모델과 의사결정 모델 덕분에 우리는 의사결정을 내릴 때 저지르는 수많은 멍청한('최적이 아닌') 전략들을 알아냈다.[82] 이런 식의 편향, 정신적 지름길, '발견적 지도법'(heuristics) 등은 어떤 결정을 내릴 때 생기는 인지적 부담을 덜어주지만, 지각의 오류를 일으키고 비합리적 결정을 내리도록 오도(誤導)한다. 우리가 정보를 모으고 결론에 도달하는 방식은 바보스러울 정도이다. "우리는 순진한 과학자가 자신을 둘러싼 환경 속에서 진실을 찾으려고 하는 게 아니라, 사기꾼처럼 이미 갖고 있는 이론틀에 제일 유리한 정보가 나오도록〔정보를 모으고 어떤 결론에 도달한다.〕"[83]

인지이론에서 묘사하는 주체는 유치하고 무의식적인 희망에 그저 복종하지 않고, 놀라울 정도로 단호하게 지각·판단·결정하고, 합리적으로 행위할 능력이 있다. 이들의 편향이나 환상 또는 합리화조차도, 숨어 있는 욕구나 트라우마이기보다, 문제해결 과정에서의 '합리적' 오류에서 기인한 것이다. 물론 이들은 '직관적 과학자'로서 '추론상의 결함'에 빠지곤 한다. 하지만 부인을 너무 괴로워할 필요는 없다. 인간은 원래 그런 존재이기 때문에.

만일 '해석적 부인'이 추론상의 오류라면, '문자적 부인'은 의식 없는 주의집중과 비슷한 것이다. 어떤 정보를 '저장'하지 말고 '삭제'하도록 프로그래밍된 컴퓨터 같은 심리 메커니즘인 것이다. 그러나 두뇌는 컴퓨터와 달리 정보를 단계별로 처리하지 않는다. 인간의 두뇌는 수만가지 정보를 동시에 다중적으로 처리할 수 있다(컴퓨터 분야에서 병렬분산처리parallel distributed processing라고 부르는 방식).

이렇게 보면 '부인'은 "정보처리상의 사실-회피 유형"이라 할 수 있다. 주의집중 이전 단계의 인지 등재, 초점을 맞춘 주의집중, 이해, 그리고 온전한 인지적 고찰 사이 어디쯤에서 차단과 왜곡이 발생한다. 의식에 관한 상식적인 견해와는 달리, 내면의 관객 또는 데까르뜨식 무대 위의 '나'라는 존재는 실재하지 않는다. 그러나 외부관찰자가 보기에 뇌기능과 무관한 마음속 의식이란 존재하지 않는다는 식의 기계적 결정론은 쉽게 받아들이기 어렵다.[84] 의식을 가진 자아가 무언가를 부인한다고 가정하지 않는다면, 부인에 관해 어떤 흥미로운 논의를 할 수 없다.

그런데 이상하게도 데닛은 기계론적 이론에서 부인에 관해 대단히 생생한 이미지를 차용한다.[85] 데닛이 말한 정신의 '다중적 도안'(multiple draft) 모델에 따르면, 두뇌가 정보를 처리하는 특정 순간을 의식 자체가 형성되는 바로 그 순간이라고 말할 수 없다. 데닛은 '사전'(事前, prior) 단계 또는 전(前)의식적 수정 상태 그리고 기억행위가 오염시킨 회상으로 나타나는 '사후'(事後, subsequent) 단계 사이에 기능적 차이가 없다고 주장한다. 당신은 심지어 특정 순간에 주체가 의식하는 것과 주체가 모르는 것을 구분할 수도 없다. 당신은 어떤 실체들을 먼저 객관적으로 분별한 후에 그것들을 어떤 유형으로 파악하지 않는다. 오히려 다중적 도안 모델에 의하면, 관찰자가 어떤 사물을 관찰하는 바로 그 순간 그의 관점이 두뇌에 '덧칠'(자기 관점에 따라 관찰결과를 인식하게끔)한다.

데닛은 '스딸린'식 두뇌활동과 '오웰'식 두뇌활동을 비교한다. 전통적인 스딸린식 모델에 따르면, 정보가 적절히 편집되어 수용할 수 있는 버전이 나올 때까지 검열관이 정보의 전파를 금지한다. 스딸린식 검열관은 어떤 영화 필름이 개봉관(관객은 의식을 지닌 주체, 즉 자기 자신이다)으로 배급되기 전에 그 필름 **속에** 다른 화면을 삽입한다. 그러므로 스딸린식 모델에서는, 환영받지 못할 정보가 주관적인 의식과 인식에 도달하기 전에, 검열관에 의해 조작됨으로써 '부인'이 발생한다. 반면, 오웰식의 편집자는 윤색되지 않은 역사란 그 자체로는 큰 의미가 없다고 본다. 따라서 그 편집자는 역사의 원자료(전형적인 실험 상황에서는 텅빈 화면의 빨간 점 뒤에 파란 점이 찍히는 식으로 나타난다)를 해석하여 시간순으로 일어난 일들로 인과론적 서사를 창조한 후, 그 서사적 역사를 기억 속에 심어둠으로써 미래의 참고자료로 쓰이도록 한다. 그러므로 당신은 환상적인 움직임과 색깔 변화를 실제로 보았다고 믿고 그렇게 말한다. 하지만 그것은 원(原)의식을 정확히 반영한 것이 아니라 사실은 기억의 환각에 불과하다.

어쨌든 데닛은 어떤 사물을 의식적으로 인지한 후 그것을 추가 처리하는 오웰식 버전을 스딸린식 버전(의식 이전에 처리과정이 먼저 발생하는)보다 선호한다. 하지만 당신은 두 버전 중 하나를 의도적으로 선택할 수는 없다. 이러한 처리절차내에는 이미지를 전달할 수 있는 다른 주체 또는 어떤 유령도 존재하지 않기 때문이다〔오직 당신 자신밖에 없다〕. 따라서 이런 설명에 따르면 이미 알려진 정신상의 '무대'가 존재한다기보다, 다중 도안을 동시에 여러개 만들어내는 쏘프트웨어가 있을 뿐이다. 이것은 매력적인 은유이긴 하나 딱히 부인을 설명해주지는 못한다.

인지적 구도

어떤 인지 모델에 따르면 우리가 사는 세계의 정보는 입수할 수 있는 외부자극에서 직접 얻게 된다. 이것을 '상향식' 처리과정 또는 '정보 중심형' 처리과정이라고 부른다. 이것의 대안 모델에서는 내부에 저장된 과거의 지식에 인과적 우선순위를 둔다. 이것을 '하향식' 처리과정 또는 '개념 중심형' 처리과정이라고 부른다. 두 모델 모두 문자 그대로 받아들일 수는 없다. 만일 모든 것이 상향식이라면 부정확한 지각은 있을 수 없다. 모든 것이 하향식이라면 정확한 지각은 있을 수 없다. 두 과정은 함께 작동한다. 내부에 저장된 과거 지식의 흔적이 특정한 자극을 조사하도록 지각을 유도한다(하향식). 이것은 다시 인지적 구도를 수정시킨다(상향식).

하향식 인지틀('지도' '가정적 세계' '설계도' 등으로 불린다)에 관한 이론은 어떻게 해서 일부 정보가 차단되는지를 설명해준다. 이러한 '새' 이론은 사회학자들에게는 전혀 새롭지 않다〔미리 구조화된 인지 모델이 사회학의 구조주의적 설명과 유사하다는 뜻〕. '가정상의 세계'(assumptive world)라는 관념은 사람들이 자기 자신과 외부세계의 실상을 확고히 가정하며 살아간다는 뜻이다. 이러한 가정들은 불쾌하고 심란한 사건을 이해할 수 있도록 도와주는 전략적 패키지들로 구성되어 있다.[86] '인지적 프레임'은 우리에게 다가오는 정보의 흐름을 개인적·자의적으로 교통정리하는 방식이다. 이러한 '프레임'은 동시에 작동하는 여과장치라 할 수 있다. 즉 우리가 보유한 이론·신념과 합치되는 방식으로 정보를 동시에 해독·해석·검색하게 해주는 장치이다. 우리는 모두 '인지적 구두쇠들'(cognitive misers)이다. 우리에게 '필요한' 자극만을 추출함으로써 인지적 에너지를 절약한다. 선택된 정보가 허위임을 안다 하더라도 우리는 인지적 보수성(인지적 구도의 안정성을 유지하려는 욕구)을 고수한다.

우리에게 '원래부터의 신념'(prior belief)이 존재하는가? 인지심리학자들(나는 이들을 한번도 만나본 적이 없지만!)에 따르면 우리는 다음을 가정한다고 한다. (1) 세계와 사람들은 호의적이다. (2) 인생은 의미있다(어떤 행위의 결과가 선과 정의에 따라 공평하게 분배된다, 사람들은 사물을 통제하기 위해 직접 행동할 수 있다). (3) 자아는 가치있는 존재이다. 즉 당신은 온화한 도덕성을 갖고 있고, 어떤 행동의 결과를 통제하는 데 필요한 행동을 하며, 행운이 따를 것이다.

삶에서 겪는 고통스러운 사건이 너무나 비통하고 생생해서 도저히 무시할 수 없는데, 당신은 앞서 말한 가정과는 부합하지 않는 비정상적인 정보와 씨름한다. 그러면 이 정보는 기존 인지적 프레임에 즉각 동화된다. 겉으로는 부인 같아 보이지만 사실은 인지적 위협에 대한 적응이라는 것이다. 이렇게 적응되면 인생의 기본 전제에 대한 공격이 무뎌지고, 위협적인 정보는 견딜 수 있을 정도의 분량으로 잘게 쪼개진다. 이렇게 되면, 사실은 **환상**에 불과한 것을 우리가 얼마나 잘 유지할 수 있는지에 정신건강이 달려 있다는 식의 도발적인 사상으로

이어진다.[87] 이런 것들은 '긍정적 환상'이며, 삶의 의미와 능력과 자존 감을 위협하는 사건에 맞닥뜨릴 때 일종의 완충역할을 해준다. 이러 한 환상이 이미 알려진 사실을 반드시 부정하지는 않는다 하더라도 (문자적 부인), 그 사실을 확실히 왜곡해서(해석적 부인) 우리의 자존 감을 확장하고 각자의 세계지도를 확인시켜준다. 역설적으로, 이러한 긍정적 오해(부실한 정보처리)는 특히 어려운 상황에서 현실적응에 도움을 준다. 이러한 '현실감 결여' 모델은 정신병의 징후가 아니며, 건강한 삶을 영위하는 데 필요하다.

이러한 행복 이야기 뒤에는 어두운 측면도 있다. 이런 현실적응 원 칙은 오웰의 『1984』 그리고 그외 디스토피아에서 묘사된 전체주의적 정보통제 전략과 유사하다.[88] 세 종류의 정신 상태가 유사하다. 첫째, **'자아중심성'**(egocentricity)은 인과관계의 축인 자아를 중심으로 기억을 짜 맞추는 것이다. 둘째, 그린월드(Greenwald)가 **베너펙턴스** (beneffectance, beneficence와 effectance의 합성어─옮긴이)라고 부른 현상은, 성공하는 자기 공을 내세우고(좋은 결과) 실패하면 책임(나쁜 결과)을 부인하는 것을 말한다. 셋째, **보수성**(conservatism)은 이미 생겨난 것 을 보존하려는 인지적 성향을 가리킨다. 새 증거나 반대 논증이 나오 면 아예 무시해버리거나, 이를 인지적 구도에 맞도록 변형한다. 책 도 입부에 인용한 민족지상주의에 대한 오웰의 제사(題詞)는 개인적 부인 과 사상적 부인의 '상동관계'를 보여준다.

부인현상을 규명하기 위해 가까이 다가갈수록 부인은 증발해버리 는 어떤 실재이다. 무의식적 방어기제, 자아 분할, 인지 역설, 자기기 만, 부정직, 추론 구도 등의 구성물은 자신의 공간으로 미끄러져 들어간다. 하지만 프로이트와 싸르트르의 풍부한 본래 사상에서 멀어지는 학문 담론일수록 자의식을 가진 성인의 상식만도 못하게 천박해진다.

지금까지 다룬 심리학적 개념들을 정치적 차원으로 간단히 치환할 수는 없다. 이 개념들은 사회적 역할과 인간관계에 근거를 두지 않으며, 피해자와 가해자 그리고 방관자의 차이를 감안하지도 않는다. 어떤 사회적 상황에서 부인이 일어나는지도 거의 설명하지 못한다. 다음 예를 생각해보라. 법정, 일상의 대화, 질투심 많은 연인과의 말다툼, 정신과의사와의 상담, 부모 자식간의 우여곡절, 대규모 인권침해 사건의 증인, 전쟁에 휘말린 사람, 암병동, 텔레비전 뉴스 시청, 길거리에서 걸인을 그냥 지나치기 등. 나아가 무언가를 부인할 때는 보편적인 두뇌 메커니즘에 따르기보다 시간과 사회적 공간에 따라 변화하는 언어장치와 문화적 관행들을 고려하기 쉽다.

부인을 과학적으로 설명하는 담론들은, 무엇보다 사람들이 부인할 줄 안다는 것이 매우 놀라운 인간 현상이라는 사실을 놓치고 있다. 이는 아직 제대로 설명되지 못했고, 설명할 수도 없는 현상이다. 또한 부인현상은 우리의 정서적, 언어적, 도덕적, 지적 활동이 매우 뒤섞인 결과물이다. 이것은 쏠 벨로의 소설 『쌔믈러씨의 혹성』(*Mr. Sammler's Planet*)에 나오는 멋진 작중인물 쌔믈러씨가 일찍이 간파한 능력이다. 쌔믈러씨는 '아는 것'과 '모르는 것' 그리고 기만과 자기기만에 관한, 심리학 전문가나 관심을 보일 법한 상황에 빠진다. 그보다 몇살 어린 의사 엘리야는 혈전증 수술을 받고 병원에 누워 있다. 쌔믈러씨는 생각에 빠진다. "엘리야는 뇌출혈로 죽을지도 몰라. 그걸 알고 있었을까? 물론 알았겠지. 의사니까 당연히 알았겠지. 녀석도 인간이니 이런저런 대비를 해놓았을 거야. 우리들이 흔히 해두는 대비 있잖아, '알면서도 모르는 것' 말야."[89]

흔히 인간들이 해두는 대비, 이 말은 맞다. 하지만 벨로의 작중인물처럼 그런 대비가 언제나 평범하진 않다. 다른 사람들과 마찬가지로 쌔플러씨도 '알면서도 모르는' 상태를 고통받는 사람들만이 활용하는 것은 아님을 알았을 것이다. 다른 인간에게 고의적으로 끔찍한 고통을 주는 가해자들, 그리고 그런 사실을 알게 된 방관자들에게도 '알고도 모르는' 상태는 반드시 유용한 도구인 것이다.

3장

부인의 실제
―메커니즘과 수사적 장치

앞선 두 장에서 필자는 부인 개념이 얼마나 다면적인지를 설명했고 부인의 심리학에 관한 연구 전통들을 개괄했다. 이 장에서는 부인 개념이 현대사회에서 차지하는 비중과 그 개념의 다양한 용법을 검토한다. 집단적 인권침해와 대중적 인권침해의 세계로 들어가기 위한 교량 역할을 하는, 일상에서의 고통을 부인하는 현상을 우선 살펴볼 것이다.

정상화

'부인'이라는 용어는 바람직하지 않은 상황(사건, 조건, 현상)을 인정하지 않거나, 무시하거나, 아무렇지도 않은 것처럼 보이게 하는, 사회생활을 유지하기 위한 방편으로 흔히 사용된다. 하지만 의식화, 정치화, 경제 변혁, 전문직 이해관계, 압력집단 또는 피해자들에 따라 이런 '일'이 일탈이나 범죄, 윤리적 죄, 사회문제 또는 병리적 현상으로 규정될 수 있다. 이때 개인의 고통스런 사생활이 공공의 담론세계로 편입된다. 이 과정은 사적인 문제가 공적인 문제로 전환된다고 했던 라이트 밀스의 유명한 주장과 일맥상통한다. 여성이 당하는 가정폭력을 생각해보자.

물리적 폭력과 '적절한' 반응의 격차는 미시적 부인의 형태를 띠고 나타난다. "그런 일은 없었어요"(피해자, 친지, 이웃사람) "술만 안 마시면 멀쩡한 사람이에요"(피해자) "그걸 진짜 폭력이라 할 순 없는 것 아니겠어요?"(가해자) "맞는 걸 은근히 즐기는 것 같았어요"(가해자, 관찰자, 상담치료사). 우리는 이런 여러 정상화(normalization, 어떤 일탈 현상을 정상으로 간주하고 거기에 정당성을 부여하는 과정을 뜻한다—옮긴이) 과정들—적응, 일상화, 용인, 인내, 공모, 은폐—을 계속 다룰 것이다.

거시적 부인은 사회 차원에서 일어난다. 가정폭력은 흔히 부인에서 인정에 이르는 과정으로 진행된다. 부인 단계에서는 가정폭력 현상이 대중의 시선에서 차단된 가운데 정상화되고 봉쇄되고 은폐된다. 동시에 공공 차원에서도 여성을 재산으로 간주하는 풍습, 여성 지배를 남성의 권리로 이해하는 관행, 가족을 보호한다는 관념 등에 의해 침묵의 벽이 세워진다. 이 단계가 지나 피해자, 페미니스트, 전문가 들의 활동을 통해 사건이 폭로되면서 '인정' 단계로 들어간다. 결국 전혀 다른 담론이 출현하고 제도적 장치, 예컨대 법적 처벌, 복지기관이나 법집행기관의 개입 권한 확대, 매 맞는 여성을 위한 쉼터, 쎌프헬프 조직 등이 나타난다.

결국 대규모 인권침해처럼, 이제 우리는 역사적(거시적) 부인과 개인적(미시적) 부인이 만나는 지점에 다다르게 된다. 어떤 문제가 정치적 사안으로 떠오르면, 피해자들은 스스로 부과한 부인, 자책, 오명, 소극성 등을 극복하고 적절한 해결방안을 찾기가 훨씬 쉬워진다. 또한 가해자들이 제시한 부인논리("그 여자가 원했단 말이에요")가 사람들에게 받아들여질 가능성은 더 줄어든다. 그러나 이런 공개적인 문제해결 방식이 외면당하거나, 계급에 따라 차별화된 사회가 있다. 이런 사회는 문자적으로 폭력을 부인하지 않는다. 그러나 남자는 원래 그렇지 뭐, 여자가 좋은 남자 만나는 것은 팔자야, 누구에게 하소연하겠어, 식구들끼리 처리해야지 같은 문화적 해석과 무효화 기법을 동원해 폭력을 미온적이고 소극적으로 수용하기 십상이다.

'미온적이고 소극적인 수용'은 여러 미묘한 반응 중 하나일 뿐이다. '용인' '정상화' '적응' 등은 다양한 부인을 일컫는 말이다. 이런 설명들은 흔히 여성이 폭력에 시달리면서도 왜 가정을 떠나거나 외부의 도움을 청하지 않고 혼인관계를 지속하는가 같은 정형화된(또한 바보 같은) 질문에 답하기 위해 사용된다. 팔레스타인 전통사회에 대한 한 연구는, 여성이 폭력에 저항하거나 외부 도움을 청하지 않는('용인') 것 같더라도 그것이 곧 '수용'은 아님을 보여준다.[1] 피해 여성들은 폭력을 경시하거나 묵인하지 않는다. 이들은 피해자 특유의 부인상태에 있는 것도 아니다. 그들은 문제를 직시하는 것을 꺼리거나 아예 금지하고 폭력을 용인함으로써 사회적 통제를 실행하는 문화권에 갇혀 있을 뿐이다(피해자들은 동네방네 창피한 것보다 혼자 삭이는 게 낫다는 속담을 언급하기도 했다). 폭력은 남편이 휘둘렀는데 오히려 아내가 비난받는 사회, 아내가 폭력을 용인한다는 말도 어처구니없었다. 소극적 태도("그 여자는 왜 남들에게 알리지 않는가" "차라리 집을 나가는 건 어때?")는 폭행당하는 여성의 자유로운 선택의 결과가 아니다. 단지 선택권이 없기 때문에 하는 어쩔 수 없는 선택일 뿐이다.

방어기제와 인지적 오류

부인과 정상화는 인간의 고통을 인정하지 않는 개인적 · 문화적 상태를 반영한다. '동기화된 방어기제'와 '인지적 오류' 모델은 우리가 관찰할 수 있는 부인의 발생과정을 설명하려 한다. 여기서 질병, 특히 심각한 신체적 질병과 에이즈 그리고 우울증 같은 현상을 예로 들겠다.

부인은, 요즘 더욱 중요성이 커지고 있는 '외상후스트레스성장애' (PTSD)를 일으키는 사건에 관한 정보에 사람들이 보일 수 있는 반응이다. 그러한 비극적 인생경험에는 중병, 범죄, 사고, 심적 외상, 고문, 전쟁, 자연재해, 사랑하는 사람의 갑작스런 죽음 등이 포함된다. 이때 사람들은 그런 정보 자체, 심각성, 자신과의 관련성, 긴급성, 그리고 정서적 고통과 도덕적 책임을 부인하기도 한다.[2] 이런 경우에 일반적인 반응은 통렬한 거부, 부인, 인식 차단, 적응 그리고 종료의 과정을 밟는다.[3]

임종(dying)과 죽음(death)의 과정도 이와 비슷하다. 인간의 유한함과 죽음의 필연적인 도래, 불치병에 대한 반응과 사랑하는 사람의 죽음 등이 이에 해당된다. 죽음이 임박했다는 사실을 부인하는, 불치병에 걸린 환자들은 정말 진실을 모르는 것일까? 자기 병의 위중함을 깨닫지 못한다면, 자신에게 진실을 숨기고 있는 것일까? 이 경우 여러가지 행동이 나타난다. 환자와 타인 사이에 무의식적으로 일어나는 자기기만의 악순환, 진실을 내놓고 거론하지 않기로 하는 무언의 공모, 환자와 의사 그리고 가족간에 복잡하게 얽힌(흔히 좋은 의도가 깔린) 계산된 기만, 현실을 인정하지 않으려는 슬픔과 비통의 단계, 불완전한 애도, 사랑하는 사람이 쓰던 방을 그대로 보존하려는 태도 등을 들 수 있다.

불치병이나 심각한 질병에 걸렸다는 사실을 알게 되었을 때 사람들이 그에 반응하고 적응하는 방식에 대한 숱한 지식과 개인적·가족적 경험이 알려져 있다. 어떤 이들은 그런 정보를 접하고 충격을 받거나 도저히 믿을 수 없다는 반응을 보인다. 어떤 이들은 그전부터 '긴가민가'했던 바를 확인하기도 한다. 결국 사람들은 정신을 가다듬고 진단을 수용하며 의사의 처방을 따른다. 그러면서도 새로운 상황의 수용과 거부 사이를 오락가락한다. "어떻게 이런 일이 일어날 수 있어?" 또는 "왜 하필 나야?"라는 반응이 나타난다. 절망에 빠진 사람도 있고, 온갖 치료법을 다 써보면서 끝까지 저항하는 사람도 있다. 꿋꿋이 낙관적이고 희망적인 태도를 보이며 마치 병에 걸리지 않은 것처럼 행동하는 사람도 있다.

그러나 상처가 크고 하늘이 무너지는 것 같을 뿐 아니라 인간을 꼼짝달싹 못하게 만드는 상실의 소식에 어울리는 처신이 따로 있을까? 어떤 환자가 "그런 상황에 놓인 대부분의 사람과 달리 잘 적응하고 있다"는 조심스런 판정을 받은 경우에도 여러가지 개연성이 있을 수 있다. 사람들은 자신이 처한 상황과는 동떨어진 정서에 휩싸일 수도 있고 상처입지 않을 수도 있다. '그런 상황에 놓인 사람이 흔히 보이는' 고통의 정도를 객관적으로 측정할 수 있는 방법은 없다. 또한 자기 상태를 무한정 부인하거나 슬퍼하기보다 '적절한' 단계가 되면 거기에 적응해야만 한다는 통설이 옳다는 증거도 없다. 그렇다면 정확히 말해 언제, 어떻게 부인을 관찰할 수 있는가? 난생 처음 심근경색증 진단을 받고 3주 동안 치료한 후 퇴원 예정인 남성 환자 345명을 조사한 연구를 살펴보자.[4] 심장발작을 일으켰다고 스스로 생각했는가,라는 질문에 환자가 '아니요' 또는 '잘 모르겠음'이라고 응답한 경우를 부인의 조작적 정의로 규정했다. 연구대상자 중 약 80퍼센트가 '예' 12퍼센트가 '아니요' 8퍼센트가 '잘 모르겠음'이라고 응답했다. '아니요' '잘 모르겠음'이라고 답한 20퍼센트를 '부인자'로 규정했는데,[5] 이들은 '부인하는 경향' 그러니까 자신에게 불리한 것을 부정하는 성향을 보였다. 이들은 자신의 증상과 심장발작이 인생에 미친 영향을 최대한 축소하려 했고, 의료진의 충고를 따르지 않으려 했다.

필자는 부인을 탐지하는 데 따르는 문제점을 보여주기 위해 이 연구를 인용했다. 연구자들은 (부인하지 않은 환자라 하더라도) 무의식적으로 부인하면서도 겉으로만 '예'라고 응답한 사람들 그리고 내심 부인하면서도 조사과정에서는 현실에 부합하는 답변을 해야 한다는 사회적 압박을 느낀 사람들이 섞여 있음을 인정했다. 하지만 '예/아니요/잘 모르겠음' 같은 응답은 문자적 부인에 해당한다고 볼 수도 있다. 오늘날 이에 관한 측정기법은 많이 발전했다. 예컨대 '르바인 질병 부인 척도'(LDIS, Levine Denial of Illness Scale)에는 **인지적 부정**(증상의 전치轉置, 진단과 예후의 축소, 건강문제에 관한 정보와 징후 회피)과 그리고 **정서적 부정**(불안감 내보이지 않기, 우울의 부인, 분노의 부정, 초연/무관심) 두가지가 있다.[6]

그런데 부인하는 사람과 부인하지 않는 사람을 구분하는 것은, 부인을 상황의 산물이라기보다 성격의 산물로 가정하는 태도이다. 물론 그중에는 습관적인 대응전략으로 부인을 활용하는 사람도 있다. 하지만 부인은 이렇게 측정할 수 있는 안정적인 심리상태가 아니다. 정신병자처럼 현실과 완전히 유리되어 있지 않는 이상, 완전히 부인하는 사람도 완전히 부인하지 않는 사람도 없으며, 나아가 영구적으로 '부인상태'에 빠져 있는 사람도, '부인하지 않는 상태'에 빠져 있는 사람도 없다. 사람들은 자기 자신과 타인에게 그때그때 다른 설명을 제시한다. 부분적 부인과 부분적 시인이 언제나 공존한다. 우리는 이런 상태를 오락가락한다.

장애가 생긴 지 얼마 안된 환자의 가족과 의료진은 환자가 한순간에는 자기 상태를 또렷이 지각하고 있다가 다른 순간 완강히 부인하는 것을 보면서 갈등에 빠진다. 시간이 지나면서 환자의 변덕이 심해지는 것을 보면, 환자가 분명 뭔가를 알고 있으면서도 때에 따라 자기가 알고 있는 사실을 받아들일 수 있는 능력 그리고 지식을 의미있는 현실로 통합할 줄 아는 능력에 변화가 일어나는 것처럼 생각된다.[7] 중병에 걸렸다는 진단을 받은 사람들에게 부인과 수용이 마치 꺼져가는 등불처럼 왔다갔다하는 것을 알 수 있다. 이제 질병을 '받아들이게' 되었다고 생각하는 순간, 그런 수용이 사실은 자기기만이고, 현실의 여러 층위도 도전받지 않은 채 말짱하게 남아 있다는 사실을 알 수 있다.

부인하면 오히려 회복될 가능성이 높아진다는 흥미로운 가설은 어떻게 볼 것인가? 부인의 적정 수준이 있는가? 대다수의 부인이 비정상적인데 반해, 환자의 스트레스를 차단하거나 자기충족적 예언과 같은 비관주의를 없애는 식의 부인은 질병 치유율을 높인다. 이 점은 최근 초기 유방암 진단을 받은 런던 여성들에 대한 일련의 연구에서 드러났다.[8] 연구에서 첫 진단 3개월 후 연구대상자들을 심리적 반응에 따라 세 그룹으로 나누었다. 1그룹은 의욕을 갖고 병에 대항했고 완치를 낙관했다. 2그룹은 자기 병을 인내하면서도 소극적으로 받아들이거나, 의기소침하고 낙담하는가 하면 사기가 저하되었다. 3그룹은 자기가 암에 걸렸다는 사실을 부인하고 이를 언급하려 하지 않았으며, 아무런 감정도 드러내지 않았다. 5년 후 병세를 추적한 결과 1,3그룹 환자들의 생존 가능성이 훨씬 높았으며 재발률도 낮았다. 용기있게 병과 싸우거나 병을 아예 부인했던 1,3그룹은, 서로 성격은 전혀 달랐지만 자신의 상태를 현실적으로 받아들이고 의기소침해진 그룹보다 더 좋은 결과를 낳았던 것이다. 15년 후 병세를 추적해본 결과도 마찬가지였다. 1,3그룹 환자의 45퍼센트가 생존해 있었고 암이 재발하지도 않았으나 2그룹의 경우 생존율이 겨우 17퍼센트에 그쳤다.

도대체 어찌된 걸까? 지각의 방어 모델에 따르면 질병에 걸린 사람들은 자기들이 정상인과 다르다는 점을 부인함으로써 상황에 적응한다. 일종의 인지적 차단막이 자신의 상태에 대한 지식을 막아버리는 것이다. 그러나 대개는 중병을 앓고 있다는 사실로 인해 그에 관한 정보를 더 많이 알게 된다. 그전까지는 별로 신경쓰지 않던 신체 기능에 더 주의를 기울이기 시작한다. 약간의 변화만 나타나도 어떤 '증상'이라고 여긴다. 친구들도 신문에 보도된 최신 치료정보를 보내준다. 유명인사가 같은 병을 앓고 있다면 그 소식을 더 유심히 읽는다. 이것은 지각의 차단과 정확히 반대되는 것이다.

'인지적 오류' 이론은 이보다 더 정교하다. 사람들은 자신의 현실과 적극적으로 협상한다. 그리고 성공적인 치료는 정확한 지각과는 관련이 없다. 심각한 부상을 입은 환자들은 그토록 어려운 상황에서조차 긍정적인 자아개념을 유지하려고 애쓴다.[9] 그들은 핑계를 늘어놓지 않고 자존감과 주체성을 북돋우려고 노력한다. 그리고 자신의 장애를 줄일 온갖 방도를 동원한다. 이들에게 '부인'은 현실의 부정이라기보다 엉망이 된 자신의 삶에서 약간의 희망이라도 건져보려는 몸부림으로 보는 편이 옳을 것이다.[10] 유방암 환자의 경우처럼 자기 상태를 문자 그대로 부인하는 게 아니라, 잘 적응하고 일상생활을 좀더 잘 꾸려나가기 위해 상태의 심각성을 평가절하하는 것이다.

이와 유사한 '건설적 부인'의 경우에는 적극적으로 치료에 참여함으로써 자신이 병을 통제한다고 믿으며, 지난 경험에서 의미를 찾고 자기보다 심한 사람들도 완쾌되더라는 '하향식' 비교를 통해 자존감을 북돋우려는 노력 등이 포함된다.[11] 이 경우 지각은 자아를 증진시키는, 더 나은 방식으로 변화할 수 있다. 이렇게 보면 정신병 치료도 현실과의 접촉 여부가 아니라, 환상, 자기기만 그리고 부인에 달렸다고 볼 수 있다.

반면 '낙관적 편견' 이론은 자기가 다른 사람들보다 병에 걸릴 가능성이 적다고 주장하는 경향을 가리킨다.[12] 흡연을 하고, 저지방 식단이나 안전한 섹스에 관한 충고를 무시하는 부주의는 "설마 내가 그런 병에 걸리겠는가"라는 낙천적 태도를 반영한다. 낙관적 편견 이론은 이런 태도가 모든 사람에게 나타나고, 리스크의 심각성을 인식하는 정도나 실제 리스크와는 상관이 없다고 가정한다(리스크가 높은 집단이든 낮은 집단이든 둘 다 잘못될 수 있다는 말이다). 이것은 인지적인 차원의 '분할'과 비슷하다. 서로 분리된 정신적 영역에서 자신의 행동과 취약성을 동시에 생각하는 것이다.

그런데 위의 모델들은 모두 내면의 언어를 사용하며, 타인과의 교류를 암시하는 내용이 없다. 하지만 질병과 죽음이라는 가장 개인적이고 내밀한 순간에서도 타인들이 가까이 있게 마련이다. 그런 순간에도 결탁, 공모, 거짓말이 등장하는 연극무대가 마련될 가능성이 있는 법이다. 중병에 걸린 초기 또는 말기 환자들이 의사와 가족들과 함께 다층적인 진실게임에 임한다. 이들 중 누군가는 환자의 정확한 진단과 예후를 알고 있을지 모르지만 그 사실을 겉으로 드러내지 않으며, 다른 사람이 이를 알고 있음을 자신도 알고 있음을 내색하지 않는다. 이런 경우 다 함께 부인을 모의하는 구조가 고스란히 유지된다.

에이즈의 사례에서도 부인이 핵심적인 역할을 한다. 에이즈의 대중적 서사는 문화적 침묵과 회피로부터 시작된다. 아직까지 이 단계에서 빠져나오지 못한 사회도 있다. "여기선 이런 일이 일어날 수 없어"라는 말이 "내겐 이런 일이 일어날 수 없어"라는 말이나 마찬가지가 된다("에이즈는 아프리카 풍토병이지"). 문화적 부인이 진정에서 우러나올 수도 있다. 이 경우 예컨대 순진한 무지, 어찌할 도리가 없는 열악한 상황 또는 불필요한 분란을 일으키지 않으려 할 뿐 아니라 낙인찍힌 환자들을 치료해주지 않으려는 경향이 문제다. 이런 경우 에이즈의 진상을 드러내고 시인하기는 어렵다. 두려움 속에 신비스럽게 출현한 질병의 기원에 관한 편견, 에이즈 진단을 받으면 그것으로 끝이라는 인식, 낙인찍힌 환자들을 문란한 사생활과 연관시키는 분위기, 에이즈 환자는 변태라는 식의 강력한 은유 때문이다.[13]

소극적으로 부인하는 경우도 많다. 불안전한 성행위를 계속하거나 검사를 받으려 하지 않거나 검사결과 수령을 미루고, 에이즈 양성반응이라는 결과를 믿지 못하거나 '접수하기' 두려워하고, 다른 사람들에게 진실을 숨기고, 질병을 지닌 채로 살아가는 법을 배운다. 이런 반응에는 가장 비관적인 시나리오에 맞춰 살아가기에서 마치 아무일도 없다는 듯이 태연히 살아가기까지 여러 수준이 있다. 그렇다 하더라도 사실의 인식과 행동의 격차는 여전히 남는다. 이것은 '역학적으로 리스크 행동이라고 규정하는 것'(공중보건 교육캠페인에 등장하는 과학적 정보)과 당사자 스스로 위험하다고 규정하는 것의 격차이기도 하다.[14] 이런 사람들은 자기가 보기에 '받아들일 만한 리스크 수준' ― 대단히 위험한 ―이라는 범주를 개인적으로 설정해두기 마련이다. 이런 식의 '통속적 현실인식'은 집합 수준의 데이터를 개인 수준의 데이터로 전환해버린다. 이렇게 되면 '안전'과 '위험'의 구분이 절대치가 없는 연속적인 현상으로 변해버린다.

빈곤층, 흑인 그리고 소외계층 여성들은 부인할 때 색다른 언어를 사용한다.[15] 이들에게 '에이즈에 관한 사실'을 가르치더라도 각자 다른 방식으로 받아들인다. 이들은 사실에 근거한 정보라 하더라도 그것을 부정하거나 재해석하거나 문화적으로 형성된 냉소를 통해 무효화해버린다. '전문가'라 해서 언제나 옳으냐, 의료제도 자체가 인종차별적인 데다 에이즈에 걸리는 건 팔자소관이야, 안전한 쎅스? 웃기고 있네 등. 객관적으로 보아 리스크가 얼마나 크든 간에 "나는 에이즈에 걸릴 리가 없어"라는 맹목적 믿음에 젖어 있기 십상이다. 리스크가 있다는 사실을 수긍하는 것 자체가 너무 창피하기 때문인지도 모른다.

마지막 사례로 우울증과 부인의 관계를 살펴보자. 정신보건 개념이 아무리 불투명하다 하더라도 이 증상에 대한 진단법은 현실을 정확히 인지하느냐를 기준으로 삼는다. 1958년 공식 조사는 건강한 지각을 다음과 같이 정의한다. 즉 '개인이 보는 것과, 거기에 실제로 존재하는 사물이 일치할 때' 그리고 '개인이 원하는 사물과 실제 사물이 다르더라도 그것을 자기 희망에 맞춰 왜곡하지 않고 받아들이는 능력'을 가졌을 때에 지각이 건강하다고 본다.[16] 반면, 정신병이 있는 환자는 '나사가 빠졌고' '현실감이 없으며' '자기만의 세계에 살고 있다'고 본다. 그러나 일부 인지이론가들은 다른 설명을 내놓는다.[17] 심하지 않은 우울증에 빠진 사람은 겉으로는 비관적으로 보일지 몰라도, 임상조사에 따르면 정상인들보다 인지적 왜곡의 정도가 오히려 낮다고 한다. 이들은 현실을 왜곡하기는커녕 너무나 잘 파악한다. 또한 자기 자신, 세계, 자신의 미래 등에 관해 더욱 균형 잡힌 감각을 갖고 있다. 이들은 '긍정적인 환상'을 품을 수 없기 때문에 우울한 현실에 빠져들 수밖에 없다. 이런 이들에게는 흔히 보통사람들이 현실의 괴로움에서 벗어나기 위해 의지하는, 피신처 역할을 제공하는 편견이 없다.

정상인은 사물을 어느정도 부인할 줄 안다. 그들은 사물이 얼마나 끔찍한지를 철저히 따지다 스스로 꼼짝달싹 못하고 갇혀버리는 법이 없다. 사람들은 (타인이 저지를 경우에는 비난하는) 부인과 자기기만 덕분에 자신을 지탱할 수 있다. 그들의 '긍정적 환상'은 상당한 정도의 자기기만과 현실도피에 물들어 있다.[18] 그러나 이런 환상은 단순한 망상이나, 엄연한 사실을 앞에 두고도 사라지지 않는 거짓 믿음이 아니다. 환상을 가진 사람들도 내키지는 않지만 객관적 사실에 조금씩 적응한다. 이런 사람들은 스트레스를 줄이고 치료에 도움이 되는 낙관적인 마음을 가꾸어 심신의 건강을 돌본다. 이것은 마치 플라쎄보(placebo) 효과와 같다.

그러나 낙관적 편견 이론이 매력적이라 하더라도—특히 우울증 환자만이 현실을 있는 그대로 받아들인다는(또는 현실을 있는 그대로 받아들이면 우울해진다는) 역설—그 이론을 아무데나 적용할 수는 없다. 그렇게 생각한다면 정신보건 문제를 지나치게 단순화한 것이다. 또한 앞서 말한 낙관적 환상이 광범하게 존재한다는 증거는 많지 않으며, 그러한 환상이 망상이나 부인과 전혀 다르다는 말도 설득력이 없다. 더 나아가 테일러(Taylor)가 묘사한 이상적 인간이 자기기만술을 잘 활용하여 자신과 타인의 사기를 높이는 활동가는 아니다. 물론 그렇게 봐도 큰 문제는 없다.

통솔력있는 모든 지도자는 실제 상황보다 더 나은 희망을 사람들에게 불어넣을 줄 안다. 이런 지도자는 '머리는 비관, 가슴은 낙관'이라는 구호를 잘 알고 있다. 하지만 테일러가 말한 창조적 자기기만자는 이런 지도자 유형과는 다르다. 창조적 자기기만자가 하는 일이라곤 '현실의 고통스런 면'을 줄이고 죄책감을 부인하는 것뿐이다. 이런 사람이 어떻게 더 좋은 세상을 만들고자 할 수 있겠는가? 긍정적 환상과 창조적 자기기만을 주장하는 바보 같은 낙관주의자들은 자신을 속이는 일만 잘할 뿐, 사회정의를 실현할 수 있기나 할까. 차라리 우울증이 있는 현실주의자 또는 현실적 우울증 환자에게 사회정의 실현을 기대하는 편이 나을 것이다. 긍정적 환상(특히 자기 자신의 전지전능함)을 거창하게 품을수록 극히 잔혹한 짓을 저지르기 쉽다. 무쏠리니, 폴 포트, 차우셰스쿠, 이디 아민, 모부투 같은 사람들은 경이로울 정도로 높은 자존심, 장대한 포부, 자기 의지로 못할 일이 없다는 확신, 비현실적인 낙관 등이 대단히 강했다.

해명과 수사적 장치

심각한 인권침해를 저지른 자나 일반 형사범에게 "왜 그런 짓을 저질렀을까" 또는 "어떻게 그러고도 멀쩡히 살아갈 수 있을까" 더 나아가 "어떻게 그런 몹쓸 짓을 저지르고도 자신이 선량한 인간이라고 생각할 수 있을까" 같은 의문이 들 수 있다.

부인이론은 어떤 행동의 구조적 요인(일반적 이유)을 이해하기보다, 일탈자들이 내세우는 해명(그들의 이유)을 이해하려고 한다. 그리고 문자적 부인보다 해석적 부인 또는 함축적 부인에 관심이 더 크다. 특히 판단을 외면하려는 태도("당신이 말한 것만큼 그렇게 나쁜 일은 아냐")를 문제삼는다.

'해명' '행위 동기에 대한 해명' '미사여구로 꾸며낸 동기' 등으로 불리는 폭넓은 구술행위 모두, 가해자와 방관자의 부인에 포함된다. '행동 동기'는 신비스러운 내면의 상태가 아니라 특정한 사회상황에서 확실한 기능을 수행하는 전형적 어휘라고 밀스는 생각했다.[19] 행동의 이유를 고민하다보면 사람들은 이제 혼란스러운 전망과 규범을 지닌 무리가 돼버린다. 따라서 말로 털어놓는 해명 외에 더 심오한 '진짜' 행동 동기를 찾는 것은 별 소용이 없다. 프로이트류의 '합리화' ─ 비밀스럽고, 무의식적이며, 용납할 수 없고, 잘 알 수 없으나 어쨌든 '진짜로' 존재하는 행동 동기를 숨기기 위해, 어떤 일이 일어난 후에 내세우는 소급적 행위 ─ 와는 달리, 행동 동기를 말로 표현하는 것은 어떤 행위의 **일차적** 가이드라 할 수 있다. '해명'이란 나쁜 짓을 저지른 후 죄책감이나 수치 등의 정신적 갈등을 무마하기 위해 동원하는 또 다른 방어기제가 아니다. 어찌 보면 어떤 행위 **이전에** 먼저 '해명'을 해놓아야 한다. 다시 말해, 내 행동을 실제보다 훨씬 더 이성적이고 그럴싸하게 만들기 위해서는 나 자신에게 말해야 하는 것이다. "이런 행동을 나 자신과 타인에게 어떻게 설명할 수 있을까?" 거꾸로, 충동이나 욕구가 아무리 강하더라도 합당한 이유를 찾지 못하면 그 행동을 단념할 가능성도 있다.

그러한 내면적 독백은 사적인 영역에 속하지 않는다. 정반대로 행동에 대한 '해명'은 일상의 문화를 통해 학습되며, 사회가 집단적으로 이용하는 확고한 문화적 원천에서 나오기도 한다. 특정 변명이 그 문화권에서 받아들여지기 때문에 사람들은 그런 해명을 이용하는 것이다. 우리는 사회화과정을 통해 어떤 행동에 어떤 동기를 내세우는 것이 적합한지를 배운다. 우선, 그럴 의도가 없었다고 부인하는 것은 아주 어릴 때부터 배우는 책임회피를 위한 해명일 것이다("잔을 일부러 깨려고 한 게 아니라, 실수로 떨어뜨렸어요"). 경미한 위반이든, 범죄든, 인권침해든, 규정을 어긴 사람은 '해명을 해야' 한다. '해명하다'라는 말은 그저 어떤 이야기를 하는 것만이 아니라("어젯밤에 나는 이런 짓을 했어"), 도덕적 평계를 댄다는 뜻이 포함되어 있기 때문이다("그 때문에 책을 훔친 거야")라는 중요한 이중의 의미를 지닌다.

그런 식의 도덕적 해명은 사적이고 비밀스럽고 내향적일 수 있다("내가 이런 짓을 하고 어떻게 태연히 살아갈 수 있을까"). 그런데 우리가 다루는 부인은 어떤 해명이 받아들여질 것을 기대하면서 내놓는 것이다. 피해자, 친지, 가족, 언론인, 정치적 동지, 경찰, 변호사, 판사, 공개조사, 인권 취재기자, 각종 단체, 치료사 등이 이렇게 해명한다. 이는 밀스가 처음 언급했는데, 사람마다 각기 다른 해명을 내놓는다고 부인이론이 틀렸다고 할 수 없으며, 오히려 행동 동기도 사실은 사회학적인 성격을 지님을 확인시켜주는 증거라 할 수 있다.

'해명'은 정당화일 수도 있고 평계일 수도 있다.[20] 정당화는 '문제되는 어떤 행동의 책임은 인정하면서도 그 행동의 가치를 떨어뜨릴 법한 요인은 부인하는 해명'이지만, 핑계는 '문제되는 그 행동이 나쁘거나 부적절하다는 점을 인정하면서도 책임은 부인하는 해명'이다.[21] 사람을 죽인 병사는 그것이 부도덕하다는 점을 부인한다. 그가 죽인 사람은 적군이므로 죽어 마땅한 존재이기 때문이다. 이때 병사는 자기 행동을 **정당화**하고 있다. 다른 병사는 자신의 살인행위가 부도덕하다는 사실을 인정하지만, 상부 명령에 어쩔 수 없이 복종했을 뿐이라고 한다. 그는 **핑계**를 대는 것이다.

핑계는 정신분석학자들이 부인, 방어기제, 합리화, 부정 등으로 묘사하는 기법 또는 사회학자들이 보완적 행동, 변명, 정상화, 무효화 등으로 묘사하는 기법과 유사하다. 이런 식의 해명은 소극적이고 변명투이며 방어적이다. 고프먼(Goffman)은 이런 것을 '서글픈 이야기'라고 한다. 이와 대조적으로 이데올로기적 정당화는 적극적이고 공격적이다. 조롱거리가 되는 의미를 용납하지 않고, 외부의 비난을 무시할 뿐더러 되레 전혀 다른 가치와 충성심에 호소한다. 하지만 정당화와 핑계의 경계가 언제나 뚜렷하지는 않다. "명령에 따랐을 뿐이다"라는 말을 핑계로 내놓을 수도 있고('책임의 부인'), 애국심이나 정당한 권위에 복종하는 행위에 더 큰 의미를 둔다는 점을 강조할 수도 있다.

필자는 책에서 사익스와 마츠다의 '해명' 분류법을 자주 인용할 것이다. 이 분류법은 일반 비행자들이 법의 도덕적 구속력을 영구적 혹은 일시적으로 무효화하는 방식을 이론화한 것이다.[22] 이들에 따르면 해명의 어휘는 비행자 본인의 자책감 또는 타인의 질책에서 자신을 보호하기 위해 행위 **이후에** 사용되기도 하고, 자신의 사회적 억제력을 무력화해 비행을 쉽게 저지를 수 있도록 하기 위해서 행위 **이전에** 사용되기도 한다. 어떤 행위를 구상한 후 실행하기 전에 그 일을 알게 될 주요 인물들의 비판을 예상하고 그것을 무효화하거나 약화시켜야 한다. 사익스와 마쯔다에 따르면, 비행을 저지르는 사람들은 기존 가치를 전복하고 대안 가치를 제시하기 위해 비행을 저지르는 게 아니기 때문에 이런 준비과정이 반드시 필요하다. 부모, 경찰, 교사, 판사, 사회사업가들이 자기 행위를 추궁할 때 비행자들은 반사회적인 자기들만의 가치를 내세워 자기 행위를 적극 정당화하지는 않는다. 이들은 일반적인 도덕성과 합법성에 일부나마 동의하게 마련이다. 철저히 새로운 이데올로기적 가치를 내세워 일반적인 가치를 완전히 부정하거나 거부하지 않으면서, 자기네 가치들을 미리 무효화하려는 까닭도 바로 이 때문이다. 물론 이렇게 무효화를 시도하더라도 비난을 면할 수는 없다. 따라서 부인과 무효화는 수사적 장치에 불과하다. 하지만 부인과 무효화를 기성체제를 무마하기 위한 교묘한 잔꾀로 치부할 수만은 없다. 이런 수사적 기법 다섯가지 중 세가지가 '부인'이라는 어휘를 사용한다.

책임의 부인 예기치 못한 사고였다는 것은 자신의 의도와 책임을 부인하기 위해 사용하는 유치하고 단순한 논리이다. 현실 인지능력에 문제가 많은 비행자도 이보다는 더 정교한 변명을 할 수 있을 것이다. 즉 자기 힘으로 어찌할 수 없는 사정이 생겨서 그런 일이 발생했다, 자기 의지에 따라 선택할 수 있는 상황이 전혀 아니었다, 자아가 스스로 결정하지 못하고 압도적인 외부 영향력에 휘둘리고 말았다 등. 흔히 사용되는 심리적 해명에는 이런 것이 있다. "화가 나서 이성을 잃었습니다" "나 자신도 어찌할 수 없는 힘에 압도당했지요" "내가 무슨 짓을 하는지 전혀 몰랐습니다" "잠시 정신이 나간 것 같았습니다." 이보다 좀더 사회학적인 해명으로는 결손가정, 빈민가 거주, 빈곤, 차별, 나쁜 친구 탓 등을 들 수 있다.

범행이 잔인할수록, 피해가 클수록, 더 극단적으로 책임을 부인할 필요가 생긴다. 따라서 성범죄자들은 흔히 전적으로 자기 책임이 아니라는(하지만 재판관이 선호하는) 해명을 내놓는다. 두뇌의 외피질 손상('기억이 전혀 없다')이니, 내면의 충동(급작스런 발작, 야수 같은 성충동 때문이다)이니, 사회화 미숙(상대방의 반응을 잘못 해석했다)이니 하는 핑계들이 좋은 예이다.[23] 탈근대적인 쌔디스트를 제외하고, 법정에서 피고가 전적으로 자기 책임이라고 인정하는 심미적·이데올로기적 해명을 곧이곧대로 받아들이는 경우는 거의 없다.

손해 끼침을 부인함 이런 기법 — '행위 적응'('행위자 적응'이 아니라) 또는 재명명(再命名, redesignation)의 한가지 형태 — 은 어떤 행위의 결과로 빚어진 피해나 손상을 평가절하함으로써 자기 잘못을 무효화하려 한다. 예컨대 밴덜리즘(vandalism, 공공기물이나 사유재산을 파괴하는 행위-옮긴이)은 단지 '짓궂은 장난'에 불과하며, 어차피 집주인이 고치면 된다는 식이다. 또한 자동차 절취는 '빌린 것'이고, 폭력단 싸움은 사적인 분쟁이라서 사회가 간섭할 필요가 없다는 것이다. 비행자는 비행을 금하는 공식적인 법조문 자체를 비난하는 것이 아니라, 자신의 행동이 불법이긴 해도 남들에게 큰 피해를 입히지 않는다고 생각한다(이것을 사익스와 마쯔다는 '흐릿한 사고방식'이라고 표현한다).

피해자를 부인함 설령 책임과 '손해 끼침'을 일부 인정한다 하더라도 비행자는 자신의 행위가 당시 상황에 비추어 잘못된 게 아니라고 주장한다. 사실은 피해자가 먼저 잘못을 저질렀고("그 사람이 먼저 때렸습니다"), 돼먹지 않은 교사의 집이나 성질 더러운 가게 주인의 집을 부순 건 정당한 복수라고 주장한다. 아무 상관도 없는 대상에게 또는 자기와 무관한 상황에서 그런 일을 저질렀다면 잘못이지만(사회규범을 어느정도 의식하고 있음을 보여준다), 이번 '피해자'는 그런 일을 당해도 싸다는 식이다.

비판자를 비판함 비행자는 자신의 행위에 쏟아지는 비난을, 비행자를 손가락질하는 비판자의 동기나 성격에 대한 비난으로 바꾸려고 애쓴다. 비행자는 자기를 비판하는 사람을 위선자 또는 가면을 쓴 일탈자로 표현한다. 따라서 경찰은 썩었고 잔인한 집단이며, 교사는 불공평하고 차별적인 사람이라는 것이다. 이렇게 타인을 비난하면 자신의 잘못을 줄이거나 남들 눈에 띄지 않게 만들 수 있다(이런 방어법은 정신분석학에서 '투사投射' 메커니즘에 속한다).

더 높은 차원의 대의명분 비행자는 일반사회의 요구는 평가절하하면서 가까운 집단의 요구는 들어줌으로써 사회통제를 무효화하려 한다. 다. 친구나 조직폭력배 같은 응집력이 강한 집단의 구성원에게 더 친근하게 의리를 표한다. 일반사회의 요구와 가까운 집단의 요구가 충돌할 때, 비행자들은 하위문화를 중시하며, 거기에 충성을 바친다. 따라서 불행히도 법을 어기게 된다.

이같은 해명들은 앞으로 행할 비행의 사전작업이다. 비행을 저지른 후에는 부인과 관련된 방어적 과제를 수행한다. "누구도 다치게 하지는 않았어요" "자기들 잘못이었어요" "쟤네들이 날 괴롭히잖아요" 같은 수사적 장치는 보통 비정치적 행위에만 사용된다고 한다. 실제로 무효화 이론의 핵심은 이러한 비행을 저지르는 자들이, 정치적 행위와는 달리, 대안 이데올로기를 주장하지 않는다는 점이다. 그러나 다음 장에서 필자는 이런 해명방식이 겉모습만 바꾼 채 정치적 가해자들의 말에도 나타난다는 점을 증명할 것이다. 책임의 부인은 고도의 해명이다. 최악의 정치적 비행이든 일상적이고 하찮은 비행이든 '비행을 설명하면서, 책임을 경감하거나 완화하기 위해 사회적으로 승인된 어휘'에 의존하게 마련이다.[24]

해명은 그럴 듯해야 한다. 피해자(만일 필요하다면), 방관자 그리고 사람들에게 책임을 묻는 권위와 힘을 가진 측이 해명에 귀를 기울이게 해야 한다. 그러한 해명에 동의하도록 청중을 설득하는 것이 핵심은 아니다. 해명이 그럴싸하고 말이 되게 들리면 된다. "나는 명령을 따랐을 뿐입니다"라는 해명을 '받아들이는' 판사나 언론인은 사실상 다음과 같이 말하는 것이나 다름없다. "아, 이 사람이 그런 이유 때문에 그런 행동을 했을 수도 있겠구나."

직장에서 물건을 훔치거나, 시험에서 부정행위를 하거나, 외도를 하거나 간에, 일상의 모든 일탈은 부인 메뉴를 가지고 있다. 그것은 '행위 적응'("그건 겉보기와는 다른 일이야")이거나 아니면 '행위자 적응'("내가 그런 짓을 할 인간 같아?")이다.[25] 괜찮아 보이는 해명은, 우리가 직접 그런 행동을 하지 않았을 뿐 아니라 그럴 생각조차 못했다 하더라도 직관적인 수긍 —"이게 바로 내가 생각하는 거야"— 을 불러일으킨다. 이를 위해 원래 해명을 하는 것이다. 우리는 모두 '합리화하는 동물'이다. 우리 행동은 늘상 자신의 이미지와 충돌하기 때문에, 자기 행동을 부인하기란 아주 어려운 일이다. 그래서 우리의 합리화는 정도가 심해지곤 한다.

'행위 적응'(해석적 부인)은 대학의 공식 이메일을 개인적으로 쓰는 것 같은, 일상의 작은 잘못을 감추기 위해 흔히 사용하는 해명이다. 손상과 피해자의 존재를 부인하는 것은 "원래 그렇잖아?"라는 식의 단순한 해명에서 출발하여 독선적인 도덕적 권리 주장으로 전락한다. "아무일도 아냐" "그게 어째서 죄가 돼?" "그게 없어졌다고 그 사람들이 서운해할 것 같아?" "다들 하는 짓인데 뭐" "안 그런 사람 있으면 나와보라고 해" "자기네들이 자초한 짓이지" "그들이 우리한테 무슨 짓을 했는지 보라고" "월급은 쥐꼬리만큼 주면서 이런 걸 문제 삼겠다는 거야?" 사람들은 이런 '행위 적응'을 다음과 같은 가당찮은 '행위자 적응'에 비해 훨씬 선호한다. "우연히 시작했던 게 강박증이 되어버렸어. 이젠 도저히 끊을 수가 없어." 흔히 일어나는 일탈에서 집단학살에 이르기까지, 극단적인 '행위자 적응'은 어떤 행위를 '진짜' 자신과 분리된 또다른 자아의 행위로 돌려버림으로써 책임을 부인한다. 이것은 프로이트의 '자아 분할'(splitting of ego)을 비전문가들이 해석하는 방식이다. 좀도둑들은 특수한 '파트타임' 자아, 일종의 '일하는 자아'를 만들어놓는다. 이것이 온갖 나쁜 짓을 다 하고 돌아다니지만, 진짜 자아는 '일하는 자아'를 절대로 좋게 보지 않는다는 식으로 둘러대는 것이다. 즉 진정한 자아는 '일하는 자아'를 모른 체하기도 하고, 냉정하게 비난하는 관찰자이기도 하다.

아동 성범죄를 저지른 사람은 어떤 수단으로도 정당화할 수 없고, 정상참작할 여지도 없으며, 너무나 추악한 범죄행위를 해명하기 위해 '일탈 부정'(deviance disavowal)이라는 수법을 구사한다.[26] 술에 취해 있었다는 게 제일 흔한 평계다. "술만 안 마셨더라도 그런 짓은 결코 하지 않았을 겁니다." 비행자는 자기 행동을 인정하지만 그것을 덜 심각하고, 좀더 이해할 만하고, 일시적인 일탈로 대체함으로써 자신의 자아를 정상으로 유지하려 한다. 이런 방식이 자신의 비행을 완전히 부인하는 것보다 훨씬 효과적이다. 강간 혐의로 복역하는 수감자들 중에는 강제 성행위를 강간이라고 규정하는 '**인정자**'도 있고, 강제 성행위는 인정하지만 그것이 강간은 아니라고 주장하는 '**부인자**'도 있다.[27] 부인자는 폭력이 훨씬 덜 개입되었다고 주장한다. 이들은 피해자의 책임도 있다는 식으로 둘러대고, 피해자들을 술집이나 히치하이킹을 통해 만난 적이 많다고 주장한다.

그런 부인은 마키아벨리적인 술책이고, 그럴 듯한 이야기로 청중을 교묘하게 조종하는 행위이며, 사법당국의 추궁을 무마하고 도덕적 책임에서 벗어나기 위한 전술적 책략인가? 아니면 범법자 자신이 '진짜' 그런 해명을 믿는 것일까? 이 질문에 대한 온건한 답변은 '실증적으로 조사해보자'이다. 전자일 수도 있고, 후자일 수도 있고, 양자가 결합된 경우일 수도 있다. 진정성과 일관성이 있으며 완전히 믿을 만한 해명에서 즉흥적인 대응 또는 교묘하게 계산된 기만에 이르기까지 여러 가지가 있을 수 있다. 진정한 동기를 알지 못하는 비행자는 정신과의사나 변호사 또는 범죄학자에게 주워들은 설명을 해명이랍시고 내놓는다. 그러나 실증적인 답변보다 좀더 근원적인 답변에서는 그런 질문 자체가 핵심을 벗어났다고 주장한다. 고프먼의 경구를 들어보자. "진짜 이야기도 가짜 이야기도 없다. 멋진 이야기와 형편없는 이야기가 있을 뿐이다." 부인을 연구한다는 것은 해명의 제시와 그것을 받아들이는 방식을 연구하는 것이다. 해명이 어떤 방식을 통해 문화적으로 이용할 수 있는 원천에 편입되는지, 해명이 역사·사회적 맥락에 따라 어떻게 달라지는지, 해명이 언제 수용되고 거부되는지 등을 연구한다.

비행자의 행동이 자기 자신의 해명과 전혀 들어맞지 않는 경우라면 어떨까? 예컨대 인간의 강간행위는 동물의 성본능과 전혀 다르다. 비행자가 길을 가다가 어떤 여성을 보고 억제할 수 없는 성충동에 사로잡혀 그 자리에서 바로 강간하지는 않는다. 강간범은 미리 범행 대상자를 물색하고, 거사 순서를 계획해놓으며, 도중에 붙잡힐 위험이 적은 상황을 노리기 쉽다. '도벽(盜癖)' 같은 말이 시사하는 것과 달리 충동적으로 범죄가 저질러지는 경우는 많지 않다. 하지만 비행자가 그런 해명을 범행 전후에 스스로 배울 수도 있고, 범법자를 동정하는 보호관찰관 같은 사람들이 그렇게 해명할 수도 있다. 이런 해명은 비행자의 수사적 장치가 되기 쉬운데, 이를 일반인들이 받아들이면, 비행자는 그러한 장치를 통해 자신을 바라보게 된다.[28]

부인 주장은 알코올중독에서 워낙 중요한 요소라 '부인의 극복'은 모든 알코올중독 치료법의 핵심 전략이다. 어떤 치료교범은 부인에 관한 설명으로만 이루어져 있을 정도다. **'사실 부인'**("술을 마시지 않았다") **'의미 부인'**("그래, 내가 술을 좋아하는 것은 사실이지만 그렇다고 해서 알코올중독이라고 할 순 없지") **'감정 부인'**("나는 상관 안해") **'변화 필요성 부인'**("그래, 난 알코올중독이다, 어쩔래?").[29] 교범에 제시된 부인 판단기준에는 환자가 음주습관 통제불능 상태를 부인하거나("나는 내가 원할 때 마실 수도 끊을 수도 있다"), 치료가 필요하다는 것도 있다. '합리화 척도'에는 음주의 정당화와 핑계를 측정하는 질문이 포함돼 있다.[30]

정치적 정당화에 이용되는 언어에는 흔히 성범죄자, 알코올중독자, '충동적' 좀도둑을 묘사할 때 나오는 서글픈 이야기가 필요치 않다. 어떤 이데올로기를 맹신하는 범죄자는 좀도둑처럼 사회가 요구하는 일반적인 제약을 준수할 능력이 결여된 게 아니라, 그러한 제약 자체의 정당성을 부인한다. 그러나 고귀한 이유를 들어 끔찍한 일을 저지르는 이데올로기에 물든 비행자라 하더라도 통상적인 비판을 회피하기 위해 문화적으로 인정될 수 있는 표현을 모색할지도 모른다. 그 결과 이데올로기적인 요소와 방어적 무효화 요소가 강력하게 결합된다. 이렇게 되면 불가사의한 독선의 경지로 치닫기 쉽다. 인권침해를 저질러 도덕적 비난에 직면한 사람들이라도 스스로 옳다는 자기 이미지(이상주의적, 희생적인, 고결한, 용기있는)를 고수하거나, 자기가 그저 '보통사람'이라고 주장하곤 한다.

사회 규칙이 협상 가능하고 융통성있고 조건부이며 상대적이라는 사실에서 부인의 언어는 생겨난다. 어떤 사회가 더 자유롭고 다원적이며 '다문화적'일수록, 행동 동기를 설명하는 해명체계도 더 풍부하고 다양하다. 이 말은 중대한 함의를 지닌다. 신과 국가, 혁명, 민중 같은 강력한 세계관에 호소함으로써 자기 정당성을 확보하는 해명방식은 오웰이 경고한 사악한 존재를 낳을 수 있다. 오웰이 말한 '민족지상주의'는 좁은 의미의 공격적이고 인종주의적인 민족지상주의만이 아니라, 자신과 다른 현실 일체를 부인함으로써 자기 존재를 유지하는 모든 이념을 의미한다.

공모와 은폐

  부인이 그럴싸해지려면 사람들이 공유하는 문화적 언어에서 나와야 할 뿐 아니라 강력하게 공유되어야 한다. 즉 사람들이 — 동반자('감응성 정신병' folie à deux의 경우)이든, 전체 집단이든 — 서로의 부인을 뒷받침하고 그것을 공모할 의지가 있어야 한다. 이때 가족들은 의식적으로 합의하지 않았더라도 어떤 골칫거리는 피해야 하고 어떤 문제는 무시해야 할지를 알게 된다. 이러한 공모, 그러니까 외부인사의 평가를 허용치 않는 상호강화형 부인은 그것을 의식하지 못할 때 가장 잘 작동한다. 그 결과 가족들간에 '결정적 거짓말'이 형성되면 그것은 문자 그대로 '맹점'이 된다. 하지만 사실이 너무나 명백해서 도저히 무시할 수 없는 경우도 있다. 이런 것들은 '최소화', 완곡어법, 농담 등의 기법을 통해 재해석되어야 한다. '사실이 너무나 명백해서 도저히 무시할 수 없다 하더라도 그 의미를 바꿀 수는 있다. 그렇게 되면 결정적 거짓말은 절대 드러나지 않으며, 가족들의 침묵, 알리바이, 완강한 부인에 의해 보호받는다. 사람들은 두려운 사실을 직시하지 않고 주의를 딴 데로 돌림으로써, 또는 수용될 수 있는 형태로 사실을 포장함으로써 공모 상태를 유지한다.'[31]

  가족들은 자기 눈앞에서 벌어지는 일들, 예컨대 성폭력, 근친상간, 가정폭력, 알코올중독, 정신이상 등을 무시하거나 무시하는 체하는 탁월한 능력이 있다. 어떤 일이 벌어지는지를 훤히 알고 있는 심층 차원의 현실이 있고, '마치 아무일도 없는' 듯한 표층담론이 있다. 가족의 특유한 자기 이미지가 어떤 경험의 인정과 은폐 혹은 부인 여부를 결정한다. 이런 규칙은 누구도 인정하지 않지만 그렇다고 부정하지도 않는, 일종의 메타규칙에 의해 좌우된다. 이것은 알코올중독자 가정에서 흔히 나타난다. 알코올중독 환자로 인한 혼란에 적응하는 첫 단계가 바로 부인이다.[32] 이때는 음주의 의미를 최소화하거나 개인 문제로 치부한다. 특히 남자들은 '사회생활에서의 음주'에 대해 문화적으로 관대한 경향이 있다. 남편과 아내는 음주문제를 입 밖에 내지 않는다. 문제를 아이들이 눈치채지 못하게 하거나 외부에 드러내지 않으려고 절박하게 노력한다. 음주라는 행위의 실제 원인은 '술 취한 사고방식'에 있다. 즉 실제 과음하면서 자신은 결코 많이 마시지 않는다고 부인한다. 자기 생각과 다른 정보는 변경·무시하거나 부인함으로써 자신의 믿음을 유지한다. 조금 마시긴 하지만 아무 문제 없다, 다 그럴 만한 이유가 있어서 마신다, 나는 술을 조절할 수 있다. 외부의 객관적 정보라 하더라도 현실을 왜곡하는 자기 버전과 일치해야만 받아들인다. 알코올중독 현실은 '거실의 코끼리' 같은 존재다. 집 안에 코끼리 같은 방문객이 늘 들어와 있다면, 그 존재를 부인하거나 무시하거나 회피하거나 다른 것으로 설명해야 한다. 그러지 않으면 가족들을 배신하는 것이다. 알코올중독이 심각해지고 가족들의 삶이 더욱 피폐해지며 비밀이 새나갈 위험이 커질수록 그걸 부인해야 한다는 압박도 커진다.

대단히 심각한 '공모적 부인'으로는, 볼라스가 '공격적 결백'이라고 부른 형태가 있다.[33] 볼라스는 쌀렘의 마녀재판(미국 매사추세츠주 쌀렘에서 1692~93년에 일어난 일로, 수많은 주민들이 마녀의식을 행했다는 혐의로 기소되고 총 열아홉명이 사형에 처해졌다―옮긴이)을 다룬 A. 밀러의 희곡 「시련」(The Crucible)―매카시즘을 은유적으로 다루었던―을 텍스트로 삼았다. 헤일 목사는 악마 소문의 조사차 마을로 불려간다. 애비게일은 자신이 숲속에서 알몸으로 춤추는 것을 보았다는 패리스 목사의 주장을 부인한다. 패리스 목사가 분명히 보았다고 주장할수록 애비게일도 더 완강히 결백을 내세운다. 하지만 애비게일은 거짓말을 하고 있으므로 그 일에 관련된 다른 소녀들에게 침묵을 지키라고 요구한다. 그녀는 타인을 교묘하게 조종하는 인간이다. 자기가 알몸으로 춤춘 것이 밝혀졌을 때 다들 보는 앞에서 매를 맞을까봐 두려워한다. 하지만 애비게일은 또다른 부인의 피해자이기도 하다. 존 프록터는 애비게일과 성행위를 한 사실을 결단코 부정한다. 그후 친구인 메리가 왜 거짓말을 하느냐며 애비게일을 비난한 후 애비게일의 행동을 주위에 알린다. 격분한 애비게일은 이제 자신이 악의 현신(現身)을 목도한 결백한 목격자인 양 행세한다. 그리고 계략을 꾸며 메리를 악의 화신으로 몰아간다.

볼라스는 애비게일의 반응을 예로 들어 부인을 '골치 아픈 인정을 피하고 결백을 유지하려는 욕구'라고 정의한다. 처음에 애비게일은 알몸으로 춤춘 것을 부인했다. 인정하면 골치 아프기 때문이다. 이는 대단히 의식적인 부인이었다. 패리스 목사는 애비게일이 그 일을 완강히 부인했으므로 입장이 난처해졌고, 상당한 타격을 입었다. "하지만 애비게일은 결백한 사람인 양 행세하여 전체 시나리오를 완전히 바꾸어버린다. 자기 행위를 부정하면서 마을 원로들이 사탄의 지시를 받아 움직인다고 고발한다."[34] 애비게일은 이제 '공격적 결백의 주인공'이 되어 자신의 일탈을 타인에게 전가함으로써 오히려 그 사람이 비난받게 한다. 이때 부인은 자아(또는 조직 또는 국민)의 현실인식에만 한정되지 않는다. 단순한 부인이 '공격적 결백'으로 전환되는 순간 어떤 사회적 관계가 발생한다. 이때 공격적 결백을 주장하는 사람 주변의 타인은 원치도 않는 지각을 강요당한다. 공격적 결백은 "누군가 외부현실의 지각을 부인하는 것을 우리가 관찰하는 게 아니라, 연구대상이 타인의 지각을 부인하는 것을 우리가 관찰"하는 형태의 부인이다.[35]

이렇게 되면 부인은 개인 문제를 넘어선다. 가족, 친구, 연인도 사건에 연루된다. 공격적 결백을 주장하는 사람은 타인에게 혼란을 일으키면서도 자기 행위를 완강히 부정한다. "어떻게 내가 널 믿지 않는다고 생각할 수 있느냐? 난 도저히 이해가 안 간다." 새로 피해자가 된 사람은 완전히 혼란에 빠지기 마련이다. 그 사람은 너무나 자명한 지각을 인정하지 않으며, '결백한 시선'으로 상대를 쳐다본다. "뭐가 잘못됐느냐?" "불만이 있는 것 같구나" 하면서 자기에겐 아무 죄가 없는 양 순진한 체하며 질문을 한다. 그리고 '짐짓 놀라는' 척한다. 처음부터 끝까지 상대방을 혼란에 빠뜨리는 행동을 한다.[36]

어떤 조직 또는 정치문화 전체가 기만적인 자아의 외양을 갖추기도 한다. 어느 명문대 유명학과가 겉보기와 달리 실제로는 내분에 휩싸여 있다고 치자. 하지만 이들은 휘황찬란하고 허구적인 자아의 외양을 유지한다. 학과 구성원들은 사적으로 자기 배우자나 동료들에게 이런 사실을 실토할지도 모른다. 하지만 공적으로는 그 학과에 근무하는 것이 정말 '영감을 받을 수 있고' '지적으로 자극이 된다'고 발언한다. 따라서 '구성원 모두 학과의 혼란스런 실상을 전혀 모르는 것처럼 보인다. 그리고 기만적인 자아 유지에 특별한 재능이 있는 사람들이 결백 분위기를 조성하는 데 일조한다.'[37] 세상 '물정을 아는' 사람들은 허위의 자아와 진정한 자아의 균열에 더 쉽게 적응할 수 있다. 하지만 그렇지 못한 사람들은 도대체 뭐가 어떻게 돌아가는지 이해하지 못한 채 고생하게 마련이다.

이런 상황에 너무나 질린 나머지 공개적으로 발언하는 사람이 나올 수 있다. 이것을 '내부고발' 행위라 한다. 내부고발은 이제 정치적 부정부패, 기업의 탈법 관행, 전문직 행동강령의 위반 같은 조직내 부인행위를 폭로하는 낯익은 전술이 되었다. 마피아, 대기업, 정부, 군대, 교회, 경찰, 전문직 집단 등 어느 조직에서건 침묵의 내규에는 엄격하고 공식적이며 강압적인 조치에서, 무의식에 가까운 공모적 부인에 이르기까지 여러 종류가 있다. 이런 일에 연루된 사람들은 거미줄처럼 복잡한 인간관계로 인해 무고한 관찰자가 나쁜 짓을 저지른 가해자를 보호하거나, 자기들 행위의 심각성을 부인하거나, 자기 집단의 자아 개념을 위협하는 사안에 침묵할 수밖에 없는 상황으로 이끌려 들어간다.

조직은 자노프(Janov)가 '집단사고'라고 부른 논리에 따라 움직인다. '집단사고'는 불편한 진실이나 현실에 경종을 울리는 정보를 차단하여 자기 집단의 환상을 유지하려는 경향을 말한다.[38] 이렇게 되면 그 집단은 힘차게 똘똘 뭉친 집단으로 자신을 인식한다. 구성원 개인의 문제의식을 억압하고 외부정보를 검열한다. 자기들이 하는 일이 모두 정당화된다는 자신감을 불러일으키는 해명논리를 유포한다. 무언의 조치를 통해 일사불란한 집단적 무지를 조장한다. 이렇게 되면 개개인은 스스로 책임을 느끼지 못하고, 조직내의 다른 구성원들이 어떻게 생각하는지조차 알 수 없다. 또한 자기 조직의 높은 도덕성을 강조하는 전략적 신화를 만들어낸다. 과거에 알고 있던 것을 지금도 알고 있다는 사실을 구성원들은 부정하기 시작한다. 그러면서도 집단의 압력을 받았다는 사실은 부인한다.

이런 행위는 나이 어린 아이들도 만들어낼 수 있는 조잡한 은폐기술과는 다르다. 이런 식의 '극대화 가능 부인전략'(maximum possible deniability)은 조직내의 사소한 거짓뿐 아니라 집단학살에까지 널리 이용된다. 각 단계마다 부인전략이 **사전에** 마련된다. 부인전략을 계획하고 관리하는 사람들은 어떤 사안의 핵심 행위자들에게 완전한 진실을 알리지 않거나("내게 아무도 이걸 알려주지 않았어"), 그들에게 부인기법을 전수한다. 하지만 이런 계획을 잘 아는 사람들은 조직내 누군가가 언젠가는 진실을 폭로하리라 예상하고 있다.

미국의 워터게이트 사건과 이란-콘트라 스캔들 그리고 영국의 대이라크 무기 밀수출에 관한 스콧조사위원회(Scott Committee)는 풍부한 부인의 사례를 제공한다.[39] 어떤 사실을 단순히 몰랐다고 부인하는 것은 외부 검증에 취약한 전술이다. 스콧위원회는 1996년 조사에 착수하자마자, 영국정부는 대이라크 살상무기 수출을 허가했다는 사실을 공식 부인했지만, 실제 무기금수조처가 지켜지지 않고 있으며 수출에 아무 문제가 없을 거라는 사실을 정부 관계자들이 사전에 알고 있었음을 금방 밝혀냈다(이런 음모는 수출금지된 군용장비를 이라크에 공급한 혐의로 기소된 사업가들의 재판이 파기환송된 후 드러났다. 이 거래에 영국정부도 연루되었다). 공직자들은 상관들이 의회에서 고의적으로 위증했다는 혐의를 받지 않도록 그럴싸한 부인 또는 변명을 늘어놓느라 안간힘을 썼다.[40] 하지만 조사위원회는 자기 밥줄을 연명하려는 공직자와 정치인들 덕택에 별 어려움 없이 부인의 암호를 해독할 수 있었다. 실제로는 무기수출을 무제한 허용한 정부의 관련 개정지침이 겉으로는 '융통성'있게 또는 '전향적으로' 지침을 시행하라는 식으로만 묘사되어 있다는 점도 밝혀졌다. 융통성있게 시행하라는 지침은, 수출을 이전처럼 금지할 수도, 수출금지조처를 해제할 수도 있다는 의미를 지니므로, 양자를 동시에 허용한다는 말이었다. 지침을 개정한 장본인 앨런 클라크 차관은 이러한 조사내용을 '이상한 나라의 앨리스 같은 이야기'라고 비꼬는 태도를 보였다. 그는 외무성 공직자가 다음같이 말했다고 술회했다. "공식발표하지 않았다면 그런 일 자체가 일어나지 않은 거나 마찬가지입니다." 조사위원장 스콧 대법관은 장차관들과 고위 공직자들이 의회와 대중을 속이려 했다는 사실보다 이들이 자신의 말을 **실제로 믿는** 것같아 놀랐다고 한다. 즉 그들은 자기들이 내놓은 기만책으로 자신을 속이는 데 성공했던 것이다. 싸르트르라면 사건에 연루된 고위 공직자의 다음 증언을 무척 즐겼을 것이다. "믿음이나 오해를 서로 강화시키는 어떤 요소가 있었다고 생각합니다. 저는 그 상황에서 저 자신을 오도했습니다." 이렇듯 국방부의 무기판매국 책임자가 옳게 말했듯이 분명 '진실은 매우 어려운 개념'이다.

이런 상황에서 두가지 공생적 해명이 작동한다. '집단적 맹목'(은폐, 절반의 진실, '진실을 감추려는 태도' 등)과 '책임의 부인'이다. 사회적으로 큰 고통을 끼친 것으로 판명된 조직에서 하급 가해자와 방관자들은 사실의 인지("우리 같은 사람들이 전체 일을 어떻게 알겠습니까?")를 부인하거나 자기들의 책임을 부인하기 쉽다("그런 일 하나하나가 절대 불법이 아니었습니다"). 그러나 대이라크 무기판매 사건의 경우, 범법자와 공모적 관찰자들은 상부가 아니라 하부에 책임을 돌림으로써 자기들의 범법사실을 부인하려 했다. 내무부 장관은 스콧 조사위원회에서 "그 일이 모두 제 눈 밖에서 몰래 이루어진 것입니다"라며 발뺌했다.

조직 책임자들이 어떤 일이 일어나고 있는지를 전혀 몰랐다고 둘러대려면 모든 과정을 꼼꼼히 잘 관리해야만 한다. 스톤(I. F. Stone)에 따르면 조직적 음모가 성공적으로 시행되려면 상급자는 하급자에게 무슨 일이 일어나는지 묻지 않고, 하급자는 상급자에게 어떤 일이 벌어지는지를 말하지 말아야 한다.[41] 권력자들은 자기들이 절대로 **보고받으면 안된다**는 점을 확실히 해둘 필요가 있다. 중급 가담자들은 상급자에게 진실을 보고하지 않음으로써 나중에 '진정한' 부인이 이루어지도록 미리 손을 써둔다. 상급자들이 정말 보고를 받지 않으면 부인하기 더 쉽기 때문이다. 음모에 가담하는 핵심 인사들은 무슨 일이 어떻게 돌아가는지 상부에 알릴 필요가 없다는 점을 명백히 함으로써 사전에 확실히 보호받는다. 그들은 진실에 눈감을 필요조차 없다. 숨길 게 없도록 미리 조처를 취해두었기 때문이다.

워터게이트 사건을 조사하기 시작했을 때 어느 공직자가 닉슨 대통령의 선거재정 담당자에게 고든 리디가 그 많은 선거운동 자금으로 무엇을 하려 했는지를 물었다. 재정 담당자는 이렇게 대답했다. "나는 알고 싶지 않소. 당신도 알고 싶지 않지요?" 이런 진부한 표현은 부인의 역설(어떤 일에 대해 아무것도 모르는 상태에서 어떻게 그 일을 모르기로 마음먹을 수 있는가)을 잘 보여줌과 동시에, 추후 부인하기 쉽도록 도와주는 손쉬운 수단이기도 하다. 미첼은 어빈조사위원회 석상에서 닉슨 대통령 면전에서 침묵을 지켰던 이유는 대통령이 직접 결정하지 않아도 되도록 그를 돕기 위해서가 아니라, 대통령이 녹음테이프에 대해 보고받을지 스스로 결정할 수 있도록(그리하여 거짓말을 하며 부인한 결과를 직접 책임질 것인지 판단하도록) 하기 위해서였다고 증언했다. 오이디푸스가 자신이 몰랐다고 한 것을 정말 모를 수 있었다면 훨씬 좋았을 것이다.

일상의 방관자들

1964년에 제노비스 사건(1장에 소개했다)이 일어난 후 수십년이 지났지만 이 사건은 아직도 '수동적 방관자'에 관한 대중적·학문적 도상학(圖像學)의 좋은 사례로 남아 있다. 제노비스라는 이 여성이 살려달라고 비명을 지르는 가운데 이웃주민들은 무심하게 귀를 막았다는 이미지는 '우리에게 일어나는 일'에 대한 도덕적 공황이라는 현대도시의 병폐를 비유한다. 사회과학자들은 '어찌하면 수동적 방관자 효과를 해결할 수 있을까'라는 주제에 몰두했다.[42] 어찌하면 사람들이 타인을 돕는 사회적 조건을 만들어낼 수 있을까.

제노비스 사건과 똑같이 참담하고 가슴 아픈 사례들이 더 있다. 부모에게 구타당하는 아이의 비명을 듣고도 신고하지 않은 주민들, 대낮에 한 여성이 버밍엄 쇼핑쎈터에서 수십명의 시민들 눈앞에서 강간당한 사건, 한 여성이 세 청년에게 열차에서 위협받고 강간당했지만 승객 열다섯명이 제 자리에 앉아 아무일 없다는 듯이 방관한 사건 등이 영국에서 있었다. 제임스 불저(James Bulger) 사건이 가장 가슴 아프다. 리버풀의 쇼핑쎈터에서 엄마와 함께 거닐던 어린이 불저가 엄마 손을 놓치고 길을 잃은 사이에 열살 난 소년 두명이 아이를 밖으로 끌고 나가(30여 행인들이 지켜보는 가운데) 밀치고 발로 차고 집어 던지는 등 폭력을 가한 다음 인근 철길로 데려가 끝내 살해한 사건. 불저가 엄마와 함께 거니는 모습과 두 소년이 그를 끌고 가는 모습이 폐쇄회로 감시 카메라에 희미하게 찍혔다.

이런 이미지들이 수동적인 방관자에 대한 약간 히스테리컬한 대중적 담론을 만들어냈다. 대단히 날카롭고 대조적인 두가지 이미지가 있다. 그러니까 한편에는 무관심, 정서적 무력감, 둔감, 냉혹함, 소외, 냉담, 도시생활의 아노미와 고독 같은 이미지가, 다른 한편에는 책임감, 도덕적 감수성, 온정, 훌륭한 시민성, 용기, 이타주의, 공동체, 착한 사마리아인 등의 이미지가 있다. 인본주의 심리학(humanistic psychology, 인간의 자유의지와 자아실현에 대한 욕구를 강조하는 심리학의 한 분야—옮긴이)에서 방관행위는, 성차별적인 농담을 듣고도 가만히 있다거나, 길거리에서 누가 방향을 잘못 가르쳐주는 것을 듣고도 못 들은 체하는 것, 마을 광장에서 나찌부대원이 유대인들을 총살하는 것을 보고만 있는 것, 텔레비전에서 르완다 집단학살 소식을 접하고도 '수수방관'하는 것 같은 행위들을 포괄하는 개념이 되었다. 클라크슨은 남아프리카인으로서 체득한 정치적 의식과 임상심리학자로서의 경험을 살려 저술한 『방관자』(The Bystander)라는 책에서 "우리 자신과 타인에 대한 책임감, 우리가 존재론적으로 타인과 연결될 수밖에 없다는 자각 그리고 방관에 따르는 엄청난 부작용"의 문제를 정면으로 다룬다.[43]

'방관자'라는 용어 자체가 아주 까다로운 말이다. 그 말은 **수동적**이거나 **무관심한** 증인이라는 뜻을 함축한다. 이와 달리 '관찰자' '관객' '청중' '행인' 등은 엄밀히 말해 중립적인 용어이다. 방관자와 다른 용어들 사이에 명확한 선을 긋기는 어려우며, 흔히 '방관자'라는 말이 두가지 뜻을 모두 포함하는 것으로 본다. "방관자는 타인이 도움을 요청하는 상황에서 적극 개입하지 않는 사람을 가리키는 서술적 용어이다."[44] 나아가 '도움을 요청하는 상황'이라는 말은 '뭔가 잘못됐다는 것을 아는 행위'까지를 포함한다. 이런 넓은 의미의 방관자는 책임의 범위가 커지는 말이 된다.

　방관행위를 적극적으로 해석하면, 어떤 사건을 목격하거나 알면서도 눈을 감아버린 사람들의 수동적 태도는 연루행위 또는 승인행위에 해당한다. 그런 행위는 또다른 인권침해 등을 허용하거나 심지어 조장하기까지 한다. 이 정의는 윤리적인 의미를 띠지만, 실제로 그런 행위를 입증하기는 어렵다. 이런 것은 일상생활 속의 자잘한 문제와 역사적인 대규모 비극에 모두 해당된다. 클라크슨이 방관자의 '유형'이나 '구호'라고 칭한 레퍼토리가 있다. 방관자의 해명은 가해자의 해명과 유사하다. 두가지 모두 같은 방식으로 작동한다. 즉 골치 아픈 상황에서 발을 빼기 위한 준비로서의 해명 그리고 사건 당시 아무 행동하지 않은 것을 사후에 정당화하기 위한 해명이다. 하지만 가해자와 방관자에게는 같은 말이라도 서로 다른 의미로 쓰일 수 있다. 예컨대 가해자는 '책임'이라는 말('책임의 부인'이라고 쓰일 때처럼)을 '법적 유죄성'을 띤다는 말로 받아들이지만, 방관자는 인간의 **의무**로 받아들인다. 클라크슨의 목록에서 우리는 숱한 '구호'들을 발견할 수 있다.

- 나랑 상관없는 일이야.
- 나는 중립을 지키고 싶어, 난 누구의 편도 들고 싶지 않아.
- 진실은 중간 어디쯤 있겠지.
- 괜히 시끄럽게 만들고 싶지 않아, 골치 아픈 문제를 제기하기 싫어.
- 겉으로 보기완 다르고 진짜 어떤 일이 일어나는지 누가 알겠어?
- 또 그런 일에 말려들긴 싫어.
- 내가 나선다고 뭐가 달라질까(누구? 나 말이에요?).
- 단지 명령대로 했을 뿐이에요.

• 나름대로 신중히 대처한 건데.
• 자기들이 그런 일을 자초한 거나 마찬가지야(피해자 비난).

누군가 어떤 상황에서 방관하지 않고 개입하는 조건을 알아보기 위해 연구자들이 실험실내에서(문틈으로 연기가 새어 들어온다, 도움을 청하는 고함소리가 들린다) 또는 단계별로 구성된 상황에서(실험요원이 지하철에서 쓰러지는 척한다, 운동장에서 조깅하다가 심장발작을 일으킨 체한다) 여러가지 사회심리학적 연구를 수행했다. 그런 후 그자리에 있던 사람 숫자, 관찰자에 대한 보상 여부, 상황의 심각성 여부 등 각종 '변수'들을 통제해보았다. 그런 실험이 으레 그렇듯 실험결과중 하찮거나 모순적인 것 또는 복잡한 상황에 적용하기 어려운 결과가 많았다. 다음은 방관자에게 영향을 주는 항목들을 단순 열거한 것이다. 각 항목은 다음 장에서 다룰 정치문화와 관련해 이해할 필요가 있다.

현장의 사람 숫자 사람들이 아주 많고 그들 모두 도울 수 있는 상황이라면 어느 개인이 개입할 개연성은 낮아진다. 책임이 분산되면 각자의 책임은 줄어든다. 그런 실험에 참여한 실험대상자들은 타인의 (흉내 낸) 고통에 유달리 둔감하거나 무심하지 않았고, 실제로 심란해하고 혼란스러워했다. 하지만 책임감의 분산('이게 누구 일이야?'), 사회적으로 실수하지나 않을까 하는 염려 또는 이기심과 소외 등의 이유로 직접 개입하기를 주저했다. 사람들은 무관심 때문이 아니라, 수동적인 타인들 때문에 개입하지 않았던 것이다. 방관자가 홀로 있을 때그리고 적극적인 타인들이 참여를 권유했을 때에는 도움을 줄 가능성이 높았다.

모호성과 해석 누군가 명백히 고통받고 있을 뿐 아니라 분명한 지원 요청이 있을 때에는 잠재적으로 모호한 상황보다 개입할 개연성이 높다. 사람들은 모호성을 해결하기 위해 타인들의 반응에 의존한다. 하지만 인지이론은 이보다 더 나아간다. 이에 따르면 방관자들은 단지 인지적 실수를 하고 있는지도 모른다. 제노비스 사건에 관련된 이웃 주민들은 비명소리를 단순히 연인들의 사랑싸움으로 **오인하여** 자기들이 개입하기에는 부적절한 상황이라고 판단했을지도 모른다. 물론 말도 안되는 설명이다. 하지만 모호성은 실제로 사람들의 반응에 영향을 준다. 불저와 두 어린이가 같이 걸어가는 것을 본 행인들은 정말 그 상황을 오해했을 뿐 아니라, 나중에 돌이켜 보고 나서야 유괴상황임을 알았을 수도 있다.

예상되는 타인의 반응 사람들이 많을수록 개입할 개연성이 줄어들지만, 현장에 있는 사람들이 서로 잘 아는 사이라면 이야기가 달라진다. 타인들이 자기 행동을 어떻게 생각할까를 신경써야 하는 경우라면 재빨리 도울 확률이 높아진다. 불확실한 상황에서는 잘못된 일, 참견하는 일, 불필요한 일을 해서 남들에게 조롱거리가 되면 어쩌나 하는 우려가 커지기 쉽다.

보상의 기대·효용·리스크 합리적 선택 모델에서 사람들은 타인을 도우려는 욕구와 거기에 수반되는 비용을 따져볼 것이라고 가정한다. 사람들은 타인이 도움을 청할 개연성이 높은 상황을 되도록 피한다.

도와달라는 요청이 강할수록 더 강하게 회피한다. 반면, 개입했을 때 좋은 결과가 나올 수 있다고 생각될수록 개입할 개연성도 커진다. 도움을 주는 행위 자체가 심리적 보상효과를 준다. 또한 이전에 보상받은 적이 있거나, 내가 개입해서 정말 도움이 되리라는 보장이 있거나, 미래의 보상을 기대할 수 있다면 도와주려 할 것이다. '방관자의 계산법'에 따르면 예상되는 보상이 크고(자기가 이익을 얻거나 실제 도움이 될 가능성), 비용이 낮을 경우 이타심이 늘어난다고 한다. 도움을 주는 데 따르는 리스크로는 시간낭비, 돈낭비, 창피함에서부터 자신이 피해자가 되거나 체포되거나 상해를 입거나 심지어 죽임을 당하는 일까지 여러 종류가 있다.

사회정의와 형평성 사회정의에 대한 강한 신념 때문에 남을 도울 수도 있다. 하지만 피해자들 중에는 다른 피해자보다 더 도움을 받아 마땅하다고 생각되는 사람들이 있어 보인다. 특히 타인을 돕자는 도덕적인 호소일 경우 더욱 그러하다. 형평성과 사회정의를 결합한다는 말은 도울 가치가 없는 피해자보다 도울 가치가 있는 피해자를 더 많이 도와야 한다는 뜻이다(실험요원이 지하철에서 쓰러졌을 때 그가 만취한 것처럼 보였을 때보다 장애가 있는 것처럼 보였을 때 도움을 받을 개연성이 높았다). 그런데 이같은 '공정한' 세상이라는 가설은[45] 문제를 더 복잡하게 만든다. 만일 피해를 입은 사람들이 무작위로 그런 일을 당한 듯하다면, 이 세상이 [사필귀정이라는] 안정되고 질서정연하며 평온하고 공평한 세상이라는 기본전제가 훼손된다. 이럴 경우 똑같은 일이 당신에게도 일어날 수 있다는 두려운 개연성을 배제할 수 없다. 이때 가설은 약간 이상하게 변한다. 즉 세상이 불공평하다고 보는 사람들이 타인에게 도움의 손길을 내밀 가능성이 높아지는 것이다. 만일 피해자가 그런 고통을 당해도 싼 짓을 했다고 생각될 때, 세상이 공평하다고 믿는 사람이라면 도움의 손길을 내밀 가능성이 낮아진다(그 여자 혼자 공원길을 걷지 않았다면 강간을 당하지 않았을 텐데). 무가치한 고통은 세상이 공평하다는 당신의 믿음을 위협하므로 당신은 이 믿음을 유지하기 위해 어떤 조처를 취해야 한다. 하지만 이런 조처는 당신의 행위가 효과적일 때에만 가치가 있다. 공평한 세상을 원하는 사람들은 정의를 세우려 하지만 쓸모없는 행동은 하기 싫어한다. 고통은 길지 않고 도움이 즉각 효과를 볼 수 있어야 하며, 되도록 단기간에 한정된 것이어야 한다. 따라서 공평한 세상, 효용, 사회정의라는 세가지 모델 모두 예상되는 효과에 따라 개입이 좌우된다고 가정한다.

죄책감과 책임 죄책감을 느끼는 사람이 그렇지 않은 사람보다 타인을 도울 가능성이 높다고 생각될 것이다. 그러나 대부분의 연구에 따르면 도와야 할 상황에서 사람들이 반드시 죄책감을 느끼는 것은 아니다. 각종 시민사회운동단체들은 흔히 청중들에게 막연한 책임감, 심지어 직접 저지르지도 않은 일에 대한 죄책감을 불어넣으려고 노력한다.

동정과 공감 고통받는 사람에게 도움의 손길을 내미는 행위는 당연히 온정, 동정, 공감 같은 감정에 의해 촉발될 거라고 생각하기 쉽다. 하지만 구체적으로 증거를 검토하면 이는 그다지 분명하지 않다.[46] 동정심만으로는 불충분하다. 사람들에게 타인의 고통을 역지사지로 상상해보도록 하는 '관찰자 좌석'을 제공하면 공감을 불러일으킬 수 있다. 하지만 공감도 지나치면 관찰자에게 부담이 된다. 도움을 지나치게 요구하는 것처럼 보이거나, 도울 가치가 크지 않다고 생각될 때는 돕지 않을 개연성이 높아진다.

동일화 타인과 동일화할 수 있는 능력은 동정이나 공감과 관련이 있다. 방관자는 피해자가 겪는 괴로움을 똑같이 상상해봄으로써 특수한 인지적 부담을 느끼는 것이다. 이것이 바로 시민사회운동단체들의 공개적 호소가 의도하는 바이다. "이런 일이 우리에게도 일어날 수 있습니다" 또는 "나 자신이 이런 상황에 처해 있다고 상상해봅시다."

말할 필요도 없지만, 실제 응급상황을 목격한 사람이 침착하게 책상 앞에서 위의 여덟가지 목록을 하나하나 검토하지는 못할 것이다. 지각의 불빛은 즉각 번쩍인다. 도대체 무슨 일이 일어나고 있는가? 무슨 일을 해야 하지? 왜 다른 사람들은 아무 행동도 안하는 걸까? 당신은 청중의 한 사람이지만, 다른 이들은 당신의 행동을 지켜보는 청중이다. 다른 사람들이 지켜보고 있으므로 바보 같은 짓을 하기가 쉽지 않다. 방관자들이 서로 순간적으로 얼어붙어 있는 것을 보면서 지금 상황이 그리 심각한 게 아니구나 각자 오해하고, 그냥 내버려두는 게 상책이라고 생각할 수도 있다.[47] 하지만 관여하지 않았다고 해서 상황을 인지할 기회를 상실했다고 볼 수는 없다. 개인의 태도가 아니라, 애초의 상황인식이 구체적 행동으로 이어지지 않게 하는 집단적인 부인의 언어가 문제인 것이다.

어떤 일에 대한 지식이 다른 것에 의해 매개될 경우 '상황에 따른 방관'은 그리 중요하지 않은 문제가 되어버린다. 텔레비전 시청자들은 전세계 미디어가 보도하는 인간의 고통에 대해 '은유적인 방관자'가 될 수 있는데, 이런 경우에도 시청자들이 매우 긴급한 문제에 직면했다고 볼 수 있다. 그러나 텔레비전 해설자가 설명하는 모잠비크 이미지는 제노비스의 이웃들에게 부과된 것 같은 긴급한 요구를 시청자들에게 부과하지는 않는다. 이것과는 다른, 일상적인 방관 상황이 있다. 예컨대 도시의 길거리와 건물 입구에서 흔히 마주치는 걸인, 부랑인, 노숙자, 떠돌이 여성, 약간 정신이 이상해진 사람, 마약중독자와 알코올중독자를 생각해보자. 이들은 익숙한 도시풍경의 일부가 되어 정상으로 간주되거나 그냥 '어쩌다보니 그렇게 된' 것으로 여겨진다. 죄책감을 느끼는 사람들은 이런 사람들과 마주치는 데 민감하다. 이런 경우에 흔히 나타나는 무신경한(무의식적인 것은 아니겠지만) 반응들이 있다. 수동적으로 적응하거나(잽싸게 걸어가고, 시선을 돌리고, 걸인을 보지 못한 표정을 짓고), 회피하거나 도피한다(그 사람을 지나쳐버리고, 길을 건너가고, 걸인이 없는 길로 일부러 돌아가기도 한다).

우리는 이러한 일상의 적응과정에서 사람들이 어떤 생각을 하고 뭘 느끼는지 잘 모른다. 칼렌은 리프턴의 '자아중심의 대역'(양심과는 다르게 작동하는 기능적 자아가 만들어져 자아 전체를 대변한다) 그리고 '자아주변의 마비'(정상적인 감수성의 차단)라는 관념을 빌려와, 적응과 '정신적 단절'이라는 개념을 제시한다.[48] 의식 '분할'의 경우 문자적 부인과는 다르다. 의식 분할은 어떤 일을 인지하기는 하나 그 지각을 어떤 틀내에서 즉시 처리해버린다. 마치 자동카메라 렌즈와 비슷하다.

제일 놀라운 점은 대단히 지적인 사람들조차 이런 상황을 해명하는 방식이 극도로 천박하다는 점이다. 예를 들어보자. 흔히 마주치는 장면을 또 목격해 지쳤다는 듯한, 심지어 짜증스럽다는 반응 말이다("길가에서 노숙자 잡지를 파는 사람을 또 봤어?"). 스스로 무기력해서 지쳐버렸다는 반응도 있다("이런 사람들에게 어떻게 해줘야 하나?"). 독선과 균형도 있다("왜 매번 돈을 줘야 해?"). 똑똑한 척하기도 한다("돈을 줘버릇하면 오히려 문제가 더 나빠져"). 또는 칼렌이 '창조 신화'(myth of creation)라고 부른 인과론을 내놓기도 한다("자기 잘못으로 저렇게 된 거야, 저런 사람들을 수용하는 시설이 있지만 자기들이 그런 데 가서 살지 않으려는 거지" "저게 다 알코올/마약/정신병 때문이야"). 마지막으로, 새처 집권 이후 영국에서 나타난 이기적인 언사와 노골적인 무관심이 있다("그래서 어쩌라고, 난 개의치 않아, 상관도 안해").

　그러나 길거리, 쇼핑센터, 슈퍼마켓, 기타 공공장소에서 어린이 학대를 목격하면 이야기가 달라진다. 노숙자에 대한 반응은 '정상화'되었지만 아동학대에 관한 부인의 문화는 많이 사라졌고 학대를 용인하는 정도도 낮아졌다. 관찰자들이 직접 나서지는 않더라도 공공장소에서 부모가 아이를 때리거나 아이에게 모욕을 주는 행위를 봤을 때 그것을 용인하지 않을 가능성이 높다. 대학생 567명을 상대로 실시한 연구에 따르면 그중 절반이 어린이가 공공장소에서 학대받는 것을 목격한 적이 있다고 응답했고, 이중 26퍼센트가 직접 그 상황에 개입했다고 응답했다. 개입한 사람들 중 70퍼센트가 직접 나섰으며, 30퍼센트는 전화로 신고하거나 피해자의 친지 등에게 그 사실을 알리는 등 간접개입했다.[49] '개입'과 상관관계가 있는 여덟가지 변수들 중 어느 한가지 변수군이 특히 두드러졌다. 피해자 및 여타 관찰자들과 개입자가 같은 인종일 경우 개입할 확률이 특히 높았다. 흑인 어린이가 학대받을 경우 백인 조사 대상자들이 개입할 가능성이 낮았다. 그러나 이런 '상관관계'는 '아동학대' 개념이 명확치 않으므로 확실하다고 할 수 없다. 특히 흥미있는 결론은 수동적인 증인이라 해서 무관심한 방관자는 아니라는 사실이다. "오히려 대다수 비개입자들은 개입자와 마찬가지로 학대받는 아이들을 걱정했다고 응답했다."[50]

이 점은 대단히 중요하다. 인지의 차단, 도덕적 망각, '염려' 등은 아주 다른 세가지 정신상태이다. 이렇게 정신상태를 구분하는 것이 불운한 피해자에게는 별 도움이 안되겠지만, 방관자의 수동성을 타개하기 위한 교육이나 정치적 노력에는 의미가 있다.

학교에서 일어나는 '괴롭힘'의 현장이 방관자 효과를 관찰할 수 있는 일상적인 상황인 듯하다. 대부분의 사람들은 유년기의 학교생활을 생생히 기억한다. 누구나 가해자나 피해자 또는 방관자 역할을 맡아 놀거나 그와 비슷한 행동을 했을 것이다. 정치적 인권침해 사태를 바라보고만 있는 대중의 이미지가 고통스러울 정도로 생생히 느껴지는 이유도 이런 경험 때문이다. 이럴 때의 폭력 이미지는 사람들의 내면을 아프게 파고든다. 피해자가 모욕을 당하거나 구타당하는 것을 목격한 관찰자들의 이야기를 들은 사람(예컨대 사진작가)이나 그 소식을 다시 전해 듣고 그 장면을 상상하는 관찰자라 하더라도 마찬가지이다. 이 주제에 관한 이론적인 연구는 거의 없다. 정신분석학에서만 가해자-피해자-방관자 사이의 변화하는 역학관계를 연구했을 뿐이다.

방관자가 마치 피해자처럼 될 개연성도 있다. 피해자와 꼭 같아진다는 말은 아니라도, 수동적이고 무기력하고 겁먹고 얼어붙는다는 점에서는 같다.[51] 또는 방관자가 가해자 비슷하게 되기도 한다. 대리만 족이나 훔쳐보는 즐거움을 맛보기도 하고, 교사가 상황을 목격하지 못 하도록 가로막거나 소란스럽게 행동하여 가해자를 부추기기까지 한다.

소동이 일어나기 쉬운 가정이 침묵 속에서 사건을 목격하는 장소로 바뀌기도 한다. 아동에 대한 성적 학대와 폭력을 다루는 심리학자들 은 피해아동들이 특히 가족과 이웃, 친지들에게 배신감과 절망감을 품 게 된다고 지적한다. 그들은 학대 사실을 알았거나 의심했으면서도 아무 행동도 취하지 않았던 것이다. 아버지-딸의 근친상간을 알면서 도 자기는 모른다고 계속 부인하거나, 어찌할 바를 모르는 상태에 놓 인 어머니의 경우 더욱 비극적인 역할을 강요당한다. 임상심리학자들 은 이런 사실을 지적하지만, 이런 경우가 얼마나 많은지는 확실히 알 수 없다. 러셀은 딸의 말을 믿으려 하지 않거나, 딸을 전혀 돕지 않은 어머니들의 사례를 거론한다. 그러면서 "딸아이가 꼬리를 쳤다" 또는 "어머니가 공모했다"는 편견을 반박하고, 그것이 희생양 만들기 또는 피해자 비난하기에 해당하는 사례라고 주장한다. 러셀에 따르면 개입 하지 않은 어머니는 사건의 공범이 아니라 무력한 존재라고 봐야 한 다.[52]

이같은 상황에서 말 그대로 문자적인 부인은 즉각 일어나야 한다. 생각할 겨를도 없이 부인하면, 목격한 상황을 재빨리 부정하고도 그 이미지가 남아 낭패를 볼 걱정을 하지 않아도 된다. 이런 개연성 때문 에 '내가 그걸 처음부터 알고 있었던 게 분명해'라고 말하는 것이다. 더 넓은 의미의 방관자들, 친척·이웃·친구·의사·사회사업가·교사 는 자신의 의혹에 좀더 관심이 적다. 그러나 아동의 성적 학대에 관한 담론이 변하듯, 부인에 관한 대중의 담론이 점점 변화해가면 과거에 통용되던 부인의 언어가 통용되는 문화적 공간이 줄어드는 효과가 발생한다. "일부러 그랬던 건 아니야"라든가 "그저 해본 소리였어"라는 식의 해명이 통하지 않게 되는 것이다. 이런 말은 이제 공격적 결백으로 간주될 가능성이 높다.

여성에 대한 성적 학대를 바라보는 시각이 바뀌었다는 사실은, 사회적 고통과 인권침해에 관한 사람들의 반응이 바뀔 수 있음을 시사하는 듯하다(책 후반부의 주제). 실제로 공적인 차원에서도 정상화, 방어전략, 책임을 회피하는 해명, 공포 같은 다양한 부인이 나타나며, 여기에 정치적 왜곡이 더해질 개연성도 있다. 하지만 이것만으로는 사람들이 불의를 못 본 체하면서 침묵하는 정치적 상황도, 국가가 유지하는 부인의 문화도, 소수집단의 고통에 대해 무관심을 조장하는 풍토도 설명할 수 없다. 하지만 상황과 관련한 설명 또는 사회적 설명과는 달리, 소극적 방관은 도덕성이란 측면에서 모든 사람이 일부 공유하는 것일지도 모른다. 우리는 모두 간혹 그저 세상일에 상관하지 않고 산다. 이중 몇몇은 세상일에 아예 담을 쌓고 사는 것처럼 보이기도 한다. 다음 장에서는 이러한 반응들을 정치적 상황에 대입해서 설명하겠다.

4장

인권침해의 해명
— 인권침해자와 공직자

이 장에서는 공적·정치적 인권침해를 살펴본다. 잘 알려진 인권침해 사건들에서 당사자의 부인 사례들 그리고 인권침해 혐의에 대해 정부 공직자들이 내놓은 반응 등을 소개한다. 이 두가지 해명은 매우 비슷해 보인다. 비슷하지 않을 수가 없다. 책임추궁을 당하는 당사자, 그의 해명을 받아들이는 정부 공직자들은, 인권침해 행위가 발생한 그 시점에서 '실시간'으로 활용할 수 있는, 부인에 관련된 문화적 자원을 이용하기 때문이다. 국가가 인권침해를 조장할 때 또는 인권침해를 모른 체할 때 사용했던 언어가, 사건이 일어난 후 외부의 비판에 대응하기 위해 다시 등장한다. 또한 무장반군집단(민족해방운동가, 분리주의자, 테러리스트, 게릴라)도 이와 매우 유사한 '면책' 용어를 사용한다는 점을 유념해야 한다.

더욱 놀랍게도 일반범죄와 연관된 '해명' 방식이 정치적 인권침해 사건에서도 등장하곤 한다. 물론 이것이 제노싸이드, 정치적 학살, '실종', 고문 등을 일반범죄 같은 방식으로 설명할 수 있다는 말은 아니다.[1] 하지만 질문의 의미는 비슷하다. 사람들은 어떻게 끔찍한 일을 저지르고도 그런 행동이 사악하고 부도덕하며 범죄적이라는 것을 부인할 수 있을까? 그러한 부정은 개인의 정신상태로만 해석할 수는 없으며, 대중문화, 비속한 언어습관, 국가가 부여한 정당성에 내재되어 있다. 때문에 'state of mind'라는 말에는 '정신상태'라는 뜻과 '정신을 통제하는 국가'라는 뜻이 들어 있다. 하지만 인권침해자나 방관자를 허용하는 정신상태가 문화에 만연해 있다고 해서 그것만으로 인권침해의 기원과 목표를 설명할 수는 없다. 필자는 민족지상주의, 인종, 소수민족, 종교를 둘러싼 갈등이 제도화된 폭력으로 전환된다고 설명하는 각종 거대이론들을 지당한 설명으로 받아들인다. 그런데 이러한 사회과학 이론들에 맞서는 통속적 해명이 나타난다. 예컨대 도대체 뭐가 어떻게 돌아가는지 나는 전혀 몰랐다, 그저 명령에 따랐을 뿐이다……

인권침해자—부인으로서의 해명

무효화 이론에 따르면 일반 비행자들은 자신의 행위를 정당화하지 않는다. 전적으로 책임지겠다고 하지 않고, 일반적인 가치를 반대하지 않으며 대안적인 도덕률에 호소하지도 않는다. 대신 자기 행위에 함축된 일반적인 의미를 부정하면서, 도덕적 비난이나 법적 책임을 피하려 한다. 이런 해명을 흔히 접할 수 있는데, 일반적인 가치체계가 부인 메커니즘을 이해하는 데 대단히 중요함을 알 수 있다. 심지어 그런 가치를 위반했을 때도 마찬가지다. 이러한 비행의 해명은 개념상 정치적 인권침해와는 다른 범주에 속한다.

그러나 정치적 인권침해·일반비행 해명의 내적 논리는 다르지 않으며 동일한 사회적 기능을 수행한다. 어떤 일이 일어났다는 사실 자체는 인정하지만, 그 사실이 어떤 행위범주에 속하는지에 관해서는 동의하지 않는다. "이것을 절도라고 할 수는 없지요"라는 말은 "이것을 고문이라고 할 수는 없지요"라는 말과 마찬가지이다. 필자가 수집한 '부인' 리스트는 5대 무효화 기법의 이데올로기적 표현이 대부분이다. 그러나 특히 중요한 두가지 해명을 리스트에 포함할 필요가 있다. 우선, 인권침해자가 자신과 주변인물들이 무슨 짓을 했는지 모른다고 우기는 **인지의 부인**이 있다. 그리고 일반적인 도덕률을 존중한다는 시늉조차 하지 않는 **도덕적 무관심**이 있다. 이때는 무효화 기법을 동원하지도 않는다. 무효화할 것이 없기 때문이다.

정치적 해명은 다른 해명과 마찬가지로 혼란스럽고 일관성이 없다. 또한 애초의 이데올로기적 의지 그리고 맹종을 요구하는 상황의 압력 사이의 간극이 전혀 나타나지 않는다. 그러한 격차를 논쟁적으로 드러내는 골드하겐의 연구를 보자. 그는 홀로코스트의 장본인들이 그저 보통사람들, 수동적이고 아무 이데올로기도 없이 마지못해 명령을 수행한 사람들 또는 사회적으로 순응하라는 압력을 받거나 명령을 수행하도록 강요당한 사람들, 악의 평범성을 로봇처럼 수행한 하수인이 아니었다고 한다.[2] 이들은 뿌리 깊고 광범위하게 유포되어 있던 극악한 반유대주의적 동기를 진정으로 믿었던 보통 **독일인들**이었다. 이런 믿음 덕분에 홀로코스트를 실행하기 이전부터 나타난 '유대인 말살' 이념을 받아들일 수 있었던 것이다. 이렇게 볼 때 그들은 수동적 방관자가

188

아니라 '자발적 사형집행자들'(willing executioners)이었다. 그들은 명령을 거부할 수 있었지만 그렇게 하지 않았다. 불의를 묵인했을 뿐 아니라 열성적이고 이해할 수 없을 정도로 잔인하게 행동했다. 이미 전부터 원했던 일이므로 다른 구실이 필요하지도 않았다. 그후에 내놓은 해명("나는 기계의 톱니바퀴에 불과했다")은 전술적이고 영악한 술책에 불과했다.

이를 '권위에 대한 복종'이라는 바우만 이론과 비교해보자.[3] 바우만은 홀로코스트가 근대성의 거부 사례가 아니라 오히려 근대성의 산물이라고 본다. 관료제적인 정신상태—관료적 조직과 합리성, 사회적 기능의 분업, 윤리적 무관심과 전문화 등에 기인한 정신상태—로 인해 일어났다는 것이다. '권위에 대한 복종' 모델에서는 보통사람들이라도 상부의 명령을 시달 받으면 끔찍한 일을 쉽게 저지를 수 있다고 설명한다. 그런 사람들은 '원래' 그런 일에 자발적이었던 것도 도덕적으로 타락한 것도 아니다. 인간은 문명화과정의 산물이므로 내면에 도덕적 억제력이 있기 때문이다. 특히 사람들은 누구를 죽여야 한다는 사실이 불러일으키는 동물적인 연민을 극복해야 한다. 따라서 자신이 극단적인 반유대주의에 몰입해 그런 짓을 한 것이 아니며, 자기 행동을 전적으로 책임질 수는 없다는 이들 주장은 어쩌면 진심에서 우러나온 것인지도 모른다.

그렇다면 골드하겐은 '반유대주의적 말살'을 역사적으로 너무 성급하게 적용했고, 그 논리와 강도와 영향력을 과대평가했으며, 권위에 대한 맹목적 복종 이론을 오해한 것일까? 반대로, 바우만은 현대 관료제적 이상형의 영향력을 과대평가했고, 독일의 역사적 예외성을 무시했으며, 이념의 역할을 과소평가하고, 독일 바깥의 제노싸이드를 알지 못한 것일까? 우리의 주제는 이러한 대조적 표상들이 드리운 언어의 그림자일 뿐이다.

'아는 것'의 부인

일반 범법자들은 자기가 범인으로 오인됐다고 주장하면서("나는 절대 범인이 아니에요") 무죄 평결을 받아내기 위해 끊임없이 법적 전략을 구사한다. 확실한 증거가 있는데도 자기가 범죄라고 생각하는 짓을 한 적이 절대로 없다고 주장하면서 놀라운 집요함과 잔꾀를 동원해 끝까지 오리발을 내민다. 하지만 나름의 이데올로기에 기반한 인권침해자들이 이렇게 나오리라고 기대하기는 어렵다. 그들은 자기가 어떤 일을 했는지 분명히 알고 있었고, 그런 행위를 당시에나 지금이나 여전히 정당화한다.

그러나 특히 하급자였던 인권침해자들 중에는 사상적으로 해명하지 않는 사람이 많다. 그들의 해명은 마치 일반 비행자의 변명처럼 들린다. "나는 그 자리에 있지도 않았어요" 또는 "왜 나만 찍습니까(다른 사람들도 다 그렇게 했는데)?" 그런 사람들 중에는 너무나 바보같이, 당시에 무슨 일이 벌어지고 있는지 전혀 몰랐다고 말하는 사람도 많다. 그런 행위에 참여하여 사건을 똑똑히 볼 수 있었던 다른 가해자들(심지어 방관자들조차)은 어떤 일이 벌어지고 있는지 알았을 텐데 말이다. 같은 법정에 섰던 피고들 중에서도(뉘른베르크 재판의 특기할 만한 사례이다) 어떤 일이 일어나는지 몰랐으므로 자기는 결백하다는 해명을 내놓은 자도 있었고, 심지어 거들먹거리며 자기 행동을 정당화하는 자들도 있었다.[4]

"우리는 몰랐다"라는 말이 들어맞는 경우도 많을 것이다. 대중들이 인권침해와 인간이 고통받는 사건을 인지하는 정도는 정치적 상황, 분쟁 기간, 매스컴의 통제, 가시성, 지리적 분산성, 전체 인구 중 사건에 가담한 사람들의 비율 등에 따라 달라진다. 주변적 방관자들이나 심지어 일부 가해자들조차, 인권침해의 전모를 모를 수 있다. 군부가 통치했던 나라에서는 대다수 시민들이 비밀스런 '실종'이나 고문 사실을 모를 것이다. 그러나 전후에 일어난 대규모 인권침해 사태를 보면, 그런 태도에 냉소를 보내도 괜찮을 성싶다. 이 말은 따옴표를 쳐놓는 게 좋을 것이다(본인들은 여전히 몰랐다고 하니 냉소를 조건부로 표현하는 게 좋겠다는 의미이다―옮긴이). 하지만 여기서 불투명한 부인, 정신적 방어, 자기기만 등이 필요한가? 어떤 일을 아는 것과 모르는 것이 동시에 공존하는 상태―정신적·정치적 의미에서―가 존재할 수 있는가? 필자는 원래 이 질문을 방관자에게 제기했다. 하지만 인권침해자들은 어떠한가? 직접 명령을 내렸던 자들, 의심할 바 없이 핵심적 지위에 있었던 자들, 정보를 접할 수 있었던 사람들, 그러고도 자신이 사건의 진상을 몰랐다고 우기는 사람들은 어떠한가?

인권침해 사건들 사이에도 이러저러한 차이가 있지만, 홀로코스트 사건은 그것이 자행되던 순간에 이미 부인되고 있었다는 거트먼의 주장에는 모든 인권침해 사건에 적용할 수 있는 무언가가 있다. "사실 자체의 부인, 현실을 모호하게 함, 명백한 진실의 흔적과 자취를 지우는 것 등은 살인에 따르는 별도의 행위가 아니라 살인행위의 일부였다."[5] 부인은 '실질적인 목적'을 넘어서, 제노싸이드 행위 자체에 반드시 포함되는 단계이자, '애초에 제노싸이드를 일으키는 복합적인 동기의 일부'이다.[6]

부인은 사후 해명뿐 아니라, 사건 초기의 경고, 계획, 실행의 단계에서도 적용된다. '최대한 부인'을 사전에 모의하기도 하지만 실제 진정한 부인은 그보다 더 깊은 차원에서 일어난다. 나찌 독일은 가장 철저히 검토된 사례이지만, 누가 무엇을 언제 얼마나 알았느냐 하는 점은 여태 논란이 되고 있다. 제노싸이드를 자행하는 국가의 탄생에는 초기 역사가들의 추정보다 훨씬 더 많은 일반대중의 참여가 필요했다. 그들은 말살정책의 세부사항까지는 몰랐을지라도, 그 일반적 성격은 인지하거나 짐작하고 있었다. 나찌의 제노싸이드는 '공공연한 비밀'이었다. 극단적인 부인의 이야기, 즉 소수의 광신적인 인권침해자들이 살육을 계획하고 감행하는 동안 대다수 일반인들은 아무것도 모른 채 수동적이고 무심한 대중으로 남아 있었다는 이야기는 믿기 어렵다. '공공연한 비밀'이라는 말이 모든 사람에게 집단책임이 있다거나, 유대인의 몰수자산을 기록한 비서와 아우슈비츠의 나찌 의사가 심리적으로 동일한 부류라는 말은 아니다. 하지만 이 말은 여러 차원의—**얼마나 많이** 알았느냐 하는 점만이 아니라, 얼마나 많은 것을 인정하느냐 하는—집단적 지식이 있다는 사실을 암시한다. 여기서 인권침해자와 방관자의 구분은 큰 의미가 없다. 실제로 제노싸이드 기계 속의 작은 톱니바퀴는 외부 관찰자보다 상황을 더 몰랐을 수 있기 때문이다.

어떤 사실은 심지어 전쟁 이전부터 명확히 밝혀져 있었다. 유대인, 집시, 정신이상자, 동성애자들이 일상적으로 배제되는 상황에서 이들의 추방과 말살이 예상되었고, 외견상 서로 무관한 정부조직들과 기업들이 연결되기 시작했던 것이다.[7] 내무부는 유대인들의 출생증명서를 제공했고, 우편국은 재산수용명령서과 이송명령서를 배달했다. 재무부는 재산을 압류했고, 기업에서는 유대인들을 해고했다. 그후 제약 회사들은 수용소 수인들을 상대로 의약품 실험을 실시했다. 가스 화덕 공급 입찰, 여성 모발 구매 입찰(펠트 제품을 만들기 위해), 귀금속 장식이나 치과 보철물을 녹인 금붙이(1944년 당시 매주 10~12킬로그램씩) 구매 입찰에 참여한 회사들도 있었다. 이 모든 거래를 사무원들이 꼼꼼하게 기록했다. 의사, 법률가, 기타 전문직 종사자들도 조연을 맡았다.

그러나 몰랐다는 주장이 의도적인 거짓말이 아니라, '아는 것과 모르는 것 사이의 박명(薄明)의 영역'에 속한다고 가정해보자. 인권침해자와 공모적 방관자가 '행위 자체의 일부'인 부인의 거미줄에 이미 사로잡혀 있었다고 가정해보자. 처음부터 초기 경고, 계획, 집행과정에 기만이 포함됐다면—완곡어법, 애매모호한 언술, 비밀, 이중 플레이, 암호화된 명령, 명령체계의 혼선 등을 통해—행위 후의 은폐와 핑계를 통해 더욱 그럴듯하게 부인할 수 있다.

히믈러는 1943년 포젠에서 연설하면서, 놀랄 만큼 '솔직'하게 말살정책을 거론하고 정당화하면서 자신의 발언을 공개해서는 안된다고 경고한다.

또한 나는 여러분에게 극히 중요한 문제를 솔직하게 이야기하려 한다. 이것은 우리끼리는 진솔하게 이야기해야 할 문제이지만 절대로 공개적으로 거론해서는 안된다. 그것은 유대인의 소개(疏開), 유대인종의 최종처리를 가리킨다. 수백, 수천의 시신이 나란히 누워 있는 모습을 상상한다면 이 말이 무슨 뜻인지 알 것이다. 우리 자신을 확실히 드러내면서도, 동시에 점잖은 인간으로 처신하는 것, 그것이 우리를 강한 인간으로 만들어주었다. 이것은 우리 역사에서 영광의 페이지이다. 하지만 한번도 쓰인 적이 없었고 앞으로도 쓰이지 않을 것이다.

하지만 이 연설은 '순수한'(즉 애매모호한) 부인이 아니다. 이 연설을 들은 청중이라면 아는 것과 모르는 것 사이의 어스름한 상태에 빠질 리가 없다. 이 연설은 단지 거짓말을 하라고 노골적으로 지시한 데 불과하다. 나찌의 대중 홍보물 중에는 암호 같고, 이중 플레이를 하는 듯한 표현도 있다. 말살의 메시지가 보일 듯 말 듯 감춰져 있었다. 그것은 마치 아이들의 놀이에서 어떤 물건을 '숨기는 체'하는 것처럼, 감추는 척하는 행위였다. '살인'이나 '죽음' 같은 확실한 용어는 거의 사용되지 않았다. 나찌특수임무부대(Einsatzgruppen, 나찌의 SS 처형부대로 유대인 말살 정책을 실행했다—옮긴이)의 행위는 '이송' '특별행동' '특별처리' '행정조처' '청소' '재정착' '종결' '청산' '적절한 처우' 등으로 불렸다. 이런 문건을 통해 집필자는 그 의미를 부정할 수 있고, 청중은 이를 이해하지 못했다고 주장할 수 있다.

한나 아렌트는 이것을 '언어규칙'이라고 부른다. 한편으로 그 언어는 잔인하리만치 명료하며, 다른 한편으로 거짓말, 은폐, 완곡어법으로 현실을 호도할 수 있는 방법을 가르친다.[8] 최종해결책(Final Solution, 정식 명칭은 '유대인 문제에 관한 최종해결책'Die Endlösung der Judenfrage이며, 1942년 베를린 반제 가의 한 저택에서 유럽 거주 유대인 말살을 공식정책으로 채택했다—옮긴이)이 무엇을 뜻하는지 분명해진 후에야 그 사실을 아는 사람들이 '명령 보유자'에서 '비밀 보유자'로 공식 전환되었다. 이때부터 모든 통신은 엄격한 언어규칙을 준수해야 했다. '청산'이나

'죽임'이라는 말은 절대 입에 올리면 안되고, 미리 정한 암호명을 사용해야 했다. '비밀 보유자'들은 자기들끼리 있을 때에만 암호가 아닌 언어로 대화할 수 있었다. "더 나아가, 언어규칙이라는 말 자체가 암호명이었다. 언어규칙이란 말은 '거짓말'이라고 불릴 말이었다."[9]

이것은 어찌 보면 너무나 당연한 지적이다. 정보원, 기업 변호사, 마피아 두목도 이런 암호 같은 말을 사용한다. 그러나 아렌트는 이보다 훨씬 더 심각한 주장을 한다. 즉 아이히만의 성격 속에 깊이 각인된 허위와 자기기만이 **전체 독일사회**에도 스며들어 있었다는 것이다. 바로 이것이 독일인들을 '현실과 사실성'에서 차단한 실체였다는 것이다. 하지만 거짓말이 과연 민족성이 될 수 있을까? 의도적인 거짓말은 자기기만과 다르다. 아렌트는 이 맥락에서 단순히 새빨간 거짓말이라는 설명보다 훨씬 더 '급진적'이고 놀라운 대안적 설명을 제시한다. "이러한 언어체계의 진짜 목적은, 사람들로 하여금 자신이 무슨 짓을 하는지 알 수 없도록 하는 데 있는 게 아니라, 자신의 현재 행동과 옛날처럼 '정상적'인 방식으로 살인과 거짓말을 인지하는 것을 동일시하지 못하도록 하는 데 있다."[10]

이것은 해석적 부인의 완벽한 사례이다. 물론 여기서 말하는 '사람들'이 '모든 사람들'을 의미하지는 않을 것이다. 사람들의 생명과 죽음을 잇는 철도 이미지—클로드 랜즈먼의 기록영화 「쇼아」(Shoah)에서 탁월하게 묘사된—를 연상해보라. 유대인들의 이동을 '화물운송'이라고 표현했는데 이것이 고의적인 기만이었는가, 아니면 독일 관료기구의 일상적인 업무수행이었는가?[11] 독일 제국철도청 직원들은 수십만명의 '여객'을 운송하는 열차 노선과 종착지는 물론이고, '여객'들이 속고 있다는 사실도 정확히 알고 있었다. 직원들(모두 140만명인

데, 그중 민간인 철도종사자 50만명이 철도씨스템을 실제로 운영했다)은 평상시처럼 인원을 배치하고, 운송객차를 증설하고, 운행시간표를 짜고, 열차를 운전하고 청소했다. 명령을 기안하고 하달하고 기록했던 공무원들은 계획적으로 암호화된 언어를 사용했지만, 일반직원들은 특수한 언어체계를 만들거나 해석할 필요가 없었다. 인간화물을 운송한 기이하고 끔찍한 사건 한가운데서 철도청 직원들이 한 일이라곤 정상적으로 업무를 수행하는 것처럼 보이는 것뿐이었다.

나찌의 SS 친위부대는 여행대행업체를 통해 철로 1킬로미터당 4페니히의 운임을 지불하고 강제수용소로 가는 편도 열차편을 예약하게 했다. 물론 유대인을 수송하기 위해서였다. 열살 미만 어린이에게는 반액 운임이 적용되었고, 네살 미만은 무료였다. 열차당 여객 숫자가 400명을 초과할 경우 단체요금으로 해서 일반 3등실 운임의 절반에 해당하는 할인가를 적용해주었다. 즉 제국철도청은 아우슈비츠로 실려 가는 유대인들에게 일반 여객과 동일한 형식과 절차를 통해 운임을 계산했던 것이다.[12]

철도청 근무자들이 도대체 무슨 일이 벌어지고 있는지를 전혀 몰랐을 수 없다. 그러나 '몰랐다'는 말이 정확히 무슨 뜻인가? 이데올로기적으로 확신하여 진실을 외면했다는 말인가? 알긴 알았지만 상관하지 않았다는 뜻인가? 그저 알듯말듯했다는 말인가? 모든 정상화, 그리고 삶에는 '구실'이 필요하다. 지금 어떤 일이 일어나고 있더라도 그게 '마치' 아무일도 아닌 것처럼 생각하면서 살 수 있어야 한다. 사람들은 오랫동안 공포에 질린 채 살아가면서도 모든 것이 정상인 체하면서 살아가기 일쑤다.

철도청 서기와 기관사들은 도덕적으로 잘못됐다는 것까지는 눈치 채지 못했을지라도, 뭔가 비정상적인 일이 벌어지고 있다는 사실 정도는 알아차렸을 것이다. 하지만 결국 둔감한 일상화에 빠져들었음에 분명하다. 마치 그런 일이 정상적인 업무인 양 말이다. "뭐든 자꾸 하다보면 자연스러워진다." 이러한 일상화는 무의식 속 정서적 방어기제에서 비롯되었을 수도 있지만, 마치 모든 일이 정상인 양하는 의식적인 계획에서 비롯되었을 개연성도 충분히 있다. 어떤 잘못이 일어나고 있다는 내적 확신이 없다면 그리고 다른 사람에게 뭔가 잘못됐다는 지적을 받지 않는 이상, 뭔가를 변호하거나 무효화할 필요조차 없다. 아니면 그들의 '언어체계' 때문에 자기들의 지금 행동과 "옛날처럼 '정상적'으로 살인과 거짓말을 인지하는 것" 이 두가지를 동일한 현상으로 보지 못할 개연성도 있다. 정말 무서운 개연성이다. 철도청 서기들은 수천, 수만명을 죽이기 위해 여객을 이송할 때에도 그 일을 일상적인 회계업무 절차에 입각해 처리했다. 60년이 지난 후 우리에게 이보다 더 경악스럽게 들리는 질문은 바로 이것이다. 즉 철도청 직원들이 워낙 자기들만의 세계에 갇혀 일하다보니 특이한 일을 그렇게 인지할 능력이 없어졌는가, 아니면 그들 스스로 무슨 짓을 하는지 뻔히 알면서도 자기 일자리를 지키려고 시키는 대로만 했는가?

정치권력이 워낙 외부와 단절되어 있어서 고의적인 기만이나 암호화된 언어가 필요 없는 상황에서 저질러지는 정치적 범죄도 있다. 캄보디아의 크메르루주는 자기들의 범죄행위를 굳이 감추려 들지 않았다. 뚜올슬렝(Tuol Sleng) 처형쎈터에서 발견된 심문지침서에는 '고문을 행하는 방법'이라는 장도 있었다. 여기에는 최대한 고통을 야기할 수 있는 방법들이 상세히 적혀 있으며, '고문을 자행'할 때 주저하거나 미온적으로 행동해서는 안된다는 경고까지 덧붙여져 있었다.

　그러나 오늘날 이렇게까지 내부적으로 완전한 탄압, 외부적으로 철저한 고립을 추구하는 나라는 거의 없다. 때문에 문자적 부인과 이데올로기적 정당화를 동시에 수행하는 것이 특히 중요하다. 사건 당시의 인권침해자에게나, 사후의 정당화 수사를 늘어놓는 자에게나, 또는 방관자 모두에게 이 점이 중요하다. 아르헨띠나의 군부독재 집단은 역사상 가장 정교한 이중담론을 창안하였다. 그들은 언어를 극히 중시했으며 적들이 어떤 생각을 하는지에 큰 관심을 기울였다. 아르헨띠나 군부는 인권침해 사실이 공식 부인되면서 동시에 정당화되는 세계를 묘사하기 위한 특별한 언어체계, 공포의 비밀담론을 만들어냈다.[13] 군부 지도자들의 담론은 이데올로기적이었을 뿐 아니라 메시아적이었다. 종국에는 '더러운 전쟁'조차도 서구 기독교문명을 수호하기 위한 투쟁으로 변신했다. 이에 따르면 아르헨띠나는 죽음의 세력에 맞서 생명의 세력이 마지막 전투를 벌이는 장소였다. 공적인 담론은 극도로 암호화되어 있었고, 정결, 선악, 적을 박멸할 성스런 책임 같은 경건한 표현을 동원했다. 그러나 사적 영역에서의 인권침해를 정상으로 보이게 하기 위해 일상생활을 묘사하는 어휘들이 발명되었다. 비밀스런 고문의 세계에서 기존 단어들은 그 의미를 잃었고, 중립적 어휘에는 새 뜻이 추가되었다. '아사도'(assado, 바베큐)라는 말은 이제 시신을 태우기 위한 모닥불이라는 뜻으로 변했다. 고기를 굽는 오븐이라는 단어인 '라 빠리야'(la parrilla)는 고문 대상자를 올려놓는 금속제 철성판이 되었다. '꼬미다 데 뻬스까도'(comida de Pescado, 물고기밥)는 이미 죽었거나 약물에 중독된 수인들의 배를 갈라 비행기에서 바다로 던지는 것이었다. '수브마리노'(submarino)는 잠수함이나 잠수함처럼 생긴 샌드위치 또는 뜨거운 우유에 초콜릿 바를 넣어 마시는 어린이용 음료가 아니라, 고문 피해자의 머리를 더러운 오물통(대소변을 채운) 속에 집어넣어 질식사하기 직전에 끄집어내는 것을 반복하는 행위를 뜻했다.

모든 고문 방식은 색다른 언어체계를 고안해낸다. 끔찍한 어떤 일이 **일어나는** 것(동사)이 평범한 **어떤** 것(명사)으로 전환된다. 이스라엘의 고문기술자들은 팔레스타인 사람들에게 '바나나'(고통스런 자세로 묶어 바닥에 쪼그려 앉게 하는 것) '가리개'(더러운 모슬린 천으로 만든 두건을 장시간 씌워두는 것) '냉장고'(관 크기의 상자에 가둬둔 채 찬바람을 불어넣는 것)를 주었다.

가해자들은 고문하는 순간에는 자기들의 행위를 문자적으로 '부인' 할 수 없다. 그러나 이런 행위를 연극 같은 전도된 형태의 언어로 표현하면 피해자에게는 더욱 고통스럽고, 일부 가해자에게는 가학적 쾌감을 주며, 명령체계내 사람들에게는 그런 짓을 더 쉽게 할 수 있게 해준다.[14] 가해자는 고문의 고통을 완전히 새로운 인지적 상황으로 전환시키면서, 사실과 사건을 왜곡하는 사회적 현실을 만들어낸다.[15] 고문을 '일'이라고 표현하고("내일은 몇시에 일을 하느냐?"), 심문자들은 천박한 별명으로 불린다('삼촌'). 아르헨띠나의 일부 구치소에서는 고문하는 자, 간수, 고문 당하는 자가 같은 건물에 기거했다. 일상생활은 마치 꿈꾸는 것 같았다. 수인들이 가해자와 카드놀이를 하기도 했다. 1978년 월드컵대회 때에는 모든 사람들이(수인들은 수갑과 차꼬를 한 채) 함께 소리를 지르면서 자국 팀을 응원했다. 부에노스아이레스의 올림푸스 구치소에서는 고문을 당하던 임신부가 간수들과 함께 근처 공원이나 까페로 외출하기도 했다. 거기서 그들은 암호를 써가며 수용소의 일상생활에 관해 대화를 나누었다.

1970년대 파라과이에서 가해자들이 한 행위는 더욱 가관이었다. 그들은 지미 카터 미국 대통령의 인권외교정책을 조롱하면서 자기들의 몽둥이를 크기에 따라 각각 '헌법' '민주주의' '인권'이라고 불렀다. 가해자들은 사람을 때리면서 '이게 네 인권이다'라고 소리치곤 했다. 브라질에서는 가해자들이 세계인권선언을 농담거리로 삼아 수인을 앵무새장의 기둥에 철사줄로 묶으면서 이렇게 말하곤 했다. "세계인권선언을 적용할 때가 다시 왔노라."[16]

공적 담론과 사적 담론 사이에 이렇게 큰 차이가 나는 현상은 위선과 냉소의 산물이라 할 수 있다. 그러나 공적 담론은 인권침해를 정당화하기 위한 독선적인 수사만이 아니었다. 그것은 오히려 "군부독재 세력의 말과 행동이 확고한 하나의 의제에 통합돼버린, 재배치된 진실 또는 신화적 현실"이었다.[17] 군부정권은 인권침해의 책임을 부인했고 (어차피 그런 일은 없다고 했으니), '불순분자'들이 야기한 위험에 관해 불가사의한 신화를 계속 만들어냈다. 외부 비판에는 더 강하게 부인하였고, 내세우는 이데올로기도 더욱 신성해졌다. 1985년에 진행된 재판에서조차 군부 지도자들은 단지 정신적으로만 책임이 있다고 했고, 그외 모든 혐의를 부인했다. 검찰측은 부인 전문가가 되다시피 했다. "비델라 장군은 자신에게 전적으로 책임이 있다고 하면서도 인권침해는 전혀 없었다고 강변했다. 이러한 공허한 주장에서 그의 사고방식이 드러났다. 즉 자기가 어떤 일을 부인하고 싶을 때, 언어에 마술적인 능력을 실어서 그 언어를 통해 현실을 사라지게 하려고 노력했던 것이다."[18]

이것은 정말 '마술적 리얼리즘'이다. 이런 식의 이중담론이 라틴아메리카 전역에서 '공포를 이야기하는' 방식의 하나로 나타났다.[19] 콜롬비아의 어느 장성은 더러운 전쟁이 '진행되고 있다더라'는 식으로 진술했다. 이 말은 전쟁이 진행되는 동시에 진행되지 않고 있다는 말이나 마찬가지다. 타우시그(Taussig)는 가르시아 마르께스의 소설 『예고된 죽음의 기록』(Crónica de una muerte anunciada)을 콜롬비아 국가폭력의 패러디로 해석한다. 소설에서 주민들은 무장괴한 두 사람이 누군가를 쫓아가는 것을 본다. 추격자들은 여기저기를 들쑤시고 다닌다. 그 사람을 잡아 죽이려는 게 분명하다. 그걸 느끼면서도 주민들은 그 사람이 진짜 죽을 거라는 사실은 도저히 믿을 수가 없다. "그들은 그것을 믿으면서도, 동시에 믿지 않는다."[20]

여기서 마르께스는 수많은 공포의 문화권에서 경험된, 기이한 비현실적 현실성을 전달하고 있다. '침묵의 전쟁'이 있고, 공식적인 것은 하나도 없으며, 실종자도 고문도 없다. 사실에 관한 지식이 공포와 불확실성의 사적인 영역으로 강제편입되었다. 공포를 말하는 것조차 금지된다. '군대' 비판으로 해석되는 말을 해선 안된다.[21]

이런 '이중담론'은 거의 눈으로 볼 수 있을 정도다. 알려진 것과 '모른다더라'를 시각적으로 보여주는 이미지는 나찌의 '안락사' 프로그램이 진행되던 사무실에서 찾을 수 있다. 서기는 가짜 사망증명서를 만들고, 표준화된 조문편지를 보내며, 재정문제를 꼼꼼히 처리한다. 누군가 벽에 걸린 지도를 보고 작은 마을에서 너무 많은 사망자가 나온다는 의구심을 불러일으키지 않도록 주의한다. 직원들은 그달치 사망자를 표시하는 컬러 핀을 꽂으면서 이 슬픈 소식을 유가족에게 전한다.[22]

필자는 알베르트 슈페어(건축가로서 나찌 군수성 장관을 지냈다—옮긴이)를 거론하면서 이 절을 마치려 한다. 이것은 오이디푸스 이래 가장 철저히 연구된 '나는 몰랐다'의 사례이다. 역사적인 뉘른베르크 재판을 받고 슈판다우 교도소를 거쳐 1981년 사망할 때까지 슈페어는 유대인 최종해결책의 전모를 몰랐다고 시종일관 강변했다. 대다수 역사가들은 이러한 부인을 교묘한 거짓말 또는 악질적인 맹목의 산물로 해석한다. 하지만 슈페어는 설령 속속들이 알진 못했을지라도 어느 정도는 진상을 알고 있었다. 그런데 '진실과의 싸움'이라는 부제가 달린 쎄레니(Sereny)의 슈페어 전기[23]는 문제를 더 복잡하게 만든다. 쎄레니가 슈페어에게 속아 넘어가 그의 가짜 해명—자기가 얼마나 알고 있는지, 얼마나 의심했는지 또는 어느 정도까지 알았어야 했는지를 놓고 평생 고민했다는—을 받아들였다고 믿는 사람들은 쎄레니의 서술이 지나치게 복잡하다고 생각한다. 히틀러정권의 내막을 잘 알 수 있는 위치에 있었다고 털어놓은 슈페어가, 나찌정권의 원동력이던 제노싸이드 자체는 알았지만 그 규모는 몰랐다고 강변했으나 그의 주장을 미심쩍어한다.[24] 그러나 쎄레니는 그러한 해명의 배경인 역사적 상황을 상기시킨다. 홀로코스트를 사람들이 더 많이 알게 되자 슈페어의 동시대인들은 자기들이 결백하다고 선언했고, 자신을 덜 부정적인 방식으로 꾸미기 시작했다. 쎄레니는 탈나찌화(de-Nazification)의 규모와 그 과정에서 나타난 구나찌들에 대한 오명의 정도를 과장한다. 하지만 무엇을 '안다는 것'이 행동만큼이나 당사자에게 해로울 수도 있음을 보여준다. 홀로코스트를 "안다는 것은 도미노를 쌓아놓은 탑과 같다. 조금이라도 안다고 인정하면 그 탑은 무너진다."[25]

뉘른베르크 재판의 다른 피고들은 자기네가 홀로코스트를 전혀 몰랐다고 무조건 잡아뗐고, 어떤 책임도 지지 않으려 했다. 슈페어의 거 짓말은 그보다 더 조심스러웠고 정말 그럴 듯했다. 그는 전쟁중 일어난 일에 대해 일반적인 책임은 인정했다. 또한 당시에 상세한 전말을 알지 못했지만, 정부의 고위직 인사로서 더 많은 것을 알고 있어야 마땅했다고도 했다. 하지만 그 이상은 절대 인정하지 않았다. "간혹 그의 입에서 자신이 뭔가를 알았다는 말이 한 방울 정도 떨어지곤 했다. 그러나 곧바로 진심에서 우러나온 듯한 부인의 홍수가 이어졌으며, 그런 해명이 상당히 믿을 만한 근거로 뒷받침되었다."[26] 그의 주문(呪文)은 시종일관 똑같았다. "알았어야 했는데, 알 수도 있었을 텐데, 하지만 실제로는 몰랐다."[27]

'알았어야 했는데'와 '알 수도 있었을 텐데'는 의심할 여지가 없다. 그러나 '실제로는 몰랐다' 부분은 더 복잡하다. 쎄레니는 슈페어가 일부 사건들에 대해 몰랐다고 한 부인을 조심스럽게 받아들이고, 다른 부인은 '완전히 어불성설'이라고 거부하면서, 다음 결론을 내린다. 1942년에 들어서조차 슈페어는 제노싸이드를 '의식적으로는 인지하지 못했다'는 것이다. 하지만 아래에 나오는 슈페어의 '무의식적 인지'에 관한 증상들로 부인의 심리학 교과서 한권을 쓸 수도 있을 것이다.

가상의 무지 슈페어는 1934~39년의 전쟁 준비기간에 이상한 점을 전혀 보지 못했다고 주장한다. 무언가 주의를 끌더라도, 거기에 전혀 관심을 두지 않으면 그 사람은 눈이 먼 상태나 다름없다. 이 시기에 대해 슈페어가 내놓은 해명은 그가 '실제 사건에 대해 거의 맹인이나 다름없었음'을 보여준다.[28] 슈페어의 말을 직접 들어보자. "내가 이런 말을 하면 사람들은 나를 절대 믿지 못하거나 이해하지 못할 것이다. 하지만 그때 나는 다른 데 정신이 팔려 있었다. 물론 그 일이 실제로 일어났을 때에는 당신 말대로 그것을 '인지'할 수밖에 없었을 것이다. 하지만 나중에 역사적, 정치적으로 해석된 것과 같은 방식으로 보지 못했다."[29] 조짐이 이상한 일들이 '그를 피해 가거나' '그의 인지를 우회하였다.'[30] 슈페어는 자서전에 '수정의 밤'(Kristallnacht, 1938년 11월 9~10일 밤 독일에서 일어난 반유대주의 폭동. 수많은 유대인들이 죽거나 체포되어 강제수용소로 이송되었다—옮긴이)을 언급조차 하지 않았다. 그는 "정말 이상하게도 무슨 일이 일어나고 있는지 모르고 있었던 것 같다."[31]

알 필요가 없었음 슈페어와 그의 동료들은 "그 일을 알 수도 있었겠지만, 그럴 필요가 없었을뿐더러 딱히 그 문제를 똑바로 보려는 의지가 없었으므로 알 필요도 없었다."[32] 슈페어의 충직한 비서였던 안네마리 켐프(Annemarie Kempf)의 설명은 단호하다. "지금 생각해보면 우리는 당시 뭔가 잘못되고 있다는 조짐을 알아차렸어야 옳았다. 당신의 질문을 자문해보았어야 옳았다. 하지만 우리는 그렇게 하지 않았고, 상황이 너무 정상적인 것 같아서 별로 생각조차 하지 않았다."[33] 이 말은 실로 엄청난 주장이다. 10년씩이나 계속된 문제에 대해 "너무 정상적인 것 같아서 별로 생각조차 하지 않았다"니 말이다. 그들은 나중에 강제수용소에 대해 알고 나서도 그 문제를 굳이 논의해야 할 만큼 심각한 사안으로 보지 않았다. 유대인의 운명은 그저 별 흥미 없는 일이었을 뿐이다.

알고 싶지 않았고 알려고 하지도 않음 슈페어의 아내와 그녀의 상류층 친구들은 소위 '안락사' 프로그램의 원칙을 알고 있었지만 그 문제를 한번도 입 밖에 꺼내지는 않았다. 슈페어와 비서는 이 문제에 관한 선전영화를 본 적이 있었지만, 비서에 따르면 그들은 안락사 같은 일이 실제로 벌어지고 있는 줄은 몰랐다. 비서는 훗날 자기들이 그 사실을 알았거나 알려고 한다면 상황이 너무 어려워질 거라는 점을 '마음 한 구석에 품고' 있었을지도 모른다고 술회했다. 설명은 계속된다. "그 문제를 알았더라면 그것에 의문을 제기했어야 옳았을 것이다. 그런 현실을 직시했어야 옳았을 것이다. 영화감상 후에 그 주제를 이론적으로 토론하는 것 이상으로 자기 자신의 태도에 문제를 제기했어야 옳았을 것이다."[34] 모든 상황이 대단히 분명해졌던 1943년에도 그들은 '확고한 무지'를 유지했고, 지금 벌어지는 상황을 인정하지 않으려 했다. 쎄레니는, 슈페어에게 자신이 받아들일 수 없는 것을 아예 알려고 하지도 않는 경향이 있음을 종종 지적한다. 이 문제에 대해 켐프는 최선의 설명을 내놓는다. "어떻게 보면, 슈페어는 자기가 모르는 일은 존재하지 않는다고 믿었던 것 같다."[35]

구획화 1943년말 슈페어는 어느 강제수용소를 방문했다. 그는 히믈러가 포젠에서 말했던 것을 잘 알고 있었다. 더이상 아무것도 모른다고 말할 수 없었다. 그리고 전까지는 긴가민가했거나 '낌새'만 챘던 인권침해 현장을 직접 목격했다. 이런 일을 알고도 편히 살아갈 수는 없었다. 따라서 정신의 구획화를 시작했고 죽을 때까지 계속했다. 이것은 리프턴의 차단 메커니즘과는 다르다. "그것은 진실을 '차단'하는 것—극단적인 차단 메커니즘에서는 자신이 거짓말을 한다는 사실조차 의식하지 못한다—보다 훨씬 더 어려운 일이므로 슈페어는 거짓 삶을 살면서도, 그것을 중단할 방법을 찾을 수 없었으며, 때문에 엄청난 고통을 겪었다. 이것이 그의 가장 큰 장점이라고 생각한다."[36] 쎄레니는 슈페어가 도덕적으로 모호했으므로 고통을 느꼈을 것이라고 말한다. 그러나 그렇게 동정적으로 보지 않는 사람도 있다. "슈페어의 구획화할 수 있는 능력은 평생 그를 따라다녔다. 때문에 자기 주변에서 일어나고 있던 중요한 사건들을 알지 못했다고 정색을 하고 주장할 수 있었다."[37]

도덕적 모호성·도덕적 무관심·도덕적 맹점 슈페어는 또한 자신이 아는 게 '별로' 없었지만, 아무런 조처를 취하지 않은 것에 죄책감을 느낀다고 정색을 하고 말한다. 그의 말은 절대 바뀌지 않았다. "내가 알았어야 마땅하지만 별로 알지는 못한 엄청난 사건들에서 자연스럽게 결론을 끌어낼 수도 있었을 텐데"라는 말에 비하면, 자신이 얼마나 많이 알고 있었느냐는 중요치 않다는 것이다.[38] 슈페어와 동료들이 모든 것을 알았던 것은 아니지만 그들이 '별로' 알지 못했다는 것도 사실이 아니다. 그들이 **당시에는** 어떤 결론을 내렸는가? 그리고 '자연스런 결론'에 도달했다면 그건 도대체 무엇이었을까? 이 사람들은 현혹되지도, 최면상태에 있지도, 악이 곧 선이라는 식으로 세뇌당하지도 않았다. 그들은 "금지된 지식의 정당성을 받아들이라"는 설득을 받았다.[39] 차라리 모르는 게 약인 경우가 있다. 차마 똑바로 바라볼 수 없다면 도덕적으로 모호한 태도를 취해야 한다. 쎄레니는 자신이 알고 있는 끔찍한 진실을 직시해야 한다는 도덕적 요청과, 그것을 부인해야 하는 간절한 필요성 사이에서 슈페어는 애매모호한 태도를 취했으며 그것이 인생 최대의 딜레마였다고 생각한다. 슈페어는 홀로코스트를 부정하는 주장을 반박해보라는 요청을 받고 전부터 말했던 '전반적 책임'을 되풀이하면서, 자신의 주된 책임이 "유대인 박해와 수백만 유대인의 죽음을 암묵적으로 수용(Billigung)한 것"이라고 말했다. 쎄레니는 'Billigung'을 암묵적 동의라고 번역했고, 슈페어는 그것이 '어떤 명령을 인지하지 않은 상태 또는 그 명령의 집행을 인지하지 않은 상태에서, 고개를 돌려 먼 곳을 보는 행위'라고 각주에 밝혔다. 슈페어는 '첫째가 둘째만큼이나 심각한 오류'라고 덧붙였다. 이것과 상반되지만 더 간단한 설명은, 슈페어의 도덕적 감수성이나 애매모호함이란 사실은 무언가를 아는 데 관심이 없는 상태라는 것이다. 이들에게 어떤 '것'들은 생각할 가치조차 없었다. 쎄레니의 인터뷰 대상자 중 한 사람은 쎄레니와 그의 동년배 독일인들에 대해 다음같이 말한다. "그런 사람들에게는 유대인에 관한 도덕적 맹점이 존재했으며, 그런 경향이 좀체 없어지지 않았다." 이는 말 그대로 인지적인 맹점이 아니었고, 그럴 수도 없었다. 'Billigung'이 수용, 용인, 묵인, 동의 또는 그 무엇을 의미하건 간에 그것을 행하려면 **어떤 것을** 이미 알고 있어야 한다. 전혀 모르는 것에 '애매모호'한 태도를 취한다는 것은 어불성설이다.

기억을 말하기 슈페어는 슈판다우 교도소에서 석방된 후에야, 예전에는 이상하게 보였지만 무엇이 잘못되었는지 거의 눈치채지 못했던 일들을 기억해내었다. 40년이나 지난 후에 과거 베를린역에서 한 무리의 유대인들이 이송되는 것을 봤을 때 '일순간 불편한 감정'을 느꼈다는 사실을 기억해냈다. 이런 식의 회고는 "자신이 도덕적으로 맹목인 상태가 아니었고, 단지 상황에 의해 그렇게 되도록 강요되었음을 주장하려는 서투른 노력"에 지나지 않았다.[40] 쎄레니가 슈페어에게 그때 왜 불편하게 느꼈는지를 묻자("당시엔 사람들의 이송이 어차피 많지 않았는가?") 슈페어는 신경을 곤두세웠다. "나는 자신의 선택에 의해 맹목적이 되었지만 완전히 무지한 상태는 아니었다." 물론 슈페어는 유대인이 어떤 '특별한 문제'임을 알고 있었다. 하지만 그는 왜 '불편'한 느낌이 들었는가, 라는 결정적 질문에는 대답하지 않았다. 슈페어가 이런 정신상태였다면, 그가 시종일관 부인했던 유대인 말살정책에 관해 **당시** 이미 알고 있었다는 말밖에 안된다. 쎄레니는 이 점을 물고 늘어졌다. 그리고 슈페어가 다음 구절을 집필한 적이 있음을 기억해냈다. "유대인들에게 무서운 일이 벌어지고 있음을 내가 느끼고 있었다고 말할 수 있다."[41] 쎄레니는 계속해서 슈페어를 추궁했다. "당신이 뭔가를 느꼈다면 그것을 안 것이다. 사람은 진공 속에서 뭔가를 느끼거나 의심할 수 없다. 당신은 알고 있었다."[42] 슈페어는 뉘른베르크 재판에서 그토록 성공적으로 부인했던 바로 그 점을 알고 있었고, 그 덕분에 사형을 피할 수 있었던 것이다. 쎄레니는 여기서 끝장을 보겠다고 밀어붙였다. "당신은 뭔가를 느꼈다고 말한다. 하지만 진공 속에서는 느낄 수 없다. '느낌'은 아는 것을 내적으로 구현하는 일이다. 당신이 뭔가를 '느꼈다'면 그것은 당신이 뭔가를 알았다는 말이다."[43]

슈페어는 쎄레니가 뉘른베르크의 검찰이 아니었던 게 천만다행이라고만 대답했다. 그는 부인의 역설에 따르는 도덕적 함의가, '아는 것'뿐 아니라 '느끼는 것'에까지 적용된다는 점을 즉시 알아차렸다. 비밀에 집착하고, 최고위층 인사들이 현실에서 유리돼 있던 위계적인 조직에서 그가 어떤 일에 대해선 전혀 몰랐거나 심지어 느끼지도 못했다고 말하고 싶었을 것이다. 이것은 다음같이 표현된다. '소극적인 모름'에 대해선 나는 비난받을 수 없다. 우리는 이런 태도를 부정직하다고 말할 수 있을 것이다. '적극적인 모름'(알아보지 않음)과 '소극적인 무행동'(무관심)과 '적극적인 무행동'(침묵)에 대해선 미안하게 됐다. 우리는 이런 태도를 경건한 체한다고 말할 수 있을 것이다.

책임의 부인

일반 비행자가 내놓는 가장 용이하고 흔한 해명은 여러가지 책임의 부인이다(주도적인 행위의 부인, 의도의 부인, 자율성의 부인, 선택의 부인 등). 이같은 부인에는 완전한 핑계와 무능("내가 무슨 짓을 하는지 전혀 몰랐습니다")에서부터, 그보다 강도가 약한 사회적 여건에 의한 결정론(결손 가정, 나쁜 친구들, 우범지대에 있는 동네, 운 나쁜 인생 등)에 이르기까지 다양하다. 이런 이야기들은 도덕적 책임을 져야 하는 이데올로기적 해명과는 전혀 다르다.

반면, 이데올로기의 영역에서는 책임을 부인하는 양상이 이보다 훨씬 다양하다. 바우만이 말하듯 책임회피는 어떤 사건 후에 편리하게 지어낸 핑계가 아니라, 실제로는 '현실과 동떨어진 책임'이나 마찬가지이다. '책임'을 지는 것 자체가 인권침해가 되기도 하기 때문이다. 이것은 보통사람들이 인권침해에 연루되는 조건이 되기도 한다. 이데올로기적으로 해석해보자면 '목적 없이 떠도는 책임감'이 실제로 의미하는 바는, 그것이 도덕적 권위에 공개적으로 도전하거나 부인하지 않더라도, 그로 인해 도덕적 권위가 반쪽짜리가 되고 만다는 것이다.[44] 이런 형태들 중 제일 많이 알려진 것이 **권위에의 복종**이다. 하지만 필자는 이것과 함께 순응, 필요성 그리고 분할이라는 세가지 해명을 추가하여 전체를 고려할 것이다.

복종

　가장 손쉽게 자신의 책임을 회피할 수 있는 방법은 상부의 권위에
복종했을 뿐이라고 말하는 것이다. 이때 자신의 주도 행위, 의도, 성
향, 선택 가능성을 모두 부인한다. "나는 명령에 따랐을 뿐입니다. 달
리 선택의 여지가 없었어요. 반대할 수가 없었습니다. 그 사람들에게
개인적으로 아무 감정이 없었지만 상부에서 그들을 죽이라고 했어
요." 이런 식의 해명은 정책을 만들기보다 실행하는, 지시를 내리기보
다 지시를 받는 하급자들에게서 주로 나온다. 그러한 복종을 상징하
는 인물이 아이히만이다(그는 정책입안을 돕고 몸소 수많은 지시를
내린 인물이다). 그가 만들어낸 복종 이미지는 자신에게 부여된 명령
을 따르기만 하는 기계의 부속품 같은 모습이었다. 새로운 '국법'에 순
응하고, 좋은 시민으로서 의무를 다하는 인물 말이다.

　'착한 독일인'이라는 이미지가 '알지 못함'의 표징이었던 것처럼
밀그램의 실험에 자발적으로 참여한 대상자들도 복종의 표징이었다.
그 실험은 오래 기억할 만한 장면을 연출했다. 실험 대상자가 자기도
모르게 가짜 전류계 앞에 앉아 가짜 '교관'의 명령을 받고 가짜 전기충
격을 가짜 피해자에게 가하여 피해자가 가짜로 심장마비를 일으키도
록 하는 실험이었다. 이것은 대다수 사람들이 어떤 식으로 권위에 맹
목적으로 복종하는지를 강하게 상기시켰다.[45]

　'복종의 범죄'라는 개념은 1968년 베트남에서 미군들이 저지른 미
라이 학살사건에서 정교하게 적용되었다.[46] 복종의 범죄는 위계적인
조직(군, 경찰, 보안부대, 게릴라 세포조직)에서 일어나는 부도덕하거
나 범죄적인 행동을 말하며, 명령체계를 통해 상부 지시를 하달받는

다. 복종 관념은 경우에 따라 다르게 적용된다. 서열상 하급자일수록 개인적인 책임을 부인하기가 쉽다. 아주 긴 명령체계의 말단의 가장 수동적인 명령의 수령자는 자발적 행동은 전혀 할 수 없다고 여겨진다. 그러나 권위체계의 구조에서 위로 올라갈수록(명령을 맨 처음 내린 사람만 빼고) 직접적인 행동과 거리가 멀어진다. 이때 상급자는 직접 명령을 수행하지 않았고 현장을 목격하지도 않았으므로 통제력과 억제력이 적다고 여겨진다. 때문에 하이테크 범죄 또는 다단계 학살 작전의 경우, 상급자가 특히 강하게 책임을 부인한다. 자기가 한 일이라곤 암호로 된 비밀명령서를 다음 단계의 하급자에게 전달한 것뿐이기 때문이다.

켈만과 해밀턴은 하급자들이 복종함으로써 범죄를 저지르는 세가지 조건을 찾아냈다. 첫째는 정당한 권위를 가진 상급자가 **폭력을 승인**한 경우이다. 이때 하급자는 전체적인 도덕적 가치에 눈감으라는 명령을 받는 것이 아니고, 눈앞의 특정한 상황에만 눈감으라는 명령을 받는다. 지금 여기에서 **이들 타자에게만** 해를 입히도록 허용되는 것이다('자아의 분할'보다 더 나은 설명임에 분명하다). 이데올로기적 정당화 따위는 없다. 사실 이런 경우 하급자 자신의 도덕성과는 아무 상관이 없다. 상부에서 이미 도덕적 판단을 내렸기 때문이다. '더 높은 차원의 충성심 호소'는 복종 그 자체를 말한다. 둘째는 탈인간화이다. 적이나 피해자들은 우리 도덕세계의 바깥에 존재하는 이질적 존재들로 치부된다. 이들에게 정상적인 인간에게 느낄 의무감을 가질 필요가 없다. 셋째는 일상화이다. 병사가 민간인을 처음으로 사살할 때, 고문 가해자가 처음으로 전기충격을 가할 때 느끼는 부담감을 극복하면, 그다음 단계는 수월해진다. 이런 일을 중단하려 했다는 해명은 더더욱 찾아보기 어렵다. 각각의 단계는 그저 기계적인 행위, 온전히 수단에만 주의를 기울이는 행위가 된다. 이 때문에 캘리의 소름끼치는 설명에 따르면 제2, 제3의 미라이 학살사건이 일어난다 하더라도 '그리 대수로운 일이 아니다.'

이러한 조건들은 가해자가 속한 조직이나 문화에 이미 형성되어 있게 마련이다. 그렇지 않다면 그 조건들을 먼저 배워야 한다. 1967~74년에 그리스를 통치한 군부 독재자들은 우선 심문관들이 통증과 고통과 수치에 둔감해지도록 만든 다음에 그들을 고문기술자로 단련시켰다. 피교육자들은 점점 더 가혹한 장면이 나오는 영화를 보도록 강요당했다. 또한 큰 그림을 무시하고 세부사항에만 집중하도록 교육을 받았다. 예컨대 칼보다는 칼자루에 새겨진 문양을 기억하라는 식이었다. "이런 훈련을 조금씩 꾸준히 받으면, 병사는 외부조건에 무심해져서, 사람을 죽이고 괴롭히는 행위에서 자신의 감정을 분리할 수 있게 된다."[47] 고문 '대상'이 원래 정체성을 박탈당하고 단지 테러리스트 혹은 적으로만 생각될 때 고문기술자들 자신의 감정도 사라졌다. 이들의 훈련과정에서는 '과업중심적' 사고방식이 강조된다. 양심의 가책이 점차 사라졌고, 대상자에게 정보를 뽑아내야 한다는 단 한가지 과업에만 의식이 집중된다. **어떤 사람에게** 어떤 일을 행하고 있다가 아니라, 그저 '어떤 일을 하고 있다'는 식으로만 사고한다. 따라서 그리스의 심문관들은 그 전까지는 자기들과 똑같아 보이던 인간들이 실제로는 은밀하게 반정부활동을 해온 인사라고 믿도록 교육받아야 했던 것이다.

대부분의 인권침해는 군대 같은 조직에서 시작된다. 때문에 군인들은 독립적으로 생각하기 어렵다. 하지만 가장 국가에 헌신적인 고문 가해자의 말조차 복종, 무지, 방관, 부정, 가식, 자기기만의 치장에 지나지 않듯이, 권위에 대한 복종 자체가 일종의 무비판적인 가치일 뿐이다. 그들의 정신은 그런 상태에서 우왕좌왕하게 마련이다. 가장 위험한 것은 자기기만이다. 인권침해자들은 국가폭력이 횡행하는 도덕적 진공상태에서, 자기 의지에 반해 행동한다는 허구적 **자기 믿음**을 취할 수도 있다. 오스트리아의 하르트만(Hartman) 성에서 4년간 집단학살(불치병자들에게는 K4 '안락사' 조치, 마우타우젠 수용소와 인근 수용소에서 온 어린이, 환자, 노쇠한 수인들에게는 가스처형 조치)이 자행되던 당시, 행정관료들은 성실하게 자기들의 임무를 수행하고 명령을 충실히 따르면서도 "자신의 의지와는 상관없이 협력을 강요당하고 있다는 믿음"을 자신에게 불어넣고 있었다.[48] 그러한 심리 한복판에는 손을 써볼 수도 없고, 저항해봐야 소용없다는 식의 무기력이 자리잡고 있다. "내가 할 수 있는 일이라고는 전혀 없었다"(어느 비서의 증언)고 되뇌면서 현실을 그저 받아들이기만 했던 것이다. 그 결과 "체념으로 인한 무력감이 팽배해졌는데, 그것은 투항에 대한 내적 정당화였다."[49] 복종이 인권침해를 일으키는 요인이라면, 인권침해에 가담하는 것이 복종하게 되는 요인이기도 하다.

인권침해자가 자발적으로 그렇게 했는가, 아니면 단순히 명령에 복종한 것인가 하는 심리학적 문제는 그리 중요치 않다. 중요한 것은, 사람들이 명령을 받았기 때문에 죽이고 살상하고 고문하고 강간했다는 식의 해명을 그 나라의 문화와 권력이 용인하느냐는 것이다.

순응

'순응'이라는 단순한 말에는 '권위에 대한 복종' 같은 강렬한 울림은 없지만, 복종 못지않게 주의해야 할 용어다. 순응적인 태도는 흔히 나타나며, 대단히 그럴 듯하고 경험적으로 입증될 수 있다("다른 사람들도 다 하는 일인데 왜 내게만 그래요?"). 나쁜 친구나 환경 때문이라는, 비행에 대한 순응을 설명하는 방식은 "쟤가 원래 착했는데 나쁜 애들과 어울리더니 저렇게 됐어요" 같은 통설에 잘 맞아떨어진다.

그런데 이데올로기적 순응을 설명할 때에는 이런 방식이 바로 끌리지 않는다. 어떤 군인도 언론에 '다른 사람들도 다 하는 일'이기 때문에, 자신도 애들 보는 앞에서 어머니를 강간하고 죽였다고 말하지는 않을 것이다. 그러나 좀더 깊이 파고들면, 상황의 압박, 주위의 요구, 기대 같은 요소들이 당시 선택의 여지를 없애버렸다는 사실이 입증될지도 모른다. 이와 다른 부인의 경우 급박한 상황에서의 순응을 넘어 장기간의 알리바이를 만드는 순응으로 확장되기도 한다. "나는 그때 다른 사람들이 하는 대로 별 생각 없이 따라 했습니다." 이런 식의 서글픈 이야기가 이데올로기적으로 대단히 급진적인 방어논리로 전환되기도 한다. "당신도 그 자리에 있었더라면 똑같이 했을 것이다. 그러므로 당신은 나를 판단할 권리가 없다." 이런 주장이 나올 개연성도 끔찍할 만큼 높다.

필요성과 자기방어

어떤 필요 때문에 그런 짓을 저질렀다면서 책임을 부인하는 것은 형사법에서 잘 알려진 해명방식에 속한다. 이는 자기방어를 뜻할 수도 있다. "그 사람이 날 찌르려고 했어요" "우리부터 살고 봐야죠." 복종과 마찬가지로 이것은 눈앞의 상황을 가리킨다. 그때 우리는 명백한 위험과 위협에 처해 있었다, 테러리스트가 수류탄을 터뜨리려 했다, 그래서 우리가 총을 쏘기 시작했다. 이것은 공포에 질려서, 반사적으로, 또는 가능성을 이리저리 따져본 후에 시작한 행동일 수도 있다. 하지만 제정신이라면 이런 상황에서 모두 그렇게 할 것이다. 어떤 위협은 다른 위협보다 덜 급박하고 훨씬 더 가정에 의존하는 상황일 수도 있다. 예를 들면 '시한폭탄'이 설치된 장소를 알아내기 위해 테러리스트를 고문할 수 있을까? 이런 경우는 논쟁의 여지가 많다.

'더러운 작업' 이론에서는 '필요성'을 약간 다른 의미로 본다. 어느 사회이든 더럽지만 꼭 해야만 하는 일이 있다. 쓰레기를 버리는 행위와 비슷한 정치적인 행위가 있을 수 있다. 이런 일이야말로 대중들에게 인기가 없고, 흔히 무대 뒤에서 비밀스럽게 이루어진다. 이런 일이라고 해서 모두 나쁜 인간들과 연관시킬 필요는 없다. 오히려 모두 기피하는 일에는 착한 인간이 필요하다. 그런데 이런 '착한' 인간들이 비밀스럽게 집단적으로 필요한 일을 해내면 그것을 당연시하는 풍토가 생긴다.[50] 이스라엘의 한 정신분석학자가 보안부대 샤바크(Shabaq) 간부에게 팔레스타인 사람에게 고문을 자행한다는 비난을 어떻게 생각하느냐고 물어본 적이 있다. "당신 직업을 어떻게 생각하십니까?" 자기는 쌔디스트가 아니고 도덕적으로 잘못된 일을 하고 있는 것도 아니기 때문에 간부는 그러한 비판을 모욕으로 받아들이지 않는다고 답변했다. 이스라엘의 보통사람들은 그런 사람들이 은밀하게 추악한 일을 처리해주기 때문에 자신과 자녀들이 안전하게 살아갈 수 있다는 사실을 잘 알고 있다. 이제 우리는 다음과 같은 사실을 깨달을 때가 온 것 같다. "화장실 없는 궁전은 없다."

분할

자기 책임을 극단적으로 부인하는 사례 중에는, 프로이트의 해리·

구획화·자아 분할 모델처럼, 자신의 자아 중 자율적인 부분이 자기 행동을 조종했다고 주장하는 경우도 있다. '해리상태'와 '다중인격'의 발견으로 인해 일탈에 관한 전통적 설명("내가 어떻게 그런 짓을 할 수 있었을까?" "내 머릿속에서 나온 생각이 아니었을 거야")이 많이 보강된 것이 사실이다.

이런 모델을 이데올로기적으로 적용한 연구 중 가장 잘 알려진 것이 바로 리프턴의 나찌 의사들 연구였다.[51] 악을 행하는 사람은 진짜 자아가 세가지 방식으로 분리된다. 첫째, 일종의 **해리의 장**(dissociative field)이 형성되어 그 '곳'에서 자아의 한 부분이 나머지 자아에서 분리된다. 해리의 장은 그 안에서 억압된 기억과 다중적 자아가 형성되는 특별한 상태이다. 둘째, **정신적 마비**(psychic numbing)가 온다. 이것은 감정을 느낄 수 있는 능력이나 성향이 줄어들거나, 감정과 지식이 극단적으로 분리된 상태이다. 셋째, 이렇게 형성된 부분적 자아가 기능적으로 전체 자아의 역할을 수행하는 **대역**(代役, doubling)상태가 있다. 이렇게 끔찍한 일을 저지르는 사람은 '아우슈비츠 자아'를 가지게 된다. 이런 사람은 환경에 자연스럽게 적응하여 수인에게 독극물 주사를 놓고 인체실험을 실시하며 학살과정을 감독한다. 그러고는 주말에 집으로 돌아와 그 이전의 비교적 인간적인 자아를 불러내 어질고 인자한 남편이자 아버지가 되는 것이다. 하지만 다시 일터로 복귀하면 '치유자'가 '살인자'로 전환된다. '살인자'가 진실한 페르쏘나(persona) 속에서 '기다리고' 있는데도 본인은 살인자의 지각을 보유하고 있다는 사실을 모른다. '살인자'가 등장하더라도 본인은 그것을 부인하면서 계속 자기 자신과 자신의 행동은 선량하다고 생각한다.

리프턴의 '자아중심의 대역'(가해자) 그리고 그것과 짝을 이루는

'자아주변의 마비'(방관자, 일반대중)라는 이미지가 대단히 생생한 관념이긴 하나, 분할이론은 나찌 의사들 또는 그와 유사한 인권침해자를 적절히 설명하지 못한다. 가족과 함께 주말휴가를 보내는 의사가 주중에 자신이 행한 행동을 기억하지 못하거나, 이런 기억을 다른 쪽 자아에 떠넘기기란 불가능하다. 만일 그 의사가 '환자들'에게 치명적인 페놀 주사를 놓으면서도 자신을 고결한 치유자로 생각한다면, 그 이유는 그가 해리되었기 때문이 아니라, 그 상태에서 자신의 이데올로기적 자폐증이 주변 타인들이 지각하는 사회적 현실과 부합하기 때문이다.

이런 의사들이 어떻게 자기들이 숭고한 의학적·과학적 사명을 수행하고 있다고 자신을 기만했을까. 이를 설명하기 위해서는 정교한 분할 이론까지 들먹일 필요도 없다. 사회생물학적 순수성을 강조하는 교의가 아우슈비츠 이전에 이미 확립되어 있었고, 의사와 변호사들의 무도덕한 정신상태도 여기에 기인한 것이었다.[52] 아우슈비츠 이전에도 일부 의사들은 강제 불임시술 프로그램에 참여하고 있었다. 리프턴도 이러한 사상의 영향력을 인정한다. 하지만 나찌 의사들 모두가 나찌 이데올로기의 진정한 신봉자는 아니었다고 지적한다. 맞는 말이다. 이들은 이데올로기를 단지 부분적으로 받아들였다. 그러나 이 의사들은 자기가 무슨 짓을 하고 있는지 알고 있었던 것 같다. 물론 그 당시와(아마도) 그 이후에(어쩌면) 자기 행동을 자신의 '진짜' 자아의 표현으로 보고 싶어 하지는 않았지만 말이다. 보통사람은 분할이니 대역이니 하는 이유로 몇년 동안이나 아무 생각 없이 연쇄살인을 자행하지는 않는 법이다. 벌리는 '안락사' 프로젝트에 참여한 특히 의욕적이고 잔인했던 의사에 대해 이렇게 말한다. "고르가스(Gorgass) 같은 의사가, 이 문제를 연구했던 정신분석가들이 말하듯이, 별개의 자아를 가진 두 사람으로서 자기 일을 수행했을까, 나는 못믿겠다."[53]

'분할'이론 같은 정신병리적 메커니즘은 너무나 극적인 설명이어서 일상적인 형태의 '역할 거리두기'(role distancing) '구획화' '분절'(segmentation) 같은 현상을 해명하지 못한다. 우리 모두 정상적으로 이런 행동을 하며, 자신의 행동을 인식하곤 한다. 이런 상태는 자기 자아를 속일 정도로 은밀하고 비밀스러운 메커니즘이 아니라, '내 업무와 나 자신은 다르다'는 식의 공공연하고 문화적으로 진부하기까지 한 부인에서 유래한다. 우리사회는 의식의 분할을 잘 실천하는 것을 격려하고 보상한다. 해리와 마비는 부인의 문화가 만연한 후기근대사회의 중요한 구성요소이다. 여기에는 네가지 종류가 있다.

• 제한적 혹은 상황적 도덕성 이런 경우 우리는 자신을 부도덕하다고 보지 않으면서 비행을 특정한 상황이나 장소에 격리시킬 수 있다. 인티파다가 벌어지던 당시 가자지구에서 한달씩 거친 작전을 벌이던 동원예비군들은 주말휴가를 맞아 귀가하면 사복으로 갈아입고 셔츠에 평화의 비둘기 표시를 단 채 평화운동단체가 주최한 '피스 나우'(Peace Now) 집회에 참여하기도 했다. 인권변호사들은 언론매체에 기고하고 방문객들에게 상황을 설명했으며, 팔레스타인 주민들에 대한 군 사법당국의 부당한 행동을 규탄했지만, 군에 동원되면 자기들이 규탄했던 바로 그 군사법원에서 법무관으로 근무했다. 이런 형태의 제도화된 위선과 자기기만은 이스라엘사회의 '똘레랑스'를 상징한다는 식으로 널리 찬양받았다.

• 수단과 목표 해리 흔히 접할 수 있는 '기계의 한낱 부속품'이라는 비

유에 따르면, 아주 작은 역할만 맡은 사람들은 자신이 처리한 일의 결과를 전적으로 책임질 수 없다. 분업체계가 뚜렷한 조직에서 작게 분절된 업무들은 그 자체로 보아 크게 문제될 것이 없다. 이렇게 일상적이고 분절된 업무가 전체 업무의 궁극적인 기능이나 최종 산물과 분리될 때 도덕성은 뒷전으로 밀리기 십상이다. 행위의 결과보다는 그걸 잘해야 한다는 점에 더 신경을 쓰게 된다. 우리 행위로 인한 고통은 너무 멀어 보이고 눈에 잘 띄지도 않는다. 그러나 대단히 제한적인 업무만을(예컨대 열차 운행 시간표를 짜는 업무) 취급하는 관료라 하더라도 자기 일이 결국 어떤 결과를 초래할지를 눈치채게 마련이다. '안락사 프로그램'의 행정지원 업무를 담당한 직원이 자기 일의 의미를 모를 수는 없는 노릇이다. 벌리는, 수인들을 살해하는 일에 관여했던 수간호사 이름가르트 후버(Irmgard Huber)가 살인행위와는 상관없다는 식의 심리적 허구를 어떻게 유지할 수 있었는지를 설명했다. "후버는 자신의 행위에서 자신을 분리하기 위해 여러 종류의 부인과 회피 전략을 구사했다."[54] 후버는 의사들이 살해를 모의한 오전 회의에 참석하면서도 환자들을 죽이라는 지시사항을 하급자를 통해 전달하는 방법을 썼다. 자신이 명령체계에서 수동적인 도구에 불과했다는 식의 허구적 자아를 유지하는 행위 자체가 대단히 의식적인 행위였다.

• 도덕적 균형 인권침해자는 자신의 행위가 초래할 해악이나 부도덕성을 잘 알고 있다. 그럼에도 불구하고 이러한 행위를 자기 자아 중에서 아주 작은 부분이 저지른 짓으로 치부한다. 이것은 '악' 선생이 끔찍한 일을 저지르지만, '선' 선생은 그것을 알지도 통제하지도 못한다는 할리우드판 이중인격 사례가 아니다. 그것은 나쁜 자아가 진짜 자

아가 알지 못하게 비밀리에 그런 짓을 했다는 말이 아니라, 나쁜 자아가 아주 **작은 부분**이라고 주장한다. 우리 인생 전체의 도덕적 지도 중에 나쁜 자아가 차지하는 면적은 대수롭지 않을 정도로 작다, 그것만 보고 우리 인격 전체를 판단하지 마라, 도덕의 장부를 모두 합산해보면 우리에게 유리한 결과가 나온다, 그런 식이다. 나찌에게 유대인 이웃들을 기꺼이 넘겨주고 그들의 집을 차지했던 리투아니아 주민들은 오늘날 자기 마을을 찾는 방문객들(소위 '기억의 관광객'들이 많다)에게 자기들이 예전에는 유대인들을 정말 좋아했고 그들에게 참 잘해주었다고, 지금도 유대인들에게 아무런 악감정이 없다고 말한다.

• 자기기만과 역할 거리두기 많은 사회 특히 민주주의사회에서는 믿음과 행위를 엄밀히 구분하도록 장려한다. 나쁜 일을 하기가 께름칙하고 그런 일을 정당화하기도 어렵다는 것을 아는 사람들이 있다. 이들은 자신에게 말하는 바가 자신의 행위와는 다르다고 믿도록 만들어주는 공간을 제공받는다. 구속되어 심문을 받던 팔레스타인 저명인사에게 이스라엘 심문관이 자기는 현 상황이 마음에 들지 않는다고 말했다. 그는 두 민족이 화해하기를 원하고, 팔레스타인 독립국 수립을 지지하기도 했으며, 언젠가는 '아무개' 박사를 그곳에서 만나면 좋겠다고도 했다. 히브리어에는 행위와 감정의 해리를 뜻하는 특별한 표현이 있을 정도이다(요즘은 풍자처럼 쓰이지만). 'Yorim V'Bochim'은 말 그대로 '쏘고 운다'는 표현이다. 나쁜 짓을 다 저지른 후에 자기방어나, 그럴 필요성이 있어서 공개적으로 회한을 표시하고, 심지어 피해자들을 동정한다는 말이다.

가해자와 방관자의 부인은 반드시 분할, 해리, 거리두기 같은 요소를 지니게 마련이다. 이런 것들은 개인의 정신상태일 수도 있지만, 더 넓게는 그가 속한 문화를 나타내는 지표이기도 하다. 가장 오랫동안 지속된 '부인 반대' 운동은 ─ 남아프리카의 '블랙사시'(Black Sash)운동, 아르헨띠나의 '5월 광장 어머니회'(Asociación Madres de Plaza de Mayo), 이스라엘의 '검은 옷의 여인들'(Women in Black) ─ 여성들이 시작하고 여성들이 지속시켜왔다. 이것은 남성이 여성보다 타인의 고통에 대해 인지적·정서적·도덕적 반응을 더 쉽게 구획한다는 뜻일까?

손해를 부인함

비행자들은 "아무도 손해 본 사람이 없어요"라는 식의 설명을 내놓을 수 있다. 여기에는 문자적 부인에 가까운 것부터 시작해("뭐 이걸 갖고 그리 난리를 치느냐?") 손해의 축소("그 정도 잃은 것은 아무것도 아니야") 법적인 재해석("이 바닥에선 다들 그렇게 합니다") 등이 포함된다.

심각한 정치적 인권침해의 경우 이런 식으로 손해를 부인하기는 어렵다. 집단학살이나 '실종' 사건의 가해자들이, 피해자들이 손해를 입지 않았다고 주장할 수는 없다. 개별 인권침해자의 언어가 아닌 공식 담론에서는 전환된 틀이 강조된다("이것은 법적으로 고문의 개념에 부합되지 않는 행위다"). 하지만 피해자들이 그 사회에서 천대받는 소수집단일 경우, 그들은 다른 사람들이 겪는 고통을 느끼지 않는다고 주장하는 것이 보통이다. 그 집단의 문화가 원래 폭력에 익숙하다, 그들이 이해하는 언어는 폭력의 언어뿐이다, 자기들끼리도 어떤 짓을 저지르는지 보라 등.

인권침해자들이 **사건 당시에** 손해를 끼쳤다는 사실을 어떻게 부인하는지, 어떤 가해자들이 그렇게 하는지 등을 우리는 알 길이 없다. 생존한 피해자들과 관찰자들의 주장에 따르면, 인권침해자들이 사건 발생 이전부터 피해자를 경멸하고 있었다면 차단 메커니즘이나 맹목 메커니즘이 작동되기 쉽다. 그러나 대다수 가해자들은 피해자의 고통을 말 그대로 인지하고 있을 것이다. 아니면 자신이 고통을 주고 있다는 사실을 어렴풋이 인식할지도 모른다. 만일 고통에 대한 이러한 인식이 생긴 후에 그것을 부인하거나 무효화한다면, 그것은 인지적 맹점이 아니라 도덕적 맹점인 셈이다. 그러나 간혹 처음부터 눈을 감고 있을 수도 있다. 가해자들이 장기간 인구집단 전체를 완전히 지배하며 누적된 결과일지도 모른다(예컨대 오랫동안 군부지배를 겪은 경우). 극적인 인권침해가 도로차단으로 인한 일상의 모욕, 자잘한 희롱과 굴욕, 통행 제한, 가두 검문검색, 통행금지 같은 조처보다 덜 생생하게 느껴지곤 한다. 나의 작은 피해는 더 민감하게 느껴지는 반면, 권력자들에게 그런 일들은 거의 눈에 띄지 않게 마련이다.

피해자 존재를 부인함

"그쪽이 먼저 시작했어"는 사적인 폭력에 대한 원초적인 해명이다. 가해자가 자신이야말로 '진짜' 피해자라고 주장하면, 상대방의 도발에 일순간 대응했다는 말이 된다. 정치적 인권침해에서 피해자의 존재를 부인하는 것은, 지난 역사를 들먹이며 밑도 끝도 없이 상대방을 비난하는 서술방식으로 볼 때 이데올로기에 뿌리를 둔 현상이다. 최근 들어 기승을 부리는 극심한 정치적 폭력의 악순환은 모두 "저들이 우리에게 어떤 짓을 했는지 보라/저들이 우리에게 어떤 짓을 하는지 보라" 같은 주장을 되풀이하는 데서 비롯된다.

이것은 전설적인 영웅과 고통받는 피해자, 승리와 패배, 유혈과 복수 등이 등장하는 멜로드라마 같은 담론이다. 대단히 상이한 역사와 문화에서 비롯된 여러 서사들이 동일한 결말을 보여준다. 당신이 피해자라고 부르는 사람들이 실제로는 피해자가 아님을 '역사'가 증명해주지 않느냐, 오히려 당신이 비난하는 우리가 '진짜' 피해자였다, '궁극적으로' 따져보면 그들이 진짜 가해자다, 그러므로 그들은 벌을 받아 마땅하다, 정의는 우리 편이다 등.

이런 식의 서술은 '정의로운 세상이라는 사고방식'에 근거하고 있다.[55] 정의로운 세상에서는 이유 없는 고통이 없다. 선량한 사람이라면 함부로 박해받지 않는 법이다. 그들이 고통을 겪는 데는 다 이유가 있다, 잘못을 저질렀기 때문이다, 그들은 고생해도 싸다, 분명 어떤 짓을 저질렀기 때문이다, 그들이 그짓을 도왔기 때문이다, 우리가 당장 어떤 조치를 취하지 않으면 그들이 언젠가는 그런 짓을 할 것이기 때문이다. 객관적으로 이런 대응논리가 가당치 않다 하더라도 양쪽 당사자들은 자신의 존재 자체가 위협받는다고 느낄지도 모른다. 이스라엘식 저급함의 극치였던 골다 메이어(Golda Meir) 수상은 순하디 순한 이스라엘 젊은이들을 독하게 **만들어** 팔레스타인 주민들을 괴롭히도록 한 아랍인들(메이어는 팔레스타인 주민이란 존재하지 않는다고 했다)은 아주 못된 민족이라는 유명한 말을 남겼다.

전면적인 역사 공세는 지도자들, 이데올로그들, 공식 변호인에게 나오기 십상이다. 하지만 많은 분쟁지역에서 양쪽—예컨대 이스라엘-팔레스타인, 보스니아-쎄르비아 또는 북아일랜드 신교-구교 등——사람들 모두 민감한 정치의식과 더불어 자기들이 피해자라는 역사의식을 갖고 있게 마련이다. 이런 사회에서는 민족지상주의의 전도된 '피해자 신화'가 지도자-미디어-일반 국민들 사이에 쉽사리 유포된다. 이때 갈등에 휘말린 사람들은 자신의 삶이 잔인성과 남성적 폭력이 난무하는 무정치적이고 환락적인 하위문화에 깊이 뿌리 내리고 있는데도, 정말 입심 좋게 '역사'가 자기네 편이라고 주장하곤 한다. 1999년 쎄르비아군의 한 병사는 '꼬소보 전투'(1389년 중세 쎄르비아와 오스만제국 사이에 벌어진 싸움—옮긴이)가 마치 일주일 전에 일어났던 사건인 양하는 것이었다. 이그나티에프는 이런 민족지상주의가 대단히 감상적이라고 지적한다. 키치(kitsch)는 인종청소를 저지르는 자들의 자연스런 미학일 뿐이다.[56] 이것은 마치 양쪽 병사들이 전투 도중 향수어린 서사적 대사를 낭송하는 베르디(Berdi)의 오페라 한장면 같다. 그들의 폭력은 국가(또는 국가 비슷한 실체)의 승인을 받은 것이다. 이들은 이성보다 위대한 사랑의 품에 안긴 존재들이다. "그런 사랑은 아무리 비극적이라 하더라도 운명으로 인해 타인을 죽일 수밖에 없다는 믿음을 조장한다."[57] 이것이 우리의 운명이다, 우리는 애초에 이 사건을 일으킨 적을 제거하고 우리 민족끼리 평화와 안녕 속에서 살아가야 한다. 따라서 외부 집단의 인간성을 부인하는 집단적 기억에 의거해 갖가지 방식의 '제거'가 허용되는데, 여기에는 강제분리, 인종청소 또는 집단이주(소위 '이동'), 심지어 제노싸이드까지 포함된다.

이런 것을 일시적 상황에 따른 잔혹성이라 할 수는 없다. 몇년에 걸쳐 인권침해에 직접 가담하거나 방관자로 남아 있으려면 타인의 존재를 인정하지 않는 특정한 세계관이 필요하다. 적들은 무슨 짓을 해서

224

가 아니라, 어떤 종류의 집단이기 때문에 죽어 마땅하다. 모든 이데올로그들은 타 집단을 일정한 가치와 공평한 규칙이 통용되는 자기네 공동체 경계 바깥으로 밀어내버린다.[58] 이그나티에프는 적들을 민족지상주의 관점에서 묘사하는 현상을 프로이트의 '작은 차이의 나르씨시즘' 관념으로 설명한다. 국외로 투사된 민족지상주의는, 국내에서 정체성의 정치에 근거하여 타자를 차별하듯이, 나르씨시즘적인 경향뿐 아니라 자폐적인 경향도 있다. "그들은 집단병리 현상에 함몰돼 독선적인 피해자 의식으로 똘똘 뭉쳐 있고, 자기네 신화와 폭력의 의례에 빠져 있어서 타인의 이야기를 경청하지도 않을뿐더러, 자기 집단 바깥의 누구에게도 배우지 못한다."[59]

지배 엘리뜨, 지도자, 정치인 들이 이데올로기적으로 만들어낸 역사를 모든 인권침해자들이 잘 알고 있는 것은 아니다. 그 반대도 마찬가지다. 사병들끼리의 대화에서, 피해자를 위협할 때, 자기 식구들과 이야기를 나눌 때 통속적인 인종주의(고정관념, 농담 등)가 흔히 등장한다. 그러나 외부세계에 발표하는 공식문서에서는 어휘를 신중하게 고르고 중립적인 표현을 쓴다. 정치 지도자들은 공식적인 부인문화와 통속적 부인문화를 분리해서 유지한다. 공식적으로 피해자의 존재를 부인할 때에도 '아랍인의 심리'니 '유대인의 정신상태'니 하는 표현보다, 널리 알려진 국제적 어휘들, 즉 분쟁·국경선·협약·제네바협정·역사기록·유엔 결의안 위반 같은 세련된 표현을 동원한다.

비판자를 비판함

"비판자를 비판한다"라는 일탈적 태도는 나름의 이데올로기를 표명하고 있으므로 그 자체로 약간 비정상적인 설명방식이다. 자신의 행동에 대한 외부의 비판에서 비켜가면서("다들 그렇게 하는데 왜 내게만 그래?"), 되레 비판자에게 이의를 제기하는 것이다. 경찰은 부패하고 일방적이지 않은가, 교사와 사회사업가들은 위선적이지 않은가. 여기서 타인의 잘못이 주요 쟁점이 된다. 가해자의 언어는 노골적으로 정치적이다. 외부 비판자에 대해선 편파적이라거나 간섭할 권리가 없다는 식으로 역비판한다. 당신들은 판단할 권리가 없다, 이중잣대다, 다른 데선 이보다 더 심하다. 이런 식의 역비판은 공식 부인담론에서 상세하게 제기된다.

더 높은 차원의 충성심에 호소함

비행자들은 친구, 또래집단 또는 패거리 의리에 호소한다. 정치세계에서 이렇게 더 높은 차원의 충성심에 호소하는 방식은 초월적이며, 그것을 정당화하는 언어는 완전무결하고 독선적인 성격을 띤다. 이러한 충성심의 기원과 내용을 조사하는 것은, 어떤 이데올로기의 이름으로 행동하는 사람들에게 그 이데올로기가 어떤 의미를 지니는지를 조사하는 것보다 훨씬 용이하다. 하마스 자살폭탄테러 실행자의 이데올로기와, 베를린장벽을 넘는 사람을 사살한 동독 국경수비대의 이데올로기에는 대단히 큰 편차가 있다.

쎄르비아 사람들이 이해하는 민족주의는 오웰이 경고한 '민족지상주의'에 더 가깝다. "전쟁을 일으키는 사람들이 민족지상주의자이긴 하지만, 그들에게 이렇다 할 이데올로기적 확신은 없다. 그들은 이데올로그라기보다 차라리 폭력의 기술자들이다."[60] 이때 민족지상주의적 수사는 인간의 행동 동기를 설명하는 안내서에서 인용한 것처럼 '자신을 용서하기 위한 도덕적 어휘'로 기능한다.

도덕적 냉담

'무효화 이론'은 진정 과격하고 시종일관 일반적인 도덕률을 부정하는 행위를 설명하지 못한다. '**과격한 부정**'이라는 말은 그러한 도덕률의 존재 자체를 정신병적으로 부인한다("강간이 나쁜 일인 줄 몰랐어")는 뜻이 아니라, 그러한 도덕적 정당성을 이데올로기에 근거하여 부인한다는 뜻이다. 근본주의 종교는 세속 법률이나 세속 도덕률을 아예 인정하지 않는다는 점에서 이보다 더 과격하다. '**시종일관** 부정'한다는 말은 기회주의적으로 아무렇게나 정당화를 시도하는 게 아니라, 행위에 이미 정당화가 녹아들어 있다(행위 전후)는 뜻이다. 순수하게 이데올로기적인 범죄는 어떠한 무효화 노력도 필요치 않다. 그이데올로기 바깥에는 도덕적으로 정당한 세계가 존재하지 않기 때문이다. '골치 아픈 인식'의 결백을 가장할 필요도 없으니, 그런 인식 자체가 골치 아프지 않기 때문이다.

순수하게 이데올로기적인 서사는, 종말주의 종교집단에 대한 페스팅거의 유명한 연구가 보여주듯, 점점 더 외부 현실과 동떨어져서 철벽같이 강고하게 변한다. 사람들이 만일 두가지 모순적인 인식—예컨대 세상이 오늘 끝날 것이다. **그리고** 우리가 예언한 것과는 달리 세상은 오늘 끝나지 않았다—을 갖고 있다면, 인간은 합리화하는 존재이므로 현실을 부인하거나 왜곡함으로써 모순을 해소하려고 할 것이다. 이런 종교의 신도들은 그 간극을 해소할 수 있는 해명을 찾을 뿐 아니라(우리의 믿음 때문에 이번에 신이 세상을 구해주셨다), 새로운 메시지를 열성적으로 전파한다. 그들은 자신과 타인들에게 자기네들이 말해왔던 신앙과 희생이 결코 어리석거나 허무한 것이 아니라는 점을 확신시켜야 한다. 그들은 마치 '평범한' 인권침해자들(그리고 대중)이 사상적 확신범으로 변해가듯이, 평범한 신도에서 광신도로 변한다. 모든 행동이 다음 행동을 정당화하기 위한 사전 정지작업이 된다. 이들 범법자에게 법원이나 진실위원회에서 억지로 과거 행적을 돌아보게 하면 애초에 그랬듯이 냉담하게 진술한다. "지금 생각해봐도 내가 한 일은 옳았다." 진심이든 아니든 간혹 '회개'를 내비치는 가해자도 있다. "당시엔 그것이 옳다고 생각했지만 지금 와서 보니 잘못이었음을 알게 되었다."

단 하나의 역사적 사례에도 여러 종류의 도덕적 냉담을 찾아볼 수 있다. 독일 인권침해자들의 일기나 편지글 등을 모아 책으로 펴낸 클레는 이러한 부인을 단순하게 독해해서는 안된다고 경고한다. 클레는 발터 부르마이스터(Walter Burmeister)라는 트럭운전사의 말을 인용한다. 그는 사람들을 트럭에 태우고 엔진을 가동시켜 짐칸 바닥에 난 구멍으로 연결된 파이프를 통해 배기가스를 내보낸 후 사람들이 질식사하면 트럭을 숲으로 몰고 가서 시신을 내다버리는 일을 했다. 그는 단지 명령에 따랐을 뿐인가? 어떤 이데올로기의 영향을 받았는가? 그는 1961년 재판에서 다음과 같은 대답을 내놓았다. "당시 내가 무슨 생각을 했는지 또는 내가 조금이라도 어떤 생각을 하면서 그런 행동을 했는지를, 지금은 말할 수 없다."[61]

이런 개인적 기록들은 집단학살 같은 사건(예컨대 수백명의 유대인을 마을에 모아놓고 총살하거나 때려죽인 사건)을 평범하고 무미건조한 톤으로 묘사한다. 이런 사건에 대한 기록은 그리 많지 않다.

• 적합한 군대식 예절 개인의 욕구를 채우기 위한 약탈행위나 '변태적 쌔디즘' 같은 수치스런 행위를 '위엄있는 조치' '군인답게 절도있는 태도' 같은 표현으로 합리화한다.

• 자부심 "나는 내 부하들이, 그들의 임무가 아무리 불쾌하더라도, 훌륭하고 적절히 행동했고, 누구 앞에서도 수치스러워하지 않았으며, 귀가하여 자녀들에게 좋은 아버지로 처신했다는 사실에 자부심을 느끼는 바이다."[62]

• 품위 SS부대의 사병이던 에른스트 괴벨은 다른 병사가 아이들 (2~6살)의 머리카락을 잡고 들어올린 후 그들의 뒷머리에 총을 쏴서 죽인 후 시신을 무덤에 던지는 것을 보았다. "그것을 보고 있자니 도저히 견딜 수가 없어서 그에게 그만두라고 말했다. 아이들 머리카락을 들어올리는 것보다 좀더 품위있게 죽였으면 좋았을 것이다."[63]

• 사기와 스트레스 그들은 아무도 알아주지 않는 어려운 임무를 수행하고 있다. 장교들은 이 점을 유의해야 한다. "내가 가스 트럭을 유감스럽게 생각했는지는 말할 수 없다. 당시 나는, 부하들이 포로 총살에 너무 큰 스트레스를 받았으므로, 가스 트럭을 사용하면 덜 고생스럽겠구나 생각했을 뿐이다."[64]

인권침해자들은 해리와 유사한 방기(放棄) 상태를 통해 도덕심과는 더욱 멀어진다. 자아는 스스로 구경꾼이 됨으로써 자신에게 자아가 존재한다는 사실 자체를 부인한다. 자동차 사고를 당한 사람은 흔히 그 사건이 다른 사람에게 일어나는 것처럼 느꼈다고 회상한다. "마치 영화의 한 장면을 보는 것 같았어요" "내가 사고를 당했어"라고 하지 않고 "사고가 났어"라고 말하는 것과 같은 이치다. 타인에게 너무나 무관심하고 책임감 또한 희박해 마치 우연히 사건현장을 목격한 방관자처럼 행동하는 가해자도 있다. 베트남의 미라이 학살사건에 가담했던 캘리 중위와 어니스트 메디나 대위의 재판을 참관한 매카시의 기록에 이 점이 아주 잘 묘사되어 있다.[65] 자신의 설명과 타인의 증언에 따르면, 그는 마치 우연히 근처를 지나가던 행인 같은 목격자로 그려진다. 메디나 대위는 되도록 학살현장에서 떨어져 있으려 했다. "메디나는 어쩔 수 없이 시신이나 시신이 쌓인 곳을 지나칠 때면, 마치 대도시 거리에서 쓰레기 더미 옆을 지나치듯이 그저 잰걸음으로 지나쳐갔다. 기술적인 면에서 세부사항을 잘 알고 있었던 점을 제외하면, 그가 미라이 사건에 '개입하지' 않은 것은, 마치 신문에서 비아프라나 방글라데시의 기근 소식을 읽는 독자가 그 사건에 직접 개입하지 않은 것과 같아 보였다."[66]

이러한 인권침해자들은 사건이 일어나던 당시 그 의미를 반추해보지 않았던 것 같다. 시간이 한참 지난 후에도 그 사건이 왜 그렇게 비난받았는지 도무지 이해할 수 없다고 고백할지도 모른다. 이것은 새빨간 거짓말(무슨 일이 일어났는지 그들은 정확히 알고 있다)이거나, 아니면 자기기만의 한 형태, 즉 고전적인 어스름 상태의 부인 사례일 것이다. 그러나 이보다 더 끔찍한 것은 그들이 정말 뭐가 잘못되었는지를 몰랐고, 아무 생각 없이 행동했을지도 모른다는 점이다. 필자는 바로 이것이 아렌트가 말한 '악의 평범성'의 참뜻이라고 믿는다. 아렌트는 악을 평가절하한 게 아니라, 인간의 평범한 속성들이 모이면 상상할 수도 없는 악을 만들어낼 수 있음을 경고한 것이다. 자기 행위의 부도덕성을 깨닫지 못하고, 자신과 동료들이 모두 같은 일을 하고 있으니 자기도 정상이라고 믿으며, 진부하고 따분한 행동 동기(타인과 어울리고, 직업적 야망을 품고, 일자리를 걱정하고)에서 일을 저지를 뿐이며, 사건 발생 한참 후에도 그 일에 대해 물으면 도대체 뭣 때문에 이리 난리냐는 식으로 짐짓 바보스러운 체하는 행동들이 인간의 평범한 속성에 속한다.

따라서 캘리 중대 사건은 사실 "별게 아니었다." 부대원들은 결코 자신의 잘못을 고백하지 않았다. 자기 행동을 말 그대로 인식하지 못했기 때문이다. 그들은 정신병적인 부정상태에 놓여 있지 않았고, 올리버 쌕스가 묘사한, 사랑하는 사람들을 가구로 오인하는 환자들과도 다르다. 아렌트가 아이히만에 대해 쓴 글은 단지 도덕적 의미에서의 기술이었다. "이 문제를 구어적으로 표현하자면, 그는 자기가 도대체 **무슨 짓을 하는지 깨닫지 못했을 뿐**이다."[67] 이것은 대단히 강력한 설명이다. "아이히만이 말했듯이, 그의 양심의 가책을 가장 효과적으로 누그러뜨린 것은 유대인에 대한 최종해결책을 반대하는 사람들을 단 한 사람도 보지 못했다는 단순한 사실이었다."[68] 이것은 실로 순수한 시험이다. 즉 무슨 일이 일어났는지 깨닫지 못한 상태에서 도덕적 진공상태가 형성된 것이다.

주위에 자신의 도덕성을 시험해줄 사람이 아무도 없다는 것은 실로 두려운 일이다. 하지만 그 어떤 전체주의국가도 완전히 전체적일 수는 없다. 가장 극한적인 상황에서도 자신의 도덕적 본능을 간직하는 사람들이 있다. 절대로 아무것도 보지 않으려 하던 사람들과 모든 것이 잘못됐음을 알아차린 사람들 사이에, 뭔가 잘못됐다는 것을 인정할 수 있었으나 동시에 아무것도 보지 못했다고 부인하던 대다수 사람들이 있었다. 부인의 문화는 사람들로 하여금 집단적으로 눈감게 하고, 공포의 실체를 꼼꼼히 따져보지 않게 하며, 그것을 일상적인 삶의 리듬으로 간주하게 한다.

아렌트는 아이히만에 대해 이상한 주장을 한다. "그는 자신의 개인적 성취를 위해 엄청나게 노력한 것 빼고는, 유대인 박해에 대해 **그 어떤 개인적 동기도 없어 보였다.**"[69] 그런데 이 주장은 일리가 있다. 자기가 속한 문화권의 무도덕성이 자연스러우면 자연스러울수록, 완전히 기회주의적인 태도로 아무 동기나 채택해 일을 저지르기가 훨씬 쉬워진다. 그러므로 언제나 상관을 해바라기처럼 바라보고 어떤 동기든 채택해 자기 행동을 치장하는, 원칙도 없고 고분고분한 자동인형 그리고 사악하지만 나름대로 원칙을 가진, 완전히 제정신이면서 이데올로기적으로 철두철미한 괴물은 서로 다르다는 식으로 대비하는 것은 흥미롭긴 하지만 별 의미가 없는 일이다. 양자는 모두 똑같이 도덕적 진공상태에 놓여 있는 것이다.

공식 부인담론

너무나 당연한 이유로, 최근 인권침해 사건 또는 현재 벌어지는 사건에 관한 우리의 전체 지식은 불완전하고 고르지 못하며 객관적이지도 않다.[70] 외부에서 접근할 수 없고, 후견국가들이 그 나라 소식을 차단해주며, 그리 알려져 있지도 않고, 정치적으로 흥미로운 점도 없는 나라가 있다. 반면 외부의 검증을 많이 받았고, 인권침해 사실이 외부에 드러났으며, 비교적 접근이 자유로운 나라도 있다. 인권침해의 정도와 기간과 범위 그리고 외부의 언론매체나 인권단체가 그 나라에 관심을 가지는 정도가 언제나 정확히 맞아떨어지는 것은 아니다. 따라서 인권문제로 비판받는 나라가 억울해하는("왜 우리만 찍어?") 것도 때론 이해가 된다.

인권문제에 대한 외부 관심이 이처럼 선택적이라 하더라도 대다수 나라들이 감시대상이 되어왔다. 예를 들어보자. 중국의 반체제 인사 탄압, 브라질 경찰의 인권침해, 보스니아의 전쟁범죄, 파키스탄의 미성년자 노동, 앙골라의 대인지뢰 피해, 폴란드의 교도소 상태, 수단의 여성 생식기 절제, 르완다 제노싸이드, 아프가니스탄의 여성권리 박탈, 아이티의 시민사회 소탕, 동티모르에서 인도네시아 군대의 주민 살해, 페루의 '실종'사건, 이라크의 인권탄압, 오스트레일리아 원주민들의 구금 중 사망사건, 터키의 고문, 헝가리에서의 집시 박해, 소말리아의 비사법적 처형, 콜롬비아의 암살단, 싸우디아라비아의 사지 절단과 공개처형, 미국의 사형제도 등. 이런 사건에 대한 조사보고는 간혹 실수가 일어나긴 해도 전체적으로 공정하고 신뢰할 만하다.

각국 정부는 전세계 언론매체, 외교 채널, 기자회견, 유엔 특별위원회, 유엔총회 등을 통해 입장을 천명한다. 그들의 부인이 정당할 때도 있다. 혐의가 과장되었을 수도 있고, 보도가 편파적인 수도 있으며, 세부사항이 틀릴 수도 있고, 정부의 사전 인지 없이 인권침해가 일어났을 수도 있다. 그러나 말 그 자체에 생명력이 있음에 유념하자. 언어는 보고서를 통해 떠돌아다니고(주장), 그것에 대해 정부는 반응하고(반박), 한바탕 설전을 치른다. 그러다보면 그 문제에 대한 담론이 커지고, 점차 자기준거적(self-referential, 일정한 논의의 틀내에서 쟁점들이 서로에 근거하면서 주장을 강화하는 현상. 예컨대 미디어에서 어떤 주제가 보도가치가 있다고 인정되면 그 주제와 관련된 다른 문제들도 보도가치를 인정받을 수 있다—옮긴이)이 되며, 워싱턴 정가 이런저런 위원회들의 의제에 오르고, 관련 문건들이 제네바와 뉴욕의 유엔 사무실에서 회람된다.

이러한 활동무대에서 '부인'은 그저 또하나의 홍보 용어가 되게 마련이다. "프리도니아(Freedonia)정부는 ○○○를 강력히 부인했습니다"라는 발표 자체가 국내정책 혹은 외교정책, 부패, 개인 비리, 공중보건의 위기를 인정하는 것일 수도 있다. 오늘날에는 진실을 말하지 않는 행위를 어떤 사실에 "스핀(spin)을 넣는다"고 표현한다. 이런 행동을 하는 정부와 마찬가지로, 워싱턴·뉴욕·유럽 각국의 수도에 사무실을 두고 대기업·영화 스타·축구선수·정당들의 일감을 맡는 홍보대행업체들도 자국의 인권침해 이미지를 개선하려는 정부의 해명을 전파한다. 이런 고객들의 의뢰는 결코 쉬운 일이 아니다. (새로운 자이르? 민주적인 시리아? 친구 같은 북한?) 하지만 사람들은 그런 업무를 '사상통제'나 인위적인 '동의의 제조'라고 보기보다는, 그저 기술적인 업무로 간주한다. 이것은 촘스키(Chomsky)가 "국가를 위해 거짓말을 할 수 있는 성스러운 권리"라고 부른 동기에서 비롯된다.[71]

정부의 반응에는 공식 부인하기, 방어적인 태도를 바꾸어 비판자를 공격하기 그리고 비판을 부분적으로 인정하기 등 세가지 형태가 있다. 세가지 모두 적극적인 반응들이다. 하지만 바깥 세계의 비판에 전혀 신경쓰지 않는 나라도 많다. 이런 나라들에는 특히 최악의 인권침해국이 포함되는데, 껍질을 단단히 뒤집어쓰고 외부세계가 뭐라 하든 아랑곳하지 않는다. 외부의 압박(비난, 제재, 보이코트, 고립 등)과 자기네 나름의 이데올로기(모두 우리의 적이다, 누구도 우리를 이해하지 않는다 등) 때문에 일절 반응을 보이지 않는 것이다. 이런 나라는 외부세계와 대화할 정치적 필요성조차 느끼지 않는다. 내부의 비판에 맞설 필요도 없다. 내부에서 비판의 목소리가 들리지 않는다는 사실이야말로 최악의 부인에 해당한다.

새로운 세계질서 속에서 이런 나라들은 그 수가 점점 줄어들고 있다. 대다수 국가들은 초강대국, 유엔, 국제금융기구 또는 '국제 여론'의 눈치를 보아야 한다. 흔히 외부세계와 적극 소통하는 나라라 하더라도 외부개입이 불공평하고 편파적이라고 불평할 때가 있다. 예컨대 이스라엘은 다른 어떤 나라보다 국제앰네스티의 보고서를 조목조목 따지면서, 모든 혐의에 대해 법적으로 완전무결해 보이는 부인논리를 제시한다.

고전적인 공식 부인 방식

공식 부인담론에서는 **문자적 부인**("아무 일도 일어나지 않았다") **해석적 부인**("그건 실제로는 그렇지 않다") **함축적 부인**("그것은 이런 식으로 볼 수 있다") 등이 모두 나타난다. 이런 일들이 순차적으로 일어나기도 한다. 한 전략이 먹히지 않으면 다음 전략을 쓰는 것이다. 만일 문자적 부인이 부인할 수 없는 증거에 의해 반박당하면—온순한 시위대가 총격을 당하는 영상물이 제시되거나, 집단 매장지에서 시신이 발굴되거나, 부검으로 고문 흔적이 발견되면—전략을 바꿔 법적으로 재해석하거나, 정치적 정당화를 시도할 수도 있다. 하지만 이런 전략들이 순차적으로 구사되는 일은 거의 없으며 대개 동시에 나타난다. 심지어 한면짜리 보도자료에서도 여러 전략이 동시에 구사된다.

그런데 어떻게 집단학살이 일어나지 않았다면서, "그들은 그런 일을 당할 만했다"라고 말할 수 있을까? 그러나 이런 모순을 따지면 문제의 핵심을 놓친다. 베트남전쟁 당시 미 육군 대변인의 신비스런 발표문도 있지 않은가. "학살사건은 일어나지 않았지만, 그들은 그런 일을 당해 마땅했다." 이같은 모순 요소들이 어떤 심층구조를 형성하고 있다. 이 요소들은 논리적으로가 아니라 이데올로기적으로로 연결된다. 고문을 두고 말하자면, 고통을 가하면서도 그런 고문은 절대로 일어나지 않았다는 문자적 부인과 그런 행위에 대한 재해석 및 정당화가 동시에 일어난다.[72] 고문 피해자는 심문관한테 "네 마음대로 소리 질러봐라, 그래봐야 아무도 네 말을 믿지 않을 거야"라는 무서운 말을 듣는데, 사실 풀려나더라도 이중적인 문제에 봉착한다. 주위에서 그들의 말을 믿지 않는 건 둘째 치고, "어떻게 좀 해보지, 왜 그렇게 당하고만 있었느냐"라는 반응을 보이기 일쑤이기 때문이다. 국가폭력이라는 이념은, 공식적으로는 절대 인정되지 않는 행위를 정당화한다. "한편으로는 억압이 정당화되고, 다른 한편으로는 가해자에게 고초를 당한 피해자가 오히려 거짓말쟁이라고 손가락질 받기도 한다."[73]

이러한 이중 메시지에 대한 독선적인 해명은 아르헨띠나의 군부독재자들의 전매특허였다. 호르헤 비델라 장군은 외국 정부와 언론인들 앞에서는 단호하고 명명백백하게 인권침해 사실을 부인했다. 아르헨띠나는 '자유롭게 건립된' 나라다, 정치범은 존재하지 않는다, 이 나라에서는 누구도 자기 사상 때문에 처벌받지 않는다. 그러나 비델라 장군은 1977년 미국 텔레비전 방송에 출연해 다음같이 조심스럽게 설명

236

했다. "아르헨띠나에서 실종된 사람들이 있다는 사실을 우리는 현실로 받아들여야 합니다. 그 현실을 인정하느냐 부인하느냐가 문제의 핵심이 아니라, 그 사람들이 왜 사라져야 했을까를 이해하는 것이 문제의 핵심입니다."[74] 그는 과거에 약간 '지나친' 점이 있었음을 인정했다. 그러나 실종된 것으로 생각된 사람들 중 많은 이들이 정부전복활동을 벌이기 위해 지하로 잠적했다고도 했다. 그리고 그들이 유럽의 텔레비전 방송에 출현해서 '아르헨띠나를 중상모략'했다는 것이다.

"아무일도 없다" ― 문자적 부인

권위주의 정부와 인권탄압 정부의 경우, 대다수가 "아무일도 없다"는 식의 간결한 부정, 문자적 부인만을 내놓을 뿐이다. 국내에서 정치적으로 책임질 대상이 없고, 외부의 검증도 차단되어 있으므로 자세히 반박할 필요가 없는 것이다. 내부에서의 반박은 불가능하다. 정부가 정보와 대중매체를 통제하기 때문이다.

이유는 다르지만 좀더 민주적인 정부에서도 문자적 부인을 내놓는다. 인권의 가치를 존중한다고 공식 천명하는 정부일수록 인권침해 혐의를 문자적 차원 그리고 사실관계 차원에서 부인하려 든다. "우리 정부는 그런 행위를 절대로 용납하지 않을 것이다, 그러므로 그런 일은 일어날 수 없다." 국제 외교무대에서 이런 반응이 특히 필요하다. 인권기준을 준수하느냐 하는 이미지에 따라 재정지원이나 전략적 동맹이 달려 있기 때문이다. 1981년 미국정부가 연루된, 엘쌀바도르의 모소떼 학살사건(1981년 12월 11일, 미군의 훈련을 받은 엘쌀바도르 정부군이 게릴라 소탕 명분으로 약 1000명의 민간인을 학살한 사건―옮긴이) 은폐를 조사한 대너의 연구는 이 분야의 전형적인 사례를 보여준다.[75] 엘쌀바도르 주재 미국대사관 직원들과 미 국무부는 엘쌀바도르가 인권 상황을 개선하기 위해 모든 노력을 기울이고 있다고(그러므로 엘쌀바도르는 의회인준을 거쳐 원조를 받을 자격이 있다고) 말하면서, 자기들이 아는 집단학살사건을 부인하기 위해 괴상한 짓을 연출했다.

가해자들은 일견 너무나 명백해 보이는 현실을 부인하거나, 은폐하거나, 그럴듯한 핑계를 대거나, 오도하기 위해 온갖 기법들을 무궁무진하게 사용한다. 잘 알려진 역사적 부인 사례에서도 이런 점을 확인할 수 있다. 어떤 사건이 '역사'의 영역으로 넘어가자마자 사건 당시에 제시된 것 이상을 부인해버린다. 너무 오래된 일이다, 사람의 기억은 믿을 수 없다, 기록물이 유실되었다, 사건의 진상은 영원히 미궁에 빠질 것이다 등. 인권침해를 감시하는 활동이 늘어나고, 뉴스가 국제적으로 확산되고, 정보통신기술이 발전하면서 **현재** 일어나는 사건들을 문자적으로 부인하기가 더욱 어려워졌다. 예컨대 1993년 2월 사라예보의 한 시장에서 벌어진 집단학살사건에 대해 쎄르비아정부가 어떤 반응을 내놓았는지를 보자. 그런 사건이 아예 일어나지 않았거나(보스니아인들이 인형 또는 그 이전 사건에서 사망한 사람들의 시신을 늘어놓고 사건을 조작했다는 둥), 보스니아인들이 고의적으로 자기 주민들에게 포격을 가한 후 쎄르비아에게 책임을 전가하여 정치적인 우위를 확보하려 한 사건이라고 주장했다.

흔히 관찰자의 신뢰성, 객관성, 신용도를 공격함으로써 은연중에 문자적으로 부인하기도 한다. 피해자 역시 거짓말쟁이인 데다 정부의 체면을 깎아내려 정치적 이득을 얻으려는 자들이므로 믿을 수 없다는 식이다. 증인 역시 믿을 수 없는 인물이거나 반대진영 인사라고 헐뜯는다. 언론인과 인권감시단은 편파적이며 정치적 저의를 감추고 있는 자들, 아니면 유치하고 귀가 얇고 남들의 조종을 받기 쉬운 사람들이라고 한다. 이도저도 아니면 부인의 마술을 읊조리곤 한다. 그러한 인권침해는 정부가 엄격하게 금하는 행위다, 고로 그런 일은 절대 있어날 수 없다.

'실종'이라는 말 자체가 정부가 실제 일어난 사건을 부인할 수 있다는 의미에서 비롯된 어휘다. 피해자는 법적인 '인신'도 없고 물리적인 '시신'도 없다. 소추를 진행할 증거도 없고 범행이 발생했다는 흔적조차 없다. 아르헨띠나 군부독재자들의 경우, 납치, 고문, 처형 등의 물리적 행위가 '부인'이라는 발화(發話) 행위로 보완되었다. 그렇지 않았다면 '체포'나 '구금' 같은 용어가 사용되었을 것이다.[76] '실종'이 진짜 '실종'이 되려면 무조건 부인해야 마땅하다. 책임있는 측에서 실종자의 행적을 모른다고 부인했기 때문에 실종자의 '행적이 묘연해진' 것이다. '실종자'들은, 로베르또 비올라 장군의 표현에 따르면, '영원히 존재하지 않을' 사람들이다. 그중 일부는 망명을 택해 신분을 숨기고 반체제단체에서 일했으며, 다른 일부는 반역자로 몰려 제거됐다. 이들은 공식적으로 죽은 것도 산 것도 아니었으며, '사라지도록' 예정된 '운명'이었다.[77] 정부당국은 자녀의 생사를 찾아 헤매는 부모들에게 아무말도 해줄 수 없었다. 자동차로 납치되어 비밀 감방이나 고문장으로 끌려간 사람들의 경우, 그런 일 자체가 공식적으로는 일어나지 않았기 때문이다.

문자적 부인은 외국인들에게 더 신빙성있게 들린다. 정보 출처가 불분명하고, 독재국가를 후원하는 나라들이 사실을 외면할 뿐 아니라, 사태가 너무 복잡해서 전모를 파악하기 힘들기 때문이다. 그러나 국내에서는 이렇게 부인하기 쉽지 않다. 무슨 일이 벌어지고 있는지 아는 사람들이 많기 때문이다. 모든 사람들이 국가폭력의 실상을 분명 알고 있으므로, 그들 역시 침묵하는 공범으로 만들어야만 한다.

"실제로는 그렇지 않다" — 해석적 부인

세계의 언론이 보도하고 사안이 더 투명하게 드러나면서 문자적 부인을 고수하기가 점점 더 어려워졌다. 인권을 탄압하는 정부—전지구적 경제체제에 의존하고 있고, 냉전기의 동맹이 무너지면서 외부의 폭로에 노출된—라 할지라도, 비판을 완전히 무시하거나 말도 안되는 부인을 내놓을 가능성은 줄어들었다. 이런 상황에서 기본 사실은 인정하되(그런 사건이 일어났다, 사람들이 죽거나 다쳤고 재판 없이 구금되었다), 거기에 적용되는 해석적 준거틀을 부인하는 방식이 대안으로 떠올랐다. 그것은 고문이나 제노싸이드나 비사법적 살해와는 전혀 다른 사건이라는 것이다. 피해자에게 가한 고통의 틀을 다시 설정한 후 사건을 새로운 범주(덜 모욕적인)에 편입시키는 것이다.

이것은 복잡하고 미묘한 전략이다. 어떤 사회적 사안이든 이름을 붙이자면 해석을 해야 하기 때문이다. 그러나 모름지기 인권의 윤리성 기준으로 접근하겠다면 신의성실로써 그리고 합의된 해석에 근거하여 접근해야 할 것이다. 교도소 운영 기준, 공정한 재판, 고문, 강간 등에 관한 최소한의 공통 개념이 있어야 한다. 그런 개념이라 하더라도 어느 정도의 모호함은 피할 수 없지만, 진실을 회피하는 공식 해석 따위는 배척할 수 있어야 한다. 바로 이 때문에 우리는 인권에 관한 객관적 '기준'을 거론하는 것이다. 모든 사람들이 어떤 현상을 부정적으로 '호명'할 때, 그에 대한 공식 회피가 극심해진다. 잘못한 게 없다고 자신만만해하는 정부라도 '고문'이니 '제노싸이드'니 하는 호칭에는 항의할 것이다.

물론 정당한 논란, 주장, 반대주장을 펼 수 있는 여지는 항상 있다. 이것은 모든 행위가 해석대상이라는 사회학적 이유 때문이 아니라, 그러한 해석에서 지배적인 언어가 법의 언어이기 때문이다. '제노싸이드' '정치적 살해' '고문' 같은 상식적인 용어의 의미가 법적인 개념으로 대체되었다. '제노싸이드' '반인도적 범죄' '전쟁 범죄' 같은 개념들은 좋은 의도에서 접근하더라도 명확히 규정하기 정말 어렵다. 더구나 공식 부인하는 경우에는 좋은 의도가 존재한다고 할 수도 없다. 국제적 금지규정 등은 '개념규정의 정치'에 좌우된다. 제노싸이드협정에 나오는 '제노싸이드' 개념에 부합하려면 도대체 어느 정도나 '파괴할 의도'가 필요한가? 고문금지협정에서 '극심한 고통'을 가하지 말라고 했는데 도대체 어느 정도가 '극심한' 고통인가? 이런 경우 각국 정부가 '최소한의' 공식 개념을 적용하려 드는 것은 너무나 당연할 것이다.

이러한 개념정의를 둘러싼 논쟁이 일어나는 이유는 법 자체가 다양한 해석을 허용하는 '가변적 담론 매체'이기 때문이다. 이런 면에서 본다면, 국제앰네스티와 어느 정부간에 특정한 심문방식이 '가혹행위'인지 '수용 가능한' 방식인지, 혹은 '가혹행위'인지 '고문'인지를 놓고 벌어지는 설전이, 과실치사인지 일급 모살(謀殺)인지를 놓고 벌어지는 재판정에서의 설전과 크게 다르지 않다. 그러나 이런 법적 진실게임이 벌어지지 않으면 국제적으로 인권을 실행하는 제도들이 붕괴할 것이고, 법적 언어가 대체한 이전 시대의 도덕적 언어로 회귀할 수밖에 없다. '인종청소'라는 말은 도덕적이면서도 그림 같은 연상작용을 불러일으키는 회귀하고 감탄할 만한 용어이다.

재해석은 일종의 타협책이다. 거실에 코끼리가 들어와 있더라도 인권침해를 저지르는 국가와 그 동맹국은 공모하여 그 동물을 다른 것으로 규정하며 그다지 중요하지 않은 대상으로 묘사한다. 피해자에게 손해를 끼친 점은 인정하나 그것의 법적·상식적 의미는 부인하거나 반박하거나 최소화한다. 이때 흔히 네가지 방법을 쓴다.

· 완곡어법 완곡어법에 쓰이는 호칭과 전문용어는 어떤 현실을 가리거나, 무해하게 만들거나, 그것에 일정한 지위를 부여한다. 완곡한 표현은 잔인성을 부인하거나 왜곡하며, 잔인한 행위에 중립적이고 정중한 지위를 부여한다. 오웰이 정치적 언어의 마취효과, 그러니까 화자와 청자가 자기네 행위의 의미를 온전히 깨닫지 못하도록 언어가 어떤 식으로 개입·차단하는지를 처음 거론했는데, 이것은 완곡어법의 고전적인 사례로 남아 있다.[78] 오웰의 사례는 지금 보면 너무나 평범하다. '선무(宣撫)활동' '인구이동' '바람직하지 않은 요소의 제거' 등. 이런 용어를 쓸 때마다 "대상의 정신적 형상을 떠올리지 않고 그것을 호명하려 할 때 이런 식의 완곡어법이 필요해진다"는 사실을 알 수 있다.[79] 반세기가 지난 후 완곡어법 사전은 분량이 대단히 늘어났다. 하지만 오웰이라면 새로 포함된 신조어들을 금세 알아챌 것이다. 특수한 전문용어, 복잡한 어법, 현대전의 기술적 용어에서 비롯된 표현들 말이다.[80] '전략부락'(베트남전쟁 당시 베트콩을 막아내기 위해 미군과 남베트남이 건설했던 작은 마을들. 실제로는 중무장한 요새 역할을 했다—옮긴이), '금지령' '재배치' '제거하다' '안전지대' '스마트 폭탄' '부수적 피해.'
고문을 가리키는 어휘 역시 완곡어법으로 가득하다. 아르헨띠나의 군부독재 치하에서는 고문을 약하게 표현하고 적의 악랄함을 강조하는 방법을 썼다. 군 사령관이던 비올라 장군은 1976년 발간된 380면 분량의 비밀교범에 '금지용어'와 '권장용어'를 비교하는 양면 대조표를 수록해놓았다('게릴라'는 '체제전복 무장 범죄집단'으로, 게릴라의 '군복 착용'은 '군장, 휘장, 군복의 찬탈'로 변경되었다).[81] 가장 잘 알려진 고문용어를 들어보자. 영국군은 북아일랜드에서 '집중 심문' 기법을 사용했다. 알제리에서 프랑스군은 '확립된 경찰 절차' '근무절차' '과중 처우'를 사용했다.[82] 이스라엘군은 팔레스타인 수감자에게 '경미한 물리적 압박'을 가했다.[83]

인권침해를 전담하는 조직 전체를 완곡하게 지칭하는 용어도 사용되었다. '요양시설을 위한 자선재단'(정신장애인과 기타 무가치한 인간들을 죽이기 위한 '안락사' 기관의 명칭)이 있었고, '국립연구소'(이디 아민이 우간다에 설립했던 암살부대)도 있었다.

• 법형식주의 법률 용어 그 자체에서 강력한 해석적 부인이 도출되기도 한다. 이미지에 신경쓰면서 민주적 치적을 자랑하고 싶어 하는 정부는 공인된 인권담론에서 도출한 법률적인 변명을 앞세운다. 이는 각국 정부와 그들의 비판자들, 또는 법률적·외교적 공동체와 유엔의 각종 위원회 등에서 떠도는 정교한 법률 주해(註解)에서 비롯된다. 어떤 조약 16조 (b)항의 여섯번째 규정에 있는 둘째 단락이 모든 가맹국에게 해당되는 규정인가? 교도소 운영조건에 관한 최저기준이 현재 심문이 진행중인 구금시설에도 적용되는가? 등. 과연 흥미로운 질문들이다!

법적인 담론은 비시각적인 세계를 묘사한다. 이것은 이동로가 앞뒤로 막힌 체스게임과 비슷하다. 한편에서는 사건 X가 어떤 범주(권리,

법, 규정 또는 협정)에 부합되지 않는다고 주장한다. 그렇다, 이 시위자를 체포 구속했지만 표현의 자유를 침해한 것은 아니다. 다른 편에서는, 아니다, 표현의 자유가 침해당했다, 라고 반박한다. 사건 Y는 제4차 제네바협정을 위반했을지도 모르지만, 이 경우에는 제네바협정이 적용되지 않는다. 무슨 소리냐, 그 사건은 제네바협정이 분명 적용되는 케이스다. 이런 식이다. 일부 법률게임들은 게임처럼 진행할 수도 없다(아니면 영원히 게임을 할 수도 있다). 왜냐하면 애초에 법규가 그렇게 되어 있기 때문이다. 제노싸이드 금지협정은 체결된 지 50년이 지났지만 공식적으로 단 한번도 어떤 사건을 제노싸이드로 규정한 적이 없다(2004년 7월, 역사상 최초로 미국 하원이 수단 다푸르 지역의 집단학살을 '제노싸이드'라고 결의하면서 유엔도 같은 결정을 내리도록 촉구한 적이 있다—옮긴이). 그 이유는 (부분적으로) 이 협정을 처음 성안할 때부터 정치적인 이해관계에 따라 너무 많은 제약이 가해졌기 때문이다. 따라서 L. 쿠퍼는 이렇게 주장한다. '영토를 보유한 주권국가는 제노싸이드를 일으킬 권리, 또는 자기 영토에 거주하는 주민들에게 제노싸이드적인 학살을 감행할 권리를 주권행사의 중요한 요소로 간주한다. 그리고 유엔은 온갖 현실적 이유 때문에 각국의 이러한 권리를 옹호한다.'[84] 그는 1954년의 '인류의 평화와 안전에 대한 형법 초안'(Draft Code of Offences Against the Peace and Security of Mankind)이 "슬프게도 오늘날 국제적인 인권침해의 실행 편람처럼 읽힌다"고 개탄한다.[85]

마술적 법형식주의(magical legalism)는 어떤 행위 자체가 불법이라면 그 행위가 발생했다는 혐의를 인정할 수 없음을 '입증하는' 방법론이나 마찬가지다. 예컨대 정부는 인권침해 혐의가 불거지면 국내법과 선례들, 국제조약의 비준 현황, 항소 절차, 가해자의 처벌조항 등을 열거한다. 그리고 마술적 삼단논법이 나타난다. 우리나라에서 고문은 엄격히 금지되어 있다, 우리는 고문금지협약을 비준한 나라이다, 그러므로 우리의 행동이 고문일 수 없다, 운운.

이러한 법률적 관행들은 우리의 상식이 정지되어 있는 한 그럴싸해 보인다. 여기에 딱 들어맞는 사례가 이스라엘에서 나타났다. 1991년 이스라엘 검찰차장이 가자지구 팔레스타인 주민이 제기한 손해배상 청구를 기각하라는 지침서를 하달했다. 그 사람의 예순세살 된 아내가 시가전 와중에 이스라엘군의 총격으로 사망한 것이다. 그 지침서는 다음과 같았다(여론의 반발에 직면해 결국 철회하긴 했지만). "이런 사건에서 통상 제기되는 주장은 차치하고라도, 우리는 원고가 배우자의 사망으로 피해를 본 것이 아니고 오히려 득을 봤다고 해야 할 것이다. 배우자가 살아 있을 때는 생계를 부양해야 했지만 배우자가 사망한 후에는 그럴 필요가 없어졌기 때문이다. 따라서 이런 경우에 아무리 따져보더라도 피해는 제로일 것이다."

인권 옹호의 정당성을 인정하는 것처럼 보이는 법형식주의는 조야하게 문자적 부인을 내세우는 것보다 더 반박하기 어렵다. 이런 경우 인권단체는 정교해 보이는 법적 외양 뒤에 또다른 현실(오웰이 말한 '정신적 그림')이 있음을 증명해야 한다. 해석적 부인은 백 퍼센트 거짓말이 아니다. 해석적 부인은 수사와 현실 사이에 불투명한 외호(外濠)를 파는 것이나 다름없다.

• 책임의 부인 공적 담론에서는 책임을 회피할 수 있는 기법이 사적 담론에서보다 더 제한되어 있다. 이 경우 가해자가 없는 수동태 문장을 발설하는 것("어제 시위자 네명이 살해당했다") 이상의 무엇이 필

요하다. 이런 문장은 인권침해가 인간의 행동으로 초래되었다기보다, 저절로 일어난 일처럼 보이게 하는 언어유희에 불과하다.

어떤 사건의 책임을, 정부와 무관하고 정부가 통제할 수도 없는 불가피한 사물에 전가시키는 기법도 있다. 그렇다, 어떤 나쁜 일이 일어나긴 했지만 우리를 탓하지 마라, 우리가 아니라 정체를 알 수 없는 무장집단·자경단·정신이상자들·대리군인들·불분명한 '제3의 세력'·민병대·용병들·사설 암살단·'알 수 없는 분자들'에게 책임을 물어라. 또는 폭력이 전사회에 '풍토병처럼' 만연해 있으니 — 지역공동체 간의 분쟁, 내전, 군벌들, 토호들, 부족간 분쟁, 종족간 갈등, 구식 정의 구현 또는 마약전쟁 — 국가도 어떻게 할 수 없는 일이다, 아니면, **그 누구에게도** 책임을 물을 형편이 아니다, 정치적 권위가 땅에 떨어진 상황에서 집단학살을 어떤 세력이 지시했는지 도대체 어떻게 가려낸단 말인가.

이런 경우에는 하급자가 상급자의 지시를 그대로 따랐다고 오리발을 내미는 게 아니라, 상급자가 그런 명령을 내린 적이 없다고 잡아뗀다. 정부는 암살단 같은 조직을 절대로 승인한 적이 없을뿐더러 그런 일이 벌어지고 있는 줄도 몰랐다, 명령을 내리긴 했지만 그 명령을 하부조직에서 잘못 이해했다. 이런 변명은 진실위원회, 재판, 진상조사위원회 등에서 생각보다 자주 나타난다. 남아공의 진실화해위원회가 보안경찰의 총책임자였던 요한 쿳시 장군에게 국가안보협의회가 내린 적들을 '제거'(eliminaar)하라는 명령이 무슨 뜻인지 물어보았다. 쿳시는 아프리카너(남아프리카 공용어—옮긴이) 사전을 두권이나 펴 보이면서 도대체 'eliminaar'라는 말 **어디에** '죽이다' 또는 '암살하다'라는 뜻이 있느냐고 강변했다. 위원회가 반문했다. 그렇다면 왜 그렇게 많은 보안대가 돌아다니면서 살인을 일삼고 그것을 상부의 명령이라고 둘러 댔는가? 쿳시는 대답하기를, '현장 요원'들 중 그 누구도 그 말이 정확히 무슨 뜻인지 상부에 문의한 적이 없다. '제거'뿐 아니라 '무력화' (neutraliser), '소탕 또는 일소'(uitwit), '사회에서 영구 격리' (permanent uit die saamelwing verwyder) 같은 말에 대해서도 누구하나 그 뜻을 자세히 물어보지 않았다는 것이다. 쿳시는 그들이 만일 문의만 했더라면 자기가 살인을 엄금했을 거라고 강변했다.

• 예외 발생한 사건을 정부가 시인하고 책임을 인정한다. 그러나 그런 행위가 체계적이고 일상적이며 반복되는 행위는 아니라고 주장한다. 그것은 '예외적인 사건'이었다. 우리를 조직적으로 그런 일을 저지르는 정부와 한데 묶어 도매금으로 넘기지 마라.

"이 사건은 정당화될 수 있다"―함축적 부인

인간에게 고통을 가하는 행위를 정당화하는 기술에는 끝이 없다. 국제무대에서 각국 정부가 내놓은 해명만 모아도 하위범주 하나가 만들어질 것이다. 이중 몇몇은 어째서 폭력이 행사되는지를 설명해준다. 그중 일부는 나중에 만들어낸 변명에 불과하다. 어떤 것은 진정성이 있지만, 개중에는 노골적이고 새빨간 거짓말도 있다. 그중 일부는 정당한 설명에 가깝고, 일부는 핑계처럼 들리며, 일부는 그 중간의 '무효화' 논리와 비슷하다. 어떤 설명은 그 뜻을 풀어봐야 알 수 있고, 어떤 설명은 아주 노골적이다. 인권침해를 저지르는 정부가 직접 해명에 나서는 경우도 있고, 후견세력이나 동맹국이나 피보호세력이 그 정부를 감싸는 해명을 내놓기도 한다. 그리고 국가의 내부 이념에 비춰

명명백백하지만 국제무대에서는 절대 사용되지 않는 설명도 있다.

　냉전이 종식되었고, '역사의 종언'을 이야기하고, 거대서사의 종말을 운위하지만 이데올로기적인 해명은 지금도 여전히 울려퍼지고 있다.

　• 정의의 주장 어떤 고결한 충성심에 호소하는 논리에 따르면 국제 인권기준에 내포된 가치는 결코 보편적이지 않으므로, 어떤 사회든 자체 도덕에 따라 마음대로 행동할 수 있다. 또 특정한 상황 아래에서(또는 어떤 사람들에게는) 어떤 대안적 가치들은 보편적 가치보다 우월하다는 주장도 있다. 이중에서 제일 강한 주장은 일종의 초월적 사상, 독선적 주의주장 또는 신성한 사명을 내세운다. 우리나라는 고상한 나라, 특별한 나라, 고매한 지혜와 도덕성을 겸비한 나라이다. 따라서 고귀한 선을 위해서라면 어떤 수단도 허용, 아니 요구된다. 아르헨띠나 군부독재 지도자 중 한 사람이었던 에밀리오 마쎄라 제독은 "우리가 미래를 창조해야 할 책임이 있음을 신이 정해놓으셨다"고 언급했다. 좀더 흔히 접할 수 있는 주장의 경우 이보다는 덜 초월적이지만 똑같은 수준의 구속력을 가진 혁명투쟁, 인종적 순결, 서구문명 등에 호소한다.

　• 필요성 정의를 내세우는 것보다 완화된 형태의 정당화로서, 공리적·편의적 주장이 있다. "그렇게 할 수밖에 없었다" "다른 대안이 없었다" 등이다. 이런 경우 '안보'라는 주제가 정부의 행동을 지배한다. 인권 외의 다른 가치를 주창하거나 인권의 가치를 원칙적으로 부인하지는 않는다. 국토방위, 국가존립, 파국의 예방, 위험의 예견, 자국 시

민 보호 등의 필요성 때문에 정부가 부득이하게 그럴 수밖에 없었다는 것이다. 필요성이란 게 꼭 구체적이고 화급한 상황을 뜻하는 것은 아니고, 장기적으로 예견되는 위험을 예방해야 한다는 의미도 있다. 따라서 예비검속, 비상사태, 이동의 자유 제한 등이 필요하다고 주장한다.

필요성을 내세울 때 다윈식 생존투쟁 수사를 강력하게 내세우기도 한다. 이 투쟁은 수세기에 걸친 장구한 싸움이며, 오직 한쪽만이 승리할 수 있다. 타협은 불가능하다. 우리가 이기든지 저쪽이 이기든지 둘 중 하나이다.

• 피해자 존재의 부인 "저쪽이 먼저 시작했다" 또는 "저들은 그런 짓을 당해도 싸다"라는 식의 원초적인 감정 —피해를 당한 쪽에 책임을 전가하는— 이, 개인적으로 나는 죄가 없다는 '자기사면'뿐 아니라 공식적인 정당화의 근거도 제공한다. 다시 말하지만, 이런 식의 방어에서는 상황논리(그쪽의 긴박한 도발에 대한 대응이었다) 또는 역사적 논리(오늘의 피해자를 원래의 가해자로 묘사하는 서술방식)를 내세운다. 지난 수십년간의 인권침해 상황을 보면, 도대체 어느 쪽이 원래의, '진정한' 궁극적인 피해자 집단인가를 둘러싼 역사적인 갈등의 끝이 어디인지 도무지 알 수 없다.

• 맥락화, 특유한 사건이라는 주장 어떤 의미로는, 필요성을 주장하거나 피해자를 비난하는 정당화 방식이 모두 맥락화(contextualization)에 속한다. 인권침해를 자행하는 정부는 비판자들이 언제나 사건발생의 맥락을 이해하지 못하거나, 특수한 맥락을 감안하지 않는다고 역비

난한다. 이들 정부는 실제로는 다음같이 말하는 것이나 다름없다. "당신이 우리 역사와 정치와 분쟁의 성격을 진정으로 이해한다면, 그렇게 함부로 판단하지는 않을 것이다(약한 버전) 또는 우리 행동을 지지할 것이다(강한 버전)." 그러한 갈등에 대한 정부의 반응은 상세하면서도 설교조의(그리고 개념 정의상 '편향적인') 역사 해설로 이루어져 있게 마련이다.

강한 맥락화는 자기 나라가 처한 상황이 너무나 독특하므로—테러리즘, 특수상황, 핵무기 위협 등—통상의 잣대를 적용할 수 없다고 주장한다. 이런 주장은 보편적 기준 자체를 부인하지는 않는다. 우리도 인권을 존중하면서 살고 싶다, 하지만 우리의 특별한 역사적 조건 때문에 남들처럼 살기 어렵다는 것이다.

• 자신에게 유리한 방식으로 비교 위에서 다룬 것들보다 좀더 완곡한 정당화 방식은 자신의 도덕적 입장과 비판자의 입장을 자기중심적으로 대비하는 것이다.[86]

예) 자신이 저지른 악행과 적이 저지른 끔찍한 반인도적 행위를 대비시켜 자신의 행위를 상대적으로 나아 보이게 만든다. 정부가 내놓는 정당화 논리 중에서, 무장반군집단이 자행한 인권침해(흔히 믿을 만한) 자료가 큰 부분을 차지한다. 따라서 우리 조처는 그쪽이 저지른 짓에 비하면 아무것도 아니다, 오히려 그러한 상황을 감안했을 때 우리 행동은 대단히 절제된 것이며 법치 원칙에 근거한 것이다.

예) '비판자에 대한 비판'은 특히 외부 비판자의 위선("너희들은 깨끗하냐?")이나 선택적 태도("왜 우리에게만 그렇게 하느냐?")를 비난하는 것을 말한다. 비판자들 역시 도덕적으로 너무나 흠결이 많으므로 우리를 심판할 권리가 없다는 얘기다. 이스라엘이 이런 방식을 사용하면 특히 효과가 크다. 홀로코스트 당시 유대인들이 집단으로 학살당할 때 당신들은 나찌와 결탁하거나 침묵 속에 방관하지 않았던가? 그러므로 국제사회는 지금 우리를 비난할 권리를 당시에 이미 포기한 거나 마찬가지다.[87] 과거 피식민지던 국가도 이와 유사한 호소에 의존한다. 과거 식민지배세력이 오늘날 우리의 인권침해를 비판할 자격이 있는가. 더 일반적으로 말하자면, 모든 민주국가들이 폭력, 노예제도, 강제점령, 원주민 말살 등을 통해 건국되었다, 그런 나라들이 이제 와서 우리를 비판할 권리가 있느냐는 것이다.

예) 우리의 적이나 비판자는 고사하고, 우리가 처한 곤경과 유사한 상황에 놓인 다른 나라들과 우리를 비교해보라, 그들이라면 우리보다 더 심한 짓을 하고도 남았을 것이다 또는 실제 그렇게 하고 있다(우리가 최대한 자제하는 것과는 달리).

인권침해를 저지르는 국가는 이런 상호비교를 포함한, 통일된 분노의 담론을 창조하기도 한다. 적의 행동은 정말 끔찍한 짓이다(그러나 우리를 비판하는 자들은 우리의 적을 비판하지는 않는다). 비판자들도 부도덕한 행동을 하지 않았느냐(따라서 우리를 심판할 자격이 없다). 우리보다 상황이 더 나은 나라에서도 우리보다 더 심한 짓을 했다(그런데도 왜 그 나라에 대해선 아무말도 하지 않느냐). 보편적 측정 기준 없이는 이런 비교를 온전히 수행하기 어렵다. 이런 기준은 전제조건일 뿐인데, 많은 정부들이 그것을 불가능하거나 바람직하지 않다고 거부한다. 나는 11장에서 '보편성' 주제와 관련된 지적인 유희를 다시 언급할 것이다.

반박논리

오늘날의 정치문화에서 해명이라는 행위는 흥미진진한 사건, 가상적 재현, 무대 연출 등을 통한 타협의 결과이기 십상이다. 각국 정부는 목소리가 커진 피해자, 사회운동, 압력단체들 그리고 대중의 관심을 끄는 인권단체들과 논쟁을 벌여야 한다. 게다가 이러한 비판의 목소리들은, 국가권력이 쉽게 통제하기 어려운 이메일, 인터넷, 팩스, 비디오 같은 강력한 커뮤니케이션 수단을 확보하고 있다. 이렇게 다양한 설명들이 경합하는 시장에서 각국 정부는 선제공세와 '메신저를 처단하는' 방식으로 대응한다.

인권침해에 관한 모든 혐의를 거짓말, 선전선동, 이념선동, 허위정보 또는 편견이라고 거부하는 것이 가장 단순한 전략이다. 이런 전략에는 다음 방법이 포함된다. 인권단체가 펴낸 예전의 보고서에 어떤 오류가 있었다(수감자가 3월에 심문받은 것이 아니라 5월에 조사를 받았다, 피고가 나중에 자기 진술을 번복했다 등), 그 단체의 재정 원천을 비난하고, 정보원, 활동가, 임원들의 정치적 배경을 의심한다, 또는 그 단체가 내놓은 보고서의 발간 시점이 '정치적 동기'에서 선택되었다. 하지만 외부에서 제기하는 혐의를 부인하기 어려울 때에는 정보출처를 깎아내린다. 예컨대 인권단체는 어떤 정파의 대변자이거나 그런 세력의 간판조직이라는 것이다('친(親)쎈데로 조직' '타밀 편향성' 'PLO 동조집단' 등).

내부비판자는 배신자, 매국노, 무책임한 인물 등으로 규정된다. 또는 그런 단체가 좋은 의도를 가진 순수한 인권단체라는 사실을 인정하면서도 그들은 '이용당하기 쉬운 바보들'이므로 그들의 보고서가 이를 악용하려는 집단에 의해 철저히 왜곡될 거라고 한다. 인권침해 혐의를 외국에 알리거나 국제 언론매체와 접촉한 비판자는 특히 궁지에 몰리기 쉽다. 이스라엘의 인권운동가들은 밀고자(malshinim)라고 비난받는다. 반시온주의자들에게 이용당한다거나, 심지어 반유대주의자들의 손에 놀아난다는 비난에 처한다. 아랍 국가 내부의 비판자들은 공개적으로 조국의 치부를 드러낸다고 손가락질 받고, 반아랍 또는 반이슬람 세력을 강화한다는 비난에 직면한다.[88]

국제적 비판단체에 대해서는 배신자라거나 애국심이 없다는 소리를 할 수 없지만, 그 나머지 전략은 동일하다. 특정 단체를 찍어서("국제앰네스티는 인도정부에 특히 비판적이라고 잘 알려져 있다" 등) 그들이 테러리즘의 피해자들에 대해서는 관심이 없다고 비난한다. 이런 단체는 모든 인민들의 권리에는 진정한 관심이 없다고도 하고, 페루의 푸지모리 전 대통령에 따르면 '정부전복세력의 휘하에 있는 법률조직'이다.

부분적 시인

부인도 그렇지만 시인의 수준 역시 다양하다. 어떤 상황에서는 정부가 인권침해 혐의 일부는 시인하고, 그것을 심각하게 받아들이는 것처럼 행동한다. 흔히 관찰자 지위에 있는 나라들이 이런 입장을 취한다. 정치적 동맹관계가 변했거나, 인권침해 증거가 너무나 명백해서 도저히 그냥 넘어갈 수가 없을 수도 있으므로, 제3국들은 동맹관계 혹은 후원관계를 파기하겠다고 위협하면서 비판을 수용하고 시정조치를 취하라고 요구한다. 비사법적 처형을 자행했다고 인정하라, 그런 짓을 중단하라, 어떤 조치를 취하는 것으로 보이지 않는 한 더이상 원조는 없다. 인권침해를 저지른 정부는 좀체 이런 식으로 혐의를 시인하지 않는다. 하지만 민주주의 이미지를 신경쓰는 대다수 국가들은 이런 방향으로 나아가야만 한다. 혐의의 완전한 부인, 일차적인 부인, 이데올로기적 정당화 또는 적극적인 역공 전략들을 영구히 고수할 수는 없다. 이런 반응도 있다. "우리 정부는 건설적 비판을 환영한다, 사실상 우리는 이 지역에서 유일한 민주국가이다 또한 우리는 인권단체들이 아무 제한 없이 활동할 수 있도록 보장한다, 당신 단체가 보낸 대표들을 만났으며, 앞으로도 만날 것이다, 우리 인권상황이 완벽하진 않지만 나름대로 노력하고 있으며 상황을 개선하기 위해 할 수 있는 바를 다하고 있다, 현 상황은 난국이다, 하루아침에 모든 것이 좋아질 수는 없다, 그러므로 인내심을 갖고 기다려달라."

이런 표현들은 온전한 시인이라고 할 수 없다. 특히 인권침해 사례를 구체적으로 언급하지 않기 때문이다. 설령 구체적인 사실을 인정하더라도 세가지 방식으로 조건을 단다.

• **공간적 예외성** 그 사건이 발생했지만 '예외적인 사건'일 뿐이다. 조직적이고 정상적인 사건이 아니었다. 사건발생 정황이 특수했다. 피해자도 보통 시민은 아니었다. 그런 사건은 보안부대의 '개인이 실수한' 것이며, 그런 일을 정부가 용납하지도 않는다.

• **시간적 한정** 그렇다, 과거에는 그랬다. 새 정부가 출범하기 전까

지, 우리가 이 조약에 가입하기 전까지. 하지만 이제는 그런 일이 일어
날 수 없다.

• **자기 교정** 그 문제를 잘 인지하고 있으며 그것을 시정하기 위해
최선을 다하고 있다. 필요한 인권조약을 비준했고, 새로운 법률을 제
정했다. 인권단체 조사단을 만났고, 진상조사위원회를 설치했으며,
인권위원을 임명했고, 범법자들을 징계하고 처벌하고 직위해제했다.

이는 진지한 반응일 수도 있다. 민주화 이행기여서 형편도 좋지 않
고 부패와 비효율이 만연해 있을 수도 있다. 민주적 구조는 취약한 데
다 군의 반발을 고려한다면 정부가 이 정도 이상의 조치를 취하기 어
려울 수도 있다. 그러나 이것이 진정에서 우러나온 조치라 하더라도,
중하위직 관리들은 서로 은근슬쩍 미소를 나누면서(이중적 메시지)
예전 그대로 행동할지도 모른다.

공식담론에는 불가피하게, 새빨간 거짓말, 절반의 진실, 회피, 법률
적인 궤변, 이데올로기에의 호소, 믿을 만한 사실에 근거한 반박 등이
두루 섞여 있다. 인권단체의 의제 자체를 공식 거부하는 경우가 거의
없다는 사실만 보더라도 인권운동이 성공했음을 알 수 있다. 하지만
이런 성공은 실패를 예고한다. 도덕적이고 시각적인 인권침해 이미지
를 법률적이고 외교적이며 유엔식 용어들로 번역하는 것은, 인권문제
의 소유권을 전문가와 관료들의 카르텔에 넘기는 것이나 다름없다.
부인에 대해 황당하기 짝이 없는 해명을 내놓는 이들은 정치적으로
아무런 영향을 미치지 못한다. 가장 확실한 인권침해와 가장 확실한

부인이 결합하더라도 정상적인 세상의 질서가 완전히 뒤집히지는 않는다. 사실 강대국들, 특히 미국은 아직도 동맹국과 피후견국들을 감싸고, 자기들이 현지 인권침해에 관련되었다는 사실을 부인한다. 편리하기 짝이 없는 일이니, 이런 나라들은 앞으로도 부인의 서사에 매달릴 것이다. 이들은 다른 나라도 자기들처럼 진실에 눈감을 것임을 잘 알고 있다. 모든 사람들이 거짓말이 횡행하는 것을 알지만 그 누구도 크게 개의치 않기 때문이다.

인권운동가들은 정부의 공식 반발에 맞설 수 있는 역량이 있으며, 절대적 권위, 보편적 기준, 완전한 금지('위반 불가' 규정) 등의 인권 원칙을 재확인할 수도 있다. 하지만 인권운동의 도덕적 절대주의는 쉽사리 무시되거나, 정중한 체하는 위선 속에서 거부되기도 한다. 정부는 원칙을 타협할 수밖에 없는 정황을 들어 "이제 제발 현실을 직시하라"고 말한다. 인권운동가들은 이러한 표준적인 '무효화' 수법을 속속들이 예상하고 거기에 대비한다. 따라서 인권보고서는 다음같이 **시작하곤** 한다. "우리는 당신네 나라만을 찍어서 비판하려는 것이 아니다. 다른 나라에 대해서도 똑같이 비판적인 보고서를 정기적으로 내놓는다. 우리는 당신네 나라의 무장반군 집단이 저지른 인권침해 행위에 대해서도 분명히 비판한다. 우리는 다른 경우에도 이러한 입장을 시종일관 견지한다. 우리는 분쟁에서 누구의 편도 들지 않으며 특정 정파의 정치적 해결책을 옹호하지도 않는다. 당신네들의 오랜 분쟁 역사를 잘 이해하고 있다. 당신네 시민들의 인권침해 역시 잘 알고 있다. 당신네 국가안보가 위협받고 있다는 사실도 심각하게 고려한다."

두말할 나위 없이, 이처럼 주의깊게 비판한다 하더라도 정부가 인권침해 사실을 시인하리라는 보장은 없다.[89] 적극적으로 반응하지도 않을 것이다. 공식 해명이 단순한 허구나 수사적인 장식이 아니기 때문이다. 정부의 해명은 국내외 정치문화 속에 깊이 뿌리내리고 있다. 예를 들어보자. 견식이 풍부하고 양식있는 사람들조차 다음같이 생각한다. "프리도니아에서 아마 인권침해가 일어났을 거야. 하지만 그 나라 정부에 대해 우리가 뭘 기대할 수 있겠어?" 인권침해의 폭로 그리고 부인은 미디어와 대중매체를 통해 이제는 친숙한 의례가 된 듯하다. 각국 정부는 그렇게 말할 수밖에 없지 않겠는가, 인권단체는 으레 그렇게 말한다……

정부는 국민을 순종시켜야 하는 상황보다는 대중이 적당히 무관심한 편을 더욱 선호한다. 공공질서가 위협받는다는 이유로 고문을 용납해서는 안된다고 국제사회가 아무리 강조하더라도, 시민들은 테러 예방에 필요한 정보를 얻을 수만 있다면 인권침해를 허용할 수 있다고 생각한다. 그저 "명령에 복종했다"는 변명을 아무리 비판하더라도 "그저 상부의 명령을 따랐을 뿐"이라고 우기는 병사들은 동정을 받게 마련이다. 이런 해명은 너무 오랫동안 익숙해져온 터라 대중도덕의 핵심에 자리잡았다. 일종의 '부인의 문화'가 정착되어 있다. 이런 문화에는 가족간의 '두서없는' 의사소통체계에서 발견되는 암호 같은 메시지, 회피 영역, 규정 외의 규정 같은 것들이 포함돼 있다. 하벨은 이를 '거짓 속의 삶'이라고 했다.

공식 부인은 단지 통속적인 의미에서만 부인이라 할 수 있다. 이러한 부인은 무의식 중에 내뱉는 사악한 언사가 아니라 그저 단순한 거짓말과 기만에 불과하다. 하지만 자기기만은 어떻게 봐야 할까? 부인 활동을 담당하는 정부관리들 중 적어도 일부는 진심으로 그러는 사람들도 있을 것이다. 처음에는 단순한 기회주의자 또는 직업인으로서 그런 일을 시작했을지도 모르지만 점차 자기들이 만들어낸 허위를 실제로 믿기 시작한다. 타인을 설득하지는 못하지만 자기 스스로 설득당하는 것이다. 이런 순서가 뒤바뀔 수도 있다. 처음에는 진정성(또는 자기기만)을 갖고 일을 시작했지만 시간이 흐르면서 냉소적으로 또는 기만적으로 처신하기도 한다. 이러한 기만은 점점 더 절박해지면서, 공식 부인이 일종의 패러디가 되기도 한다. 정부 역시 이것을 알고 있으며, 대중이 정부의 기만을 알고 있다는 것도 안다.

부인과 자기기만의 비밀은, 우리가 인권침해와 인간의 고통을 이야기할 때 사용하는 언어에 암호처럼 숨어 있다. 인권침해자와 그들을 변호하는 이들이 내놓는 공개적인 언술은 이해하기 어렵지 않다. 대변인, 정치 지도자, 관리들이 새빨간 거짓말과 말도 안되는 책임전가, 미묘한 절반의 진실, 애처로울 정도의 허세, 편리하기 짝이 없는 변명, 터무니없는 비유를 내세우는 것을 그저 들어보기만 해도 상황을 알 수 있다. 이런 사람들은 거짓말을 할 때, 아는 것과 모르는 것 사이의 인지적 공간에 있는 것일까? 어쩌면 이들은 이미 탈근대판 오이디푸스적 상태에 놓여 있는지도 모른다. 알면서도 동시에 모르는, 또는 알든 모르든 상관하지 않는……

5장

과거의 차단
—개인적인 기억들과 공적인 역사들

주제를 인권침해자에서 방관자로 옮겨가기 전에, 우선 시간을 뒤로 돌려보자. 우리가 언급하는 사건들을 기억과 역사의 대상으로 살펴볼 필요가 있기 때문이다. 사람들은 오늘날 세계 도처에서 인권침해와 사회적 고통으로 얼룩진 과거사와 씨름하고 있다. 히틀러, 스딸린, 마오 쩌뚱의 과거에 대한 해석에서도 현대의 상징처럼 된 부인과 시인 현상을 찾아볼 수 있다. 이런 경향과 함께 '민주화' 또는 '이행기 정의' (transitional justice)라는 모호한 명칭으로 불리는 사례들이 존재한다. 소련과 동유럽 국가공산주의체제의 붕괴와 해체, 라틴아메리카에서 독재와 군부통치의 붕괴 그리고 절차적 민주주의로의 이행, 남아공에서 인종분리정책의 종식과 다인종 민주사회의 등장 등을 들 수 있다.

과거를 부인하는 것과 **현재**를 부인하는 것을 확실히 구분할 수는 없다. 인권침해와 사회적 고통에 대한 대중의 지식이 어느 순간에 망각, 기억, 역사, 추모의 대상으로 넘어가는 것일까? 우리가 콩고, 방글라데시, 비아프라의 유혈사태들이 "기억의 영역으로 넘어갔다" 또는 "과거사에 속한다"고 말한다면 체첸, 앙골라, 꼬소보 사태처럼 최근에 일어난 사건의 경우 도대체 어느 시점부터 이런 표현을 쓸 수 있을까? 미디어에서는 '최신 뉴스'에서 사라지는 것이 기준이다. 또 종전이 공식 선포되어야 전쟁이 끝난 것으로 취급되고[실제 전투행위와는 상관없이], 기아 역시 공식 언급하지 않으면 해결된 것처럼 보인다. 과거의 부인과 현재의 부인을 구분하는 것이 진부하게 여겨질지도 모른다. 그러나 현재를 인식하지 않는 부인의 언설과, 과거를 기억하지 않는 부인의 언설은 서로 다르다.

개인적인 것과 **공적**인 것의 구분 역시 모호한 채 남아 있을 것이다. 개인적, 사적, 자전적 기억의 영역이 존재한다. 예컨대 개인의 인생에 관한(유년기, 가족, 학창시절, 사랑) 또는 공적인 사건에 대한 개인의 반응(꾸바 미사일 위기 때 어떤 느낌이 들었는가)을 둘러싼 영역이 이에 해당된다. 이에 반해, 공유되고 집단적이고 때론 '공식적'인 과거는 공적인 영역에 속한다. 이 경우 과거에 발생한 어떤 일들은 기록된 역사 속에서 자리매김된다(박물관 진열, 교과서 수록, 추모행사를 통해). 개인적인 기억은 이러한 공적인 과거를 현재로 불러내 주관적으로 경험하는 것이라 할 수 있다.

부인과 **시인**을 명확히 구분하기란 대단히 어렵다. 이것은 얼핏 간단한 문제처럼 보인다. 어떤 일이 일어났다는 사실을 부인하지 않으면 그게 바로 시인하는 거라고 할 수 있지 않을까. 예를 들어보자. 매독에 걸린 흑인 죄수들을 치료하지 않고 관찰했던 실험이 그 당시에 즉시 은폐되었다. 소문이 나돌았지만 진상은 은폐된 채로 남았고 나중에야 진실이 밝혀졌다. 결국 사람들은 그 사실을 시인할 수밖에 없었다. 하지만 이러한 서술에서, 부인된 과거에 대해 우리가 알고 있는 바와 이러한 과거에 대한 시인 방식(재판, 고백, 진상조사)을 딱 부러지게 나눌 수는 없다. 억압된 기억을 회복시켜주는 심리치료의 경우에도 이런 구분이 불가능하다. 그러나 공적인 인권침해와 인간고통에 대해서는 시인의 문제에 초점을 맞춘 9장에서 다루기로 하고, 10장에서는 현재를 시인하는 문제를 다룰 것이다.

부인과 시인의 구분이 얼마나 부질없는 것인가. 이는 체코슬로바키아를 비롯한 동유럽 공산권에서의 개인적 기억과 공적 역사를 다룬 하벨의 저술에서 주요한 주제로 등장한다. 1970년대초에 하벨은 앞으로 발생할 사태를 예견하다시피 했다. 사람들은 어떤 일은 늘 모른 체하고 사는 것, 진실의 부인, 외견상의 동조에는 영구적인 수치와 존엄성의 상실이라는 댓가가 따른다는 점을 잘 알고 있었다. 자기 마음속으로는 정말 말도 안되는 짓이라고 생각하면서도 그것을 엄숙한 의식처럼 일상적으로 행해야 할 때, 사람들은 공개적으로 자기 자아를 부정하는 것이나 다름없다. 그런 일들은 절대 잊혀지지 않는다. 그러한 위장술은 의식 속에 파묻힌 독처럼 고스란히 남아 있다. 따라서 "겉껍질이 깨지고 생명의 용암이 분출되어 나올 때"가 되면 사적인 앙금, 복수에 불타는 심리가 공적인 시인 과정을 좌우한다.[1]

이 장에서 나는 우선 억압의 개념을 소개한 후 '억압된 기억 증후군'(repressed memory syndrome) 사례를 통해 사적인(자전적인) 과거를 부인하는 현상을 살펴볼 것이다. 그러나 나의 주요 관심사는 공적으로 알려진 과거의 인권침해 사건을 개인적으로 부인하는 현상이다.

서곡—억압

나는 통상적인 용례에 따라, 과거에 대해서는 '억압'이라는 용어를, 현재에 대해서는 '부인'이라는 용어를 사용하고자 한다. 하지만 프로이트의 원래 개념은 이와 상당히 달르다. 그에 따르면 '억압'은 **내면의 상태**를 일컫는 반면, '부인'은 **외재적 실체**를 가리킨다. 프로이트의 이론에서 억압은 부인보다 훨씬 더 의미심장하고 파악하기 어려운 개념이다. '억압'은 완전히 무의식적인 현상으로 종종 이해되지만, 다른 한편으로 '억제'(suppression) 개념과 융합되기도 한다. 결국 프로이트는 '억압'을 모든 방어기제를 묘사하는 일반용어로 사용했으며, 그것이 자신의 거대한 이론체계의 토대라고 생각했다. 프로이트의 '억압' 개념을 살펴보면 마치 '부인' 개념을 잘 설명해놓은 것 같다. "억압이란 걱정스럽게 느껴지는 모든 일을 간단히 그리고 정기적으로 부정하는 것이다. 걱정스러운 것을 회피하려는 이같은 행위는 성인의 정상적인 정신상태로 볼 수 있다."[2]

억압은 인간의 전형적인 방어기제가 되었다. 그것은 외상, 죄책감, 수치 등의 정신적 고통을 불러일으키는 정보를 인지하지 않으려는 행위이다. 하지만 이런 일반적인 정의로는 골치 아픈 외부사건과 사건을 골치 아프게 느끼는 자신의 감정을 구분하지 못한다. 우리는 어떤 사건을 기억하면서도 그것을 불쾌하게 느끼는 감정을 억압하거나, 그런 감정을 기억하면서도 그 이유는 잊어버린다. 그러나 이런 전술은 실패하게 마련이다. "억압된 고통은 절대 잊히지 않는다." 그 고통은 '거기' 어딘가에 숨어 있으면서, 왜곡과 병적인 내면상태와 일반적으로 용납되지 않는 '상징적 행동'을 일으킨다. 정신과의사들은 이러한 숨겨진 층위들을 찾아내려고 한다. 하지만 환자들은 통상 비협조적이다. 그들은 저항하고, 잡아떼고, 불평하고, 부인한다(뭐요? 내가 어떻다고요?). 조사가 진행될수록——최근의 비정상적인 성적 욕구, 아동기의 정신적 외상, 유아기의 허위 기억 등——고통도 커진다. 그러나 진실화해위원회에서 잘 쓰는 비유에 따르면 "상처가 깊을수록 그것을 더 철저히 드러내야 하는 법"이다.

프로이트는 한발 더 나아간다. "쉽게 떠오르는 기억과 분명한 기억은 가장 주변부에 있는 층위에 저장된다. 우리가 중심부로 다가갈수록 새롭게 회상되는 기억을 인지하기 어려워진다. 환자는 중심에 가까운 지점에서 떠오르는 기억을 재생하고 있으면서도 부정한다."[3] 여기서 우리는 이중의 무의식 상태로 들어간다. 즉 원초적 억압상태와 그것의 뒤늦은 출현을 감추려고 애써 억압하는 상태이다. 이것은 실제로는 삼중의 망각이라 할 수 있다. 즉 우리가 망각에 빠져 있는데, 망각했다는 사실 자체를 망각한 상태이고, 우리가 이제 막 기억하기 시작한 것 또한 망각하려는 상태이다.

이런 것들은 일견 재미있는 언어게임처럼 생각되겠지만 여기에는 엄청난 댓가가 따른다. 첫번째 댓가는 '**반복**'(repetition)이다. 우리는 늘 똑같이 멍청하고 파괴적인 짓을 되풀이한다.[4] 하지만 잘못을 되풀이하고 있다는 것을 깨닫지 못한다. 이것이 문제다. 우리가 습관적으로 사용하는 주의전환용 인지적 장치로 인해 사실을 깨닫지 못한다. 그 전에도 똑같은 짓을 한 것을 잊어버리고, 지금 또다시 그것을 하고 있음을 깨닫지 못하며, 심지어 그것을 부인하기도 한다. 이것은 고전적이면서도 심각한 자기기만이다. '새로운' 장소, 새로운 얼굴, 새로운 문제라고 생각되는 것들이 사실은 전혀 새로운 게 아니라는 비밀을 우리 스스로 깨닫지 못하게 하기 때문이다. 두번째 댓가는 '누설'이다. 우리가 필사적으로 어떤 기억을 억누르지만 그 문을 계속 닫아둘 수는 없다. 결국 '진실이 드러날' 것이다. 억눌러놓았던 기억이 조만간 당신을 찾아온다. 과거의 일이 사라지지 않고 사람들의 기억에 계속 떠오를 것이라던 투투 대주교의 말이 바로 이런 뜻이다. 종교인뿐 아니라 진실, 정의, 화해를 주장하는 세속의 인사들도 이러한 은유를 사용한다. 임상적인 것과 정치적인 것이 서로에게 은유가 되는 셈이다.

개인적 기억, 개인적 과거

아마 정신치료 역사상 일반대중까지 널리 알려진 가장 격렬한 논쟁은 '억압기억증후군'(RMS, Repressed Memory Syndrome) '거짓기억증후군'(FMS, False Memory Syndrome) 그리고 '기억복구치료법'(RMT, Recovered Memory Therapy)을 둘러싼 논쟁일 것이다. 이 논쟁사례는 정신분석 이론, 억압의 개념, 망각의 심리학, 개인의 삶에서 진실을 말하는 것의 변덕스러움에 대해 많은 질문을 제기한다.[5] 근시안적인 평가의 위험을 무릅쓰고 이런 이야기를 하는 이유는 극히 단순한 문제를 거론하기 위해서이다. 즉 무엇을 부인했다고 해서 부인했던 것이 모두 진실은 아니라는 말이다.

억압기억증후군 이론에 따르면 대단히 많은 아동과 여성이 성적으로 학대를(흔히 아버지에 의해) 받는다. 이런 일이 특히 어린 나이에 일어나면 그 사건은 즉각 의식 속에서 억압되어버린다. 이런 일은 설명하기 어려운 우울증과 계속되는 정신적 스트레스를 일으키기 쉽고,

흔히 히스테리 증후군 또는 정신병적 증후군으로 명명된다. 이때 억압은 완전하다고 가정된다. 이러한 경험에 대한 어떤 인식이나 기억도 존재하지 않는다. 그러나 숨겨진 외상은 생생히 남아 있다. 이런 기억은 수십년 동안이나 시간을 초월한 마음의 영역에 갇힌 채 비디오테이프에 기록된 것처럼 완벽하게 보존되어 침묵 속에서 인간을 좀먹는다. 겉으로 드러나는 증상은 원래 외상의 무의식적 기억을 떠올리게 하는 '기억흔적'(mnemic symbol)들이다. 이런 증상은 흔히 신체적 증상으로 발현된다. 이러한 망각, 그러니까 특정 사건에 접근할 수 있는 능력의 상실은 억압을 통해서만 일어날 수 있다. 그러나 어떤 사건이 억압에 의해 '상실'될 수 있듯이, 그런 사건은 '복구'되거나 '복원'될 수도 있다. 기억복구치료법은 여러 기법들을 혼용하여 환자들이 오랫동안 억압해온 유년기의 성적 학대 기억을 되살릴 수 있게 해준다.

이런 이론은 억압의 작동기제가 대단히 강력한 힘을 갖고 있다고 상정한다. '강도 높은' 억압, '고도의' 억압, '경성' 억압 등으로 불리는 억압이론에 따르면 "학대받는 사실 자체를, **그 일이 현재 일어나고 있는 순간에서조차**, 잊어버릴 수 있는 아동들이 많다"고 한다.[6] 이렇게 되면 고통스런 기억에 의식적으로 접근하려는 시도가 완전히 차단된다. 이런 환자들은 완전히 구분되는 두가지 유년의 기억과 "더불어 살았다"고, 여러 해 동안, 심지어 수십년 동안 믿을 것이다. 정상적인(심지어 '행복한') 기억이라고 믿었던 이야기가 사실은 환상, 끔찍한 진실로부터 기억을 보호하려는 간판에 지나지 않았음이 드러날 수도 있다. 반대로 다른 쪽 기억, 자신이 학대받고 고통을 겪었던 무의식하에서의 기록이 진짜 현실이다. 강한 억압은 흔히 '동기가 있는 망각'(우리가 기억하고 싶지 않은 것을 잊어버리는 행위)이라고 부르는 것과는 다르다. 이런 망각은 무의식적으로 또는 즉각 일어나지 않으며, 기억을 순수한 형태로 보존하지도 않는다. 이런 식으로 회피된 기억은 정상적인 망각과정을 거쳐 사라질 때까지 언제든 접근할 수 있다.[7]

연관된 두가지 관념 때문에 억압 모델은 그것을 지지하는 사람에게 더욱더 지지를 받기도 하고, 비판하는 사람에게는 약점으로 비치기도 한다. 첫째 관념은 '**해리**'이다(원래 프로이트가 '분할된 자아'라고 부른 것과 유사한). 자아 일부분이 분할되어, 외부/내부의 현실에 거리를 두는 바람에, 그 자아가 어떤 사건을 목격하지 못한 것처럼(어떤 일을 직접 행했으면서도 그것을 행하지 않은 것처럼 느끼는 것은 고사하고) 느끼는 것을 말한다. 성적 학대를 받은 여아는 그 외상이 어찌나 심한지, 감각을 느끼는 자아 부분에서 고통을 경험하지 못하게 되는데, 이것이 바로 해리라고 할 수 있다. 따라서 그런 일을 당한 사람의 마음은 '외상 입은 아동기의 기억들'과 대면해야 한다. 애초에 알려지지 않았기 때문에 보통 방식으로는 잊혀질 수도 없는 것이다.[8] 둘째 관념은 '**다중 정체성**'(multiple identities) 그리고 다중인격장애(MPD, Multiple Personality Disorder)라는 특수한 증상이다. 이런 관념은 해리이론을 더 확장시켜 기억회복에 관한 논의에서 급진적인 의미를 부여한다.[9] 다중인격장애를 앓는 환자의 무의식은, 너무나 끔찍해서 억압 '만으로는' 봉쇄—강도 높고 동기가 있는 망각—할 수 없는 비밀을 유지해야 한다. 이때 기억은 억압될 수 있는 단계에 이르지도 못한다. 학대가 너무 극심해서 마음이 인식을 감당하지 못하는 것이다. 이때 자아가 여러 조각으로 쪼개지고, 조각 하나하나가 독립적인 단일 인격처럼 작동한다. 이러한 개별 자아들이 각기 자율성을 유지하면서, 금지되거나 외상을 입은 기억들이 자아의 본체에 접근하지 못하도록 중간에서 차단해버린다. 통합되지 못한 각각의 분할된 자아를 '올터'(alter, 라틴어 '타자'에서 나온 말)라 한다. 각각의 올터는 자아의 본체(올터들로 분할된 후에 남은 원래의 중심 자아)나, 다른 올터들의 존재를 알지 못한다. 잔여적 중심 자아 역시 올터들의 존재를 알지 못한다. 1980년대 들어 다중인격장애가 있는 사람들(이 분야에서 '멀티플'이라고 줄여서 부르는)의 충격적인 억압 기억들이 보고되기 시작했다. 근친상간 정도를 넘어 악마교 예식에서의 강간, 인신공양, 유아 사육, 외계인 납치 등이 보고되었다.[10]

기억 억압과 복구 학설은 조만간 정신치료 영역을 벗어나 사회운동과 도회의 민속 그리고 컬트 등이 얽힌 복잡한 현상으로 발전했다. 이렇게 되자 이런 학설이 점점 더 맹렬한 비판의 대상이 되기 시작했다 (하지만 기억 억압 학설의 지지자들은 이런 비판 학설조차 추가 부인의 증거로 거명하기까지 했다). 비판의 핵심은 다음과 같다.

• 학대 행위가 보고되지 않는 경우가 많은 것은 사실이나, 그것들이 보고되지 않는 이유는 망각되었거나 억압되었거나 부인되었기 때문이 아니다. 가부장적 권력이 통제하는 부인의 규율이 강제로 침묵을 명령했기 때문이다.

• 경성 억압 학설, 즉 인간이 장기간에 걸쳐 학대당한 사실을 망각할 수 있다는 관념은 기억에 관한 기존의 모든 학설과 어긋난다. 경성 억압 학설의 작동방식은 내재적으로 불균질하고 즉흥적이다. 고통스런 회상을 점차 회피하고 그런 회상이 결국 위축된다는 설명 역시 마찬가지이다. 단 하나의 사건이라면 이런 식으로 망각될 수 있을지 몰라도 수년 동안의 지속적인 학대는 떨쳐내기 어려우며, 불쾌한 기억이

여기저기 얽혀 있게 마련이다. 또한 지금까지 억압되었던 경험이 뇌의 저장소에서 '복구'되어 영화처럼 생생하게 재현될 수 있다는 것도 믿기 어렵다.

• 억압기억증후군 관련 문헌에서는 인간행동과 감정에 관한 개방형(open-ended) 점검목록을 제시한다. 이런 목록은 억압된 유년기의 성적 학대 **증상들**, 또는/그리고 그러한 증상에 대처하는 대응기제(〔억압된 것에 대응한다는 말 자체가〕 앞뒤가 맞지 않는다)를 암시한다고 가정된다. 점검목록에서는 다음 항목을 짚는다. 외롭다고 느끼는가, 성공하는 게 두려운가, 자존감이 낮은가, 타인과 다르다고 느끼는가, 공간이나 사물에 관한 꿈을 꾸는가, 거울을 피하는가, 과체중(또는 저체중)인가, 성적으로 문란한가(또는 성적 경험이 전혀 없는가), 인간관계가 양가적인가 등. 이러한 목록은 자신이 피해자임을 확인해보려는 수많은 셀프헬프 소비자들에게 별 소용이 없지만, 그렇다고 전혀 무해하지도 않다. 이보다 더 쓸모없는 것은 정신과의사의 진단이다. 즉 당신이 학대받았던 사실을 부인하는 것 자체가 그런 사건이 발생했다는 사실을 확실히 보여주는 증거라는 식의 진단이다.[11]

• 대다수 사람들, 특히 정신적으로 문제가 있는 사람들은 '암시'에 대단히 취약하다. 기억을 복구하는 데 사용되는 기법들—최면, 치오펜탈 쏘디움(thiopental sodium, 유도마취제로 쓰이는 소위 '진실고백 약물'), 신체 재형상화, 자기 인생의 재서술, 원초적인 울부짖음, 연령 퇴행, 상상 유도 등—은 환자들을 치료사의 암시에 대단히 약한 상태로 몰아간다. 이런 환자는 정신적으로 연약한 사람들이며 자신의 곤경을 설명해줄 수 있는 인과적 서사방식을 애타게 찾는다. 그리고 자신의 어렴풋한 기억에 대중문화를 통해 쉽게 접근할 수 있는 내용들을 기

꺼이 끼워 넣으려 한다. 열성적인 기억회복 전문가들이 이런 유의 창조적인 기억술을 유도하고 부추긴다(잘한다고 고개를 끄덕이는 것만으로도). 이때 흔히 환상이나 소설 같은 기억들이 나타난다. 암시에 약한 환자는 치료사(사기행각이 아니라 좋은 뜻에서 노력하는 치료사라 하더라도)와 협력해서 자기충족적인 연쇄반응을 만들어낸다. 그렇게 해서 꼼꼼하게 구성된 학대에 관한 서술이 나오면 사람들은 그것을 믿을 뿐 아니라 열렬히 변호한다.

• 만일 가해자로 지목된 사람이나 그의 가족 또는 다른 치료사가 상상, 암시, 환상 등의 요소가 개입된 것 같다고 지적하면 해당 환자와 치료사는 그런 혐의를 맹렬하게 거부한다. 그러면서 피해자가 정신적 고통을 겪으면서도 '점진적인 각성'을 통해 진실을 드러낸다고 주장한다.[12] 가해 용의자는 오명을 뒤집어쓰고, 법적으로 보장된 무죄추정의 원칙에서 배제되며, 믿을 수 없는 거짓말쟁이로 낙인찍힌다. 용의자는 처음부터 끝까지 자기 행동을 '부인'하는 것처럼 보인다.

• 억압된 유년기의 성적 학대는 외상후스트레스성장애의 범주로 편입되어, 그 피해자들은 홀로코스트 생존자나 베트남전 참전용사 같은 성격의 집단으로 분류되었다. 하지만 이런 비교는 경성 억압 학설을 더욱 약화시킨다. 임상적으로 진단할 수 있는 억압은 반복적이고 지속적인 고통을 겪은 사람에게는 나타나지 않기 때문이다. 랑거는 홀로코스트나 이와 유사한 인권침해의 생존자 또는 목격자에게 시간은 순차적(sequential)일 뿐 아니라 지속기간적(durational)인 것이라고 말한다.[13] '지속기간적' 시간은 계속해서 경험되며, 기억 순서에 맞춰서 또는 그 경험에서 당신이 해방될 수 있는 방식으로 경험되지는 않는다. 기억이라는 현상은, 복구되고 서술된다면 정신적 평화와 사

회통합을 선사할 수 있는 '증상들'이 아니다. 실제로 "고통스런 기억이 언제나 장애를 야기하는 것은 아니고, 기억에 관한 서사가 목격자를 과거—목격자가 해방될 수도 없고, 해방되고 싶어 하지도 않는—에서 '풀어주지'도 못한다."[14]

그러므로 모든 점을 고려하면 피해자가 애당초 억압했던 것만이 진짜 현실인 셈이다. 우리는 인권침해 용의자를 믿을 수는 없다. 이와 동시에, 정신분석학계는 유년기의 성적 학대에 관한 기억이 **언제나** 진짜라는 사실을 인정하지 않는다는 이유로 비판받곤 한다. 정신분석학계의 이러한 태도는 프로이트 자신의 '거대한 반전'(Great Betrayal) 사건에서 기인한다. 이 설명에 따르면 프로이트는 초기 저작에서(1893년부터) 자기 환자들이 어렸을 때 성적으로 유혹받았다고 한 이야기를 곧이곧대로 믿었다고 한다. 더 나아가, 그런 식으로 학대받은 여성들은 나중에 성인이 되어 히스테리성 증상을 나타낼 개연성이 대단히 높다고 생각했다. 그런데 1897년경 프로이트는 이같은 이론—누군가는 프로이트가 외부 비판 때문에 겁을 먹고, 심지어 환자의 병력을 조작하기까지 했다고 주장한다—을 철회했고, 유년기 성적 유혹의 기억이 거짓이라고 주장한다. 환자들이 보고한 이야기들이 실제로 일어난 사건이 아니라 환상에 근거한 진술이었던 것이다. 하지만 반세기 동안 부인된 이런 반전 서사는 프로이트의 원래 입장을 지지하는 페미니스트, 심리학자, 기억회복운동계의 승리로 귀착되었다.

이러한 논의에서 세가지 측면의 혼동이 유년기의 성적 학대라는 주제를 훨씬 넘어서는 것 같다. 첫째는, 객관적 진리의 존재를 혼동하는 것이다. 치료사가 환자의 기억을 조금씩 복구하는 행위가 과거사를 문화적 차원에서 인정한다는, 당당한 공적 역사 회복의 서사와 마찬가지라고 간주된다. 개인적인 차원이나 사회적 차원에서 이것은 고정관념적인 모델이다. 예컨대 과거에나 현재에나, 진실은 단 하나뿐이고, 분명 학대와 억압이 있었으므로 그것을 발견하기만 하면 된다는 식이다. 그러나 기억회복운동은 확고한 증거를 대보라는 비판 앞에서 회의주의와 인식론적 상대주의만을 주장한 정도가 아니라, 학대 혐의 자체가 옳은지 그른지는 **문제의 핵심이 아니라고까지** 당당하게 주장하기에 이르렀다. 환자와 치료사는 그들의 '내면의 소리'를 신뢰해야 한다고도 했다. 이런 주장에 따르면 정신치료의 목표는 환자의 객관적 경험을 찾는 것이 아니라 주관적 경험을 확증하는 데 있다. 치료사의 관심은 환자의 건강한 삶에 있는 것이지, 어떤 사건이 실제로 일어났느냐 여부를 판단하는 데 있는 게 아니라고 한다. "내면의 위로보다 외면적 증거를 찾는 데 정신을 빼앗길 위험도 있다"라고까지 주장한다. '진실의 함정'에 빠지지 않는 것이 중요하다는 말도 한다.[15]

두번째 혼동은 치료사들이 고의적으로 유포한 것인데, 이는 전사회적 차원에서 아동학대를 부인하는 것과, 개인적 차원에서 부인하는 것 사이에서 일어난다. 아동에 대한 성적 학대가 자행되었다는 사실을 어떤 사회가 문화적인 차원에서 어렵사리 시인했다고 치자. 그렇다고 모든 개별 사례에서 그러한 학대가 실제로 일어났음을 의미하지는 않는다. 오프쉬와 워터스가 지적하듯, 환자에게, 그동안 우리 사회가 당신의 기억을 오랫동안 부정했으므로 이제 자신의 기억을 무조건 사실로 받아들여도 된다고 말하는 것은 '개인적인 것이 정치적인 것'이라는 구호를 철저히 혼동하는 것이다.[16]

세번째 혼동은 정신건강을 위해 고통스런 경험을 파헤치고, 설명하고, 심지어 그것을 **제거**하는 것이 필요하다고 보는 것이다. 이것은 깊게 파면 팔수록 진실을 직면하기가 더 어려워지겠지만 그것을 통해 우리가 더 행복해질 것이라고 보는 태도이다. 이런 노력의 근저에는 신비한 매력이 담겨 있다. 즉 시간을 거슬러 올라가는 영웅적인 여정을 통해 과거의 고통을 덜어내고 마침내 치유의 진실에 도달한다는 주장 말이다. 하지만 이를 어쩌나! 자신이 더 행복해지기 위해서 과거를 기억해야 한다거나, 미래에 행복해지기 위해 과거를 **정직하게** 재구성해야 한다는 주장은 별 근거가 없다. 고통스런 진실을 발견하고 그것에 직면하는 것이 가치 있는 일일 수는 있지만, 그것을 과거에서 '자신을 해방시킬' 수 있는 좋은 방안이라고 단정하기는 어렵다. 나아가 전체 사회의 숨겨진 진실을 발굴하여 집단적인 '해소'를 도모하면 해방과 온전함을 얻으리라고 기대하기는 이보다 더 어려운 일이다.

개인적 부인, 공적 역사

일상생활에서의 성적 학대, 근친상간, 아동 추행, 강간 등에서 부인과 시인의 투쟁은 사적인 영역, 즉 가정 또는 치료사의 상담실에서 일어날 뿐, 형사재판이나 언론보도 영역에서 일어나는 경우는 극히 드물다. 널리 알려진 인권침해의 역사를 배경으로 개인의 이야기가 펼쳐질 때 그것은 아주 다른 모습을 띤다. 개인의 이야기 보따리가 열리는 순간, 과거에 대한 지식을 부인하기만 하더라도 그 이야기는 공적인 서사—대중적으로 동의하는 서사('강점기에 발생한 수치스런 부역행위' 같은 표현)이건 논쟁의 대상으로 남아 있는 서사이건—와 비교

되게 마련이다. 개인적인 것과 공적인 것의 이같은 비교와 불일치가 없으면 '집합적 기억'(collective memory)은 불가능해지고 말 것이다. 즉 모든 생존자와 가해자와 방관자가 똑같이 공감하는 통일된 기억들의 산술적 합계가 되어버린다.

아무 짓도 하지 않았다는 가해자와, 아무것도 보지 못했다는 목격자가 이러한 불일치의 사례를 상징적으로 잘 보여준다. 여기서 아주 예외적인 부인 사례 한가지를 살펴보자. 그것은 나찌의 주요 인물들의 자녀를 조사한 바론의 연구이다.[17] 나찌 가해자들의 자녀들은 가족들에 의해 진실에서 차단되었다. 예컨대 자녀들은 부모의 역할 또는 전체적인 유대인 절멸정책 과정을 알지 못했다. 하지만 자녀들도 그 당시 아버지에게 또는 시간이 흐른 후 어머니나 다른 가족들에게 어떤 질문도 하지 않았다. 바론은 가해자가 저지른 일에 대한 인지 여부를 부인하거나 회피하려는 부모-자식간의 상호이익을 '부인의 이중장벽'이라고 묘사한다. 그러나 이와 더불어 전사회의 문화 자체가 또 하나의 장벽을 세운다. 이러한 가족들의 공모는 사적이거나 고립된 행위가 아니었다. 나찌의 자녀들이 성장하던 1950년대는 독일사회가 과거에 대한 '시인'은 고사하고, 그런 이야기를 꺼내지도 않던 시절이었다.

1980년대 민주화 이행기에는 진실의 순간이 나찌의 경우보다 더 빨리 찾아왔다. 각각의 경우가 모두 달랐지만—예컨대 칠레인들은 체코슬로바키아인들과 다른 경험을 했다—피해갈 수 없는 공통 과제가 있었다. 과거의 인권침해와 고통을 어떻게 처리할 것인가? **진실** 혹은 **사실 확인**을 위한 탐색이 민주적 책무성의 강력한 상징이 되었다. 즉 9장이 보여주듯, 실제 증거를 찾는 일뿐 아니라 과거와 '타협하는' 것도 중요해졌다는 뜻이다. 이 과정에서 쓰인 수사는 기억회복운동 때 나타난 것과 동일하다. 즉 부인을 극복하고, 억압을 통제하며, 고통스런 비밀을 폭로하고, 현실과 투쟁하며, 진실에 직면한다는 것이다.

그러나 과거 역사에 대해 '어떤 행동을 취한다'는 말은, 사건에 관한 올바른 진술을 받아내는 것 이상을 의미한다. 책무성에 대한 통상적인 의미는 정의이다. 과거 정권의 암살단, 고문 가해자, 밀고자, 동조자 들을 어떻게 처리할 것인가? 그들의 행위를 조사하고 그들을 추적하고 폭로하고 재판에 회부하고 벌주고 고통과 수치를 겪게 하고 손해배상을 부과할 것인가? 아니면 그냥 놔둘 것인가? 과거의 상처가 저절로 아물게 하고, 국민적 화해를 도모하며, 연약한 민주주의를 보존해서 '과거와 선을 긋고' '역사의 장을 덮을' 것인가? 이런 조치는 공모나 다름없는 침묵일 수도 있고, 향후 문화적 부인의 씨앗을 뿌리는 것일 수도 있다. 아니면 매우 다른 방식으로 '어떤 행동을 취하는' 것일 수도 있다. 즉 가해자를 용서하고, 가해자와 피해자의 화해를 모색하며, 이들 모두를 새로운 사회질서에 통합하는 행위일 수도 있다.[18]

여기서 가해자의(그리고 이와 함께 방관자와 피해자의) 과거가 부인되고 차단되는 방식을 살펴보기로 하자. 사람들이 개인적 차원에서 시작하여 어떤 일을 망각하거나, 불쾌한 기억을 '잊어버리는' 방식을 생각해보자. 공적인 역사기록은 인정하면서도 그 속에서 어떤 사람의 개인적인 역할은 따로 떼어내버린다. '쿠르트 발트하임 증후군' (1972~81년 유엔 사무총장을 지낸 오스트리아의 외교관 발트하임은 1986년부터 1992년까지 오스트리아 대통령을 역임했는데 그 과정에서 나찌 독일의 정보장교로 복무했던 과거가 드러나 논란이 있었다─옮긴이)이라고 부를 수 있는 현상에는 두가지 주요한 증상이 나타난다. 첫째, "그 당시에 나는 어떤 일이 일어나고 있는지 전혀 몰랐다". 둘째, "그 당시엔 알았을지 몰라도 그후에 다 잊어버렸다."[19] 이러한 증후군은 1994년 베르사유에서 열린 뽈 뚜비에의 재판에서도 드러났다. 1944년 리옹 부근에서 유대인 일곱명을 처형한 혐의로 기소된 뚜비에는 비시정권의 유대인 박해에 대한 포고령을 알고 있었느냐는 질문을 받고 이렇게 대답했다. "아니요, 그것을 놓쳤습니다." 그렇다면 유대인들을 독일로 대량 이송하던 사실은 알고 있었는가? "그 당시엔 텔레비전이 없어서 몰랐습니다." 혹은 "기억이 안 납니다. 내겐 너무 복잡한 일이었습니다."[20]

필자는 주로 가해자에게 관심이 있다. 그러나 방관자들도 "우리는 몰랐습니다"라는 원초적인 부인("당시엔 텔레비전이 없었습니다")을 되풀이한다. 이러한 부인에는 세가지 변형이 있다. 첫째 **문자적 결백**. 둘째 **몰랐음**. 셋째 **잊었음**. 이런 것들에 대한 가장 단순한 반대 입장은 '**실토**'하는 것이다.

문자적 결백

오늘날 공적 영역에서 과거사를 문자적으로 부인하기는 점점 더 어려워지고 있다. 그렇다고 대규모 인권침해 사건과 고통이 모두 세상에 널리 알려지는 것은 아니다. 하지만 일단 세상에 알려지기만 하면 그것을 부인하기는 어려워졌다. 권력을 가졌다 해도 인권침해의 진상을 조사하고 기록하기 위한 새로운 정치적 공간과 기술을 쉽게 통제할 수는 없다. 전지구적 미디어 보도, 전자통신수단, 피해자의 증언, 국제사회의 감시, 비밀기록의 공개 들을 완전히 장악할 수는 없는 노릇이다.

하지만 가해자들은 아직도 문자적 부인전략을 쓰곤 한다. 르완다 또는 보스니아의 전범재판에서 그러했다. 이때 피고측은 자기 행위를 이념적으로 정당화하지는 않을 것이다. 따라서 재판은 정치적 사건이 되지 못하며, 원래 의도대로 법적 공방이 되고 만다. 피고의 신원 확인부터 잘못됐다고 문제 삼는다. "아무 상관없는 사람을 재판정에 세워놓았다." 일반적인 형사재판과 마찬가지로 제노싸이드나 전쟁범죄 재판에서도 신원착오나 유죄입증 문제가 제기된다. 어떠한 제도도 처음부터 끝까지 문자적 부인을 확실히 방지하지는 못한다. 사건 당시의 혼란 상황, 국내 법률체계의 붕괴, 고의적 보복 주장, 미디어의 관심 약화 등이 모두 한몫을 한다.

몰랐음

"몰랐다"는 심리상태는 정신적으로 대단히 복합적이지만, 어떤 경우에는 좀더 객관적으로 다른 것과 비교할 수 있다. 극히 복잡한 경우를 제외하고, 우리는 누가 무엇을 모를 수 있었는지, 누가 무엇을 알 수 있었는지, 누가 무엇을 알았음이 분명한지, 누가 무엇을 알고 있어야만 했는지 등을 충분히 재구성할 수 있다. 오늘날 세상에는 "세상 돌아가는 것을 잘 아는 일반대중"들이 있다. 가해자가 사람들을 기만하려 들거나 누구에게 정치적 책임을 물을지 애매한 상황이라 해도 똑똑한 대중은 물론이고, 국가권력의 최하위층에 놓인 사람들도 완전히 속일 수는 없다. 1960년대에 유행했던 구호, "몰랐다고 하지 마세요" (Don't Say You Didn't Know)는 급진파들의 기만성을 공격하기 위해 만들어졌다. 이제 이 말은 더 폭넓게 적용된다. 오늘날 "몰랐다"는 말은 진실위원회 앞에 내놓기에 적절한 핑계거리가 되지 못하는 듯하다.

핵심부 가해자('뭔가를 아는' 사람들)에서 주변부 방관자로 나아갈수록 기억을 정리하기가 더 어려워진다. 아르헨띠나 시민들은 군부독재가 끝나고 10년 후에도 이렇게 말하곤 했다. "나도 그 자리에 있었다. 그걸 직접 보았다." 하지만 이렇게 덧붙이곤 했다. "내가 뭘 제대로 알 수 있었겠는가?"[21] 사실상 실종된 사람들 대부분은 자택에서 납치되었으므로 이웃이나 관찰자들은 자기들이 무엇을 목격했는지 정확히 알 수 있었다. 하지만 어떤 사람들은 "그런 것을 봤지만 보지 못했고, 이해했지만 알지 못했다"고 했으며, 싸바또(Sábato)진실위원회의 활동과 장군들의 재판이 진행된 후에도 이런 태도를 유지했다. 이는 정상적인 부인 이상의 정말 이상한 현상이었다. 아르헨띠나 시민들의 정신적 공간 중 일부가 외부의 힘에 사로잡혔던 것이다.

공포정치가 시행되려면 쉽게 흔들리지 않는 안정된 사회환경이 필요하다. 그도 그럴 것이, 자신이 속한 사회환경이 극단적으로 변한다면 자기나라가 돌아가는 상황에 어떻게 순응할 수 있겠는가? 만일 실종된 사람들이 자신의 부재(不在)를 통해 이상하게 '존재'했다면, 그 사람들(실종자)은 도대체 어떤 의미에서 진짜 존재했던 것일까? 군부독재자들은 이러한 사회환경을 조작하여 한가지 사실을 분명히 해두었다. 즉 시민들이 사회현상에 대해 개별적인 입장을 가지는 것을 엄격히 금지한 것이다.[22]

앞으로 일반인은 물론이고 공직자들조차 전체 그림 중 일부만을 파악하는 상황이 올 수 있다. 그러나 아렌트가 주장했듯이, 사실에 관한 인지가 문제가 아니라, 도덕적 인지가 문제의 핵심이다. "아이히만은 자신이 거짓말하지 않고 있다는 사실과 자기가 자신을 속이고 있지 않다는 사실을 확인하기 위해서만 과거의 회상이 필요했다. 그가 회상한 바로는 자신과 자신이 살고 있던 세계가 과거에는 완벽한 조화를 이루고 있었기 때문이다. 인구 8000만명이나 되는 독일사회가, 아이히만의 정신에 새겨진 것과 똑같은 방식, 똑같은 자기기만, 똑같은 거짓말, 똑같은 우매함으로 인해 현실에서 차단돼 있었던 것이다."[23]

40년이 지나 남아공의 진실화해위원회에서도 이와 비슷한 이야기를 들을 수 있었다. 1997년 10월 진실화해위원회와 대중들은 악명높은 전 경찰청장 아드리언 블록이 계속해서 과거사를 부인하는 것을 보고 놀라지 않을 수 없었다. 그가 국가안보협의회의 일원이었고, 경찰의 총책임자였으며, 경찰이 주도한 암살대를 지휘했다는 점에는 한 점 의혹도 없었다. 그런데도 그는 두가지 부인전략을 구사했다. 첫째는, **책임의 부인**이었다. 인권침해에 대해 자신이 비난받는 건 부당할 뿐 아니라, 자기는 경찰청장으로서 흑인과 백인을 똑같이 대우하라는 지시를 내렸다고 주장했다. 혹시 일어났을지도 모르는 인권침해에 대해선, 그것이 명백한 지시에 따른 짓이 아니라고 했다. "우리 상부조직에서는 심사숙고하지 않고 결정을 내리거나, 특정한 용어를 사용하곤 했다. 그런 것들이 하부조직에서 엉뚱하게 실행된 것이다."[24] 다른 증인들도 자신들의 의도가 이와 똑같은 방식으로 "오인되었다"고 주장했다. 어떤 아프리카민족회의(ANC) 활동가를 '제거'하라는 지시가, 그를 현장에서 '끌어내라'는 말이었지 '죽이라'는 뜻은 아니었다는 말이다. 둘째는, **아는 것의 부인**이었다. 블록은 휘하의 경찰간부들이 자신에게 거짓말을 했기 때문에 사태가 어떻게 돌아가는지 전혀 몰랐다고 했다. 고문이나 암살대에 관해 전혀 알지 못했다는 것이다. 그는 대단히 구체적으로 말했고, 그러면서도 구체적으로 부인했다. "내 책상

위에 '우리가 누구를 고문했고, 누구를 암살했고, 시신을 소각했다'는 등의 보고서는 단 한번도 올라오지 않았다. 나는 절대 그런 일을 승인하지 않았고 보고받은 적도 없다."

블록 휘하의 2인자로서 보안경찰의 수뇌였던 요한 쿳시 장군도 경찰의 살인행위를 몰랐다고 부정하면서, 블록과 똑같은 표현을 사용했다. "나는 전혀 알지 못했다" "내게 보고된 바가 없다" "그런 행동은 적법 절차를 완전히 무시한 일이었을 것이다" 등등. 어떤 법률가가 쿳시에게 그의 변명이 무능이나 무심함 또는 범죄에 연루됐음을 시인하는 것인지 물었다. 쿳시는 서슴지 않고 자신이 무능했다고 대답했다.

블록보다 직급이 낮았던 어떤 인사가 진실위원회에 출두하여 똑같은 사건을 놓고 "알고 있었던 것"에 대해 조금 다른 설명을 했다. 법질서부의 차관이었던 레온 베쎌은 이런 유형의 부인에 관해 훌륭한 분석을 제시했다.

나는 '나는 몰랐다'라는 정치적 변명이 내게 해당된다고 믿지 않는다. 왜냐하면 나는 여러 측면으로 보아 사태의 진상을 알고 싶지 않았기 때문이다. 나는 공직사회에 불편한 분위기를 몰고 왔던 그 사건들에 대해 나름의 의혹을 품었다. 하지만 나는 그런 의혹을 뒷받침할 증거가 없었기 때문에 또는 지붕 위에 올라가 세상을 향해 외칠 용기가 없었기 때문에, 복도에서 귓속말로 소곤거리는 수밖에 없었음을 고백해야만 하겠다. 어리석게 들리겠지만 나는 이제 다음같이 말할 수밖에 없다. 집권여당인 국민당은 이런 문제를 알아봐야겠다는 마음 자체가 없었다.

"알아봐야겠다는 마음 자체가 없었다" 이것은 오이디푸스 같은 현상이다. 그러나 베셸의 설명은 그리스 고전작품보다 더 좋은 참고문헌이다. 베셸의 설명은 진실에 눈을 감았다느니, 눈을 돌렸다느니, 머리를 타조처럼 모래 속에 처박았다느니 하는 것보다 더 분명하고 더 총체적이며 더 정확한 묘사이다. 진실을 "알아봐야겠다는 마음 자체가 없는" 사람들로 가득 찬 조직들—군대, 경찰, 정부 부서, 내각, 방위산업체, 아동들이 학대당하는 고아원, 여성들이 성희롱당하는 직장—이 세상에 얼마나 많은가. 모든 진실위원회와 전범재판소에서 이런 마음을 품은 사람들을 발견할 수 있다. 불법 무기거래, 정치권의 부패, 차별, 권력남용 등을 조사하는 과정에서도 이런 사람들을 볼 수 있다. 이런 태도는 사건 당시에 아무것도 몰랐다는 전면 부인과는 다르다. 사건의 심각성을 깨닫지 못했다거나, 사건의 전모를 알지 못했다는 태도이다. 사건에 관한 정보는 "알 필요가 있는" 경우에만 전달되었다. 사건 관련 업무가 별도로 구획되어 모든 사람이 서로를 속였다. 업무가 목표보다 수단에 초점을 맞추고 진행되었다. **그 누구도** 사건의 전모를 알지 못했다.

그럴 것 같지는 않지만 이런 주장이 사실이라고 가정해보자. 누군가 뭔가 나쁜 일이 일어나고 있음을 눈치챘다고 가정해보자. 바로 이 지점에서 베셸이 인정한 일종의 '배신'이 큰 차이를 만들어낸다. 과장하지 않은 그의 발언은 "몰랐다"는 변명의 핵심이 무엇인지를 잘 보여준다. "국민당은 이런 문제를 알아봐야겠다는 마음 자체가 없었다."

똑같은 질문을 역사적 방관자, 가해자, 피해자에게 할 수 있다. 그들이 어느정도 **알고 있었는가** 또는 **알 수 있었는가** 또는 **알았어야만 했는가?** 수많은 독일인들이 홀로코스트에 대한 인지를 부인한 이유는,

그것을 알아봐야겠다고 마음먹지 않았으며, 세상 돌아가는 것을 상관하지 않았기 때문이라고 할 수 있다. 그러나 유대인 말살정책을 직접 수행했던 사람들을 제외하고도, 수백만명의 공직자들(그리고 열차기관사부터 우체부까지 수많은 말단직원들)이 집단학살에 대해 조금이라고 알고 있었을 것이다. 전체 그림이나 이야기의 세부 조각들은 몰랐더라도, 구체적인 업무나 역할이 어떤 목적으로 행해지는가 정도는 분명히 알았을 것이다. 힐버그는 이런 결론을 내린다. "절멸정책 수행 과정에서 모든 업무들이 전체 목표를 위해 반드시 필요했다는 사실, 그리고 가해자의 모든 행동이 서로 연관됐다는 사실 자체는 분명했다. 맨 말단에 있던 사람이라도 그게 어떤 업무인지 눈치채고 이해할 수 있었을 것이다."[25]

이것은 '기능'이니, '과정'이니, '현상'이니, '행위'니 하는 용어가 쓰이는 통상의 맥락과는 무관하다. 인권침해와 고통의 기억은 이런 용어들보다 훨씬 더 구체적이다. 1940년 베를린 교외의 평범해 보이는 저택, '안락사' 프로그램의 암호명인 '악찌온(Action) T-4'의 지휘쎈터이던 저택에서 일어난 일을 상상해보라. 많은 사람들이 그 집의 사무실에 앉아 수천명을 죽일 계획을 짜고, 그것을 은폐할 방법을 궁리하느라 쉴 새가 없었다. 벌리는 이렇게 말한다.

이들을 실제 살인현장과 동떨어진 '책상머리 살인자들'이라고 묘사해봐야 아무 소용이 없다. 심지어 말단 비서들까지 악취 나는 금니가 담긴 유리병들이 놓인 사무실에서 '치아 세개 브리지' '치아 한개' 등의 분류작업을 도왔기 때문이다. 이같은 이야기에 비추어, 이들의 도덕적 수준을 논하기 위해서, 우리는 T-4 쎈터의 모든 직원들이 피해자의 틀니를 녹여 얻은 금으로 만든 염가 의치를 구입할 수 있는 기회를 놓치지 않았다는 사실을 언급하는 정도로 충분할 것이다.[26]

T-4 쎈터 직원들은 오늘날 그 금니들에 대한 기억을 억누를 수 있을까?

잊었음

그렇다, 어떤 사람들은 이렇게 말한다. "오래전 일이다" "나는 이제 늙었다" "그 시절은 이제 까마득한 옛날이다"라고. 이런 사람들은 그런 사건에 가담했는지 또는 어느정도 가담했는지 모두 잊었다고 한다. 아예 그 장소에 없었다고도 하고, 다른 사람들에게 그 사건을 전해 들었다고도 한다. 아니면 좀더 불투명한 '해석적 망각'을 구사하기도 한다. 어떤 일이 일어났다는 것까지는 기억하겠는데 정확히 무슨 일이었는지는 도무지 생각이 안 난다는 것이다. 여기에는 두가지 극단적인 개연성이 있다. 하나는 '진정한' 망각이다. 대단히 강력한 억압, 기억상실, 건망증에 해당한다. 달리 말하자면, 사건 당시에 분명히 정상인 구실을 하던 성인이 자기가 악찌온 T-4 쎈터에서 일했던 사실 혹은 르완다에서 스무명이 도끼에 맞아 죽는 광경을 목격했던 사실 자체를 까맣게 **잊었다**는 말이다. 이런 주장은 그것이 해리를 통한 억압이든(기이한 설명이다), 장기적으로 기억이 조금씩 상실되는 정상적인 노화과정이든, 문자 그대로 믿을 수 없는 설명이다. 다른 하나는 단순히 '전형적인 새빨간 거짓말'에 의한 망각이다. 자기가 행한 일이나 발생했던 사건을 기억하긴 하지만 뻔한 이유로 부인하는 것이다.

이 두 극단 사이에 수많은 개연성이 있다. 이런 개연성들이 없다면 20세기 문학은 존재할 수 없었을 것이다. 인간의 나약함과 실패, 기억의 허점과 맹점들, 그리고 과거를 창조하고 발명하고 상상하고 재구성하는 기억의 의식적·무의식적 힘들을 생각해보라. 기억이 '갑자기 떠오른' 경험이 있다면, 과거를 우리 뜻대로 '복구'하는 게 쉽지 않다는 점을 잘 알 것이다. 기억은 우리가 그것을 열어 안에 든 파일들(유년기 파일, 전쟁기록 파일 등)을 검토할 수 있는 서류상자가 아니라, 우리가 집필하고 편집하는 책 같은 것이다. 사건이 모호하면 모호할수록 이러한 '기억 집필작업'이 시행될 여지가 커진다. 가턴 애시는 자신에 관한 슈타지 파일에 나오는 밀고자, 비밀요원, 협력자들에게 그 사실을 추궁해봤지만 누구도 "정말 어떤 일이 있어났는지" 분명한 기억을 제시하지 못했음을 잘 보여주었다.[27]

공직자들의 정치적 간계는 정보통신기술과 결합하여 새로운 망각 양식을 만들어냈다. 미국의 이란-콘트라 사건 청문회와 영국의 스콧 위원회는 범죄를 저지른 공직자들이 자신에게 불리한 증거를 파괴하는 것 이상의 행동을 했음을 밝혀냈다.[28] 서류를 소각·파쇄하거나 컴퓨터 파일을 삭제할 필요도 없었다. 그들은 추후의 조사나 재판 그리고 역사적 추적에 대비해 완전히 새로운 사건 연대기와 등장인물을 만들어냈던 것이다. 더 나아가, 이런 유의 탈근대적인 역사는 어떤 사건(또는 정권교체) 이후에 조작될 뿐 아니라, 그런 사건이 일어나던 시점에서 실시간으로 조작되기도 한다. 이상적으로 보자면, 어떤 행위를 부인할 수 있는 개연성을 미리 잘 구상해서 나중에 사건 가담자들이 증언해야 할 상황에서 군이 거짓말을 할 필요가 없는 편이 좋을 것이다. 올리버 노스 중령은 의회 조사위원회 석상에서 "내 기억이 잘려 나갔다"고 표현했다. 이렇게 이상한 세상에서 기억은, 당신이 머릿속에서 떠올릴 수 있는 것이 아니라, 다른 사람들이 '당신이 그것을 알고 있었다'고 말해주는 것이 된다. 스콧위원회에 나온 장관들은, 자기가 알고 있던 사실에 관해 추궁당할 것에 대비하여, 부하직원들에게 예전에 자기가 어떤 문서를 읽었는지 자주 물어봤다고 증언했다. 현재의 기억을 조작해놓음으로써, 나중에 "잊었다" 또는 "모른다"라는 주장이 진짜가 될 수 있도록 하는 것이다.

그러나 근대이든 탈근대이든 이런 거울궁전(halls of mirror)에 도저히 속할 수 없는 인권침해 사건, 고통의 이미지가 존재하게 마련이다. 가해자와 관찰자는 쉽게 잊은 체할 수 있을지 몰라도, 피해자는 절대로 잊을 수 없다. 피해자들도 망각이나 부인 단계를 경험하기는 하지만, 대개 자신의 기억을 완전히 차단할 수 없다. 최근 밝혀진, 가톨릭 교단이 운영한 고아원에서의 성적 학대 사건들을 보면 약 30년 세월이 지나도 사적인 기억이 고스란히 표출될 수 있음을 알 수 있다. 이 기억은 결코 억압된 채 남아 있지 않았다. 남아공에서 수십년 동안 침묵을 강요당했던 가장 힘없는 피해자 집단도, 기억을 떠올릴 때 수반되는 고통은 사건 당시의 고통을 생생히 불러일으킨다. "내 가슴 속이…… 말로 다 못해요. 그게…… 말문을 막아요. 그놈들이 그 사람을 쏴 죽이기 전에 두 손목을 잘랐어요. 지문 못 뜨게 하려고…… 내가 이런 말을 어찌 하오…… 억장이 무너지는데…… 그 양손을 돌려받고 싶소이다."[29]

홀로코스트 생존자들의 증언들은 점차 기억의 집단적인 시인에 관한 문헌으로 발전했다. 사건에 관련된 이야기를 기억하는 것만이 문제가 아니었기 때문이다. 대다수 청자들은 그 사건에 관한 공적인 서사를 잘 알고 있었다. 오히려 생존자들은 자신도 믿을 수 없는 기억들을 어떤 맥락에 위치시켜 그것을 이해해야 했다. 과거의 현실을 직시할 수 없었다기보다, 과거사를 **현실로** 인식할 수 없었다. "그 개연성 없는 내용 때문에 이미 기억의 바깥으로…… 흩어져버린 것들을 기억을 통해 다시 포착해야 했다."[30] 어떤 생존자들은 자기 자신도 믿기 힘든 일이기에 남에게 믿게 하려는 것은 더 힘든 일이었다고 회상한다.

이 정도 증언은 통상적인 회상의 힘을 넘어서는 능력을 요구한다. 생존자들은 자신의 회상과 남은 삶 사이의 연속성을 찾기 위해 파괴적인 기억에 맞서 싸워야 한다. 당시의 공포는 '시간과 동떨어져' 경험되었다. 일상적이고 '통상적인 기억'은 이러한 공포의 경험을 친숙한 서사내에 위치시키려 하고, 그런 고통을 '매개하고' 심지어 '정상화'하려는 경향이 있다. 그러나 수면 아래에는 그런 일상성을 제압하고, 통상적인 믿음을 거부하는 '심층 기억'이 존재한다.[31] 통상적인 기억과 심층 기억 사이의 간극은 사건 당시에도 도저히 이해할 수 없었던—인식의 적응이라는 의미에서—극단적인 현실 때문에 생겨난다. 사건 당시에 증거들을 기록하고 알리고 보존하려 했던 노력(수기를 몰래 빼돌리고, 일기장을 땅에 파묻고, 비밀리에 사진을 찍는 등)만으로는 '증인 역할'을 할 수가 없었다. 현실을 이해할 수 있는 인간의 능력과 의지를 넘어선 사건이기 때문이다.[32] 홀로코스트는 "객관적인 증인이 존재할 수 있다는 관념 자체를 불가능하게 만든 상황, 증인 자신이 **사건에 속해 있는** 상황"이었다.[33]

실토

물론 인권침해자들도 불가해한 감정을 느낄 때가 있을 것이다. "내가 어쩌다 그런 일을 저질렀을까?" 이런 것은 증언까지는 아니더라도 실토에 가깝다. 전범재판에서 피고들이 "모든 것을 다 털어놓고" 이렇게 말하기를 기대하기는 어렵다. "그렇다, 기소장에 적힌 일들을 내가 모두 저질렀다. 당신들 처분에 따르겠다." 평범한 형사범들이 그러하듯 전범들(그리고 훈련받은 변호인들)도 부인할 권리를 옹호하게 마련이다. 과거사 중 어떤 사건들은 너무나 엄청난 데다 피고가 워낙 말같잖은 거짓말로 둘러댄 탓에, 그가 책임을 인정하고 죄책감을 표한다 하더라도 그것이 형량을 낮추기 위한 계략일 개연성이 높다. 이런 일은, 공개적으로 진실을 밝히고('완전한 고백'), 개과천선하겠다고 하면 기소를 면제해주었던 남아공 진실화해위원회 같은 경우에 더더욱 그렇다.

그런데 피고들이 너무나 쉽게 죄과를 인정한다고 생각하는 사람이 많다. 철면피 같았던 과거의 인종주의자가 오늘 갑자기 다문화적이고 너그러운 자유주의자로 둔갑하는 장면은 결코 유쾌한 광경이 아니다. 이런 인간들이 '진정으로' 변한 것일까, 아니면 역사의 물결에 휩쓸려 자기들의 시대착오적인 인생역정을 겉으로만 바꾼 데 지나지 않는 것일까? 모든 사람들이 이제 와서 사건 당시보다 더 결백해 보이고, 훨씬 더 나은 사람처럼 보이기도 한다. 그래, 그들이 "당시에 나는 몰랐다"가 아니라, 자기들도 사실은 구체제가 **달갑지 않았던** 것이로구나. 이것은 원래 아렌트가 '내면의 반대'(inner opposition) 또는 '내면으로의 이주'(inner immigration)라고 묘사했던 상태이다.[34] 2차대전 이후 많은 사람들이─심지어 나찌제국의 지도적 위치에 있던 자들도─자기 자신과 세상에 대해 자기들이 언제나 "내면적으로는 체제에 반대했노라"고 말하곤 했다. 오늘날 '내면으로의 이주'라는 구호는 세계 여러 곳에서 썰렁한 농담이 된 듯하다. 남아공 사람들은 과거에 인권을 제일 많이 침해했던 가해자들이 너무나 쉽게, 마치 과거가 전혀 존재하지 않는 듯이, '새로운 남아공'이라는 수사를 내세우는 데 특히 냉소적이다. 오늘날에는 그 누구도, 심지어 과거에 요직을 차지했던 공직자나 정치인들조차, 아파르트헤이트 정책을 신봉한 적이 한번도 없었던 것 같다.

집단적 부인, 공적 역사

집단적 기억, 문화적 억압, 집단적 부인, 공동의 망각, 사회적 기억 상실 같은 심리학 개념을 문화에 적용하면, 전체 사회가 망각하거나 기억을 억압하거나 수치스런 과거의 기록에서 자신을 해리시킬 수 있다고 가정할 수 있다. 공식 국가정책(고의적인 은폐, 역사 다시쓰기)을 통하거나, 아니면 정보가 사라져버리는 문화적 소실 과정을 통해 이런 현상이 일어날 수도 있다. 역사적 사실에 대한 개인적 부인은 사회의 공통 서사에서 자양분을 얻는다. 만일 "그런 일은 여기에서 결코 일어날 수 없는 사건이었어"라고 주장하는 사회에서라면, 당신이 개인적으로 "아무것도 몰랐다"라고 말하기가 더 쉬워진다. 조직화된 부인은 사람들이 "진상을 알아봐야겠다는 마음이 없을 때" 가장 잘 작동한다. 완만한 문화적 망각은, 권력이 사람들의 침묵을 선호할 때 가장 잘 작동할 수 있다.

고전적인 은폐

인권침해 은폐 사건 중 전형적인 두가지 사례가 있다. 첫째, 1941년
의 바비야르 학살(Babi Yar Massacre, 우끄라이나 끼예프 부근 바비야르 계곡
에서 발생한 대학살 사건—옮긴이). 독일군이 이틀 동안 약 3만 3000명의 유
대인을 총살하였다. 처음에는 시신을 집단매장했다가 다시 발굴해 조
직적으로 증거를 인멸했다. 가솔린을 부어 시신을 태우고 불도저를
동원하여 한달에 걸쳐 유해를 땅속에 파묻었다. 동원한 강제수용소의
수인들을 은폐작업 후 모두 죽여버렸다. 둘째, 1944년 국제적십자사
의 현지 실사단을 맞아 테레지엔슈타트(Theresienstadt, 나찌가 유대인들
의 수용소/게토를 설치 운영한 체코슬로바키아 국경지대의 테레지엔슈타트—옮긴
이)에서 교묘하게 진행된 사기행각. 나찌는 수용소에 정원을 가꾸고,
유대인 회당을 설치하고, 서거한 유대인을 추모하는 기념비를 세웠
다. 그리고 악대를 내세워 슈트라우스(J. Strauss)의 왈츠를 연주했으
며, 수인들의 복지시설을 소개하는 영화를 상영하고, 어린이들의 오페
라를 공연하였다(그후 이 사기행각에 동원되었던 대다수 유대인들,
심지어 오페라에 출연한 아이들도 대부분 아우슈비츠 수용소로 강제
이송되었다).

바비야르와 유사한 사례들을 정치적 살해에 관한 인권단체의 보고
서에서 허다하게 발견할 수 있다. 또한 모든 정치인, 언론인, 정치적
순례자들이 테레지엔슈타트보다 덜 극적이긴 하나 유사한 장소들——
형편이 괜찮아 보이는 정치범들, 미소짓는 농부들, 활기찬 노동자

들—을 방문해왔다(요즘은 시절이 변해서 정치인들과 구호단체 활동가들에게 실제 상황보다 **더 심한** 고통을 보여주기도 한다).

국가주도의 부인

위에서 소개한 두건의 은폐 사례는 공식 부인의 표준 담론과 결부되기도 한다(앞 장에서 다루었다). 차니는 "분명히 발생한 제노싸이드 사건을 부인할 수 있는 정형화된 수법"을 제시했다.[35] 여기에는 다음 목록이 포함된다.

- 제노싸이드가 발생했음을 인정하지 말 것.
- 정부나 고위 당국자가 직접 부인했다고 하지 말고, 말단 직원이나 익명의 대변인 이름으로 발표할 것.
- 제노싸이드에 관한 사실들을 다른 사건으로 바꾸어 이를 부인할 것.
- 가해자를 피해자로, 피해자를 가해자(또는 다른 경우보다 덜한 피해자로)로 바꿔치기할 것.
- 제노싸이드에 관한 사실을 완강히 부인할 뿐 아니라 사실은 피해자가 좋은 대우를 받았다는 선전공세를 펼칠 것.
- 가능한 한 시간을 끌면서 필요한 자료가 확보되지 않았다고, 제노싸이드 혐의는 거짓이자 사기라고, 좀더 조사가 필요하다고, 새로운 조사 결과 제노싸이드 주장이 거짓이라고 주장할 것.
- 통계치에 의문을 제기하여 사망한 피해자 숫자가 실제보다 적다고 말할 것.
- 제노싸이드의 사실관계를 무시하고, 다른 사건과 비교해 그다지

잔혹하지 않다고 주장할 것.

- 시간이 지나면서 사건에서 거리를 둘 것. 오래전에 일어난 일이고, 오늘날 새로운 (가해자) 세대가 등장했으므로, 옛 상처를 그냥 아물게 하자고 선전할 것.

과거의 인권침해를 감추려는 시도 중 가장 일관되고 강력하며 정교한 국가주도 부인 사례를 보면 위의 지침과 잘 맞아떨어진다. 즉 1915~17년에 발생한 아르메니아 제노싸이드를 터키정부가 80년 동안이나 부인해온 사건이다. 최소한 100만명 이상의 아르메니아인들이 살해당하거나 기근으로 또는 강제이주 과정에서 죽음을 맞았다. 이 사태의 전말은 당시의 외교기록, 생존자의 증언, 후대의 역사 연구뿐 아니라 오스만제국의 문헌에도 잘 기록되어 있다.[36] 아르메니아 사태는 흔히 확인되지 않은 풍문으로 시작되었다가 나중에야 확실한 사실로 자리잡은 이야기(최근 유고슬라비아 사태 같은)가 아니다. 오히려 정반대다. 사건 당시에 확고한 사실이었고 국제사회의 주목을 받는데도, 시간이 지나면서 추측, 풍문, 불확실성 등으로 변질된 경우이다. 일단 부인하기 시작하자 그것이 터키사회의 집단문화 속에 스며들었고 점차 외부세계에도 그런 인식이 유포되었다. 온갖 설이 난무했다. 그런 사건이 아예 일어나지 않았다, 터키는 아르메니아 인명 살상에 아무 책임이 없다, 아르메니아인들의 죽음은 여러 악조건들이 합해져서 발생한 의도치 않은 부산물이었다, 이 사태에 '제노싸이드'란 용어를 적용할 수는 없다(또는 적어도 논란의 여지가 있다) 등.

국제적으로는 무관심이 망각으로 변질되었다. 터키정부는 역으로 초강대국 미국에 압력을 가해 아르메니아 사태에 관한 미국의 이전

입장을 바꿔놓는 데 성공했다. 냉전시기부터 현재까지 터키는 나토에서의 전략적 잇점을 활용하여 미국과 여타 국가들을 압박해서 자신의 부인정책을 지지하게 만들었다. 1980년대에 미 의회는 아르메니아 사태 당시 희생당한 사람들의 추모를 지지하던 애초 입장을 포기했고, 행정부 역시 유엔에서 아르메니아 사태를 언급하지 않기로 공약했다. 터키정부는 홍보회사를 고용하여 홍보물과 흑색선전 자료를 내놓았으며, 외교관들에게 사태를 부인할 수 있는 기법을 가르쳤고, 교과서를 검열했으며, 관련 자료실을 폐쇄하고, 문헌을 위조했다는 의심을 받았는가 하면, 학자들에게 돈을 주어 비판적인 학문활동을 깎아내리도록 했다.

이러한 시도 중 특히 논란을 일으킨 사례로, 터키정부가 1982년 이스라엘의 텔아비브에서 개최된 국제 홀로코스트·제노싸이드 학술대회를 취소시키려 한 것을 들 수 있다. 이 대회 때문에 터키-이스라엘 관계가 위협받았을 정도였다. 터키에 거주하는 유대인들의 위험을 넌지시 암시하는 말이 흘러나오기도 했다. 이스라엘정부는 어처구니없게도 학술대회 주최측에 대회 자체 혹은 아르메니아 사태를 다룬 쎄션을 취소하거나, 아르메니아 쪽 학자의 초청을 번복하라고 압력을 가했다. 또한 대회 참석자들에게 불참을 종용했고, 대회를 다른 나라에서 개최하라고 제안했는가 하면, 재정지원을 끊고 공식 후원을 취소해버렸다. 주최측은 이 모든 압력에 맞섰고 결국 대회는 예정대로 열렸다.[37]

아르메니아의 새 세대는 학살사건 50주년이었던 1965년 이후 침묵의 벽을 허물고 자신들의 역사를 탈환하려는 노력을 개시하였다. 그러나 터키내의 아르메니아 교회와 기념물들이 파손되었고, 터키정부

는 국제무대에서 부인전략을 고수하면서 어떠한 추모행사도 무산시
키려 하고 있다. 이것은 아르메니아의 존재에 대한 이중 공격이나 다
름없다.

터키처럼 오랫동안, 그토록 강한 집념을 갖고 과거사를 부인해온
나라도 없다. 그러나 오늘날에는 이와 다른 유형을 발견할 수 있다. 즉
폐쇄된 상황에서 사건이 발생하고, 가해자들이 부인의 경로를 설정하
며, 후임자들이 전임자들의 부인정책을 이어받고, 생존자들과 방관자
들이 진실을 알고 있으나 부인의 벽을 넘기에는 역부족인 경우이다.
그러나 정치지형의 변화나 내부고발로 연구자, 역사가, 언론인 또는
진실위원회가 숨어 있는 진실을 찾아내곤 한다.

1981년 엘쌀바도르의 벽촌 모소떼에서 발생한 학살사건을 조사한
대너의 연구는 이런 부인에 대한 미시정치학 사례라 할 수 있다.[38] 미
국에서 훈련받은 아틀라카틀 여단 부대원들이 주민 794명을 조직적으
로 학살했는데 그중 다수가 어린이들이었다. 이 사실들이 거의 즉시
폭로되었다. 『뉴욕 타임스』는 사진과 함께 신빙성있는 기사를 게재했
다. 하지만 학살사건이 알려지자마자 공식 부인 메커니즘이 작동하기
시작했다. 현지의 미국대사관 직원 두명이 국무부에 "진상을 파악하
는 것이 본연의 임무가 아닌 사람들 주장의 신빙성을 확인할" 목적의
(본인들의 표현) 진상보고서를 제출했다. 사건 소식을 처음 보도했던
『뉴욕 타임스』기자는 국무부의 압력을 받고 중남미에서 다른 지역으
로 전출되었다. 미국정부 관리들은 사건 자체를 부인하기 위해 정교
한 말장난과 발뺌 전략을 들고 나왔다. 사진과 목격자들의 증언이 담
긴 기사는 '확인불능'으로 깎아내렸고, 결국 사실이 아니라고 판정했
다. 애초에 부인전략은 당시 엘쌀바도르정권에 대한 원조재개를 반대

하지 못하게 할 의도로 고안되었으며, 이에 공모한 정치인들은 정부의 공식 설명을 '무조건' 믿었다. 학살사건이 일어나고 11년이 지난 1992년, 집단매장지를 발굴하여 재조사를 실시했으며, 평화협정의 일환으로 정부와 반군 합동으로 과거사를 조사하기 위해 설립한 유엔진실위원회가 진상을 밝혀냈다.

이와는 다른 예를 들어보자. 스웨덴의 경우 1935년에 시작되어 1946년에 최고조에 달했다가 1976년에 겨우 종료된 불임시술 프로그램을 통해 약 6만명의 여성들이 정부에 의해 강제불임 수술을 받았다. 이것은 스웨덴에서 '열등한' 인종을 몰아내고 아리안족 특징을 지닌 사람들의 출산을 장려하기 위한 거대한 국가 프로젝트의 일부였다. 피해자들은 학습장애가 있는 여성, 빈곤계층 출신자, '통상적인 스칸디나비아 혈통'이 아닌 사람 등이다. 40여년이나 지속된 프로그램인데 학교교과서에조차 이 이야기가 전혀 나오지 않았다.

또다른 사례를 보자. 네덜란드 재경부는 나찌가 1940년대에 유대인들에게 압수한 금, 은, 보석과 각종 귀중품들을 1960년대 후반까지 창고에 보관하고 있었다. 귀중품의 원 소유자들은 강제수용소에서 죽었으므로 이 물건들을 다시 찾을 수 없었다. 하지만 원주인과 관련 있는 사람들을 찾거나 그들에게 물건을 반환할 생각은 하지 않고 1969년 비밀리에 재경부 직원들 대상으로 경매에 부쳤다. 얼마나 많은 사람들이 경매에 참여하기를 원했던지─경매 물건들은 1958년의 과표 기준으로 정가를 매겼다─경매장 좌석을 추첨해야 했을 정도였다. 경매에 참여한 공무원들은 자기들이 구매하려는 물건의 출처를 잘 알고 있었다. 수천건의 현금과 재산 목록들이 "소유자 불명의 유대인 재산"으로 분류되어 있었기 때문이다. 네덜란드 일간지 『데 볼크스크란트』(De Volkskrant)는 이런 질문을 던졌다. "도대체 어떤 인간이 아우슈비츠의 가스실에서 죽어간 여성의 귀걸이를 자기 아내에게 선물할 수 있단 말인가?"

이데올로기에 입각한 부인

홀로코스트 부인운동은 널리 알려졌고 동시에 가장 독특한 조직적 부인 사례이다. 철저히 이데올로기적이었지만 가해자 국가나 그 후계자들이 조직한 것이 아니었다. 운동의 전말과 유럽계 유대인의 말살에 관한 그후의 '수정주의' 역사에 관한 상세한 기록들이 있다.[39] 이런 수정주의적 '운동'은 소규모·주변부·무명 그룹들로 이루어져 있다. 이들 반유대주의·인종주의·파시즘 단체들은 국제 조직, 출판사, 인터넷상의 네트워크와 느슨하게 연결되어 있다. 종종 언론에 보도되거나 소송에 휘말리는 것을 제외하고 이들의 영향력은 주로 미국 대학가에 집중되어왔다. 대학의 학생신문들은 언론자유에 대한 전통적인 자유주의 가치와 탈근대적 정체성 정치 그리고 통속적 다문화주의 등의 강력한 후원 아래 부인에 관한 '논쟁'을 열심히 게재하는 선전매체로 전락했다.

이런 경향의 저변에는 모든 견해가 드러나야 하고, 모든 사실관계는 각자 해석하기 나름이라는 메시지가 깔려 있다. 수정주의 역사가들이 홀로코스트 전체를 '사기' 또는 '신화'라고 싸잡아 부정하더라도, 그 역시 또하나의 견해일 뿐이라는 것이다. 유대인들은 강제수용소에서 자연사 또는 과로사했다, 가스 처형실이 있었다는 증거가 없다(가스는 독성이 약해 사람을 실제로 죽일 수 없다, 가스는 이를 잡기 위해

소독용으로 사용했을 뿐이다, 가스실은 종전 후 미군과 소련군이 설치한 것이다 등), '유대인 최종해결책'은 이스라엘에 대한 지지를 높이기 위한 시온주의의 선전일 따름이다 등. 이러한 문헌들이 비이성적이고 제정신이 아닌 것 같아도, 주의를 끄는 이유는 인권침해에 관한 부인 논리들이 모두 유사하기 때문이다. 홀로코스트를 부인하는 기법은 모든 선전술의 표준 레퍼토리에 근거한다.[40] '수정주의자'들이 홀로코스트 같은 엄중한 역사적 사안에 대해서조차 학계의 격렬한 반향을 끌어내고 부인의 수사에 공식 지위를 부여하는 데 부분적으로나마 성공한 것을 보면, 여타 군소 인권침해 사례들은 얼마나 쉽게 잊히고 부정될지 능히 짐작할 수 있다.[41] 그렇지 않을 경우, 홀로코스트를 부인하는 현상은 많은 사람들, 특히 미국인들이 믿는 '기이한 현상'(UFO, 텔레비전 초능력자, 외계인 납치, 엘비스 프레슬리가 아직도 살아 있다 등)의 하나일 뿐이다.[42]

　홀로코스트와는 다른 역사적 부인 사례들은 정형화되어 있다는 점에서 이데올로기적이긴 하나, 운동 형태로 발전하지는 않았다. 르마르찬드(Lemarchand)는 1994년 르완다 대학살 사건이 언론매체의 주목을 받기 몇 년 전부터, 서구가 르완다와 부룬디에서 전에 발생했던 제노싸이드를 망각한 것을 '민족적 기억상실의 정치'라고 명명했다.[43] 동성애자와 집시들도 나찌의 피해자였음을 망각한 것은 특히 터무니없는 사례라 할 수 있다. 집시족은 나찌가 명백히 제노싸이드를 의도해 '처리'한 경우였다. 이들은 유대인 박해법에 유대인과 함께 명기되어 있었으며, 유대인과 같은 방식으로 살해되었다(나찌가 말살한 집시 50만명 중에서 2만명이 아우슈비츠에서 죽임을 당했다). 하지만 집시족의 포라예모스(Porraijmos, 집시의 말로 '거대한 말살'을 뜻하며 유대인의

'쇼아'에 해당한다—옮긴이)는 그것을 알릴 수 있는 문화적 구심체나 전통, 강력한 후견세력이 없었다. 하지만 공식 역사에서 이보다 더 철저히 망각된 사례도 있다.

시대 변화에 맞춰 부인의 전략적·이데올로기적 초점이 전환되기도 한다. 칠레에서 삐노체뜨정권의 인권침해가 극에 달했을 때 실종과 고문을 분명히 알고 있었을 고학력, 중산층 시민들은 그러한 현실을 무조건 부인했다. 칠레가 민주화된 후 이들은 인권침해 사실을 시인하면서도 그것을 정당화하는 쪽으로 방향을 바꾸었다. 어쨌든 오늘날 우리사회가 안정되고 경제적으로 성공한 것은 군부독재의 공이 아니겠는가, 아옌데(Allende) 때문에 빚어졌던 사회혼란에서 우리나라를 구할 필요가 있지 않았나, 운운.[44]

문화적 망각

가장 심각한 문화적 억압이 합의를 가장한 현실——사회의 맹점, 공동의 환상, 객관적 정보를 암묵적으로 부인하는 영역——로 변질되곤 한다. 이러한 사회적 맹점의 기원이 이데올로기적이고 강압적일 때, 그러니까 특정 역사가 알려지기를 국가가 꺼릴 때면 특이하게도 프로이트류의 '억압' 관념으로 이를 설명할 수 있다. 집단적 기억은 억압당함으로써 어떤 형태를 갖추게 된다.

그러나 불편한 사실은 국가의 개입이 없더라도 잊힐 수 있다. 사회는 과거를 부인하는 비상한 능력을 갖고 있다. 과거를 완전히 망각하는 것은 아니지만, 과거를 망각한 것만 같은 대중적 문화가 자리잡는다. 맹목은 퇴행의 증거이다. 그런데 피해자들이 압력을 가하거나, 문서보관소의 기록이 우연히 발견되어 상황이 바뀌면 신문 사설들은 또다시 입장을 바꿔 바로 이런 일이 "우리가 한시도 잊은 적이 없는" 사건이라며 그 일을 상기시킨다(결코 반어법이 아니다). 1999년 동티모르에서 정치변혁이 일어나 당사자들은 과거의 인권침해에 침묵해왔다는 사실을 즉각 시인할 수밖에 없었다. 그러나 부인의 근본원인이 너무나 뿌리가 깊어 티모르인들은 그후 또다시 역사적 부인 대상으로 전락했다.

이런 식으로 '아는 것'은 **'공공연한 비밀'**이 되기 십상이다. 모든 이가 알고 있지만, 알면서도 모른 체하는 것 말이다. 국가가 먼저 부인할 수도 있고, 그것을 시민들이 외견상 지지하는 경우도 있다. 또는 푸꼬가 제시한 '전략가 없는 전략' 이미지처럼, 어떤 행위주체의 개입 없이도 다 함께 공모하는 침묵의 벽이 세워질 수 있다. 어떤 폭로는 너무나 노골적이어서 폭로할 수 없다는 식이다. "남들 앞에서 더러운 속옷을 세탁한다"는 표현은 이상한 은유이다. 이 말은, 그 의도와는 반대로, 숨겨야 할 더러운 것이 있음을 인정하는 논리이다.

까띤(katyn) 학살사건은 국가가 주도하고 문화적 망각이 방조한 부인 사례이다. 1943년 3월 소련군이 1만 4700명의 폴란드군 장교들과 내무성 비밀경찰(NKVD)이 관리하던 1만 600명의 폴란드인들을 살해했다. 그중 4000명의 시신이 스몰렌스끄 인근 까띤 숲에서 독일군에 의해 발견되었다. 소련 관리들은 1990년 들어서야 독일군이 학살을 주도했다고 되풀이하던 주장을 철회했다. 까띤 사건은 스딸린식의 공공연한 비밀이었다. 전쟁 후에 태어난 폴란드 아이들 대다수가 까띤 학살 이야기를 듣고 자랐으며 소련과 폴란드 공산당의 은폐 책동을 믿지 않는 법을 배웠다. 정부당국은 그 누구도 정부의 해명을 믿지 않는다는 것을 잘 알면서도 시종일관 거짓말을 해댔다. 하벨이 보여주었듯이, 사람들이 거짓말을 참아 넘기는 공적인 의례에 참여하는 한, 거짓말이 실제로는 믿어지지 않더라도 별 상관이 없다. 1992년 10월 옐찐(Yeltsin)은 소련 정치국에서 까딴 사건 책임자들에게 하달했던 극비 학살지령 원본을 폴란드정부에 전달했다.

1948년의 팔레스타인 난민문제에 관해 시온주의자들이 꾸며냈던 허구가 최근에 폭로되기도 했다. 팔레스타인 주민들이 고향땅을 떠났던 이유는 지도자들의 지시 때문이고, 적을 무찌른 후 고향으로 다시 돌아올 수 있을 거라고 기대했기 때문이라는 이스라엘의 이야기는 사실이 아니라는 반박을 받아왔다. 설상가상으로 아랍측은 모든 팔레스타인 주민들이 자신의 집에서 강제로 쫓겨났다고 과도하게 주장했다. 오늘날, 이스라엘의 '새로운 역사가들'(한때 불운하게도, 홀로코스트를 부인하는 사람들을 가리키는 '수정주의 역사가'로 불렸다)은 팔레스타인 주민 강제추방과 강제이송의 전말을 철저히 기록했다. 이에 따르면 약 400개 마을에서 전쟁 도중에 이미 주민들을 소개시켰으며, 전쟁 후 5년간 마을을 완전히 파괴해 동네를 '보이지 않게' 만들었다. 이스라엘의 기득권세력은, 모든 이스라엘인들이 사적 기억 속에 잘 간직하고 있던 사건을 '자기 나라' 지식인들이 그렇게 철두철미하게 폭로한 데 격분했다. 이런 사건의 경우 '인종청소'라는 말은 시대착오일지 몰라도 부적합하지는 않다.

그동안 팔레스타인 주민들은 각 마을들이 대를 이어 간직해온, 갖가지 부인에 관한 '기억의 책들'을 꼼꼼하게 집대성했다. 예컨대 1948년 이전의 아인후드(Ein Houd) 마을은 이러한 변화과정에 대한 비유나 다름없다. 이 마을은 그후 유대인들의 아인후드가 되었다. 이곳에 세워진 이스라엘 예술촌 입주자들과 해외 방문객들은 이 마을의 '역사'는 물론이고 아랍-이스라엘의 '내부 난민'들이 이곳에 살고 있음을 알지 못한다. 또한 '불법'이라는 딱지가 붙은, 아이후드 알 자디다 마을에 남아 있는 과거의 '상흔'도 보지 못한다.[45]

이런 사례는 한도 끝도 없다. 역사의 해골들이 장롱 속에 파묻혀 있다. 골치 아픈 진상에서 한걸음 떨어져 결백을 유지하고픈 정치적 욕구 때문이다. 이런 사건이 파묻혀 있는 이유는 아예 '사건을 알아봐야겠다'고 마음먹지 않기 때문이다.

6장

방관국가들

이제 이 책의 본래 주제인 타인의 고통을 알게 된 후 나타내는 반응으로 들어가보자. 편의상 나는 자국에서 일어난 사건을 알게 된 **내부 방관**과 다른 나라에서 일어난 일을 알게 된 **외부 방관**을 나누어 설명하려 한다. 두가지 경우를 통틀어, '소극적 방관자'(또는 '소극적 방관자 효과')라는 용어는, 엄밀히 말해 어떤 상황을 이미 목격했거나 알았거나 들었지만, 거기에 반응하지 않은 사람을 가리킨다. 여기까지는 그저 '본 사람'일 뿐이다. 그러나 이와 유사한 다른 용어들, 즉 '구경꾼' '행인' '청중' '관객' '관찰자' 등과는 달리 '방관자'라는 말에는 무기력과 무관심에 대한 경멸의 의미가 들어 있다.

서곡—"그런 일이 우리한테 일어날 순 없다"

만일 잠재적으로 위험에 처해 있고 또 결국 위험에 처할 피해 당사자들마저 자신의 위험을 부인하거나 과소평가하고("여기서 그런 일이 어떻게 일어나겠어. 우리들에게 어찌 그런 일이……"), 생각할 수 없는 무서운 일이 자기들에게 이미 벌어지고 있음을 믿지 않는다면, 관찰자들이 진실을 제대로 보지 못하는 것은 당연하다. 물론 이것이 인권침해 사건을 알아보려 하지 않거나 개입하지 않은 데 대한 책임을 부인하는 것일 수도 있다. 그러나 주위에서 흔히 볼 수 있듯이, 피해자 스스로 일어난 사건을 부인하는 경우도 있다.

유럽 유대인 자신이 나찌의 최종해결책을 인식한 방식은 집단적 부인의 본보기가 되었다. 1930년대만 하더라도 히틀러의 말을 심각하게 받아들이는 유대인은 거의 없었다. 나찌즘은 그저 지나갈 때까지 참고 살면 되는 시대적 조류라고 생각되었다. 독일에서 새로운 반유대 정책이 나올 때마다, 박해의 정도가 조금씩 심해질 때마다, 사람들은 더이상 심한 조처가 나오지는 않을 것이라고 믿었다. 학살은 처음에는 풍문으로, 그다음에는 확인된 보도와 생존자들의 증언으로 알려졌지만, 그래도 모두 믿으려고는 하지 않았다. 라커는 피해 당사자의 친숙한 부인들을 제시한다. "이것은 전통적인 소규모 유대인 박해 사건에 불과해. 지역의 군 책임자가 저지른 예외적인 사건이야. 이보다 더 나빠질 수야 있겠어? 독일 사람들은 문화민족이고, 여기는 정글이 아니라 유럽인데. 무고한 사람들에게 이런 일이 어찌 일어날 수 있겠어. 상식적으로 봐서 이런 이야기는 믿을 수 없어."[1]

홀로코스트의 모든 단계에서 마지막 순간까지 부인, 비밀유지, 정보조작이 나타났다. 강제수용소에서 가짜 그림엽서를 다량 발송하여 고향의 가족들에게 아무일도 없으니 안심하라고 전했고, 언어를 교묘하게 조작했으며, 가스실에 관한 풍문은 사실은 샤워실인데도 고의적으로 헛소문을 퍼뜨린 것이라고 둘러댔다. 피해자들의 자기기만과 '낙관하는 경향'이 있는 엉성한 현실인식으로 이러한 왜곡전술이 쉽사리 먹힐 수 있었다. 마음먹기에 따라 사람들을 쉽게 속일 수도 있지만, 사람들은 스스로 속아 넘어 가기도 한다. 유대인 최종해결책의 성격과 그 엄청난 규모에 질려 사람들은 그것을 감히 상상조차 할 수 없었다. 우리는 "왜 유대인들이 그런 일이 벌어지고 있다는 사실을 인식하지 못했는가?"라고 묻는다. 그런데 미래에 관한 예상은 과거의 친숙한 경험에 의존하게 마련이다. 강제수용소나 가스실에 대해 아예 들어본 적도, 생각해본 적도 없다면 당연히 예상할 수도 없다.[2] 아렌트의 판단은 더 가혹하다. "자기기만의 도가 지나쳐 거의 고급예술의 수준에까지 이르렀다. 그 결과 헝가리의 유대인 지도자들은 그 순간까지도(1944년 3월 아이히만이 부다페스트에 도착한 이후) '여기서 그런 일이 일어날 수는 없어'라고 말하곤 했으며, 매일 상황이 악화되는데도 계속해서 그런 믿음을 고수하려 했다."[3]

이런 형태의 문화적 부인은 확고한 역사적 기반을 근거로 형성되었다. 쁘리모 레비는 1930년대에 독일 유대인들이, 위험을 경고하는 징후가 그렇게 많았음에도, 왜 위험을 부인하고 '편리한 진실'을 만들어내려 했던가,라는 질문에 답하려고 애썼다. 레비는 유대인들이 아리안족과 마찬가지로 "미래를 예상하지 못했을 뿐 아니라, 국가가 집행한 테러리즘을 생래적으로 상상할 수 없었다. 그러한 일들이 주변에서 벌어지고 있었는데도 말이다"라고 지적한다.[4] 레비는 독일의 옛 속담을 인용한다. "도덕적으로 있을 수 없는 일은 현실에서도 일어날 수 없다."

아펠펠트는 『바덴하임 1939』(Badenheim 1939)라는 비통한 소설에서 상상할 수조차 없는 끔찍한 사실이 사람들에게 완전히 차단되는 현실을 묘사한다.[5] 때는 1939년 봄, 빈 인근 가상의 휴양도시 바덴하임 사람들은 여름 휴가를 준비하고 있다. 예년과 마찬가지로 중산층 유대인 가족들이 도착한다. 작중 인물들은 자신의 삶에 정신이 팔려 있어서 자기들의 운명을 결정할 징후들을 잘못 해석한다. 점점 더 많은 사람들이 도착한다. 이들은 통상적인 휴가철 방문객들이 아니다. 서서히, 거의 낌새를 차릴 수도 없을 만큼 천천히, 우리 독자들이 처음부터 알고 있었던 현실을 작중인물들은 그제야 알아채기 시작한다. 이슈브(히브리어로는 'ישוב'로, '정착촌'을 말한다. 이곳은 이스라엘 국가가 세워지기 전에 유대인들이 거주했던 팔레스타인의 신탁통치 지역이다. 1880년대부터 쓰이기 시작해서 1948년까지 사용된 용어이다—옮긴이)에 거주하던 유대인들도 홀로코스트 소식이 전해졌을 때 그것을 부인하고 무기력하게 반응했다.[6] 그들은 놀랍게도 '현재'를 '과거'로 돌리는 부인 방식을 활용했다. 전쟁 초기인 1939년말부터 이슈브 유대인 지도자들은 홀로코스트가 이미 지나간 과거사인 양 이야기하기 시작했다. 쎄게브는 이런 현상이 유대인들이 자신의 출신국이나 잘 아는 나라에서 들려온 끔찍한 뉴스, 그리고 자신의 무기력한 처지에 대응하는 방식 중 하나였다고 해석한다. 따라서 "이들은 홀로코스트 소식을 효과적이고 즉각적인 행동을 취해야 할 사건으로 간주하지 않고, 실시간 현실에서 역사적 사실로 내쫓아버렸다."[7] 당시 이슈브 지역 신문들도 홀로코스트를 오래전에 일어난 사건처럼 표현했다. 학살이 진행되던 시점에서도 지도자들은 사건이 종결된 것처럼 행동했고, 자신들의 무관심과 무능을 놓고 서로 책임을 전가하기 시작했다. 개중에는 기념비 건립을 생각한 이들도 있었다. 1942년 9월 피해자를 추모하는 기념비를 세우자는 제안이 처음 제출되었고 이 문제를 다룰 위원회가 결성되었다. 오래 지 않아 기념비를 '야드바셈'(히브리어로는 'ㄱ ㄱㄱㅁ'으로, 홀로코스트 순교자들과 영웅들을 추모하는 것을 말한다. 이스라엘 건국 후 정부의 공식 부서로 '야드바셈청'이 설립되었다. 구약성경 이사야서 56장 5절에 나오는 "나의 집과 나의 울 안에 아들딸들보다 나은 기념비와 이름을 마련해주리라"는 구절에서 유래했다―옮긴이)으로 하자는 의견이 나왔고, 나중에 이 명칭이 공식 채택되었다. "홀로코스트를 과거시제로 생각하는 경향보다 더 명백하게 괴이하고 흉측한 일도 없었다. 이슈브 지도자들이 홀로코스트를 가장 잘 추모하는 방법을 토론하고 있던 바로 그 시점에도 대다수 피해자들이 아직 생존해 있었던 것이다."[8]

생존자들 역시 이러한 부인현상을 아주 잘 알고 있다. 그들은 주변에서 일어나는 일들이 실제 상황이라고 믿을 수 없었다. 오늘날 인권침해는 실시간 영상으로 기록되고 생존자들의 육성을 동시에 들을 수 있다. 그러므로 아무리 비현실적인 기억이라도 실제 현실임을 알 수 있게 되었다. 비현실적인 듯한 기억들이 사건 후에 만들어낸 문화적 해석만은 아닌 것이다. 남성들은 쎄르비아 민병대에게 끌려간 상황에서 꼬소보에서 쫓겨난 알바니아계 여성들의 얼굴과 음성과 몸짓은 공포와 충격뿐 아니라, 자기들에게 일어난 일을 도무지 이해할 수 없다는 환각 같은 상태에 놓여 있음을 보여준다. 이들은 마치 자기들의 꿈속에 나타난 사람처럼 보인다. 이런 비현실감은 이들이 그 끔찍한 경험을 증언하더라도 남들이 절대 믿어주지 않을 거라는 두려움을 더욱 높인다.

내부 방관자

'내부 방관자'란 자기 사회에서 일어난 인권침해와 인간의 고통을 알고 있는 사람을 가리킨다. 어떤 사건을 목격하고도 반응하지 않는 수동성에 대한 대다수의 설명은 제노비스 사건으로 촉발된 심리학적 모델에서 나왔다. 이런 연구는 행위자들이 어떤 '상황'에 처해 있다는 가정에 근거한다. 즉 우리는 상황 속의 여러 변수들을 관찰하고 그것을 조작할 수도 있다(방관자들의 숫자, 피해자의 신원, 고통의 정도), 방관자들이 내놓는 전형적인 시나리오를 찾아낼 수 있다(학교운동장에서 남을 괴롭히는 아이, 길거리의 걸인과 마주친 회사원, 자기 아내를 구타하는 이웃집 남자), 또한 그 결과를 확인할 수도 있다(피해자에게 아무 감정을 느끼지 않음, 감정을 느끼지만 행동하지 않음, 감정을 느끼고 행동함 등).

그러나 이러한 '상황론'(situationalism)은 심리학적 모델의 약점이기도 하다. 즉 사회적 맥락이 결여돼 있다. 이렇게 되면 우리는 시장에서 아이가 아버지에게 크게 야단맞는 상황을 목격한 관찰자, 동네 광장에서 자기 친구들이 이웃사람들을 총으로 쏴 죽이는 것을 목격한 증인, 고속도로변에서 도움을 청하는 운전자를 모른 체하고 스쳐지나가는 사람, 폴란드에서 나찌의 박해를 피해 은신처를 구하는 유대인 가족들을 문전박대하는 이웃 등을 모두 똑같은 개념으로 설명하는 우를 범하게 된다. 필자 역시 너무 안이하게 이러한 논리적 비약을 감행했다. 이제 상황론적 접근을 요약설명한 후 그보다 더 폭넓은 정치문화를 살펴보겠다.

  학교에 다니는 아이가 자기 친구들이 다른 애를 괴롭히는 광경을 바라본다. 동네 주민들이 길가에서 어떤 여자가 비명을 지르면서 맞는 광경을 목격한다. 이는, 돕지 않거나, 무슨 일인지 알아보려고 하지 않거나, 적극적으로 발언하지 않는 수동성의 원형에 가까운 사례이다. 이러한 상황을 야기하는, 잘 알려진 요인들이 있다. 예를 들어보자. 어떤 일이 일어나고 있는지 '**오인**'한다. 대단히 많은 사람들이 동시에 상황을 목격할 때 각 개인이 도움을 줄 개연성이 낮아지는 **책임의 희석** 현상이 나타난다. 자기가 피해를 보지나 않을까 하는 **두려움**이 있을 수 있다. 사태의 심각성을 인정하지 않고 차단해버리는 **부인** 현상이 있다. 타인에 대한 **감정 결여** 상태도 있다. 피해자가 나의 도덕적 의무가 적용되는 세계 바깥에 존재한다고 생각하는 **경계 범위** 문제가 있다. 감정을 느낄 수 있는 능력이 떨어지는 **정신적 마비** 현상이 올 수 있다. 인간의 고통이 점점 늘어날 때마다 각 단계가 예상 가능하고 정상적이며 특별히 관여해야 할 필요가 없는 상황으로 간주되는 **일상화와 무감각화**가 일어날 수 있다. 상황을 바꾸기 위해 도대체 어찌해야 할지, 누구에게 말해야 할지 모르는 **도움을 청할 통로의 부재**를 들 수도 있다. 가해자의 세계관에 '동조'하는 구경꾼들은 어떤 인권침해를 목격하더라도 십중팔구 개입하지 않을 것이다.

  그러나 이런 식으로 분산된 '변수들'이 어떻게 주관적으로 경험되는가? 방관자들은 자신의 수동성 때문에 인권침해가 더욱 가중되었다는 죄책감을 가질 것인가? 학창시절 친구가 깡패들에게 얻어맞는 것

308

을 지켜보고만 있다가 자책감을 느낀 적이 있을 것이다. 여기서 다음 상황을 상상해보자. 우리가 제노비스의 이웃이라면 어떻게 행동했을까? 나는 안슐루스(Anschluss, 1938년 3월 12일 나찌가 오스트리아를 합병한 사건—옮긴이)가 일어나고 며칠 뒤 빈 거리에서 촬영된 저 유명한 사진들을 본다. 보도 바닥을 닦도록 강요당한 유대인 여성들, 아버지 상점에 '유대인'(Jude)이라는 낱말을 페인트로 쓰고 있는 아이, 나찌 병사들에 의해 강제로 수염이 잘리는 경건한 노인들을 쳐다보는 군중들의 얼굴을 유심히 살펴본다. 이들 군중의 마음속에 도대체 어떤 상념이

안슐루스 당시 한 장면.

스쳐지나갔을까? 야유하는 사람, 웃는 사람, 가두 연극을 감상하는 관람객같이 보이는 사람이 있는가 하면, 초점 없는 눈동자로 공허한 표정을 짓는 사람도 있다.

이렇게 얼어붙은 상황, 단 하나의 시각틀에서 시간이 정지된 상황에서도 도덕적 책임에 관련해 수많은 차원이 있을 수 있다. 방관자가 순간적이나마 적극적인 참여자가 될 수도 있다. 또 박수를 침으로써 방조자나 공범이 되기도 한다. 그러나 이들이 아무말도 하지 않은 채 그냥 쳐다보고만 있었다면 어떨까? 이런 행위도 비난받아 마땅한 부역이나 동조로 볼 수 있는가? 방관자들 역시 비난받아야 한다고 독선적으로 말하는 경우가 너무나 많다. 대다수의 피해자와 가해자는 방관자들의 수동성을 인권침해에 대한 지지와 동조로 간주한다. 그러나 가해자들이라면 너무나 잘 알 터이지만 방관자들이 수동적인 이유는 두려움 때문일 수도 있다. 밀그램의 실험 연구가 생생하게 보여주듯, 외견상 동조한다고 내면의 우려나 불쾌감이 없다는 뜻은 아니다. 방관자의 수동성이 무관심과 동일한 것은 아니다.

빈의 거리에서 찍힌 사진들은 그 순간 구경꾼들의 반응을 보여줄 뿐이다. 우리는 오늘날 안슐루스의 진상을 이미 알고 있으므로 그러한 이미지를 특정한 방식으로 해석할 수 있다. 말하자면, 우리가 관찰자들을 관찰하는 사람이 되어 그 사진에 대한 인지적 틀을 확대할 수 있는 것이다. 그 틀을 오스트리아 밖으로 확대해보자. 안슐루스가 무엇을 의미했는가? 당시 오스트리아를 비롯한 유럽 각국에서 어떤 일이 일어나고 있었는가? 또는 그 틀을 역사 속으로 확대해보자. 1938년의 이 사건 이전에 어떤 일이 일어났는가? 오스트리아에서 반유대주의의 역사가 어떠했는가? (비정치적인 사건도 이런 식으로 확장할 수

있다. 왜 학교폭력의 가해자들이 주로 남자아이인가? 남자아이 방관
자들은 남성성의 풍조 때문에 학교폭력을 그저 지켜보고만 있는 것일
까?)

정치적 분쟁 상황에서 관찰자들은 가해자들의 이데올로기에 찬성
하여 그들에게 동조하기도 한다. 또는 관찰자들이 가해자를 두려워하
고 한편 분노를 느끼면서 피해자들에게 동조하거나 감정이입하기도
한다. 조용히 지켜보기만 하는 행위 속에 이러한 수많은 경우들이 포
함되어 있다.

보스니아의 쎄르비아계 보통사람들은 처음엔 폭력사태에 별로 동
조하지 않았지만, 알바니아계 주민들에 대한 인종청소가 일어난 다음
날 그들의 빈집을 조용히 차지했다. 전의 알고도 몰랐던 상황이든, 이
후 침묵과 개입 사이의 선택 상황이든 방관의 도덕적 사슬은 극히 불
투명하다. 과거에는 방관자가 일차적 인권침해 행위에서 멀리 떨어져
있을수록 그의 책임은 작다고 생각했다. 다음 상황을 가정해보라. 정
치적 처형을 목격한 아내가 자기 남편에게 그 사실을 이야기한다, 남
편은 직장동료에게 이야기를 하고 동료는 다시 자기 아내에게 그 사
실을 전한다. 이런 식의 도덕관에 따르면 이야기가 전해지는 각 단계
마다 책임의 사슬은 가늘어진다. 그러나 후기근대의 인권침해는 이와
다르다. 과학자는 무기를 고안하고 엔지니어는 제조한다. 국제 무기
산업 카르텔이 무기제조산업을 운영한다. 은행은 마약밀매 대금을 세
탁해준다('해방전선' 단체들이 연루될 수도 있다). 각국 정부는 이런
불법 수출행위에 눈을 감는다. 부패한 공직자들이 뇌물을 받는다 등.
이 모든 사람들은 물리적으로는 살해행위에서 멀리 떨어져 있지만, 도
덕적으로는 우연히 살해를 직접 목격한 행인보다 가해자 쪽에 훨씬

더 가깝다.

　우리 '모두' 인권침해에 연루되어 있으므로 다함께 죄책감을 느껴야 한다는 구호는 너무나 손쉬운 수사에 불과하다. 상황론에 등장하는, '피해자에게 동조할 수 있는 능력의 부재'라는 언사도 마찬가지다. 방관자의 수동성, 도시의 익명성과 소외와 아노미에 관한 진부한 표현들 속에서 피해자는 이제 타인이라고 가정된다. 그가 누구인지 모른다, 그러므로 그의 곤경에 '동조'하기 어렵다 등. 그러나 인권침해에 대한 내부 방관자들은 흔히 얼굴 없는 익명의 타인들이 아니다. 이들은 가해자들을 알고 있거나 가해자가 될 개연성이 있는 사람들이다. 르완다나 구유고슬라비아처럼 완전히 다른 경우조차 사람들은 자기 이웃, 학교 동창, 직장 동료들이 집에서 쫓겨나고 눈앞에서 맞아 죽고 버스에 실려 사형장으로 끌려갈 때 수수방관했다.

　10장에서는 이러한 암울한 심사를 위로해주는 이야기를 할 것이다. 완전한 수동성이 지배하는 그런 암울한 '상황'은 존재하지 않는다. 그 어떤 두려움이나 이데올로기나 종교나 민족적 집단의식도 모든 사람을 영구적인 묵종 상태로 몰아넣지는 못한다. 의지와 태도는 시간에 따라 변한다. 이전에 침묵과 동조를 택했더라도 돌이켜 생각해보면 수치스럽게 느껴질 때도 있다. 어떤 사람들은 인간적 존엄감 또는 피해자를 도와야겠다는 순간적인 충동 때문에, 침묵을 강요하는 가장 극심한 정치적 압력조차 때로 이겨낸다.

정치문화

　'방관자'는 피해자도 가해자도 아닌 사람을 묘사하는 데 매우 편리하게 사용할 수 있는 용어이다. 그러나 전사회에 퍼져 있는 부인의 문화에 이 말을 적용할 때에는 대단히 오해받기 쉽다. 이보다 덜 복잡한 보통사람, 시민들, 여론 같은 용어가 훨씬 더 적합할 수도 있다.

오웰의 『1984』에 나오는 전체주의국가는 과거와 현재에 관한 정보 전체를 완전히 통제하려고 노력한다. 당신은 모른다. 당신은 당신이 모르는 것이 무엇인지 모른다. 너무 많은 것을 알고 있거나, 알려고 하기만 해도 엄청난 댓가를 치러야 한다. 하지만 이렇게 단순한 형태로 존재한 사회는 일찍이 없었다. 당신은 주변에서 일어나는 불쾌한 일들을 문자 그대로 완전히 모르고 지낼 수는 없다. 심지어 대단히 억압적이고 폐쇄적인 정권이라 하더라도 비밀상태를 완벽하게 유지하거나 정보를 물 샐 틈도 없이 통제할 수는 없다. 일반시민들은 결국 어느 정도 진실을 알게 되는데, 너무 두려운 나머지 자기 자신에게든 다른 사람에게든 거짓말을 하게 된다. 인권침해 가해자와 정부관리들은 일상생활을 '연기'하는 것처럼 보인다. 이상한 일이 전혀 일어나지 않는다는 식의 연기 말이다. 이런 사회에서조차 침묵과 가짜 정상화(증인이 아무것도 보지 못했다고 한다)는 국가의 강압, 미묘한 방조, 조국에 대한 우국충정 등에서 비롯된다.

그러나 실상이 전혀 다른데 어떻게 모든 일이 정상이라고 끝까지 둘러댈 수 있을까? 당신 주위에 눈에 띄는 증거와 표시가 널려 있다고 상상해보자. 당신은 지역언론, 소문 그리고 친구나 가족을 통해 진실을 알게 된다. 다른 사람들이 아는 바를 알게 되고, 그들도 당신이 아는 사실을 안다. 외국인 방문객에게 현재 어떤 일이 일어나고 있는지 잘 모르겠다고 말하기란 쉬운 일이며 권장되는 행위이기도 하다. 이런 것은 자기기만이 아니라 단순한 거짓말에 속한다. 그러나 세상의 모든 사회가 지구촌의 시선에서 발가벗겨지고 있으므로 거짓말이 고스란히 유지되기란 불가능에 가깝다. 군인들이 평화시위대에게 사격을 가하는 CNN 방송의 영상은 전세계에서 실시간으로 볼 수 있다.

당신이 안다는 것을 알고 있는 동료 시민들에게 문자 그대로 부인하려면 전술적인 공조가 더 필요하다. 이렇게 하려면 당신은 단순한 시각(sight)에서 복합적인 통찰(insight)로 옮겨가는 게 좋지만, 당신의 거대통찰(mega-insight)은, 복합적인 통찰력으로 세련된 부인을 하느니 차라리 대중 앞에서 (당분간, 사정이 호전될 때까지, 대중이 정신을 차릴 때까지, 진상이 폭로될 때까지) 약간 덜떨어진 것처럼 무조건 부인하는 편이 더 지혜로울 거라고 말한다. 게라스(Geras)는 심지어 대량학살 같은 심각한 사건에서도 '모르는 것'은 다양한 뉘앙스를 풍긴다고 말한다. "인권침해 사건을 모르는 체하는 사람들 또는 굳이 신경쓰고 싶지 않으므로 알아보지도 않는 사람들이 있다. 또는 인권침해 사건을 알고 있지만 신경쓰지 않는 사람들, 무관심한 사람들도 있다. 또는 내심 불안하거나 다른 사람들 때문에 걱정되는 사람들 또는 무기력하게 느끼는 사람들이 있다. 또는 기진맥진하고 정신이 다른 데 팔려 있거나 아니면 그저 자기 삶에 짓눌려서 먹고살기에 바쁜 사람들(우리들처럼)이 있다."[9]

좀더 개방된 사회에서는 스스로 부인하는 문화가 형성된다. 외국 특파원 앞에서 거짓말하는 병사는 멍청한 문화적 메시지—고자질하지 마라, 내부고발하지 마라, 적군을 이롭게 하는 행동을 하지 마라, 남들 앞에서 속옷을 빨지 마라—를 곧이곧대로 따르는 셈이다. 경우에 따라선 "말하지 않는 편이 더 나은" 주제가 있다는 식의, 무언의 사회계약이 있다. 하벨이 '거짓 속의 삶'이라고 부른 상태에 얽매인 사회도 찾아볼 수 있다. 흑백분리 시절 남아공 백인들 의식의 핵심은, 외부 관찰자가 보기에는 '너무나 명약관화'한 사실을 계속 차단하는 것이었다.

이 점은 해석적 부인에 더욱 잘 적용된다. 자기 자신, 동료 시민들, 심지어 외부인사들에게 "뭔가 나쁜 일이 일어나고 있다"는 사실을 순순히 인정하는 사람들조차 제노싸이드, 암살대, 고문 같은 용어를 대놓고 사용하기는 어렵다. 현실을 묘사하는 방식 가운데 어떤 것은 사회에서 통용되기 어려운 법이다. 자국 시민, 소수민족, 점령지 혹은 식민지 주민들에게 잔인한 행위를 저지르는 사회에서는 가해자의 설명과 관찰자의 설명 사이에 별 차이가 없다. 인권을 침해하는 정권은 자기들의 행위에 대해 국민의 적극 지지를 원하는가 하면, 침묵을 묵시적 동조로 받아들이기도 한다. 어느 경우이든 구경꾼들은 정부에게 중립적인 변명이 아닌 공식 해명을 들을 수만 있으면 된다. 이런 구경꾼들은 좀비가 아니다. 그들은 현재 일어나는 일들을 알고 있지만 그것 때문에 정서적으로 혹은 도덕적으로 심란해하지 않는다. 그런 일일랑은 아예 신경쓰지 않기 때문에 아무것도 '부인'할 필요가 없다.

관찰자가 피해자와 가까운 사이일 경우에는 인권침해의 삼각관계(가해자/피해자/방관자)가 달라진다. 원래 표적이던 집단에 대한 폭력이 더 확산되면 관찰자들도 위험에 놓일 수 있다. 하지만 관찰자들의 이익이 위협받더라도 일반적인 리스크를 오인하거나("여기에서 그런 일이 벌어지겠어?") 개인적인 리스크를 오인함으로써("그런 일이 내게 일어날 리야 없지") 그런 위험이 상쇄되는 것처럼 보이기도 한다.

방관자에게는 두가지 상태가 흔히 나타나는 것 같다. 첫째는 **수동적 지지** 또는 내부 협력이다. 남아공의 대다수 백인들은 정부정책에 그저 '대충 맞춰 살아가는' 식으로 아파르트헤이트를 지원하였다. 둘째는 **수동적 반대** 또는 '내면으로의 이주'라 할 수 있다. 이스라엘과 남아공에서 자유주의적 가치를 신봉하는 소수의 방관자들은 사적인 삶의 영역으로 도피함으로써 자신을 둘러싼 아수라장 같은 현실을 견뎌냈다. 나중에 세상이 변하면 많은 사람들이 자기들이 너무 두려워서 공개적으로 나서지 않았다 뿐이지 사실은 정권에 줄곧 반대했노라고 주장한다. 이들은 겉으로는 순응하는 체했지만 내면에 간직한 저항의 신념은 변치 않았다고 한다("내 행동과 생각은 서로 다르다"). 이러한 내면/외면의 분할을 계속 유지하려면 불쾌한 일상의 현실과 자신을 단절시켜야 한다. 텔레비전 뉴스를 보지 않거나 신문을 읽지 않는다, 친구들과 정치 이야기를 하지 않는다, 또는 사적인 일(연주회, 영화, 휴가, 소풍, 스포츠)에 바보처럼 몰두한다 등. 1970년대 브라질에서는 자신의 내부로 침잠해 정치적인 것에서 등을 돌린 도시 중산층을 묘사하기 위해 '내면주의'(innerism)라는 말이 만들어졌다. 옛 공산정권 치하에서 내부망명은 하위문화 전체를 규정하는 특징이 되다시피 했다.

자신을 자유주의자로 규정하는 사람에게 이런 행위는 불쾌한 뉴스에 노출되어 마음이 상할까봐 현실에서 인지적인 후퇴를 감행하는 것 이상의 어떤 행위이다. 이들은 보편적인 가치를 지지하고, 현재 벌어지는 일들 때문에 마음이 편치 않지만, 그렇다고 나서거나 '참여'하기는 꺼린다. 만일 이런 상황이 지속되면 소위 '내면주의'는 탈진과 낙담의 표시일 수도 있다. 그러나 대다수 사람들이 "현재 돌아가는 상황을 알고 싶지 않다"고 하더라도, 이것만으로 같은 문화권의 같은 가치관을 가진 사람들이 각자 다르게 행동하는 것이 설명되지 않는다. 스스로 숨죽이고 사는 적응전략이 꼭 유익한 것만은 아니다. 자아와 사회

에 대해 병적인 소외가 발생하거나, 자기 나라의 인권침해에 과잉방어
적인 반응을 보이거나, 실제로 시각장애가 발생하기도 하기 때문이다.

이런 사례를 찾기 위해서 독재와 자유민주주의 양 극단 사이에서
다양한 편차를 보이는 사회들을 조사해볼 수 있다. 중동과 동남아시
아의 전통적인 권위주의체제, 정부당국이 무질서와 영구적인 폭력과
민족분쟁에 대해 손을 놓아버린 서아프리카의 '실패 국가'들, 라틴아
메리카에서 민주주의와 군부독재 사이의 극심한 요동, 내부적으로는
민주적인 제도를 구축했지만 식민지나 종속국가 또는 소수민족을 탄
압하는 국가 등. 나는 강요된 침묵과 스스로 선택한 침묵, 이 두 극단
을 잇는 축을 중심으로 많이 연구된 사례를 살펴보겠다.

평범한 독일인

나찌시대에 평범한 독일인들은 인권침해의 실상을 얼마나 알고 있
었을까. 우리는 이 질문을 되풀이할 필요가 있다. 초기에 대다수 사람
들이 상세한 내막은 몰랐어도 유대인 말살정책의 일반적인 개요는 알
고 있었다고 보아야 할 것이다. 어떤 정보가 언제 어떻게 누구에게 알
려졌는지에 대해서는 아직도 여러 설이 분분하다. 그러나 국민 다수
가 동유럽에서 일어나고 있던 일들을 알고 있었거나, 석연치 않게 생
각했다는 점에는 의심할 여지가 없다.[10] 수많은 독일인들이 우끄라이
나, 리투아니아, 발트 삼국, 동갈리치아에서 발생한 학살사건 소식을
즉시 전해 들었다. 라커는 이런 일이 벌어진 초기에—안락사 프로그
램이 거의 끝나고 유대인 50만명이 나찌의 특수부대에 의해 살해되었
던 1941년 6월부터, 강제수용소에서 가스실 처형이 벌어지던 1942년
말까지—사건의 전모를 알았던 사람은 극소수였지만, 사건을 전혀

몰랐던 사람 역시 극히 적었다고 결론짓는다.

휴가 나온 사병들이 전한 죽음의 강제수용소에 대한 소문은 널리 퍼져나갔다. 1943년이 되면 독일인들 그리고 심지어 외국인들까지 가스 처형 이야기를 나눌 정도였다. 1944년 1월경 나찌 친위대원들이 아우슈비츠의 화장장과 시신이 들어 있는 소각로 사진을 지인들에게 우편으로 보낸 적도 있다. 수만명의 독일인, 그리고 그보다 더 많은 동유럽 점령지역 주민들이 인권침해의 산증인이었다. 이들은 마을 광장, 들판, 계곡, 강둑에 모여서 단 한번에 유대인 수백명이 '처리'되는 광경을 목격했다. 사실을 아는 사람들의 범위가 가족들, 관리들, 지방 정치인들, 전문직 종사자들, 수용소 인근 주민 등으로 점점 넓어져갔다. 비밀작전과 정보조작에도 불구하고 나찌의 '유대인 최종해결책'은 공공연한 비밀에 지나지 않았다. 이것은 단순한 결론이다. 물론 '공공연한 비밀'이라는 개념이 결코 단순하지 않지만 말이다.

이런 상황에서 '안다'는 것과 '믿는다'는 것은 어떤 의미가 있을까? 도대체 **무엇을** 알고, **무엇을** 믿는다는 것일까? 유대인들이 사라졌음을 알고 있던 독일인들이, 그것이 단지 유대인의 '재정착' 이상의 사안임을 눈치챌 수 있는 징후가 분명 드러났다. 하지만 상세한 내막을 아는 사람은 드물었다. "그 유대인들이 생존해 있지 않을 거라고 생각한 독일인이 많았지만, 그렇다고 유대인들이 반드시 죽었을 거라고 믿을 필요도 없었다."[11] 이것은 전시에나 통할 법한 논리적 모순이며, 이성의 붕괴를 의미한다.

현실에 적극 관여/불관여 또는 일치/불일치가 이런 일에 대한 대안적 설명은 아니다. **어떤 정보를 별 생각지 않는** 식의 부인이 일어나는 정신적·정치적 상태가 있을 수 있다. "대량학살은 감정의 폭발과 함께 온 것이 아니라, 철저한 침묵과 함께 찾아왔다."[12] 이러한 침묵은 유대인 학살에 대한 의식적인 동조였나, 아니면 국가권력에 보조를 맞추려는 일반적인(덜 이데올로기적인) 경향이었나? 어느 쪽이었든 간에 시민들은 유대인 말살 프로그램에 길들여져 그 일을 깊이 생각하거나 크게 신경쓰지 않았다. 일상생활의 잡다한 문제들과 비교할 때 유대인 말살 같은 문제는 어색하고 시시한 화제였다.

　나찌 지도부는 공무원들이 실시한 정기 여론조사 결과에 실망을 금치 못했다. 조사에 따르면, 국민 개인의 삶과 직결되지 않은 모든 사안에 무관심이 만연해 있었다. 이러한 무관심이 제일 주목받은 주제였다. 이러한 전형적인 부인 모델을 묘사한 반키어의 설명은 다른 시대, 다른 장소에서도 통용될 수 있다. "그들은 더이상 모르는 편이 낫다는 것을 잘 알 만큼 많이 알고 있었다."[13]

　사람들은 현재 어떤 일이 일어나고 있는지 어렴풋이 알지만, 그와 마찬가지로 어렴풋이 신경을 끄고 산다. 어렴풋이 알면서 어렴풋이 신경쓰지 않는 상태가 결합되었으니 그 사람이 결백하다거나, 아무것도 모른다고 말할 수는 없다. 힐버그는 이렇게 지적한다. "어떤 사건을 외면하고, 아무런 질문도 하지 않고, 그 문제를 공개적으로 거론하지 않더라도, 흐릿한 의식은 남아 있는 법이다."[14] "알아봐야겠다는 마음이 없다"는 말처럼, "더이상 알지 않는 편이 낫다"는 말과 "흐릿한 의식"이라는 말이 특히 적절한 설명이다. 이런 말들은 모든 방관자들에게 들어맞는 이미지를 떠올리게 한다. 그러니까 강제수용소 바로 근처 주민들이 자신의 일상생활을 영위해가는 이미지와 같다. 그들이 어디까지 알고 있었을까 그들이 문제를 알아보려 했을까 아이들에게 어떤 설명을 했을까? 만일 알고 있었다면 어떤 느낌이 들었는가?

마우타우젠 강제수용소 근처 주민들을 조사하여 훌륭한 연구성과를 낸 호르위츠는 1944년 가을부터 1945년 5월까지, 강제수용소의 마지막 시기를 이렇게 기술한다. 수용소 소각로에서 모두 처리할 수 없을 만큼 시신이 넘쳐났다. 1만 1800구가량의 시신이 마을 근처 대규모 공동묘지 두곳에 매장되었다. 나찌는 소개령이 떨어진 후 후퇴하던 도중에도 수인들을 총살해서 길가에 묻었다. 모든 일이 주민들이 지켜보는 가운데 일어났다. 그러다 1945년 봄이 왔을 때 "강제수용소의 공포를 목격했던 방관자들이 조용히 역사 속에서 사라졌다. 이후 이들은 외부세계에 전혀 알려지지 않은 채로 남아 있다."[15] 피해자와 구조자들(연합군)이 모두 떠난 후 이들은 다시 옛 시절로 돌아가 자기 삶을 꾸려가고 있다. 주민들은 자기들이 수용소에 관해 알고 있었던 것을 결코 입 밖에 내지 않았다. 수용소 부근 마을 주민들을 또렷이 기억하던 생존자들이 나중에 그들에게 물었다. "당신은 무엇을 보았는가? 진상을 알았다면 왜 아무런 행동도 취하지 않았는가?"

호르위츠는 수용소의 배치, 연병장의 지형, 수인들이 일했던(그리고 죽임을 당했던) 채석장, 살해 현장을 모두 볼 수 있는 위치에 있던 인근 가옥들을 묘사한다. 이런 설명으로 마우타우젠의 '선량한' 오스트리아 사람들이 **분명히 무엇인가를 목격했으리라** 짐작할 수 있다. 그들은 자기들이 목격한 것을 어떻게 해석했을까. 인권침해의 잔혹한 광경을 계속 목격한 후 마음이 심란해진 주민들도 있었다. 한 여성은 1941년 진정서를 당국에 제출했다. 본인의 자택은 언덕머리에 있으므로 나는 수인들이 채석장에서 총살당하는 '참혹한' 광경에 대한 '어쩔 수 없는 목격자'가 되었다. 즉사하지 않은 수인이 다른 시신 곁에서 반나절이나 방치되어 있다가 사망하는 경우도 목격했다. 그러므로 "본인은 그러한 비인도적 행위를 중단하거나, 아니면 사람들 눈에 띄지 않도록 조처해주실 것을 요망하는 바입니다."[16]

하지만 나찌 SS친위대는 주민들에게, 목격할 수밖에 없는 일이 벌어지더라도 그것을 무시하라고 경고했다. "주민들은 수용소 내부와 주변에서 일어나는 일들을 불가피하게 알더라도 그것을 무시할 수 있음을 배우게 되었다. 그들은 수용소에서 벌어지는 무서운 일들을 인지하더라도, '불가피한 인식'과 '조심스런 무시' 사이를 교묘히 헤쳐다니는 법을 배웠다."[17] 그러한 구분이 없다면 부인이라는 개념 자체가 소용없게 된다. '조심스런'이라는 말을 붙인 이유는 마우타우젠의 방관자들이 호흡하던 공포와 비밀과 불안의 정치문화를 묘사하기 위해서이다.

하르트만 성의 실험실에서 근무하던 의료진은 25킬로미터 떨어진 마우타우젠에서 이송되어 온 병든 수인들과 '함께 일'했다. 증거를 인멸하려고 애썼음에도 인간의 살점을 태우는 악취가 주변 동네까지 퍼져갔다. 주민들은 냄새를 피하기 위해 밤이면 창문 틈새를 막아야 했다. 간혹 두터운 연기구름이 성곽 위를 뒤덮었고, 타다 남은 머리카락 그을음이 길거리에 떠다니기도 했다. '잿가루 트럭'이라고 불리던 밀봉된 화물차가 거의 매일 뼛가루를 싣고 나가 다뉴브 강에 내다버렸다. 친위대는 사람들을 죽이고 있다는 정확한 '소문'이 번지자 즉시 대응하였다. 하르트만 성의 책임자였던 크리스티안 보르트(Christian Worth) 대위가 시민들을 동네 주막으로 소집해서 회의를 열었다. 대위는 타는 연기를 주민들에게 해명했다. 성직자가 신던 신발, 성화(聖畵), 제의(祭衣) 등의 성물을 태우는 거라고 말했다. 앞으로 시신을 태운다는 등 헛소문을 퍼뜨리는 사람이 있으면 엄벌할 거라는 위협도 잊지 않았다.

1944년 4월 마우타우젠에서 75킬로미터가량 떨어진 멜크(Melk)에 또다른 강제수용소가 세워졌다. 수용소가 운영되던 1년 동안 1만 4000명의 수인들 중 5000명가량이 구타, 총격, 사고로 죽어갔다. 수인들은 매일 마을 한복판을 통해 행진하여 기차를 타고 작업장인 지하 무기공장으로 이동했다. 동네 주민들은 수인들이 상습 범죄자라는 설명을 곧이곧대로 믿었다. 그런데 수용소내의 화장장에서 배출되는 연기의 악취로 미루어 시신을 소각하고 있다는 사실이 분명해졌다.

이러한 사실을 알게 되었을 때 어떻게 할 것인가? 아래 세 여성의 증언은 그들이 목격하고 행동하고 냄새 맡았던 것에 대한, 서로 다른 기억에 관한 이야기다.[18]

• G. S. 부인은 연기를 이렇게 회고한다. "살갗이 타는 기분 나쁜 냄새를 맡았습니다. 냄새가 아주 지독했어요. 그리고 머리카락, 그게 타는 냄새도 상당합디다." 호르위츠는 사람이 사건을 인식하는 투가 '무덤덤'했다고 기록한다. 수인은 범죄자들이고, 그들은 고의적인 학대로 죽은 것이 아니며 탈진과 굶주림으로 죽은 것이다. 그런 식으로 그들을 처리한 것이 그리 놀랄 일은 아니다. 수용소 근처를 걷다가 악취가 나면 태연히 "'아, 이거 참, 또 누가 타고 있네'라고 말하곤 했어요."

• 마리아 R. 부인은 좀더 주의를 기울였다. 그녀는 수인들이 시내를 지나 행진하는 길을 따라 과일이나 감자를 몰래 떨어뜨려 그들을 돕기 시작했다. 하지만 그런 행동이 너무 버거웠다. 그녀는 신에게 기도를 드리기 시작했다. "하느님, 제발 멈춰주십시오. 모든 것을 끝내주십시오. 다시는 그런 것을 보지 않게 해주세요." 어쩌면 호르위츠는

이 여자의 도덕적 감수성을 지나치게 과소평가했는지도 모른다. "그런 광경을 목격해야 하는 부담 자체가 고통이었다. 그러한 광경을 목격하거나 생각하고 싶지 않았다. '그런 것을 보지 않아야' 하는 이유는 그런 일을 목격하면 선택과 행동이라는 내키지 않는 질문을 제기해야 했기 때문이었다."

• S 부인은 내내 침묵을 지켰다. 수용소 이야기를 전혀 꺼내지 않았고, 남들이 시켜도 그쪽을 보지 않았다. 그런 일이 전혀 일어나지 않은 체하는 쪽이 제일 속 편했다. 그녀는 이렇게 말했다. "아무것도 듣지 않고 보지 않을 때가 제일 좋았어요" "내 입장에서 보면 그들은 수용된 게 아니었어요. 그것뿐이에요. 나는 전혀 관심도 없었어요" 이 여자는 선택한 것이다. 보았지만 눈길을 돌렸고, 본 것을 무시해버렸다.

호르위츠의 마우타우젠 연구는 부인의 심리학과 유사한 정교한 정치적 분석이라 할 수 있다.

• 방관자의 의식은 비자발적이다. 동네 주민은 보고, 냄새 맡고, 감각을 느끼고, 알 수밖에 없다.

• 그러나 개중에는 아직도 자기가 **정말** 아무것도 보지 못한다고 우기는 사람이 있다. 어떤 사람들은 아무일도 일어나지 않은 것처럼 조용히 등을 돌린다.

• 이것은 궁극적으로 알고 싶지 않은 욕구를 나타낸다. 그러나 사람은 의지에 따라 행동하므로 자신의 감각에서 자신을 완전히 분리시킬 수는 없다. "정말 아무것도 못 봤어요. 불편한 감정만이 남았어요."

• 동네 주민들은 시신이 타는 냄새를 인식한다. 그러나 사람을 죽

여서 화장한다는 소문은 부정한다. 감각은 멀쩡하고, 두뇌는 적절한 신호— 수용소의 화장장에서 나오는 연기—로 가득 차 있다. "그럼에도 불구하고 의미있는 결론이 나오지 않는다. 나올 수도 없다. 사람들의 눈앞에서, 귓가에서, 코앞에서 수천명이 죽어가고 있는데도."[19]

• 주민들은 인지능력을 상실한 게 아니었다. 그들에게는 도덕적 인식, 사람들을 더 알고 싶어 하는 관심이 결여되어 있었다. 대신 시선은 앞만 바라보고, 눈에는 눈가리개를 하고, 목은 뻣뻣하게 새운 채, 시야는 공포의 현장을 보지 못하도록 유지했다.

• 외견상 똑같이 무심하게 보이더라도 이유는 서로 다를 수도 있다. B씨는 조용하지만 주의 깊은 관찰자였다. 그는 자기가 목격한 것에 진저리를 쳤지만 "입을 꼭 다물고 아무것도 못 본 체"했다. 분위기가 너무 공포스러웠기 때문이다. 이와 달리 E부인은 "가까운 강제수용소에서 일어나는 일을 목격하지 않을 수 없었지만, 그쪽을 바라보거나 무슨 일인지 알아보려 하지 않은" 부류의 방관자였다.

• 이러한 선택이 완전히 자발적이지는 않았다. 당국은 대중들과 무언의 계약을 맺고 있었다. "수용소 당국은 그곳에서 일어나는 인권침해 실상을 주민들이 알지 못하도록 모든 노력을 기울였다. 또한 주민들도 알려고 하지 않았다. 심란한 도덕적 질문을 피하려면 모르는 게 약이었다. 당국은 주민들에게 관심을 기울이지 말라고 경고함으로써 주민들이 실상을 모른 체하면서 살아가도록 도왔다.[20]

수용소 인근 주민들은 수동적이고 장기적인 관찰을 할 수밖에 없었다. 그러나 발트 국가에서 나찌특수임무부대가 초기에 자행한 짓들을 목격한 사람들은 전혀 달랐다. 이곳에서 벌어진 엄청난 광경에 주민들은 호기심을 보였으며 상세한 내막을 알 수 있게 되었다. 주민들은 나찌의 유대인 박해에 관해 소상히 보고 들을 수 있었다. 피해자들을 색출하고, 마을광장으로 몰고 가고, 옷을 벗기고, 두려움에 떠는 비명소리가 들리고, 총살이 집행되고, 시신을 공동묘지에 갖다 버린다. 이 경우에 '방관자'라는 말은 전혀 어울리지 않는다. 목격자 중에는 무관심한 사람들이 있었다. 자기와 상관없는 일이라는 듯이 '어깨를 으쓱거리는' 이미지가 자연스레 떠오른다. 하지만 그보다 더 많은 사람들이 입을 딱 벌리고 구경에 열중하거나 열렬히 환호하고, 사형집행에 큰 관심을 보이면서, 자기도 무엇이든 돕겠다고 나섰다. 리투아니아의 꼬브노(까우나스)에서 유대인들이 쇠지레로 맞아 죽는 동안 군중은 환호를 울리고 박장대소했다. 어머니는 아이들을 번쩍 들어 그 광경을 볼 수 있게 해주었다. 독일 병사들은 사진을 찍었고, 마치 축구시합에 모인 관중들처럼 처형장을 돌아다녔다.[21]

이들 구경꾼은 인권침해 사건을 보기 위해 제 발로 찾아온 사람들이었지 우연히 사건현장에 있던 행인이 아니었다. 브라우닝(Browning)은 어떤 처형장에 "해군과 제국철도청에서 나온 수십명의 독일 군중이 나와 있었다"고 기록한다.[22] 이중 많은 사람들이 '처형축제'에서 제일 좋은 자리를 차지하기 위해 먼 길을 마다하지 않고 달려왔다. 클레는 이것을 '처형관광'이라고 표현한다. 우끄라이나의 지또미르에서 1941년 8월 7일 150여명의 주민들이 처형을 구경하기 위해 시장통에 모였다. 부근을 지나가던 독일 병사들은 지붕에 올라가 좋은 자리를 차지했다. 먼저 유대인 두사람을 교수대에 올려 목을 매달았다. 그후 유대인 50명이 트럭에 실렸다. 구경꾼들은 트럭을 따라 150미터 떨어진 처형장으로 가라는 방송이 확성기에서 흘러 나왔다. 유대인들은 한 사람씩 구덩이로 뛰어들어야 했다. 대부분 구덩이 속에 쓰러졌다. 그들은 나무더미 쪽을 바라보고 열을 지어 선 채로 모두 목 뒤에 총을 맞고 죽었다. 우연히 이 광경을 보러 나온 독일 병사들 중에는 목욕 가운을 걸친 이도 있었다.

우연히 이런 광경을 목격한 평범한 구경꾼들과 달리 지역주민들은 유대인의 처형에 적극 동조하고 돕기까지 했다. 이들은 자진해서 피해자들의 신원을 밝히고 그들을 분리했으며, 처형장으로 옮기는 이송작전을 도왔다. 그리고 유대인의 직장을 차지하고, 유대인이 버리고 간 빈집을 접수했으며, 가재도구를 훔쳤다. 1940년 6월 25일과 26일 양일간 리투아니아의 꼬브노에서는 지역 주민들이 유대인 약 3800명을 살해했다. 이곳을 방문중이던 한 독일 장교가 사건을 목격하고 기록을 남겼다. 그는 학살 다음날 자기가 "아마 양차대전을 통틀어 가장 몸서리쳐지는 사건"을 목격한 "증인이 되었다"고 썼다.

금발 남자가 나무 방망이를 들고 주유소 앞에 서 있었다. 그의 발치에는 죽었거나 죽음 직전인 사람들 15~20명이 쓰러진 채 누워 있었고, 사방에 흩어진 핏자국을 지우기 위해 누군가 호스로 물을 뿌리고 있었다. 남자는 다시 주민들이 데리고 있던 유대인들에게 '손짓'을 하고는 끌려 나온 사람을 몽둥이로 때려 죽였다. "한대씩 후려칠 때마다 군중들은 환호성을 질렀다."[23] 어떤 독일 사진사가 그 광경을 목격했다. 그 금발 남성은 도합 45~50명의 유대인을 죽였다. 그는 쇠지레를 치우고 아코디언을 가져오게 하여 시체더미 옆에 서서 리투아니아 국가를 연주했다. 여성과 아이들을 포함한 주민들이 다함께 노래를 부르면서 박수를 쳤다. 이것을 바라보던 방관자들은 거의 모두 독일 병사들이었다.

326

리투아니아에서의 유대인 살해 장면.

클레는 이 장면을 찍은 사진 몇장에 이렇게 덧붙인다. "주민들과 독일 행정관리들 그리고 경찰의 증언에 따르면 그들은 아무것도 보지 못했다고 한다. 오직 사진만 남아 있을 뿐이다."[24]

두려움의 문화

수십년이 지나 라틴아메리카에서 나타난 '두려움의 문화'를 상징하는 장면들은 앞서 언급한 사례와는 달랐다.[25] 피해자를 엄선하여 인권을 침해했고, 그러한 행위는 비밀로 취급되었다. 그러나 대중들이 그러한 탄압을 정당하다고 여기기 위해서는 충분한 정보를 제공받아야 했다. 아르헨띠나의 군부독재 집단은 대단히 복합적이고 정교한 '이중담론'의 언어체계를 만들어냈다. 이는 국가의 테러를 세상에 알리는 것과, 그 상세한 내용을 감추거나 부인하는 것 사이에서 균형을 잡는 담론을 말한다. 정권은 실종사건이 있어났음을 부인하면서, 그와 동시에 피해자들이 그런 벌을 받아도 마땅하다고 강변했다. 모든 게 정상이다, 하지만 반대파가 악질이므로 탄압은 정당하며 국가 테러는 상황의 불확실성 때문에 더 늘어날 수밖에 없다, 는 식이었다. 군부독재 집단이 계속 발표한 포고문 때문에 아르헨띠나 사람들은 "소리가 쩌렁쩌렁 울리는 방" 속에서 사는 것 같았고, "정권이 자신의 의도를 감추기 위해 언어를 오용하는 것, 사건의 의미와 정반대 말을 하며, 부모들에게 죄책감을 불어넣어 정권에 협력하도록 유도하면서 국가 테러를 확산시키는 광경을 목도해야 했다."[26]

이러한 소음 같은 언사를 쏟아내면서 당국은 과장된 연극 같은 사건을 벌이기도 했다. 예컨대 자동차 3대에 나누어 탄 무장 괴한 열두 명이 노상에서 비무장 민간인을 납치하는 사건이 공공연하게 벌어졌다. 이러한 '행사'는 '공적'인 스펙터클이었지만 그와 동시에 비밀이었고 나중에는 완전히 부인되었다. 고문, 살해, 시신 유기 등에 관한 세부사항은 철저히 비밀에 부쳐졌다. 실제로 국가폭력은 닫힌 문 뒤에서 은밀히 실행된 반면, 대중에게는 추상적인 폭력이 계속 가해졌다. 추상적인 폭력은 암호처럼 표현되었지만 군부독재 집단이 원하는 것이 무엇인지 쉽게 이해할 수 있도록 작성되었다. 고문을 당한 사실은 확실한데 실제 존재하지 않는 피해자에 관한 기이하고도 위압적인 침묵은, 지배자들이 언급을 금지했던 추상적인 공포를 '목격'하여 겁에 질린 청중의 침묵과 대비되었다.[27] 이렇게 공적이면서도 비밀스런 두

세계의 삶—각각의 삶이 나름의 비밀스런 담론으로 이루어진—이 야말로 진정한 부인이라 할 수 있다. 방관자는 자기가 본 것이 무엇인 지 알았지만 그것을 안다는 사실을 부정하였다. 일반적인 차원에서 알고는 있었지만 그것을 믿으려 들지 않았다.

열린 것과 닫힌 것을 가르는 정치적 분열 상태는 나중에 후렴처럼 되풀이된—"우리는 알았지만 알지 못했다"라는—정신상태를 만들 어냈다. '진짜' 알았다 치더라도 그것을 공개적으로 안다고 밝혔을 경 우에 치러야 할 댓가가 너무 컸다. 두려움이 자아검열 상태를 조성했 다. 공개적으로 이야기하는 것은 물론이고 심지어 친구와 이야기하는 것도 피해야 했다. 결국 내면의 생각과 대화까지도 스스로 감시하게 되었다. 자기확신이 투철한 아르헨띠나 군부독재 정권은 한걸음 더 나아갔다. 언론매체에 발표되는 정부담화문은 모든 사람을 목표로 했 다. 피해자의 가족과 친지들도 실종된 사람에 대해 입을 다물고 있으 라는 경고를 받았다. 만일 그 사실이 뉴스에 나오면 실종자의 명예에 누가 될 뿐이라고 했다. 부모들은 자녀의 행동에 대해 부모의 책임은 없는지 반성해보라는 훈계를 들었다. 자식을 제대로 다스리지 못했기 때문에 이렇게 된 게 아닐까? 부모는 다 자란 자식들이 바깥에서 무슨 짓을 하고 돌아다니는지 알고 있었는가? 친지들은 실종된 사람을 잊 어버리기로 하고, 그가 사망한 셈 쳐야 할 것이다. 실종자 스스로 신의 를 저버리는 무책임한 처신을 했으므로 족보에서 지워야 할 것이다.

'실종'은 분명히 당국에게 죄를 지었다는 증거였을 것이다. 예컨대 당신은 창밖으로 포드 자동차가 옆집에 주차하는 광경을 보았을 것이 다. 사복을 입은 사람 넷이 차에서 내린다. 몇분 뒤 그들은 옆집 처녀 를 끌고 나와 차에 태우고 어디론가 사라진다. 하지만 당국에 따르면 그런 일은 일어나지 않았다. 실제로 믿기 어려운 일이다. 그렇지만 왜 그 여자가 사라졌는지 설명을 해야 한다. 여기서 정권은 당신의 기이한 불확실성을 교묘하게 파고든다. 당신이 보고 아는 것은 정답일 수 없다. 정부당국만이 피해자의 비밀스런 죄를 알고 있었음이 분명하다. 따라서 이같은 상투구가 되풀이되었다. "그게 다 이유가 있을 거야" 또는 "그 사람이 나쁜 짓을 했을 거야." 이는 순응을 위한 주문(呪文) 같았다. "그러한 후렴구는 비공식적인 복종의 의례였다. 대중은 군부독재에 고분고분 따랐다. 자기기만에 빠져, 자신들은 모르지만 군부는 인권침해를 정당화할 만한 사실을 알고 있으려니 하고 믿었다."[28]

당시에 유행했던 상투구 중에 이런 말도 있었다. "정숙은 건강에 이롭다."[29] 이 말은 원래 1975년 부에노스아이레스 시당국이 자동차 경적 소음을 줄이기 위한 공공캠페인에서 처음 사용했던 표현인데, 쿠데타가 일어난 후 다른 의미를 지니게 되었다. 대중들은 당국이 자신에게 무엇을 요구하는지 조건반사적으로 알아차리는 '방관자가 되라는 의미'로 이 말을 받아들였다.

시간이 지나면서 국가는 단순히 침묵하는 관찰자 이상의 인간을 원하는 경향이 있다. 대중은 소외되고 감시받으면서 침묵과 사적인 공간으로 후퇴함으로써 스스로 피해자가 되고 만다. 아니면, 당국의 탄압을 정당화함으로써 처음에는 영문도 모른 채 독재정권의 동조자가 되었다가, 나중에는 정권을 적극 신뢰하는 지지자로 변한다. 이러한 정치문화에서 부인의 형태들은 마법 같은 조화를 부린다.

마오 쩌뚱 치하의 중국은 특별한 경우였다. 당시 인권침해의 목격자들은 폭력이나 국가기구에 의해 침묵을 강요당하지도 않았는데, 두려움의 문화 때문에 입을 다물었다. **침묵을 형성하는 기술은 세련되게**

안배된 강압과 '심리적 전체주의'에서 기인했다. 이런 것은 뚜 웨이밍(杜維明)이 "피해자를 만들어내는 측과 피해자측 양쪽에 모두 만연한 자발성"이라고 부른 현상에 의해 뚜렷이 나타났다.[30] 사람들의 수동성과 묵종성을 정치적 무지라고 혹은 단순히 비겁하다고 비난하기는 쉽다. 그러나 중국의 경우 심층에 깊이 자리잡은 자아비판 의식과 희생 정신 때문에 불의에 대한 항의와 분노가 표면으로 떠오르지 못했다. 수백만명의 지식인들에게 가해진 고통은, 루 쉰(魯迅)의 표현에 따르면, 보이지 않는 '무른 칼〔軟刀子〕' 때문에 생겨난 것이었다. 이 칼은 어찌나 깊게 파고드는지 몇몇 개인이 아니라 전체 사회가 피를 흘릴 정도였다.

거짓 속의 삶

동유럽 공산주의가 붕괴하기 수십년 전에 하벨이 쓴 글로 그 체제를 설명해보자. 공산권사회의 일상적인 부인에 대한 하벨의 말은 그 체제와 거리가 먼 사회에도 이상할 정도로 들어맞는다. 공산주의는 누추하고 억압적인 체제였다. 그러나 공산권의 공공문화는 무시무시한 경찰국가가 휘두르는 날카로운 칼 같은 위협이 아니라, 현실에 대한 당국의 해석에 동조하는 척이라도 하지 않을 경우 어떤 일이 벌어질까, 하는 초조감에 집중돼 있었다. 다들 정부를 지지하는 단합된 사회라는 이미지를 유지해야 했다. "교사는 직장을 잃을까봐 자기 자신도 믿지 않는 것을 가르친다, 앞날을 걱정하는 학생은 선생님이 가르쳐준 것을 그대로 외운다, 학업을 계속하지 못할까봐 염려하는 청소년들은 청소년동맹(Youth League)에 가입한다."[31] 당국은 사람들에게 모의투표, 사전에 각본을 짜둔 회의, 잘 조직된 시위를 통해 자신의 진정한 의견을 부정하고, 자신있고 자족적인 시민처럼 처신하라고 요구한다. 사람들은 무엇인가 잃을 게 있었기에(직장, 사회적 위치, 자녀 교육 등) 누구나 약한 구석이 있었다. 통제와 부역자, 밀고자가 서로 연결된 보이지 않는 거미줄을 모르는 사람이 없었다. 모든 이가 공공연하게 뇌물을 주고받았고, 아무도 공식 정치이념을 믿지 않았다. 그러나 이러한 위선적 행위를 성토하기는커녕 서로 조장했다. 이기적으로 자기 출셋길에만 신경쓰는 것이 유일한 생존방식이었다. 이는 일상적인 관심사를 넘어서는 것은 무엇이든 무시했던 무관심이 '적극적인 사회의 힘'이 되다시피 한 도덕적 풍토였다.[32] 당국은 이러한 '내면주의'를 환영했고, 혁명과 자유에 대한 선전선동을 쉬지 않고 퍼부었다. 당국의 궁극적인 메시지는 "정치를 외면하라, 정치는 우리에게 맡겨라, 입을 다물고 살라"였다.

하벨이 말한 '회피적 사고' 개념은 문화적 부인의 공산당식 버전이자 당의 실질적인 사상이었다. 언설과 선전이 생각과 현실을 분리했다. 언어는 그 자체로 의례화된 목표가 되었고 "하나의 현실을 또다른 현실로 전환시키는 비술(秘術) 같은 위력"을 획득했다.[33] 진부한 공식 담론은 더 폭넓은 정치문화 속에서 재생산된다. '사물을 균형있게 보다' '맥락 속에서' '예외적 사건' '공공의 이익' 같은 말이 되풀이되었다. 이런 상황에서 맥락화는 또다른 회피적 사고를 낳는다. "복합적인 방식으로 어떤 사안을 파악하려는 시도가 사실은 복합적인 형태의 무지로 귀결된다. 우리가 한 사람 한 사람을 그리고 구체적인 사물을 보지 못한다면, 그 어떤 것도 볼 수 없기 때문이다."[34]

보통사람들은 공산당의 이념을 내면화하지 않았다. 정반대였다. 공식 이념은 집단적 기만을 부추기고, 사람들은 모두 그것이 거짓임을 안다. 하벨의 유명한 배우〔일상적 기만을 연기해야 했던 보통사람〕는 가게 유리창에 "만국의 노동자들이여, 단결하라!"라고 쓴 표어를 붙여 놓은 야채장수이다(바츨라프 하벨의 1978년 평론집 『힘없는 사람들의 권력』에 나오는 이야기―옮긴이). 야채장수에게 어떤 열정이나 깊은 생각이 있었던 것은 아니었다. 그저 지금까지 그렇게 해왔으므로, 다른 사람들도 모두 그렇게 하므로, 그렇게 해야만 하므로, 괜히 말썽을 피워 좋을 게 하나도 없으므로, 그렇게 한 것이다. 정말 중요한 것은 이 구호의 잠재적인 메시지이다. 즉 "나는 내가 무엇을 해야 하는지 잘 안다, 나는 권력에 복종한다"는 뜻이다. 그가 "나는 벌 받을까봐 두려워서 '묻지 마' 식으로 복종한다"는 창피한 표어를 내걸었다면 수치스러웠을 것이다(하벨이 솔직히 지적하듯이). 오히려 자기가 공산당 이념을 확신한다는 점을 과시하고, 위선과 부인에 근거를 둔 체제가 인간 본성에 더 잘 부합한다는 환상을 유지하는 편이 훨씬 더 나았다. 이런 체제는 사람들이 거짓말 속에서 살아갈 능력이 있고, 기꺼이 그렇게 할 **의향**이 있으므로 작동할 수 있다.

정권은 거짓에 사로잡혀 있으므로 모든 것을 거짓으로 포장해야 한다. 정권은 과거를 거짓으로 만들었다. 정권은 현재를 거짓으로 만들고, 미래도 거짓으로 만든다. 정권은 통계를 거짓으로 만든다. 정권은 무소불위의 경찰력을 보유하고 있지 않은 척한다. 정권은 인권을 존중하는 척한다. 정권은 아무도 박해하지 않는 척한다. 정권은 아무것도 두려워하지 않는 척한다. 정권은 자신이 그런 척하지 않는 척한다. 사람들은 이런 모든 공상을 믿을 필요가 없으나 믿는 척은 해야 한다. 아니면 침묵 속에서 그런 공상을 참아내기라도 해야 한다. 아니면 공상 속에서 일하는 사람들과 잘 지낼 수 있어야 한다. 그러나 바로 이러한 이유 때문에 사람들은 거짓 속에서 살아가야 한다. 사람들은 거짓말을 인정할 필요가 없다. 단지 거짓말과 더불어 살아가는 삶, 거짓 속의 삶을 받아들이기만 하면 된다.[35]

거짓 속에서 살아가는 것은 어디에서나 보편적 현상이다. 하지만 이 경우는 아주 특별한 사례이다. 옛 소련의 농담 중에 안과의사와 이비인후과 의사를 둘 다 찾아가야 하는 어느 '동지'의 이야기가 있다. 왜냐하면 "내가 보는 것을 듣지 못하고, 내가 듣는 것을 보지 못하기 때문"이다.

이스라엘—특별한 경우?

이스라엘에 만연한 부인의 문화는 국가공산주의나 군부독재에서 비롯되지 않았다. 이스라엘의 유대계 시민 또는 아랍계 시민들도 민주주의의 혜택을 누리고 산다. 그러나 팔레스타인 주민들에게 가해지는 불의와 그들의 상처를 부인하는 경향이 사회 구석구석에 스며 있다. 유대인들이 당국의 선전, 공상, 독선에 동의하는 경향은 구금이나 비밀경찰을 두려워해서가 아니라 자신을 권력과 동일시하는 태도에서 기인한다. 많은 문제들이 대중에게 알려지지만, 그와 동시에 알려지지 않는다. 이스라엘은 수많은 '공공연한 비밀'이 존재하는 나라이다. 전세계가 알고 있는 사실, 예컨대 이스라엘의 핵무기 보유 같은 사실조차 이해하기 어려울 정도로 열심히 감추려 한다. 관리들은 진정어린 표정으로 거짓말을 뇌까리고, 대중은 천연덕스런 윙크를 주고받으며 설명을 받아들인다.

1987년에 촉발된 인티파다가 지속되는 동안, 고문, 암살대 운영, 시위대 살해 같은 인권침해에 대한 당국의 부정을 아무도 믿지 않았다. 하지만 대중은 하벨이 지적한 '거짓 속의 삶'을 계속 영위했다. 과거 공산권의 명목상의 공산주의자들이 열렬한 공산당원이 아니었듯이, 이스라엘 대중 대다수는 열렬한 시온주의 신봉자가 아니다. 그러나 유대인들은 시온주의라는 저속한 엄숙성 그리고 군의 '순결한 무력' 같은 신화를 무비판적으로 받아들인다. 이때 위선이나 가식은 별로 없다. 하벨이 말한 가장된 '공산주의자'라는 풍자성도 없다. 프라하의 야채장수와 달리 이스라엘 유대인들은 누가 강요하지 않아도 국경일이면 빠짐없이 자동차나 발코니에 국기를 내건다.

물론 이스라엘 유대인들이 방어적인 자기 이미지와 독특한 불안감 그리고 영구적인 피해자 의식을 갖게 된 역사적인 근거가 있다. 그 결과 외국인 혐오증이 나타났는데, 이는 다른 곳에서라면 분명 '인종주의'라 불렸을 것이다. 이런 태도로 인해 인간 공통의 도덕적 세계관에서 팔레스타인 사람들이 배제되고, "우리가 그들에게 하는 행위보다 이런 일이 우리에게 미치는 영향이 더 중요하다"는 식의 강박적인 자아도취에 빠지게 된다. 시민생활과 군생활이 밀접하게 연결된 사회인 까닭에, 대중은 '청중'이라기보다, 군대와 함께 골치 아픈 도덕적 문제를 무효화할 수 있는 신뢰할 만한 원천이 된다.

인권침해의 가해자는 언제나 포퓰리즘적인 변명을 내걸 수 있다. 그러나 민주주의의 책무성을 지킬 의무가 있는 기관들은 애매모호한 메시지를 보낸다. 인권침해를 공식 허용하면서도(그렇게 허용하지 않으면 인권침해가 일어나지도 않을 것이다) 사건이 너무 커지거나 심각해지면 그것을 비난하고 발뺌하는 식이다. 따라서 도덕적인 경계선 상의 업무를 수행하도록 선택된 사람들〔인권침해의 집행자들〕은 자신을 이중적 메시지의 피해자라고 볼 수밖에 없다. "자, 그 일을 하라, 공식 승인한다. 그러나 나중에 공개적으로 너희를 부정할지도 모른다."

인티파다 초기의 두가지 사례를 제시해보자. 1988년 1월 19일과 21일에 이스라엘군은 서안지역의 하와라(Hawara) 시와 바이타(Beita) 시에 진입했다. 그들에게는 정상적인 방식으로 폭동을 진압하라는 명령이 공식 시달되었다. 그러나 라빈 국방장관의 지침에 시위 용의자들을 '뼈도 못 추리도록' 만들라는 말이 있었으므로, 군인들은 애매모호하고 나중에 부인할 수도 있는 명령을 애초에 하달받았던 것이다. 사병들은 비밀정보기관이 제공한 명단을 이용해서 팔레스타인 주민들의 집에서 젊은이 스무명을 색출해 인근 들판으로 끌고 가서 입을 틀어막고 팔과 다리를 묶은 다음 바닥에 내팽개쳤다. 그런 후 라빈의 명령을 문자 그대로 수행했다. 그들은 곤봉과 주먹과 돌로 팔레스타인 청년들의 팔다리뼈를 모두──그중 한사람만 나중에 주민들에게 걸어가 도움을 요청할 수 있도록 열외로 하고──부러뜨렸다. 이 사건이 벌어지는 동안 군용 버스 한대가 요란한 엔진소리를 내며 들판을 돌아다님으로써 청년들의 비명소리가 들리지 않도록 했다.

사건 후 2년간 대중과 언론은 다양한 반응을 보였는데, 그 명령을 직접 하달한 장교의 군사재판에 이르러 대중의 관심은 최고조에 달했다. 장교는 가족, 친지, 그리고 '방관자'들의 열렬한 지지를 받았다. 이들은, 자신은 국방부 고위당국의 희생양이 되어 "개떼에게 던져졌다"는 장교의 호소를 곧이곧대로 받아들였다. 그 일에 가담한 병사들의

336

끔찍한 경험과 정신적 외상에 대해서는 말들이 많았지만 팔레스타인 피해자들은 그후 다시는 언급되지 않았다.

이 사건이 벌어지고 몇주 지나지 않은 2월 5일 이스라엘 병사들이 카프르 살렘(Kafr Salem) 마을에 진입하여 팔레스타인 청소년 네명을 체포하였다. 병사들은 이들을 곤봉으로 구타한 후 불도저 운전병에게 깔아뭉개라고 명령했다. 운전병은 명령에 따르지 않고 흙을 파서 청소년들 위에 끼얹어 거의 산 채로 파묻어버렸다. 군인들이 떠난 후 마을 주민들이 의식을 잃은 아이들을 흙더미에서 파냈다. 그런데 여론은 그후 구속된 병사들에게 압도적으로 동정을 표했다. 병사 가족들은 사건과 직접 연관이 없는 많은 방관자들을 대신하여 적절한 부인의 언사를 내놓았지만("유대인의 마음으로는 그런 짓을 할 수는 없다"), 아주 정확한 사회학적 설명도 제시했다. "우리 형제는 이스라엘에도 민주주의와 정의가 살아 있음을 보여주기 위해 뽑힌 희생양이다. 당국은 이제 본보기 재판을 열 것이다." 구속된 병사 한 사람은 구치소에서 처음 며칠간 울기만 했다. 그는 모든 사람이 자기에게 손가락질을 할 것이라 생각했다. 그러나 구치소의 다른 수감자들, 경찰 그리고 이스라엘 전체가 자기편을 들고 있음을 알게 되었다. "내가 울고 있다는 사실을 알고 우리 가족들이 얼마나 가슴이 찢어졌겠는가. 내가 한 행동 때문이 아니라, 가족들이 나로 인해 마음고생을 했기 때문에 부끄럽다."

물론 모든 사람이 병사 편을 든 것은 아니다. 이스라엘의 자유주의자들이 주장해온 보편적인 가치와 그런 사건 사이에는 커다란 간극이 있다. 이런 모순을 해결할 수 있는 방안은 대중에게서 떨어져 나와, 방관자의 탈을 벗어던지고 항의행동과 인권운동을 시작하는 것이다. 아니면 아예 대중의 합의라는 편안한 품속으로 돌아가는 것이다. 당신은 사적으로 알고 있는 사실을 공개적으로 부인하고, 이도저도 아닌 논리를 되풀이할 수도 있다. 당신은 유대인이 아닌 타인들이 나쁜 짓을 했다고 믿는 척할 수 있다. 진짜 유대인, 당신의 자녀, 남편, 이웃, 친지, 동료들이라면 정녕 그 병사들처럼 행동하지 않았을 거라고 믿는 척할 수 있다.

이미 언급했듯이, 제3의 해결책, 즉 '내면으로의 이주' 방식도 있다. 머릿속에서만 살아가고, 더이상 세상이 어떻게 돌아가든 상관없이 사는 것이다. 이런 선택이 그저 관성인 사람도 있다. 이런 사람의 마음 깊숙한 곳에는 무관심이 도사리고 있다. 진정으로 반대에 나서는 사람도 있다. 하지만 자국 정부에 대한 수치심, 미래에 대한 우려, 깊은 무력감과 운명적 패배주의로 인해 사적인 삶으로 퇴행하는 사람도 있다. 인권감시기구에서 인권침해 사례를 폭로하면 자유주의자들은 이렇게 말하곤 한다. "고맙게도 여전히 이런 일을 하는 사람들이 있구나." 그러나 이런 반응도 나온다. "이제 그만하자, 제발 우리를 좀 내버려두라. 이 땅에 인권침해가 얼마나 심각한지 알 만큼 알고 있다."

이스라엘의 정치문화는 사회의 자기 이미지를 크게 손상시키지 않은 채, 고문·장기간 구금·암살대 운영·민간인 억류·통행금지·강제추방·가옥파괴 같은 집단적 처벌을 정상으로 받아들이게 되었다. 최근에 발생한 인권침해 사건이 알려지면 국민 대다수가 그 사실을 인정하기라도 한다. 그러나 과거사, 특히 1948년 팔레스타인 주민들의 추방 사실과 그것이 인종청소와 유사하다는 '시대착오적'인 암시가 나타나면, 그것을 최근 사건의 보도 때보다 훨씬 더 위협적으로 받아들여 즉시 사적 기억이자 공적 기억이라는 이중담론내에 위치시킨다. 간혹 공인들 중에는 이런 사실을 아예 노골적으로 말하는 사람도 있다. 이차크 라빈 수상은 선거운동 기간에 아랍계 주민을 이스라엘에서 추방('이송')하라고 요구하는 우파 군중 앞에서 이렇게 되받아치곤 했다. "내 앞에서 추방 이야기는 꺼내지도 마라. 이중에 나보다 아랍계를 더 많이 추방한 사람이 어디 있느냐?"

내부 부인은 왜곡과정을 한번 더 밟는다. 국내용 발언과 국외용 발언이 달라진다. 이스라엘 국내에서는 각종 정보들이 상당히 자유롭게 유포되지만, 대외용 발언에서는 너무 솔직하게 표현하지 않도록 자기 억제 심리가 발동한다. '국내의 합의를 넘어' 외국인들에게 이스라엘을 비판한 인권운동가, 정치활동가에게는 '말쉬님'이라는 딱지가 붙는다. 적에게 자기 동포를 팔아넘긴 '밀고자'라는 의미이다.

외부의 청중

외국인이라면 쉽사리 다른 나라의 인권침해를 부인하거나 무심하게 그 현상을 설명할 수 있다. 멀리 떨어진 나라의 문제를 아주 잘 알거나 심각하게 염려한다면 오히려 비정상일 것이다. 당신은 비참하고, 정처없고, 허기지고, 병약해진 꼬소보 난민에 관한 4분짜리 텔레비전 뉴스를 또 접하고 나면 마음이 아플 것이다. 그러나 텔레비전 보도나 앰네스티 소식지는 쉽게 우리의 관심권에서 사라질 수 있으니, 텔레비전을 끄고 소식지를 내던져버리면 그만이다. 이런 행위를 합리화하기 위해 핑계를 만들 필요조차 없다. 어느정도 일리있는 방식으로 해명("진상이 정확히 어떠한지 알기가 참 어렵군")을 내놓을 수도 있다. 그러나 외부에 대한 지각은 '선(先)구조화'(pre-structured)되어 있다. 어떤 드라마를 시청하기도 전에 우리는 나쁜 일을 절대 저지를 수 없는 믿음직한 동맹국과, 나쁜 일만 저지르는 '깡패국가'를 구분하도록 인식틀이 마련돼 있다. 이러한 정치적 틀에 나는 이런 일과 아무 상관이 없다는 식의 정서가 더해진다.

지금부터 제노싸이드라는 극단적 사례를 배경으로 '외부의 방관' 개념이 적용된 네가지 경우를 설명해보겠다.

외부에서 아는 것

문화적 부인 개념은, 수많은 사람들이 뭔가를 부인하지만 **실제로**는 알고 있는 것을 우리가 찾을 수 있다고 가정한다. 우리는 사람들이 어떤 곳에서 일어난 인권침해를 분명 알고 있다고 흔히 생각한다. 하지만 "세상이 다 알고 있다"라는 표현은 보스니아나 꼬소보 사태 같은 경우에는 들어맞겠지만, 텔레비전이 등장하기 전에 일어난 사건에는 전혀 맞지 않을뿐더러 오늘날에도 거의 맞지 않는다. 집단적으로 뭔가를 알고 있다고 할 때에도 국민 전체를 가리키는 것은 아니고 정치 지도자, 엘리뜨 집단 그리고 언론매체를 지칭할 뿐이다. 이런 면에서도 가장 많이 연구된 사례는 나찌 독일의 경우이다. 나찌의 홀로코스트 소식은 '내부 방관자'들——보통의 독일인들과 독일의 동맹국들——외에 외부의 핵심 청중들에게도 재빨리 전해졌다. 연합군 수뇌부, 영미의 언론매체, 로마교황청, 적십자사, 전세계 유대인 조직, 팔레스타인의 유대인 지도자들이 소식을 전해 들었다. 그런데 그러한 정보가 무시당했는가, 진심으로 믿어지지 않았는가, 아니면 믿긴 믿었지만 그 소식이 함축하는 바가 부인당했는가?

'아는 것'과 '믿는 것' 사이의 괴리가 얀 까르스끼의 일화에 등장한다. 까르스끼는 폴란드 출신의 밀정으로 1942년 당시 벌어지고 있던 제노싸이드에 관한 상세한 정보를 몇몇 서구 지도자들에게 알렸다. 제노싸이드에 관한 사실 자체에 이의를 제기하는 사람은 별로 없었다. 그러나 펠릭스 프랑크푸르터 판사는 까르스끼에게 말한다. "나는 당신 말을 믿을 수가 없다." 주위에서 까르스끼의 말이 진실이라고 확인해줬지만 프랑크푸르터는 이렇게 말한다. "저 젊은이가 거짓말한다고 말하지 않았소. 내가 그를 믿을 수 없다고 했을 뿐이오. 그 둘은 서로 다른 뜻이오."

이 경우에도 그랬지만 다른 유사한 부인의 서사에서도 이런 차이가 나타난다. 권력자들은 어떤 정보를 입수해도 그 중요성을 제대로 판단하지 못한다. 나중에 그런 정보를 보고받은 사실을 인정하더라도 사건의 규모, 내막 또는 함의를 파악하지 못했거나, 이러저러한 정치적 이유 때문에 공개적으로 인정하지 않으려 한다. 이런 애매모호함을 잘 설명해주는 사례가 있다. 1942년 런던에서 발간되는 『데일리 텔레그라프』(Daily Telegraph)에 실린 소식을 다른 신문들이 인용한 것을 보자. 그 기사는 70만명(나중에 100만명으로 늘어남)의 폴란드 유대인들이 독일군에게 죽임을 당한 사건이 '역사상 최대 규모의 학살 사건'이라고 썼다. 이 기사를 받아 쓴 『뉴욕 타임스』는 그 뉴스를 신문의 중간 지면에 배치했지만 이렇게 평했다. "100만명이 죽었다는 말이 사실이라면 그런 소식은 분명 신문 1면에 배치되어야 한다. 따지고 보면 이런 일은 매일 일어나는 사건이 아니지 않는가. 만일 이 사건이 사실이 아니라면 절대로 신문에 보도되어선 안될 것이다."[36] 지면의 중간쯤에 배치한 것은 믿음과 불신 사이의 타협이었던 것이다.

까르스끼와 『뉴욕 타임스』의 예화는 정보와 인지의 차이, 아는 것과 믿는 것의 차이에 관한 우화이다. 이런 예화를 오늘날 되풀이할 수는 없다. 탈근대적 감성의 시대에 인지와 믿음은 좀더 쉽게 상대화된다. 오늘날에는 인지든 믿음이든 행동과 유리되기 십상이다.

방관국가들

'방관국가'는 원래 홀로코스트 당시 유대인의 운명에 외견상 무심했던 서방 여러 나라를 가리키는 말이다. 논란이 있지만,[37] 한가지 분명한 사실은 연합국 측이 공식 실토했던 것보다 사실은 더 일찍, 더 자세히 유대인 말살정책을 알고 있었다는 점이다. 나중에 사람들이 그것을 믿고 인정했을 때에도 연합국 정부는 도울 능력이나 의향이 없다고 했다.

보스니아와 르완다에서 벌어진 인권침해에 대한 서구의 반응은 이러한 역사의 (부분적으로는 수사에 가까운) 현대판이다. 그러나 오늘날 국제무대에서 '아는 것'과 '모르는 것'의 뉘앙스는 과거와는 현저히 다르다. 이제 국제적 인권침해 사건은 생생한 정보와 기자회견 그리고 시청각 기술과 함께 전지구적 언론매체를 통해 유포된다. 세계대전 당시와 비교해서 정보의 양은 비약적으로 늘었다. 그렇다면 보스니아 상공을 선회하는 정보통신위성과 무인정찰기들이 실시간으로 영상을 전송하고 있었는데도 왜 미국은 스레브레니차(Srebrenica) 지역의 상황이 여전히 '불분명'하다고 말했는가?[38]

342

정보가 넘쳐나는 시대에 어떤 정보를 공식 인정하는 방식은, 투명함과 생생함 그리고 즉각 부인과 부재(不在)가 탈근대적으로 혼합된 것이다. 자 이제 보이시죠, 자 이제 안 보이시죠, 이런 식이다. 1992년 텔레비전에서 뼈만 남은 보스니아계 무슬림 주민들의 이미지와 함께 쎄르비아의 강제수용소가 전세계에 폭로되었을 때 미국의 반응을 순서대로 살펴보자. "철조망 뒤에 서 있는 사람들의 모습을 텔레비전 화면으로 보여줬을 때 부시 행정부 관리들은 본능적으로 반응했다. 그들은 강제수용소에 대해 아는 바가 전혀 없다고 잡아뗐다. 아니, 사실은, 처음에는 알고 있다고 했다가 다음날에는 몰랐다고 했다."[39] 그러나 초기에 부인한 사실은 곧 잊어버렸고, 결국 국무부는 수용소를 처음부터 알고 있었다고 인정했다. 그들은 이것을 "공을 한발 앞으로 옮겨놓는다" ― 이것은 대녀의 설명에 따르면 '인지하는 단계'에 이르렀다는 뜻이다 ― 고 표현했다. 그러나 말로는 인권침해 사실을 인정한다면서 공식적으로는 아무 조처를 취하지 않는다는 방침이 이미 서 있었으므로, 구체적인 두번째 단계로 나아가겠다는 말은 하지 않았다. 그러나 오마르스카(Omarska) 수용소의 참극을 이전부터 알고 있었다면 왜 미국정부는 그 사실을 밝히지 않았는가?

방관국가들의 역할은 인권침해 사실을 인지한 초기 ― 경고의 징후들이 명백히 감지되기 시작했을 때 ― 에 특히 중요하다. 그러나 방관국가들이 초기에 예방조치를 취하지 않으면,[40] 가해 정부는 그들의 동맹국, 후원국, 지원국에 의존하여 안심하고 인권침해를 계속할 수 있다. 최근 르완다 사태 당시 학살이 일어나기 전부터 상황이 점점 더 구체화되고 있다는 징후가 나타났다. 지방 방송에서는 투치족 중에서 죽여야 할 인물들의 명단을 발표하면서 학살을 선동했다. 외교가와 인도적 지원단체들은 사태의 심각성을 사전에 알고 있었다. '제노싸이드'라는 용어를 법적으로 적용했더라도 손을 썼을 거라는 보장은 없지만, 그 용어를 쓰지 않았기 때문에 더 부담 없이 수수방관할 수 있었던 것은 사실이다. 적어도 20만명이 살해된(주로 투치족) 1994년 5월에 미국정부는 대변인에게 "학살 사태를 제노싸이드로 표현하지 마라는 지시를 내렸다. 하지만 일부 고위관리들 중에도 그 사태가 제노싸이드 개념에 정확히 부합한다고 믿는 사람들이 있었다."[41] 미 국무부는 '제노싸이드적 사태' 또는 '사건'이라는 용어를 쓴다는 방침을 세워두었다.

어째서 각국 정부는 그 사태에 직접 책임질 이유가 없는데도 먼 외국의 갈등상황을 외면하거나, 말려들지 않으려 하는 것일까? 여러 이유가 있다. 국익에 부합하지 않기 때문이다, 국민국가는 도덕적 의무를 진 행위자가 아니기 때문이다, 인권침해 상황에 직접 개입했거나 연루되었기(무기·군사훈련·장비 제공 등) 때문이다, 국가주권 원칙에 반하는 행동을 취하기 싫어하기 때문이다, 타국민의 문제에 우리가 왜 끼어드느냐는 대중의 감정 때문이다 등. 또한 상대주의적 해석들이 있다. 우파는 "그런 인간들은 언제나 그런 식이다"라고 말한다. 자유주의자는 "현지 문화를 존중하고 그들에게 우리의 가치를 강요하지 말자. 우리가 남들을 비난할 자격이 있는가?"라고 말한다. 개념 없는 사람들은 "절대적인 것이 세상에 어디 있어, 무슨 일이 일어나고 있는지 정확히 알 수 없는 법이지, 양쪽 다 일리가 있어"라고 말한다. 국가가 중립을 지키고 개입하지 않을 권리가 있다고—심지어 그런 일을 인지하지 않을 권리가 있다고—말하는 것은, 개인이 "나는 타조가 될 권리가 있어"라고 말하는 것과 정치적으로 유사하다.[42]

인권을 침해하는 국가의 후원국들은 아르헨띠나의 군부독재 집단과 마찬가지로 암호 같은 이중 메시지를 내보낸다. 유엔 같은 공적인 장소에서는 인권침해 행위를 비난하고, 경고를 보내고, 심지어 제재조치에 찬성표를 던지겠다고 위협한다. 그러나 사적으로는(그러므로 최대한 부인할 수 있는 방식으로) 종속국가에게 군사원조와 군사훈련단을 계속 제공하고, 공식석상에서 발언하는 방법과 홍보회사를 활용하는 방법을 가르쳐주며, 침략과 쿠데타와 야당탄압에 찬성한다. 단, 너무 공개적으로 하지 말고, 너무 많이 죽이지도 마라고 조언한다. 이는 단순히 '눈을 감는' 행위보다 훨씬 적극적인 것이다. 1975년 12월 5일 수하르또 장군이 동티모르를 침공해서 티모르인 6만명을 학살하기 이틀 전 헨리 키씬저 미 국무부장관과 포드 대통령이 자까르따를 방문했다. 나중에 한 국무부 관리는 그 방문을 '커다란 윙크'라고 표현했다.

촘스키의 '부인의 정치경제학'에 따르면 '아는 것'의 심리적 뉘앙스는 대단히 풍부하다. 새빨간 거짓말, 이중 메시지, 눈길을 딴 데로 돌리기 등은 의식적이고 고의적인 행위이며, 지정학적 이해관계에 의해서만 좌우된다. 선택적인 무지는 언제나 정치적으로 계산된 것이다. 쓸모있거나 합당한 피해자라고 지목된 국가 또는 소수민족은 동정받지만, 쓸모없거나 부적당하다고 찍힌 피해자의 운명에 대해선 아무도 관심을 보이지 않는다. 똑같은 유혈사태라 하더라도 '극악무도한 유혈사태'가 있고 '건설적인 양질의 유혈사태'가 있다. 그 결과는 오웰이 민족지상주의에 대해 내린 결론과 동일하다. "공식 적국이 저지른 인권침해는 대단한 반향과 분노를 일으키고, 이에 대한 보도가 쏟아진다. 또한 적국을 실제보다 더 사악한 집단으로 묘사하는 거짓말까지

서슴없이 내뱉게 된다. 우리와 가까운 우방국이 저지른 인권침해 사안에 대해서는 정반대로 대응한다. 게다가 국내 권력의 이해관계와 무관한 인권침해 사건은 통상 무시된다."[43]

은유적 청중

8장과 10장에서는 내가 무척 흥미를 갖는 대상들을 다룬다. 그들은 사회적 고통에 대한 미디어의 이미지를 무작위로 소비하는 사람들, 그리고 이보다 좀더 초점을 좁히자면 앰네스티와 옥스팸의 캠페인 대상자들이다. "세계가 지켜보고 있습니다"라고 선언하는 미디어의 활약으로 우리는 전세계의 사건을 목격하는 은유적 방관자로 바뀌고 있다. 하지만 실제 방관자가 느끼는 즉각적이고 물리적인 현실감을 느끼지는 못한다. 그러한 전통적인 방관자 경험은 이제 어떤 행동을 취하라고 강력하게 요구하는 미디어의 방관자 경험으로 전환되었다. 요즘 미디어를 통한 하루치 경험은 아마도 착한 사마리아인이 평생 경험한 것보다 많은 목격과 요구로 이루어져 있을 것이다.

순례자·관찰자·감시자

지난 20년간 국제 관찰단의 숫자가 엄청나게 늘어났다. 이들은 업무상 또는 이데올로기적 이유로 전세계의 고통받는 사람들을 찾는다. 2차대전 때만 하더라도 국제적십자위원회가 유일한 중립적(그리고 제한적) 관찰자였다. 오늘날 전세계 어떤 오지의 분쟁지역이라 해도 감시자와 관찰자로 이루어진 광범한 네트워크가 있다. 인권담론을 인정하는 분위기, 국제 인도구호단체의 증가, 항공여행의 대중화, 새로운 정보통신기술의 확산 등으로 전지구적인 차원에서 인권침해의 부인을 반대하는 엘리뜨 계층이 형성되었다. 이들은 인권침해를 감시하고, 재난구호사업을 펼치며, 개도국 정부에 재정정책이나 에이즈 예방 대책에 대해 조언하고, 다큐멘터리를 제작하며, 진상조사나 연대활동의 일환으로 전세계를 여행한다. 이는 새로운 형태의 세계주의적 (Cosmopolitan) 하위문화를 보여주는 사례이다. 이들은 현지상황에 정통하고, 이지적인 사람들인데, 인권침해와 인간의 고통을 관찰할 수 있는 좋은 위치에 있다. 이런 지역은 얼마전까지만 해도 외부의 감시가 불가능했던 곳이다.

이들 중 많은 사람들이 새롭고 특별한 의미에서 '관찰자'들로 '온정사업'(compassion business)에 종사하는 사람들이다. 그들은 지나가는 행인이 아니라, "아무리 멀리 떨어져 있는 타인이라 할지라도 그들의 문제에 관심을 기울여야 한다는, 얼핏 이해하기 힘든 현대판 이상주의"의 대표자로서 타인의 비참한 현실을 잘 알고 있다.[44] 이들은 대단히 민감한 '시인' 의식을 지니고 산다. 전지구적 고통에 관한 담론은 주로 이들의 도덕적 상상력에서 비롯되었다. 이들은 정보를 수집하고 가공하여 인권보고서와 전범재판용 문건, 인권단체 캠페인, 정치상황 브리핑 자료 등으로 내놓는다.

현지 주민들은 이러한 관찰자들을 약간 냉소적으로 대하기도 한다. 피해자, 종속된 집단, 탄압받는 집단들은 이런 외국인들이 현지상황에 별 관심도 없으면서 문제지역에서 문제지역으로 떠돌아다닌다고 생각한다. 각국 정부는 이들을 근본적으로 편향된 세력으로 본다. 이들이 약자 편에 서고 자유로운 세계주의적 가치를 대변하고 있기 때문이다. 이쪽저쪽 분쟁의 당사자들 역시 이들이 현지 문제의 복합적 성격에 눈을 감는다고 비난한다. "그들은 자기들이 보고 싶은 것만 본 다음 비행기를 타고 집으로 돌아간다."

정치적 편견을 갖고 현지를 찾는 방문자들도 있다. 이들은 타자의 오류에 대해 선택적 침묵과 부인을 행하기도 한다. 지식인들은 자기가 가깝게 느끼거나 이상적으로 생각하는 사회가 저지른 잘못을 비판하지 않으려 했던 수치스런 기록을 간직하고 있다. 그러한 비판이 대의명분에 해를 끼칠지도 모른다는 정치적 판단을 내렸기 때문이다. 이것이 바로 "남들 앞에서 더러운 속옷을 세탁하지 않는다"는 속담의 의미이다. 이런 대중적 통념은 국가가 사람들에게 적국에 동조하거나 협력하지 마라고 직간접으로 위협할 때 더욱 막강한 영향력을 발휘한다.

좌파의 정치적 순례에 관한 역사는 자발적인 선택적 인지, 자기검열 그리고 부인 같은 불명예스런 예화들을 보여준다. 이러한 '봉' '추종자' '쓸모있는 멍청이' '동조자' 들을 묘사하는 어휘들이 대단히 많다. 이들 중 역사가 가장 오래되고 제일 평판이 좋지 않았던 사람들은 소련으로 '현지 연수' 혹은 '연대 방문'을 나갔던 외국인 여행자들— 경멸적인 'fellow-traveller'라는 말이 꼭 들어맞는— 이었다. 그때는 스탈린과 그의 추종자들이 자의적 구금, 사기 재판, 고문과 투옥을 자행하고, 굴락 강제수용소를 설치했는가 하면, 기근으로 인한 대량 아사 사태가 일어나던 시점이었다.[45] 하지만 방문객들은 나쁜 점을 전혀 보지 못했다. 아니, 보긴 했지만 자기가 본 것에 담긴 의미를 부정했다. 최악의 경우, 알면서도 거짓말을 했다(고결한 명분과 고매한 충성심에서). 최선의 경우, 쁘리모 레비가 말했던 부인 논법을 구사했다.

만일 공산주의의 도덕적 기초가 불평등, 불의, 억압의 타파에 있다면, 어떻게 공산주의국가에서 비정상적 현실이 자리잡을 수 있을까? 그것은 분명 자본주의국가의 선전에서 비롯된 것일 수밖에 없다는 식이었다. 그후 마오 쩌둥의 중국을 방문했던 낭만적 순례자들도 그들 주위에서 벌어지던 탄압과 집단적 고통을 소련 방문객들보다 더 눈치채지 못했거나, 스스로 눈치채지 못하게 만들었다.

이스라엘과 팔레스타인 분쟁은 양쪽의 힘이 엇비슷한 대칭적인 분쟁이 아니지만, 양쪽 관찰자들이 동시에 부인을 실행하는 놀라운 사례를 보여준다. 정치적으로 서로 원수지간인 두 집단을 태운 버스 두대가 동일한 관광지를 지나간다고 가정하자. 한쪽 버스에는 미국의 유대인협회에서 나온 관광객들 그리고 연대단체 대표들이 타고 있다(매년 수만명이 온다). 안내인은 가이드북에 나오는 진부한 설명을 되풀이한다. 늪지를 메워 간척사업을 한 이야기, 여성들도 남성과 똑같이 군대에 간다는 이야기, 이스라엘은 전쟁포로를 죽인 적이 단 한번도 없다는 이야기 등. '팔레스타인 문제'는 고의적으로 애매하게 표현한다. 우선 1948년 아랍 지도자들이 팔레스타인 주민들에게 자기 집을 떠나 피신하라는 지시를 방송으로 내보냈다는 거짓말부터 시작한다. 안내인은 버스가 어떤 언덕을 지날 때 '저기는 불모의 언덕'이라고 설명한다. 정작 그곳에는 올리브나무와 포도나무로 우거진 팔레스타인 마을이 있었는데 이스라엘의 불도저가 그 동네를 기억에서 완전히 지워버렸다(그곳 주민들은, 완벽한 부인의 표현에 걸맞게, 공식적으로 '부재 거주자'라 불린다). 엘쌀바도르에서 티베트에 이르는 세계 도처의 인권침해를 그토록 열렬히 반대해온 바로 그 유대계 미국인들이 갑자기 날카로운 관찰자에서 우둔한 집단적 피해자로 변한다. 이스라엘이 팔레스타인 주민을 박해하는 것을 너무 강하게 혹은 공개적으로 비판하는 유대인 동포는 '자기혐오 성향의 유대인' 또는 '디아스포라 심성'을 가진 유대인이라고 손가락질 받는다.

다른 한편, 팔레스타인 지리학자가 안내하는 '정착촌 관광'에 나선 팔레스타인 주민들의 버스가 제 갈 길을 가고 있다. 이들은 시온주의자들이 압류한 토지의 정확한 위치와 크기가 표기된 지도를 자세히 들여다보면서 정착촌을 차례로 방문한다. 두남(dunam, 1000제곱미터의 땅 필지—옮긴이)과 올리브 과수원 하나하나가 지도에 완벽하게 기록되어 있다. 다들 전통의 빨간색 케피야(머리두건)를 쓴 승객들은 또다른 종류의 팔레스타인 동조자들이다. 이들은 유럽 팔레스타인 연대그룹에서 나온 똑똑하고 열성적인 급진적 학생들, 한 분쟁지역에서 다른 분쟁지역으로 떠도는 자유분방한(그리고 현지사정을 잘 모르는) '평화와 갈등해소' 활동가들, 몇몇 낭만적인 아랍학 전공자들(약간 구식 반유대주의 낌새를 풍기는), '페미니즘, 이슬람, 포스트식민주의의 타자' 같은 논문을 준비중인 박사과정 학생들이다. 과수원에서 함께 일하는 이스라엘과 팔레스타인 사람들은 이들을 '정치적 그룹'이라고 부른다. 이들은 여기 도착할 때 이미 품고 있던 '정치적으로 옳은' 관점을 강화시켜주는 정보만을 찾는다. 이스라엘측이 생각하는 상상의 국경선은 아예 방문하지 않겠다는 사람도 많다. 이들은 마이애미에서 온 시온주의자들이 팔레스타인 역사에 무지하듯, 이스라엘의 정치문화에 대해서는 아무것도 모른다.

이런 사상적 부인에 관한 모범적인 설명을, 이라크의 싸담 후쎄인이 저지른 인권침해에 대해 아랍 지식인들이 침묵한 사실을 연구한 마키야의 연구에서도 찾을 수 있다. "침묵은 아랍세계에서 공감의 종언 같은 표현이다. 그것은 끔찍한 잔혹성과 죽음의 굿판이 당신 주변에서 벌어지고 있는데도, 남들 앞에서 더러운 속옷을 빨지 않겠다는 식의 정치노름이다. 침묵은 어떤 입장을 선택하는 것이다. 그것은 아랍인이 동포 아랍인에게 어떤 짓을 저지르는지를 애써 외면하는 타조 같은 행동이다. 조건반사적인 반서구주의의 이름으로 행해지는 이 모든 행동이 일종의 질병으로 변한다. 아랍세계의 침묵은 잔인함을 덮어두는 침묵이다."[46]

나찌시대가 '방관국가'라는 개념을 창조했다면 쎄르비아, 보스니아, 꼬소보 사태는 그 개념을 방관, 수수방관, 공모에 관한 거대한 담론으로 바꾸어놓았다. 보스니아를 취재한 언론인들은 방관자들이 피해자나 가해자만큼이나 인권침해 사태에서 중요한 역할을 했다는 사실을 알려주었다. 예컨대 스레브레니차 함락을 기록한 로드(Rohde)의 연대기는 전부 관찰자들에 관한 이야기다. 여기에는 유엔평화유지군(UNPROFOR)에 속한 네덜란드군, 네덜란드정부, 유엔 참관단, 영국·미국·프랑스정부 등이 모두 해당된다.[47] 로드에 따르면 네덜란드군 말단 사병에서 국제 지도자들까지 모든 관찰자들이 처음부터 학살사태가 일어날 거라는 사실을 알았다. 공식 참관단과 평화유지군은 민간인들이 살해당하고 남자들을 가득 태운 버스가 지나다니는 것을 목격했다. 그들은 어떤 일이 벌어질지 알았고, 실제로 총성을 들었다. 게다가 쎄르비아군과 공모하여 주민들의 명단 작성을 도왔고, 여성과 미성년자 가운데서 성인 남자를 분리해주었다. 그런 사태에 손을 쓰거나 항의하기는커녕 보고하지도 않았다. 사건이 일어난 후에도 자기들이 학살 사실을 알고 있었다는 사실을 부인하고 증거를 숨기려 했다. "스레브레니차는 먼 곳에서 인권침해 사건이 벌어지는 동안 국제

사회가 뒷짐 지고 있었던 사건만은 아니었다. 국제사회의 행동이 학살 주동자들을 부추기고, 방조하고, 대담하게 만든 사건이었다."[48]

물론 이런 평가가 너무 가혹한 것일 수도 있다. 이 사람들은 통상적인 의미에서 방관자라 할 수 없다. 이들은 소위 국제사회를 대표하는 상근 유급 전문가들이었다. 그들의 임무는 감상적이거나 이타적인 행동이 아니라, 적극적인 감시, 평화유지, 갈등해소, 무력지원이었다. 그들은 인도적 지원, 전지구적 질서유지, 국제적 사법관할권 등으로 대변되는 새 시대를 상징한다고들 한다. 인권침해의 삼각지대—피해자, 가해자, 방관자—가 사각지대로 변했다. 네번째 꼭짓점에는 파란 베레모를 쓴 '국제사회'의 평화유지군이 있다.

우리는 어떤 사람들이 다른 사람들의 고통을 목격하는 영상이나 보도문을 접한다는 점에서 이중적으로 원거리 관찰자이다. 지금은 지구상 어디에서나 누구든지 어떤 사건을 즉각 알 수 있다. 알바니아계 어린이들이 트럭에 실려 꼬소보를 떠나는 광경을 보도한 10초짜리 영상은 우리 모두를 인권침해 사건의 방관자로 만들어버린다.

사회적 고통의 도덕적 교훈을 다룬 서사가 이보다 더 명백할 수는 없다. 오늘날 공적인 고백(당신이 속한 특별한 정체성을 가진 집단이 겪는 고통을 털어놓는 것)을 문화적으로 숭상하는 풍토가 있지만, 그것은 피해자와의 공감을 장려하지도 않고, 보편적 형제애를 불러일으키지도 않는다. 방관 의식을 즉각 일깨우기는 쉽다. 우리 자신을 제노비스의 이웃으로 상정하는 데는 대단한 상상력이 필요치 않다. 하지만 어떻게 그다음 단계로 나아갈 것인가? 60년 전의 희미한 흑백사진, 구덩이 속의 불탄 시신을 이제 더이상 직접 볼 수 없다. 오늘밤 황금시간대 뉴스는 어제 판 구덩이 속의 시신을 우리에게 보여준다. 그러나 여기서 문제의 핵심은 어느 이미지가 다른 이미지보다 더 생생한가, 더 기억에 남는가, 더 '진짜'인가 하는 점이 아니다. 먼 곳에 있는 타자의 고통과 우리 자신을 연결하는 것은 기술적인 문제가 아니라 도덕적인 문제이다.

미국 워싱턴DC의 홀로코스트 추모기념관에 있는 **상상의 전시관**(Conceptual Museum)에서는 방문객들에게 희생자(바르샤바 게토의 유대인) 또는 가해자(무고한 여성과 어린이를 죽이라는 명령을 받은 독일군) 또는 목격자 역할을 맡아보라는 게임을 제안한다. 박물관장은 이렇게 설명한다. "수동적인 방관자의 의도치 않은 죄의식을 이해하는 것이 우리 박물관이 관람객들에게 줄 수 있는 가장 중요하고 적절한 도덕적 교훈일 것이다. 이 교훈이 중요한 이유는 그것이 일상생활뿐 아니라 당대의 역사적·사회적 현상에까지 폭넓게 적용될 수 있기 때문이다."[49]

그렇다. 이 박물관이 방관자에게 초점을 맞춘 것은 분명히 옳다. 관람객들이 모두 방관자일 터이다. 그러나 '의도치 않은 죄의식'이란 게 도대체 무엇인가? 그리고 서기 2000년에 워싱턴DC의 기념관에 수학여행을 간 미국 고등학생이 도대체 어떻게 1941년 리투아니아의 마을 주민들과 자신을 동일시할 수 있단 말인가? 당시 주민은 독일 경찰이 수백명의 유대인 이웃을 살해할 때 박수를 치면서 구경했던 사람들인데. 더 나아가, 이러한 동일시를 뉴저지에 있는 자기 집의 일상생활에서 '적용'한다는 것이 도대체 무슨 뜻인가?

7장

고통의 이미지

이 책을 읽는 독자들은 병환, 고통, 근심, 불행을 경험해봤을 것이다. 젠더, 쎅슈얼리티, 외모, 소수민족 정체성, 종교 등의 이유로 차별받은 사람도 많을 것이다. 또한 범죄자에게 해를 입거나 자연재해 또는 교통사고를 당했던 사람도 적지 않을 것이다. 더 나아가, 타인의 고통에 대한 구경꾼이나 증인이 되었던 적이 분명 있을 것이다. 그 대상은 가족, 친지, 동료들같이 우리가 아는 사람일 수도 있고, 길거리의 걸인, 버스 안에서 혼잣말을 하고 있는 불쌍한 사람, 남들 앞에서 부모에게 야단맞는 아이처럼 모르는 사람일 수도 있다. 우리 자신이 가족이나 친지들에게 고통을 안겨준 '가해자'였을 수도 있다.

그러나 2차대전 이후 대다수 서구 민주국가의 시민들은 집단적 고통이나 공공연한 인권침해를 겪지 않고 살아왔다. 현재 우리는 '매개된 지식'(mediated knowledge)으로만 이를 알 수 있을 뿐이다. 세상에 관한 정보는 다층적인 여과장치, 표현방식, 해석방식을 통해—대중매체, 인도구호단체, 정치적 담론, 고급예술과 대중문화, 역사학과 사회과학 등에 의해——대중들에게 알려진다. 이 장에서는 사회적 고통을[1] 전유(專有)해온 대중매체와 인도구호단체를 살펴보고, 이들이 '부인' 개념에 이르는 연결고리, 특히 '온정 피로증' 이론을 통해 어떻게 연결되는지 알아본다.

미디어라는 야수 길들이기

대중매체는 독점적으로 인간의 고통과 인권침해의 문화적 이미지를 창조한다. 먼 곳 타자들의 번민은 주로 텔레비전을 통해 여유있고 안락한 사람들의 양심에 도달한다. 이 책의 주제는 대중매체가 창조한 이미지 속에서만 상상할 수 있다. 이러한 이미지는 일종의 '비상(非常)한 현실'(hyper-reality)에 속한다. 비상한 현실이란 관찰자가 자기 판단으로 어떤 일이 '진짜로' 일어나고 있다고 규정한 것에 대한 역설적 상황들을 말한다. 르완다에서 아이를 잃어버린 어머니가 그 아이를 찾기 위해 난민촌을 뒤지는 모습, 그처럼 참기 어려운 생생한 광경에는 어떤 진정한 '직접성'이 있다. 그러나 이와 동시에 바닥을 알 수 없는 거리감, 즉 사건현장에서 멀리 떨어져 있다는 지리적 거리감뿐 아니라, 이런 일이 당신이나 친지에게 일어날 수 있다는 개연성 자체를 상상하기 힘든 거리감이 있다. 이그나티에프는 텔레비전의 이러한 이중적 효과로 직접성과 거리감이 상쇄된다고 지적한다. 한편, 이같은 직접성은 지식과 동정심에 관한 과거의 장벽을 무너뜨린다. 이때 텔레비전 뉴스는 '양심의 국제화를 향한 희망적인 사례'가 된다.[2] 그러나 다른 한편, 텔레비전 뉴스의 선택성, 야단법석, 짧은 주의집중 시간 등으로 인해 시청자들은 '타인의 고통을 엿보는 사람, 빈민의 풍경 한가운데 들어와 있는 관광객'으로 변해버린다.[3]

우리는 미디어가 창조하는 이미지의 누적된 효과에 대해 잘 모른다. 각종 사건들이 어떻게 기사로 선정되고 제시되는지에 관한 연구는 많다. 미디어는 사건사고들과 여러 장소들을 훑으면서 '기사'를 결정하고, 그 사건의 쟁점을 걸러내 특정한 틀내에 위치시키며, 문제를 맥락화하고 정치적 의제를 설정한다. 인간고통과 인권침해에 관한 기사를 선정하는 과정도 고전적인 공식(公式)에 딱 들어맞는다. 미디어는 우리에게 무엇을 생각할지를 말해주는 게 아니라, 생각할 대상이 무엇인지를 말해준다. 뉴스와 대중문화가 더욱더 지구화되면서 이런 식의 '무엇'에 관한 공식(CNN 기자의 말소리까지 적용되는)이 더욱 동질화된다. 인간의 고통은 이제 일정한 방식으로 만들어내 사람들에게 보여주는 상품이 되었다.

인권, 원조, 개발 또는 '제3세계'적 주제는 흔히 '해외'뉴스 또는 국제뉴스라고 막연하게 분류된다. 여기와는 다른 어떤 곳에서 일어나는 일이라는 뜻이다. 사실에 대한 지식을 이용해서 동정심을 불러일으키는 사업을 하는 인도구호단체들은, 더욱 막강해지고 전지구적으로 확장해가는 미디어 세계에 의제를 맞출 수밖에 없다. 이때 "현대 마케팅 기법, 방송을 둘러싼 정치, 국내 인권운동의 문화적 스타일, 재난과 구호가 표현되는 시각적 이미지와 서사적 공식 그리고 텔레비전의 괴이한 힘과 매력에 의해 인간고통의 참담한 실상이 어떤 식으로 굴절되는가" 등이 문제가 된다.[4] 보도의 범위가 선택에 좌우되는지라 이제 자연재난은 실제로 발생한 시점이 아니라 미디어가 재난을 인지하는 시점에 발생하는 거나 다름없게 되었다. "미디어는 미디어가 없었더라면 그곳 피해자들에게만 국한된 현실이었을 나쁜 사건을 제도적으로 승인하거나 인증하는 역할을 수행한다."[5] 이러한 '나쁜 사건'에는 자연재난이나 정치적 학살뿐 아니라 영유아 사망률, 해묵은 소수민족 탄압 소식, 여성의 억압 같은 상황도 포함된다.

미국과 서유럽 그리고 심지어 영국(한때 가장 전지구적인 보도를 하던)의 국내 미디어가 '나쁜 소식'을 선정하고 표현하는 맥락은, 지난 10여년 사이에 해외뉴스를 점점 더 적게 다루는 경향 속에서 이해할 수 있다. 해외뉴스 범주(다큐멘터리를 포함해서)에서도 멀리 떨어진 오지에서 일어난 나쁜 사건에 관한 보도가 특히 많이 줄었다. 보도의 양과 주의집중의 양은 같지 않다. 특히 미국에서는 힘들게 취재한 심각한 분쟁 기사라 하더라도 대중의 관심을 끌기 힘들다. 매달 발행되는 '타임스 미러 뉴스 열독률 지수'(Times Mirror News Interest Index)는 자명한 사실을 아주 상세히 알려준다. 즉 미국인(통상 미군이나 관광객들)이 사건현장에 있지 않는 한, 해외뉴스보다 국내뉴스가 더 관심을 끈다는 것이다.[6]

보도된다고 대중의 주의를 끄는 게 아니듯, 주의를 끈다고 올바로 이해된다고 할 수도 없다. 정기적인 텔레비전 시청이 정치적·사회적 문제를 이해하는 데 어느정도 효과를 미쳤는지를 미국 대학생들을 상대로 조사한 연구가 있다.[7] 표본집단을 고강도, 중강도, 저강도 텔레비전 시청자로 나누었다. 세 집단 모두 기본 지식, 특히 해외 문제에 대한 지식이 낮았다. 미국정부가 실제로 독재정권을 지원한 경우에도 학생들은 미국이 독재정권을 비난했다고 믿고 있었다. 또한 부시 행정부가 엘쌀바도르에서 발생한 학살사건에 인권에 입각해 대응했다고(해외원조 삭감) 생각했다. 미국이 엘쌀바도르 원조를 줄이지 않았다고 옳게 대답한 학생은 24퍼센트에 지나지 않았다. "1975년 동티모르를 무력으로 침략한 후 지금까지 그 섬을 점령하고 있는 나라를 고르시오"라는 5지선다형 문항 중 제일 많이 거론된 네 나라가 '나쁜' 공산주의국가였다(중국, 북한, 베트남, 소련). 4개국 모두, 인도네시아 정답보다 답변율이 높았다. 5개국 중 유일하게 '좋은' 나라이자 미국의 우방인 인도네시아 정답을 맞힌 학생은 12.5퍼센트밖에 되지 않았다. 텔레비전의 고강도 시청자는 흔히 저강도 시청자보다 세상사에 대한 지식이 적었다. 물론 이 연구결과가 "텔레비전을 많이 볼수록 바보가 되기 쉽다"는 속담을 입증하는 것은 아니지만 문화적 부인을 극복하려는 노력과 관련해 보자면 분명 좋은 이야기는 아니다.

이미지의 여과

'저 멀리 어딘가'에서 나쁜 사건이 일어나고 있다. 이중 어떤 사건은 인권침해 기사가 되고 어떤 사건은 그저 평범한 기사가 된다. 그런데 하고많은 사건 중에 왜 일간지나 텔레비전 방송에서는 특정한 보고, 주제, 이야기, 사건만을 인권침해 사건으로 선정하는 것일까? 문화적 부인현상을 이해하기 위해서 우리는 우선 미디어라는 야수가 무엇을 선별하고 가공하고 보도하는지 알 필요가 있다. 이것은 대단히 포착하기 힘든 과정이다. 미디어의 여과장치가 문화적 부인 그 자체와 너무나 흡사하기 때문이다.

미디어의 여과과정에는 일치성, 자의성, 유형성 등 세가지 모델이 있다. **일치성**(correspondence) 모델에서는 현실과 보도가 일치하도록 합리적이고 객관적으로 기사를 선정한다. 여기서는 사안의 경중에만 의거해서 사건을 취사선택하므로 현실이 정확하고 신빙성있게 반영된다. 예컨대 희생자가 200명 발생한 정치적 학살 사건은 스무명이 죽은 사건보다 보도될 개연성이 높아진다. 하지만 일반적으로 이런 일은 절대 일어나지 않는다. 프랑스에서 스무명이 살해당한 사건이 알제리에서 200명이 살해당한 사건보다 서구 미디어에서는 더 크게 취급된다. 뻔한 사실에 관심을 기울일 필요가 없다는 태도이다. '자신을 되비추는'(self-reflexive) 현대사회에서 '월드뉴스' 시간에 실제 일어나는 일들이 정확히 보여진다고 믿을 사람은 아무도 없다.

자의성(arbitrariness) 모델에서는 비합리적이고 예측할 수 없는 방식으로 기사가 선정된다. 우연성과 우발성이 개입해 결과가 정해지는 것이다. 별로 중요하지 않은 나쁜 사건이 선정적으로 전파를 타고, 정말 심각한 사건이 거의 무시되는 이런 현상은 '자의성'이라는 개념으로밖에 설명할 길이 없다. 현실과 보도가 일치하지도 않고 어떠한 유형성도 발견할 수 없다. 어떤 저널리스트가 우연히 사건현장에 있었다는 이유만으로 전설적인 기근, 정치적 학살, 난민의 참상 기사가 만들어진다.

그러나 전체적으로 우연성 모델은 일치성 모델보다 설명력이 떨어진다. 실제로는 기사가치, 특정 민족 중심, 인간적 관심, 정치적 수용기준을 고려하기 때문에 완전히 무작위로 기사를 선정한다고 볼 수는 없기 때문이다. **유형성**(pattern) 모델에서는 사건의 심각성과는 무관한 기준에 따라 기사가 선정된다. 예컨대 피해자가 속한 소수민족 집단, 가해자의 신원 또는 사건과 우리의 사회적 거리 등이 선정기준이 된다. 이러한 선정 유형은 정치적일 수 있고(권력자의 이익에 부합하고, 지배 이데올로기를 지탱하며, 정치적인 위협을 줄이기 위해), 문화적일 수도 있고(사회적 현실을 구성하는 데 필요한 공통 인지체계에 따라), 조직과 관련될 수도 있다(기사 제작 구조, 기사 편집실의 업무흐름, 저널리즘의 하위문화, 좋은 기사가 무엇인가 하는 것에 대한 언론 '선수들'의 통념에 의거해서).

이러한 유형들은 맥락(지정학적 이해관계, 문화적 동일성, 사상적 귀속성, 사회적·지리적 거리)과 사건(사안이 하나의 사건으로, 사건이 기사로 격상될 수 있는 잠재력)에서 파생된다. 하향식, 상향식 인지적 과정에서처럼 맥락과 사건의 판단기준이 함께 작동한다. 기사가치의 **경계선**(threshold, 어느 선 이상의 사망자 숫자와 피해 규모) 그리고 **명확성**(unambiguity, '누가 먼저 발포했나' 등) 같은 통상적 규칙은 맥락과 사건에 의해 추동된다. 기사로 선정되기 쉬운 소재를 일목요연한 등식으로 예상해보면 다음과 같다. 서구, 특히 미국의 이해관계와 관련이 있어야 한다, 부정적 사안을 다루어야 한다(폭력사태, 위기, 재난), 역사적·현재진행형 문제보다는 극적이고 선정적인 사건이 더 좋다(예를 들어 장기적인 게릴라전쟁보다는 갑자기 터진 쿠데타) 등. 그러나 인권침해와 인간의 고통을 다룬 사건만 놓고 보더라도, 발생하는 사건들의 양, 정치적 우발성, 변덕스런 세태 등이 개입하므로 사건들의 잠재적인 기사가치를 온전히 파악할 수는 없다.

엄청난 규모의 사건이라 하더라도 배제될 수 있다. 인권단체나 사회적으로 의식 있는 저널리스트가 폭로하려고 하는, 눈에 안 띄는 인권침해 혹은 소리 없는 고통이 그런 경우이다. 특정지역에 한정되어 있거나, 너나없이 겪는 고통이거나, 해결하기 어려워 보이는 기아·질병·빈곤·영유아 사망·차별 등은 그 자체로는 기사가치가 없다. 정상화 과정으로 인해 그런 사건들은 감춰지기 쉽다. 그러나 정상화 과정과 반대되는 사회적 힘이 강해지면 그런 사건들이 겉으로 드러날 수도 있다. 과거에는 전쟁이나 정치적 학살사건의 와중에 발생하는 집단강간은 전쟁의 불가피한 폐해 정도로 받아들여졌다. 강간당한 여성들은 문화적 침묵을 강요당했고, 강간이라는 폭력 그리고 수치스럽게 강요된 침묵으로 이중의 피해자가 되었다. 하지만 보스니아에서 미디어가 집단강간을 보도함으로써 마침내 이러한 이데올로기적 정상화의 벽이 허물어졌다.

여타 조건이 같을 경우, 기사선정에서 제일 중요한 요인은 그것이 이미 일반적인 관심사로 격상되어 있는지다. 미디어의 기사 의제는 '자기준거적'이다. 예컨대 이라크, 보스니아, 소말리아, 르완다의 인권침해는 거의 주목받지 못하다가 이 지역 정치상황이 언론의 헤드라인에 등장하고 나서야 주목받기 시작했다. 1970년대에 엘쌀바도르의 암살대 관련 이야기를 미국정부는 공식 부인했고, 미디어 역시 관심을 보이지 않았다. 그런 이야기는 기사감이 못되었다. 그저 라틴아메리카인들이 서로 죽이는 진부한 이야깃거리에 불과했다. 하지만 정치적 관심의 방향이 변하자 미디어는 '학살'이라는 새로운 뉴스의 틀에 맞추기 위해 오래된 암살대 관련 이야기와 사진들을 재활용하기 시작했던 것이다.

기사가치를 둘러싼 또하나의 강력한 판단기준은 '그 사건이 사회의 정치적 이해관계에 부합되느냐'이다. '미국의 이해관계' 같은 용어는 두가지 의미를 갖고 있다. 첫째, '미국의 관점'이라는 말로 표현되는 좀더 온건한 판단기준은 그 소식이 '미국인에게 흥미있을까'를 중시한다. 우리 미국인이 그 나라와 무슨 관련이 있는가? 그 나라에 우리 군대, 민간인 또는 인질들이 있는가? 둘째, 덜 온건한 의미에서 미국의 지정학적·사상적 이해관계에 도움이 되는 기사만이 선정된다. 이때 우리의 우방과 동맹국이 저지른 인권침해는 보도하지 않거나, 보도하더라도 적국이 저지른 인권침해와는 다른 방식으로 보도할 것이다. '이해관계'는 미국정부의 대외정책을 의미한다. 촘스키는 일찍이 이러한 기사선정의 일정한 유형을 상세히 밝힌 바 있다.[8] 미디어의 표면 아래에는 상상할 수 있는 온갖 부인의 층위들이 존재한다. 문자적 은폐, 이중담화('조용한 외교' '특별한 관계' 등), 맹목적인 구호와 고의적인 양동작전 등을 들 수 있다. 이런 것들을 이해하는 데 특수한 암호가 필요치 않다. 여기서 탈근대적 담론을 연상케 하는 '해체' (deconstruction)는 식은죽먹기처럼 쉬운 일이 된다.

그러나 탈근대적인 보도는 이러한 판단기준에 비추어 지나치게 자의적으로 변해간다. 동맹관계가 늘 바뀌고 정치폭력이 빈발하는 신세계 질서에서 『뉴욕 타임스』의 1면이나 CNN 뉴스의 머릿기사를 예측하기란 점점 더 어려워졌다. 미 국무부의 의제를 쫓아가는 것이 여전히 도움은 되나, 그것만이 전부는 아니다. 어떤 사건은 아예 부정되기도 하고, 의제를 설정하는 자들에게 도달하지 못하기도 한다. 인도구호단체들은 어떻게 서로 다른 사례들을 최대한 홍보할 수 있을까를 결정해야 한다. 예컨대 대인지뢰 반대 캠페인은 시각적으로 극적인 요소를 갖고 있었지만, 다이애나 비와 연결되기 전까지만 해도 미디어의 주목을 거의 받지 못했다.

주로 어떤 나라 소식이 선정되는가? 이미 전파를 탄 나라들 또는 자국의 국익과 관련있는 나라들 또는 그 둘 다인 경우라고 보면 대충 맞다. 이 두 경우에 모두 해당되지 않는 나라도 있다. 이런 나라는 '차드' 원칙(Chad rule), 즉 "차드에 관심 가질 사람이 세상에 어디 있겠어"라는 우스개 원칙에 해당된다. 르완다 학살사건처럼 규모가 엄청나게 큰 경우에만 미국이나 전세계의 관심사가 되는 아프리카 같은 지역도 있다. 좀처럼 매체를 타지 않는 나라도 있다. 터키의 경우 상습적으로 고문을 자행한다는 사실이 정확히 보고되고 있지만 국제뉴스에는 거의 등장하지 않는다. 터키정부는 아르메니아 학살사건을 80년 동안이나 부인한 경험으로 자신감이 생기고 은폐기술도 발달한 터라, 문자적 부인과 함께 자국의 인권상황이 호전되고 있다는 선전술을 완벽하게 구사한다. 미디어가 이러한 부인을 방조하는 이유는 너무나 뻔하다. 터키는 미국의 세번째 원조 수혜국이며, 미국과 나토의 전략 요충지인데다, 서구에서는 이란보다 터키를 모범적인 이슬람국가로 묘사하기 때문이다.

어떤 나라는 **너무나** 눈에 잘 띄기 때문에 오히려 잘 보이지 않는다. 이스라엘에 대한 관심은 언제나 차고 넘친다. 정보를 구하기 쉬울뿐더러 예루살렘은 언론인들에게 편안하고 문화적으로 친숙한 도시이다. 국내 언론활동도 활발하고 온갖 종류의 견해들이 백화제방처럼 쏟아져 나오는 곳이다. 이때 미디어가 너무 활발해서 문제다. 이스라엘을 시리아와 비교해보라. 시리아는 폐쇄된 나라인 데다, 정보 접근성도 떨어지고, 미국내에는 시리아를 위해 로비를 벌이는 집단도 없다. 뉴스 프로그램에 등장하는 나라들은 '보도하기에 적당한 피해자'라는 희한한 법칙에 따라 선정된다. 기사화하기 제일 좋은 피해자는 시청자에게 친숙하고, 비교적 감정이입이 쉬우며, 자기 책임이 적은 나라들이다. 동맹국보다 적국의 인권침해가 더 보도하기 좋다.

이보다 덜 정치적인 선정 기준도 있다. 보도할 때는 생생하고 마치 눈앞에 보이는 것처럼 극적으로 해야 한다. 시각 이미지의 힘이 특히 강력하다. 톈안먼 광장의 학생들 모습 또는 에티오피아의 집단학살 매장지에서 법의학자가 시신을 발굴하는 장면 등. 나쁜 사건을 보도할 때엔 개인에 초점을 맞출 필요가 있다. 꼬소보를 떠나는 트럭에 탄 알바니아계 여성이 자기 마을에서 일어난 일을 이야기하면서 눈물을 펑펑 쏟는다, 팔레스타인 가족이 이스라엘군의 불도저가 방금 무너뜨린 주택을 망연자실 바라보고 있다, 영양실조로 복부가 퉁퉁 부은 어린아이가 퀭한 눈으로 카메라를 응시한다 등.

이미지 보기

어떤 이미지들은 보도 당시에 시청자에게 심각한 영향을 주고 그후에도 잊혀지지 않는 고통의 상징처럼 남아 있다. 오스트리아가 나찌 독일에 합병된 후 빈에서 겁먹은 아이가 총을 겨눈 나찌 병사 앞에서 손을 높이 처들고 있는 모습, 1969년 비아프라 내전 당시 굶주린 백피증(白皮症) 아이를 찍은 돈 매컬린의 사진, 1972년 미군의 네이팜탄으

© Don McCullin

「비아프라」(Biafra, 1969)

로 온몸에 화상을 입고 발가벗은 베트남 여자아이를 찍은 AP통신의 사진, 1992년 오마르스카 강제수용소의 철조망 뒤에 서 있던 해골처럼 마른 보스니아 수감자들을 찍은 ITN의 영상 등이 그러하다. 사람에 따라서는 그런 이미지가 계속 떠오르는 광고음악처럼 지워지지 않고 남기도 한다("그 사진을 머릿속에서 지울 수가 없어"). 하지만 그런 이미지도 언젠가는

머릿속에서 사라지고 미디어는 그것을 되살려주지 않는다.

이런 식으로 미디어에 의한 문화적 기억상실은 그래도 다가올 위험을 부인하는 것보다는 덜 비극적이다. 미디어의 서사는 어떤 사건을 예방하기 위해 만들어지지 않는다. 사회과학자들이 그럴듯한 '제노싸이드 조기경보체제' 지표들을 고안해냈지만, 그런 사건으로 나아가는 정치적 징후들(비인도적 처우, 분리 정책, 배타적 차별 등)은 미디어에서 묘사하기 어려우므로 그냥 덮어두기 십상이다. 기근에 관한 이야기는 '급작스런 재난'이 아니라 '슬금슬금 다가오는 재난'이고 그런 재난 요소들은 미리 알려져 있게 마련이다(식량 부족, 흉년 등). 그럼에도 현대에 발생한 주요 재난들의 경우 이러한 초기 징후와 경고는 깡그리 무시되어왔다. 환경재난에 관한 메시지는 그나마 사정이 좀 낫다. 우리들 중 누구라도 환경악화의 피해자가 될 수 있기 때문이다. 환경문제의 징후(오염된 호수, 중독된 새떼 등)와 예방책(폐휴지 재활용, 에어러졸 분무기 사용 금지 등)을 묘사하기도 쉽다. 인권단체들은 현재 일어나는 부인을 극복하기 위해 극적인(간혹 과장된) 경고전략을 구사한다. "무슨 일인가를 하지 않으면 내년에 아프리카에서 3000만 명이 기아로 죽어갈 것입니다." 하지만 이런 경고전략이 너무 잦으면 거짓말하는 양치기 소년 꼴이 될지도 모른다. "저 사람들은 언제나 저런 숫자를 들고 나온다니까."

"저런 숫자를 들고 나오는" 데 따르는 문제는, 어떤 메시지에 주의 집중할 수 있는 데 한계가 있다는 점이다. 인도적 메시지에 사람들이 감응하면서 이런 주제가 인도주의적 틀뿐 아니라 전쟁이나 국제뉴스, 내전이나 난민, 자연재난 같은 틀 속에도 삽입된다. 사람들의 이목을 끌기 위한 경쟁이 날로 심해진다. 그렇게 많은 곳에서, 꽤 오랫동안 어떤 사건이 기사로 선정되기란 더더욱 어려워진다. 피해자, 압력단체, 각국 정부는 그들이 겪는 사회적 고통이 다른 데서 찾아볼 수 없는 유일무이한 고통이라고 주장해야만 타인의 주목을 끌 수 있게 되었다. 인권 관련 소식들은 질병이나 재난 같은 소식에 적용되는 기사선정의 장벽을 넘어야 할 뿐 아니라, 정부당국이나 분쟁 당사자들이 제기하는 강력한 정치적 부인에 맞서 싸워야만 한다. 예컨대 기근의 경우 그 소식을 감추기는 해도 옹호하지는 않는다. 그러나 고문 소식은 언제나 감추며, 그것을 옹호하는 자들도 있게 마련이다.

　사회적 고통 이야기는 이제 인도적 지원 이야기로 바뀌었다. 눈에 익은 국제 구호단체에서 나온 활동가들의 모습은 뭔가 심상찮은 일이 벌어지고 있다는 메시지를 대중에게 전한다. 소말리아나 르완다에서 발생한 참극 기사는 옥스팸 트럭에서 구호물자를 부리는 모습, 굶은 아이를 안고 있는 자원봉사 간호사의 모습, 상처에 붕대를 감아주는 국경없는의사회(Médecins Sans Frontiéres, 1971년에 설립된 의료구호 국제 NGO—옮긴이) 소속 의사의 모습 없이는 생각할 수도 없을 것이다. 인권 침해 사건의 경우에는 인도적 구호에 해당되는 이미지가 많지 않다. 사람들이 인권을 위해 무엇을 하는지 확실치가 않다. 다만 언론인들, 국제 감시단원들, 정부 대변인, 피해자, 무장반군, 증인, 정치적 반대자들이 발설하는 짧은 방송용 어구들만이 난무할 뿐이다. '신뢰성의 서열'(hierarchy of credibility)—자신의 말이 타인에게 받아들여지게 할 수 있는 권리가 도덕적으로 불평등하게 분포되어 있다고 지적한 베커(Becker)의 표현대로—에 따라 어떤 목소리가 채택될지 결정된다.

　기사의 내용은 자기준거적이다. 1972년부터 5년간 지속되었던 아

368

프리카 사헬지역 기근을 다룬 보도는 통상적인 '부인/시인'의 순서대로 진행되었다.[9] 국제단체와 원조국 정부, 그리고 전문 미디어들은 기근 정보와 위험성을 잘 알고 있었고 이는 일반 미디어에서도 쉽게 접할 수 있었다. 그런데 『르몽드』에서 기근 소식을 우연히 크게 보도하자 언론에서 난리가 났다. 기근 소식은 고통의 이미지와 결부되었고 유엔이 사태에 개입하는 계기가 되었다. 권위있는 국제 미디어를 통해 기사화 되어야만 비로소 본격적인 지원이 시작되는 것이다.

1984년 에티오피아의 기근은, 구호단체와 국제기구에서 2년간이나 각종 사실을 제시하고 경고했던 사건으로, 이런 눈에 안 띄는 사건이 극적으로 외부의 인정을 받은 고전적인 사례이다.[10] BBC뉴스는, 거의 예기치 않게 이 사건을 특종 보도하였다. 우연히 현장에 적당한 취재대상이 있었고, 방송사간의 상업적 경쟁, 특종을 잡으려는 기자들, 이 이야기를 별 생각 없이 톱 기사로 띄운 방송사의 판단 등이 복합적으로 작용했다. 당시 아무도 이 기사가 계속해서 영향을 미치리라고 생각지 않았다. 기자와 편집자들은 시청자들이 오래지 않아 흥미를 잃고 사건 자체를 부인할 것이라고 생각했다. 그러나 짤막한 이야기 하나 또는 사진 한장이 미디어와 대중의 냉담의 벽을 깨는 경우도 있다. 이렇게 되면 잠시나마 먼 곳의 피해자들에게 깊은 관심이 쏠리게 된다.[11]

이런 공식은 다른 방향으로 작동할 수도 있다. 어떤 이야기가 선정되더라도 예기치 않게 주목받지 못할 수도 있는 것이다. 1993년 이라크 안팔(Anfal)에서 주민들을 학살한 사건이 백일하에 드러났다.[12] 이 사건에는 대규모 인권침해에 걸맞은 모든 조건이 구비되어 있었다. 명백한 정치적 극본, 명명백백한 악당인 싸담 후쎄인, 이라크에 대한 비호감, 화학무기, 가련한 피해자들. 하지만 시기가 좋지 않았다. 쿠르드족을 말살하기 위해 안팔에서 학살이 자행된 것은 1987~89년경이었다. 이는 미국의 미디어문화를 감안할 때 너무 오래된 과거사였다. 미디어 시장에는 이라크의 인권침해 소식이 이미 넘쳐나고 있었고, 안팔 학살사건의 '폭로'에는 신선미가 없어 보였다. 개인들의 생생한 증언과 집단매장지를 발굴하는 법의학자들의 극적인 활동 모습이 새롭게 비춰졌지만(현장에서 나온 두개골 사진까지 있었지만) 여전히 이 사건은 미디어를 제대로 타지 못했다. 이후 '제노싸이드'라는 용어가 사용되어 기사가치가 높아졌고, 싸담에게 제노싸이드 책임을 물을 것인가 말 것인가를 논의하면서 사건의 정치적 중요성도 높아졌다.

사회적 고통에 관한 정보의 양뿐 아니라 질도 기사가치에 영향을 미친다. 묄러는 최근에 일어난 기근사태와(에티오피아, 소말리아, 수단) 인권침해 사건(보스니아와 르완다)에서 현장의 고통에 관한 사실이 어떤 식으로 '이미지 피로증'(image fatigue)에 걸린 미국인들에게 도달하는가에 관해 연구했다.[13] 기근을 보도하기 위해 필요한 정형화된 기준을 맞추려면 사람들이 이제 막 굶기 시작한 것이 아니라 이미 굶어 죽어가고 있어야 한다. 기근의 원인과 해결책이 단순하게 제시되어야 하고 도덕적 훈화조의 언어를 사용해야 한다. 어머니와 아이들이 이상적인 피해자이다. 남성들은 폭력을 일삼는 '패거리'나 '군벌'에 속해야 하며, 좀체 배고픈 모습으로 그려지지 않는다(총을 휘두르는 모습을 찍느라 밥 먹을 새도 없어야 한다) 등. 천편일률적인 이야기나 상징적 보도 또는 미리 정해놓은 등식 외에도, 돌발상황을 찍은 장면들 또는 유명 기자가 결정적인 증거를 발견한(또는 만들어낸) 순간들도 있을 수 있다. 1992년 미국의소리 방송 동아프리카 특파원이던 보브 스콧 기자는 소말리아의 영유아 수유쎈터에서 방송국 촬영팀이 사지를 바둥대면서 죽어가고 있는 갓난아이의 입가에 마이크를 들이대는 것을 보았다. 스콧 기자의 말이다. "구호단체 활동가가 그들에게 도대체 무슨 짓을 하고 있는지 따져 물었어요. 싸운드를 담당한 음향기사가 대답하더군요. '편집국에서 죽음의 소리를 따오라고 했어요'."[14]

미디어의 요구에 맞추기 위해 어떤 이야기를 특정 틀에 끼워 넣더라도 당장 효과가 나타나지는 않을 것이다. 브라우만(Brauman)이 조언한, '재난을 텔레비전에서 성공적으로 다루는 법'에는 부인의 문화가 아주 강력히 드러나 있다.[15] (1) 말이 아니라 영상에 의해 어떤 사안이 중요한 사건으로 만들어진다. 영상을 하루 종일 몇번이고 내보내서 축적효과를 노려야 한다. (2) 그 사건이 또다른 분쟁에 밀리지 않으려면 예외적인 사건으로 바꿔놓아야 한다. (3) 피해자를 '공인'해주고, 비극에서 비롯된 감정을 발산하게 해주며, 관객과 피해자 사이의 적당한 거리와 그 둘을 잇는 연결고리를 동시에 마련해줄 수 있는 중개자가 있어야 한다. (4) 피해자들은 서구의 시청자들에게 거부감 없이 받아들여져야 한다. 실제로 얼마나 큰 어려움을 겪고 있는가와는 상관없이 어떤 소수민족이 고통받느냐에 따라 이런 시험을 통과할 수 있는 확률이 달라진다. 이들은 또한 사건의 적극적인 참여자가 아니고 '100퍼센트' 순수하게 수동적인 피해자여야 한다. (5) 비행기를 타고 분쟁지역을 누비는 프랑스 의사들처럼 현장에서 일하고 있거나 텔레비전에 나와 인터뷰를 해줄 수 있는 인도적 구호활동가가 있으면 금상첨화다. 외교관도 게릴라도 아니고, 아마추어이자 전문가이며, 영웅이자 내레이터인 이런 인물은 기사가치가 풍부한데, 생방송 상황에서 타인의 생명을 구함으로써 또다른 드라마를 연출할 수 있다.

어떤 사건에 기사가치를 부여하려면 이야기의 유형을 미리 예상해 놓아야 한다. 먼 곳에서 일어나는 고통에 대한 대응은, 그 고통을 구성하는 이미지를 어떻게 제시할 것인가에 달려 있다. 그러한 **문제를** 해외기사, 재난, 민족갈등 또는 인권문제 등으로 규정할 수 있을 것이다. 그것을 '집단학살' 또는 제노싸이드로 칭할 수도 있을 것이다. 그것은 '일상화'될 수도 있고(그런 곳에서 늘상 일어나는 일이라는 식), 아니면 새롭고 사악한 것으로 비칠 수도 있다. 그러한 **문제**의 원인은 부족갈등과 전통적 분쟁, 또는 식민지배의 유산, 또는 부패한 제3세계 독재자 탓일 수도 있다. 그러한 사건의 **가해자**는 사악하고 잔인하거나 무자비하게 묘사될 수도 있고, 정치 갈등의 한복판에 갇혀버린 보통사람으로 묘사될 수도 있으며, 자기나라의 평화로운 삶을 지키기 위해 자국민을 보호하려는 책임감 투철한 정부로 묘사될 수도 있다. 사건의 **피해자**는 곤경에 처해 아무 죄도 없이 어찌할 바 모르는 사람일 수도 있고, 동정할 가치도 없는 무자비한 테러리스트일 수도 있으며, 자신이 겪는 고통에 일부 책임이 있는 존재일 수도 있다. 구조자는 신뢰성에 따라 순위를 매길 수도 있다. 국제적십자사에서 나온 이 진지한 스위스인, 또는 백신주사를 놓고 있는 이 젊은 아일랜드 수녀를 우리가 얼마나 믿을 수 있는가? 이 사람들은 일 잘하는 전문가인가, 아니면 선의는 있지만 참견만 하는 귀찮은 존재에 불과한가? 마지막으로, **해결책**에 관해서도 갖가지 견해가 있을 수 있다. 그것은 '대책 없는 문제'인가, 아니면 해결책을 어느정도 그려볼 수 있는 문제인가? 예컨대 국내의 정치변동, 외부의 개입, 국제 제재를 통해 수습할 수 있는가. 또는 조기경보체제 같은 것을 구축하는 건 어떤가?

미디어가 어떤 나라의 폭력사태를 수백년도 더 된 다윈식 적자생존 투쟁의 이야깃거리로, 아무런 해결책도 없는 끝없는 복수극에 불과한 사례로 제시한다면 방관자들은 소극적인 태도를 보일 것이다. 피해자를 완전히 무고한 존재로 그리지 못하면 그에 대한 이해와 공감이 약화된다. 근래에 발생한 많은 분쟁 당사자들은 서로가 서로를 죽일 만한 이유가(물론 완전히 잘못된 이유이긴 하지만) 어느정도 있는 듯하다. 이그나티에프가 지적하듯, 그들은 미디어에 의해 혼란과 절망의 황폐한 풍경을 배경으로 한 통제불능의 광기어린 인물로 그려진다. 이때 방관자는 모든 인간은 다 마찬가지라는 식의 '천박한 염세주의'와 도덕적 혐오감에 힘입어 양심의 가책을 약간 덜 수 있고, 부인의 어휘를 좀더 많이 사용할 수 있다.[16] 이처럼 겉으로는 개인 차원의 합리화처럼 보이는 일도 사실은 미디어에 의해 굴절된 사건이기 십상이다.

집단적 고통이 얼마나 막대한지 결코 상상하기 어렵고, 그러한 고통을 계속 인지하기는 더더욱 어려운 것도 사실이다. 피해자들이 겪는 고통의 규모가 엄청나게 클 때, 그것을 인지하는 경계를 쉽게 넘어선다 하더라도 지속적으로 관심을 유지하기는 어렵다. 허구헌 날 '똑같은' 이야기를 되풀이할 수는 없다. 세상사에 관심을 끊는 것은 문화적 주의력결핍장애(Attention Deficit Disorder)의 한 형태이다. 인스턴트 기사는 인스턴트 역사가 된다. 미디어라는 야수에겐 늘 먹이를 주어야 하지만, 그 야수는 먹이를 주는 사람에게 감사할 줄 모른다. 황금시간대 뉴스가 어쩌나 할리우드 영화처럼 변했는지, 국제인권의 날에 백악관에서 클린턴 대통령과 르완다의 인권감시단원들이 5분간 만난 소식(그 회동을 준비하는 데 1시간이 걸렸다)이 르완다 인권침해 사건 자체에 관한 상세한 보도(몇달 동안 많은 시간을 들여 전문적으로 취재하고 철저히 내용을 확인했던)보다 더 크게 취급되었다.

표현 그리고 기아선상의 아프리카 어린이

국제 인도구호운동계에서 고통을 표현하는 방식의 정치와 윤리를 놓고 벌어지는 논쟁은 미디어 세계에서의 논쟁보다 더 진지하고 심각하다.[17] 1960년대 중반 콩고와 비아프라의 대참극 이후 퀭한 눈망울과 피골이 상접한 아프리카 어린이 이미지가 인간의 고통을 나타내는 보편적인 아이콘이 되었다. "굶주린 아이들이 정치와 무슨 상관이 있습니까?"라는 구호는 시공간과 핏줄을 뛰어넘어 가슴 깊이 동정심을 불러일으킨다. "어린이는 인류의 상징으로서 고통에 아무런 책임이 없는데도 그 고통을 안고 산다."[18] 이러한 어린이 이미지는 예나 지금이나 거부하기 어렵다.

1970년대 중반경 종속이론과 신식민이론으로 무장한 급진적 비판자들이 옥스팸과 유사단체들의 전통적인 '굶주린 어린이' 돕기 운동을 공격하기 시작했다. 구조적 변혁을 달성하려면 원조 제공자들을 그저 죄책감에서 우러난 감상적인 자선행위로 이끌 것이 아니라, 적극적으로 의식화해야 한다는 주장이 제기되었다. 처량하고 의존적이고 가련한 기아선상에 놓인 어린이들의 서글픈 이미지로 인해 언제나 개도국 세계가 비극, 재난, 질병, 잔혹 사건이 일어나는 장소처럼 불쾌하고 부정확하게 묘사된다는 지적도 나왔다. 옥스팸 사무처장이 굶주린 비아프라 아이의 작디작은 손을 잡고 있는 1960년대 중반의 사진은 '연약한 아이 같은 제3세계가 선의로 친히 몸을 굽힌, 크고 우월한 서구인에게 따뜻한 도움을 받고 있다는' 은유라는 비난을 받았다.[19] 강력한 북반구가 고분고분한 남반구를 더 알고 싶어 할 뿐 아니라 소유하고 싶어 한다고도 했다.[20] 그런 사진은 지각있는 주체가 아니라 무력한 객체를 보여준다는 것이다. 이는 식민주의에 관한 단순한 우화가 아니라 포르노에 가깝다는 얘기다. "영양실조로 배가 퉁퉁 부어오른 아프리카 어린이를 광고에 내보내 만천하에 공개하는 것은 포르노와 다를 바 없다. 그런 짓은 쎅슈얼리티만큼이나 민감하고 은밀한 인간의 어떤 부분, 고통에 관한 속살을 노출시키기 때문이다. 그런 광고는 망원렌즈로 촬영하는 것처럼 상세하고 무분별하게 인간의 몸과 비참함과 슬픔과 공포를 세상 사람들에게 드러내 보인다."[21] 부끄러워하는 기색도 없이 대놓고 구걸하는 아이의 모습은 사진사와 관객을 우월한 위치에 올려놓기 쉽다. "제3세계의 고통은 우리가 그들을 도울 수 있다는 점을 자신에게 확인시켜줌으로써, 제1세계에 속한 우리에게 안도감을 심어주는 역할을 한다. 초라하게 굽실거리는 제3세계의 호소는 우리의 동정심을 일깨우고, 우리가 그들을 도울 수 있도록 해준다."[22]

이러한 비판의 핵심은 외부에 자신의 고통이 비치는 제3세계인들이 자기 목소리를 낼 수 있게 해주자는 것이다. 당시만 해도 인도지원 단체의 모금 담당자들은 '실용적 무도덕성'(pragmatic amorality)——주는 쪽에서 잘난 체하고, 특정민족 중심이며, 숙명론(자연재해와 마찬가지로 어쩌다보니 빈곤이 엄습했다)에 기반한——이라는 전통적인 자선담론을 답습하고 있었다. 이런 사람들은 대중의 이목을 끌기 위해서라면 어떤 이미지라도 사용하고, 죄책감을 자극해서 돈을 내도록 유도하는 '비참함을 파는 상인'들이었다. 이와 대조적으로 급진 의식화 교육가들은 자력화(empowerment), 구조적 인과관계, 정치변혁, 사회정의를 설파하였다. 사상적·지성적 무게중심이 이런 교육가들 쪽으로 옮겨갔고, 기금조성활동은 그저 단체 생존에 필요한 것으로 전락해버렸다.

그러나 1984~85년 에티오피아 기근사태가 이런 상황을 역전시키는 데 큰 영향을 미쳤다.[23] 당시에 부인담론이(초기의 경고가 무시되고, 에티오피아정부는 사실을 은폐하려 했다) 극적인 시인담론으로 바뀌었다(1984년 10월 23일 BBC 저녁뉴스에 보도된 전설적인 이미지, 대중들의 엄청난 호응, 보브 겔도프와 밴드 에이드, 1985년 7월에 개최된 '라이브 에이드' 콘서트의 영향으로). 의식화 교육가들은 미디어와 청년문화의 대중적 위력에 감탄하면서도 동시에 우려를 느꼈다. 다른 재난들은 거의 주목받지 못하고 우리 곁을 그저 스쳐지나갔는데 에티오피아 사태만이 대중의 의식을 각성시키고 전지구적 규모의 동정심을 불러일으킨 데 의구심을 품은 것이다. 이 모든 것이 '부정적 이미지'의 시각적 효과 그리고 결코 의식화의 기준으로 보아 '교육적'이라 할 수 없었던 뉴스 진행자 마이클 버크의 강렬한 언사 때문으로 생각되었다.[24]

비판자들은 짙은 동정심의 발산, 콘서트, 모여든 인파가 빚어내는 장관, 심지어 모금된 기부금의 규모까지도 못마땅해했다. 이들이 보기에 라이브 에이드 같은 이벤트는 1970년대에 이루어진 의식화 교육의 성과를 깎아내리는 것이었다. 이제 비판자들은 리드치가 '소비자 자선구호'(Consumer Aid)라고 부른 활동을 공격하기 시작했다.[25] 이런 활동이 목표로 삼은 아프리카 인민들은 일개 대상으로 전락했고, 소비자용 상품으로 전환되었다는 것이다. 이것은 '소비를 통한 온정'

이라는 말로 표현되었다. "사람들은 이제 자기가 남들을 돌보는 존재임을 드러내는 상품을 살 수도 있고, 자기들을 비롯한 수많은 군중들이 타인을 돌보는 사진을 볼 수도 있게 되었다." 이런 식으로 자기기만적인 쾌락주의가 형성되었다는 것이다. 텔레비전 덕분에 사람들은 가난한 자들의 고통과 죽음을 직접 목격하고 '소비'할 수 있게 되었으며, 스스로의 관대함을 자화자찬하는 메시지를 만들어낼 수 있게 되었다.[26] 이것은 탈근대적 이타주의라 할 수 있다. 즉 기근이라는 현실이 이미지로 추동되고 자기준거적인 구경거리로 전환된 것이다 등.

이같은 비판은 새로우나 친숙한 논의의 주제이다. 한편으로 다음 같은 고려할 점들이 있다. **자선과 구휼** 정신으로 물자와 구호품을 나눠주지만, 이로써 받는 이는 의존성을 갖게 되고, 기부자들은 빈곤 사태의 책임을 벗어버린다. 이런 태도는 인종주의적이고 식민지배적이고 유럽중심적이다. 또한 제3세계 빈곤의 복합적인 인과관계를 무시하고, 빈자를 '구조'하는 이미지만 강조하는 **단순한 관점**이다. 그리고 맥락이 배제된 비참성, 항구적인 피해자 집단, 끝없는 고통, 무기력, 눈물을 찔끔거리는 동정심을 불러일으키도록 계획된 영상 등의 **부정적 이미지**를 갖고 있다. 다른 한편 이런 점도 고려해야 할 것이다. **사회정의**와 그런 사태를 불러온 원인의 **복합성**을 강조하는 관점은 빈곤의 구조적 요인, 생필품 가격, 내전, 제3세계 채무, 세계은행, IMF의 안정화 전략, 지정학, 전지구적 권력이동, 통합적 발전, 채무조정 프로그램, 지속가능한 보건의료, 세계인의 영양 패턴 등을 강조한다. **자력화와 긍정적 이미지**라는 관점은 지역공동체, 참여, 자급자족, 생산성, 권리, 대화, 프로젝트 제공자와 수원자(受援者)간의 협의를 강조한다.

1990년대쯤에는 인도지원활동에 대한 이런 비판이 이미 정설로 자리잡았다. 기금조성 방식을 바꾸라는 요구가 터져나왔고, 기금조성이 의식화 교육과 분리된 별도의 장에서 이루어져서는 안된다고도 했다. 새로운 시대에 걸맞은 '표현의 윤리'를 위한 실천강령이 마련되었다. 국제아동구호기금(Save the Children Fund)에서 내놓은 유명한 실천강령은 "우리 조직이 도우려고 하는 아동/성인의 존엄성을 해치지 않는 이미지나 언어"만을 사용하겠다고 선언했다.[27] 사람들을 "수동적으로 구호품을 받기만 하는" 존재로 보아서는 안되고, "그런 사람들이 사는 공동체를 가난하고 의존적인 모습으로만 묘사해서도 안된다." 예컨대 에티오피아에서 성인 여성 네 사람(그중 한 사람은 함박웃음을 짓고 있다)과 두 어린이가 구호식량을 기다리고 있는 사진을 좋은 사례로 제시한다. "기근이 닥쳤을 때 사람들이 비참과 체념만을 드러내지는 않는다. 가난한 공동체라 하더라도 상당한 저력과 품위를 유지하고 있는 경우가 많다." 이런 상황을 선입견을 갖고 천편일률적으로 묘사해서는 안된다. "온정을 베푸는 척하거나 역겹도록 감상적이거나 모욕적인 어휘는 피해야 한다."

그런데 이러한 이미지의 '배후에' 존재하는 현실에 관해선 논란이 분분하다. 현장활동가들은 현지인들을 고통받고 의존적인 존재로 묘사하지 마라는 지시를 받는다. 하지만 바로 이런 것들이 현지인들의 '현실'이 아닌가? 현지 사람들이 고통받고 있지 않다면 구호활동을 벌이는 이유가 무엇인가? 외부의 도움에 의존하는 것이 그렇게 수치스런 일인가? 그리고 현지인들이 외부의 도움을 청하지 않는다는 식으로 묘사해야 한다면, 굳이 도와줄 필요가 있는가? 그런데, 사실상 이 두가지 버전의 결과만을 보면 둘은 거의 차이가 없음을 알 수 있다. 심층에는 현실을 부인하지 말자는 메시지가 들어 있기 때문이다. 단지 정서적 분위기와 지적 복합성에서 차이가 날 뿐이다.

1991년 '크리스천 에이드' 주간에는("우리는 죽기 전의 삶을 믿나이다") 정서적으로 대단히 호소력있는 캠페인과 함께 이런 메시지가 등장했다. "이런 현실에 죄책감을 느끼지 않으신다면 당신은 뭔가 비뚤어진 인간입니다. 죄책감을 느끼지만 행동하지 않으신다면 당신의 죄책감은 진실이 아닙니다." 텔레비전 광고는 자궁 속에 살아 있는 태아의 모습을 슬로우 모션으로 보여주었다. 이와 함께 성우의 목소리가 흘러 나왔다. "제3세계의 수많은 사람들에게 어머니의 자궁 속에 있는 이때가 자기 생애 최고의 순간일 것입니다." 광고에는 먹을 것을 찾아 쓰레기더미를 헤매는 사람들의 사진이 사용되었다. 사진 위에는 "당신은 죽기 전의 삶을 믿습니까?"라고 쓰여 있고, 사진 아래쪽에는 여덟개 항목의 질문이 나열되어 있다. "당신은 사람들이 끼니를 찾아 헤매는 처지가 되어서는 안된다는 것을 믿습니까?" "당신은 아이들이 매일 4만명씩 죽어가는 현실이 너무 비참하다고 믿습니까?" "당신은 일곱살짜리 아이가 탄광에서 일하기에는 너무 어리다는 것을 믿습니까?" 등. 마지막으로 다음 질문이 제시되었다. "당신은 이런 이유 때문에 우리가 이들을 도와야 할 충분한 이유가 있다고 믿습니까?" 광고의 메시지는 실로 강렬했다. 그럼에도 아무런 행동도 취하지 않는다면 당신은 진실을 '부인하는' 인간임에 분명하다. 여기에는 두가지 경우가 있을 수 있다. 당신은 우리를 믿지 않거나, 행동하지 않으면서도 우리를 **실제로 믿는** 것처럼 자기기만을 행하고 있는 것이다.

국제아동구호기금이 1991년에 성공적으로 벌인 캠페인 "점심 한끼로 한 생명을"은 크리스천 에이드의 방식과는 상당히 달랐다. 감정이 개입되지 않았고, 기근 문제와 함께 해결책을 제시하는 방식으로 메시지를 전했으므로 단순명료하게 인지할 수 있는 편이었다. 점심식사는 '기근'문제를 바로 연상시킬 수 있다. 이렇게 하니 도덕적 훈계나 '동일시'를 유도하기 위한 심리적 기법이 없더라도, "뭔가 해보자"는 극히 단순한 처방을 제시할 수 있었다. "점심 한 끼로 한 생명을"이라는 구호는 일상 속의 극히 간단한 행동 하나로(거창한 변화 없이도) 어떻게 타인의 목숨을 구할 수 있는지를 보여주었다. "치즈버거 한 조각만 아끼면 한 사람에게 일주일치 음식을 제공할 수 있습니다." 크리스천 에이드와 국제아동구호기금이 던진 메시지의 의미는 서로 다르다. 그것은 의식화 '교육'의 차이가 아니라, 그렇게 한 근본 이유가 달랐다는 점에서 무시하기 힘든 차이였다. 하지만 이런 상이한 이미지들이 당신에게 어떤 정서를 불러일으키는가? 그리고 당신은 그런 메시지에 어떤 행동을 취할 것인가? 인권캠페인 신문광고를 의뢰받은 회사에 근무하는 시나리오 작가가 있다고 상상해보라. 신문 통단광고로서 오직 흑백사진 한장과 문안 몇줄이 들어가는 표준 형식이라고 치자. 시나리오 작가는 특정 문제에 대해 안내를 받고(예컨대 앙골라의 대인지뢰, 방글라데시의 빈곤 등) 이와 유사한 300여종의 광고물을 살펴봐달라는 부탁을 받는다. 다음은 시나리오 작가가 정리한 내용이다.

• 거의 언제나, 상상하기 힘든 단 한가지 사실이 제시된다. 예컨대 "아프리카에서는 1분마다 한 아이가 죽어갑니다"라는 식. 이 사실은 상상할 수 있는 정상 상황(서유럽의 낮은 영유아 사망률) 또는 상상하기 힘든 정상 상황(1분마다 3개의 바비 인형이 팔린다)과 비교된다. 광고문안은 사람들에게 이 문제가 매우 큰 문제이고 좀체 해결되지 않을 걱정거리임을 암시한다.

• 상상하기 힘들 만큼 큰 문제이지만 그것을 분석하면 단계별 해결책을 찾을 수 있다. 정 안되면 실제로 도와줄 수 있는 단 한 사람의 인물을 제시하거나, 더 나아가 이렇게 설득할 수도 있다. 햄버거 한 조각을 안 먹는 것 같은 사소한 행위라도 굶주림으로 고통받는 사람에게는 엄청난 결과를 낳을 수도 있다, 심지어 그 사람의 **목숨을 구할 수도** 있다, 다른 사람들과 힘을 합친다면 당신은 그 나라 전체를 구할 수도 있다. 국제아동구호기금에서 보낸 우편물 중에는 경구 수분보충염(oral rehydration)이 담긴 작은 봉투가 들어 있는 것도 있었다. "이 10펜스짜리 봉투 하나가 시리나를 죽음에서 구해줄 것입니다. 매년 500만 명의 어린이가 이 병으로 죽어갑니다." 매일 8000명이 넘는 아이들이 탈수중세로 죽어간다. "이런 아이들은 한 목숨을 구하는 가치에 비한다면, 이 10펜스라는 돈이 당신과 내게 얼마나 미미한 액수인지 절대로 알지 못할 것입니다."

• 단기간에 모르는 사람을 한번만 돕는 것보다, 장기적으로 어떤 사람을 알아가며 돕는 편이 더 낫다. 매월 정기적으로 후원하면 '당신의' 아이에게 음식과 주거시설과 입을 옷을 주고 의료와 교육 써비스를 제공할 수 있다. 이런 도움은 장기적인 예방책과도 부합한다. "당신이 쇼미타를 후원해주면 나중에 그 누구도 쇼미타의 아이들을 후원할 필요가 없게 됩니다." 정치적으로 부적절한 이미지(의존적인 아이/보호하는 성인 등)를 사회변혁을 위한 바람직한 이미지로 바꿀 수도 있다. 촌락 단위의 프로젝트(문자해득, 보건, 농업), 지속성, 자급자족, 지역공동체와 지속가능성 등.

• 어떤 결연 캠페인 또는 후원 캠페인의 경우, 이러한 지원활동이 **당신 자신의** 삶에도 영향을 줄 거라는 말을 듣는다. "사람들은 자신이

후원하는 아이들에게 편지를 쓰는 것이 인간관계를 깊게 해주는 흡족한 경험이라는 것을 깨닫게 됩니다." 후원자는 아이의 사진, 그림, 편지, 학교 통지표를 받게 된다. 크리스천 아동구호기금(Christian Children's Fund)은 후원자에게 "○○○라고 불리는 아이의 삶에 기적을 행할 기회 그리고 아름다운 우정을 시작할 수 있는 기회"를 부여할 것이라고 약속한다. 칠드런 인터내셔널(Children International)은 후원자에게 "당신 아이의 사진을 보관하고 넣어둘 수 있는" 액자를 포함한 후원 용품을 제공한다. (액션 에이드Action Aid 같은 영국 구호단체는 이런 식으로 후원자 스스로 흐뭇해할 수 있는 '소유적' 분위기(possessive tone)나 가슴 저미는 감동기법을 사용하지 않는다. 후원자와 어린이의 직접 접촉도 제한되어 있다.)

우리의 신참 시나리오 작가는 이제 광고 캠페인을 놓고 회사의 선배들과 의논을 시작한다. 네가지 쟁점에서 의견차가 생기는데, 시나리오 작가는 양쪽 모두 일리가 있다고 느낀다. 이 쟁점들은 '죄책감 물고 늘어지기' '개인화' '취약성' '동일시' 등이다.

죄책감 물고 늘어지기 "점심 한끼로 한 생명을" 같은 캠페인은 단순하고 실용적이며 감정이 개입되지 않은 방법처럼 보인다. 하지만 여기에는 또다른 의미가 숨어 있으니, 당신이 이 정도로 쉬운 요구에도 응하지 않는다면 죄책감을 느껴야 마땅하다는 것이다. 이렇게 미미한 액수로 타인의 삶과 죽음을 결정할 수 있다는 사실을 알면서도 어떻게 남의 고통을 외면한 채 살아갈 수 있단 말인가. 이러한 메시지가 단도직입적이고 비감정적으로 전달될수록, 당신의 작디작은 행동과 타인의 목숨을 구할 수 있는 큰 기여 사이의 놀라운 격차에 관한 정확한 정보를 알기가 더욱더 두려워진다. 이런 식으로 메시지가 사람의 심리를 파고들수록 당신이 메시지의 송신자에게 불쾌감을 되돌려줄 개연성이 높아진다. 또한 이런 행동은 타인을 위해 당신이 조금도 희생할 줄 모르는 이기적 인간이라는 판결로 이어지기 쉽다. 커다란 희생을 할 필요가 없는 간단한 행동조차 당신이 취하지 않을 경우 그러한 처신은 더더욱 손가락질 받기 쉽다. 실제로 어떤 행위가 쉬운 일일수록 (성명서에 이름을 올리고, 공정무역 커피를 구입하고), 금액이 적을수록(1파운드, 커피 한잔) 당신은 그 일을 하지 않을 경우에 죄책감을 느낄 개연성이 높아진다. "오늘밤 당신이 거실에 편히 앉아 계시는 동안 한가지를 생각해보시면 좋겠습니다. 다카지역에서 굶주리는 사람들, 거처 없이 노숙하는 사람들을 위한 옥스팸의 구호활동 말입니다." 이런 광고 역시 당신이 거실에서 편히 앉아 있을 수 없게 만든다. 당신이 다카의 굶주린 사람들을 생각조차 하지 않을 정도로 냉혈한이라면 죄책감을 느껴 마땅하다. 당신이 그 광고문안에 나오는 참혹한 현실을 접하고도 아무런 행동도 취하지 않는다면 더더욱 큰 죄책감을 느껴야 할 것이다.

개인화 그렇다, 이런 주제는 너무 복잡한 문제이므로 한 어린이의 단일 이미지만으로 판단하기에는 무리다. 하지만 그렇게 친다면 어떤 사진으로 방글라데시에서 벌어지는 빈곤의 복잡한 원인을 전달할 수 있을까? IMF 이사회 회의 사진일까? 그 광고에서 한 아이를 후원할 수 있는 기회를 독자에게 줄 수 있다면(좋은 기금조성 방식), 개인화가 대단히 중요하지 않겠는가? 물론 울고 있는 '개도국' 아이의 얼굴과 상반신 사진이 일정한 맥락도 없이 불쑥 제시된다는 비판은 맞는 말이다. 하지만 도대체 어떤 '맥락'을 보여주어야 옳을까? 이러한 고통의 이미지가 '감상적'이라는 지적은 옳다. 이런 이미지는 어떤 합리적인 설명이나 해결책도 내놓지 않은 채 시청자의 눈물만 '짜내려' 한다. 그러나 이런 방식에도 합리적인 설명이 있을 수 있다. 당신 같은 사람들이 각자 한 사람씩 도움으로써 그 사회 전체를 도울 수 있다. 당신이 한 사람만 도우면 된다. 누구도 혼자서 **모든 사람을** 도울 수는 없다 등. 그러므로 개인화 방식도 때론 도움이 된다.

취약성 서구의 인도지원단체에서 개도국 어린이를 망연자실하고 나약하고 취약한 존재로 묘사한다는 비판 자체는 옳다. 수백장의 사진을 뒤졌지만 얼굴에 웃음기라곤 없는 아이들 사진밖에 나오지 않는다. 그 아이들 하나하나가 모두 외로워 보인다. 이 사진들은 거짓말을 하고 있는 게 아닐까? 외로워 보이고 웃지도 않는 이 아이들 여든명이 이 나라의 가난한 아이들을 대표할 수는 없지 않은가. 그렇지만 이 사진이 전체 어린이들을 통계학적으로 대표할 수 있는 사진이어야 한다고 요구하는 이유는 무엇인가? 여기서 광고 캠페인의 핵심은 그 문제를 최악의 상태로 표현하는 것이 아닌가? 물론 이런 일은 개인의 존엄성을 존중하면서 추진되어야 할 것이다. 하지만 수많은 어린이들이 겪는 곤경이 그들의 취약한 환경에서 비롯된다는 사실을 굳이 숨길 필요가 있을까? 취약성이나 의존성이 존재하지 않는다면 정치적 이타주의나 사회정의도 불필요할 것이다. 물론 고통받는 사람들의 취약한 상황을 **지나치게 강조하면** 극도의 무력감을 느낄 개연성도 없지 않다. 마치 중병을 앓는 친구에게 병문안을 갔다 온 후 한 인간으로서 자신의 한계를 너무나 철저히 느끼게 되는 것처럼 말이다.

동일시 보통 서구의 관찰자가 굶주리는 아프리카 아이와 자신을 '동일시'하거나 감정이입하기를 기대할 수는 없을 것이다. 대신 이런 광고문안은 상상력의 비약을 촉구한다. "당신은 현관 앞에서 이런 아이가 굶어죽도록 내버려두겠습니까? 이 아이들은 수천마일 너머 아프리카에서 죽어가고 있으므로 눈앞에 보이지는 않습니다. 하지만 온 집안을 헤집고 다니는 당신의 자녀와 마찬가지로 진짜 살아 있는 어린 생명입니다."(국제아동구호기금) 그렇지만 아프리카 아이가 정말 내 자식처럼 '진짜'일까? 긍정적인 이미지로 묘사한다고 해서 문제가 더 쉬워지는 것은 아니다. 당신은 스스로 "하수도 파는 법을 익히는 근면하고 강인한 자이르 여성"을 상상할 수 있는가? 그리고 어찌됐든, 동일시하는 것이 뭐 그리 중요한가? 사회정의의 원칙은 당신 같은 타인을 도덕적으로 인식할 수 있느냐에 달려 있지 않다. 사회정의의 원칙은 당신과 판이한 낯선 타인(심지어 좋아하기도 어려운 타인)을 한 인간으로 인정하여 마음을 열 수 있느냐에 달려 있다.

이러한 쟁점들을 두고 골치가 아픈 우리의 시나리오 작가는 몇가지 어려운 질문을 던져본다. 어떤 캠페인 방식이 제일 많은 돈을 모을 수 있을까? 놀랍게도 그는 이 질문에 대해 아무런 증거(심지어 연구조차)가 없다는 말을 듣는다. 한가지 합의점은 "굶주린 아이들 이미지가 제공자-수원자의 적극적 협력 이미지보다 더 많은 후원을 받을 수 있다"는 사실뿐이다.[28] 정신장애인에 관한 서로 다른 이미지들이 캠페인에 어떤 영향을 미치는지 알아보기 위해 멘캡(MENCAP)이라는 정신장애인 지원단체의 포스터들을 비교조사한 연구가 있다.[29] 정신장애인들을 무기력하고 서글프고 고통받는 이미지로 묘사한 전통적인 '부정적' 이미지—죄책감과 동정심과 연민을 자아내도록 고안된—가 그들을 비장애인과 똑같은 권리와 이상과 능력을 가진 가치있는 인간으로 묘사한 긍정적 이미지보다 더 많은 후원금 약정을 끌어냈다. 연구 책임자들은 "우리는 긍정적 이미지와 많은 후원금을 동시에 추구할 수 없다"라는 냉정한 결론을 내렸다. "만일 정신장애인들이 우리와 똑같은 권리와 가치와 능력을 가진 사람들이라고 인식된다면 그들을 후원하지 않으려는 경향이 분명 있다."[30]

이 결론은 기금조성이냐 의식화 제고냐, 라는 문제에서 선택을 단순하게 만들어준다. 모든 인도지원단체들은 이 두가지를 모두 달성하려고 한다. 그러나 일반인들은 긍정적이든 부정적이든 너무 많은 정보를 원하지 않을지도 모른다. 어쩌면 우리는 인지이론에서 말하는, 뚜렷한 동기 없이 의사결정을 내리는 사람들과 같다. 우리는 제3세계 빈곤이 복잡한 문제임을 알고 있다. 그러나 인간은 인지적으로 인색한 존재이므로 다른 사람들이 채무위기니, IMF니, 커피원두 가격이니 하는 이야기를 하기 시작하면 마음의 귀를 막아버린다. 여기서 복잡한 교육은 물론이고, 심지어 심금을 조용히 울리는 감동도 크게 중요하지 않다. 심리학자들이 무미건조하게 우리에게 가르쳐준 '주변적 심리상태' 또는 '멍한 심리상태'라는 조건에서 우리는 메시지 자체에 주의를 기울이기보다 부차적인 면에 더 관심을 갖는다("저렇게 낯을 가리는 사람이 캠페인을 한다고 집집마다 돌아다니다니 참 놀랍군"). 캠페인 내용을 당신이 원칙적으로 반대하지 않는 한(내게는 종교나 애완동물이나 야생생물과 관련된 모든 쟁점들이 해당된다) 그리고 당신의 시공간을 크게 방해하지 않는 한(초인종이 울렸을 때 샤워하고 있지 않았다), 당신은 그 캠페인에 호응하게 마련이다.

당연히 이런 유의 '발견적 지도법'은 너무나 무도덕해서 사회정책의 원칙으로 삼기에는 부족하다. 또한 고통의 표현은 단지 해석학적 문제만은 아니다. 굶주린 아이와 강을 떠내려오는 시신들이 '아프리카'의 이미지를 대변하고 있는 현실에서 정치적 목적과 윤리적 반대의견도 해석학만큼이나 분명 문제가 된다. 이러한 이미지들을 무조건 억누를 수는 없다. 불필요한 비참, 질병과 폭력, 수백만명의 학살, 이런 것이 문제이고 문제일 수밖에 없다. 물론 있지도 않은 인권침해와 고통의 이미지가 어쩌다 카메라 렌즈 속으로 들어갔음을 입증할 방법이 있을지도 모른다.

시각적 이미지를 보여줄 때는 반드시 문자로 된 객관적인 설명을 함께 제시하는 편이 나을지도 모른다. 예컨대 기근사태가 일어나면 통상 전체 인구의 5퍼센트만이 굶주린다거나, 아이들은 대개 유니세프의 카메라팀 앞에서 여배우 조앤 콜린스(Joan Collins)가 우유를 먹이는 것이 아니라 자기 부모가 직접 돌봐준다거나, 거의 모든 부족·민족·종교·정치 분쟁이 제노싸이드가 아닌 다른 방식으로 해결된다거나 하는 설명 말이다. 인도지원단체에서 대중매체 같은 필터로, 즉 최악의 지역에 있는 최악의 마을에서 벌어진 최악의 사건을(하지만 제일 접근하기 쉬운 케이스를) 선정하는 식으로 사태를 알려서는 안될 것이다. 그렇다고 이런 사건들이 단순히 '기사가치만 있을 뿐', 실제로는 하찮은 사안은 아니다. 이런 사건들이야말로 긴급지원을 받을 필요가 있는 대표적인 사례이다. 만일 인도지원단체가 매번 고통 자체를 표현하는 대신, 그 고통이 현실을 정확히 대변하는가만을 고민한다면, 그런 태도야말로 단체의 효과적인 활동을 저해할 것이다.

이런 식으로 논쟁이 끝없이 이어진다. 나는 '부정적 이미지'를 드러내도록 허용해야만 보통사람들이 고통의 보편성을 시인할 거라고 본다. 여기서 진정한 선택은 '연대의 쎄일즈맨'이 되기 위해 '비참을 파는 상인' 역할을 포기해야 하는 것이 아니다.[31] 비참한 지경에 빠진 사람들과 연대하면 되지 않는가?

계몽 피로증

삼십대 부부가 조간신문을 읽으면서 까뿌치노를 홀짝거린다. 신문 5면에 씨에라리온의 소년병에 관한 캠페인 광고가 실려 있다. 반군에 의해 양손이 잘리고 국경 바깥으로 내몰린 열두살짜리 소년의 사진이 보인다. 광고문안은 어떤 사건이 벌어지고 있는지를 설명하면서 이런 아이들을 치료해줘야 한다며 도움을 청한다.

이때 우리가 제일 먼저 던지는 질문은 사진의 이미지가 얼마나 진실한가 하는 점이다. 이 사진은 진짜 부인할 수 없는 증거인가, 사실 자체와 그 의미에 관해 한점 의혹도 없는가? 둘째 질문은 '온정 피로증'이라는, 모호하지만 호기심을 자아내는 관념의 형태로 표현된다. 사람들이 이런 이미지에 너무 자주 노출되면 점차 둔감해지고 결국은 너무 지쳐 도저히 반응할 수 없게 될 수도 있는가?

388

진실의 목격

발전된 기술로 인해 인권침해의 생생한 이미지가 순식간에 전세계로 퍼져나갈 수 있게 되었다. 그러나 자명한 진실이라 해서 반드시 자명하게 받아들여지지는 않을 것이다. 인권침해와 고통에 관한 증언이 아무리 정확하고 믿을 만하고 확실하다 하더라도 공공연한 부인 앞에서는 맥을 추지 못한다. 인권단체들은 지식의 힘을 믿는 계몽주의적 신앙의 살아 있는 유물이다. 사람들이 인권침해 사실을 알게 된다면 반드시 행동에 나설 것이라는 믿음 말이다. 역설적으로 이들은 자신의 활동을 통해 이러한 믿음이 잘못된 것임을 잘 알고 있다.

문자소통보다 시각소통이 훨씬 중요해진 전자통신시대에 들어 정보를 관찰하고 기록하고 보여주는 신기술의 등장으로 새로운 기회가 생겨났다.

이메일은 정부의 통제를 피해갈 수 있다. CNN 카메라와 기자들은 항상 현장에 나가 있다. 휴대하기 편리한 비디오카메라가 인권침해에 관한 생생하고 극적이며 부인할 수 없는 증거를 생산한다. 시청자들은 '반드시' 이런 것들을 믿어야만 한다. 이런 정보는 즉각적이며 신뢰할 만하다. 시각 이미지는 다른 어떤 매체보다 우월한 영향을 미칠 수 있다. 문서화된 정보만을 믿는 게으르고 시대착오적인 태도는("사람들이 이 정보를 읽을 수만 있다면 세상이 바뀔 텐데") "자 이제 사람들이 증거를 직접 볼 수 있는 세상이다"라는 접근방식 앞에서 구닥다리가 되어 밀려날 수밖에 없다. 이런 식으로 "권력에게 진실을 알린다"라는 속담의 최신 버전에서는 기술진보가 인권 옹호에 중요한 전기를 마련할 것이다.

이런 취지에서 뉴욕의 인권변호사위원회(Lawyers' Committee for Human Rights)에서는 1992년에 "목격자"(Witness)라는 프로젝트를 기획했다. 이를 통해 전세계 인권운동가들에게 비디오카메라를 제공하고 인권침해가 발생하는 현장을 찍어서 기록할 수 있도록 훈련시켰다. 인권침해 사건이 영상으로 기록되면 그리하여 사실을 누구도 부인할 수 없을 것이라고 본 것이다. 사진 증거가 나오면 진실이 드러날 게 아니겠는가. 이 캠페인을 시작하면서 록음악 가수 피터 게이브리얼은 1981년 발생한 엘 모소떼(El Mozote) 학살사건을 엘쌀바도르와 미국이 공모해서 은폐했던 일을 거론하며 이렇게 말했다. "말만으로는 부족했다. 사진도 없고 비디오테이프도 없었다. 증거가 전혀 없었던 것이다." 고문당하고 사지가 찢긴 시신이 발견되는 데에 10년이라는 세월이 흘러야 했다. 다음은 그의 말이다.

이제 우리는 사진증거를 내놓을 수 있다. 이제 진실이 드러날 것이다. 옳은 시간, 옳은 장소, 옳은 사람의 손에 들린 카메라는 탱크나 총포보다도 더 강력한 무기가 될 수 있다. 진실의 힘은 인권침해자에게 위협적이다. 오웰의 『1984』에서는 권력을 가진 자들이 인민들의 일거수일투족을 감시함으로써 인민들을 통제할 수 있었다. 이제 인민들이 권력을 가진 자들을 감시하고, 그들의 만행을 증언하고, 그들의 동향을 고발할 수 있게 되었다. '증언자' 프로젝트를 통해 우리는 각국 정부에게 공식통지를 보내고 있다. 세상의 권력자들이여, 이제 더이상 당신들의 행동을 감출 수 없다, 우리들이 당신들을 감시하고 있다.[32]

그러나 계몽주의적 신념이 후기근대적인 현실과 만날 때 우리 삶은 예상대로 흘러가지는 않는다. 예컨대 '로드니 킹 효과'(Rodney King Effect)를 살펴보자.

1991년 로스앤젤레스 대로변에서 경찰관 네명이 아무 저항도 하지 않는 흑인 로드니 킹을 차에서 끌어내 길바닥에 눕히고 인정사정없이 구타하는 장면을 누군가 비디오카메라로 장시간 촬영했다. 이 영상을 본다면 누구라도 똑같이 해석할 터였다. 그것은 당연히 '폭력행위'이고, '경찰권 남용'이며, '시민권의 침해'이자 '인종차별'로 해석해야 마땅했다.[33] 하지만 그리하여 사건의 원재료(영상자료를 포함해서)는 어떤 처리과정을 통해 변질되고 말았다. 그 사건은 로스앤젤레스 경찰청의 인종차별 행태를 둘러싼 정치적 논쟁 속으로 빨려들어갔다. 사건을 다루기 위해 특별히 선정된 배심원단(교외에 거주하며 다인종 사회에 대해 불만에 가득찬 백인 중산층)이 증언을 청취하고 영상물을 시청했을 때에는, 이미 조직의 이해관계와 이데올로기적 편견들이 사건 처리과정에 가득 들어차 있었다. 배심원단은 자기들 눈으로 직접 시청한 영상을 부정했다(프로이트가 부정 현상을 해석한 것과 똑같은 방식으로). 너무나 명명백백한 사건이었는데도 합법적으로 사건을 호도하고, 의미를 재구성하더니, 마침내 사건 자체를 부인해버렸던 것이다. 경찰관들은 무죄 석방되었다. 비디오 촬영자가 잘못 본 것이며, 로드니 킹은 피해자가 아니라 가해자라는 말까지 나왔다(이 사건은 1992년 로스앤젤레스 폭동으로 이어졌으며, 법무부와 연방법원이 재개입하여 경찰관 두사람에게 30개월 징역형을 선고하였다. 이 사건으로 시민이 경찰력을 감시한다는 '역감시'inverse surveillance 개념이 생겼다—옮긴이).

이 사건의 의미는 법적 평결을 훨씬 넘어선다. 어떤 사건을 목격하고 진실을 말하는 것이 가치있게 여겨지던 시대는 지나간 옛날이 되어버렸다. 오늘날 이러한 가치는 너무나 혼탁해져서, 심지어 '전자 증인'이 제시하는 진짜 정보로도 어찌할 수 없을 정도로 타락한 문화에 파묻히고 있다.

'증언자' 프로젝트는 "대중들이 인권침해의 생생한 이미지를 접할 수 있도록 함으로써 기본 인권을 증진"하는 방안으로 영상기록(불카보르의 집단 암매장지 발굴, 과테말라의 가두시위, 아이티 농촌에서 일어난 고문의 증거 등)을 효과적으로 활용할 수 있을 거라고 주장했다. 그러나 까르스끼가 깨달았듯이, 진실을 말하는 것과 사람들이 그것을 믿는 것은 별개의 일이다. 또한 로드니 킹이 깨달았듯이, 영상조차 말로 된 증언만큼이나 쉽게 부정될 수 있었다. 게다가 어떤 현상이(인권침해 이미지) 또다른 현상으로(인권 존중) 당연히 전환되리라고 가정할 수 없게 된 현실은, 굶주리는 아프리카 아이들 이미지가 반드시 사회불의를 상징하지는 않게 된 것과 다르지 않다.

물론, 인권침해와 인간의 고통에 대한 국제적 인식의 제고, 정보통신기술의 확산, 대중매체의 지구화 등은 실제로 모든 주권국가들(또는 일부 주권국가들)이 전례 없이 감시의 대상이 되고 있음을 뜻한다. 하지만 이러한 정보를 표현하기란 그 어느 때보다 어려워졌다. 엇비슷한 이미지들이 넘쳐나고, 가상과 실상의 경계가 흐려지고 있다(예컨대 사실을 똑같이 재현하는 행위, 실상 비슷한 가상, 다큐멘터리처럼 만든 극영화 등). '현실'이라는 말에는 언제나 따옴표를 붙이고, 다문화적인 접근방식이 여러 종류의 진실을 부추기는 세상이 된 것이다. 록스타들은 이런 이미지 메이킹에 대해 보통사람들보다 더 잘 알고 있을 것이다.

여기서 핵심은 영상기록이 늘어나면서 문제가 더욱 희석된다는 점이다. 전세계에서 탈근대적 인식론을 말 그대로 받아들이는 학자들을 제외하면, 정신이 제대로 박힌 사람이라면 그 누구도, 예를 들어 방글라데시에서의 영유아 사망률에 관한 진리주장을 그것이 진짜인지 검증하기 위해 '심문'하지는 않을 것이다. 오늘날에는 이런 사실을 문자적으로 부인하지는 않는다. 반면, 이런 정보를 너무 자주 접하고 그때마다 믿었으므로 이제 오히려 어떤 행동을 취하기 어려워졌다. 당신은 이제 진실을 듣는 데 지친 셈이다.

진실 피로증

진실을 목격하고 표현하는 일은, 부인할 수 없는 현실을 어떻게 남들에게 전할까에 관련된 인지적 과제이다. 하지만 이러한 현실에 계속 노출된 나머지 더이상 고통의 이미지를 도덕적·정서적으로 받아들이기 어려워졌다면 어떻게 될 것인가? 이른바 '온정 피로증'이라는 통속 심리학 이론은 세가지 개념으로 이루어져 있다. 그것은 **정보 과부하**, **정상화** 그리고 **둔감화**이다.

정보 과부하 · 투입량 과부하 · 포화

정보 과부하(過負荷) 개념은 원래 심리학자들이, 주의집중할 수 있는 정신적 능력을 넘어서는 외부 자극의 양과 강도를 나타내기 위해 사용한 개념이다.[34] 현대 일상생활의 정보량은 우리 정신이 그것을 처리할 수 있는 능력을 훨씬 초과한다. 사람들은 엄청난 외부자극을 접할 때 거기에 반응하지 않는 자기몰입상태에 빠진다. 짐멜이 '도회적 몽환'이라 부른 상태이다. '스위치를 끄다' 또는 '신호를 차단하다' 같은 용어는 텔레비전의 리모콘뿐 아니라 우리 정신에도 적용될 수 있다.

하지만 '신호를 차단하는 것'과 완전히 전원을 내리는 것은 전혀 다른 문제이다. 부인이론과 상식에 따르면 외부자극에 대한 과부하 문제를 해결하는 제일 손쉬운 방법은 **선택적인** 망각이다. 당신이 특정한 주제에 관심이 있다면 받아들일 수 있는 정보량은 무궁무진하다. 하지만 골치 아픈 정보 또는 적합하지 않은 정보를 차단하기는 쉽지 않다. 우리는 노숙자가 실제로 존재하지 않는 것처럼 지나칠 수 있도록 자신을 '훈련'시킬 수 있다. 하지만 이는 우리가 더이상 알고 싶어 하지 않는 것이 도대체 무엇인가를 이미 알고 있어야 한다는 사실을 뜻한다(심지어 이들간의 논리와 문법도 다르다). 이 문제에 관한 '강한' 이론에 따르면 우리는 실제로 걸인의 존재를 전혀 알아채지 못한다. 또 '약한' 이론에 따르면, 이 문제는 '마치 ~하는 것처럼'이라는 관념에 함축된 것과 비슷한 경로를 밟는다. 우리는 분명 걸인의 존재를 인지하지만, 그것이 의식 속에 들어오는 것조차 '허용'하지 않는다. 어떤 이미지를 목격한다고 해서 전체 인지의 틀이 바뀌는 것은 아니다. 그런 정보는 부적절한 정보, 또는 너무 심란하므로 생각하기도 싫고 기억하기도 싫은 정보라고 지정된 항목들을 쌓아두는 거대한 기억창고 속으로 옮겨진다.

과부하/차단 모델은 대중매체의 문안과 이미지, 그리고 길거리에서 마주치는 광경들에도 적용된다. 이것과 연관된 '미디어 수용자 포화'(audience saturation)라는 개념은 특히 미디어 전문가들이 흔히 사용한다. 어떤 시청자가 대인지뢰로 다리가 절단된 아이들을 다룬 텔레비전 다큐멘터리를 보고 있다. 그는 여섯번째 아이 이야기를 접할 때쯤이면 정신적인 용량이 소진되는 것을 느낀다. 이제 그러한 정보를 더이상 견딜 수가 없다. 그래서 채널을 돌린다. 하지만 이미 알게 된 정보를 자기 머릿속에서 완전히 삭제할 수 없다.

순전히 양적인 면만 따진다면 과부하론은 얼토당토않다. 이 이론은 개인과 사회가 일종의 차단기를 갖고 있다가 너무 많은 정보가 유입되면 스위치를 내린다고 본다. 이것은 인지와 기억에 관한 다른 설명들과 반대되는 이론이다. 과부하론은 훌륭한 은유조차 되지 못한다. 예컨대 욕조는 채울 수도 있고 넘칠 수도 있지만, 정신과 문화는 그렇지 않다.

정상화와 일상화

'정상화'는 '과부하'보다 훨씬 더 풍부한 내용을 가진 개념이다. 정상화이론은 한때 예외적이고 불쾌하거나 심지어 용납하기 어렵게 보이던 사실과 이미지라도 결국에는 정상으로 받아들여진다고 시사한다. 이미지가 누적되면 차단기의 메커니즘처럼 끊기는 것이 아니라, 믿음과 감정과 지각이 변화한다는 것이다. 예전에는 눈에 거슬리고 비정상으로 보이던 것이 이제는 정상으로 보이고 심지어 용납할 수 있게 된다는 것이다. 이는 '도회적 무관심'(과부하) 이론을 넘어서는, 대단히 심란하고 심각한 이론이다. 특히 굶주리는 아이들이나 구덩이의 시신 같은 극단적인 이미지에 적용시켜보면 이 이론의 중요성을 알 수 있다. 이것은 어떤 이미지에 익숙해지면 그것의 잠재효과가 소멸된다는 말이다. "그런 일은 전에도 많이 봤어." 정상화는 무효화로 발전하고 그것은 다시 무관심으로 이어진다. "이런 일은 그런 데서는 늘 일어나는 법이지"라는 식의 기억신호를 작동시켜버리면 더이상의 반응이 필요치 않다.

인간의 고통과 인권침해를 서술할 때 정상화기제가 반드시 포함되게 마련이다. 하지만 이 용어를 문자 그대로 사용해서는 안될 것이다. 가해자와 피해자와 방관자는 극악무도한 짓에 '익숙해진다'고 생각하여 사람들은 실제로 이런 일들을 '정상화'하기 때문이다. 인권침해가 일어나려면 이런 식으로 악행을 누진적으로 수용하는 과정이 반드시 따라야 할지도 모른다. 그러나 가장 적극적인 가해자와 가장 소극적인 방관자라 할지라도, 제 아무리 도덕적·정서적으로 마비상태에 빠졌다 하더라도, 보통 '정상'으로 간주되는 범위를 완전히 망각하는 법은 없다. 그리고 텔레비전 시청자들이 참혹하게 고통받는 사람들 이미지에 오랫동안 노출되어 정신적 무기력증에 빠진다 하더라도, 그 이유는 자신이 아무 도움도 줄 수 없다는 무력감 때문이지 그 일들을 최선의 행위라고 생각해서 그러는 것은 아니다.

그런데 '과부하'이론과 '정상화'이론은 둘 다 동일한 사항을 놓치고 있다. 관찰자들은 '정보' 과부하가 아닌, '요구' 과부하에 빠지기 쉽다는 사실이다. 우리는 어떤 정보가 우리에게 도덕적·심리적 요구를 부가하지 않는 한, 특히 '어떤 행동을 취하라'는 채근을 받지 않는 한, 그런 정보를 얼마든지 받아들일 수 있다. 클라크슨이 지적하듯, '수수방관'하는 이유로 흔히 거론되는 핑계는 이 세상의 모든 잘못된 일에 일일이 전부 개입하기는 불가능하다는 불평의 동의어다. "너무나 많은 요구들을 받는데 어쩌란 말이냐."[35] 그러나 이런 요구들 중에서도 어떤 것이 차단되는가, 그런 일은 어떤 과정을 거쳐 일어나는가? 어떤 행동을 취해달라는 요구가 지나치게 많고 혼란스러울 때, 먼 곳에서 일어나는 사건과 통계수치가 문자 그대로 우리의 이해범위를 넘어설 때, 한가지 해결책은 일단 우리 주변의 용이한 문제들을 다룸으로써 주의 집중력을 '보존'하는 것이다. 심지어 이타주의자라 하더라도(아니, 특히 이타주의자는) 자기가 할 수 없는 일들을 차단해야만 선행을 지속할 수 있다.

그러나 어떤 정보의 수치 자체가 중요하게 부각되는 경우가 있다. 어떤 인권침해 사건에 관한 통계치와 그것이 표현되는 방식이 주의력의 마비를 불러일으키는 것이 아니라, 마음속에 도덕적 부조화를 불러일으키는 보이지 않는 경계선이 있어 영향을 미치는 것 같다. 만일 어떤 광고에 2분마다 아이들 몇천명이 죽어가는 것이 아니라, 10초마다 몇천명이 죽어간다고 쓰여 있으면 어떻게 할까? 통계수치가 크게 달라지면 그에 따라 우리 반응도 달라지는가? 물론 그렇지는 않을 것이다. 다음을 예로 들어보자. 전세계 인구의 50퍼센트가 깨끗한 식수를 마실 수 없다, 앞으로 10년내에 아프리카 아이들 1000만명이 에이즈로 고아가 될 것이다, 오늘날 전세계적으로 1800만명의 난민이 존재한다. 그러나 좀더 신뢰할 만한 추산치에 따르면(실제로) 위의 통계는 각각 46퍼센트, 850만명, 1600만명 정도로 조정된다. 그러나 추산치가 변한다고 해서 우리의 정서적·도덕적 반응이 달라지지는 않을 것이다. 그렇다면 우리 인간은 이다지도 무도덕한 냉혈한인 데다 천치 같아서 백만명이 죽든, 단 두명이 죽든 아무런 차이가 없을 정도인가?

바로 이런 것이 브루크너가 '무오류한 논리의 세계'라고 꼬집은 것이다. 통계란 것이 흉칙한 괴물 같고, 인간의 고통은 너무나 엄청나므로, 거기에 직면하는 우리 삶은 정당화할 수 없을 만큼 파렴치하다는 말이다. "내가 반 파운드짜리 쇠고기 스테이크를 먹는다고 했을 때, 그

고기를 만들기 위해 가축사료로 사용한 단백질로 서른명이 연명할 수 있었을 것이다."³⁶ 이처럼 기이한 통계치 앞에서 우리가 스스로 인권침해에 가담하고 있다고 정직하게 '시인'하기는 매우 어렵다. 이러한 수치상의 비교가 진실이긴 하지만 핵심은 아니다라고 주장하는 것은 실로 현란한 궤변이다.

둔감화 · 정신적 마비 · 심리적 황폐화

우리는 어떤 도덕적 주장을 펴기 위해 인권침해 관련 통계와 인간 고통의 우선순위를 수집하여 제시하곤 한다. 그런데 직접 들을 수도 없는 사람들이 부르짖는 모든 호소에 일일이 반응해야 한다면, 그 사람은 '요구 과부하'에 시달리게 된다. 그렇게 되면 도덕적으로 그것을 고려하기 이전에 다른 곳으로 시선을 돌려버릴 수 있다. 공포 이미지를 쉴 새 없이, 그리고 가차없이 쏟아내는 현대문화 속에서 잠비아의 에이즈, 인도의 홍수 피해자들의 정보를 전달하는 심리적 신경말단조직은 위축되기 쉽다. 이 모든 것이 끝이 없어 보인다. 우리는 이런 이미지에 너무나 익숙해져서 정서적으로 무력해져버린다. 바로 이것이 '둔감화' 또는 '정신적 마비' 이론이다.

이런 용어는 멜로드라마처럼 되기 십상이다. 가해자나 테러리스트라면 정서적으로 둔감해질 필요가 있을 것이다. 무조건 복종함으로써 인권침해를 저지르는 명령수행형 범죄의 경우, 일상화를 통한 부인이 반드시 필요하다. 훈련과정에서 가해자에게 가상의 피해자로서 먼저 고통을 경험하게 만든다. 그다음에 간수나 관찰자 입장에서 피해자가 다른 가해자에게 고문받는 광경을 지켜본다. 그런 과정을 거친 후 적극적인 가해자로 다시 태어난다.³⁷ 초기의 심리적 장벽이나 억제력을

398

극복하면 그후에는 타협하기 쉬워지고 거부하기는 어려워진다. 하지만 이 과정은 인권침해 이미지를 소비해야 하는 피곤한 수용자에게는 들어맞지 않는다. "전에는 그런 사진을 보면 침울해지고 마음이 뒤숭숭했는데 이제는 아무렇지도 않아." 이런 이미지를 제공하는 사람들은 가상의 정신상태를 경계선으로 설정하여, 수용자가 그 고비를 넘어 '과거'의 감정을 불러일으킬 수 있도록 해야 한다.

하지만 매일 죽음을 다루는 사람들조차──살인사건 전담 형사, 장의사, 도축장 인부, 에이즈 호스피스, 사형집행장 간수 등──똑같이 이러한 둔감화 과정을 밟지는 않는다.[38] 그리고 사람들은 도대체 어떤 것에서 둔감해지는가? 흔히 동정심은 가르침을 통해 배워가야 하는 것이라고 한다. 그래야만 나중에 동정심을 탈학습할 수[동정심에 둔감해졌다고 말할 수] 있을 것 아닌가. 그러나 동정심이란 타인의 고통에 대한 '자연적'인 반응일지도 모른다. 무엇인가를 느끼는 것은 '정상적'인 감각이다. 사람들은 따로 배우지 않더라도 아이의 울음소리를 듣거나 고통받는 어린아이를 보고 연민의 정을 품을 수 있다. 이런 감정은 성인에게 유년기의 고통과 아픔을 생생히 되살려줄지도 모른다(또는 유년의 기억에서 연민의 정이 우러날 수도 있다). 그러한 대리고통은 분명 정상적인 감정일 것이다. 그러나 공감의 정신이 원초적인 것이든 학습된 것이든, 둔감화이론에서는 별 차이가 없다. 그렇게 많은 고통이 즉각적이고 끊임없이 전해져올 때 결과적으로 도덕적 둔감 상태에 빠지거나, 어떤 일에 분노를 느끼는 경계선이 높아질 수밖에 없다는 것이다.[39]

둔감화이론이 일리가 있는 경우도 있으나 이것은 신화에 가깝다. 개인의 일상(예민했던 영혼이 텔레비전 앞에서 계속 무뎌져간다는 둥), 또는 문화사의 영역에서(여기서는 정반대 주장을 할 수 있다. 즉 텔레비전 덕분에 먼 곳에 사는 타인의 고통에 대한 감수성이 높아졌다는 둥) 이러한 둔감화가 일어난다는 증거를 전혀 찾아볼 수 없다. 단지 익숙하다거나 반복된다는 이유로 부인이 일어날 수는 없다. 둔감화이론은 둔감해지는 데 걸리는 시간이나, 누가 그렇게 둔감해질 수 있는가, 또는 어떻게 하면 원래의 따뜻한 마음을 마술처럼 되살릴 수 있는가 하는 것들은 전혀 거론하지 않는다.

원래 '둔감화'(의학에서 desensitization은 '탈감작脫感作'이라고 표현함—옮긴이)는 행동의학에서 환자들이 까다로운 공포병(phobia)을 단계적으로 떨쳐버릴 수 있도록 유도할 때 사용하는 치료기법이다. 그러므로 둔감화 요법은 조야한 자극에 의해 시행된다. 즉 이 요법은 정신적 성찰과 상징적 의미, 문화적 맥락을 무시하는 단순한 반응심리학에 불과하다. 이 경우 더 극단적이고 가혹한 고통의 이미지를 사용하면 상실했던 동정심을 되찾을 수 있게 '재감각화'(re-sensitize)될 거라고 말하는 셈이다. 하지만 가장 극단적인 고통의 이미지에 대해서조차 표준적이고 보편적인 반응이란 존재하지 않는다〔사람마다 반응이 모두 다르다〕. 맥락이 거두절미된 상태에서는, 익숙한 이미지를 제시했는데도 강력한 정서적 반응이 나오는 경우가 있다. 예컨대 악명높은 베네통 광고 포스터에 나오는 탯줄이 붙어 있는 아이의 모습이나, 서구에서 예수 그리스도를 흔히 묘사하는 이미지로 표현된 에이즈 환자(또는 시신)의 모습이 그러하다. 이 광고로 인해 야기된 논쟁에서는 실제로 "충격이라는 프런티어가 다시 (정상으로) 되돌아왔다"라는 지적이 나왔다. 그러나 이런 논쟁은 광고에서 차용한 이미지 때문이라기보다, 연청색 스웨터를 팔아먹기 위해 그러한 이미지를 (신비화하여) 이용했기 때문에 비롯되었다고 볼 수 있다.

온정 피로증·기부 피로증

'온정 피로증'은 위에서 말한 과부하, 정상화, 둔감 등의 이론을 모두 포함하지만, 그런 용어보다 더 잘 알려져 있으며 지나치게 많이 사용된 개념이다. 이 말은 묘사용 어휘로 애매모호하고, 설명용 어휘로는 더욱 애매모호하다. 어떤 때에는 나쁜 소식에 면역되었음을 뜻하기도 하고, 또 어떤 때에는 도움을 청하는 요구에 응할 수 없는 상태를 뜻하기도 한다. 그럼에도 온정 피로증이 존재한다는 사실 자체를 부정할 수는 없다. 이는 잘 알려진 현상이고, 많은 이들이 그 뜻을 잘 알고 있다. '피로증'이라 하면 정서적(아무 감정도 느끼지 못하는 상태가 됨) 도덕적(도덕적 감수성이 말라버림)으로 소진되었음을 지칭한다.

또한 인간의 비극을 너무 많이 아는 데서 오는 지적인 피로증도 있다고 한다. 하지만 이런 반응은 특정 계급이나 교육받은 중산층에서 오랫동안 함양되어온 세련된 장탄식에 불과하다. 진지한 사람들조차 이렇게 내뱉곤 한다. "에티오피아에 돈을 보내줬더니 결국 어떻게 썼는지 한번 보라고. 부룬디와 체첸에선 자기들을 도우려고 찾아온 자원활동가들을 죽이잖아. 이런 일을 언제까지나 되풀이할 순 없어". 이런 반응 뒤에는 좀더 우려되는 무언가 있을지도 모른다. 즉 단순한 혼란 이미지를 넘어 사태를 도저히 어찌할 수 없다는 인식, 이런 문제들을 도무지 이해할 수 없다는 자포자기 말이다.

온정 피로증 개념에는 일리가 있다. 하지만 그것을 형성하는 과부하, 정상화, 둔감화 등의 요소들과 마찬가지로 명확성이 떨어진다. 우리는 특정 위기에 대한 대중의 반응을 우려하는가, 아니면 도덕적 감수성의 전반적인 퇴조를 우려하는가? 더 나아가, 둔감화나 부인 같은 언어와, 정부의 대외원조 지원금 삭감이나 국제원조에 결부된 가혹한 조건 또는 원조제공국의 꼼꼼한 선택 같은 정치적 이유를 혼동하기도 한다. 어떤 구분법에 따르면 '대외원조 피로증'은 '기부 피로증'(정부의 대외원조 지원액이 객관적으로 줄어든 것)과 '온정 피로증'(정부의 대외원조에 대한 일반대중의 미온적인 지지 또는 자발적인 기부액의 하락)이 결합한 것이라고 한다.[40]

이 구분은 정확하다. 하지만 많은 사람들, 특히 미디어나 대중홍보, 정치에 몸담고 있는 사람들은 온정 피로증을 진짜 존재하는 '것'이라고 생각하는 경향이 있지만, 인도지원단체들은 이런 진단에 별로 동의하지 않는다. 이들은 온정 피로증보다는 '미디어 피로증'—미디어나 일부 지도층이, 외부의 인권침해 사태에 아무도 관심을 보이지 않을 것이라고 믿는 견해—이 존재한다고 생각한다. 바로 이 때문에 인도지원단체 활동가들이 대중의 이목을 끌기 위해 더욱더 극단적인 방법을 찾는지도 모른다. 활동가들은 결코 냉소적이지도 패배적이지도 않다. 이들은 스스로 사기를 올리기 위해서, 또는 '자기충족적 예언'(self-fulfilling prophecy)을 하지 않으려는 직업적 이유 때문에(온정 피로증 현상이 실제로 존재한다고 말하기 시작하면 실제로 그렇게 될 개연성이 있으며, 그렇게 되면 인도지원단체의 존립이 흔들릴 수 있기 때문에 그런 말을 하지 않을 것이라는 뜻—옮긴이) 온정 피로증 개념을 거부하는 것이 아니다. 그들은 대중이 인권침해 정보를 계속 받아들이는 능력에 한계가 있어서가 아니라, 미디어가 사건보도를 틀지우는 방식에서 비롯된 문제 때문에 사태 해결에 필요한 정치적 행동에 문제가 발생한다고 주장한다. 옳은 지적이다.

그러나 인도지원단체와 미디어에 공통된 과오도 있다. 미디어 수용자에게는 한번에, 큰 기사감 하나 이상의 정보를 받아들일 능력이 없다고 보는 것이다. 이는 시청자를 얕잡아 보는 생각이다. 예컨대 인도지원단체 '케어'(CARE)의 대변인은 보스니아의 학살사태와 태풍 앤드류 호 소식이 기부금과 대중의 주목을 '고갈시켜' 소말리아를 위한 기금조성 캠페인이 어려워졌다고 설명한다. "우리는 저조한 기금조성 성과가 다른 재난들의 심리적 간섭 때문이라고 본다."[41] 물론 고통의 현장 가까운 곳에서 활동하는 사람들도 숱한 현실의 고통에 모두 대처할 수는 없다. 남아공의 진실화해위원회에서 끔찍한 과거사 소식을 정기적으로 내놓았을(또는 확인했을) 때에 어떤 사람들은 '폭로 피로증'을 느낀다는 말을 하기도 했다. 하지만 이 말이, 대중들이 끔찍한 과거사에 질려서 더이상 그런 소식을 듣기 싫어했다는 뜻은 아니다. 오히려 미디어가 '평범한' 과거사 소식은 더이상 기사가치가 없으며, 이제 특별한 소식만이 대중의 주목을 끌 수 있을 거라고 지레 짐작했던 것이다.

미디어와 대중의 이러한 인과적 회로는 양방향으로 흐른다. 따라서 묄러의 저서는 그 책의 제목인 '온정 피로증'의 원인에 관한 연구라기보다, 부제인 '미디어가 질병과 기근과 전쟁과 죽음을 파는 방식'의 효과에 관한 연구라고 봐야 한다. 묄러는 미국의 대중이 온정 피로증에 의한 혼수상태에 빠져들고 있다고 주장한다. 시청자의 관심을 끌지 못할 거라고 생각되는 뉴스는 언제나 보도에서 제외된다. 그러나 시청자의 관심을 끌 수 있는 경계선이 어찌나 빠르게 올라가는지, 미디어는 보도할 수 있는 기사의 선정기준을 더더욱 절박하게 '끌어올리고' 있는 중이다. 묄러가 다룬 사례연구들, 즉 에볼라 바이러스 유행병, 1991~93년의 수단과 소말리아 기근, 쿠르드족에 대한 안팔 학살사건, 보스니아에 설치된 죽음의 강제수용소, 르완다 제노싸이드는 먼 곳에서 벌어지는 인간의 고통을 표현하는 방식이 얼마나 가당찮게 도식적인지를 잘 보여준다. 현재 사태가 그리 새롭지 않다는 점을 가르쳐주는 사건 연혁의 반복 소개, 선정적인 언사, 미국식 은유법으로 채워져 있는 것이다. 무엇이 무엇을 초래하는가? 묄러에 따르면 미디어는 온정 피로증을 고정된 '실체'로 간주하고 그 기준에 따라 기사의 우선순위를 정한다. 하지만 묄러는 온정 피로증이 보도 자체의 불가피한 결과가 아니고, "기사가 보도되는 방식의 불가피한 결과"라고 주장하기도 한다.[42]

온정 피로증은 미디어가 탄생시킨 현상, 대중의 행동동기를 결정하는 어휘에 영향을 주는 현상일지도 모른다. 모든 호소에 일일이 반응할 수 없다는 사실은, 우리가 너무 피로해져 그 어디에도 신경쓸 수 없다는 징표로 해석된다. "우리는 마치 예기치 않은 전염병에 걸린 것처럼, 그리하여 무엇을 해도 꼼짝달싹할 수 없게 된 것처럼, 온정 피로증에 걸렸다고 말하곤 한다."[43]

한편 보스니아와 르완다 사태의 보도를 분석한 묄러의 저서를 읽으면, 실제로 미디어가 수용자들의 부인에 맞서 사건보도를 위해 애썼음을 알 수 있다. 인권침해 이야기는 대중의 관심이 사라지면 가라앉는다. 대중의 주목을 끌기 위해 죽음의 강제수용소나 말살정책 등 홀로코스트 이미지가 노골적으로 차용되었다. 언론인들은 대중이 지겨워하는 이야기를 보도하느라 애를 먹었다. 언론의 르완다 제노싸이드에 관한 보도를 분석한 후 묄러는 개념을 전환할 수 있었다. 이는 커다란 차이가 있다. 르완다 사태 때에는 온정 피로증보다는 '**온정 회피증**'이

나타났던 것이다. 시청자들은 부패한 시신이나 부어오른 시신이 강둑을 떠다니는 이미지를 접하고 움찔할 수밖에 없었다. 그들은 그 이야기가 중요하다는 사실을 알았지만 눈길을 다른 데로 돌려버렸던 것이다.[44] 이것이 부인과 방관의 핵심이다. 철저히 무력하고 도저히 이해할 수 없어서 그것을 생각조차 할 수 없는 상황에 처해 사건을 적극적으로 피해버리는 행위 말이다. 묄러는 『워싱턴 포스트』의 기사에서 적절한 은유를 인용한다. "이런 사진, 이런 참혹상에 접하여 무엇을 할 수 있을 것인가? 아프리카의 강 위로 떠내려오는 퉁퉁 부은 시신들 이미지를 우리 마음속 어디에 저장할 것인가?" 우리는 이러한 장면에 익숙해지거나 어떤 식으로든 반응하려 하는데 "그와 함께 우리는 그 사건을 얼마나 받아들일까를 놓고 자신과 협상을 한다."[45]

흔히 '피로증'이 '회피증'보다 더 적절한 용어라고 한다. 하지만 이 때의 피로증은, 우리 몸이 그 '속에' 빠지고 정신적 기능이 마비되기 시작하는, 고정된 피로상태라는 의미가 아닌 다른 피로증세를 말한다. 이러한 인권침해 이미지들은 너무나 구체적이어서 문화적 파급효과를 운운할 여지도 없다. 예컨대 주의집중을 결정하는 경계선의 변화, 동정심이 제멋대로 높아지거나 낮아지는 현상, '정상'으로 받아들여지는 경계의 불명확성 등이 형성될 여지가 없는 것이다. 인간의 고통 이미지가 아무리 반복되더라도, 그것을 아무리 손쉽게 주변에서 찾아볼 수 있다 하더라도, 심지어 그것이 아무리 우리 뇌리에 깊게 침투해 들어온다 하더라도 우리가 탈진상태에 빠질 이유는 없다. 따지고 보면 '사랑의 피로증'이라는 것은 없지 않은가.

대다수 부모들은 자기 아이가 아무리 자주 머리를 부딪치고 울음을 터뜨린다고 해도, 자식의 고통과 아픔에 무감각해지거나 나 몰라라 하지는 않는 법이다. 먼 곳의 고통을 다루는 다중적 이미지는, 그 이미지가 너무 많다는 것이 문제가 아니고, 그 이미지의 심리적·도덕적 거리가 **너무** 멀다는 점이 문제인 것이다. 어떤 이미지를 반복하면 그런 문제가 우리 삶에서 멀리 떨어져 있다는 느낌만을 증폭시킬 뿐이다. 이들은 내 자식이 아니다, 우리는 이 아이들과 아무 상관이 없다, 우리는 이 아이들의 존재를 결코 실제로 경험할 수 없다, 우리가 이 아이들에 대해 아는 것이라곤 카메라가 그들을 비추는 그 짧막한 30초 동안에만 그들이 존재한다는 사실이다. 우리 자녀의 '아픔'과 '아프지 않음'의 차이는, 매년 1200만명의 아이들이 예방할 수 있는 병으로 죽느냐, 아니면 1100만명이 그렇게 되느냐의 차이(**백만명의 차이**)보다 훨씬 더 크다.

그러나 우리 모두는 이런 통계를 잘 알고 있다. 이런 숫자를 머릿속에 모두 '집어넣지는 않지만', 그렇다고 그냥 지나치지도 않는다. 우리는 고통을 당하는 사람들의 부모가 어떤 심정일까를 상상해볼 수도 있다. 사람들은 사랑하는 친지들에 대한 원초적인 애착으로 인해 도덕적으로 가증스런 '방관자'가 되지 않을 수 있다. 오늘날에도 인간고통에 관한 이미지를 대하는 우리의 심정적 반응은 온정 피로증이 생기기 전만큼이나 강렬할 수 있다. 또한 세상을 잘 아는 체하는 언론인이나 사회학자들이 예측하는 것보다 훨씬 더 강렬할 수 있다. 1984년 에티오피아 기근 소식의 예를 한번 더 들어보자. 기자들과 사진기자들, 편집자와 뉴스룸의 직원들은 사람들이 문자 그대로 그 자리에서 죽어가는 모습을 컬러 화면으로 지켜보면서 눈물을 흘렸다. 하지만 그들은 일반 시청자들도 자기네들과 같은 반응을 보이리라고는 꿈에도 생각하지 못했다. 사람들이 그 주제에 금세 지루해하고 흥미를 잃을 거라고 짐작했던 것이다.

1993년 『뉴욕 타임스』는 케빈 카터가 찍은 유명한 사진을 실었다. 수단의 메마른 풍경을 배경으로 배가 고파 앞으로 고꾸라진 어린 소녀 가까이에 독수리 한마리가 앉아 있는 사진이었다. 그 아이는, 아니 그 젖먹이는, 아무것도 입지 않은 채 너무나 쇠약해져서 몸을 가누지도 못했으며 전혀 보호받지 못한 채 내버려져 있었다. 독수리가 옆에서 기다리는 것으로 미루어 곧 죽음을 맞을 터였다. 이 사진은 퓰리처상을 받았고 사진 저널리즘의 고전적 작품으로 칭송되면서 수많은 캠페인에 사용되었다. 이 엄청난 이미지로 인해 당신은 더 많은 사실을 알고 싶어질 것이라고도 했다. 그뿐 아니라 "이 사진을 보고 있으면 그 아이를 보호하고 독수리를 쫓아내고 싶은 생각이 들 수밖에 없다."[46]

이렇게 "어떤 일이든 해야겠다는 마음"이 인간의 보편적인 반응이라고 나는 믿는다. 사회과학자들이 아직 조사해보지도 않은 이유 때

© Kevin Carter

「수단의 굶주린 소녀」(Sudanese Girl)

문에, 이러한 반응이 강한 사람이 있고 약한 사람도 있다. 그러나 모든 사람의 반응이 희미하더라도, 어디에서부터 그 원인을 찾아야 하는지를 우리는 알고 있다. 그것은 피로증 또는 단순한 이미지의 반복만은 아니다. 온정이 줄거나 먼 곳의 타인에 대한 관심이 약해지는 것, 그것이야말로 전지구적 시장체제의 개인주의 정신이 독려하는 바이다. 이것이 바로 사람들의 온정이 줄어드는 원인이다. 전지구적 시장체제의 정신은 타인의 고통을 돕는다는 꿈을 깨라, 눈치를 긁어라, 정신 차려라 같은 메시지를 던지고, 이런 문제, 이런 사람들을 위해선 아무것도, 정말 아무것도 해줄 게 없다는 냉소적인 가르침을 줄 뿐이다.

8장

호소
—분노를 행동으로

이 장에서는 먼 곳에서 일어나는 인간의 고통 이미지가 어떻게 '시인을 위한 호소'로 전환되는지 알아볼 것이다. 인용문의 출처는 대개 1992~98년 국제앰네스티 영국지부와 미국지부의 캠페인 자료들이다.[1] 또한 필자의 지인들이 우편으로 받은 인권, 시민의 자유, 사회정의, 환경 캠페인 홍보물 90여종도 활용했다. 홍보물을 받는 가구의 주소는 단체들의 발송명부에 올라 있으며, 가구당 연평균 250종씩을 받는다.[2]

새로운 회원, 후원회원 또는 기부자를 찾는 캠페인을 일반대중을 상대로 벌이지는 않는다. 저변이 매우 넓은 단체라 하더라도 교육수준이 높고, 사회경제적 지위가 안정되어 있으며, 자유주의적 정견을 유지하고, '의식 있는 지지기반'에 해당하는 집단을 대상으로 한다. 신문광고는 이들 집단이 구독하는 고급 일간지에 집중되는데 영국의 경우 『옵저버』『가디언』『인디펜던트』 같은 신문들이다. 실적이 저조할 때는 캠페인에 든 비용조차 회수하지 못할 때도 있다. 예컨대 우편발송 비용을 건지려면 적어도 2퍼센트의 신규회원을 확보해야 한다. 국제앰네스티 미국지부는 1993년 신규회원 확보를 위해 약 1200만통의 홍보물을 발송했지만 신입회원은 고작 0.5퍼센트 확보하는 데 그쳤다.

캠페인이 성공했다는 것은 '단체의 메시지를 전달함' '사람들의 의식을 일깨움' '대중의 마음을 사로잡음' 등을 의미한다. 하지만 '사람들에게 어떤 행동을 취하도록 함' 역시 성공을 뜻한다. 사람들이 모금에 참여하고 캠페인 활동을 벌이며 교육을 받게 되었다면 성공이다. 홍보문건은 인권침해의 현실을 직시하고 시인하라는 호소로 이루어져 있다. "이것을 보십시오. 우리가 말씀드리는 것을 들어보십시오. 이 사실을 모르고 계셨다면 이제 당신은 그것을 모른다는 핑계를 대실 수 없습니다. 이런 일에 상관 않으신다고요? 관심을 가지셔야만 합니다. 당신은 필요한 행동을 취할 수 있습니다. 당신은 그런 일을 하실 수 있고, 또 하셔야만 합니다." 이런 호소는 거의 판박이처럼 여섯 단계를 거친다. 앞서 인용한 미국의 우편 홍보물도 이러한 단계별 접근을 잘 보여준다.

캠페인의 서사 방식

당신은 어떤 사람인가

현재 후원자 또는 과거 후원자에게는 개인적인 느낌이 들도록 접근하여 그들이 보여주었던 의지와 마음 씀씀이를 상기시킨다. 전에 자신이 어떤 사람인지 잘 보여주는 결정을 내리신 적이 있습니다, 그런 분이 어떻게 변할 수 있겠습니까, 그때보다 요즘 상황은 더 긴박합니다. "당신은 참혹한 고통과 전쟁, '실종' 사건, 미군의 탄압 기간에 엘쌀바도르 인민의 진정한 벗이었습니다"(SHARE, Salvadorean Humanitarian Aid, Research and Education). 잠재 회원은 민족, 종교, 가치관 등으로 규정된, 지향이 같은 전체 집단의 일부로 호명된다. 그러나 '우리 같은 사람들'이라는 표현이 암시하듯 이들은 더 넓은 의미에서의 도덕공동체에 속한다. 이들에게 '사회정의'니 '탄압'이니 하는 용어는 굳이 설명할 필요가 없다. 홍보물을 읽는 독자는 필자와 마찬가지로 깨어 있는 공동체에 속한 비슷한 존재로 간주된다. 로드니 킹 사건이 일어난 후 유대인정의기금(Jewish Fund for Justice)에서는 아프리카계 흑인과 유대인이 공유한 고통의 역사와 정의감을 호소했다. "우리는 미국 유대인으로서 이 캠페인을 시작합니다. 우리는 불의와 탄압을 피해 이 땅에서 은신처를 찾았던 이민자들의 후손입니다. 우리들이 제일 먼저 정착한 곳이 대도시 빈민가였음을 기억합니다. 그러므로 우리는 기회의 땅이 아니라 죽음의 덫으로 변해버린 이 지역의 가난한 이웃들과의 연대를 강화하고자 합니다."

무엇이 문제인가

홍보문건의 본론에서는 무엇이 문제인지를 서술한다. 그런 문제에는 도시 빈곤, 인종 갈등, 인권침해, 난민, 기근, 노숙자 등이 있다. 사례 소개형 홍보물에서는 단 한사람의 처지를 극적으로 기술하기도 한다. 미국농장노동자연맹(UFWA)의 쎄싸르 차베스가 쓴 편지는 포도

나무에 친 살충제로 인해 백혈병으로 죽은 소녀에 관한 이야기만 담겨 있다. 차베스는 새벽 5시 반, 농장 노동자들이 일하는 들판을 지나가는 운전자의 시선으로 편지를 쓴다. "갑자기 어떤 광경이 눈에 들어왔습니다. 새벽 어스름녘에 부모 곁에서 열을 지어 농장 일을 돕고 있는 아이들의 모습이었습니다. 오늘 하루가 끝나면 지치고 더러운 모습이 되어 있을 그 아이들을 생각하면서 나는 문득 궁금해졌습니다. 저 아이들의 미래는 어떨까? 그때 미리안 로블레스가 생각났습니다. 결코 잊을 수 없는 어린 소녀입니다. 한번 보고 나면 절대로 마음에서 지울 수 없는 그런 얼굴이었습니다." 그런 후 독자들은 미리안 가족들의 눈을 통해 그녀의 이야기를 알게 된다. 미리안의 백혈병 진단, 10년에 걸친 투병생활, 그리고 죽음에 이르는 이야기가 펼쳐진다.

　이런 홍보물에서는 특정 문제뿐 아니라 인권문제 전반에 대한 설명이 따라 나온다. 공산권이 붕괴하고 라틴아메리카의 군부독재와 남아공의 아파르트헤이트가 끝났지만 우리는 왜 감시의 눈길을 늦출 수 없는가? 이런 질문 뒤에 인권침해 양상들이 제시된다. 이를 통해 독자들에게 인권에 관한 한 변한 게 없을뿐더러 상황이 더 악화되었을 뿐이라는 점을 알린다. "냉전이 종언을 고했지만 세상은 그 어느 때보다 무섭고 폭력적이며 위험합니다. 인권은 더 존중받지 않고 있으며, 정부는 인권향상을 위한 정책을 적극 시행하지도 않습니다. **인권을 침해하는 정부의 성격이 변하고 있습니다. 흔히 더 나쁜 방향으로 변하고 있습니다.**"

우리는 누구인가, 우리 단체는 어떤 일을 하는가

홍보물은 이제 단체와 프로그램을 소개하고 돈이 더 모이면 어떤 일을 할 수 있는지를 설명한다. 독자들에게 단체 재정의 책임있는 관리와 집행을 역설한다. 모금된 기금은 반드시 필요한 곳에만 사용될 것이고, 부패한 제3세계 독재자들을 돕는다거나, 조직의 돈주머니를 불리는 쪽으로 전용하는 일은 없을 것임을 재삼 강조한다. 병원에 입원한 기아선상의 아프리카 아이들보다 더 중요한 기금 사용처는 있을 수 없다고 강조한다. 자신들이 어떤 "변화를 일으킬 수 있는지"를 설명하려 애쓴다.

국제앰네스티는 자신의 이미지를 갖고 있다. "목소리 없는 사람들을 보호하기 위해 울려퍼지는 목소리" "어둠에 빛을 비추는 단체" "철조망에 둘러싸인 촛불" "정부가 망각의 영역으로 밀어내려고 한 사람들, 바깥세상의 그 누구도 모르는 감방에서 아무도 모르게, 기억에서 멀어져 죽어가도록 내던져진 사람들에게 자유를 찾아주는 단체" 등이다. 자기들 단체가 어떤 방식으로 활동하는지(긴급행동망을 동원한다, 수많은 구명편지를 보낸다 등), 그리고 어떤 성과를 올렸는지도 설명한다. 그 수감자는 더이상 고문받지 않고, 독방에서 풀려났으며, 이제 의사나 변호사를 만날 수 있다 등. 또한 극적인 성공 주장도 내놓는다. "엘쌀바도르의 과거 고문 가해자가 인권단체의 활동이 삶과 죽음을 갈라놓는다는 증언을 하기도 했습니다. '외국 정부나 국제앰네스티의 호소가 접수되면 살 수 있다. 그렇지 않으면 죽는다.'"

홍보문안은 이런 캠페인을 통해 정부정책이 바뀔 수 있고, 개인들이 도움을 받을 수도 있다고 설명한다. 예컨대 죽을 위험이 있는 사람들을 미리 찾아냄으로써 '실종'을 예방할 수 있다고 한다("정부가 그들을 살해하기 전에 우리 단체에서 먼저 그들을 찾아내려고 노력합니다"). "인권을 침해하는 정부를 국제적인 차원에서 비판하고 고립시킨다, 가해자들이 법의 심판을 받게 한다, 공식적으로 부인하지 못하게 만든다." 국제앰네스티는 개인의 생명을 구할 수는 있어도 내전을 종식시키거나 정부를 교체하거나 민주주의를 가져다줄 수는 없다. 그러므로 독자들이 비관적이리라고 생각하지만, 그렇다고 냉소적이지는 않다고 본다. 독자들은 전반적인 상황이 암울하지만 적어도 어떤 행동을 취할 수는 있다는 말을 듣는다.

당신은 무엇을 할 수 있는가

그런 다음 '자력화(自力化)' 메시지가 나온다. "당신은 어떤 행동을 할 수 있습니다." 이미 활동하고 있는 사람에게는 의지를 더욱 강화시켜준다. "당신은 수많은 엘쌀바도르 주민들이 폭격으로 무너져 내린 옛 동네로 귀향할 수 있도록 도와주셨습니다. 그들이 재정착한 후에도 계속해서 지원했습니다. 당신은 엘쌀바도르 인민들의 변함 없는 친구였습니다. 만일 엘쌀바도르 인민이 10년에 걸친 참담한 전쟁에서 회복할 기회를 잡은 바로 이 순간, 그들에 대한 지원을 멈춘다면 이 얼마나 애석한 일이겠습니까?"(SHARE).

홍보물은 새로운 독자들에 대해서는 세심하게 균형을 잡기 위해 노력한다. 문제가 엄청나긴 하지만 개인의 행동이 얼마간 변화를 일으킬 수 있다고 설명한다. 한 건의 캠페인(이 마을의 홍역 예방접종)을 위해 특정 액수(미화 15달러)가 필요하다고 호소한다. 사태가 급박하다, 지금 당장 행동을 취하지 않으면 끔찍한 비극이 일어날 수 있다 등. 홍보문안은 일반적인 원칙(정의와 인권)에 대해서는 되도록 적게 이야기하고, 개인에 초점을 맞추어 이야기한다. 당신은 어떤 가치관을 가지고 있다, 문제가 얼마나 큰지 잘 알고 있다, 우리가 할 수 있는 일이 무엇인지 알게 되었다. 여기 당신이 취할 수 있는 간단한 행동 몇 가지가 있다.

당신이 행동해야 하는 이유

독자들은 자신의 제한된 자원을 가려서 분배해야 할 입장이라고 가정한다. 이런 유의 홍보물이 쇄도할 것이고 온정 피로증에 빠질 가능성도 있다. 그러므로 독자들이 이 문제에 주의를 기울이고 어떤 행동에 나서라고 설득하는 것만으로는 부족하다. 그들은 다른 캠페인이 아닌, **바로 이 캠페인**을 선택해야만 한다. 이제 홍보문안은 독자들의 부인심리를 정면으로 다룬다. **부정적인** 충동을 극복하게 하고(배달된 홍보물을 바로 휴지통에 버린다), **긍정적인** 충동을 강화시킨다(당신의 인간성, 가치관, 공감 능력, 당신이 행동에 나섰을 때 받게 될 만족감). 홍보물은 흔히 나타나는 부인현상과 자기합리화 경향을 미리 예상하고 이를 반박하려 한다. 아니다, 문제가 너무 심각해서 돈 몇푼 보내봐야 밑 빠진 독에 물붓기라는 말은 절대 사실이 아니다. 이 돈은 부패한 정권에게 가지 않는다. 아니다, 우리는 그 나라에 특별히 적대적이지 않다.

문제는 인권침해 그 자체만이 아니다(독자들도 이런 문제를 잘 알고 있다). 대중의 냉담과 침묵 그리고 무관심 역시 문제이다. "1993년

보스니아에서 계속 전해진 참혹한 소식은 너무나 암담해서 우리가 고통을 인지하기도, 도덕적 분노를 느끼기도 힘들 지경이었습니다. 지금도 진행중인 이 이야기는 너무나 개탄스러워 우리 대부분은 그 일을 생각하기조차 싫을 것입니다. 그러나 바로 이 점이 우리 앰네스티의 도전입니다. 그러한 비극적 사태에 직면해 정신적 마비를 극복하고 행동에 나서는 것 말입니다."

미국의 한 홍보물은 4면을 모두 할애해서 마르틴 니묄러 목사의 유명한 시 구절을 인용했다(1892~84, 독일의 반나찌 신학자이자 평화운동가—옮긴이). 니묄러의 시 「맨 처음 그들은 공산주의자를 잡으려 왔다」를 전재한 다음 나찌시대의 도덕적 교훈을 이야기한다.[3] "오늘날, 마치 깊은 암흑기였던 1930~40년대처럼 이 세상이 자기들을 위해 목소리를 높여주기를 기다리는 수백만의 사람들이 있습니다. 당신이나 저 같은 사람들 말입니다. 어쩌면 이들은 우리의 침묵 때문에 댓가를 치러야 할지도 모릅니다."

여러 종류의 홍보물에서 부인과 망각이라는 주제가 나타난다. 어떤 인권침해 보고서는 "망각과 체념에 관한 강력한 고발"이라고 표현된다. '이 세상의 패배주의' '우리가 왜 입을 다물고 방관해서는 안되는지' 등을 거론하기도 한다. 보통사람들이 목소리를 높여야 한다고 한다. 독자들의 무기력과 분노를 정면에서 따지기도 한다. "하지만 당신은 오늘 그것에 대해 무엇인가를 할 수 있습니다. 당신이 우리들 모두에게 합류하여 '이젠 더이상 참을 수 없다'라고 말해주시기 바랍니다. 이제 좀더 살기 좋은 세상이 찾아올 때가 되었습니다."

마지막 호소

  편지는 통상 그들의 메시지가 얼마나 중요하고 긴급한지를 극적으로 표현하면서 끝을 맺는다. "미리안 로블레스에게는 너무 늦었지만 다른 수천의 목숨을 살릴 수는 있습니다. 당신의 도움 없이는 우리 아이들의 몸을 유독물질로 뒤덮는 저 탐욕스런 농장주들과 싸워 이길 수 없습니다. 제발 미리안의 죽음이 헛되지 않도록 도와주십시오." 마지막 호소는 독자들에게 그들이 어떤 인간인가를 상기시켜주고('원칙을 아는 인간' 같은), 캠페인의 절박성을 강조한다. "악화일로에 처한 심각한 인권상황으로 만신창이가 되고 있는 혼란한 신세계"에서 지금이야말로 "피해자들을 도울 수 있는 결정적 순간"이라는 것이다.

  앰네스티 영국지부의 정기적인 신문 전면광고는 위에서 말한 6단계 서사방식을 압축한 형식으로 되어 있다. 이 광고는 엄청난 반향을 일으켜 해당 정부에는 거센 반발을 샀고, 광고기업들에는 호평을 받았다.[4] 이들 광고는 내용과 스타일 면에서 '부인이론'과 '시인이론'을 정확히 적용한 모범사례로 보인다.[5] 여기서 네가지 점이 특히 눈에 띈다.

  긴박성 앰네스티 광고의 가장 놀라운 측면으로, 상황이 급박하다는 느낌 그리고 어느 광고업체 대표가 "일관되게 사람의 심리를 파고들고, 의표를 찌르는 기술"이라고 표현한 특성을 꼽을 수 있다. 이들 광고는 문자 그대로 독자의 주의를 끈 후 절대로 놓아주지 않는다. 긴박함을 강조하고, '중차대한 사안'에 감정상의 우선순위를 두기 위해 사용하는 세가지 기법이 있다. 심금을 울리거나 흥미를 자아내는 사진의 시각 효과, 충격적인 제목이나 설명문으로 이루어진 **구호**의 힘, 처음부터 행동을 촉구하는 마지막 구절까지 독자의 관심을 휘어잡는 **텍스트** 등이다.

광고의 제목이 특히 강렬하게 기억에 남는다. 아이러니, 풍자, 통렬한 축소표현(understatement) 등이 복잡하게 얽힌 변주기법을 사용한다. 흔히 평범한 것과 충격적인 것을 병치시킴으로써 이런 효과를 노리기도 한다.

• 스페인 경찰은 그들의 피부색을 좋아하지 않았습니다. 그래서 그들의 피부를 태워 색깔을 바꿨습니다.

• 브라질정부는 길거리에서 연고가 없는 노숙 아동들을 쫓아낼 수 있는 묘책을 내놓았습니다. 아이들을 모두 죽이기로 한 것입니다.

• 스리랑카로 강제송환되면 고문을 당하거나 죽을 개연성이 높습니다. 하지만 그것이 뭐 그리 대수인가요?

분노를 행동으로 광고에 흐르는 정서적 메시지는 '차분한 분노'이다. 이런 기법을 창안한 광고업체는 그것을 '분노를 행동으로' 전환하는 기술이라고 표현했다. 앰네스티의 홍보 담당자는 이라크 관련 캠페인 광고를 만든 스크립터가 "계속해서 사람의 마음을 뒤흔들어놓으며, 절제되고 방향성있는 분노를 적절히 활용한다"라고 지적한다. 대중의 침묵과 정치인들의 위선에 대한 일관된 분노, 개탄, 절망감이 광고 속에 절절히 배어 있다. 이라크 관련 광고는 중립적인 여행기 비슷하게 시작해서 이미지가 점점 더 끔찍해지더니 마지막엔 분노를 쏟아낸다. "이제 당신은 분노를 행동으로 표출해야 합니다. 이러한 공포와 정부의 철저한 무관심을 알게 되었다면 반드시 우리를 도와야 합니다. 이런 미친 짓을 미친 짓이라고 시인할 수 있는 유일한 방법은 앰네스티에 가입하는 것입니다." 시나는 이러한 메시지를 다음같이 요약한다. "당신은 선택할 수 있다. 화만 내고 있든지, 뛰어들든지, 선택하라."[6]

이성 광고는 또한 이성적으로 사고할 것을 촉구한다. 1990년 11월의 이라크/쿠르드 캠페인 광고는 독자들에게 꼼꼼한 정보를 제공한다. 증인의 설명, 언론 보도, 공식 문서, 직접 인용, 언론의 머리기사 제목 등을 한데 모아놓았다. 어느 광고전문 학술지가 지적하듯 "당신을 차분히 설득할 수 있는 존재는 오직 이성의 목소리일 뿐이라는 점은 의심할 여지가 없다". 그러나 광고문안은 복잡하고 문어체일 뿐 아니라 자의식이 강조되어 있다. 이런 경우 독자는 지적이고 이성적이어서 조야한 정서적 호소에 쉽게 넘어가지 않을 존재로 간주된다. 텍스트는 사태를 적절히 표현하지 못하는 자신의 부족함을 한탄하는 탈근대적 암시로 가득 차 있다.

• 우리가 중시하는 올바른 언어라는 게 전혀 도움이 되지 않습니다. 실상 그런 언어는 우리 메시지에 방해가 될 뿐입니다. 진짜 고통이 문제가 된 현시점에서조차 철학자인 양하고 있으니 말입니다.
• 말로는 다 표현하지 못합니다. 엘리어트가 이야기하듯, 말이 의미의 짐을 신고 힘들어할 때엔…… 비틀거리고 미끄러지는 법입니다 (엘리어트의 장시 「네개의 사중주」(Four Quartets) 중 'Burnt Norton' 편의 V절에 나오는 표현—옮긴이).
• 이런 식으로 선의의 광고를 하더라도 캠페인이 성공하기 어렵다는 것을 잘 알고 있습니다.

부인에 대한 비판 이런 일이 일어나는 것만이 '문제'는 아니다. '누구나 아는 것'을 사람들이 부인하고, 냉담하게 반응하고, 도덕적으로 약한 모습을 보이는 것이 더 큰 문제이다. 따라서 보스니아 사태에 대한 광고는 이런 제목을 달았다. "잘 보십시오. 그리고 다시는 '그런 일이 일어난 줄 몰랐어'라고 말하지 마십시오." 이런 메시지는 잊으려 해도 잊혀지지 않고 계속 머릿속을 맴돈다.

• 날이면 날마다 우리가 소리치고 고함을 지르지만, 사람들은 눈길을 딴 데로 돌리기만 합니다.(동티모르)
• 우리는 이라크정부의 인권침해를 오랫동안 폭로해왔습니다. 그런데 왜 이제야 놀라십니까? 그렇습니다, 우리가 진작 말씀드리지 않았습니까? 1980년에도, 1981년에도, 1982년에도, 1983년에도, 1984년에도, 1985년에도, 1986년에도, 1987년에도, 1988년에도 그리고 1989년에도 그렇게 말씀드렸습니다. 그런데도 당신은 손끝 하나 까딱하지 않으셨지요?

이번만은, 당신이 인권문제를 인정하는 이번만은 행동에 나서야 한다.

• 우리의 연민과 분노가 아무 소용도 없을 때, 우리가 해결할 수 없는 고통을 목격할 때, 우리가 구할 수 없는 고난에 접할 때, 우리의 관대함이 우리의 무관심만큼이나 소용이 없을 때, 우리는 무엇을 할 것입니까? 절망에 빠져 팔짱만 끼고 있을 셈입니까?(버마)

• 기사가 마음을 아프게 할 때 그냥 울고만 있지 마십시오. 제발 화를 좀 내십시오. 전세계 수많은 사람들에게 그 분노가 들리도록, 그것이 느껴지도록 여러분이 행동한다면 어느 정부든 그 말에 귀를 기울일 수밖에 없을 것입니다. (유고슬라비아)

광고문안은 보통사람들의 침묵을 비판할 뿐 아니라, 정치인과 정부와 국제사회의 위선, 무관심, 그리고 방조('공식 부인')를 공격한다. 앞에서 말했던 '아는 것과 모르는 것'이 공존한다는 사실과 더불어, 부인의 역설을 광고기법으로 사용하기도 한다. 런던 지하철에 내걸린 유엔난민최고대표실(UNHCR)의 포스터는 그저 이렇게 쓰여 있다. "보지 마세요, 읽지 마세요, 그냥 지나가세요."

쟁점들

대중 설득, 마케팅, 광고, 정치담론, 태도변화 등에 종사하는 전문가들은 지금도 라스웰(Lasswell)의 고전적인 4대 의사소통 공식을 이용한다. "**누가, 누구에게, 무엇**을 말하고, 그것이 **어떤 결과**를 낳았는가?" 설득력있는 의사소통을 하기 위해 요구되는 사항도 있다. 첫째, **출처**가 믿을 수 있어야 한다. 둘째, 메시지가 일정한 논리규칙을 따라야 하며 대중의 주목을 끌 수 있어야 한다. 셋째, **청중**의 감정을 이해해야 한다.[7]

설득의 정신역학적 모델은 무의식적인 동기에 호소한다(감정적 의미에서의 부인을 다룬다). 학습이론과 합리적 선택 이론은 메시지를 수용하는 동기를 주로 다룬다. 인지 모델은 청중이 메시지를 독해하고 거기에서 의미를 끌어내는 적극적인 사유자이자 '인지적 구두쇠'라고 간주한다. 청중은 정보처리 능력이 제한되어 있으므로, 어떤 정보는 차단하고 어떤 메시지는 과도하게 일반화하여 인지적 에너지를 보존한다. 한주에 스무통이나 되는, 가치있는 일에 함께하고 도움을 달라고 청하는 홍보물을 받으면 이것들을 합리적으로 소화할 길이 없다.

주의집중

캠페인은 청중의 주목을 끌고 계속 유지해야 한다. 공포와 고통을 다루는 엇비슷한 이미지들이 얼마나 많은가? 그런데 왜 유독 이 광고, 이 팸플릿, 이 편지에만 특별히 관심을 기울여야 하는가? 이런 것을 계속 읽어야 할 이유가 있는가? 사람의 이목을 끌 수 있는 세가지 요소들이 있다. 극화(劇化), 충격, 생생한 이미지이다.

극화 캠페인은 극적인 서사방식을 이용한다. 무대의 배경에는 혼란과 공포와 고통으로 가득 찬 세계가 펼쳐져 있다. 전경에는 콜롬비아 암살단의 살인행위 같은 특정한 드라마가 있다. 악의 대행자도 있고, 죄 없는 피해자도 있으며, 무관심한 방관자도 있다. 우리는 인권침해 세력을 분쇄하는 구조대이며, 당신도 우리 쪽에 합류하면 좋겠다. "우리시대 최악의 살인자들이라 하더라도 기껏해야 수백명을 죽일 수 있었습니다. 반면, 자국 시민들을 살해하는 국가는 수천명 단위로 그런 짓을 예사로 저지릅니다. 국가가 시민을 살해하는 이유가 무엇일까

요? 국가는 살인행위에 핑계를 댈 필요조차 느끼지 않습니다. 국가는
말 한마디 잘못했다는 이유로, 정견이 다르다는 이유로, 심지어 시 한
편 썼다는 이유로 사람들을 죽일 수 있습니다."(AmB, 1993)

　충격 홍보물의 의사소통 방식에서는 흔히 '충격적인 가치'가 있는
가, 또는 '충격적인 전술'을 사용하는가, 같은 주제가 논의된다. 충격
이라는 개념은 규정하기 어렵다. 그것은 예기치 못한 일에 대한 경악
또는 부정적이거나 심란하거나 불쾌한 감정을 담고 있을 수 있다. 두
가지 모두 여러 형태의 캠페인에 사용된다. 귀에 거슬리는 표현을 담
거나, 예상하지 못했던 비교를 통해 충격효과를 얻을 수 있다. 이런 식
으로 전달된 정보는 문자 그대로 '충격'을 주려는 것이다.
　논란이 되었던 사례 중에 1993년 앰네스티 영국지부의 '휴가 사진'
이라는 광고는 예상치 못한 내용이라는 점과 심란하다는 점, 두가지
의미에서 충격요법을 이용했다. 집으로 우송된 우편물은 "휴가사진
재중"이라고 쓰인 노란 봉투에 담겨 있었다. 봉투를 개봉한 독자는 출
신국이 각기 다른 인권침해 피해자들 여섯명의 흑백사진을 보게 된
다. 사진 석장은 그저 보통이었다. 이집트 경찰에 체포된 이슬람 과격
분자, 길거리를 걷는 브라질 어린이 그리고 모로코 여성의 얼굴이 들
어 있었다. 나머지 석장은 '끔찍한' 사진이었다. 몸에 총상과 고문 흔
적이 있는 인도인이 길바닥에 쓰러져 죽은 모습, 등에 열상(裂傷) 또는
화상을 입고 엎드려 있는 터키 청소년, 톈안먼(天安門) 광장의 부서진
자전거 더미 옆에 쓰러진 중국 학생 일고여덟명의 시신 등이었다. 사
진 다섯장 뒷면에 적힌 편지는 단도직입적이고 무미건조한 내용이다.
터키의 사진에는 고문방법이 자세히 적혀 있다. 이 소년을 "모닥불 잿

424

더미 위에 눕혀놓고 구웠다" "'그들은 나를 곤봉으로 때리고 강간했다' ─ 임신한 간호사." 마지막 사진의 편지는 이렇게 시작된다.

○○○ 귀하

여름 휴가는 다녀오셨습니까? 아니면 지금도 휴가처를 찾고 계십니까? 자유사회에 사시니 휴가도 즐길 수 있으신 거지요. 형편이 되기만 하면 따뜻한 햇살 아래에서 지친 심신을 달랠 수 있을 것입니다.

그러나 비인도적인 행위에 시달리는 수많은 인권침해 피해자들에게는 볕들 날이 없습니다. 이들에게는 간수가 단 하루만이라도 고문을 하지 않는 날이 바로 휴가날입니다. 이런 이야기로 당신의 휴가 기분을 잡치게 할 생각은 없습니다. 그러나 전세계의 양심수들과 인권침해 피해자들을 단 한번이라도 생각해보시기 바랍니다. 동봉된 사진들을 한번 봐주시기 바랍니다. 사진에 나오는 나라들을 최근에 방문했거나 방문할 예정이시라면 여기에 나온 사람들을 잠깐이라도 생각해보십시오.

생생한 이미지 생생한 정보는 메시지 과포화 상태인 미디어 환경에서 특히 이목을 끌 수 있다. 그런 정보는 정서에 직접 호소하고 어떤 이미지를 떠올리게 하며 긴박성을 전할 수 있다.[8] 실제로 고통받는 개인의 구체적인 의미를 해독하거나 유지하기도 훨씬 쉽다. 정보를 접한 후 그 생각이 머릿속을 떠나지 않는다. "소말리아에서 굶주리고 있는 아이들 얼굴이 머릿속을 맴돌아요." 이런 것은 중립적인 생생함이 아니라, 심란하게 만들기 위해 전달하는 '부정적 이미지'이다.

"어린이와 탄압"이라는 앰네스티 영국지부의 전단지 표지는 겁에 질린 세 아이에게 정복 차림의 남자가 총을 겨누고 있는 사진이 실려 있다. 사진설명은 다음과 같다. "상파울루, 가두 풍경, 1990년 12월." 앰네스티 미국지부의 편지에는 다음 내용이 실려 있다. "아이들을 휘발유에 적신 후 불을 붙인다. 분뇨 더미에 사람들을 처박는다. 구금당한 여성을 간수가 강간한다. 이란에서는 자녀의 처형을 부모에게 목격하게 만든 후 탄알 비용을 내게 한다. 방글라데시에서는 수감자가 발바닥과 성기를 구타당하고, 전선으로 채찍질당하고, 발로 차인다." 편지 문안은 생생하게 주목을 끌 수 있지만 사진만큼 충격적이거나 소름끼치지는 않다. 다른 홍보물의 표지에서는 아이의 신발 한 짝을 보여준다. "9월 어느 날, 세살 난 마리아나 자파란이 감쪽같이 '실종' 되었습니다. 그 아이를 우리 마음속에 간직할 수 있는 것 이상의 행동을 할 수 있도록 우리를 도와주십시오."

생생하고 소름끼치는 이미지를 전하는 문제는 인권침해와 인간의 고통을 어떻게 표현하는 것이 좋은가,라는 논쟁과 연관된다. 비판자들은 피해자 오용, 엿보기, '폭력의 포르노'라는 점을 못마땅하게 생각한다. 그러나 이런 이미지들이 너무 충격적이고, 너무 노골적이며, 너무 심란한가? 검열, 불공평한 재판, 구금, 종교탄압 같은 경우에는 통상적인 방식으로 표현할 수 있다. 하지만 본질적으로 소름끼칠 수밖에 없는 심각한 사안이 있을 수 있다. 콜롬비아의 보고타 등지에서 노숙 아이들을, 귀찮은 존재라는 이유만으로 암살대를 고용해 죽인 사업가들 예를 들어보자. 이 사례를 '생생한' 이미지로 표현하지 않고 달리 어떻게 표현할 수 있단 말인가? 동네 분위기를 정리해주는 데 5000달러 지급, 동네 주민들에게 노숙 아이들의 장례식에 참석하라고 안내하는 통지서, '사회 청소' 이미지 등을 어떻게 달리 표현할 수 있단 말인가?

이것은 세가지 쟁점을 제시한다. 효과, 반생산성 그리고 윤리적 한계이다.

첫째, 우리는 인권침해와 인간의 고통을 알리기 위해 충격적이고 생생한 방식을 쓰는 편이 효과적인지 어떤지 잘 알지 못한다. 통상적인 인도지원단체나 인권단체의 윤리적 한계를 훨씬 뛰어넘는 홍보전략으로 성공을 거둔 동물권(animal rights) 활동가들의 사례와 달리, 이런 홍보방식으로 극적인 성공을 거두었다는 주장은 입증하기 어렵다. 앰네스티 영국지부는 1993년 통제된 실험을 실시했다. 그들은 옥스팸과 지구의친구들이 보유한 데이터베이스에서 추출한 명단을 이용해 9만 8000명에게 우편물을 보냈다. 새로운 형식의 호소편지만을 넣은 우편물도 있었고, 옛날식 편지를 넣은 우편물도 있었다(통제변수로서). 또다른 우편물에는 새로운 형식의 편지와 함께 '앰네스티 조사자료 파일'이 들어 있었다. 이 파일 표지에는 이렇게 쓰여 있었다. "이 안에는 앰네스티가 일상적으로 다루는 인권침해 사례 중에서 선정한 사건기록이 들어 있습니다. 앰네스티는 인간의 고통과 참상을 아주 자세히 조사합니다. 그런 기록들을 접해 마음이 상하실 듯한 분은 열어보지 마시기 바랍니다." 안에 들어 있는 사진 넉장은 말 그대로 끔찍했다. 고문, 인종청소, 노숙 아동, 실종 사건을 생생히 보여주고 있었다. 앞선 두 우편물보다 조사자료 파일을 동봉한 우편물에 대중들의 반응이 더 뜨거웠고 기부액도 더 많이 들어왔다. 옛날식 편지에는 3.05퍼센트, 새로운 방식의 편지에는 3.28퍼센트, 조사자료가 동봉된 우편물에는 4.34퍼센트가 응답했다. 홍보 우편물을 한번 발송했을 때 손익분기점이 되는 응답률을 보통 2퍼센트로 잡는다는 점을 고려하면, 자료사진을 넣음으로써 응답율을 1퍼센트 끌어올렸다는 것은 실로 대단한 성과다. 모금액도 1만 2000파운드와 1만 7500파운드 차이였다. 그러나 이는 일회성 조사여서 일반화하기 어렵다.

둘째, '반생산성'(counter-productivity)이론은 **너무**나 생생한 이미지를 접하면 사람들이 눈길을 돌려버린다는 것이다. 잘린 목은 절대 보여줘선 안된다는 '잘린 목 법칙'이란 게 있다. 너무 끔찍한 정보는 실제로 부인을 촉진할 수도 있다. 더이상 어떤 정보도 처리할 수 없다는 느낌을 경험한 적이 있을 것이다. 그러나 '온정 피로증'과 마찬가지로 반생산성이론도 입증하기 어렵다. 많은 사람들이 정보가 너무 끔찍할 경우, 읽던 것을 내던지거나 편지를 휴지통에 집어넣지만, 그래도 어떤 행동을 취한다. "나는 매년 후원회원 갱신을 합니다. 하지만 그 단체에서 오는 우편물을 읽기는 참 힘들더군요."

셋째, 윤리적 한계. 일단 인권침해에 대한 일반적 메시지에 동의하면서도 더이상 감정이 소진되는 것을 원치 않는 사람들이라면 끔찍한 정보 앞에서 마음을 닫아버릴 수도 있다. 앰네스티의 기존 회원들 중에는 새로운 회원을 모집하기 위해 사용하는 끔찍한 이미지가 지나치다고 불평하는 경우가 있다. "휴가사진" 홍보물에 대해 어떤 회원이 불만을 제기했다. "나는 이미 인권을 옹호하고 있습니다. 따라서 무관심이나 무지를 깨치기 위해 더이상 충격을 받을 필요가 없습니다. 이런 우편물을 고안한 의도가 아마 그런 것이 아니었을까 짐작합니다." 깊은 공감이 불편한 감정으로 바뀔 수 있다. 예컨대 당신 자녀 또래의 아이가 피해자가 된 것을 보는 경우이다. 그러나 앰네스티 미국지부 회원들을 상대로 한 초점집단 조사에 따르면 끔찍한 이미지 때문에

속이 상하는 것보다 더 큰 문제는 너무 반복 제시한다는 점이다.[9]

　이런 반복 노출에 대해 기존 회원들은 무덤덤하게 느끼는 반면, 아직 회원이 되지 않은 사람들은 거부감을 느낄 수 있다. '잘린 목 법칙'은 어떤 이미지가 제일 효과적일까라는 점뿐 아니라, 윤리적 한계는 어디까지일까라는 문제까지 포괄한다. 그것은 자신이 스스로 부과한 한계일 수도 있고 광고회사나 마케팅 기관의 행동강령일 수도 있다. 인권단체들은 자문해보아야 한다. "과연 어느 선까지 갈 수 있을까?"

부정적 이미지냐, 긍정적 이미지냐

　인권운동 공동체는 인도지원단체와는 달리 표현 문제를 둘러싸고 골머리를 앓은 적이 없다. 부정적 이미지에서 긍정적 이미지로 또는 수동적이고 처량한 피해자에서 '자력화'되고 위엄을 갖춘 생존자로 표현방식을 바꾸라는 압력도 받지 않았다. 사실상 이 맥락에서 '자력화'라는 관념은 전혀 다른 의미를 가지고 있다. 캠페인이 목표로 삼는 '객체'들을 자력화한다는 뜻이 아니라, 서구의 대중 '주체'들에게 행동할 수 있는 의식을 부여한다는 뜻이다. 그러므로 자력화의 목표는 청중의 수동성과 무기력을 극복하는 것이다.

　피해자들은 흔히 결백하고 수동적이며, 잔인한 국가폭력의 처분 대상처럼 그려진다. 하지만 피해자들 중 많은 이들이 적극적인 활동가이고, 사회정의와 정치변화를 위한 투쟁가였기에 국가폭력의 희생자가 되었다. 두 종류 피해자들을 모두 공평하게 표현할 필요가 있다. 최근 앰네스티가 전개한 여성 캠페인은 긍정적/강인함/적극적 그리고 부정적/연약함/소극적 같은 대조적인 특성을 부각한 바 있다. 어떤 팸플릿은 두 아이를 데리고 있는 여성의 사진을 실었다(그녀의 남편은 콜롬비아에서 실종된 지역사회 운동가였다). 전단지 제목은 다음과 같다. "인권침해의 최전선에 있는 여성들." 이 홍보물은 여성에 대한 국가폭력 사례를 검토한 후, 지면을 좌우로 양분하여 각기 다른 관점의 이야기를 실었다. 왼쪽 칸은 '강함'이라고 되어 있다.

많은 여성들이 강하기 때문에 인권침해의 대상이 된다. 정치활동가라는 이유로, 지역사회 운동가라는 이유로 또는 자신과 친지들의 인권을 줄기차게 요구했다는 이유로 인권침해를 당한다. 더욱더 많은 여성들이 자기 사회의 거버넌스(governance)에서 평등과 참여를 추구하고 있으므로 그 사회에서 더욱 눈에 띄고 공격을 당할 개연성이 커진다.

오른쪽 칸은 "약함"이라고 되어 있다.

많은 여성들이 또한 약하기 때문에 인권침해의 대상이 된다. 흔히 여성은 신체적으로, 정신적으로 인권침해를 당하기 쉬운 대상으로 생각된다. 예컨대 성적 학대를 당하기 쉬운 젊은 여성, 아이들을 보호하려고 안간힘을 쓰는 겁에 질린 어머니, 태중의 아이에게 해가 미칠까봐 두려워하는 임신부, 남성 친척에게 팔려가기 쉬운 여성, 낯선 땅에서 고립무원의 처지에 빠져 자신에게 음식과 필요한 서류를 줄 수 있는 출입국관리소 공무원의 처분에 생사가 달린 난민 여성 등이 그러하다.

그러나 이런 균형잡힌 묘사가 더 효과적이라는 증거는 없다. 여기서 극복해야 할 문제는 고통에 관한 생생한 이미지는 많은 반면, 고통을 경감시키는 생생한 이미지는 적다는 사실이다. 집단학살지에서 발굴한 시신들처럼 대중의 의식에 막 각인된 이미지에서는 수동적 피해자와 적극적 투쟁가를 구분하기 어렵다. 그러한 이미지는 성공을 거두기 어렵다.

단순성 대 복합성

'단순성'이란 생생한 인권침해 이야기에 이어 도와달라고 호소하는 것을 말한다. '복합성'이란 그 문제의 성격상 요구되는, 더 폭넓은 교육적·정치적 목표를 가리킨다. 청중의 무관심을 극복하기 위해서는 의사소통 방식이 가능한 한 단순해야 한다는 실용적인 견해가 있다. 이 주장에 따르면, 어떠한 메시지든 '당신이 알아야 할 것'과 '당신이 해야 할 것'을 연결할 실마리를 주어야 한다. 이를 위해선 사람들이 너무 많이 알 필요가 없다. 정보가 지나치게 많으면 메시지가 희석된다. 역사적 맥락, 피해자가 언제나 수동적인 것은 아니라는 점, 그 나라 정부가 안보 위협을 받고 있다는 점, 국제법의 복잡다단한 측면을 들먹이며 이야기를 복잡하게 몰아갈수록 지지를 끌어내기가 더 어려워진다. 복합성은 수동적인 방관자에게 알리바이를 제공할지도 모른다. "이거 너무 복잡해. 이 일이 정말 벌어지고 있다는 걸 누가 알아? 누가 착한 사람이고 누가 나쁜 사람이야? 도대체 무슨 일이 벌어지고 있는지 알 수가 없네."

표준적인 인권교과서의 독특한 스타일, 모든 출처의 인용, 국제협

약의 법률적 방언들은 일반 청중들에게 분명 적합하지 않다. 인권보고서 초안은 흔히 단체에서 네댓번 검토 과정을 거치면서 한 페이지짜리 전단지 형태로 축약되어 대중에게 전달된다. 검토 과정마다 정보가 잘려나가고 단순화된다. 실종과 정치적 암살을 반대하는 국제 캠페인이 결국 한 나라에만 초점을 맞추게 되기도 한다. 이 정보가 어린이들에게까지 도달할 때쯤이면 달랑 한두줄만 남기도 한다. 예컨대 어린이 잡지의 표지에 실린 인용문 한줄. "우리 아빠를 훔쳐간 사람들에게. 하느님, 이 사람들에게 아빠를 집에 보내주라고 말해주세요."(열두살짜리 여자아이)

단순화는 비용 절감과 타협을 의미한다. 상세한 내용(성명, 일시, 통계, 정보의 출처)이 사라진다. 'ㅇㅇㅇ라는 혐의' 또는 '보도에 따르면' 또는 '대부분의 소식통에 따르면' 등의 뉘앙스가 없다. 맥락에 관한 정보도 없어진다. 친숙한 나라일 경우에만 맥락을 알아차릴 수 있을지도 모른다. 유럽 소수민족과 이주노동자들에 대한 경찰의 탄압을 입증하는 생생한 자료를 확보해 캠페인을 전개한 앰네스티는 북유럽 회원들의 비판을 받았다. 왜 일반적인 인종주의에 초점을 맞추지 않고 경찰에만 초점을 맞추었는가? 이 지역 회원들이 보기에 앰네스티의 캠페인 자료는 너무 단순했던 것이다. 그러나 남유럽 회원들은 대환영이었다. 그들은 단순한 메시지(북유럽 쪽에서 문제삼은 바로 그 점)로 충분했던 것이다.

"당신이 알아야 할 것"과 "당신이 해야 할 것" 사이의 전략적 연결고리에서 핵심 정보가 많이 소실되지는 않는다. 전형적으로 단순화된 텍스트의 예로, 인도에 관한 포스터를 살펴보자. 전체 포스터의 40퍼센트 정도를 달랑 사진 한 장이 차지하고 있다. "인도 구자라트 지방의 농촌 풍경"이라는 설명이 붙어 있는데 농부와 황소 들이 들판에서 평화롭게 농사를 짓고 있다. 제목은 "인도――구금중 고문, 강간, 살해"이고 전문은 이렇다.

인도의 모든 주에서 수감자에 대한 고문이 일상적으로 일어납니다. 지난 10년 동안 수백명의 수감자들이 고문으로 사망했습니다. 1985년 이래 앰네스티가 기록한 고문사망은 415건에 이릅니다.

판사, 언론인, 변호사, 시민자유권 옹호자, 정치인, 그리고 경찰마저도 강간과 구금 도중 사망을 포함한 광범위한 고문 사례를 공개적으로 규탄해왔습니다. 수많은 인도시민들, 특히 시민자유권 옹호자들은 오랫동안 경찰의 고문관행을 근절하라고 촉구했습니다. 인도에서 고문이 광범위하게 자행되는 가장 큰 이유는 역대 모든 정부가 고문을 근절하기는커녕 고문을 자행한다는 사실조차 시인하지 않았기 때문입니다.

고문이 발생한다는 사실을 부인했기에, 고문을 규탄하지 않았기에, 고문자들을 사법처리하지 않고 인권기준을 지키지 않았기에, 역대 인도정부가 고문과 구금 도중 일어난 사망을 책임질 수밖에 없습니다.

이런 텍스트는 그다지 복잡해 보이지 않는다. 그러나 이 정보가 적극적이고 열렬한 반응을 끌어낼 수 있을 만큼 충분히 간결한가? 이 문제에 대해 코믹 릴리프(Comic Relief, 영국 연예인들이 인도지원, 구호, 인권 활동을 위해 기금을 모으는 행사)에 나온 한 코미디언이 실용적인 지침을 제시했다. "사람들에게 쟁점의 복합성을 알려주는 정보를 충분히 제공해야 합니다. 그래야만 기부하지 않으려는 핑계를 물리칠 수 있습니다. 5분 뒤에 사람들이 모든 정보, 모든 이유를 잊어버린다 하더라도 마찬가지입니다."

　전통적인 자선단체이든 전문성을 갖춘 신생 인도지원단체이든 거의 모든 캠페인에서 복잡한 상황을 묘사하기 위해 개인 사례를 소개한다. 그래야 현장 상황이 보통사람들의 삶속으로 들어올 수 있다. 이런 이야기들이 "거짓말 장막 뒤의 진짜 인생"인 것이다. 양심수, 고문 피해자, 사형판결을 받고 대기중인 죄수, 사랑하는 친지가 실종된 가족들 이야기(1인칭 또는 3인칭으로 표현된)가 바로 그러하다. 개인적인 접근(personalization)에는 두가지 장점이 있다. 첫째, 극적인 측면과 이해 가능성. 복잡한 정보가 명확하고도 생생히 표현되므로, 오랫동안 사람들의 주의를 끌 수 있다. 둘째, 동일시. 상황이 아무리 자신과 동떨어지고 복잡해 보여도 타인의 곤경을 접함으로써 유대감을 불러일으킬 수 있다. 이것은 양심수와 함께 일한다는 앰네스티의 상징 같은 방식에서 잘 드러난다. 앰네스티 회원들은 양심수와 가족 그리고 정부당국에 직접 편지를 쓰고 답장을 받는다. 이 경우 개인적으로 참여한다는 느낌이 강해진다. 당신은 그 양심수를 알게 되고 그 사람도 당신을 알게 된다.

　처음에는 전체적인 인권상황을 예시(例示)하기 위해 개별 사례들을 소개했지만, 나중에는 개별 사례를 통해 전체 인권상황을 **설명**해야 하는 부담을 지게 되었다. 이때 일반적인 사례보다는 극적이고, 생생하고, 선정적인 사례를 선호하려는 유혹이 생긴다. 개인의 비극적인 이야기는 전체 인권상황의 복합성을 파악하지 못하게 하고, 정치적 쟁점을 흐리게 할 가능성이 있다. 만일 어떤 단체가 믿을 만하고 대중들도

434

그 단체가 무슨 일을 하는지 안다면, 단체가 제공하는 홍보물에 상세한 정보를 소개하지 않아도 된다. 비극적 사례와 성공 사례를 소개하는 것만으로도 충분하다.

국가냐 쟁점이냐

캠페인을 특정 국가에 집중할 것인가, 아니면 불처벌(impunity), 고문, 정치적 살해 같은 특정 쟁점에 집중할 것인가? 회원모집에는 국가에 초점을 맞추는 편이 더 효과적이라는 게 중론이다. 관심이 높고, 기사에 잘 나오며, '이 시대의 대의명분'에 맞는 나라일 경우, 극적인 쟁점으로도 효과를 거두지 못한 전략적인 기회를 활용할 수 있다. 주제나 쟁점(특히 복잡한 쟁점)은 기존 회원 대상 캠페인이나 인권의식을 높이기 위한 캠페인에 더 적합하다. 즉 스리랑카 상황을 염려하거나 쿠르드족을 지원하고 싶어 하기보다, 구체적인 문제를 해결하고 싶어 하는 사람에게는 국가보다 고문, 아동권리, 여성권리 등이 더 적합하다.

"어떤 나라?"라는 질문에 답하기 위해 우리는 미디어 지도, 인권침해가 벌어지는 지역의 지도, 개인적인 지도, 문화적 지도를 함께 펴놓을 필요가 있다. 물론 이런 정보는 없지만, 실제로는 이용할 수 있다. 미국에 본부를 둔 단체에서 대중심리의 지도 밖에 존재하는 나라, 잘 모르는 나라, 흥미 없는 나라에 관한 캠페인을 해본들 아무런 호응도 얻을 수 없을 것이다. 미국의 국익과 별 관련이 없다는 이유로 이런 지도에서 아예 제외되는 나라도 있다(예컨대 동티모르나 자이르). 지정학적 이해관계에 따라 적합한 피해자와 적들이 선정되는데, 이것 역시 어떤 국제뉴스매체를 통해 언론홍보를 할 것인가하는 점에 영향을 끼친다.

"어떤 쟁점?" 고문은 아마 새로운 후원자를 모집하거나 기존회원을 유지하는 데에 가장 적합한 이슈일 것이다. 고문을 '옹호'하는 사람은 세상에 아무도 없다. 이 경우 어떤 일이 일어났는지 쉽게 묘사할 수도 있다. 우리가 일체감을 느낄 수 있는 피해자도 존재한다. 편지쓰기처럼 개인적인 실천이 일정한 효과를 낼 수 있다. 1993년 앰네스티 영국지부의 여론조사에 따르면 회원들이 제일 관심을 갖는 문제가 바로 고문이었다. 영국 국내문제와 가장 근접한 유럽의 인종주의와 난민들을 위한 정치적 망명처 제공 문제에는 관심이 가장 낮았다. 똑같은 질문을 앰네스티 미국지부 회원들에게 던졌을 때에는 정반대 반응이 나왔다. 다섯가지 질문 중 국내문제에 더 가까운 두가지 쟁점이 제일 중요한 관심사로 나타났으니, 이런 것들이다. 미국의 대외원조와 그 나라의 인권상황을 연계하기, 독재정권에서 탈출해 나온 정치적 난민들에게 도움을 제공하기.

극히 낮은 지지율을 보였으며 관심사 중 꼴찌를 차지한 쟁점이 사형제도 폐지 문제였다. 따라서 미국처럼 사형에 대해 대중의 지지가 높은 사형존치 국가에서는 사형폐지 캠페인을 되도록 벌이지 않는다. 회원들을 배려해서이다. 홍보물을 만들 때에도 다른 문제보다 훨씬 생생히 서술해야 한다(처형되기 몇시간 전 사형수들의 모습을 감정적으로 묘사하고, 전기처형의 신체적 결과를 낱낱이 서술한다). 그리고 대중들의 반응을 미리 예상하고 그것에 반박하기 위해 '지성적'인 캠페인을 전개해야 한다. 다른 나라에 대한(예컨대 싸우디아라비아) 사형폐지 운동이 당신 나라를 포함한 전세계 공통의 사형폐지운동보다 더 용이하다. 다른 쟁점의 경우 이와 정반대일 수도 있다. 원주민을 위한 캠페인은 아메리카 원주민들이 있는 미국이나 캐나다에 더 적합하다.

르완다의 제노싸이드 같은 인권침해는 너무나 거대한 사태여서 국가냐, 쟁점이냐 하는 차원을 당연히 넘어선다. 그러나 실제 인권상황의 심각성과 사람들이 체감하는 상황의 차이는 캠페인에 대한 사람들의 관심 자체에 비해 그다지 중요하지 않다.

통념과 전혀 다른 결과가 나온 연구를 보자. 미국과 오스트레일리아의 대학생들에게 세가지 인권침해 시나리오를 제시했다. 각 시나리오에는 두가지 버전이 있었다. 가상의 국가명칭을 사용했지만 실제로 일어난 사건들에 근거해 이야기를 꾸몄다(홀로코스트, 1976~78년 우간다 사태, 1970년대 아르헨띠나 인권침해). 다음 차이를 판별해보았다. (1) 인권침해 유형 (2) 피해자 숫자 (3) 피해자의 범주(민족, 종교, 인종적·정치적 집단, 성별). 연구대상 학생들에게 각 사례를 인권침해의 경중에 따라 '가장 심각'에서부터 '가장 경미'까지 순위를 매기라고 요청했다. 소수종교 신봉자 수천명을 한꺼번에 총살한 사건보다, 매주 수십명의 정적들을 고문해서 죽인 사건을 생생히 묘사한 시나리오를 대다수 응답자들이 '가장 심각'하다고 대답했다. 얼마나 많은 사람이 죽었느냐 하는 문제는 덜 중요한 듯했다. 죽은 사람이 적더라도 더 끔찍하게 죽어간 경우에 더 감정이입했다(피해자가 '결백'한 사람인가, 자신의 확신으로 행동한 정치적 반대자인가 등은 별 문제가 안되었다).[10]

지적인 부인

　'함축적 부인'은 우려스런 정보에 호응하지 않으려는 논리, 이유, 합리화를 말한다. 특히 인권옹호 캠페인은 예상되는 지적인 부인을 반박하는 문건을 준비해둘 필요가 있다. 이것은 상당히 까다로운 과제이다. 건강문제나 환경문제와 달리 인권옹호에는 자신의 이해관계가 걸려 있지 않기 때문이다. 기근이나 자연재해 구호와는 달리, 인권문제에 대해선 단순히 인도적 호소를 하기 어렵고 굶주린 아이같은 상징을 내세우기도 어렵다. 따라서 인간고통의 성격과 맥락을 잘 설명할 수 있어야 한다. 정견, 가치관, 믿음, 정치적 이념 등은 인권보다 훨씬 더 분명히 드러낼 수 있다. 반면, 보편적 인권이나 국제법규범의 기본 원칙은 결코 자명하게 드러나지 않는 법이다.

　앰네스티 영국지부 광고대행 기관에 따르면 이런 고려사항들 때문에 '회색 영역'이 발생한다. "어린이 학대, 빈곤, 암으로 인한 사망, 동맥경화중 등의 문제에 대해선 반대의견이 없다. 하지만 공산주의 동조자에게도 정부를 반대할 수 있는 자유가 있다고 옹호하거나, 사형을 선고받은 집단학살의 장본인의 생명권까지 옹호하려면 여타 단순한 사례들보다 훨씬 더 심사숙고해야 한다."

　'공식 부인'을 반박하거나 '방관자의 수동성'을 반박하는 캠페인이 있을 수 있다.

공식 부인을 반박함

　오늘날엔 어떤 해명을 내놓든 순식간에 전파되게 마련이다. 인권 캠페인은 4장에 나열된 공식 부인에 일일이 대응해야 한다.

비당파성 우리 단체는 중립적이며 정치적 단체가 아니다. 우리는 분쟁에서 누구의 편도 들지 않으며 특정한 정치적 해결책을 지지하지도 않는다.

상대의 폭력행위 우리는 무장반군 집단(인민해방군, 민족주의 운동 조직, 테러리스트, 게릴라 등)이 자행한 폭력과 인권침해(고문, 인질 납치, 수감자 처형 또는 부역자 의심 인물 처형 등)도 반대한다.

사형 표준적인 사형폐지 논리를 담은 긴 문건을 준비해야 한다. 사형은 억지책이 될 수 없다, 무고한 사람이 처형될 위험이 있다 등. 통상적인 틀을 역전시키는 정보를 담아야 한다. "지난 10년간 이란과 이라크를 제외하고, 미국이 다른 어떤 나라보다 많은 미성년 범법자들을 사형에 처했습니다." 공감할 수 있는 사례를 선택한다. "열일곱살 난 정신지체 흑인 범법자." 인권이라는 앵글(생명권 침해)은 확고한 주장과 극적인 이미지를 요구한다. "만일 어떤 여성의 팔을 묶어 허공에 매달아둘 때 극심한 고통이 야기되는 것은 고문이라고 부를 수 있지요? 그런데 그 여성의 목을 묶어 죽을 때까지 허공에 매달아두는 것은 뭐라고 불러야 하지요?"

위선과 대외정책 서구의 대외정책과 대상 국가의 인권침해의 관계를 놓고 복잡한 주장들이 뒤섞여 있다. 따라서 무기 판매, 통상정책, 동맹관계, 지정학적 이해관계 같은 문제를 지적해야 한다. 모든 캠페인을 이중 기준과 위선이라고 생각되는 비판에 초점을 맞춰 구성해야 한다(적을 공격할 구실로 '인권'을 운운한다, 동맹국을 옹호하기 위해 인권상황을 평가절하한다 등).

신세계 질서 냉전이 끝나고 악명높은 독재정권들이 붕괴되었는데도 왜 더 나은 세계질서가 도래하지 않았는가? 따라서 캠페인 문건은 민족 분쟁, 인종 갈등, 종교적 불관용, 통치구조의 와해, 국제적인 개입을 둘러싼 혼란스러운 상황 등을 독자에게 전달한 후, 지금이 어느 때보다 인권활동에 적극 호응해야 할 시점임을 강조한다.

"우리 단체는 독립적이다, 정부보조금을 받지 않는다, 우리 조사는 정확하다, 우리는 각국 정부의 인권순위를 매기지 않는다, 우리는 특별히 어떤 나라만을 찍어서 비판하지 않는다" 등이 예상되는 반대에 대비한 표준 반박논리이다. 이런 점들은 앰네스티 핸드북의 "흔히 제기되는 질문들" 항목에 실려 있다. 인도지원단체들도 부인 기법에 대응하기 위한 지침을 마련해두고 있다. 국제아동구호기금은 "기근에 관한 오해"라는 목록을 제시한다. 여기에 포함된 내용은 이렇다. "기근은 인구과밀로 발생한다" "기근을 피할 수 있는 방법은 없다" "기근은 필연적이다" "근본원인을 제거하기 위해서는 전혀 노력하지 않으므로 돈을 줘봐야 밑 빠진 독에 물붓기다" 등.[11]

방관자의 소극성 비판

인권 캠페인은 어느정도 공통의 가치와 의무를 느끼는 도덕공동체('포용성')로 청중을 인도해야 한다. 고문이나 제노싸이드처럼 자명해 보이는 사례라 하더라도 청중의 참여를 당연시할 수는 없다. 하물며 먼 곳에서 발생한 구금, 투옥, 여성의 권리 침해, 사형제도, 검열 등의 문제에 관심을 기울이도록 하기란 더더욱 어렵다. 신문에 광고 몇줄 낸다고 사람들이 자기가 속한 도덕공동체의 울타리를 넘어 쉽게 참여하지는 않는 법이다.

시각적으로 생생히 표현된 '먼' 곳의 '커다란' 인간고통을 해결하기 위해 '뭔가를 하자'고 요청하는 캠페인도 목적을 달성하기 어려운데,

추상적인 보편가치에 기댄 캠페인은 더욱더 그러하다. 내 나라, 내 땅에서 진리, 정의, 정치적 책임감이 중요하다는 점은 알겠지만, 자이르나 페루의 문제에까지 왜 신경을 써야 하는가? 논리적인 사유와 증거에 입각한 설득기법이 반드시 사람들의 태도를 바꾸어내리라 기대할수는 없다. 실증적인 연구결과는 합리적인 논증의 힘을 신봉하는 사람에게 그리 호의적이지 않다. 똑같은 증거라도 복합적이고 결론이 뚜렷하지 않을 경우, 사람은 자신들의 믿음을 더욱 강화하는 쪽으로 반응하는 경향이 있다.

예컨대 사형제도의 지지자들과 반대자들에게 복합적인 증거와 논증을 똑같이 제시한다고 치자. 두 집단 모두 기존 견해를 바꾸지 않았을 뿐 아니라, 오히려 자기 생각이 더 강해져버렸다.[12] '적대적 미디어 효과'라는 연구에서 이스라엘을 지지하는 그룹과 아랍을 지지하는 그룹에게 1982년의 사브라-샤틸라 학살사건(친이스라엘계 팔랑헤 민병대가 레바논 난민촌의 팔레스타인 주민들을 학살했다)을 다룬 똑같은 텔레비전 프로그램을 보여주었다.[13] 양쪽 모두 그 프로그램이 다른 쪽을 편애하고 자기 쪽을 불공평하게 다루었다고 확신했으며, 그러한 편향성은 미디어의 이해관계와 이데올로기를 반영한다고 믿었다. 양쪽 모두 같은 프로그램을 달리 해석했을 뿐 아니라, 자기들이 직접 본 '사실'조차 전혀 다르게 받아들였다.

사람들은 자기 생각을 완전히 바꾸어야 할 증거를 들이밀어도 기존 신념을 고수하려 한다. 특정한 견해나 행동에 더 많은 사람들이 집착할수록, 자기들의 신념을 위협하는 정보에 더욱더 저항하게 마련이다. 물론 어떤 조건 아래서는 견해가 바뀔 수도 있고 사상전향을 할 수도 있다. 당신은 자기주장을 가장 극단적인 형태로 제시할 것인가, 아니면 청중의 입장에서 알아듣기 쉽게 메시지를 조절할 것인가? 메시지를 전하는 사람의 신뢰도가 높을 때에는 극단적인 주장이 더 설득력있을 수 있다. 주장의 출처에 대한 신뢰도가 높지 않을 때에는 조절된 메시지가 더 효과적이다. 반대편 주장을 거론한 후 그것을 반박하는 쌍방향 의사소통 방식이 상대의 견해를 아예 무시하는 방식보다 더 효과적일까? 청중이 그 문제를 잘 알수록 일방향 의사소통으로 설득될 가능성이 낮아진다. 따라서 자기 나라와 관련된 캠페인은 쌍방향 의사소통을 선택해야 할 것이다.

감정적 부인

아서 밀러가 말한 대로 만일 인권 관련 정보가 '부인에 대한 정기적인 공격'과 마찬가지라면 이러한 공격을 가능케 하는 정서적 추동력은 무엇일까? 정보 그 자체로도, 지적인 논증의 무게로도 확신을 주지 못한다면 어떤 감정을 일깨워야 할까?

인권 캠페인에서 제시하는 정보는 그 자체로 충분히 현실을 전달할 수 있을 만큼 강렬하다. 도저히 무관심할 수가 없을 정도이다. 하지만 감정적인 연결고리를 쉽게 찾아낼 수는 없다. 앰네스티 캠페인은 명확히 '정신분석학적'이다. 사람들의 방어기제를 예상하고 마음 깊숙이 자리잡은 부인의 원인을 인정하기 때문이다. 앰네스티에서는 청중에게 다음같이 자신감을 북돋아준다. 우리는 당신이 주저하는 이유를 알고 있다, 그런 반응은 정상이다, 부인의 장벽을 분쇄하기 위해 특별히 정서적으로 노력해야 한다. 즉 인권 캠페인은 정보를 제공하는 것만으로 사람들이 현실을 직시하리라고 가정해서는 안된다. 따라서

"똑같은 일이 계속 일어나는 것을 보시면 지치는 게 당연하죠" "이런 이미지를 전에도 보신 적이 있으시죠" "이제 이런 것을 보기도 싫으시죠" "하지만 저희는 당신에게 끔찍한 진실을 계속 말씀드려야겠습니다" 같은 메시지를 되풀이한다. 감정적 캠페인 유형에는 세 종류가 있다. 분노, 죄책감, 공감이다.

분노

메시지의 생산자가 느끼는 분노는 독자도 당연히 공유할 수 있어야 한다. 너무나 강렬해서 벌떡 일어나 뭐라도 하게 만드는 감정이어야 한다. "분노를 행동으로!" 이것은 앰네스티 영국지부의 등록상표 같은 전략이다. 어떤 전단지의 제목은 이렇다. "탄압은 닫힌 문이고, 당신의 분노는 그 문을 여는 열쇠이다." 1991년에 나온 "앰네스티는 어떤 일을 하는가"라는 문건의 부제는 "30년간의 분노"였다. 하지만 인권침해 정보를 접하면 실제로 분노가 치솟게 되는가? 그리고 무엇에 대한 분노인가? 이런 일이 일어났다는 사실에 대한 분노? 그런 짓을 저지른 사람들이 단죄되지 않는 것에 대한 분노? 각국 정부가 공모하고 보통 사람들이 침묵을 지키는 것에 대한 분노?

우리는 분노와 바람직한 반응의 연관성을 설정할 수는 없다. 실제로는 인권침해의 책임자에 대해서가 아니라 그런 자료를 보내서 당신을 비참하게 만들고 죄책감이 들도록 한 인권단체에 분노가 치밀지도 모른다.

죄책감

세가지 죄책감이 인권 캠페인에 등장한다. 첫째, 정보와 이미지를 접한 후 '기분이 언짢아'지는, 꼭 집어 말하기 어려운 느낌이다. 당신의 안락하고 편한 삶과 저 바깥의 참담한 현실의 대비 때문에 초래되는 느낌. 이러한 대비효과를 일부 인도지원단체에서는 노골적이고 일상적으로 이용한다. "당신이 아침식사를 하시는 동안 소말리아에서 아이 열명이 굶어 죽어가고 있습니다." 이런 대비효과를 노골적으로 드러내지 않더라도 인권침해 이미지는 죄책감에 가까운, 형언하기 어려운 불편한 감정을 불러일으킨다.

둘째, 당신이 어떤 사실을 분명히 알게 되었는데도, 마치 전혀 모르는 양 살아가기 때문에 느끼는 좀더 명확한 죄책감이 있다. 앰네스티의 "휴가사진" 홍보물 문안은 이렇다. "이런 이야기로 당신의 기분을 잡치게 할 생각은 없습니다." 하지만 이것이 바로 텍스트에 숨겨진 의도이다. 당신의 행동(인권을 침해하는 국가로 휴가 떠나기)을 바꾸지 않는다면 죄책감을 느껴야 **마땅하다**는 것이다. 이런 사실을 알고도 어떻게 '터키'에 휴가를 갈 수 있는가?

셋째, 양심과 책임감에 호소하는, 원칙에 근거한 도덕적 호소가 있다. 당신은 앰네스티 미국지부가 '양심의 동반자'라고 부른 네트워크에 참여하도록 초대받는다. 여기에 참여하지 않으면 의무감과 내면의 도덕률이 흔들린다. 당신은 지금 어디에 서 있는지, 자신이 어떤 인간인지에 관한 질문을 받고 있다. "우리 모두에게 달려 있습니다. 당신과 나 같은 사람 말입니다. '실종'된 사람들에게 어떤 일이 벌어졌는지 알아내야 합니다. 전세계의 양심수들에게 자유를 찾아주고, 고문과 처형을 끝장내야 합니다." 그러지 않으면, 당신 자신을 실망시키는 것이고, 이것은 평소 확신에도 충실하지 못한 행동이다. 그러므로 죄책감을 느끼는 게 당연하다는 얘기.

444

인권침해 사건을 개인의 책임으로 떠넘기는 것은 죄책감을 유도하는 논리의 결함이라 할 수 있다. 원인(原因) 또는 근인(近因)을 따졌을 때 브라질 노숙 아동들이 살해되는 것이 내 책임이라 할 수 있는가? 당신이 인권침해의 책임자가 아니라 하더라도 인권옹호 활동에 참여해야 할 책임이 어느정도 있다고 볼 수는 있다. 또 인권침해와 직접 연관돼 있지 않다 하더라도 도덕적 책임감을 느껴 마땅하다. 이 두가지는 흔히 혼동을 일으킨다. 니묄러의 호소는 자기가 발언했을 때에는 이미 너무 늦었다는 의미인지도 모른다. 지금 적극 발언하지 않으면 앞으로 계속 일어날 인권침해 사태에 당신도 책임이 있다는 말이다. 그렇다고 "니묄러의 말에 감명받은 사람이라면 앰네스티에 참여해야 한다"는 얘기는 아니다.

앰네스티에 참여한 학생들은 대부분 홍보물 때문에 죄책감을 느꼈으며, 자기들이 아무 행동도 취하지 못한다는 사실 때문에 괴로웠다고 토로한다. 그래서 홍보물을 그저 건성으로 넘기기만 했다는 것이다. 이미 아는 사실이고, 행동하지 않으면 죄책감이 들게 마련인 글을 계속 읽을 필요가 있을까? 그들은 죄책감을 뒤집어쓰는 것을 달가워하지 않는다. 한 학생은 홍보물을 처음 읽었을 때 동정심이 생겼지만 나중에는 화가 났다고 한다. "마치 네가 아무 행동도 취하지 않으려면 '꺼져버려'라고 말하는 것 같더라고요. 이런 일이 일어난 게 다 네 탓이야, 라는 식으로 말이에요." 이렇게 되면 인권침해 가해자가 아니라 인권단체에 원망이 돌아간다.

침묵을 지키면 '공모자'가 되는 거나 마찬가지라는 말은, 당신이 인권침해자만큼이나 도덕적으로 비난받아야 한다는 의미로까지 확장된다. 전세계 고문 피해자 열다섯명의 얼굴을 실은 앰네스티 미국지부의 홍보편지는 방관자와 가해자의 도덕적 형평성을 분명 과장하고 있다. "이 편지에 나와 있는 얼굴을 보십시오. 그리고 이 점을 기억하십시오. 이들의 고통을 알면서도 아무 행동을 취하지 않으신다면, 정도의 차이는 있겠지만 가해자와 당신은 본질적으로 같은 사람입니다."

많은 캠페인에서 '죄책감'의 주제를 좀더 정교하게 다듬었다. 당신은 감정적인 부인을 극복할 수 있습니다. 왜냐고요? "당신은 타인을 보살필 줄 아는 사람이고, 마음이 따뜻한 사람이며, 공평과 불공평을 분별할 줄 아는 사람이기 때문입니다." 또한 "우리는, 당신이 타인을 보살필 줄 아는 사람임을 알리려는 욕구가 있음을 알고 있습니다." 이런 접근은 읽는 이에게 평생 짊어져야 할 죄책감을 떠넘기지 않는다. 이 메시지는 당신이 회원가입 신청서에 필요한 사항을 기입하면 죄책감이 아예 없어질 것이라고 말한다. 우리는 잔혹한 상황과 인간고통에 맞서려는 당신과 함께 행동할 것입니다.

수치심에 호소하는 방식은 죄책감보다 훨씬 덜 사용된다. 수치심은 죄책감보다 더 사회적인 감정으로, 개인의 책임감보다 공동체의식과 도덕적 상호의존에 호소한다. 수치심을 느끼는 것은 창피한 상태이고 그게 자랑스러울 리 없다. 보고타에서 암살대에게 죽어가는 노숙 아동들에 대해 죄책감을 느끼는가, 이런 질문을 서구의 자유주의자들에게 던져봤자 아무 소용도 없다. 이보다 지적으로 더 호소력있고 도덕과 연관짓기도 용이한 방식은 수치심을 느끼게 하는 것이다. 이런 끔찍한 일이 일어나고 있는 세상을 속수무책으로 바라보고만 있는 것을 부끄럽게 여기라는 말이다. 맑스가 한 말도 있지 않은가. "수치심은 혁명적 감정이다."

그러나 죄책감을 느끼든, 수치심을 느끼든, 정보를 모두 받아들이

446

면 받아들일수록, 내가 할 일이 별로 없다는 이유로 '마음이 무거워'져서, 더이상 듣거나 읽고 싶지 않게 되는 역설이 발생한다. 이렇게 되면 당신은 마음의 문을 닫고 신경을 꺼버릴 개연성이 높아진다. 제인은 앞으로도 계속 죄책감을 느낄 거라고 말한다. "우리 모두 그 홍보자료를 읽고 불편한 마음이 들었습니다. 우리가 더 많은 돈을 보내면 그런 자료를 앞으로도 더 많이 읽게 될 것이고 그러면 죄책감이 더 들 터이고…… 그런 식으로 끝없이 이어질 것 같습니다. 이번에 15파운드를 내더라도 다음번에 그런 편지를 읽으면 또 죄책감이 들 게 뻔해요."

동정·공감·동일화

동정, 공감, 동일화 같은 감정은 방관자 효과와 이타주의에 대한 논의의 핵심이다. 간단히 말해, **동정**은 피해자를 가련하다고 느끼는 것을, **공감**은 피해자들이 얼마나 힘들까 하고 느끼는 것을, **'동일화'**는 자신이 피해자 위치에 있다고 상상하는 것을 의미한다. 이런 감정을 느끼는 이유는 '타자'를 당신의 도덕적 울타리에 속한 존재로 보기 때문이다.

모든 인도적 메시지는 이러한 감정의 고양에 의존하지만 그게 쉽지는 않다. 지리적·사회적 거리, 미디어의 고정관념, 지식의 결여 그리고 수많은 비극 등으로 각종 인권침해 사건들이 나오는 전혀 다른 세계에 속한 것처럼 느껴지기 쉽다. 어느 날 오후 우리집 밖에 차 한대가 서더니 두사람이 집으로 들어와 딸을 데리고 나갔는데 그후 아이의 행방을 알 수가 없다, 내가 이런 상황에 처했을 때 어떤 느낌이 들지 정말 상상할 수 있을까? 이런 문제를 극복하기 위해 두가지 전략이 시도된다. 첫째, 도덕주의적 호소로 당신의 의무감의 범위를 확장하게 한다. 둘째, 개인적 호소로 특정 피해자와 일체감을 갖도록 한다.

도덕주의적 호소는 당신이 속한 공동체가 국적이나 민족, 종교나 정치적 연대에 구애받지 않도록 노력한다. 1930년대 독일에서 당신이 공산주의자나 유대인이 아니라는 이유로 그들의 고난을 방관한 것은, 오늘날 자신이 르완다의 투치족이나 이라크의 쿠르드 족이 아니라는 이유로 그들을 돕지 않는 것이나 다름없는 행위이다. 이러한 호소는 "곤경에 빠진 사람과 타인을 보살피는 사람들이 공유하는 희망과 사랑"을 위한 호소이자, "우리가 그들이고, 그들이 우리"인 이상을 향한 호소이다. 이전 회원들에게는 이런 점을 상기시킨다. "처음 앰네스티 회원이 되었을 때 당신은 분명 가혹한 탄압과 고문에 시달리는 사람들에게 강렬한 유대감을 느꼈습니다. 다른 사람의 인권이 침해받을 때 당신의 존엄성도 똑같이 훼손된다는 사실을 잘 알고 있었습니다."

특정 피해자에게 일체감을 느끼도록 하는 개인적 호소는 이와는 다르다. 앰네스티 미국지부의 한 홍보물은 고문 피해자 열다섯명의 사진을 보여준 후 이렇게 말한다. "이들을 보십시오. 고문과 투옥과 '실종' 사건의 피해자들입니다. 이들은 이름도 색다르고 아주 먼 곳에 살고 있지만 우리들처럼 살아 있는 진짜 인간입니다. 가족도 있고 아이도 있습니다. 그들 역시 고통을 느끼는 인간입니다."

피해자들은 보통사람으로 그려진다. 이런 캠페인은 폭력이 발생하는 방식이나 상황이 결코 특별하지 않다고 말한다. "그러한 폭력은 당신에게도 어떤 이유로든 일어날 수 있습니다"라고. 앰네스티 영국지부가 발송한 반인종주의 캠페인 자료는 독자들에게 일체감을 끌어내려 노력한다. 여러분은 이런저런 차별을 당해본 경험이 있을 것입니다. 심지어 억양이나 외모 때문에 손해본 적도 있지요. 다들 나름의 민

448

족적, 종교적, 성적 정체성을 갖고 있기에 서로 다르다는 것이 무엇을 의미하는지 잘 아실 것입니다. "그렇다 하더라도 매일 아침 눈을 뜨자마자 나와 가족의 목숨이 오늘 하루도 무사할까, 이런 걱정을 해야 하는 생활을 상상할 수 있습니까?" 여기서 당신은 보스니아의 무슬림 또는 알바니아계 주민이 되었다고 상상해보라는 요청을 받는다.

특정 청중을 향한 호소는 초점을 더욱 좁힌다. 여성(당신이 잠재적인 강간의 피해자라고 상상해보시라)이나 언론인(기사를 썼다는 이유로 체포되었다고 상상해보시라)의 예를 들 수 있다. "청소년 행동"이라는 전단지 표지는 이렇게 되어 있다. "학교에 대해 불평한다고 당신이 감옥에 갇히겠는가?" 전단지는 알바니아어 수업 폐지에 맞서 모임을 만들어 반대운동에 나선 알바니아 여학생의 체포 소식을 알린다. 그 다음엔 열두 살 난 이라크 소년의 사례가 나온다. "부모의 정견 때문에 당신이 고문을 당할까요? 알리 소년은 그랬습니다." 단편소설 백일장에서 십대 청소년들에게 이런 문제가 제시되었다. "자유를 빼앗기면 어떤 느낌이 들지, 신념 때문에 감옥에 갇히면 어떤 기분이 들지 언어로 표현해보시오. 자신을 양심수라고 생각해보시오. 결코 죄를 짓지 않았는데 투옥된 사람의 외로움, 두려움, 그리고 비참함을 상상해보시오."

이런 호소가 어떤 효과를 불러일으키는지는 알려진 바가 거의 없다. 인권침해에 관한 시나리오가, 피해자에 대한 공감, 개입에 대한 찬성, 타인의 인권을 옹호하기 위해 희생을 감수하겠다는 결의를 북돋울 수는 있다.[14] 고통과 공감의 정도는 사람들이 지지하는 해결책의 강도와 상관관계가 있었다. 하지만 공감을 자아낼 목적으로 제시된 이미지가 너무 끔찍해서 기부자들이 주저할 개연성도 있다. 한 연구에 따르면, 자선단체의 이름이 적힌 로고만으로도 기부자들의 마음을 열기에 충분했다. 이미지 또는 사회적 압력은 공감을 일으키기 위한 사진이나 메시지가 없어도 작동했다.[15]

공감을 불러일으키는 것은 복잡한 일이다. 피해자의 바람을 강조하는 '피해자 지향적' 호소는, 도와줄 사람의 책임을 강조하는 '목표 지향적' 호소와는 다르다. 피해자 지향적 호소가 더 많은 호응을 끌어낼 수 있다. 단, 피해자의 욕구가 진정 타당하다고 생각되어야 한다. '공감을 끌어내는 이타주의'와 '공평의 도덕 원칙'을 수호하려는 욕구는 각기 다른 친사회적인 동기로서 중복될 수도 있지만 서로 부딪치기도 한다. 어떤 연구에 따르면, 공감을 느끼지 못한 참여자들은 '공평 원칙'에 따라 행동하는 경우가 많았다. 그러나 공감만 느낀 참여자들은 공평 원칙을 저버리고 불공평하게 행동할 가능성이 높았다. 피해자의 바람에 맞추어 공평하게 돕지 않고 자기가 공감할 수 있는 경우에만 도왔다는 뜻이다. 자기들이 공감하는 피해자를 선호하는 사람들은 이같은 행동이 공평하지 못하다는 점을 인정했다.[16] 사실 우리가 정서적으로 특별히 애착을 갖는 사람들이 객관적으로 도움이 가장 필요한 사람들과 반드시 일치하지는 않는다. 그러나 공감에서 비롯된 이타주의의 근시안성을 솔직히 상기할 필요는 있다. 어떤 나라가 다른 나라보다 사진에 더 멋있게 나온다는 이유로 온정을 베풀게 되는 그런 경우 말이다.

어떻게 하면 캠페인이 의도하는 결과를 낳을까, 이에 대한 단 하나의 정답을 찾을 수 없듯이, 어떤 감정을 섞어놓아야 좋은지에 대해서도 마찬가지다. 이타주의 연구에 따르면, 무슨 짓을 해서든 저 사람을 도와야겠다는 마음을 공식화하기에는 너무나 불확실한 요소가 많다.

앰네스티의 편지에 대한 한 회원의 답변이 일반적인 반응일지 모른다. "편지를 받았다고 상상해보세요, 인권에 대한 편지 말이에요. 내가 뭘 해야 할지 본능적으로 알 수 있다니까요."

행동과 자력화

'본능적인 느낌'은, 어떤 캠페인이 낳은 효과라기보다는 그 캠페인에 반응하기 위한 전제조건일 수도 있다. "나는 이런 본능을 가진 사람이다." 죄책감이나 공감 같은 복잡한 감정은 이런 반응들을 설명하는데 별 쓸모가 없을지도 모른다. 사람들의 수동성은 올바른 감정이 결여되어서가 아니라, 나 같은 보통사람이 그런 엄청난 사건에 끼어들어할 수 있는 일이 하나도 없다는 생각에서 비롯된다.

캠페인 성공 여부는 당신 같은 사람도 간단한 행동으로 타인을 도울 수 있다는, 기운을 북돋워주는(자력화) 격려에 달려 있다. 그래서 "점심 한끼로 한 생명을" 캠페인이 큰 성공을 거둘 수 있었던 것이다. 수단에서 전쟁으로 발생한 기근 피해자를 돕기 위해 적십자사가 벌인 캠페인 우편물들을 비교 조사했다.[17] '인지적 관점의 채택'(불쌍한 사람들과 같은 입장에 처해 있다고 상상해보십시오)으로 형성된 공감이, 피해자들의 욕구가 정당하고 단기적으로 도울 가치가 있다고 보았던, '도움 덕택에 야기된 효과의 인식'보다 낮은 응답률을 보였다(그러나 응답자 2648명의 기부 총액은 390달러에 지나지 않아 우편요금에도 미치지 못했다. 따라서 이 캠페인의 성공 여부를 따지기에는 미흡한 조사였다).

그러나 "점심 한끼로 한 생명을"이라는 같은 구호는 인권침해 문제에는 적용하기 어렵다. 이런 경우 시민들의 자력화 연결고리를 어떻게 입증할 수 있을까? 사람들에게 어떤 정보와 함께 행동에 나설 수 있는 통로를 마련해줄 때, 해당 정보가 더 잘 수용된다고 한다. 그렇다면 정보 자체가 이미 청중의 무력함을 상기시킨다면, 정보와 행동의 연결고리를 제시하는 이런 방식이 더 적절하다고 할 수 있다.[18]

"나도 뭔가를 할 수 있어"라는 자력화 사슬에는 세가지 연결고리가 있다. (1)아무것도 안하는 것보다는 무슨 일이든 해봐야 한다. (2)우리는 그 일을 할 능력이 있다. (3)당신이 상황을 개선할 수 있다, 이렇게 하면 된다. 아래 앰네스티 미국지부의 사례는 첫째와 셋째 고리를 보여준다.

강철을 벼려 만든 무기가 아니라 당신 같은 보통사람들의 양심으로 제작된 무기가 있습니다. 당신은 독재정권이 숨을 곳이 없도록 사방을 비추는 휘황찬란한 조명을 받으면서 편지와 엽서로 된 무기를 휘두릅니다.

양심의 명령으로 뭉친 사람들이 진리의 광휘와 세계인의 여론이라는 유일한 무기를 들고 함께 행동할 때, 보통사람들의 진정 놀라운 권력이 나타납니다. 정의를 위한 우렁찬 목소리 앞에서 가장 악랄한 독재자들도 연이어 무릎을 꿇습니다. 자기들의 이미지를 더럽히고 자국의 이익을 해치는 상황을 견딜 수 없기 때문입니다.

이 메시지는 이런 뜻이다. "앰네스티에 참여하여 나쁜 사람들을 비판함으로써 당신은 부패한 정권, 비밀경찰, 고문 가해자, 살인자들을 폭로하는 일을 도울 수 있습니다." 당신은 참여하고, 비난하고, 폭로를 돕고, 의지를 드러낼 수 있다. 그렇지만 이 단체가 구체적으로 어떤 일을 하는가? "당신의 편지가 생명을 구합니다." 하지만 어떤 식으로? 여기에 결여된 두번째 단계는 다시 두가지 차원에서 설명할 필요가 있다. **미시적 권력**(사람들을 어떻게 도울 수 있는가)과 **거시적 권력**(인권단체가 거둔 성과)이 그것이다.

미시적 권력

앰네스티의 상징이 된 캠페인("양심수 아무개를 석방시키자")은 지금도 캠페인에 참여하는 개인을 확실히 자력화하는 방식을 고수한다. 한 전단지는 이런 질문을 던진다. "무자비한 탄압에서 무고한 피해자를 자유롭게 하려면 어떤 방법이 제일 좋은가?" 그 방법은 드라마처럼, 정서적으로 강렬하게 묘사된다. "매일 전세계에서 인권소식을 감시하는 팀들이 어떤 사람이 불의의 희생자가 되었음을 알린다. 앰네스티의 전문 연구쎈터에 있는 노련한 조사관들이 사실관계를 확인한다. 피해자가 체포된 지 24시간내에 전세계 긴급행동망에 비상이 걸리고 행동이 시작된다. 전세계에서 수천통의 편지, 팩스, 엽서가 도착한다. 그 결과, 매년 앰네스티가 관심을 기울이는 수천의 양심수들 중 대다수가 당신이 아니었으면 풀려나지 못했을 것이다. '이 세상에서 개인의 힘으로 바꿀 수 있는 것은 없다며 냉소를 흘리는 자들이 있다면 이러한 앰네스티의 업적을 기억하고 소중히 여기세요. 당신은 할 수 있는 능력이 있습니다. 지금까지도 그래왔지요.'"

"세상을 바꾼다"는 말은 두가지 의미가 있다. 하나는 어두운 감방에서 죄수가 당신의 도움을 기다리고 있다는 감상적인 상황의 제시이

고, 다른 하나는 당신의 편지가 생명을 구할 수 있다는 구체적인 약속
이다.

거시적 권력

한 사람의 수인을 구하는 것과 더불어, 인권단체가 특정 국가나 사
안에서 장기적인 변화를 끌어낼 수 있는가? 그 인권단체의 실적이 어
떠한가? 이러한 실적은 중요한 요인이지만, 그 단체에서 묘사하는 암
울한 인권상황이나 인권문제를 잘 아는 대중의 인식과 비교하면 실적
이 그다지 두드러져 보이지는 않는다. 여기서 보이지 않는 메시지는
아마 이런 게 아닐까? "우리 단체가 없었더라면 상황이 지금보다 훨씬
더 나빠졌을 것입니다. 그러므로 안심하고 우리 단체를 도와주세요."
인권문제의 뿌리가 깊고 얽히고설켜 있어 풀기 힘든 난제라고 역설함
으로써 사람들의 관심을 끌어야 하지만, 동시에 당신의 도움으로 상황
이 많이 좋아졌다고 주장함으로써 지원을 끌어내야 한다. 실로 역설
적인 상황이다.

이런 문안이 역설을 해소해준다. "우리는 앰네스티 활동이 효과가
있음을 압니다. 그러나 앰네스티의 활동은 아직 끝나지 않았습니다."
하지만 문안의 균형을 맞추는 일은 쉽지 않다. "만일 상황이 전혀 좋
아지지 않았다면 우리가 왜 돈을 내야 하느냐? 만일 모든 일이 잘 돌아
가고 있다면 돈을 낼 필요가 없을 것이다. 따라서 중간 어디쯤에서 우
리가 희망을 가질 근거가 있지만, 아직도 할 일이 많이 남아 있다는 식
으로 균형을 맞춰야 한다."[19]

인권활동에 참여하기

　대다수 인권운동가들에게는 자기네 활동이 진짜 효과가 있다는 식의 공리적 자력화 논리가 필요치 않을 것이다. 이들은 효과니 목표니 성공이니 따위에는 별 관심이 없으며, 자신의 이상에 따라 행동하고 살아간다는 것을 확인할 수만 있으면 족하다. 그러므로 티끌 모아 태산을 만들 수 있다는 자력화 논리를 강조한다면, 운동가들은 그런 논리를 결과에 목을 매는 바람직하지 못한 태도라고 볼지도 모른다. "그들은 영광의 길에 투신한다는 자기애적인 만족감이 없다면 인권투쟁에 매진하려 들지 않을 것이다."[20]

　이타주의를 위한 이타주의라는 비전은 전업활동가에 비해 시간이나 자원, 기회가 부족한 보통사람에게 다가갈 수 있는 호소이다. 앰네스티의 회원이 왜 자기가 인권운동에 참여하게 되었는지 말한다. "내게 인권활동은 '그게 효과가 있어?'라는 문제가 아니다. 오히려 '내가 인권활동을 하지 않고 살 수 있어?'라고 묻는 편이 더 적합하다." 활동을 중지한 과거 회원에게 재가입을 권유하는 편지는 그 사람이 애초 인권운동에 가담했던 이유를 다시 생각해보라고 상기시킨다. "어떤 이유에서건 당신은 수수방관할 수만은 없다고 갑자기 느끼셨던 겁니다."

　"인권활동을 하지 않고 살 수는 없다"는 식의 원초적 감각과 이와는 다른 심리적 매력, 예컨대 개인적 만족, 의미 추구, 자존감, 충일감, 성장의 욕구를 만족시키기 위해 '인권운동에 참여'하는 행위를 혼동해서는 안된다. 이는, 자기네 활동이 진짜 효과가 있다는 식의 공리적 성공담보다 더 나쁜 태도이며, 경계해야 할 '자기애적인 만족'에 지나지 않는다. 자기 자신의 정서적 충일과 진정한 자아 발견을 위해 타인의 고통을 줄이는 활동에 참여하자고 말한다면 그보다 더 불쾌한 일도 없을 것이다. "캐나다 고문피해자쎈터에서 자원활동을 하면 좋은 이유"라는 전단지가 있다. 여기에 실린 다섯가지 대답 중 마지막 둘은 캐나다에 도착한 난민들을 돕는 일이지만 처음 세가지 답변은 다음과 같다. "이들이 캐나다에서 새 삶에 적응할 수 있도록 도움으로써 개인적 만족을 얻는다" "다문화적 상황을 이해하고 경험을 쌓아 자신을 성장시킨다" "새롭고 신실한 우정을 쌓는다."

인권운동에 참여한다는 것은 성실성과 신의 그리고 자신의 참모습을 직시하느냐의 문제이다. 만일 결과에만 관심을 기울였다면 대다수 운동가들은 이미 오래전에 중도포기하고 말았을 것이다. 그리고 자기 실현이라는 목표에만 집착한 사람 역시 결국은 포기하고 말 것이다.

9장

묘지를 파헤치고 상처를 건드리다
—과거를 시인함

10장에서는 오늘날 인간고통에 관한 이미지와 호소가 어떤 방식으로 인정되는지를 다시 거론할 것이다. 그 전에 나는 뒤로 돌아가 과거의 인권침해를 시인하는 방식들을 정리해보려 한다.

개인이든 집단이든 "과거와 맞춰 살아"가려면 무슨 일이 일어났는지를 정확히 알아야 할 뿐 아니라 안다는 것을 실토해야 한다. 의식적인 은폐나 점진적인 망각 같은 기억의 억압을 극복하려면 깊은 고통을 먼저 겪어야 한다. 그런 다음 비로소 해방의 기쁨이 따르는 것이다. 인권침해의 시인이나 부인에 관한 공적·정치적 담론은 개인사의 은유에서 많이 끌어온다. 진실위원회의 목표, 그러니까 부인의 극복, 진실의 직면, 과거와 함께 살아가기 등은 정치적 언어뿐 아니라 심리적 언어로도 표현할 수 있다. 독일어로는 이러한 정치적 개념에 내재된 프로이트적인 의미와 어원이 대단히 명확하다. 'Aufarbeitung der Vergangenheit' 그리고 'Vergangenheitsbewaeltigung' 같은 용어는

'해결해가기' '맞춰 살아가기' '따져보기' 또는 과거를 '넘어서기' 등을 의미한다. 이 말들은 또한 치유와 카타르씨스라는 의미도 갖고 있다. 'Bewaeltigung'과 'Aufarbeitung der Vergangenheit'는 서독에서 나찌의 과거를 가리키던 말이었다. 1989년 이후 이 용어들은 동독 공산당의 과거를 다루기 위해 나찌의 경우보다 훨씬 더 엄격하게 사용되었다.

과거 인권침해를 '시인'하는가, 어떤 형태로 시인하는가 하는 문제는 구정권의 성격, 잔존 권력, 민주화 이행 과정, 새 사회의 특성 등에 좌우된다. 현 정부가 과거를 억누르고 문화적 기억상실을 조장하려는 공모적(共謀的) 동기를 갖고 일을 벌일 수도 있다. 반대로 과거와 단절하고 자신의 정당성을 높일 수단으로 묻혀 있는 진실을 파헤치려는 강력한 의지를 갖고 있을 수도 있다. 과거의 사건들이 아주 꼼꼼히 기록돼 있어서 과거사를 쉽게 복원할 수 있는 경우가 있다. 반대로, 사건 당시에 이미 모든 흔적들이 지워져 추적이 불가능한 경우도 있다. 구정권이 자기네 권력이 일시적이며 나중에 자기들의 행위가 조사대상이 되리라 예상하는 경우가 있다. 아니면 스딸린이나 마오 쩌뚱이나 폴 포트처럼 막강했던 권력자들이, '나중에' 자신의 설명과는 다른 관점에서 심판받게 되리라고는 꿈에도 생각지 못했던 경우도 있다.

인류 역사상 권력을 가진 자들이 완벽하게 교체된 총체적 정권교체는 단 한번도 일어난 적이 없다. 과거사에 대한 진실을 추구하려는 시도는, 이행기 정권이나 새 정권에 자리잡은 권력자들이 과거 인권침해에 연루되었거나, (흔히) 침묵으로 공모했다는 사실 때문에 타협의 대상이 될 수밖에 없다. 숨길 게 있는 사람에게 진실이란 불편한 것이고, 오늘날 시인이란 위험한 과거사를 열어젖히는 일이 될 수도 있다.

과거사에 관한 담론은, 나찌의 사례를 둘러싼 오랜 성찰에서 영감을 얻어, 과거의 사실을 규명하는 것에서 한발 더 나아가 표현방식에 관한 영역으로 이동했다. 과거사에 대해 '무엇이 알려져 있는가'에서 과거사를 '어떻게 알고 어떻게 기억하며 어떻게 상상할 수 있느냐'로 넘어간 것이다. 이제 소설과 시와 영화를 어떻게 창작할 것인가, 기념비와 구술사와 증언과 다큐멘터리를 어떻게 만들 것인가, 같은 질문이 문제가 된다. 그러나 서구인의 의식 속에 각인된 대표적인 역사적 사건만 다룸으로써, 부인에 맞서 싸우는 행위 자체가 망각의 대상이 되어버렸다. 과거가 복원할 수 없을 것처럼 보일 뿐 아니라, 현재 역시 금세 블랙홀 속으로 사라져버리는 사례가 세계 곳곳에 존재한다. 라이베리아의 정치적 학살을 기억하는 사람이 있기나 한가? 과거의 인권침해를 규명하기 위한 국제적 프로젝트에서조차 어떤 사건들은 잊혀져버린다. 예컨대 1994년 아르헨띠나의 법의학조사팀이 에티오피아를 방문하여 1991년 5월에 전복된 멩기추 공산정권 당시 희생자들의 집단학살지를 발굴했다. 17년에 걸친 독재 기간에 약 5만명이 즉결처형을 당했지만 그런 인권침해 사건도, 그 이후 발굴 작업도, 전혀 언론의 주목을 끌지 못했다.

과거사를 조사하는 데 오늘날에도 구정권 잔당들의 저항이 만만찮다. 정권교체가 극적이거나 혁명적이지 않고, 새로운 정치환경, 반정부 인사들의 석방, 언론 검열 완화 등 완만한 과정을 거칠 경우 특히 그럴 개연성이 높다. **이런 과정은 공산주의정권의 붕괴 양상과 잘 맞아떨어진다.** 소련에서는 끔찍한 과거사를 제대로 조사해보지 못했으며, 진상조사가 아주 점진적이고 미온적으로 진행되었다. 개별 사례의 경우 과거에 거짓말했던 사실을 시인한 경우가 있지만, 정부의 일반적인 조사나 전면적인 실상이 폭로된 적은 없다. 이런 문제에 관심을 가진 정치세력이 없을뿐더러, 최악의 시대는 오래전에 지났다고 생각하고 현재의 문제를 더 골치 아프게 느끼기 때문이다.

동독, 구체코슬로바키아, 루마니아 등지에서 진실규명은 원래 개인에 대한 처벌 또는 구정권 인사들의 숙정과 연관되어 있었다. 여기서 진실규명은 '개인신상 파일 공개'라는 극적인 형태를 띠었다. 동독의 경우 성난 군중들이 1990년초 슈타지(공산당의 비밀경찰) 본부를 휩쓸었다. 비밀기록들이 압수되고 폭로되었을 뿐 아니라 널리 알려졌다. 과거 보안청 청사가 슈타지 박물관으로 개관했다. 1992년 1월에 통과된 법에 의거하여 모든 시민은 과거의 비밀기록에 접근할 수 있게 되었다. 세상에서 가장 감시가 심한 사회에 속했던 곳, 10만여명의 상근 비밀요원과 30만명의 비공식 밀고자가 활동하고, 친구와 동료와 가족들이 서로 감시하고 배신했으며, 수백만건의 개인 비밀기록이 작성된 나라에서 '통제된 폭로'(형식과 절차에 따라 폭로를 진행했다는 뜻—옮긴이)가 계속되었다.

군부독재 집단이 문민정권에 권력을 넘겨준 라틴아메리카 국가들의 경우, 좀더 조직적이고 의례적인 진실규명 활동이 일어났다. '진실위원회' 같은 명칭으로 공식적인 조사활동이 전개되었다. 그런 활동 하나하나가 비할 수 없이 흥미로운 사연을 간직하고 있다.

• 브라질에서는 놀라운 비밀 프로젝트가 실시되었다. 1964년부터 1979년까지의 군부독재 치하에서 일어난 모든 인권침해 사안을 하나도 빠짐없이 기록하는 사업이 5년간 극비리에 진행되었다.[1] 브라질 가톨릭교회의 지도하에 자원활동가로 구성된 조사팀이 그 일을 맡았고, 그 결과가 1985년에 『브라질, 결코 다시는』(*Brazil, Nunca Más*)라는

책으로 출판되었다. 책에 실린 모든 정보는 독재정권의 공식기록, 그리고 비공개로 진행되었던 군사재판의 증언에서 선별한 것이다. 이책에 기록된 엄청난 정보(1만 7000명에 이르는 피해자의 이야기, 1800건의 고문 내용, 100만 페이지에 달하는 기록)는 기록의 중요성에 관해 곰곰 생각하게 한다. 예컨대 파라과이에서 34년간이나 무자비한 독재를 실시했던 스트로에스네르 대통령이 물러났을 때 밝혀진 극적인 에피쏘드를 들 수 있다. 인권단체와 변호사들이 1992년 중앙경찰청 청사에 들이닥쳐 모든 고문과 실종사건 기록을 찾아냈다. 모든 것을 감시한 '기록사회'는 나름대로 유용한 면도 있다. 제 아무리 끔찍한 사건이라도 철저히 기록해놓겠다는 강박적인 관료적 충동이 없었더라면 완전한 진실규명이 불가능했을 것이다.

• 1983년 아르헨띠나 군부독재가 붕괴된 후 집권한 라울 알폰씬 대통령은 그 이전 8년 동안에 벌어졌던 '실종' 사건을 조사하기 위해 국가실종자조사위원회를 발족시켰다. 그 기간에 2만여명이 납치되고 고문받았으며, 시신은 아무도 모르게 처리되었던 것이다. 이 위원회가 발간한 최종 보고서(그후 브라질을 본떠 『결코 다시는』(Nunca Más)라는 단행본으로 출간되어 베스트쎌러가 되었다)에는 군부독재 시절의 공포정치, 납치, 고문, 비밀 투옥, 살해 등이 상세히 담겨 있다.

• 칠레에서는 1990년 4월 빠뜨리시오 알윈 대통령이 진실화해위원회를 설립했다. 구정권이 저지른 인권침해 사건 4000건을 다루었고, 2000건의 살해·실종 사건을 상세히 조사하여 보고서를 발간했다. 가해자까지는 아니더라도 피해자들의 신원은 모두 밝혀낼 수 있었다. 보고서는 사건 당시의 정치적 맥락과 군사정권이 사용했던 탄압수법을 상세히 묘사했다. 조사결과는 널리 알려졌고, 모든 피해자 가족들

462

에게 통보되었다.[2]

왜 이런 집단적 진실규명이 중요한가? 5월광장의 어머니들이 왜 그토록 집요하게, 20년도 넘게 '추악한 전쟁' 당시 '실종된' 사랑하는 가족친지들의 행방에 관한 정보를 요구하면서 부에노스아이레스의 광장을 행진하는가? 세가지 이유가 있다.

첫째, 구정권에서 살아남은 사람들에게 진실은 그 자체로 가치가 있다. 거듭 반복된 부인과 거짓, 은폐와 회피를 겪은 후에 진상을 밝히고야 말겠다는 강렬한 욕구가 생긴 것이다. 고문 피해자에게 진실규명 요구는 정의의 요구보다 훨씬 더 절박할지도 모른다. 피해자들은 가해자를 감옥에 보내는 것은 둘째 치고 최소한 자기네들의 진실이 밝혀지기를 원한다. 웨슐러(Weschler)는 이렇게 말한다. "이것〔진실규명 요구〕은 신비하고 강렬하고 거의 마술적인 관념이다. 이미 다들 진상을 알고 있기 때문이다. 가해자가 누구인지, 그들이 어떤 짓을 했는지 모르는 사람이 없다. 그렇다면 무슨 수를 써서라도 진실을 명확히 밝히려는 이런 욕구는 왜 나오는 것일까?"[3]

웨슐러의 답변에 따르면 이는 진상을 단순히 알고 있다는 뜻의 '알려진 사실'(knowledge)과 진상의 '시인'(acknowledge)의 차이인데, 철학자 토머스 내글에게 빌려온 개념이라고 한다.[4] '알려진 사실'은 공식적으로 인정되고 공적인 담론이 될 때에야 비로소 '시인'된다. 동유럽의 과거 공산국가에서 '새로운' 역사적 폭로 필요성은 그리 크지 않았다. 대부분의 사람들이 과거에 무슨 일이 일어났는지 알고 있었을뿐더러 그것을 기억하고 있었다. 정부의 거짓말을 믿은 사람은 아무도 없었다. 하지만 그러한 정보는 공식적 진실로 전환될 필요가 있었다.

둘째, 피해자를 둘러싼 특별히 민감한 문제가 있다. 이것은 '실종'된 사람의 가족과 친지에게 특히 절실한 문제이다. 사랑하는 사람이 살아 있으리라는 희망을 버렸다 하더라도, 도대체 무슨 일이 일어났는지 알고 싶어 하는 것은 인지상정이다. 표시되지 않은 무덤에 신원을 알 수 없는 시신이 묻혀 있더라도 상징적인 매장이 필요한 법이다. 투투 대주교의 말이다. "우리 위원회 청문회 때 어느 어머니가 울면서 하던 말이 너무나 생생히 떠오릅니다. '우리 아이의 뼈라도 돌려받아서 내가 묻어줄 수 있다면 좋겠어요'라고 하더군요." 일부 유가족들에게는 그렇게 해줄 수 있었다.[5] 고문 피해자에게도 진실규명은 절실하다. 이들은 이중의 부인을 극복해야 한다. 즉 어떤 일이 일어났는지 '입증'해야 하고, 자기들이 무슨 몹쓸 짓을 해서 고문을 당한 것이 아니고 억울하게 당했다는 사실을 '반증'해야 하는 것이다.

셋째, 진실규명의 마지막 정당화는 '눈까 마스'(결코 다시는)라는 감정과 연관이 있다. 과거를 폭로하면 미래에 그런 일이 되풀이되지 않을 것이라는 희망 말이다. 인권을 침해한 자에게 정의의 심판을 내리기는커녕, 그가 저지른 짓을 지탄하지 않고 기록으로 남기지도 않는다면 비극이 되풀이될 개연성은 더 높아질 것이다. 그러나 진실에 의한 억지력(抑止力) 원칙은 "역사에서 배운다"라는 전략에 도움이 되지 않을 수도 있다. 불처벌 관행이 계속되는 한 정치적 폭력의 고리가 결코 끊어지지 않는다는 말은 일리가 있는 것 같다. 그러나 다른 데서라도 인권침해에 책임을 지고 가해자가 처벌된 적이 있다는 사실을 안다 하더라도, 인권침해의 재발을 방지할 수 있을지는 확실히 알 수 없다. 물론 사면과 용서가 화해를 촉진할 거라는 논리에 대해서도 같은 말을 할 수 있다.

464

과거에서 교훈을 얻을 수 있다는 계몽주의적 신념에 대해 오늘날 회의주의가 팽배해 있다. 진실규명에도 불구하고 과거와 다를 게 없는 억압적인 제도들이 재등장하는, 냉혹한 정치적 현실 때문이다. 과거 인권침해 사건에 대한 부인 가운데는 되돌릴 수 없는 기정사실이 되어버린 것도 있다. 그러한 부인사례 중 나중에 또 써먹을 수 있는 기법이 나올 수도 있다. 그렇다 하더라도 진실규명이 가지는 예방적 잠재력을 우리는 더욱더 굳건히 믿어야만 한다. 1939년 8월 히틀러는 이렇게 말했다. "따지고 보면 지금까지도 아르메니아 학살사건을 이야기하는 사람이 어디 있는가?"

오늘날 진실위원회, 정부의 진상조사단, 인권보고서, 학자들의 연구, 법의학 조사단이 세계를 돌면서 집단학살 매장지의 비밀을 캐는 활동을 계속하고 있는데 현재 엄청난 난관에 봉착해 있다. 기억을 복원하는 데 따르는 기술적 문제, 숨길 게 많은 사람들의 정치적 반대, 옛 무덤을 들추지 말고 시간이 흘러 상처가 치유되도록 덮어두자는 식의 태도들 때문이다.

다음은, 과거에서 캐낸 정보를 오늘날의 '시인' 양식으로 전환시킬 수 있는 열가지 방법이다. 이것들은 다양하게 결합되어 사용되기도 한다.

시인의 열가지 양식

진실위원회

지난 20년 사이에 생겨난 조직인 진실위원회는 과거의 인권침해를 밝혀내고 시인하기 위한 가장 상징적인 조처라 할 수 있다. 여러 진실위원회의 상이한 효과 그리고 진실과 정의의 까다로운 문제에 대한 해결책들을 비교하는 문헌이 이미 상당히 많이 나와 있다. 이론상, 진실과 정의 사이에 세가지 연결고리가 있을 수 있다. 첫째, 진실위원회가 진실규명 권한만을 위임받은 경우. 이는 사법적으로 단죄할 수 없는 제한적인 방식이다. 둘째, 진실규명과 책임추궁을 직접 연결시킨 경우. 이때 가해 혐의자를 찾아내 처벌하거나 소추기관에 사건을 이첩한다. 셋째, 진실위원회가 특정한 정책을 시행하거나 권고할 수 있는 권한을 가진 경우. 이런 정책에는 화해, 손해배상, 중재 그리고 사면과 면책 등이 있다. 남아공의 진실화해위원회(TRC)는, 사건 전모를 '이실직고'하고, 그들의 범죄가 정치적인 동기에서 비롯됐다는 점을 밝히고, 개과천선을 약속한 사람들에게 사면을 허락할 수 있었다.

　남아공의 진실화해위원회 보고서는 우리시대 위대한 도덕적 문헌 중의 하나이다. 진실을 도덕적 가치 그 자체로 추구했기 때문이다. 이 기구를 새로운 사회로 가는 '역사적 교량'으로 인식한 위원회는, '과거 인권침해에 관해 가능한 한 완전한 전모'를 밝히는 것 그리고 이러한 불의로 인한, 숨겨진 인간고통을 공식 시인하도록 하는 것을 자기 역할로 규정했다.[6] '숨겨진' 인간고통이라는 말에는 여러가지 의미가 들어 있지만, 전에는 아무도 이런 문제를 거론한 적이 없다는 뜻도 있다. 공청회(그리고 열띤 미디어 보도)는 사람들에게 한번도 말한 적이 없는 이야기들을 털어놓고 말할 수 있는 장을 제공했다. 위원회는 "대중이 합의할 수 있을 만큼, 과거에 대한 충분한 진실을 내놓았다고 믿는다"고 밝혔다.[7] 그러나 누구의 진실이란 말인가? 위원회의 보고서는 대중의 '합의에 의한 진실'보다 훨씬 더 복잡한 진실규명 사례를 내놓았다. '위원회라는 생명체'는 진실에 관해 네가지 관념을 제시했다. 사실적·법실체적 진실, 개인적·서사적 진실, 사회적 진실 그리고 치유적·회복적 진실이 그것이다.[8]

• 사실적·법실체적 진실 이는 사실에 근거하고, 정확하고 객관적이며 불편부당한 절차를 통해 획득한 법적·과학적 정보를 말한다. 개인 차원에서는 특정 사건이나 사람들을 지칭한다. 누구에게, 어디에서, 언제, 어떻게, 정확히 무슨 일이 일어났는가? 전사회적 차원에서는 인권침해의 맥락·원인·유형의 기록을 뜻한다. 또한 과거를 부인하지 못하게 하는 해석의 기록을 의미한다. 한때 진실로 받아들여진 허위정보의 설 자리를 완전히 없애야 한다.

• 개인적·서사적 진실 가해자와 피해자가 더 철저히 밝힌 진상을 말한다. 증언의 치유적 잠재력을 실현하는 기회, 집단적 진실에 어떤 내용을 추가할 수 있는 기회, 예전에는 목소리를 내지 못했거나 존재감도 없던 사람들의 주관적인 경험을 확증함으로써 화해를 추진하는 기회가 될 수 있다.

• 사회적 진실 사람들간의 의견교환, 논의, 토론을 통해 구현된 진실을 말한다. 공청회 같은 자리는 투명성을 보장해주고 사람들의 참여를 장려한다. 과거를 놓고 경합하는 견해들을 공개 논의하고 비교할 수 있다. 여기서 중요한 것은 최종 결론이 아니라 진실을 밝히는 '과정' 그 자체이다.

• 치유적·회복적 진실 미래로 나아가기 위해 과거를 직시하는 서사 방식을 말한다. 사실의 기록에 해당하는 진실만으로는 충분치 않다. 자기치유, 화해, 배상이라는 목표를 위해 진실을 해석해야 한다. 그러

려면 우선 모든 피해자가 실제로 고통받았고, 그것이 주목받을 가치가 있다는 점을 시인해야 한다.

위원회의 보고서는 상흔과 상처, 상처 드러내기와 상처 치료하기 같은 핵심 은유를 강박적으로 되풀이한다. 과거가 대중의 집단의식에 '지워지지 않을 상흔'을 남겼다, 상흔 아래에 아직도 '곪은 상처'가 남아 있다, 이런 상처를 다시 '열어서' 사회·정치 체제를 '세척하고 진정한 치유가 일어나도록' 해줘야 한다, 그러나 단순히 "상처를 열어놓고 치유되도록 기다리는 것"만으로는 충분치 않다.[9]

나는 바로 이 점을 말하려 한다. 왜 상처를 열어놓고 치유되기까지 기다리는 것만으로는 충분치 않을까?

형사 재판

50년 전의 뉘른베르크 전범재판에서 르완다와 구유고슬라비아의 국제전범재판 그리고 최근의 국제형사재판소(ICC) 설치에 이르기까지, 정의와 응보라는 기본 쟁점은 동일하다. 그중에서 두가지 하위 쟁점이 특히 중요하다.

첫째, 개인의 도덕적 책임이 진실규명의 핵심이므로 집단적으로 진실을 규명하려면 반드시 개인 차원에서 정의가 구현되어야 하는가? 주류 인권정책은 이 점에서 명확하다. 우리는 인권침해에 책임이 있는 자들을 찾아내고 그들을 법의 심판대에 올리기 위해 과거를 조사한다는 것이다. 하지만 이런 경우는 드물다는 사실을 우리는 알고 있다. 인권침해 사건에서 개인의 형사 책임을 완벽에 가깝게 추궁한 적은 단 한번도 없었다. 정권교체 조건으로 가해자들의 사면을 보장하기도 한다(비밀리에 또는 공개리에). 사실 진실규명 자체도 할 수 있을까 말까 할 정도로 어려운 일이다. 정치적 의지가 없고, 조사는 한없이 늘어지고, 증거가 인멸되고, 증인들은 기억이 안 난다고 하고, 조사관들은 부패했거나 협박을 받거나 비밀경찰과 연계되어 있고, 형사사법체계는 미약하고 비효율적이다. 이런 상황에 더해 구정권의 잔재가 어른거린다. 범죄자들의 형사소추가 연약한 민주주의의 성장을 지체시킬 수도 있다.

둘째, 이보다 좀 낯선 문제가 있다. 그것은 과거사 조사가 개인의 법적 책임을 묻는 쪽으로 진행되어야 '하는가'와는 별도로, 그러한 회복과정을 위해 법률에 의존하는 것이 과연 도움이 되는가 하는 문제이다. 사적으로 '알고 있는 바'를 공적인 시인으로 전환하기 위해, 비난과 증거와 책임전가와 처벌이 반드시 필요한가? 따지고 보면 이런 점들이 정치적 재판의 핵심 의제였다. 그것이 노골적으로 연출된 스딸린식 엉터리 재판이든, 역사상 유명한 뒤르껨 식의 도덕의 경계 설정형 재판이든 간에 말이다(예수, 소크라테스, 드레퓌스, 사코와 반제티, 로젠버그 부처, 뉘른베르크, 아이히만 등).

최근의 민주화 이행기 관련 재판과 진실위원회 활동에서도 이와 유사한 문제들이 제기되었다.

• 시간 어디까지 거슬러 올라갈 것인가? 민주정부를 무너뜨린 군부가 5년만 집권했다면 별 문제가 되지 않는다. 그러나 남아공, 구공산권, 이스라엘-팔레스타인 분쟁 등의 경우 어떤 시점부터 인권침해 책임을 물어야 할 것인가? 이 역시 난감한 문제다.

• 지휘와 복종 누가 누구에게 어떤 명령을 내렸으며 누가 복종했는가? '복종이라는 범죄'가 일어나는 조건 그리고 행정적으로 시행된 학살사건의 성격 때문에 인권침해를 시인하는 데에는 엄청난 장애가 따른다. 개인의 도덕적 책임의 한계, 애매모호한 명령, 불분명하고 다원적인 지휘체계 등의 문제에 봉착할 때, 사법적 정의나 수미일관한 서사적 진실을 밝혀내기가 쉽지 않다.[10]

• 개입의 정도 구정권에 가담했던 사람들의 서로 다른 참여양식을 어떻게 판별할 수 있을까? 2차대전 당시 나찌에 점령되었던 유럽에서 표준 선례를 찾을 수 있다. 단순한 참여 대 공모, 적극적 공모 대 소극적 공모, 고의적 침묵(내면의 망명) 대 의도적 무지(못 본 체함) 그리고 도덕적으로 착잡하지만 역사적 진실인 집단적 책임의 문제를 들 수 있을 것이다. 편차도 크다. 라틴아메리카의 군부독재를 주도했던 군사 엘리뜨처럼 적극적인 개입이 있는가 하면, 남아공과 과거 공산정권의 특징인던 미묘한 참여와 공모나 다름없는 침묵도 있을 수 있다.[11] 남아프리카에서 암살대식 처형을 주도하던 비밀경찰 요원과 흑인들의 거주이전의 자유를 제한하는 통행권에 서명해주던 하급관리의 차이는 누구나 알 수 있다. 그러나 이 둘의 중간에 있는 이들의 정체는 지극히 불분명하다.

이같은 세가지 '구분법'은 진실규명을 위해 법에 호소할 때 따르는 문제를 잘 보여준다. 오지엘(Osiel)은 여기서 더 나아가 또다른 문제점들을 제기한다.[12] 사회적 연대를 위해 피고의 권리가 희생될 수 있다, 역사적 조망을 잃을 수 있다, 과거 쟁점과 미래 쟁점 사이의 잘못된 선례 또는 허구적 비유를 오용했을 때 나홀로 독야청청하다 또는 역사의 도도한 교훈이라는 식의 망상에 사로잡힐 수도 있다, 진실규명에서 요구되는 죄의식과 반성의 정도가 지나치게 넓을 수도 있다, 더욱더 많은 사람에게 더 큰 책임의 실토를 요구하거나, 과거와 지나치게 경직된 단절을 요구하는 경우도 있다 등. 합의에 근거해 집단 기억을 불러일으키고 그것을 구성하는 데 법적인 청사진을 마련하는 것만으로는 크게 미흡하다. 계획을 잘 세워 법률에 의해 집단 기억을 구성한다 하더라도 부정직한 기억을 낳을 위험이 있다.

최근 프랑스에서 있었던 두가지 사례가 이런 문제점을 잘 보여준다. 1987년 리옹의 도살자로 불렸던 과거 나찌 친위대 장교 클라우스 바르비 재판은 명백히 교육적 효과를 노린다는 식으로 선전되었다. 살아남은 세대의 자기향상의 기회이자, 신세대를 위한 역사교육이라고 했다. 하지만 이 재판은 누가 봐도 역사교육에 필요한 새 지식을 도출해내지 못했다.[13] 핑켈크라우트는 이 사건의 경우, 먼 과거에서 전해져 내려온 역사의 하중이 너무 컸다고 지적한다. 피고측 변호인의 전략은 이러한 시대적 격차를 이용하여 수많은 쟁점을 동시에 터뜨리는 것이었다. 나찌즘과 반유대주의와 인종주의의 의미, 홀로코스트의 예외성, 독일에 의한 프랑스 점령의 특징, 부역과 저항, 알제리와 베트남에서의 프랑스의 역할, 심지어 시오니즘의 성격 등등 건드리지 않은 분야가 없었다. 따라서 재판의 결과는 탈근대적 심판에 지나지 않았다. 읽는다 하더라도 거기서 배울 수 있는 사람이 그리 많지 않은 텍스트처럼.

1997~98년 모리스 빠뽕의 재판은 진실규명과 관련한 또하나의 실망스런 사례다.[14] 고위 공직자였던 빠뽕(전 빠리 경시청장이자 미떼랑과 가까웠던 각료)은 반인도적 범죄에 연루된 혐의로 10년 형을 선고

받았다. 1940년 이후 그는 보르도에서 유대인 1500명(보르도 거주 유대인의 절반가량)을 빠리 근교의 드랑시 강제수용소로 이송하는 업무를 담당했다. 유대인들은 드랑시에서 다시 가스실로 이송되었다. 이 재판은 전후 프랑스에서 부역에 대한 전면 부인 경향과 밀접하게 연관되어 있었다. 1968년 이후 레지스땅스의 신화가 도전받기 시작한 이래 프랑스는 점령, 부역, 레지스땅스 등 전과정에 대한 열띤 자기성찰을 거쳤다.[15] 그러나 빠뽕의 재판은 이런 역사와는 전혀 다른 길을 걸었다. 어쨌든 빠뽕이 이데올로기적으로는 동의하지 않더라도 유대인 압송이 무엇을 의미하는지 알고 있었던 것만으로 유죄를 선고하기에 충분한가? 검찰측은 왜 당시에 중간급 관리에 불과했던 빠뽕에게 죄를 다 뒤집어씌우려 했는가?

재판은 빠뽕 개인의 도덕적 특성을 드러내지 못했고, 젊은 배심원단이 새로운 역사해석에 경도되었는지(비시정권의 관료들이 부역에 가담한 것을 인정하는) 아니면 구식 역사관을 유지하고 있는지(부역한 것이 아니라 동료 시민들을 최악의 사태에서 보호하기 위해 나찌의 강압에 마지못해 무릎을 꿇었다는 관점)도 드러내지 못했다. 재판은 정의와 역사와 교육과 추모를 동시에 추구하려다 어느 하나도 제대로 달성하지 못했다.[16]

뉘른베르크 재판이 정의와 진실에 관해 제기했던 문제점은 오늘날에도 정확히 동일하게 제기된다. 물론 이것은 오늘날 수많은 대안적 시인 양식이 존재하므로 과거에 비해 덜 중요해졌지만 말이다.

대대적인 숙정

숙정(肅正, lustration)은 여러 범주의 사람들을 공직에서 추방하거나 공직 진출 자격을 박탈함으로써 형법을 우회해 정치적 책무성을 묻는 양식이다(이 말의 어원은 라틴어 'lustratio'로서 희생의식을 통해 정화한다는 뜻이다). 이러한 대량 숙정은 전후 연합군이 극히 부분적으로 채택했던 탈나찌화 정책 그리고 유럽이 수복된 후 나찌 부역자들을 몰아낸 데서 비롯되었다. 최근 이행기사회의 경우, 동구의 구공산권 특히 체코슬로바키아와 동독(이곳에서 탈공산화 과정은 그 이전의 탈나찌화보다 더 철저했다) 등지에서 이 방법이 주로 사용되었다.

겉으로만 보면 숙정은 공모, 침묵, 밀고, 부역 등 다양한 과거사를 처리하는 적절한 방식처럼 생각된다. 국가 공산주의 치하에서의 부역혐의는 너무나 복잡하고 애매모호해서 개인의 법적 책임을 다투기가 결코 쉽지 않았다. 그리고 한동안은 숙정이 진실을 규명할 수 있는 적절한 방안이라고 생각되었다.

하지만 불공평한 숙정은 시민적 권리 침해라는 이유에서 널리 비판받았다. 그러나 숙정의 원칙 자체는 어차피 부인으로 남아 있었을 정치적 책임을 묻는 방식 중 하나였다. 그럼에도 숙정은, 법적 오류를 제외하고라도 진실규명에 썩 좋은 방법이 아니었다. 진실은 개별 내용, 즉 누가 누구에게 언제 어디서 무엇을 어떻게 했느냐를 밝혀 찾을 수 있지, 구체제와 연루되었다는 혐의만으로 집단 전체의 자격을 박탈하는 방식으로는 찾을 수 없다. 이렇게 되면 사람들은 구체제와 공모했다는 사실조차 제대로 시인하지 않는다. 체코의 반체제 언론인 얀 우르반의 말이다. "어떤 개별 악당들이 문제가 아니라 대중 전체의 침묵이 문제였다. 그런데 오늘날 숙정을 둘러싼 시끄러운 소리들은, 문제가 되는 과거 대중 전체의 침묵에 대해 또다시 침묵하는 편리한 수단밖에 되지 않는다. 우리는 사실이 아니라 유령을 찾으려 하고 있다."[17]

배·보상

집단 배·보상과 복권은 최근 민주화가 진행되는 사회에서 크게 주목받지 못했다. 독일에서 나찌의 피해자들에게 손해배상을 해주었던 사례를 들 수 있겠다. 실종자 유가족에게 재정지원을 한다거나, 고문 피해자의 재활치료비를 부담하는 개별 배상이 생존자들에게는 절차가 번거롭고 선택적인 형사소송보다 더 중요한 방법일 수 있다. 피해자에 따라서는 자기들의 고통을 돈으로 '보상'해준다는 생각 때문에 이런 방식을 싫어하는 사람도 있다. 하지만 실제로 이렇게 거부한 경우는 없었다. 진실의 시인을 요구하는 피해자의 희망에 부응하면서 공식적으로 배상해주면 개인의 고통과 국가의 책무성 사이에 상징적인 연결고리가 생길 수 있다. 물론 이런다고 해서 과거의 깊은 상처가 완전히 아물 리는 없다. 하지만 방향 자체는 옳다고 본다. 피해자와 생존자들은 가해자에게 모멸감을 줘서가 아니라, 피해자의 신체적 고통과 상실을 일종의 정치적 조처로 어루만짐으로써 장부상 적절한 셈이 이루어졌다고 볼 것이다.

이름을 공개하고 모욕을 가함

"이름을 공개하고 모욕을 가함"이라는 표현은 근년 들어 대중적으로 인기있는 구호가 되었다. 모든 사건 책임자들의 이름을 공개하여 그들의 책임을 묻는 방식이다. 과거의 인권침해와 관련해서 공개적인 호명, 모욕 주기, 비난하기 등의 전략에서는 가해자와 인권침해를 선동한 정치인에게 당신들의 행동이 잘못됐다는 사실을 공개적으로 인정하라고 촉구한다. 모욕을 당한다는 것은 리스크가 높지 않은 정치적 책무성의 한 형태이고, 이는 진실규명을 위한 욕구에 어느정도 부응한다. 이 방법을 제대로 시행한다면 가해자는 오명을 뒤집어 쓰게 되고, 이는 그 자체로 처벌이자 진실규명의 한 양식이라 할 수 있다.

우리는 나데즈다 만델스땀(На Дежда Мандельштам, 1899~1980, 러시아 작가. 시인이었던 남편 오시프 만델스땀과 스딸린 치하에서 박해받았으며, 남편 사후 그의 시를 대중에게 알렸다―옮긴이)이 스딸린 치하에서 돈을 받고 밀고자 노릇을 한 여성을 만난 후 느낀 감정에 공감할 수 있다. 그 여자가 밀고했던 사람들이 복수하려고 찾아가지만 그녀의 처량한 반응에 그럴 생각을 버리고 만다. 하지만 만델스땀은 앞으로도 그런 짓을 저지를 사람이 나오지 않게 하려면 어떤 조치를 취해야 한다고 생각한다. "그런 인간은 감옥에 넣거나 죽일 가치도 없지만, 그들에게 손가락질 하고 그들의 이름 공개 정도는 해야 할 것이다."[18]

과거사의 부인을 불법화함

홀로코스트 부인운동은 이런 질문을 제기했다(10장에서 이 문제를 다시 다룰 것이다). "대중이 특정한 과거사를 반드시 시인하도록 법적으로 요구해야 하고 또 요구할 수 있을까?" 대다수 자유주의자들은 이 전략을 좋아하지 않는다. 사상통제의 악몽을 상기시키는 검열이라는 이유로. 홀로코스트의 '수정주의 역사학자'들이 고의적으로 과거를 부인하고 왜곡하는 것에 대해, 일부 국가에서는 홀로코스트와 여타 제노싸이드를 부인할 경우 형사처벌을 할 수 있게 해놓았다. 이렇게 되면 언론자유의 보호 원칙 그리고 도덕적 경계를 명확히 설정하고, 피해자의 특별한 감정을 보호하며, 앞으로 그런 일이 일어나지 않도록 예방하는 법적 조치가 균형을 이룬다. 유럽의 파시스트, 인종주의자, 네오나찌 집단들이 세를 키우면서 이 논쟁은 정치적으로 대단히 중요한 의미를 띠게 되었다. 만일 과거사를 더욱 철저히 알리려고 노력했다면, 심지어 그것을 법으로 강제했다면 이런 사태를 방지할 수 있었을까?

추모와 기념

과거의 고통을 시인하는 가장 오래된 방법은 피해자들을 추모하는 것이다. 동상을 세우고, 거리와 광장에 사람들 이름을 붙이고, 추모시와 기도문을 짓고, 철야집회와 행진을 하는 것이다. 독재정권에서 민주정권으로의 이행, 잊힌 소수집단의 자력화, 과거사를 기억해야 한다는 정치적 압력 등의 이유로 최근 추모 기념물과 의례가 기하급수적으로 늘어났다. 이러한 '기억산업' 뒤에는 메타 기억적인 문화산업이 존재한다. 이런 문화산업은 상징과 집단 기억 그리고 과거의 기념이나 표현 등에 관심을 기울인다.

영의 기념물 상징에 관한 연구는 우리가 왜, 어떻게, 어떤 목적으로, 누구의 이름으로 과거를 기억하는지 검토한다.[19] '기억의 관광객'으로서 그가 조사한 유럽의 '기억의 풍경'에 관한 이미지는 불멸의 연구가 되었다. 그러나 이 주제에 관한 대부분의 연구들이 표현과 텍스

476

트와 '비상(非常)한 현실'에 대한 영지적(靈知的) 담론에 머물러 있다. 미국 워싱턴D.C.의 홀로코스트 기념관을 둘러싸고 벌어진 격렬한 논쟁에서 드러났듯이 이 문제는 큰 논란을 불러일으키곤 한다. 이 기념관은 컴퓨터 기술과 기억의 개별화 기법을 활용해 살아 있는 기념공간을 창조하려 한다. 방문객이 컴퓨터에 정보를 입력하면, 나이와 성(性)이 자신과 같은 당시의 실존인물에 관한 신상카드가 나온다. 방문객은 자기의 '쌍둥이' 형제인 그 실존인물이 홀로코스트에서 살아남았는지, 죽어갔는지를 알 수 있다.

이러한 포퓰리즘적 방식은 여러 비판을 받았다. 과거사 악용, 감상주의, 수준 저하, 강제수용소 미화 등 다양한 비판이 제기되었다. 그러한 비판에 깔려 있는 우려는 키치예술[20] 또는 미국의 공적 생활에서 홀로코스트가 차지하는 비중[21] 같은 폭넓은 주제와 연결된다면 타당할지도 모른다. 하지만 사람들의 이목을 끌기 위해서 그리고 교육효과를 노려 신기한 기술을 이용하는 것이 좋으냐를 둘러싼 논란은, 사건 자체의 정치적 의미에 관한 논란을 공평하게 처리하는 것보다는 덜 중요하다. 예를 들어 홀로코스트 기념관의 경우 사건의 정치적 의미와 관련된 중요한 쟁점은 홀로코스트가 '유일무이한' 역사적 사건인가 하는 점이다. 한쪽에는, 유대인 말살 시도는 여타 나찌 피해자 집단(집시나 동성애자 등)이나 다른 제노싸이드와는 전혀 다른 종류의 사건이었다, 너무나 독특해서 '역사의 바깥'에 존재하며 여기에 다른 사건들을 포함하는 것은 홀로코스트의 '특별함을 부인'하는 것이다, 같은 극단적인 입장이 있다. 이 입장을 지지하는 사람들은 타자를 배제할 뿐 아니라, 타인의 고통에 인종차별적으로 무신경하다는 비판을 받았다. 홀로코스트의 '유일무이성'을 찬성하는 사람들은 다른 어떤 사건과도 비교를 거부한다. 이들은 유대민족의 특별한 운명이라는 신비한 관념에 호소한다. 이 입장에 따르면, 대규모 인권침해 사태의 독특한 특징들을 기록해보면(캄보디아와 르완다의 제노싸이드도 나름대로 '독특한' 사건이었다) 제노싸이드에 충분히 포함할 수 있는 공통분모가 발견되지 않겠는가, 하는 조심스런 주장조차 수용할 수 없게 된다.

그러나 기념관의 개념적 구성에 관한 논쟁보다 중요한 것은, 역사적 서사를 악용하여 오늘날 횡행하는 외국인혐오증과 민족적 배타주의를 뒷받침하려는 시도이다. 예루살렘에 있는 '잠재적 홀로코스트 박물관'에서는 오늘날의 반유대주의적 사진과 텍스트를 전시하고 있는데, 이런 것들에 지금 저항하지 않으면 앞으로 어떤 사건이 일어날지 모른다는 경고를 발하고 있다("이 일이 또다시 일어나지 않도록 해야 한다").22

전세계에서 인권침해 피해자를 추모하는 것이 '기억전쟁'으로 변했고, 부인하는 세력과 시인하라는 세력들은 말 그대로 영토전쟁을 벌이고 있다. 정치적 시계추가 한번씩 흔들리면 동상을 끌어내리고, 거리 이름을 바꾸고, 공휴일을 폐지한다. 리투아니아와 라트비아의 시골마을에 있는 돌보지 않는 공동묘지들이 지난 10년간 세번씩이나 정체를 바꿔야 했다. 공산정권 붕괴 이전에는 공동묘지내의 이름 없는 묘소들 앞에 "파시즘의 희생자들"이라고 손으로 쓴 작은 표지판이 있었다. 이곳에 묻힌 거의 모든 사람들이 그 동네 출신 유대인이라는 언급은 없었다. 그러나 '재(再)기억'의 첫 물결이 일자 이 표지는 "유대인 희생자들"이라고 바뀌었다. 그러나 이 지역에서 민족주의가 다시 발흥하자 이 표지판은 나찌와 스딸린에 맞서 용감히 싸웠던 "리투아니아 희

478

생자들"이라고 다시 바뀌었다. 어떤 집단의 고통에 관해 역사적 기록을 문자 그대로 부인하지 않는 이상, 해석을 둘러싼 논쟁은 훌륭한 역사교육 자료가 될 수 있다. 영은 우리가 단순히 추모만 할 게 아니라 '기억 노동'을 해야 하고, 그저 기념물을 건립할 게 아니라 그것을 바꾸고 논쟁하고 새 해석을 추가해야 한다고 시사한다.

이런 일은 우리가 표지판이나 동상이 아닌 진짜 살아 있는 사람들을 추모할 때 더 쉬운 과제가 된다. 1977년 4월 부에노스아이레스의 5월광장에서 '5월광장의 어머니들'이 처음으로 침묵의 행진을 시작했다. 그들은 1976~83년에 벌어진 '추악한 전쟁' 당시 군부독재 세력에 의해 '실종'되었던 사랑하는 사람들에게 어떤 일이 일어났는지 알려달라고 요구했다. 아직도 이들은 광장을 걷고 있다. 이제 할머니들과 '5월광장의 자녀들'까지도 합세했다. 행진이 시작되었던 군부독재 시절부터 이들은 '실종'이라는 말 속에 또아리 튼 역사적 부인에 맞서기 위해 가장 적합한 방식을 동원했다. 그들은 이름과 사진을 들고 행진함으로써 공적인 담론에서 허용하지 않는 개인적이고 친숙한 담론을 부각시켰다. 어머니들은 도시의 열린 공간인 공공장소에서 당당히 메시지를 전함으로써, 비밀과 두려움을 추방해버린 것이다.

군부독재정권은 철두철미하게 이데올로기적이었기 때문에 어머니들의 행동은 '단순히' 침묵을 깨뜨린 게 아니라 그 이상이었다. 그것은 파괴된 기억의 복구이자 재구성이었다. 타우시그가 지적하듯, 사람들을 죽이고 실종시킨 후 그 사실을 부인하고 혼돈의 연막 속에 감춰두는 이유는 기억을 파괴하려는 것이 아니라 다른 곳으로 이전하려는 것이다.[23] 민주화된 국가에서는 가혹한 탄압의 기억을 살려두는 것이 유리하지만, 그 기억을 공적인 영역에서 완전히 분리시켜(진실을 공식적으로 인정하지 않은 채) 개인과 가족들의 기억 속에 위치시키려한다. 그렇게 되면, 공식적으로 과거의 인권침해에 아무리 반대하더라도, 개인의 조용한 공간내에는 두려움과 악몽이 여전히 남아 있게된다. 5월광장의 어머니들은 바로 이 점에 맞서고 있는 것이다. "어머니들은 새로운 공적인 의식을 창조하고 있다. 그 의식은, 죽은 이들의침묵하지 않는 놀라운 도덕적·마술적 힘을 공적인 영역으로 흘려보내려 한다."[24]

속죄와 사과

과거사를 시인하는 가장 심오한 방법은 진실규명 또는 사법정의를넘어서는 것이라고 생각하는 사람들이 많다. 구정권 시절의 일이 너무나 엄청났으므로 단순히 조사위원회를 구성하거나, 핵심 책임자 몇사람을 처벌하거나, 그들을 현직에서 배제하는 것 이상의 근본적인 조치가 필요하다는 것이다. 사회로부터 불결한 요소나 사고방식을 제거하여 그런 것들이 다시는 고개를 들지 못하도록 하기 위해서는 의식적인 정화과정이 필요하다는 주장이다.

일반적인 차원에서 이것은 그저 사과의 요구, 죄의식의 실토 또는속죄에 해당할 것이다. 그러나 이같은 세속적 어휘가 명확히 종교적인 세계관과 종교적 언어 차원으로 격상되었다. '속죄'는 과거에 저지른 죄를 뉘우친다는 뜻이고, **불제**(祓除, exorcism)는 선한 것의 힘으로악한 것을 쫓아낸다는 뜻이며, **정화**는 혐오스런 요소를 제거하여 깨끗하게 한다는 뜻이다. 이밖에도 **회개**, **고백**, **정죄**(淨罪), **사죄** 등의 용어가 있다. 이런 종교 용어들은 오늘날의 '권리'담론과 잘 어울리기 어렵다. 이에 해당되는 세속적 용어로 정신분석학에서 나온 '카타르씨스' 같은 말이 있다. 그런데도 세속적 인사들도 종교적 표현을 별 문제 없이 쓰는 것 같다.

남아공에서 공개적으로 개과천선을 다짐한 사람에게 면책조치를 내린 것을 불편하게 생각한 사람들도 적지 않았다. 그러나 회개하려는 태도가 바람직하다는 점은 누구도 부인하지 않았다. 다만 이러한 공개적인 개과천선이 진정한 회개일까 하는 의구심이 남았다. 투투 대주교는 진실의 정화력을 지속적으로 언급하면서 만일 진실이 규명되지 않으면 그것이 두고두고 남아공사회를 '떠돌' 것이라고 경고했다.

도덕적 책임에 관한 진실 규명에는 초자연적인 힘의 개입이 필요치 않다. 그것은 무고한 피해자들이 희생되었다는 점을 강조하는 방향으로 이루어져야 한다. 경찰 기록을 철저히 조사해 허위로 고발된 사람들, 초법적으로 체포되었던 사람들, 고문당한 사람들을 찾아내고, 그런 피해자들에게 어떤 조치를 취했는지 공적으로 밝히는 의식, 즉 피해자의 신원과 평판을 회복시키는 세속적 의식이 필요한 것이다. 그렇게 할 때 '냉동건조'되어 있던 오명(汚名)이 다시 해동(解凍)될 수 있다. 그것이 바로 살아남은 피해자와 가족 그리고 죽은 자의 친지들에 대한 배상의 몸짓일 것이다. 이러한 세속적인 속죄는 당사자의 내면이 아닌 타인을 향한 것이다. 그들은 과거의 피해자들이 영웅들임을 인정해야만 한다. 물론 이런 식으로 피해자들이 무고하게 희생되었던 게 사실이라는 '정당성 입증'의 정치가 생존자들의 고통을 경감시킬 수도 있으나 그렇지 않을 수도 있으며, 가해자들의 내면에 그 메시지가 도달할 수도 있고 도달하지 않을 수도 있다.[25]

남아공 국민은 구정권에 대해 두가지를 시인하라고 요구했다.[26] 첫째, 아파르트헤이트가 단순히 '실수' 또는 '부적절한 짓' 또는 '고립무원에 빠진 정책' 또는 '다 끝난 일' 또는 전 대통령 데 클레르크의 표현대로(1992년 3월에도) "정의구현을 위해 이상주의에서 시작됐던" 일이 아님을 인정하라고 요구했다. 이는 아파르트헤이트로 인한 고통을 표현하기에는 너무나 부적절하다. 둘째, 아파르트헤이트 반대세력의 대의명분을 인정하라는 요구였다. 즉 사람들이 잘못을 저질렀거나 법을 어겨서가 아니라, 정당하고 옳았기 때문에 고통받았음을 인정하라는 말이었다.

권좌에서 물러난 사람들이 이를 시인하거나 진심으로 사죄하기를 기대하기는 어렵다. 이들은 '이행기 정의'라는 것이 그저 승리한 사람들의 복수에 지나지 않는다고 느끼기 십상이다. 오히려 신정권이 다만 '속죄양'을 찾는다고 비난할 수도 있다. 애초에 자신들의 책임을 부인하는 자들이라면 당연히 이런 결론을 내릴 것이다(또한 가해자가 편향적이거나 무작위로 선정될 때에는 자기 행동을 정당화하는 논리로 쓰이기도 한다). 대다수 지도자들은 당시의 상황에 떠밀려서 변화에 적응할 수밖에 없었다는 식으로 자신의 행적을 정당화하곤 한다. 이들의 하급자들은 회개나 카타르씨스에 가깝게 들리는 증언을 자발적으로 내놓기도 한다.

너무나 사악한 비밀을 너무 오랫동안 간직해야 하는 심적 부담을 덜기 위해 끔찍한 진실을 털어놓는, 그레이엄 그린의 소설 주인공 같은 인물도 있었다. 군부독재 집단의 재판이 끝난 지 한참 지난 1995년 3월 아돌포 실링고가 자신의 비밀을 폭로하기로 결심했다. 그는 진실위원회가 밝히지 못했던 사실을 마음에 품고 18년 동안이나 악몽 같은 삶을 살아야 했다. 그는 부에노스아이레스의 해군공병학교(ESMA)

장교 출신이었다. 그곳 비밀쎈터로 수천명이 납치되어 고문당하고 실종처리되었다. 실링고는 자기가 직접 서른명의 정치범들을 비행기에서 바다로 떨어뜨려 살해했다고 고백했다. 2년간 매주 수요일에 이러한 살인 비행이 실시되었다. 수인들을(ESMA 쎈터에서만 2000명) 마음이 차분해지는 음악이 들리는 방에 가두어두었다가 의사가 안정제를 주사했다. 그후 공항으로 데리고 가서 옷을 벗긴 후 비행기에 태워 바다에 내다버린 것이다.

실링고는 가톨릭교회 고위 인사들이 이런 처형을 '그리스도교 원칙에 합치되는 죽음'이라고 인정해주었다고 폭로했다. 교회는 이런 혐의를 부인했다. 메넴 대통령도 실링고를 비난했다("실링고는 정신 나간 인간이다. 그는 옛 상처에 소금을 문질러대고 있다"). 그를 흠집내기 위한 시도가 진행되었다(실링고는 1991년 자동차 절도 혐의로 유죄판결을 받고 장교 지위를 박탈당했다). 한 퇴직 장성은 이렇게 말했다. "그 일은 19년 전에 일어난 일이고, 당시엔 이 나라가 내전상태에 있었다. 옛 상처를 다시 풀어헤쳐 어쩌겠다는 건가?"

"실링고효과"는 최악의 풍문과 두려움을 확인한 것 이상의 결과를 낳았다. 그가 공개적으로 모습을 드러내고 비밀을 속속들이 털어내자 대다수 사람들이 차라리 잊기를 바랐던 과거가 되살아난 것이다. 이에 대해 미뇨네는 이렇게 주장한다. "전사회가 자신의 부인을, 은밀한 범죄 기간에 암묵적으로 승인했던 현실을 강제로 직면하게 되었다." 그 이후 열린 실링고의 재판 동안 대중의 반응은 점차 가라앉았고, 재판과정은 텔레비전으로 방영되지 못했다. 그저 언론에 보도된 실링고의 얼굴을 보는 게 "대중들이 신언서판이 번듯한 전직 장교, 바로 옆집에 사는 신사 같은 실링고가 모든 인권침해를 상징하는 화신임을 인정할 수 있는 유일한 방법이었다. 그런 사람이 당신의 거실에 찾아와 매일 밤 수치스런 과거에 대한 이야기를 들려줬던 것이다."[27]

다른 속죄 이야기들은 실링고의 이야기보다 정화하는 느낌이 덜하다. 오히려 고프만(Goffman)이 훌륭하게 정의한, 보상과 구제 수단으로서의 세속적인 '사죄' 관념에 가깝다.

> 가장 완벽한 '사죄'는 여러 요소를 두루 갖추고 있다. 수치와 유감을 표현하고, 자신이 어떻게 행동해야 했는지를 알고 있었음을 인정하고, 이미 저지른 잘못에 대한 제재를 받아들인다. 나쁜 행동을 한 자신을 책망함과 동시에, 잘못된 행위를 구두로 거부하고 비난하고 부정한다. 또한 옳은 길을 찾고, 앞으로 그런 길을 추구하겠다는 다짐을 하며, 보속(補贖)을 행하고, 자발적으로 배상하는 것이다.[28]

벤저민 터커라는 남아공 의사가 1991년 공개서한을 발표한 바 있다. 1977년 터커는 당시 투옥되어 있던 흑인 의식화운동 지도자 스티브 비코를 적절히 치료하지 않음으로써 의학윤리에 어긋나는 행동을 했다. 그는 또 비코의 상처가 어떻게 해서 생겼는지에 관해 비밀경찰의 설명을 곧이곧대로 받아들였다. 결국 비코의 사망에 관한 진상이 드러났고 1985년 터커는 의사로서의 책임을 추궁당했다(그는 남아공 의학협의회 징계위원회에서 '부도덕한 행위'에 가담했다는 판정을 받고 의사면허를 정지당했다). 그후 터커가 의학협회에 사과편지를 보낸 후 의사면허증이 재발급되었다. 그후 터커는 공개서한을 발표했는데, 자신이 단순히 직무에 태만했다거나, 명령에 따랐을 뿐이라거나,

자기 업무를 처리했을 뿐이라는 변명을 늘어놓지 않았다. 대신 결정적인 실토를 했다. 자신이 의학윤리와 개인윤리에 충실하지 않고, 국가안보에만 정신이 팔려 있었노라고 자백한 것이다.

고프만의 엄밀한 기준을 충족시키는 회개 사례는 흔치 않다. 나아가 그러한 회개의식이 과거 인권침해의 정치적 동기를 거론하지 않은 채 또는 미래의 인권침해를 예방할 수 있는 교훈을 주지 않은 채 건성으로 행해질 수도 있다. 바로 이 때문에 '화해'와 '재건'이 중요하게 부각되고 있다.

화해

화해의 목소리는 점잖은 이성의 톤으로 시작된다. "계속 과거에 얽매여 살 수 있을까요? 어디쯤에선가 선을 그어야 합니다. 과거의 책을 덮읍시다. 새 장을 열 때가 왔습니다. 지난 일은 지난 일입니다. 함께 살아가는 법을 배워야 합니다. 세상에 흠 없는 사람이 어디 있겠어요? 뒤를 돌아보지 말고 우리 아이들을 위해 새로운 미래를 기약합시다." 그러나 이런 화해의 목소리는 가짜이거나 이기적인 동기에서 나온 것인지도 모른다. 책임을 회피하고 역사적 부인을 영속화하려는 전략일지도 모르는 것이다. 밀고자로서 자기 이웃들, 친구들, 가족들을 서로 이간질했던 바로 그 인간이 이제 화해를 설교할 수도 있다. 이는 자기 자신을 사면하는 행위이고, 자신에게 관대할 권리를 주는 것이고, 과거에 대한 책을 마음대로 덮을 특권을 요구하는 행동이다.

그러나 진정한 화해의 표현은, 관용과 용서와 사회재건과 사회적 갈등 해소를 희구한다. 진심으로 화해를 말하는 사람은 과거를 부인하자고 말하지 않는다. 그와 반대로 가해자와 방관자가 이미 과거사를 시인했다고 전제하고 다음 단계를 이야기해야 한다. 과거사의 진실을 알지 못하는 피해자와 생존자에게 무턱대고 용서를 기대할 수는 없다. "신부님, 저는 용서할 준비가 되어 있습니다. 하지만 도대체 누구를 용서해야 할지, 무엇을 용서해야 할지, 그것을 알고 싶습니다."[29] 다시 말하거니와, 이것은 단지 사실에 대한 지식만을 말하는 것이 아니다. "만일 누군가 과거사에 아무 잘못이 없다고 계속 우기고, 피해자는 자기들의 고통에 대한 책임을 단 한번도 시인받지 못했다면, '화해'를 기대하기란 불가능하다."[30]

화해는 과거사를 해결하는 매우 근본적인 방식이다. 특히 용서와 함께 화해를 종용한다면, 피해자와 생존자 그리고 가족들에게 엄청난 희생을 요구하는 것이다. 매슈 콘딜의 어머니는 남아공 진실화해위원회의 청문회에서 가해자들의 증언을 들었다. 그의 아들은 악명높은 남아프리카 경찰 중에서도 제일 잔악한 암살대를 지휘했던 더크 쿳시 일당에게 암살당했다. 그녀는 쿳시를 용서하지 못했다. 만델라 대통령이나 투투 대주교라면 "이제 속 편히 살 수 있으니" 가해자를 용서할 수 있겠지만, 자기는 절대 용서할 수 없다고 했다. "내 인생은 변한 게 하나도 없습니다. 저 야만인들이 내 아들을 불태워 죽인 후에 단 하나도 변한 게 없어요. 단 한가지도. 나는 절대 용서 못합니다."[31]

공개적인 발언과 사적인 번민 사이의 문화적 공간에서 무엇이 화해의 징표인지 정확히 찾아내기는 어렵다. 나는 변화된 상황과 화해하기만 해도 충분하다고 주장할 것이다. 설사 그 화해가 '진정'이 아니고, '진심'이 아니고, '가슴에서 우러난' 것이 아니라 하더라도 말이다. 그러나 특히 오랫동안 인권침해를 겪었고, 대중들이 폭넓게 이에 공모

486

했던 사회에서는, 이런 변화된 상황과 화해하는 것조차 애매모호하다. 남아공 백인들은 이제 어쩔 수 없다는 점을 받아들였다는 의미에서는 '화해'했을지 모르나, 과거의 불의에 대한 책임을 통감한다는 의미에서는 아직 '화해'하지 못했다. 최근 조사에 따르면 백인 중 절반 이상이 자기들이 아파르트헤이트 치하에서 인권침해에 일조했다는 사실에 동의할 수 없다고 응답했다.[32] 약 44퍼센트는 구체제가 불공평하지 않았고, 아파르트헤이트 자체는 좋은 아이디어였지만 그 시행방법이 나빴을 뿐이라고 응답했다. 과거 인권침해의 책임 주체에 대한 질문에, 보안경찰(46퍼센트)이나 국민당정부(46퍼센트)보다 아파르트헤이트 반대운동가들과 흑인사회의 '골칫거리'들을 지목한 비율이 더 높았다(57퍼센트). 약 60퍼센트가 아파르트헤이트 피해자들의 고통에 배상해줘선 안된다고 답했다. 한가지 희망적인 사실은, 젊은 백인 응답자들의 경우 민주주의 이행에 관해 모든 항목에서 지지를 보였다는 점이다.

재건

과거의 불의와 고통을 시인하는 데 정치적으로 제일 적합한 방식은 새로운 민주주의를 유지하는 데 필요한 토대를 재구축하는 것이다. 만일 민주주의 전통이 없다면 '새롭게 구축'해야 한다. 인권침해는 어떤 개념이나 마음상태가 아니며 제도이자 구체적인 사회적 관행이다. '인권교육'에서는 인권침해 이야기를 더 많이 들려주기보다 어떻게 해서 특정한 인권침해 관행이 시작되었고 이후 유지되었는지를 설명해주어야 한다. 고문의 현실을 시인하려면 피해자의 비명이나 고문자의 정당화 논리를 수집하는 것 이상의 노력이 필요하다. '고문체제' 전반을 해체할 필요가 있는 것이다.[33] 어떤 사회에서건 오랫동안 시민을 고문해왔다면 고문을 뒷받침하는 자체 법률, 법리 구조, 관료제, 교육, 언어, 문화적 표현방식, 정치적 정당화 등을 갖추고 있게 마련이다.

재건 필요성은 너무나 명백하다. 민주주의와 법질서를 갖추기 위한 조건을 형성하고, 양질의 공적 생활을 복원하며, 사회정의를 창달하기 위해서이다. 민주화 직후에 구정권의 비밀문서를 공개하는 과정에서 일어난 흥분이 가시면, 사람들은 과거를 돌아보는 것보다 현재와 미래의 문제를 해결하는 정책에 더 관심을 갖게 된다. 그럼에도 부정적 유산을 심판하고 정리할 여지는 남겨두어야 한다. 구정권하의 인권침해 현실을 시인하기 위해서뿐 아니라, 공모와 침묵과 무관심을 허용했던 공적 담론을 허물기 위해서라도 과거를 직시해야 하는 것이다. 또한 공민교육에는 '**언어적 도덕성**'(linguistic morality)에 관한 토론과정이 포함되어야 한다. 이 교육과정에서 과거의 모든 공적 부인 사례들을 검토해야 할 것이다. 무효화, 합리화, 변명, 정당화 그리고 방관자의 핑계 등에 관한 모든 수법들을 살펴봐야 한다. 교육자는 그러한 해명을 비판적으로 다루어야 할 것이다.

시인과 사회통제

"과거를 지배하는 자가 미래를 지배한다. 현재를 지배하는 자가 과거를 지배한다."[34] 우리는 이 말이 소위 진리성(眞理省)에서 과거 역사를 다시 쓰던 오웰의 소설 『1984』뿐 아니라, 전혀 다른 정치적 조건 속에서의 일상생활에도 적용된다는 점을 알게 되었다. "과거를 통제하는 것은 무엇보다 기억을 훈련시키는 데 달려 있다. 우선, 과거 사건이 바람직한 방식으로 일어났음을 **기억할** 필요가 있다. 그리고 만일 기억을 재구성해야 하거나 문서화된 기록을 조작해야 한다면, 그렇게 했다는 사실 자체를 잊어버려야 한다. 이런 기술은 여느 정신적 기술과 마찬가지로 배워서 익힐 수 있다. 그것을 '이중사고'(double think)라 한다."35 부인의 역설은 '이중사고'와 동일하다. 그리고 바로 그 때문에 이중사고는, 공공질서 유지를 위해 과거-현재-미래가 단절 없이 이어져 있다는 의식을 창조하고 시행하는 국가의 주요과제가 되는 것이다.36

국가중심의 사회적 통제에서 벗어난다는 것은 현재와 과거를 연속선상에서 보려는 국가에 대항하여 현재와 과거를 단절한다는 말과도 같다. 이렇게 되면 사람들은 자신의 과거에서 빠져나온 영원한 도망자가 되게 마련이다. 전세계의 많은 사람들이, 피해자로서 가해자로서 방관자로서 끔찍한 기억을 지니고 살아간다.37 이런 사람들은 자신이 과거 속에 갇혀 있다고 생각해서 과거로부터 탈출을 이야기하거나 그 고통을 잊으려 한다. 아예 과거를 기억하지 못하는 것처럼 보이는 사람도 있다. 이런 사람들은 올리버 쌕스(Oliver Sacks, 영국 출신의 미국 신경과 의사. 기면성 뇌염으로 장기간 수면상태에 빠진 환자들에게 L-도파 약물을 투여해서 혼수상태에서 깨어나게 만든 치료법으로 유명해졌다─옮긴이)의 환자들처럼 심리적 각성을 위해 L-도파(L-DOPA) 비슷한 약물이 필요하다.

정치적 격랑을 헤쳐온 삶의 기억("군부독재 시절에는 분명 이랬을 것이다")은 그러한 단일하고 신경과학적인 과정의 지배를 받지 않는다. 과거의 고통을 여러 차원에서 지각할 수 있다. 지각은 현재의 조건에 부응하기 위해 왜곡되게 마련이다. 정치적 시간이 흘러가면 개인적인 기억도 오염된다. 기억은 사회의 산물이며, 그런 기억을 불러내는 사람들의 관심사와 사회적 위치를 반영한다. 그것은 또다른 기억전쟁이다. 과거에 일어난 일 또는 잊힐 개연성이 있는 것을 억누르려는 사람들과, 그것을 살리려는 사람들 사이에 벌어지는 전쟁인 것이다. 하지만 당신이 "그때 나는 내 의무를 다하고 있었을 뿐이다" 또는 "나는 기계의 톱니바퀴였을 뿐이다" 또는 "다른 사람들은 나보다 더나쁜 짓을 저질렀다"고 말한다면, 그건 사건 당시에도 진심이었나, 아니면 그후의 정치적 역사에 끼워 맞춘 말인가?

말로 표현하지 않더라도, 과거 군부독재 치하의 가해자는 그후의 민주화된 시대와 전혀 어울리는 않는 것처럼 보인다. 마르셀 오퓔의 영화 「정의의 기억」(The Memory of Justice)에 관한 평론을 쓴 로젠버그는 심각한 단절현상, 그러니까 피고가 지금과 전혀 다른 시대에 저지른 죄로 오늘날 재판을 받는 것 때문에 빚어진 괴리현상을 깊이 파고든다. 재판이 벌어지는 시점에서 피고는 전혀 다른 사람처럼 보인다. "어떤 의미에서는, 범죄자와 이름이 같은 엉뚱한 사람을 처벌하는 것 같다."[38] 물론 이 말은 모든 범법자에게 들어맞는 말이다. 그러나 정치적 범법자는 일반범죄가 아니라 이른바 '역사의 심판'을 대변하는 법정에 출두하는 것이다. 범죄를 저지른 시점에서 시간을 뒤로 거슬러 올라가 투사해보라. 전후 프랑스의 부역자들 재판을 접하면서 싸르트르와 보부아르는 인간의 인생역정에 대한 의문으로 마음이 편치 않았다. 그들은 어떤 부역자를 학창시절부터 잘 알았다, 그는 똑똑하고 상냥한 친구였다. 싸르트르는 재판정에 선 이 질 나쁜 밀고자를 도대체 어떻게 보아야 했을까? 반대로 시간을 앞으로 당겨서 투사해

보라. 재판정에 선 이 평범해 보이는 멍청이—법정에서 안경 너머로 주변을 바라보던 아이히만을 기억하라—가 **오늘날에도** 똑같은 범죄를 저지를 수 있을까? 아우슈비츠의 한 생존자가 뉘른베르크 전범재판의 피고석 옆을 지나가는데 갑자기 그 나찌 전범들이 평범한 인간으로 보이기 시작했다.

완전히 변신해버린 것 같았다. 진짜 전범들은 역사 속으로 사라져 다시는 돌아오지 못할 길을 가버렸다. 전범들이 사라진 자리에 두려움에 떠는 병들고 노쇠한 대역(代役) 배우들만이 남아 있었다. 이런 대역 인간들, 밀랍박물관에서 빌려온 인형들에게 법의 심판이 내려질 터였다. 최악의 경우, '그저 보통사람들'과 똑같은 이 평범하고 나약한 존재들은 자기들 말마따나 역사가 만들어놓은 죽음의 기계 속에 들어 있던 톱니바퀴밖에 안되는 존재일 수도 있었겠다.[39]

물론 모든 정치적 범법자들이 가련하고 평범한 인간으로 행세하지는 않는다. 아무렇지도 않게 주변에 겁을 주며 교만하고 독선적인 인간의 모습을 보이기도 한다. 아르헨띠나의 독재자들이나 루마니아의 차우세스쿠처럼 자신들의 행동을 정당하다고 우기고, 욕설을 퍼부으며 판사들의 권위를 인정하지 않은 경우도 있다. 비델라 장군은 재판정에서 자신을 희생적인 순교자라고 했다. 그는 예수 그리스도가 그랬던 것처럼 아무런 권한도 없는 법정에 자신의 운명을 맡기고 서 있는 것 같았다. "판사 영감들, 당신들이 내 재판관이 될 순 없소. 그러므로 당신들은 내 재판을 관할할 권리는 물론이고 아무런 법적 권한도 없소." 이런 사람들은 진실위원회가 얼마나 많은 정보를 수집하든, 재판에서 어떤 진실이 폭로되든, 자기네 대의명분과 정의를 깎아내리진 못한다고 호언장담한다. 아르헨띠나 군부독재정권의 지도자 마쎄라 장군은 법정에서 소름끼치는 진술을 했다. "내게 책임이 있긴 하지만 죄는 없다. **판사들이 연대기를 가지고 있을지 몰라도 역사는 나의 것이다.** 최후의 판결은 역사가 내릴 것이다."

더 높은 차원의 애국행위였다는 호소 또는 그저 명령에 따른 것이라는 책임회피 방식은 역사를 부인하려는 노력, 시간의 도망자가 되려는 시도 그리고 무엇보다 오늘의 법적 원칙이나 인권, 정의가 아닌 과거의 기준으로 심판받겠다는 태도이다. 이런 '시간의 부인'은 자기들의 행위를 가장 강력하게 정당화하는 것이며, 몰역사적 판사들이 단죄하기에 제일 어려운 항목이다. 그들의 주장이 이치에 닿아서가 아니라, 오히려 그 정반대이기 때문이다.

나찌 전범들은 "새 세대는 옛 시절을 이해하지 못할 것이기 때문"에 전쟁 직후에는 침묵을 지켰다고 한다. 그러나 이제 와서는 훨씬 더 급진적인(그리고 그런 주장이 완전히 불가능한지 확신할 수 없기 때문에 더욱 겁나는) 주장을 내놓는다. "당신도 그때 그 자리에 있었더라면 똑같이 행동했을 것이다." 그러므로 나를 자유롭게 놔두라, 역사로부터 나를 풀어달라. 그러나 오늘날의 목소리는 이 따위 역사적 상대성 호소를 거부한다. 이것은 아이히만 재판 당시 방청석에서 울려 퍼졌던 개탄의 소리를 상기시킨다. "아, 어쩜 저럴 수가! 그 당시 기세등등하게 대령 복장을 하고 있던 저 인간을 봤어야 하는 건데." 그 재판은 헤드폰을 통해 진행과정을 듣고 있던 늙은 대머리 노인이 아니라, 수많은 사람들을 죽음의 길로 내모는 권한을 휘두르던 완전히 다른 사람에 대한 재판 같았다.

지금까지 개인의 시인에 관한 이야기만 한 것 같다. 하지만 사회 전체의 부인의 은신처는 도대체 어디 있는가? 기억을 보존하려는 사회적 통제에서 자유롭다는 말은 역사적 지식 창고가 없다는 뜻이다. 이때 집단적인 사죄나 배상 의식은 필요치 않다. 아무일도 일어나지 않았고, 미안하게 생각할 것도 없기 때문이다. 어떤 사회적 고통은 집단의 기억에서 완전히 사라졌다. 전체 사회가 집단적 부인상태에 빠지기도 한다. 그렇게 되면 끔찍한 결과가 발생한다. 역사의 시간에서 문자 그대로 쫓겨난 피해자와 생존자들에게 특히 그러하다. 오늘날 사건이 발생하는 속도 그리고 미디어가 사실을 즉각 만들어내는 현실을 감안하면 이러한 집단적 부인은 정상이나 마찬가지가 되었다.

기억을 보존하려는 사회적 통제는 과거를 직면하는 것만으로는 불충분하다. 국제형사재판소의 설립 취지에 따르면 사회적 통제와 정치적 책무성은 결부되어 있다. 오늘의 정의를 구현하기 위해 과거의 진실을 발굴해야 한다. 그러나 반대로 과거 사실을 바꾸거나 없앰으로써 사회적 통제를 가할 수도 있다. 이것은 과거를 조사하는 문을 열어젖히지 않고 오히려 닫아버리고, 고의적으로 기억의 장벽을 쌓는 방식이다. 이런 식으로 과거를 검열하는 것은 기억의 회복이 아니라 삭제를 요구하는 셈이다.

모든 사회는 회복과 삭제라는 두가지 전략을 다 구사한다. 그러나 어떤 사회나 시대에 따라서는, 개방 또는 폐쇄에 의한 통제방식을 택하기도 한다. 스피처는 연속성체제와 불연속성체제를 비교한다. **연속성체제**에서는 과거의 어떤 요소를 제거하고 다른 요소를 보존함으로써 선택적인 기억상실이 나타난다. 현재의 정치를 정당화하기 위해 특정한 역사(일종의 거대서사)를 만들어내려면, 과거를 현재에 맞춰야 한다. 스딸린류의 과거사 통제가 고전적 형태이다. 그러나 하벨이 지적하듯 스딸린의 역사 다시쓰기는 결코 효과적이지 못했다. "수십년 동안의 거짓 역사서술과 사상 조작에도 불구하고 어떻게 과거사가 조금도 잊히지 않았는지 놀라울 따름이다."[40]

이와 반대로 시장의 다중적인 서사가 지배하는 **불연속성체제**에서는 선택적 망각이 일어난다. 이런 경우, 망각은 급속한 사회변화의 산물, 탈근대적 디즈니랜드식 '역사'의 산물, 현재를 받아들이지 못하는 현실의 산물이다. 이때 과거는 오웰식으로 지워지거나 다시 쓰이는 것이 아니라, 현재의 불협화음 속에서 증발하고 사라진다.

스피처는 '연속성체제'에는 구심성이 있다고 지적한다. 공산국가나 고전적인 전체주의사회에서 진실은 단 하나의 중심, 의문을 가질 수 없고 방해해서도 안되는 동질적인 핵심 교의에 맞춰서 형성된다. 핵심 교의나 현재의 정치적 의제가 바뀌는 것을 반영하기 위해 과거를 끊임없이 각색하고 수정한다. 쿤데라(Kundera)의 기억에 남을 만한 표현에 따르면 어떤 사건들은 역사에서 '사진 수정'하듯이 지워진다. 하지만 과거에 용납받지 못하던 사상이나 인물이 복권되면 그런 사건도 함께 복원되곤 한다. 때문에 이런 사회에서는 숙정이 아주 흔하다. 역사를 다시 쓰는 행위에 친숙한 사회일수록 이러한 인적 청산정책이 쉽게 시행된다. 이런 사회는 전에도 사회적 격변과 숙정 그리고 역사 다시쓰기의 과정을 이미 겪은 바 있게 마련이다.

탈근대적 시장사회('불연속성체제')에서는 이러한 과정이 조금 다를 뿐 아니라 좀더 교묘하다. 이러한 '불연속성체제'에서는 '알려진 사실'(지식)이 붕괴되거나, 회의론, 수정론, 아이러니의 대상이 되기 쉽다. 너무 많은 정보나 유사 정보, 사실이나 유사 사실, 다큐멘터리나 극중 재현 등으로 인한 파열상태에서 진실은 사라져버린다. 이런 체제는 구심성이 아니라 원심성이 있다. 정보와 기억이 산산조각나는 것이다. 현재 존재하는 것과 과거에 존재했던 것의 연관성을 찾기가 어려워진다. 검열이나 선전, 진리성의 통제조차 필요 없이 과거가 그냥 삭제되어버리는 것이다. 과거의 억압(기억과 역사에서 탈락)이 현재의 부인(정보의 홍수 속에서 망각)과 융합된다. 1960년에 성인이었던 사람 중 얼마나 많은 이가 그때 이후 지금까지 정치적 학살사건이 몇번이나 일어났는지 셀 수 있을까? 나이지리아의 이보족, 수단 남부의 주민들, 파라과이의 아쩨족, 과거 인도네시아령이던 동티모르 주민, 이라크의 쿠르드족, 부룬디의 후투족, 르완다의 투치족이 학살당했다. 또한 크메르루주의 캄보디아 국민 학살, 멩기추정권의 에티오피아 국민 학살, 이디 아민의 우간다 국민 학살, 쎄르비아계에 의한 보스니아 무슬림 학살 등등 이루 다 셀 수도 없을 지경이다.

　연속성체제와 불연속성체제는, 하나는 공산사회에 다른 하나는 시장사회에 들어맞는, 서로 다른 두 체제가 아니다. 서구의 민주주의 시장사회는 탈근대적이고 원심적인 망각 양식에도 불구하고, 아직까지도 전통적인 역사 다시쓰기를 자행하곤 한다. 미국의 대외정책 변화는 교과서적인 오웰류의 역사 다시쓰기 사례를 보여준다. 어제의 동맹국이자 최우수 무기거래 고객이 오늘의 적국이 된다. 오늘의 '신흥민주주의국가'는 어제만 해도 테러지원국이라고 불렸다. 이러한 변화에서 유일한 탈근대적 특성은 국가가 원칙있는 정당화를 시도조차 하지 않는다는 점이다. 그러므로 완전히 변신하더라도 단지 '노선 수정'을 했다고 말할 뿐이다.[41] 자이르에 침공하면서 얼마전까지만 해도 그

정권을 지지했다고 말할 필요조차 없게 되었다.

전지구적 시장자유화로 인해 이데올로기에 입각한 망각을 현대의 탈근대적 망각이 보완하게 되었다. 따라서 아르메니아의 제노싸이드를 전통적으로 부인해온 터키의 사례가 오늘날 탈근대적인 망각에 의해 보완되고 있다. 이것은 정신나간 상대주의이고, 언제나 서로 다른 견해가 있을 수 있다는 얼빠진 상대주의를 기계적으로 반복하는 것에 지나지 않는다.[42] 집단학살에 관해 엄청난 양의 객관적 역사기록들이 있는데도 그것을 "양면을 모두 봐야 한다"라는 핑계로 단지 '혐의'니, '인상'이니, '주장'이니, '풍문'이니 하는 식으로 치부해버리는 짓을 보라.

강박적 시인

진실위원회의 시대가 도래하기 훨씬 전부터 우리는, 과거를 기억하지 못하는 사회는 끔찍한 운명을 맞을 수밖에 없다는 말을 자주 접했다. 오늘날에는 어떤 사회가 현대사의 불미스런 진실을 부인하거나 회피하기란 불가능하다는 말도 들린다. 과거의 악마는 아무리 부인해도 언제나 다시 돌아올 수 있기 때문이다. 이것은 신경증 환자가 반복을 거듭하는 운명을 지고 있다는 프로이트 이론의 정치적 판본과 유사하다. 지금 당장 시인하라, 그러지 않으면 끔찍한 사건이 계속 되풀이될 것이다 등.

그렇지만 우리는 '과거 속에 사는' 사람, '과거를 질질 끌며 살아가는' 사람을 좋지 않게 보거나 아예 경멸하기도 한다. 요즘의 세계주의적 추세, 뿌리 뽑힌 삶의 현실 그리고 화해가 반드시 필요하다는 믿음 때문에 우리는 역사적 원한이 얼마나 깊은지 제대로 이해하지 못할 때가 있다(내가 어렸을 때 한번은 가게에서 사온 조그만 장난감 자동차를 아버지께 보여드린 적이 있다. 아버지는 상표를 보시더니 장난감을 부숴버리면서 딱 한마디 하셨다. "다음부터 절대로 독일제 장난감을 사면 안된다. 잊지 마라").

기억상실과는 반대로 그 어떤 일도 잊지 못하는 현상이 있다. 러시아 신경심리학자 루리아는 기억력으로 유명한 셰레셉스끼를 연구했다(Соломон Шерешевского, 러시아의 기억술사. 공감각이라는 희귀한 능력 덕분에 모든 정보를 오감으로 바꿔 기억할 수 있었다—옮긴이). 셰레셉스끼에게는 비상한 기억력이 있어서 어떤 정보나 세부사항도 모조리 암기하였고, 10년이 지나서도 모든 사실을 또렷이 기억해낼 수 있었다.[43] 그는 극도로 예민한 감각적 지각력 덕분에 모든 이미지와 사실을 기억할 수 있었지만, 그것을 요약할 줄은 몰랐다. 그는 자신의 기억력을 이용해 청중을 즐겁게 해주었지만 정상적인 삶을 영위하지는 못했다. "셰레셉스끼는 어떤 사실을 잊으려면 무진 애를 써야 했을 정도로 기억력이 비상해서 오히려 고통을 겪었다. 그에게 기억력은 차라리 인생의 짐이었다."[44]

개인의 기억력보다 더 부담스런 일은 피해자나 관찰자 또는 가해자로서 상상할 수 있는 가장 끔찍한 경험을 했던 사람들이 안고 사는 집단적 기억이다. 이런 사람들은 살아남긴 했지만 자기들이 겪은 것을 모조리 기억하고 되새겨야 하는 운명을 부여받았다. 이런 경우 '외상후스트레스성장애'라는 임상적 진단은 이들의 생각과 감정을 묘사하기에는 역부족이다. 자기 인생에 영구적인 흔적을 남긴 사건을 끝없이 재생해야 하기 때문이다. "무진 애를 쓰더라도" 이들은 과거를 잊을 수 없다. 어떤 이들은 공개적으로 증언해야 한다는 강박을 느꼈고, 다른 이들은 가족이나 친지도 알아챌 수 없는 내면의 세계에 숨어 살았다. 심지어 평생 그렇게 산 사람도 있다. 프로이트의 이론에 따르면 삶의 모든 기억은 저장되며 무의식에는 시간제한이 없다. 고통스런 과거는 무의식 속에 저장되며, 정상적인 기억의 장막으로 은폐되거나 가려진다. 정신분석가가 이러한 '역진적 기억술'을 암호해독하듯 풀어내면 옛 기억이 되살아난다.

이러한 사적인 번뇌는, 슬픔에 빠진 사람들을 위로하는 카운슬러나 전문가에 의해 쉽게 재생되지 않는 법이다. 어떤 사람이 기억을 잊어버리도록 만들 수는 없다. 그러나 역사적 원한에 근거한 사악하고 '과도한' 시인이 그 사회 정치문화의 주요한 경향이 되지 않도록 하려면 강력한 정치적 행동이 필요하다. 자칫 잘못하면 집단의 기억이 복수와 증오의 프로그램으로 변질돼버린다. 이렇게 되면 정상적인 기억의 장막조차 거부당할 수도 있다.

역사가들은 '상상된 공동체' 그리고 오늘날 민족지상주의에 의한 폭력을 불러온 '발명된 전통'을 밝혀냈다. 기억을 불러내는 기도는 끝이 없다. 순교자, 보복, 분쟁, 수치, 구원, 희생, 응어리, 영혼의 고통 등. 집단적 부인의 언어는 '혈연과 귀속의식'이라는 표현과 결합하여 두가지 유혹을 내놓는다. 과거의 원한을 갚겠다는 태도 그리고 오늘날 저지르는 잔혹한 행동에 대한 심적 거부감조차 털어내려는 태도 말이다.[45]

쎄르비아계의 라트코 플라디치 장군이 보스니아의 스레브레니차로 진격해 들어갔을 때 그의 첫 공식성명은 과거 '투르크'족의 쎄르비아인 학살에 대해 복수하겠다는 다짐이었다. "우리는 1995년 7월 11일

498

스레브레니차에 들어와 있다. 쎄르비아의 위대한 국경일 전야에. 우리는 이 도시를 쎄르비아 인민들에게 선물로 바친다. 다히아스 봉기 이후 마침내 이 지역에서 투르크족에게 복수할 순간이 왔다."⁴⁶ 플라디치는 오늘날의 무슬림들을 마치 오스만제국 시절의 투르크족을 대하듯 했다. '다히아스 봉기'는 1804년 쎄르비아인들이 반란을 일으키자 투르크족이 진압했던 사건을 말한다. 거의 200년이 지났는데도 여전히 플라디치는 복수 운운했다. 쎄르비아의 이데올로그들이 '다시 찾아낸' 기억은 이보다도 더 오래된 것이다. 그들은 1389년 꼬소보 전투에서 쎄르비아가 패배한 후 6세기 동안이나 억눌려온 고통(카라디치가 돌본 정신병 환자가 지닌 억압된 기억의 역사적 등가물이라도 되는 것처럼)을 운위한다(보스니아의 쎄르비아계 지도자 라도반 카라디치는 정신과의사이며, 2008년 7월 국제형사재판소에 의해 검거되어 헤이그에서 반인도적 범죄 혐의로 재판중이다―옮긴이).

탈근대적 시인

역사적 책임은 이제 국제적 의제가 되었다. 10년 전만 해도 민주주의를 입발림으로도 언급하지 않던 나라들이 오늘날에는 국제인권법에 서명하기 위해 줄을 서고, 과거의 인권침해에 대한 역사적 책무를 들먹이기도 한다. 또한 안정된 민주주의체제를 유지하는 나라들 역시 원주민 같은 피해자들에게서 과거 인권침해에 시인하라는 압력을 받고 있거나, 먼 곳에서 일어나는 인권침해를 저지하기 위해 행동을 취하라는 압력을 받고 있다. 이제 모든 역사가 수정주의적으로 되었다.

현재의 정치적 의제가 과거사의 해석에 영향을 준다는 관념은 진부하기까지 하다. 또한 이 말은 과거사에 대한 객관적 기록 따위는 존재할 수 없다는 이론과 위험스러울 정도로 유사하다. 오늘날 과거사에 대한 집단적 시인은, 집단적 망각처럼, 전통적 양식과 탈근대적 양식을 함께 갖고 있다. 이제 역사적 부인은 과거에 일어난 일이나 현재 일어나고 있는 일과의 연속성을 부인함으로써, 우리가 과거의 진실을 규명해야 하는 것이 아니라 과거지사와 '맞춰 살아가야 할' 정도가 되었다. 역사는 파열되었다, 어떤 일이 일어났다, 하지만 그런 일은 더이상 일어나지 않는다, 그러므로 이제 그 문제를 계속 이야기해봐야 별 소용이 없다 등.

1975년 모로코가 서부 사하라 지역을 병합한 후 20년 동안 수백명의 사흐라위족 사람들이 체포되거나 '실종'되었다. 피해자의 친지들은 겁에 질린 나머지 공개적으로 호소하지도 못했다. 정부당국은 구금, 실종, 고문 같은 문제를 전혀 알지 못한다고 부인했다. 타즈마먼트는 모로코 남부의 비밀요새처럼 만들어진 감금장소를 말한다. 이 구금시설에 1973년부터 1991년까지 18년 동안 쉰여덟명의 정치범이 극도로 열악한 조건 속에서 갇혀 있었다. 이중 절반이 가혹한 처우로 사망했으며 모든 이들이 엄청난 고통을 받았다. 국제 인권단체들이 꾸준히 구금시설의 인권문제를 제기했지만 모로코정부는 그런 장소가 존재한다는 사실조차 철저히 부인했다. 1991년 7월 들어서도 하산 왕은 공식 성명을 통해 "타즈마먼트는 악의를 가진 사람들의 마음과 상상 속에만 존재한다"라고 말했다. 이때쯤이면 모든 수인들이 죽었거나 석방된 시점이었다. 가족들은 수인들의 운명에 대해 전혀 통보받지 못했으며, 한번도 존재한 적이 없던 구금시설이 마침내 문을 닫았던 것이다. 1992년 7월 하산 왕은 이렇게 말했다. "타즈마먼트는 행정적으로 이송된 사람들을 수용하던 곳이었다. 이제 더이상 존재할 필요가 없다. 역사의 장이 끝났다. 전에 구금시설이 있었지만 지금은 없다. 그뿐이다."[47] 이것은 시인 없는 앎이고, 보상 없는 고통이며, 책임질 사람 없는 인권침해이고, 속죄 없는 공포이며, 연속성 없는 역사이다. 이 얼마나 탈근대적 사건인가?

그러나 이처럼 어처구니없는 말 몇마디로 지워져버리는 인스턴트형 '망각'과 함께 인스턴트형 기억도 존재한다. 이는 가상의 기억산업으로서, 키치형 문화상품과 인스턴트형 기억을 거래하는 활동이다. 이러한 기억산업의 추모 예식, 영화, 소설, 시, 미술에서 진품과 저질 모조품이 결합된 구체적인 사례를 딱히 찾기 어렵다. 나는 이러한 장르를 오랫동안 분석해왔지만 결국 포기했다. 1996년 애틀란타 올림픽에서 미국 수영팀이 씽크로나이즈드 스위밍 분야에서 홀로코스트를 경연 주제로 선택했던 일이 있었을 정도이다(그 주제를 놓고 연습했지만 '저급한 취향'이라는 이유로 결국 포기했다).

오늘날은 가상의 추모를 넘어서 가상의 사과, 죄의식, 유감, 액땜 등을 표명하는 시대가 왔다. 일본정부는 인스턴트 식으로 종군위안부 문제에 대해 한국에 유감을 표하는데, 영국 포로들의 학대에 대해서도 사과하라는 압력을 받는다. 영국 노동당정부는 아일랜드 감자기근에 대해 사과한다. 옐찐은 당시 혁명정부가 로마노프 황제 일가를 처형한 것에 사과한다. 영국 여왕은 뉴질랜드 의회가 마오리족에게 사과하는 법안에 서명한다(뉴질랜드의 상징적 국가원수는 영국 국왕임—옮긴이). 미국도 아메리카 원주민들을 학살한 것, 노예제도, 흑인 죄수에게 약물실험을 한 것 등에 사과하느라 바쁘다. 클린턴은 아프리카의 옛 노예

무역국(우간다)에 도착하자마자 노예제도에 대해 사과한다. 수하르또는 하야하면서 인도네시아 국민들에게 자기를 용서해달라고 청한다.

이런 모습은 겉으로 보아 큰 문제가 없는 것 같다. 적어도 미래의 복수와 증오를 정당화하기 위해 신비한 과거를 억지로 조작해내지는 않는다. 그러나 일종의 집단적 서사(또는 이러한 서사의 집단적 기억을 확인하는 것)로서의 시인은 그 자체가 목적이어야 한다. 다시 말해, 우리는 어떤 댓가를 치러서라도 타협하지 않고 진실을 규명해야겠지만, 여기에서 어떤 '교훈'을 얻으려 해서는 안된다. 도덕적 책임에 관해 원칙있는 교훈을 찾으려는 시도는 정치현실에 의해 언제나 오염될 개연성이 있다. "철저한 진실 그리고 가능한 만큼의 정의"라는 살라께뜨의 표현은 경청할 만한 충고이다. 진실이 현실을 치유해주기 때문이 아니라, 그 어떤 정치적 제도도(국가는 말할 것도 없고) 사람들에게 진실의 일정량을 배급해주리라고 믿을 수 없기 때문이다.

정의에 대해 말하자면, 인권침해의 잔재를 완전히 정리할 방도는 없다. 진실이냐, 정의냐 하는 선택이 문제가 아니다. 과거 인권침해의 정도가 현재의 기준으로 보아 참아낼 만한 수준인가, 도저히 용인할 수 없을 수준인가 하는 선택이 문제이다. 망각은 있을 수 없다. 그러나 전체 사회가 끔찍한 기억을 '먹고'살면서, 증오와 복수의 열망에만 사로잡혀 있는 것도 바람직하지 않다. 미치니크(Michnik)는 이렇게 말한다. "우리는 기억해야만 한다. 그러나 우리 자신의 고통의 경계를 넘어설 수 있어야 한다. 스스로 고통의 세계에 머물러 있어서는 안된다."[48]

개인 차원에서는 이 말이 괜찮게 들린다. 하지만 직접 고통을 겪은 당사자에게 이런 충고를 감히 해줄 수 있겠는가? 그러나 우리 자신이 피해 당사자는 아니지만, 집단적 생존자 심리상태에 너무 깊이 빠져

502

있어서 과거 고통의 대리기억에 기대어 살아가는 사람들에게 이런 충고를 건네는 것을 도덕적으로 불편해할 필요는 없다. 허심탄회하게 호소할 수 있지 않겠는가. 고통을 야기한 애초의 원인에 대한 집착에서 벗어나 보편적 정체성을 모색해보자는 호소 말이다.

과거의 인권침해를 부인하는 것은 부도덕한 일이다. 그러나 과거사를 놓고 무분별하게 집단적인 사과를 남발하는 것도 적절치는 않다. 1999년 7월 미국 플로리다 주의 루터교 동방선교회에서는 중동지역을 순방하는 '화해의 여정' 프로그램을 시작했다. 독일 쾰른에서 예루살렘에 이르는 십자군 원정길을 답사하는 순렛길이었다. 십자군이 유대인, 무슬림, 동방정교회 신도 학살사건 900주년을 기념해서 400명의 속죄 방문단이 예루살렘까지 가서 기도모임을 열었던 것이다. 그때 현지의 종교지도자와 정치지도자들 누구도 이들을 경건하게 맞아주거나 **감사를** 표하지 않았다. 오히려 순례자들은 누구 약 올리려고 왔느냐는 심한 조롱을 받았으며, 십자가를 챙겨 당장 집으로 돌아가라는 야유를 들어야 했다.

10장

지금 당장 시인하라

통속 심리학에서 부인은 폭로하고 도전하고 허물어뜨려야 할 어떤 것, 일종의 정도(正道)를 벗어난 상태로 간주된다. 사람들은 '골치 아픈 현실'을 직시해야 한다고 말한다. 현실을 직시해야만 있는 그대로 받아들일 수 있다는 것이다. 하지만 앰네스티나 옥스팸의 캠페인에서는 부인을 이와 다르게 해석한다. 이런 단체들은 타인의 고통을 인지하려 하지 않는다는 의미에서 부인을 정상적인 심리상태로 본다. 바로 그 때문에 정상적인 부인의 틀을 부수고 나오기 위해 엄청난 노력을 기울여야 한다는 얘기다. 이렇게 본다면, 현실을 받아들이라고 강요할 게 아니라, 사람들을 현실에서 끌고 나와야 할지도 모른다.

앰네스티와 옥스팸의 세계관이 더 훌륭한 사회과학적 설명이다. 부인현상이 왜 일어나는지 고민할 게 아니라, 부인을 당연한 것으로 간주하고 출발해야 한다. 이렇게 할 때 우리의 이론적인 과제는 "우리가 왜 현실에 눈을 감는가?"가 아니라, "우리가 현실에 눈을 감지 않는 이유는 무엇인가?"이다. 이때 우리의 과제는 부인의 증거를 더 수집하는 게 아니라, 어떤 정보를 시인하고 행동에 나설 수 있는 조건을 발견하는 것이다. 그러한 조건을 어떻게 창출할 것인가, 바로 이것이 우리의 정치적 과제가 된다. 문제를 이렇게 보면, 복종에 관한 고전적 연구를 다른 방식으로 틀지을 수도 있다. 왜 대다수 사람들이 아무 생각 없이 무조건 권위에 복종하는가를 묻기보다, 왜 어떤 사람들은 권위에 맹목적으로 복종하기를 시종일관 거부하는가를 묻고 또 물어야 한다.

부인을 정상으로 취급한다고 해서 내가 도덕주의적이거나 아이러니를 즐기는 것은 아니다. 부인을 정상으로 볼 때에, 전체의 3분의 1에 불과한 '시인' 현상을 흔치 않은 현상으로 볼 수 있는 것이다. 사람들은 언제 진실에 주목하는가? 사람들은 언제 자기가 '아는' 것의 중요함을 인식하는가? 사람들은 언제 위험을 무릅쓰고 행동에 나서는가? 앰네스티와 옥스팸이 주창하는 의제의 정서적 논리는 모든 사람들에게 적용된다. 도대체 어떻게 하면 무지를 인지로, 인지를 지식(알고 있는 것)으로, 지식을 시인으로(인지를 인정으로, 조망을 영감으로 전환하는 것) 그리고 마지막으로 시인을 행동으로 전환할 수 있을까?

무슨 일이 일어나고 있는지를 알아내고, 쉽게 차단되지 않는 인식 영역에 정보를 저장하며, '잔학행위'든 '인권침해'든 적절한 틀을 발견하는 것이 **인지적** 요구이다. 이를 제대로 수행하려면 무엇보다 저속한 용어에 신빙성을 부여하지 않음으로써, 부인을 표현하는 통상적인 용어들의 가짓수를 줄여야 한다. **정서적** 요구는 공감이나 분노, 동정심 같은 감정을 많은 이들이 공유하고 마음놓고 표현하며, 문화적으로 서로 다가가기 쉽게 해주는 것을 말한다. 이건 잘못됐고 도저히 용서 못한다는 식의 **도덕적** 정서를 널리 퍼뜨리고, 시인의 언어로 표현해주어야 한다("다시는 이런 일이 일어나게 해서는 안된다"). 인권 캠페인은 바로 이 지점에 도달해야 한다. "나는 도저히 침묵을 지킬 수 없어, 무슨 일이든 해야겠어." 마지막으로, 우리도 어떤 행동을 **할 수 있다**는 의식을 확인해주고, 이 '어떤 행동'이 **무엇인지를** 알려주며, 우리가 그것을 실천할 수 있도록 도와주는 문화적 채널이 있어야 한다. 한편으로 '뭔가를 해야겠다'는 막연한 의도와 다른 한편으로 전문가들이 어떤 의도의 '최종결과로서의 사회적 행위'(consequential social action)라 부르는 '행위의 시발점' 사이를 이어주는 통로가 있어야 한다.

옥스팜이나 앰네스티는 시인하라고 호소할 때 '최종결과로서의 사회적 행위'의 구체적인 행동 사례들을 제시한다. 예컨대 수표에 서명해서 보내달라, 아이를 입양해달라, 단체에 가입해달라, 철야집회에 참석해달라 등이다. 그러나 대중매체에서 다루는 인권침해와 인간고통의 이미지들은 행동에 나설 수 있는 통로를 잘 제시하지 않는다. 이들 이미지는 무작위 공포를 다루는 무작위 텍스트이다. 1995년 각종 언론매체가 싸담 후쎄인이 탈영, 징집회피, 경범죄 등에 대해 집단적 신체형을 부과하고 있다고 보도했다. 범법자들의 이마에 죄인의 표식을 새겨 넣고 손과 귀를 잘랐던 것이다. 공식 포고령을 내려 이마에 새길 X자 표시의 정확한 크기를 지정하고, 불에 달군 쇠도장을 미간 중심에 찍으라고 지시했다. 바그다드 텔레비전 방송은 손이 잘리고 이마에 X자 표시를 한 겁에 질린 남자의 모습을 보여주었다. 그는 텔레비전 한대와 250디나르(약 30펜스)를 훔친 사람이었다. 양복과 넥타이를 단정하게 차려 입은 앵커가 꾸란의 시 한편을 암송한 후 그 남자의 죄와 벌에 관한 뉴스를 보도했다. 앵커의 얼굴은 무표정했다. 외과수술로 제거된 범법자의 손을 시청자에게 보여주었고 그 광경은 국제적인 미디어에서도 보도했다. 자기의 잘린 팔을 부여잡고 고통 속에 울부짖는 사람의 컬러 사진도 나왔다.[1]

이런 정보를 '시인'한다는 것이 정확히 무엇을 뜻하는가? 누구나 이 정보가 사실임을 알뿐더러 접하는 즉시 반감을 느낄 것이다. 그러나 이런 끔찍한 진실과 함께 매일매일 살아간다는 것은 바람직하지도 가능하지도 않다. 이 경우 '시인'은 우리에게 전혀 도움이 되지 않을 뿐 아니라, "이런 일에 대해선 내가 할 수 있는 일이 아무것도 없어"라는 감정으로 금세 바뀌고 만다.

과거에 정상으로 간주했던 현상을 이제 사회문제로 바꾸어 생각하게 되는 '집단적 시인'은 또다른 문제이다. 이 경우 피해자, 가해자, 방관자에게 심각한 의미가 초래된다. 집단적 시인이 일어날 때에는 과거의 부인을 허물어뜨리고 개개인이 시인할 수 있도록 격려하고 그것을 표출할 수 있는 통로를 제공해주기 위해 사회제도, 정책적 배려, 심지어 새로운 언어체계가 생긴다. 그러나 문화적 지원이 없는 상태에서 또는 사회의 문화적 풍토에 맞서 개인적으로 시인한다면 사정은 완전히 달라진다.

시인의 의미

'시인'이라는 용어는 과거에 부정했던 혐의나 의혹이 실제로는 진실이었다고 확인해주는 공적 담론에서 흔히 사용된다. 운 나쁜 관리한 사람이 기자회견에서 발표한다. "그렇다, 우리는 과거의 부인을 공식 철회한다. 그 사건은 실제로 일어났다. 일어나지 않아야 했던 사건이었다. 의혹이 대부분 사실이었음을 확인하는 바이다. 우리는 조사위원회를 출범시킬 것이다." 지난 달까지만 해도 장황하게 공식 부인했으나 이제 그런 사실은 결코 언급하지 않는다. 이러한 공식 시인의 서사는 요즘 흔해졌다. 과거에는 발생하지 않았다고 부인하던 인권침해 사건을 확인하기 위해 정부가 공식 조사에 나서는 것이 이제는 무슨 정기적인 의식처럼 되었다. 공인(公人)들이 과거에 부인했던 부패, 부정, 쎅스 스캔들 사건을 고백하는 일 역시 정기 행사가 되었다.

나는 타인의 고통을 시인하게 된 보통사람들이 행동하기에 적절한 방안을 찾거나 즉흥적으로 행동에 나서는 현상에 관심이 있다. 이런 것은 개종에 대한 민담, 즉 천천히 바뀌거나, 아니면 갑자기 뭔가를 깨닫고 나서 평생 헌신하는 삶을 살아간다는 이야기와 비슷하다. 여기서 '세상에 눈을 뜬' 혹은 '현실을 외면하지 않은' 사람들에 대한 '시인'의 우화 네편을 소개하려 한다.

아그네스 바이스 부인

1991년 가정주부 아그네스 바이스 부인은 케이프타운에서 가까운 쿠일스리버에 살고 있었다. 그곳은 남아공 백인 마을로 보수당을 지지하는 지역이었다.[2] 이때만 해도 남아공 전역에서 광범위한 정치폭력 ('소요') 사태가 벌어지고 있었다. 바이스 부인은 신문에서 백인들과 경찰이 유색인종 거주구역인 타운십에서 폭력사태를 일으키고 있다는 기사를 읽었지만 그걸 믿을 수 없었다. 9월의 어느 수요일 아침 바이스 부인은 흑인 하녀 유니스 신디지가 그날 따라 뭔가 이상하다는 점을 발견했다. 평소보다 늦게 출근한 데다 안절부절못해 일에 집

510

중하지 못했다. 바이스 부인은 뭐가 잘못됐느냐고 물었다. 신디지 부인은 전날 밤, 한데서 잠을 자야 했다고 대답했다.

그날 오후 바이스 부인은 장을 보러 슈퍼마켓에 갔다가 신문 한부를 샀다. 민주당 국회의원 한 사람이 지역에서 발생한 폭력사태에 백인이 연루되어 있다고 밝혔다는 기사가 실려 있었다. 바이스 부인은 그 기사도 믿을 수 없었다. 하지만 집으로 돌아와 신디지를 불렀다. "그 기사가 사실이냐고 물었지만 입을 열려고 하지 않더군요. 나는 말을 해주지 않으면 돕고 싶어도 도울 수 없다고 설득했어요. 마침내 신디지가 무슨 일이 있었는지 얘길 해주더군요." 그 이야기를 들은 바이스 부인은 민주당에 전화를 해서 소요사태를 감시하는 민간단체의 연락처를 알아냈다. 그 단체에서 활동가를 보내 신디지 부인의 진술을 들었다. 다음은 신디지 부인의 이야기이다.

월요일 밤에 신디지 부인은 카엘리차 타운십에 있는 자기 집에서 두 아이 그리고 친구 두 사람과 함께 있었다. 경찰차 비슷한 차 한대가 집으로 다가왔다. 사복을 입고 얼굴에 복면을 한 두 사람이 차에서 내려 집 쪽으로 총을 쏘기 시작했다. 그중 총 한자루에서 "불이 길게 나왔는데" 그 총알이 창문을 뚫고 들어와 집에 불이 붙었다(앙골라 내전에서 화염총이 사용된 적이 있다). 집 안에 갇힌 사람들이 비명을 지르면서 도움을 호소하자 옆집 사람이 달려와 문을 부수고 열어주었다. 그날 밤 신디지 부인과 아이들은 타운십의 다른 곳에 가서 잠을 잤다. 화요일 밤에도 똑같은 일이 벌어졌다. 신디지 부인 일행이 경찰서에 가서 사정을 호소했지만 경찰은 오히려 그들을 내쫓아버렸다. 이들은 타운십 주택가 뒤편 숲에서 밤을 보냈다. 신디지 부인의 친구 말에 따르면, 전날 밤에 집으로 찾아왔던 일행 한 사람이 복면을 벗었을 때 얼굴을 봤더니 백인이었다.

바이스 부인은 처음엔 신디지의 이야기를 믿고 싶지 않았다. 그런데 "신디지가 '내가 말을 해도 믿지 않으니 당신에게 이야기를 할 필요도 없어요'라고 하지 않겠어요. 그제야 그녀의 이야기가 진짜라는 걸 알았지요. 그후 나는 여기저기 문의를 해봤고, 사람들에게 이야기하고, 도대체 어찌된 영문인지 알아보려고 했지요. 그 경찰차를 누가 이용했는지, 그날 당직이 누구인지, 비번이 누구인지 등등 기록이 남아 있어야 할 게 아니에요? 하지만 번번이 거대한 침묵의 벽에 가로막히는 느낌이 들었어요. 무언가, 어디선가, 엄청 나쁜 일이 벌어지고 있는데, 이런 짓을 누가 하는 거지요?" 바이스 부인은 그때만 해도 그것을 저지른 사람들이 경찰 아니면 백인이라는 건 확실하지만, 동네의 택시운송 경쟁 때문에 생긴 사건이려니 했다.

그러나 사건의 진상을 알고 나서 바이스 부인은 충격에 빠졌다. 그녀는 이런 일이 계속 일어난다면 남아공의 문제를 해결하려는 모든 노력이 아무 소용이 없다고 믿게 되었다. "나는 신디지 입장에서 생각해봤어요. 만일 흑인들이 공상과학소설에 나올 것 같은 그런 화염총을 들고 몰려와 우리집을 태워버린다면 내 마음이 어떻겠어요? 하지만 내가 화를 낼 권리가 있나요? 우리가 흑인들을 이런 식으로 대접하는데, 어떻게 흑인들이 우리를 공평하게 대할 거라고 기대할 수 있겠어요."

바이스 부인은 이제 자기가 백인동네에서 큰 골칫거리가 되리라는 것을 알았다. "할 수 없죠. 옳은 건 옳은 거니까요. 머리에 담요를 뒤집어쓰고 아무일도 없다는 듯이 살아갈 순 없잖아요?"

레나

레나(Lena)는 내 동료가 가르쳤던 인도네시아 출신 학생이다.[3] 그
녀는 고등학교를 나와 1980년대 후반 자까르따에 있는 대학교에 입학
했으며, 1994년에는 장학금을 받고 미국으로 유학을 갔다. 그녀는 인
도네시아학생회에 가입했다. 모임에서 받은 여러 유인물 중에 인도네
시아 외무부가 만들고 대사관에서 배포한 전단지가 들어 있었다. 그
것은 인도네시아 출신 학생들이 혹시 인도네시아에 대해 비판하는 이
야기, 특히 인권침해에 관한 말을 듣는다면 어떻게 반박해야 하는지를
상세히 가르치고 있었다. 그중에서도 두가지 '허위 주장'을 특히 자세
히 설명했다. 첫번째는 수하르또 대통령이 권력을 잡았던 1964~65년
에 공산주의자를 비롯한 정적들을 학살한 사건이었다. 두번째 사건은
1975년 인도네시아 정부가 동티모르를 침공하던 동안 그리고 그 직후
에 벌어진 학살이었다. 당시 1년간 동티모르인 6만여명이 학살당했
다. 전단지는 이런 주장을 적절히 부인할 수 있는 요령을 가르쳐주었
다(이런 사항들이 이 책 5장에 나와 있다).

레나는 이런 내용을 알고 나서 충격에 빠졌다. 그녀는 인도네시아
의 대외정책을 비판하는 여론이 있다는 것은 알고 있었지만 자세히
알지는 못했다. 물론 1965년에 쿠데타 비슷한 사건이 일어났다는 사
실은 알고 있었지만 집단학살에 대해선 금시초문이었다. 동티모르에
대해서라면 역사시간에 그 섬이 인도네시아 땅이라고 배웠을 뿐이다.
동티모르의 공산당 게릴라들이 말썽을 일으킨다는 소문은 들었지만
섬 주민 10퍼센트가 몰살당했다는 얘기는 전혀 들어본 적이 없었다.

바이스 부인의 경우처럼 레나는 '알아봐야겠다는 마음'을 먹었다.

도서관에 가서 이 사건들에 대해 찾을 수 있는 자료들을 읽었고 점점 더 많은 자료를 조사했다. 오래지 않아 레나는 이런 이야기들이 모두 신빙성이 있다고 확신하게 되었다. 공식 부인이 오히려 그녀의 눈에서 비늘을 떼어낸 것이다.

니키 두 프리즈

1993년 새해 어느날 밤 에든버러의 기업경영 컨설턴트인 니키 두 프리즈는 채널4 텔레비전에서 놀라운 소식을 접했다. 보스니아의 쎄르비아계 군인들이 무슬림계 여성 수천명을 강간했다는 게 아닌가(이 숫자는 여전히 논란의 대상이다). "정말 속이 뒤집혔어요. 너무 화가 나더군요." 몇주 후 그녀가 한 말이다. 유대인인 프리즈는 보스니아의 무슬림과 나찌시대의 유대인들 사이에 공통점이 있음을 즉시 알아차렸다. 그녀는 또한 정조를 중요시하는 무슬림 여성들에게 성적 학대는 특히 끔찍한 경험일 거라고 생각했다. 다음날 아침에도 분노가 가라앉지 않아, 프리즈는 어떤 일이든 해야겠다는 생각이 들었다. 사건 관련 자료들을 더 찾아 읽고 두루두루 알아보니 그 소식은 절대 과장이 아니었다. 그리하여 강간이 우발적 사고가 아니라 고의적인 행위임을 확신하게 되었다. 프리즈는 채널4의 고참기자에게 연락했고 그의 주선으로 런던까지 가서 더 많은 사실을 확인하게 되었다. 2주도 못돼 프리즈는 보스니아 여성들을 돕기 위한 자선단체 '보스니아 나우'(BOSNIA NOW)를 조직했다. 에든버러의 아시아계 지역공동체 출신 무슬림 여성 두 사람이 이 단체의 위원이다.

장 밥티스트 은테투루예

1994년초 부룬디의 송가 지역에 장 밥티스트 은테투루예라는 노인이 살고 있었다.[4] 그는 자기 집에 와 있는 여성과 아이들 서른여덟명을 돌보았는데, 그건 그다지 이상한 일이 아니었다. 몇달 전에 부룬디에서 적어도 10만명이 살해되고 100만명 가까운 사람들이 거주할 곳을 잃어버린 학살사태가 발생했기 때문이다. 송가 지역에서만 지난주에 스물네명이 살해되었고 가옥 150채가 불탔다. 집을 잃은 사람들은 친지들에게 얹혀살면서 고향으로 돌아갈 날만 기다리고 있었다.

그런데 은테투루예의 집에 몸을 숨기고 있던 사람들은 모두 후투족이었고, 집주인만 투치족이었다. 이들은 인근 언덕에 사는 투치족의 습격을 받은 적이 있었다. 어느 여성의 가족 네 사람이 몰살당했고 집은 불탔다. 그녀는 아이들과 함께 근처 숲으로 도망가서 은신하던 중 은테투루예를 만나 은신처를 제공받았던 것이다. 은테투루예는 그것이 위험한 행동이라는 사실을 잘 알고 있었음에도 왜 그들을 숨겨주었을까. "그들은 내 친구였기 때문이다." 은테투루예는 나이가 많았으므로 1965, 69, 72, 88, 91, 93년에 일어났던 학살사건들을 생생히 기억하고 있었다.

네가지 이야기들은 내가 서문에서 제기했던 문제들을 모두 보여준다. 나는 이 책을 마치면서도 똑같은 질문을 하려 한다. 바이스 부인의 예를 들어보자. 그녀의 이웃, 친구, 친지, 시민 들 대다수는 그렇게 오랫동안 보아온 사건에 전혀 다른 반응을 보였다. 눈을 감고, 못 본 체하고, 눈길을 돌리고, 딴청을 피운 것이다. 하지만 바이스 부인은 그때 비로소 눈을 뜨게 되었다.

물론 우리는 역사적 배경을 운운할 수 있다. 그때만 해도 아파르트헤이트 말기였고 백인들이 변화에 개방적인 태도를 보이던 때였다. 하지만 왜 하필이면 바이스 부인인가? 사실 많은 사람들이 몸을 사리던 때였는데 말이다. 부인은 심리적으로 남들과 상당히 달랐다고 주장하는 사람도 있다. 유년기에 사랑을 많이 받으며 성장해 포용의 사회화를 겪었다, 그녀의 자아는 비정상적인 지각에 의해 위협받지 않았다 등. 하지만 이런 이야기는 단순한 '설명'에도 한참 못 미치는 것들이다.

진실을 이야기하기

이타주의에 관한 이론을 살펴보기 전에, 시인이 부인과 반대된다는 의미에서 서로 다른 네가지 설명을 검토하려 한다. '자각' '도덕적 증인' '내부고발' 그리고 거짓에서 벗어난 삶이다.

자각

심리적 부인의 반대는 '자각' 상태이다. 온전하게 치유받으려면 자신을 직시할 수 있어야 한다. 푸꼬가 보여준 대로 이러한 이상(理想)적인 정신상태의 역사는 전근대적인 고백의식으로까지 거슬러 올라간다. 근대 들어서도 '자각'은 종교적 행위에서 시작되었다. 19세기초 감화원에 수용된 사람들은 묵상을 위한 도구인 성경만 지닌 채 독방에 간혀 있어야 했다. 수용자는 통찰에 도달하고 과오를 깨달은 후 도덕적 존재로 다시 태어난다. 종교와 관계없는 '자각'을 세속적으로 그리고 치료의 일환으로 모색하는 것도 대중문화의 일부가 되었다. 참을성있는 환자가 정신분석가의 쏘파에 누워 하루 이틀, 1년, 2년, 끝없이 자각을 모색한다. 현명한 독일 또는 오스트리아계 정신분석가의 도움을 받아 환자는 통찰에 도달하고 신경증을 인식한 후, 건강한 존재로 다시 태어나는 것이다.

자각 없이는 치유도 있을 수 없다. 자각이 바로 치유이다. 우리는 방어전략이나 왜곡된 현실인식을 버리고, 실제로 무슨 일이 벌어지고 있는지를 직시해야 한다. '익명의 단주모임'에 입회하는 사람은 제일 먼저 자기 상태를 시인하는 발언을 하게 된다. "쑤전이라고 합니다. 알코올중독자입니다." 그후에야 다른 활동이 이어진다. 여타의 심리적 문제에서도 마찬가지이다. 우리는 타인을 부인하는 문화 속에 살고 있지만, 이 문화는 역설적으로 자신에 관한 자각을 대단히 가치있게 여긴다.

자각, 통찰, 자기실현, 자기 통합 등은 진리가 너희를 자유롭게 하리라는 계몽주의적 믿음에 대한 프로이트적 버전이라 할 수 있다. 그러나 프로이트는 "분할이 인간을 하나의 존재로 통합한다"라는 역설적 통찰을 결코 포기하지 않았다. 뉴에이지 심리학자들도 아이러니를 많이 강조한다. 정신의 민주주의에 관한 일반론에 따르면 모든 이가 부인상태를 극복해야만 한다. 침묵의 음모를 깨부수고, 인정할 수 없는 것이라도 인정해야 한다. 스위스의 유명한 정신분석 치료사인 알리스 밀러는 아동학대를 부인하는 행위가 얼마나 '참담한 결과'를 낳는지 통렬히 비판한다.[5] 히틀러나 차우셰스쿠가 유년기에 정상적인 가족생활을 누리기만 했어도 나찌즘이나 루마니아 공산정권은 태어나지 않았을 것이라고 한다. 책방에는 이런 유의 정신적인 '정크푸드'들이 차고 넘친다. 오늘날에는 진실규명으로 구원받는 방식이 더욱더 멍청해지고 간편해졌다. 평생에 걸친 정신적 모색도 아니고, 50분짜리 수업에 매주 5회씩 3년간 출석하는 것도 아니며, 매주 진행되는 '익명의 부인자 모임'에 참석하는 것도 아니다. 그저 셀프헬프 책 한권을 사서 스무개 항목으로 이루어진 통찰지표를 쓱 훑어보기만 하면 된다. 먼저 점수표에 기재한 다음 책을 읽고, 책에서 가르치는 대로 정신적 청소 작업을 한 후, 다시 점수표를 체크해서 얼마나 좋아졌나를 확인할 수 있다. 그러면 자신에 대해 앞으로 얼마나 더 많이 시인해야 할지 알 수 있다.

하지만 이러한 자각만으로는 충분치 않다. 우리는 다른 사람들에게 우리가 시인의 상태에 도달했음을 천명하라는 격려를(압박을 받을 때도 있지만) 받는다. 이런 증언, 고백, 인정이 진짜 시인의 증거라고 한다. 우리는 먼저 자기 내면으로 '들어가고' 그다음 공개적으로 '나와야' 하는 것이다. 그리하여 이런 과정을 기꺼이, 심지어 열성적으로 따른다. 다 까발리고 솔직히 고백하자는 식이다. 그러나 이런 과정을 지식인들 스스로 취하지는 않는다. 지식인들은 자각이라는 현상이 완전히 역설이라고 보는 포스트 포스트-프로이트적 담론에 도달해 있기 때문이다. 지식인들에게는 알아내야 할 '단일한' 자아도 없고, 명명백백한 '단일한' 진실도 없다. 하지만 탈근대적 지식인들이 해체와 분절의 담론을 받아들일 때, 중간 수준의 대중들은 자기들에게 해방이란 곧 온전함을 의미한다는 말을 듣는다. 온전함이란 '자신을 아는 것'이고, '자신을 안다는 것'은 '자신을 드러내고 고백하는 것'이다.

집단적 지식, 특히 타인에 관한 그리고 당신이 속한 사회에 관한 집단적 지식은, 과거에는 오늘날과는 상당히 다른 해석을 내놓았다. 정치적 해방이나 사회정의 같은 담론 말이다. 이런 해석은 '허위의식'에 대항하기 위한 맑스적 이상이었다. 프랑크푸르트학파에서는 부인의 겉모습이 억압적인 관용에 의해 유지된다고 보았다. 이러한 부인은 단순한 거짓말이나 신비화보다 폭로하기가 훨씬 더 복잡한 현상이다.

도덕적 증언

도덕적 증언은 권력자들이 부인하고 싶어 하거나, 차라리 보지 않았더라면 하는 사건에 대해 차분하지만 확고한 진실을 찾으려 한다. 퀘이커교도들의 이상에 따르면 지식과 진실규명은 그 자체로 가치있는 것이다. 인권활동가들에게 비디오카메라를 지급한다는 생각은 이보다 공리주의적인 행동이다. 정치적 책무성을 묻기 위해 증거를 기록한다는 발상 자체가 공리주의적이다. 침묵의 목격자들이 비디오카메라를 들었건 들지 않았건 간에, 위험을 무릅쓰고 사악한 행위를 증언한다는 것은 아주 강력한 인상을 풍긴다. 이들은 **적극적인** 관찰자들이다. 그리고 직접 개입할 힘은 없지만 가해자들에게 이런 사실을 알려줄 수 있다. 즉 모든 사람이 당신들의 행위를 찬성하지는 않는다, 그리고 당신들이 앞으로도 부인하면 또다른 증언이 나올 것이라는 사실 말이다.

적극적으로 어떤 사건을 목격하자는 말은, 여러 사람이 조직적으로 인권침해 행위를 목격함으로써 가해자에게 수치를 안길 수 있다는 희망을 뜻한다. 이런 희망을 포기해선 안된다. 그러나 이스라엘군이 팔레스타인 주민들의 집을 파괴하고 올리브 과수원을 불도저로 깔아뭉개는 광경을 수없이 목격했음에도 나는 단 한 사람의 병사에게서도 수치심을 읽을 수 없었다. 목격자들이 있더라도 무시하면 그만이다. 심지어 목격자들을 인권침해 현장에 늘 나타나는 단골손님으로 보아넘기고 정부당국이 숨길 게 없다는 증거로 그들의 존재를 활용하기도 한다.

내부고발

'내부고발'이라는 표현은 이런 시인행위가 나오기까지의 번민이나, 그런 행위의 극적인 결과를 온전히 나타내기에는 역부족이다. '내부고발'의 학문적 정의는 이보다 더 못하다. "내부고발이란, 어떤 조직의 구성원이 고용주가 주도한 불법적이고 부도덕하고 불의한 행위를, 그런 행위를 중지시킬 수 있는 사람이나 조직에 폭로하는 것"이다.[6] '고용주'라는 말은 군대나 경찰의 상관에게는 어울리지 않는다. 그리고 불법적 관행을 중지시킬 희망이라기보다 진실을 말하겠다는 일념으로 폭로를 결행하는 경우도 있다. 하지만 이런 한계에도 불구하고 우리는 내부고발의 의미를 대략 파악할 수는 있다.

다음은 이러저런 사례들을 합성한 것이다. 한 병사가 재판을 기다리는 정치범들을 가둬놓은 구금시설에서 공익요원으로 근무하고 있다. 정치범들을 비밀정보기관의 심문실로 데리고 갔다가 다시 데리고 오는 일이 그의 임무이다. 어느 순간 그는 정치범들이 가혹행위를 당하고 있음을 알아차린다(마음속에서 '고문'이라는 말을 떠올렸을 수도 있고 그렇지 않을 수도 있다). 그 사람들이 비명을 지르는 것을 듣고, 피를 흘리는 것을 본다. 한번은 잘 걷지도 못하는 정치범을 질질 끌고

간 적도 있다. 하지만 입을 다물고 누구에게도 그 이야기를 꺼내지 않는다. 어쩌면 당국에 한번도 의문을 제기하지 않을지도 모른다. 정치범들이 그 사회에서 손가락질 받는 소수민족에 속했기 때문이다. 그들이 심하게 고통받더라도 아무 느낌도 들지 않는다. 때로 마음이 불편하긴 하지만 상부에 대한 복종심을 더 강하게 느낀다. 자기 자신과 가족들을 욕되게 할 생각은 추호도 없다. 혹은 마음이 너무 심란하고 도덕적으로 늘 불편한 상태에 있을지도 모른다. 하지만 이 일을 어떻게 해석해야 할지, 무엇을 해야 할지, 어찌하면 요령있게 반대의견을 내놓을 수 있는지 전혀 모를 수도 있다. 이렇게 되면 부인의 회로가 온전히 보존된다.

그런데 어떤 계기에서 인권침해를 시인할 수도 있다. 구금자 한 사람이 심문 도중 사망한다. 또는 병사의 여자친구가 구금시설의 고문을 다룬 사건을 보도하고 그런 사실을 폭로한 군의관을 칭송한 신문 기사를 그에게 보여줄 수도 있다. 어느 인권단체가 익명으로 제보할 수 있는 전화번호가 적힌 전단지를 배포한다('폭로를 위한 통로'). 이 병사는 기자에게 연락을 취한다. 취재 결과 더 상세한 기사가 보도된다. 만일 군당국이 제보자의 신원을 추적한다면 그 병사를 불명예 제대시키거나 처벌할지도 모른다. 그럴 위험에 맞닥뜨리면 병사는 다시 침묵에 빠지거나, 반대로 자기가 아는 바를 더 많이 폭로할 수도 있다.

이런 여러 시나리오 중에서 왜 어떤 사람이 특정한 길을 택하는지 그 이유를 알 수는 없다. 상황의 차이가 중요하다는 사회심리학자의 지적이 분명 옳을 것이다. 두말할 것도 없이, 사악한 행위임에 명백할 때 내부고발자가 나오기 쉽고, 관찰자가 여럿 있을 때에는 그럴 개연성이 줄어든다. 특히 내부고발을 하기 쉬운 인성이 따로 존재하는 것 같지는 않다.[7] 또한 우리는 내부고발자가 다른 사람에 비해 '확장된 책임의식'을 갖고 있는지 역시 알지 못한다. 내부고발자가 불만에 가득 찬 피고용인이나 전 직원이라는 식의 비난은 옳지 않다. 연구결과에 따르면 내부고발자는 자기 일에 대한 만족도가 높고, 수입이 많으며, 다른 구성원들보다 업무역량이 더 탁월한 사람들이다.

내부고발자가 밝힌 정보가 비밀정보이고 내용이 경악을 불러일으키는 경우도 있지만, '공공연한 비밀'이거나 반쯤 아는 상태의 어스름한 영역에 속한 정보일 경우가 더 많다. 폭로가 노리는 효과는 "모든 사람들이 알고 있지만 완전히 시인하지 않는 나쁜 일에 대해, 무관심한 대중의 의식을 제고"시키는 것이다.[8] 오랜 기간 정상화와 부인으로 은폐돼온 일이 갑작스런 시인의 순간을 맞아 만천하에 드러난다. "이제 더이상 못 참겠다. 더이상 입 다물고는 못 살겠다. 참을 만큼 참았다. 이런 일을 알면서 멀쩡한 척 살아갈 순 없다." 침묵을 지키다가 이러한 깨달음에 도달한 사람들은, 이미 마음이 불편한 상태였지만 그 일을 공개적으로 거론하기 어려웠던 사람일지도 모른다. 그와 반대로, 과거에는 자기 일에 만족하고 부도덕한 행위에 스스로 가담하기까지 했지만, 갑자기 마음의 눈을 뜬 사람도 있다. 후자의 경우가 더 신빙성있는 내부고발로 간주된다. 이런 사람들은 고의적으로 '사고를 치려고' 기회를 노리고 있었다는 식으로 모함할 수가 없다.

특히 동정적인 사람들이 내부고발에 나서는 경로는 인도지원단체의 호소에 응하는 사람의 심리와 유사하다. 그런 호소에 대해 일고여덟번은 의식에서 지우거나 합리화해버리다가, 어떤 사진 한장, 이야기 하나 때문에 지금까지의 침묵을 깨고 행동에 나서게 된다.

거짓 속에서 살지 않기

누구에게나 더이상 견디기 힘든 순간이 있다. 지금까지 너무 많은 타협을 했고, 너무 오랫동안 아무 일도 없다는 식으로 자신을 속여왔다. 이러한 자기기만을 이제 끝내야 한다. 또한 특정한 역사의 순간이 있을 수도 있다. 평범한 계기들이 여러 사람들의 경험들과 마술처럼 합해져 사회 전체가 '커밍아웃'을 하고 진실을 시인하는 것이다. 이것이 바로 하벨이 '거짓 속에서 살지 않기'라고 표현한 순간이다.

나는 이보다 덜 극적인 이야기를 알고 있다. 나오미(Naomi)는 쌘프란시스코의 진보적 유대인의 토론모임에 나오던 40대 후반 여성이었다. 나는 1991년 이스라엘-팔레스타인 분쟁에 관해 나오미와 이야기를 나눈 적이 있다. 그녀는 학창시절부터 진보적인 쟁점에 적극 관심을 보였다. 그러나 유대계라는 뿌리와 시오니즘에 대한 동정심 때문에 자신의 도덕적 기준을 이스라엘에도 똑같이 적용하기가 불가능하다는 점을 알고 있었다. 1988년부터 인티파다에 관한 보도가 머릿기사로 나오기 시작했고, 텔레비전은 이스라엘 병사가 가자지구의 팔레스타인 주민을 구타하는 장면을 보여주었다. 나오미는 그런 장면을 볼 수가 없었다. 그런 이미지들은 그녀가 평생 믿어온 원칙과 너무나 어긋나서 도저히 받아들일 수가 없었던 것이다. 나오미는 직관적으로 이스라엘에 대한 비판들이 모두 사실이며, 이스라엘정부가 그것을 부인하는 태도에 신빙성이 없음을 알아챘다. 하지만 침묵을 깨치고 나오기가 어려웠다. 나오미는 계속해서 수치심을 느꼈고, 전부터 교제해온 동지들이나 유대인 친지들과 더는 대화를 나눌 수 없었으며 몸과 마음이 모두 병들었다. 하지만 조금씩 텔레비전 뉴스를 다시 보기 시작했고 이스라엘에 비판적인 자료들을 빼놓지 않고 읽기 시작했다. 그렇게 힘겨운 2년을 보낸 후 그 토론모임에 나왔던 것이다. 그녀는 아직도 모든 것을 '받아들일' 정도는 아니지만, 자기 자신과 주변 사람들에게 더이상 거짓말을 하지 않아도 되었으므로 '도덕적으로 더 깨끗하다'고 느끼게 되었다.

하벨이 말했던, 자기 가게 유리창에 "만국의 노동자들이여, 단결하라!"는 표어를 붙여놓은 야채장수를 기억해보라. 그는 그 구호의 뜻을 단 한번도 깊이 생각해본 적이 없다. 바로 이 점이 중요하다. 그 야채장수는 부인을 공모하는 게임—랭의 정신분석이나 알코올중독자의 식구들이 내세우는 부인논리의 정치적 버전—에 참여하는 사람이 되었던 것이다. 모든 사람이 거짓 속에서 살고 있다. 하지만 하벨이 말하듯이 그 야채장수의 마음속에서 무엇인가 '반짝'거렸다고 가정해보자.[9] 그는 더이상 구호를 유리창에 붙이지 않는다. 그리고 진심을 말하기 시작하고, 양심에 따라 사람들을 대한다. 이제 체제가 그를 처벌해야 한다. 사소한 범법 차원을 넘어 심각한 죄를 저질렀기 때문이다. 야채장수는 그것이 게임이라고 폭로함으로써 게임의 규칙을 어긴 것이다. "그는 거짓 속의 삶이 거짓 속의 삶이라는 것을 보여주었다."[10] 모든 사람이 알고 있었듯이 황제는 옷을 걸치지 않았다. 사람들은 진실한 삶을 살 수 있고, 그간 억눌러온 대안을 찾을 수도 있으며, '삶의 숨은 영역'을 폭로할 수 있다는 사실을 알게 된다. 하벨이 말한 '힘 없는 사람들의 권력'은 언제 터질지 모르는 진실의 힘이다. 이렇게 될 때 야채장수 같은 보통사람들은 전사회가 방출하는 급작스런 폭발력의 일부가 될 수 있는 것이다.

이런 사람들에게 진실의 시인이란 '반짝거린 그 무엇' 그리고 '알아봐야겠다는 마음'을 잇는 막강한 연결점이다. 어쩌다 한번 참여한 것이 삶을 영원히 바꾸어놓는다. 사람들은 헌신적이고 무엇에 홀린 것처럼 열성적으로 변한다. 그들은 이제 과거의 삶으로 되돌아갈 수 없고 현실을 못 본 체할 수도 없다. 그 대신 늘 깨어 있는 증인이 되어 '노수부'(老水夫)처럼 자기 이야기를 계속 들려준다(영국시인 쌔뮤얼 테일러 콜리지가 쓴 「노수부의 노래」(The Rime of the Ancient Mariner)에서 따온 표현─옮긴이).

어떤 사람들은 도대체 부인이라곤 할 수 없는 이들처럼 보인다. 이 사람들의 도덕적·정서적 감수성은 대단히 예민하고 피부는 또 어찌나 연약한지, 그들은 모든 것을 민감하게 받아들이며 심지어 타인의 번민을 자신도 '느낄' 수 있다. 다른 누군가 고통을 겪고 있다는 생각만으로도 참을 수 없을 지경이 된다. 더 나아가, 이들은 혈연관계와 귀속이라는 인간관계에도 아랑곳하지 않는 듯하다. 물론 이런 사람들도 자기 가족과 친지들을 소중히 여기지만, 먼 곳의 타인들이 겪는 고통을 자기 아픔으로 경험한다. 만일 사람들 앞에서 아이가 엄마에게 야단맞는 것을 본다면, 몸과 마음에 고통의 흔적이 남고 잔상(殘像)이 사라지지 않는다.

이런 이들은 외부 정보에 압도당한 사람들이다. 자기가 경험하는 잔혹한 장면을 걸러낼 능력이 없으며, 특정한 장면을 선택해서 주의를 집중시킬 수도 없다. 이들은 민감한 감수성을 어디론가 끌어내고 이를 감싸안을 수 있는, 사회적으로 용납되는 방식을 찾지 못하는 한 인권침해 이미지로 가득 찬 폐쇄공간 속에서 살아갈 수밖에 없다. 타인의 고통과 자신을 무조건 일체화하는 성향은 무기력과 결합한다. 이 중에는 내면의 신념에 따라 공적 활동을 펼칠 수 있는 사람도 있다. 그들은 예술가, 언론인, 사진작가로서 인간고통의 표현방법을 창조한다. 아니면 전문가나 자원활동가로서 타인의 고통을 덜어주는 일에 평생을 바친다. 그렇다고 모든 인도적 활동가들이 헌신적인 이타주의자라는 말은 아니다. 너무 강박적으로 진실을 시인하는 사람은 대중의 우스갯거리가 되기 쉽다. 냉소적인 보수주의자들은 이런 사람을 '가슴에서 피를 흘리는 자유주의자'라고 빈정댄다. 똑똑한 체하는 급진적 사회학자들이 보기에 이런 사람은 남의 고통을 엿보는 인간, 폭력의 포르노 생산자, 착취의 착취자, 비참을 파는 상인에 불과하다. 똑똑한 체하는 정신분석학자들이 보기에 이들은 승화(昇華)하는 경향이 있고, 자기 감정을 타인에 투사하며, 자아를 억압하고, 자기학대적이며, 게다가 자신이 고통에 몰입하고 있음을 '부인하는' 인간들이다. 이런 사람들의 삶은 결코 행복하지 못할 것이다.

솔직히 나는 이런 사람을 한번도 만난 적이 없거니와 들어본 적도 없다. 세상의 선한 면만 보고 남에게 속기 쉬운 감상주의자는 과거에나 있을 법한 인간이다. 인도구호단체 활동가들이 이 세상의 모든 비참함을 해결해야 한다는 책임감을 느끼고 산다는 말도 터무니없다. 그와 반대로, 진짜 일 잘하는 이들은 자기가 맡을 수 있는 일을 꼼꼼히 고를 줄 아는 사람이다. 상황에 압도당하지 않아야 그리고 자기가 택한 피해자들과 낭만적으로 일체화되어 판단력이나 정의감이 흐려지지 않아야 '뭐라도 해보자'고 나설 수 있다.

부인에는 역설적인 위험이 존재한다. 당신은 더이상 두려운 이야기를 도저히 들을 수가 없다, 인권침해 사례 보고서를 제대로 읽지도 않고 건성으로 넘긴다, 또다른 구금자가 고문당하고 있다는 긴급 전화를 받게 될까봐 전전긍긍한다. 정말로 에너지가 소진된 것이다. 그 자리에 너무 오래 있고 똑같은 것을 너무 자주 봐서 무감각해진 것이다. 이 것의 반대는 만성적으로 감수성을 높이는 경우이다. 전쟁 사진작가 돈 매컬린은 자신의 감수성이 전혀 무뎌지지 않았을뿐더러 더 민감해 졌다고 주장한다. "그렇게 많은 전쟁을 경험하고 나니 내가 딱딱해진 게 아니라 오히려 더 말랑말랑해졌어요. 이것은 우리가 심리적으로 극도로 예민해진 일종의 장애인이 되었다는 얘깁니다. 이런 끔찍한 상황에 자신을 자주 노출시키다보니 전쟁터에 나갈 때마다 피부가 한 꺼풀씩 벗겨져 나가는 것 같아요. 이제 신경세포가 아예 노출되어 있 는 거나 마찬가지에요."[11]

신경말단이 무뎌지는지, 아니면 계속해서 더 예민해지는지, 어느 쪽이 맞는 말인지 알 길이 없다. 하지만 상황을 잘못 판단하기는 쉽다. 미국의 어느 사원의 유대계 원장이 자신의 '평화를 만드는 사람들' 모 임에 속한 수련생 150명과 함께 '증언을 감당'하고 '영성에 참여'하기 위한 수련여행에 나섰던 적이 있다. 이들은 아우슈비츠에서 1주일간 '피정'에 들어갔던 것이다![12]

개입 ― 사회친화적 행동과 이타주의

소극적 방관에 반대되는 반응은 **이타주의**와 **사회친화적 행동**(타인 을 돕거나 타인을 돕기 위해 고안된 일체의 행위) 그리고 **적극적 도덕 성**이라는 범주에 속한다.[13] 이타주의는 보람있고 만족스런 것인가? 단 순히 이타적인 행위가 있을 뿐인가, 아니면 시종일관 이타적인 인격이 따로 있는가? 왜 어떤 사람은 다른 사람보다 타인을 더 잘 돕는가? 사회친화적 행동을 더 장려하는 사회가 있는가? 우리는 더 많은 이타주의가 나타날 수 있는 사회적 조건을 창출할 수 있는가?

앞에서 언급한 네가지 우화에 더해서 그보다 더 잘 알려진 휴 톰슨의 사례를 소개한다.[14]

1968년 8월 16일, 나중에 '미라이' 학살사건으로 알려진 일이 벌어지고 있을 때였다. 어니스트 메디나 대위의 지휘하에 캘리 중위가 이끈 찰리부대가 어린이, 여성, 노인 등 베트남 민간인 350여명을 학살했다. 그들은 마을의 적들을 소탕하라는 명령을 받았지만 베트콩은 그 전에 이미 사라지고 없었다. 그런데도 명령을 수행했다. 명령이 처음부터 애매했다고 말한 부대원도 있었다. 톰슨 준위와 기총사격수가 정찰헬기를 타고 마을 상공을 선회했다. 조종사 톰슨은 이상한 점을 발견했다. 마을에 여성과 어린이로 보이는 시신들이 어지럽게 흩어져 있었다. 그는 마을을 한번 더 선회했다. "그때 나는 왜 그런 일이 벌어지는지 이해할 수 없었습니다. 정말이지 이해할 수 없었습니다." 어떤 설명도 통하지 않았다. 어째서 민간인들의 시신이 저렇게 쌓여 있단 말인가? 그는 저공비행을 하던 중 어느 대위가 배에 상처가 난 채 신음중인 여성 옆으로 걸어가는 것을 보았다. 그 대위는 군화발로 여자를 건드려본 후 뒤로 물러서서 쏘아 죽였다. 톰슨은 지상에 착륙한 후에 만난 캘리 중위를 호되게 나무랐다. 그리고 부상당한 마을 사람들을 찾아 헬기에 싣고 여러차례 병원으로 이송하기 시작했다(톰슨은 미국 조지아주 출신의 육군 헬기 조종사이다. 미라이 학살사건 때 부상 민간인들을 후송하고 현장의 미군들을 저지하기 위해 생명을 걸고 그들과 맞섰다. 진상을 상부에 보고하고 군법회의와 의회청문회장에서도 시종일관 자신의 증언을 고수했다. 그후 비전투 상황에서 모범적인 행동을 한 군인에게 수여되는 최고 훈장인 '병사훈장'(Soldier's Medal)을 받았다ㅡ옮긴이).

매카시에 따르면 이 사례에서 주목되는 바는, 그렇게 시신이 흩어져 있는 광경이 톰슨같이 '지능이 평범한' 보통사람에게 의문을 품게 했다는 사실이다. "톰슨의 고지식한 태도, 도무지 무슨 일이 일어나고 있는지 '이해'할 수 없었던 태도는 일종의 '벽창호' 같은 인간형을 보여준다."[15] 다른 사람들은 베트남에서 어떤 일이 벌어지고 있는지 잘 알고 있었다. 이들은 미라이 사건에 대해 조금도 놀라지 않았다. 베트남전쟁이 '깨끗한 전쟁'이 아니라는 건 삼척동자도 알았다. 베트남전쟁은 미라이만큼이나 끔찍한 사건들이 자주 일어난 전쟁이었다.

톰슨의 분노 그리고 학살을 저지하기 위해 상부에 보고한 행동을 보면 그가 전체 상황이 어떻게 돌아가는지 전혀 모르고 있었음이 드러난다. "자기 눈으로 목격한 바를 도저히 믿을 수 없었고 **분명히** 뭔가 엄청나게 잘못됐다고 생각한 톰슨의 인식을 바로잡아주려고 상관들은 '진정에서 우러난 마음으로' 노력했다."[16] 농촌 출신으로 전통적인 전쟁관을 갖고 있던 톰슨은 주변상황을 빨리 눈치채지 못하는 '문화적으로 덜떨어진' 인간 취급을 받았다. 톰슨이나 열아홉살짜리 기총사격수 래리 콜번은 도덕적·정치적 근거에서 베트남전쟁을 반대하지 않았다. 그들은 그저 '평범한 사람'들에 불과했는데, 미라이에서 비정상적인 엄청난 일이 벌어지고 있다고 인식했던 것이다.

이 사례는 부인이론에 특별한 의미를 더한다. 부인에 관한 통상적인 해석은 옳다. 즉 캘리와 찰리부대원들 그리고 직속상관들은 당시 사건을 즉각 부인했다. 그들은 진상을 '알아봐야겠다는 마음'이 없었다. 그러나 부인은 현재 일어나는 일을 믿지 않고 부정하는 것을 말한다. 전형적인 부인자는 다른 사람들이 보기에 너무나 당연한 현실을 제대로 보지 못하는 저능아이기 십상이다. 톰슨이 바로 이 저능아 노릇을 했다. 그는 자기가 본 것을 믿지 못하겠다고 부정했던 것이다. 그의 모자란 듯한 태도는, 세상이 이렇게 돌아가서는 안된다는 '진정어린 믿음'에서 비롯되었다. 부인은 신경증적인 방어기제가 아니라, '멀쩡한 정신'으로 주위 사람들이 죄다 제정신이 아니라고 믿는 것을 가리킨다. 그렇게 보면, "나는 왜 그런 일이 벌어지는지 이해할 수 없었습니다"라는 말은 역설적으로 부인의 표현방식이 아니라, 무언가 특별하거나 잘못된 일을 인식했다는 표시다.

세상이 불의하다는 사실을 모든 사람이 잘 알고 있는데, 왜 극소수의 사람만이 그것을 시정하려는 것일까? 어떤 사회적 조건 때문에 한 나라에서는 타인을 적극 돕는 반면, 다른 나라에서는 그렇지 않을까. 이를 조사하는 연구가 진행되었다. 유럽의 나찌 점령국들 사이에서 부역행위의 정도가 큰 차이가 났던 경우를 조사해보았다.[17] 개중에는 전통적으로 반유대주의가 강했던 곳에서 유대인 탄압이 심했다는 식의 너무나 뻔한 설명도 있었다. 하지만 유대인 90퍼센트가 살해된 라트비아, 리투아니아, 폴란드 그리고 90퍼센트가 살아남은 덴마크의 경우 그 차이를 설명할 수 없었다. 또한 이 '공모 지수'에서 노르웨이, 네덜란드, 프랑스, 헝가리 역시 모두 각기 다르게 나타난 이유는 무엇일까?[18] 같은 나라에서도 차이가 났다. 비시정권이 다스린 지역에서는 친나찌 부역행위가 극심했지만, 위그노파 교도들의 작은 마을 르샹봉에서 '교구목사의 지도하에 수백명의 유대인들에게 은신처를 제공한 놀라운 사례도 있었다.[19]

피해자들을 돕는 사람들의 동기는 각기 다르다.[20] 자기들에게 영향을 미치는 집단을 따라 행동하는 경우가 많고, 피해자들의 고통에 공감하여 도움을 주는 사람들도 있다. 하지만 자신의 도덕적 원칙에 따라 남을 돕는 사람들은 소수에 불과했다. 특별히 '이타적인 성격'이 따로 있다는 증거는 거의 없다. 같은 나라내에서 남들을 돕는 '구조자' 집단과 남들을 돕지 않는 '비구조자' 집단(비교를 위한 통제 집단)의 주요한 차이는 구조자 집단이 '포괄성'(extensivity)을 보였다는 점이다. 이들은 붙임성있고, 타인을 위해 기꺼이 책임있는 직분을 맡으려 했으며 누구든 포용하는 경향이 있었다. "참여, 관심, 배려, 책임 등이 구조자 집단의 상징이다. 단절, 초연, 배타성 등은 비구조자 집단의 특징이다."[21]

수동적 방관자들의 '편협성'(constrictedness)은 경계 바깥의 세상을 거의 보지 못하는 자아로부터 비롯된다. 이런 사람들은 타인의 욕구에 별 관심이 없으므로 자신과 가까운 사람들을 넘어선 폭넓은 인간관계를 기피하는 경향이 있다. 이와 대조적으로 '포괄성'을 가진 구조자 집단은 자신의 공동체 너머에 있는 타인들을 배려할 줄 알았다. 그들은 자신이 전체 인류에 속한다고 느끼며, 도덕적 일탈을 예민하게 느끼고, 심지어 남을 도울 기회를 적극적으로 찾는 사람이었다. "이런 사람들은 이미 타인들과 깊고 넓게 연결되어 있으므로 타인이 고통을 당할 때 구경만 하고 있기가 오히려 어려웠다. 이들은 자신의 관심 영역 내에 이미 타인들을 포함해놓게 마련이므로, 긴급사태가 일어났을 때 외부자들을 나몰라라하고 배척할 이유가 없다."[22]

"외부자들을 나 몰라라하고 배척할 이유가 없다." 나는 이 점이 결정적이라고 생각한다. 이런 사람들은 본능적으로 반응했다. 외면할 핑계를 찾지 않았던 것이다. 오히려 방관자들을 이해하지 못했다. 구조자들은 대다수 시민들이 무관심하거나 적극적으로 피해자를 돕지 않으려 한다는 것을 알고 있었다. 하지만 자신이 유난히 다른 존재라는 말을 듣지 않으려는 듯, 대부분의 사람들이 도와달라는 요청을 받으면 자기들과 똑같이 도울 거라고 주장했다. "나는 특별한 일을 한 게 아니에요. 누구라도 그 자리에 있었으면 똑같이 행동했을 겁니다." 그러나 곤경에 빠진 사람을 외면할 능력이 없다는 점이 이들의 유별난 특징이다.

포겔만은 타인에게 도움의 손길을 내민 사람 300명을 면담 조사했다. 이들의 행동에는 일회성 선행(물품을 제공하거나 하룻밤 은신처를 제공하는 것)에서 수년간에 걸친 저항활동과 피해자 구출 네트워크 참여 등이 포함되어 있다. 이들 역시 자신과 타인들을 비교해서 자신이 특별하다고 보는 견해에 동의하지 않았다.[23]

한편 '선의 평범성'이라는 주제가 계속 등장했다. 대다수 구조자들은 자신을 영웅시하지 않았다. 당시에 할 일을 했던 그저 보통사람들이라고 했다. 사건 이후 그들은 자신의 행위를 놓고 다른 사람들이 그토록 야단법석을 떠는 것을 이해하지 못했다. 하지만 그들 역시 당시를 돌아보면 자신의 행동을 이해하기 어려워했다. 자신처럼 평범한 사람이 어떻게 그런 위험을 무릅쓸 수 있었을까? 다른 한편, 이들은 대단히 예외적인 인물처럼 보인다. 곤경에 처한 타인을 돕는 행위는 "구조자의 가장 깊숙한 내면에 존재하는 가치와 신념의 핵심을 표현하는 것이다. 구조자의 이러한 자아는, 오랫동안 그의 정체성을 형성해온 중요한 요소였다."[24] 그것은 단순히 상황에 맞춰 남을 도운 기회주의적 자아, 그러니까 끔찍한 상황에서 무관심과 맹종으로 환경에 적응하는 부인하는 자아와 정반대편에 있는 상황적 자아가 아니고, 내재적으로 남을 돕도록 되어 있는 자아였다.

이외에도 여러 동기들을 거론할 수 있다. 동정심, 우정, 정치적이고 종교적인 신념, 생명의 가치에 대한 윤리적 판단 같은 것들이다. 그러나 무엇보다 **덕의 평범성**이 가장 자주 등장하는 테마이다. 상식적으로 '인간의 품위'에 걸맞게 행동하는 것, 자기가 특별한 일을 한다고 생각지 않는 것, 그 상황에서 타인을 돕는 것 말고는 다른 방도가 없다고 생각하는 것, 당연히 그래야 하므로 돕는 것, 자기가 속한 공동체와 가족 내에서 배우고 실천한 일상의 도덕을 타인에게도 계속 행하는 것 등을 꼽을 수 있다.

방관자에서 구조자로 변신하기란 착한 사마리아 사람 이야기에 나오는 행위보다 훨씬 더 어렵다. 유럽의 점령지에서 유대인을 돕다 발각되면 아주 무거운 처벌을 받았다. 그 당시 유대인을 도운 사람들은 착한 사마리아 사람이 처했던 것보다 훨씬 더 큰 위험을 감수해야 했으니, 목숨을 걸어야 했던 것이다. 제임스(James)의 개종에 관한 연구 (개종을 심리학적으로 조사했던 윌리엄 제임스의 연구를 가리킨다—옮긴이)처럼, 사람이 변신하는 것에 관한 여러가지 설명이 있다. 그것은 길고 점진적인 과정일 수도 있고, 극적이고 파격적인 만남일 수도 있으며, 갑자기 맞닥뜨린 각성의 순간일 수도 있고, 특별한 '은사'일 수도 있다. 이때 친근한 대상을 갑자기 새로운 눈으로 다시 보는 듯한 독특한 느낌이 들곤 한다. 연구대상이 되었던 기타 바우어라는 여성은 나찌정권을 오랫동안 마땅치 않게 생각하고 있었다. 그러다 '수정의 밤'을 겪었다. "그녀는 전까지만 해도 마음 한구석에 도사리고 있던 생각을 이제 정면으로 응시하게 되었다. 분명히 볼 줄 아는 능력, 나찌 말장난의 베일을 벗기고, 무고한 사람들이 살해되는 현실을 직시하는 태도, 그런 것들이 구조자와 방관자를 가르는 핵심이었다."[25] '알아봐야겠다는 마음'을 품는 것과 마찬가지로, 이렇게 '분명히 볼 줄 아는 능력'이 결정적인 차이를 낳는다.

이타주의는 합리적 선택 이론에서 변종에 속한다. 그도 그럴 것이, 이타주의자는 아무런 보상을 기대하지 않고 행동하는 사람이기 때문이다. 이때 합리적 선택 이론이 내놓는 해석은 다음과 같다. 이타주의자의 보상은 숨어 있어서 보이지 않을 뿐이다. 이타주의자도 비용과 편익을 계산해서 정신적 만족, 내가 도와주면 나도 도움을 받으리라는 상호성 그리고 또래집단의 칭송을 추구한다. 하지만 이러한 설명은 유럽의 나찌 점령지에서 일어난 현상과 전혀 들어맞지 않는다. 최근 연구에 따르면 그 당시 열세명의 구조자들 중 자신의 숨은 이익에 근거해 행동했던 합리적 행위자는 단 한 사람도 없었다.[26] 그들은 비용과 편익을 따져 유대인을 돕겠다고 결정한 게 아니었다. 구조자들은 합리적 선택 이론으로는 설명할 수 없는 일관된 삶의 유형을 따랐을 뿐이다. 또한 과거에 저지른 잘못을 속죄하기 위해 그런 행동을 할 필요도 없었다. '경품 이타주의'(물질적 이득이나 명예를 위한 행동)도 아니었고, '참여 이타주의'(자신의 심리적 만족을 위한 행동)의 흔적도 없었다. 보상을 받으려는 기대는 더더욱 없었다.

이들의 이타주의는 가족과 공동체, 국가의 이익에 얽매이지 않고 자신이 인류공동체에 속해 있다는 자아의식('포용성')에 기인했다. 자신의 정체성 인식이 추상적 도덕이나 정치적 의제에 매달리는 것보다 더 중요했다. 그 사람이 누구이든 요청을 받으면 일단 도와주고 보는 것이다. 이처럼 강력한 자아 정체감을 가진 사람들은 여러 선택지를 따져보고 제일 좋은 것을 고르는 따위의 계산적인 결정을 내릴 필요가 없었다. 그들은 다른 대안이라곤 없는 것처럼 자발적으로 행동했다. 모든 연구가 똑같은 설명을 내놓는다. "다른 방도가 없었어요." "그렇게 하지 않으면 뭐 다른 수가 있었을까요?" 이런 대답도 있다. "이것저것 따지고 할 계제가 아니었습니다. 도움이 필요한 사람들이 있어서 도왔을 뿐입니다. 사람들은 우리가 도대체 어떻게 그런 일을 시작했는지 늘 묻죠. 우리는 뭘 작정하고 시작하지 않았어요. 그냥 어쩌다보니 그렇게 됐어요. 왜 그렇게 하는지 깊이 생각해보지도 않았습니다."[27]

그러나 바드와르가 지적하듯 "구조자들이 타인을 도울 수밖에 없었다고 말하는 것은 이렇게 해석해야 한다. 즉 **자기들에게** 선택의 여지가 없었다는 것이지, 돕는 행위 외의 다른 방도가 객관적으로 전혀 **존재하지 않았다**는 말은 아니다."[28] 지적은 계속 이어진다. "자기들의 행위에 따른 댓가를 따져봐야 했을 때에도 구조자들은 의식적으로 다른 선택을 할 수가 없었다. 오히려 그럴수록 자기들이 어떤 인간인지를 더욱 인식하게 되었고, 결국 그렇게 **행동할 수밖에 없다**는 결론을 내렸다."[29]

이것은 내가 아는 인권운동가들에게도 들어맞는다. 다른 방식으로는 인권운동가들의 삶의 여정을 제대로 해석할 수 없다. 왜 어떤 사람들이 특별히 이러한 '본능적인 포괄성'을 갖는지에 대해서도 설명할 수 없다. 사회학적 차원에서 우리는 이러한 상태가 특정한 정치문화에 의해 형성될 수 있는지 알지 못한다. 또는 심리학적 차원에서도 왜 동일한 집단내에서 소수의 사람들만이 이타적인 행동을 하는지 알지 못한다. 이 점에서 남성과 여성은 서로 다른가? 이러한 행동이 다른 상황에도 시종일관 적용될 수 있는가?

일관성이 없는 사례도 잘 알려져 있다. 공적 영역에서는 이타적이고 인도적 목표에 깊이 헌신하지만 사적으로는 자녀들을 돌보지 않고 깊은 우정을 나누지도 않으며 주변 사람들의 욕구에 무관심한 사람도 종종 있다. 또는 정반대 경우를 들기 위해 리프턴의 '자아분할' 이론까지 들먹일 필요도 없을 것이다. 자기 자녀와 애완견을 끔찍이 사랑했던 나찌 의사들을 생각해보라. 자상한 부모이고 헌신적인 친구이며 자기 공동체에 깊이 뿌리내린 감수성 풍부한 인물이 자기네 집단 밖의 고통과 호소에는 철저히 무관심한 경우 말이다.

이런 사례는 아주 까다로운 질문을 던진다. 엄청난 고통을 겪은 생존자와 피해자라면 타인의 고통에 특별한 감수성을 보일 것인가? 아니면 너무나 끔찍한 경험을 했기에 자기들보다 심하지 않은 타인들의 곤경을 오히려 동정하지 않게 되는가? 양쪽 모두 확실한 증거는 없다. 미국에 거주하는 홀로코스트 생존자들을 조사했던 초기 연구에 따르면 그들은 비아프라나 베트남의 이미지가 텔레비전 화면에 나올 때 그 장면에서 결코 눈을 떼지 못했다.[30] 타인을 돕는 구조자들처럼 이들도 곤경에 빠진 사람들을 도울 수밖에 없다고 느꼈다. 절대로 무관심할 수가 없는 것처럼 보였다. 원하든 원치 않든 그들은 차라리 보지 말았으면 하는 것을 볼 수밖에 없었고, 마음이 불편해지는 대상에 대해서도 피해자의 고통을 느낄 수밖에 없었다. 그러나 이러한 감정을 느낀다고 해서 그들이 더 고매한 인간이라는 말은 아니다. 이런 사람들은 1960년대의 반전시위나 기타 정치적 이슈들에 별로 호응하지 않았다. '우리의' 고통과 '그들의' 고통 사이에는 아주 거대한 비일관성, 심지어 이분법이 놓여 있는지도 모른다.

더 많이 시인하게 하려면

지금보다 더 좋은 세상에서라면 바이스 부인이나 바우어 그리고 톰슨 같은 사람이 남들보다 그다지 더 훌륭해 보이지 않을 것이다. 우리는 이런 문제에 관해 머리를 짜내라고 많은 급여를 받는 훌륭한 사람들—유엔 전문기구, 싱크탱크, 대학, 각국 정부, 평화연구소에서 일하는—이 문제를 잘 이해하기를 바랄 수밖에 없다. 그리고 이 사람들이 진지하고 점잖은 사람들이라고 가정해야 할 것이다.

이보다 덜 야심 찬 계획이긴 하나 당분간 해볼 만한 프로그램으로, 불건전한 문화적 부인 형태를 극복하고 더 많은 시인을 장려하는 것을 들 수 있다. 우리는 이미 나쁜 소식을 알고 있다. 즉 사람들에게 그저 많은 정보를 제공해준다고 해서 반드시 유익한 결과를 낳는 건 아니라는 사실 말이다. 하지만 사람들이 알고 있는 사실과 그들의 행동을 어떻게 연결시킬 수 있을까? 과거에 '인지적 불협화 이론'(cognitive dissonance theory)이라고 불렸던 사회과학 교훈은 그리 위안이 되지 않는다. 나는 점잖은 인간이지만, 나의 가치와 어긋나게 행동하는 국가에 살고 있고 국가를 믿는 편이다. 이런 일관성 없는 자기 이미지로 인해 갈등이 생긴다면, 균형이나 일관성을 모색하기 위해 행동을 변화시킬 수도 있다.

이외에도 심리적 불쾌감을 줄이는 데에는 두가지 방법이 더 있는데 이것이 더 빈번하게 사용된다. 첫째, 그 주제를 생각하지 않음으로써 마음의 평정을 유지하는 방법이다. '현장에서 빼내옴' 또는 '내부 망명'이다. 둘째, 문화적으로 승인된 부인전략을 활용함으로써 정보를 바꾸거나, 비틀거나, 왜곡시키는 방법이다. 사물은 외견상 보이는 것만큼 그렇게 나쁘지 않다, 여기보다 더 나쁜 데도 있다.

　태도와 행동을 바꾸는 것은 이보다 훨씬 더 어렵다. 특히 위험하거나 불안한 상황에서는 더 말할 것도 없다. 사실을 제시하거나 도덕적 주장을 내세우는 것, 심지어 내면 깊숙한 곳에 도사린 불안과 공포를 참을성있게 억누르는 것만으로는 절대 충분치 않다. 위의 모든 방법들을 시도해보는 것은 좋지만 즉각 결과를 낳으리라고 기대해서는 안 된다. 여기서 네 종류의 정치적 전략을 제시하겠다. 교육과 예방, 법적인 강제, 호소, 시인할 수 있는 통로를 만들어주기 등이다.

교육과 예방

　인권공동체는 두 종류의 교육관을 둘러싸고 나뉘어 있다. 한쪽은 인권이라는 가치의 덕성을 강조하는데, 여기서 세계인권선언은 '긍정적 이미지로 제시된다. 다른 쪽은 인권침해 사례와 고통의 이미지를 더 많이 보여준다('부정적 이미지'). 두 방법 모두 인권의 시인을 장려하기 위해 필요하며, 소극적 방관자를 책임있는 주체로 변화시키기 위한 정책적 의제와 연결되어 있다.[31] 이 의제는 물론 대단히 급진적인 것은 아니고 자유주의적 처방에 불과하다. 이런 실천방안을 생각해보자. 도덕적 포용성과 개인적인 모범의 가치를 강조하는 자녀양육, 자기와 다른 존재를 관용하며 도덕적 경계의 범위를 넓히는 행위, 맹목적인 복종의 한계 그리고 인권침해를 영속화하는 수동적 방관자 역할에 관한 공공교육, 사람들을 '서로 배려하는 네트워크'(caring network) 속으로 끌어들이는 가치를 인정하는 것.

　하지만 어떻게 이를 행할 수 있을까? 클라크슨은 긴급구조대에서

538

일반인 대상으로 응급조치교실을 운영하듯이, '방관자의 개입 요령 훈련법' 같은 교육 프로그램을 생각해볼 필요가 있다고 말한다.[32] 이 교육과정에는 인권침해, 인간고통, 부인, 공모적 방관 등에 관한 상세한 설명이 포함되어야 할 것이다. 교육 목적은 단순히 개탄을 일삼거나 타인의 고통을 아무 대책 없이 엿보려는 것이 아니다. 가해자와 방관자가 내놓는 해명을 폭로하고 그것을 허물어뜨릴 방안에 초점을 맞춰야 한다. 단순히 이타주의와 인권침해 사건에 대한 개입의 맥락을 강조하기보다, 행동 동기에 근거한 설명을 장려하고 제시해야 한다. 남을 도운 사람들이 자기 행동을 어떻게 설명하는지 알아보자 또는 당신도 타인을 도운 뒤에 그런 사람들과 똑같은 말을 하겠는가? 등.

이러한 모델에서는 전설적인 인물이나 노벨평화상 수상자들뿐 아니라 보통사람들도 다루어야 한다. 여기서 교훈이 될 만한 사례로 '정명상'(正命賞, 영어로 Right Livelihood Award라고 부름. 불교의 팔정도八正道 중 '바른 삶(正命)'에서 비롯된 용어이다—옮긴이)이 있다. 이 상은 1985년부터 매년 스톡홀름에서 노벨상 시상식 전날, 사회정의와 인권, 평화와 군축, 소수자 보호, 여성 권리, 환경문제 등에 헌신해온 개인과 단체에 수여된다. 수상자들은 '하나의 인류라는 비전'을 공유하는 이들로 온갖 배경을 가지고 있다. 부르키나파소의 지역사회 운동가, 나이지리아의 소수종족인 오고니의 권리를 위해 활동하는 법률가, 헝가리의 집시족을 위한 활동가, 이스라엘의 비밀 핵무기 시설을 폭로한 핵 기술자 모르데카이 바누누 등이다. 이러한 사람들 외에도 앞에서 살펴본 바이스 부인, 레나, 은테투루예, 프리즈, 톰슨 같은 인물도 소개할 수 있을 것이다.

사람들은 교육 내용 중 이타주의의 이상과 역할모델 외에도, 타인을 도우려는 욕구를 어디에서 어떻게 실천할 수 있는지를 배워야 한다. 구체적 실천방안을 다룬 핸드북이 있지만,[33] 이런 책들은 인권의 시인과 행동을 연결시키지 않는 한계가 있다. 피해자에게는 자신의 고통을 공개할 통로가 필요한데 이는 방관자 역시 마찬가지다. 어떤 정신분석 치료사는 가정폭력의 희생자들을 위한 '통로'(과정)를 설계해보자는 제안을 내놓았다.[34] 자기 고통을 공개하기 전에 '통로'를 거치는 것이 좋으며, 피해자들은 이런 통로가 있음을 사전에 알아야 한다. 피해자와 방관자를 위한 '통로'는 활용하기 쉽고, 실제로 이용할 수 있어야 하며, 여러 방법들이 연계되어 있어야 하고, 당연히 실행할 가치가 있어야 한다.

법적인 강제

법적 조치는 처음 보아서는 부인상태를 예방하거나 인권을 시인하도록 하기에 지나치게 조야한 도구처럼 보인다. 그러나 마음속 깊은 곳에서의 회심(回心)이 없더라도, 법을 통해 사람의 행동에 영향을 줄 수 있다면 법의 규범력과 강제력을 동원하는 것도 나쁘지 않아 보인다. 똑같이 복잡한 사회생활의 여러 영역에서도 어차피 법적 규제와 통제를 활용하고 있지 않은가. 법적 강제에는 네가지 가능성이 있다. 즉 '부인을 범죄로 지정함' 그리고 '기억해야 할 의무' '도와야 할 의무' '알아야 할 의무'를 지기 등이다.

부인을 범죄로 지정함

오스트리아, 프랑스, 캐나다는 1990년대 들어 그리고 이스라엘과 독일은 그 이전에 홀로코스트와 제노싸이드를 비롯한 반인도적 범죄를 부인하는 행위를 불법화하는 법을 제정했다.[35] 이러한 특별입법은 증오와 차별 선동을 금지하는 일반적인 형법에서 파생되었다. 형법상의 이러한 범죄는 '증오 범죄'(hate crime)라고 불린다. 그러니까 민족적, 인종적, 종교적 이유에서 저질러진 범죄이다. 인종적 우월성에 근거한 견해를 전파하지 못하게 하거나, 인종적 열등감을 암시하는 경멸의 표현을 금지하는 법들도 있다.

홀로코스트부인금지법을 제정한 정치적 이유로는 피해자 배려, 단순한 비난이나 학문적 주장만으로는 수정주의적 부인 같은 역사적 부인을 막지 못할 것이라는 생각 그리고 특히 유럽 극우파의 부활 우려 때문이다. '이른바 홀로코스트'라는 것이 전쟁 후 유대인들이 독일의 배상을 받아내기 위해 조작한 사건이라는 주장은 유대인에 대한 증오와 폭력을 조장하는 경향과 연결되어 있다. 그러나 어떤 법에서는 유대인 말살정책을 문자 그대로 부인하는 것이 그 자체로는 유죄의 근거가 되지 못한다. 이런 법에서는 문자적 부인과 함께 유대인들이 홀로코스트를 조작했다는 주장을 선동할 의도 또는 그런 혐의를 제기하려는 의도가 있어야 한다. 이스라엘 법으로는, 나찌정권 아래에서의 "반인도적 행위의 규모를 부인하거나 축소"하는 범죄('유대민족 또는 인류에 반하는 범죄')가 성립되려면 인권침해자를 옹호하거나 동정을 표하려는 의도가 있었음을 입증해야 한다.

일부 서유럽 국가들의 입법은 의도나 선동이 없더라도 인권침해 사실을 부인하는 행위 자체를 불법시하는 쪽에 가깝다. 프랑스 법에서는 특정한 반인도적 범죄에 **이의를 제기**하는 사람은 누구나 처벌할 수 있게 돼 있다. 이러한 부인금지법에서는 세가지 형태의 고전적 부인 사례를 모두 다룬다. 사실의 부인, 해석의 부인, 부인의 정당화 등이다. 오스트리아의 경우, 나찌의 제노싸이드나 반인도적 범죄를 공개적으로 **부인하거나, 심대하게 축소왜곡하거나, 승인하거나, 정당화하는** 사람은 누구나 처벌할 수 있다. 스위스는, 제노싸이드와 반인도적 범죄를 **심대하게 축소왜곡하거나 부정하는** 사람은 누구나 처벌할 수 있다. 독일법에서는 '모욕'을 금지하는 법규의 테두리내에서 반인도적 **범죄를 승인하려 하거나, 부인하거나, 무해한 것으로 보이게 하는** 행위를 범죄로 규정해 금지한다.

반인도적 범죄의 부인을 금지하는 특별법이 필요하다는 주장은 증오의 선동과 허위사실 유포, 범죄 찬양 등을 금지하고 명예를 보호할 목적으로 제정된 일반 법규만으로는 충분치 못하다는 논리에 근거한다. 물론 언론의 자유와 기타 시민적 자유 등의 이유로 이러한 부인금지법을 반대하는 목소리도 있다. 이러한 처벌이 부인자들을 순교자로 만들어줄 뿐이라는 비판도 있다. 이러한 특별법이 어느정도 억지·예방 효과가 있는지는 확인하기 어렵다.

기억해야 할 의무

진실위원회나 정치적 재판, 공식조사 그리고 과거 인권침해에 관한 전모를 공개하고 출판하려는 시도 등은 미래의 인권침해 가능성을 줄일 것이라고 가정된다. "결코 다시는!" 만일 그렇다면 각국 정부는 법적으로 '기억해야 할 의무'를 져야 마땅하지 않을까? 과거사를 집단적으로 시인하는 것이 절대적·상징적으로 가치가 있으므로, 민주주의가 진행중인 나라에서는 법적으로 진실위원회를 반드시 설립해야 한다고 나는 믿는다.

유엔차별방지소위원회는 그 '원칙 초안'에 '기억해야 할 의무'를 이미 포함해놓았다.

> 인민이 탄압받은 역사를 기억하는 것은 그들 유산의 일부이므로, 국가는 기억해야 할 의무를 이행할 수 있는 적절한 조치를 통해 유산을 보존해야 마땅하다. 그러한 조치는 집단적 기억을 망각에서 구해내고, 특히 수정주의와 역사부정 논리가 발흥하지 않도록 경계하는 것을 목표로 해야 한다.[36]

도와야 할 의무

방관자 효과에 관한 사회과학적 연구와 성경에 나오는 착한 사마리아 사람의 비유는 명명백백하게 도덕적 교훈을 전달하려 한다. 여기서 우리는 제노비스의 이웃들 그리고 부상당한 사람을 그냥 지나친 사제와 레위인은 도덕과 시민권의 초보적 수준도 충족시키지 못했다는 결론을 내리게 되어 있다. 그러나 잘 모르는 사람을 돕기 위해, 특히 그의 생명을 구하기 위해 개입해야 할 의무나 요건을 법률로 강제할 수 있을까? 그러니까 인권의 '시인'을 강요할 수 있는가?

'도와야 할 의무'라는 개념은 매우 복잡한 법리 논쟁의 주제이다.[37] 긴급사태를 목격했을 때, 특히 타인의 생명이 경각에 달린 상황일 때 직접 개입하거나, 적어도 당국에 알려야 한다고 규정한 민법이나 형법이 있다. 미아 찾기, 강간, 폭행, 가정폭력 등이 여기에 해당되는 전형적인 상황이다. '구조'법 또는 '지원의무'법은 유럽대륙의 법전통에서 오랜 역사를 갖고 있지만, 앵글로쌕슨의 관습법(common law) 체계에서는 드문 편이다.[38] 그러나 관찰자도 어떤 사태에 개입해야 한다는 법을 놓고 최근 미국에서 토론이 벌어지고 있다. 제노비스 사건이 제일 많이 인용된다 할 수 있다.

여기서 논쟁의 초점은 타인을 돕는 행위의 도덕적 가치에 관한 것이 아니고, 법으로 어떤 행동기준을 강제하는 것이 타당한가 하는 점이다. 위험에 처한 사람을 돕지 않는 행위를 불법으로 규정하겠다는 발상을 싫어하는 사람들이 많다. 그들은 덕행을 법으로 정할 수는 없다, 시민의 권리가 침해된다, 개인의 양심을 법으로 통제할 수 없다, 그리고 뭐라고 하든 그런 법은 제대로 시행될 수 없다고 주장하면서 반대한다. 그리고 본인이 직접 목격하지 않았어도 피해자의 상황을 잘 알고 있는 경우에까지 도덕적 가책과 '긴박한 위험'이라는 관념을 확장한다면 이러한 반대가 더 심해질 것이다. 타인의 고통에 어떤 행동을 취해야 할 도덕적 의무를 지우는 것이, 인권침해 상황을 직접 목격한 방관자에게만 피해자를 도와야 하는 의무를 지우는 것인가? 도덕적 의무가 눈에 보이는 위험에만 적용된다면, 방글라데시의 기아에 대해서 또는 스리랑카의 비사법적 처형에 대해서 어떤 행동을 취하자고 호소하는 것은 보편도덕으로서의 호소력을 잃고 말 것이다.

알아야 할 의무

타인을 도와야 할 의무보다 더 급진적인 요구는 인간고통과 인권침해를 알아야 하고, 그와 관련한 정보를 받아들일 의무를 법으로 규정하자는 주장이다. 물론 우리들이 인권침해에 관해 모든 사실을 알 수는 없다. 하지만 우리가 그런 정보를 무시하기로 **작정한다면**, 고의적

544

으로 못 본 체한다면, 뉴스를 읽지도 보지도 않는다면 어떻게 해야 할까? 그런 사실에 주의를 기울이지 않는 것에 대해 자책해야 하지 않을까? 또 한편 정보를 받아들이려 하지 않고, 타인의 고통을 인식하려 하지 않는 태도가 도덕적으로 비난받을 만한 일인가?

거짓말, 감추기, 자기기만에 관련된 윤리는, '나는 몰랐다'는 핑계가 도덕적 책임을 면제해줄 수 있는 상황을 찾으려 한다. 보크는 묻는다. 막을 수 있었던 가혹행위나 인간고통을 몰랐다고 핑계를 대기 위해 사용하는 회피전략을 도덕적으로 어떻게 평가해야 할 것인가?[39] 보크는 자기 스스로 부과한 무지와, 기타 형태의 무지는 서로 다르다고 본다. 일정한 정황에서 '고의적으로 눈 감는 것'은 도덕적으로 책망받아야 한다는 것이다. 그러나 "도덕적 책임성의 관념을 지나치게 확장해서 사람들이 무시하거나 눈치채지 못하는 모든 것 또는 우리가 합리화하거나 회피전략을 활용하는 모든 상황에까지 적용"하려 드는 것은 지나치다고 지적한다.[40]

이것과 정반대 이론으로 "먼 곳에서 일어나는 인권침해에 관한 정보를 받아들일 의무"라는 사상이 있다.[41] 주요 인권침해 사건에 대한 무지의 원인이 고의적인 외면이라면 그것은 도덕적으로 정당화될 수 없다. 다른 한편, 어떤 정보를 받아들일 수 있는 수단이나 기회를 갖지 못했을 경우에는, 몰랐다는 것이 정당한 핑계가 될 수도 있다. 우리에게 친숙한 사례들은 양 극단 사이 어디쯤에 해당될 것이다. 펠리스는 미국시민 같은 '평균적' 서구인에게(CNN을 시청하는?) 먼 곳에서 일어나는 인권침해를 모른다는 것은 말이 안되며, 그러한 사건에 대해 아무런 행동을 취하지 않는 것은 도덕적으로 용납될 수 없다고 주장한다. 만일 위의 항목에서 본 대로 타인의 고통을 막아야 할 법적 의무를 인정한다면, 먼 곳(특히 자기나라가 영향을 끼치는 국가에 대해)에서 일어나는 인권침해에 관한 정보를 받아들이려 노력할 의무가 따르며, 사람들은 그러한 의무를 준수할 수 있을 것이라고 한다. 펠리스는 자신의 제안에 대한 반대의견을 이렇게 정리한다.

1. 보통 시민들은 정치적으로 너무 무지하고 순진하므로 인권침해 사태를 진정으로 이해하기는 어렵다. 이것을 넘어 정보를 찾으려면 애초에 그럴 의지와 배경지식이 있어야 하는데, 이는 사실 바라기 어려운 기대이다.

2. 시민들이 필요한 정보를 찾는다 하더라도 이들은 너무나 무지하고 능력이 부족해서 이런 정보를 어떻게 활용할지 모른다.

3. 사람들은 자기가 도와서 효과가 있는 대상만 돕는 것을 좋아한다. 먼 곳에서 벌어진 인권침해 사태에 한 개인이 개입해봤자 사태를 중단시키기는 어렵다. 자신의 지역공동체에 속한 사람을 돕는 쪽이 더 효과가 있다. 그러니 먼 곳의 인권침해에 대해 정보를 입수하기 위해 시간과 정력을 낭비할 필요가 있을까?

4. 일반 개인들은 동티모르 학살 같은 사건을 예방하거나 지연시킬 수 없다. 그러한 인권침해 사태는 현 세계질서의 불가피한 산물이기 때문이다. 인권침해 사태는 개인의 능력을 넘어서는 역사적 상황 속에서 발생한다.

5. "좋다, 타인을 돕는 것은 좋은 일이다. 그런데 타인을 돕지 않는 것이 나쁜 일인가?" 칭찬할 수 있는 행위와 의무적인 행위는 구분해야 마땅하다.

6. 보통 시민이 주요 인권침해 사태를 알게 되었을 때에는, 이미 그

사건이 일어나버린 후라서 그것을 막기 위해 할 수 있는 일이 없다. 사전 지식이 있어야 예방할 수 있다.

이러한 반대의견에 대한 펠리스의 재반박에 동의할 사람은 많지 않을 것 같다. 펠리스가 제안한 법적 의무를 강제할 수 있다고 보는 사람은 더 적을 것으로 보인다. 오히려 대다수 사람들은 대니얼 엘스버그의 멋진 표현, '알지 않을 권리'(right not to know)를 선호할 것이다. 그러나 위에서 소개한 여섯가지 반대의견은 앰네스티 캠페인에서 표준적으로 겨냥하는 것들이다. 그러한 맥락을 고려한다면 우리 대다수는 이런 반대의견을 비록 현실적으로 일리가 있다 하더라도 진부한 부인논리의 재탕이며 합리화에 지나지 않는다고 비판할 것이다. 따라서 이러한 반대의견은 차라리 '그래 너 참 똑똑하다'라는 식의 손가락질을 받아 마땅하다.

호소

합리적 선택 이론을 지지하는 사람들은 여전히 이타주의가 가시적인 물질적 보상은 없더라도 내재적인 보상을 부여하므로 이것 역시 비용-편익 계산에 포함될 수 있다고 생각한다. 그러나 자신의 양심에 부응하는 행동에서 받을 '보상'은 합리적 선택 이론이 상정하는 비용-편익 계산 공식에서 도출되는 것보다 훨씬 덜 구체적이고, 예측가능하다. 이타주의로 얻을 수 있는 유일한 편익은 반복을 통해 이타주의적 행동이 강화되는 것 정도이다. 일단 타인을 돕기 시작하면 그 행위를 계속할 수 있다는 것이다. 그러나 타인을 돕는 행위를 시작한 후에는 각기 다른 방식으로 그것이 강화된다. 어떤 사람들은 구체적인 결과 확인을 요구하면서 자기 행동을 계속하고, 다른 사람들은 자신이 자력화된다는 느낌에 고무되어 선행을 계속한다. 자기 이미지와 자아의 가치에 충실한 것에 대해 스스로 대견해하는 사람들도 있다.

우리가 이미 보았듯이 캠페인 호소들은 서로 상당히 다른─심지어 이론상 서로 일치하지 않는─메시지를 사용한다. 죄의식과 수치감을 불러일으키는 구식 메시지는 현대식 합리적 선택과 마케팅의 비정서적 담론으로 다시 규정될 수 있다. 캠페인 대상 집단은 개별 '소비자들'이라고 가정된다. 이런 개인들은 타인을 배려하는 사람이고, 옳고 그른 것을 식별하는 능력이 있으며, 타인을 도우려는 욕구를 충족시키고 싶어 한다. "당신은 타인을 배려하실 거죠?"라는 메시지는 그 사람의 죄의식을 불러일으키려고 하지 않는다. 당신은 죄의식─또는 수치심─을 피할 수 있는 선택을 하라는 제안을 받을 뿐이다. 이 메시지에 호응하지 않을 때에만 죄의식이 생길 뿐이라고 한다. 메시지에 호응하더라도 죄의식이 생기진 않는다. 당신이 개인적으로 어떤 라이프스타일을 고수하든, 이 세상의 참혹한 현실을 인정하는 한(그것에 대해 생각하고 어떤 행동을 취하는 한), 죄의식을 느낄 필요가 없다.

시인할 수 있는 통로를 만들어줌

자선단체와 마찬가지로 인권단체들도 내가 "시인할 수 있는 통로"라고 표현하는 방법을 많이 활용하고 있다. 이것은 기부자(얼마나 많이 기부하든 상관없이)에게 그의 생각이나 시간, 정력을 아주 많이 투자하도록 요구하지 않는 기금조성 방식이다. 개인수표를 끊을 필요가 없고 진정서에 서명할 필요도 없고 모금함에 동전을 넣을 필요도 없다. 어떤 대의명분이 지지할 가치가 있다고 시인할 때 그것이 정상적인 삶의 방식과 연결되도록 편리한 통로를 만들어줄 뿐이다. 이때 개인의 의지가 제도화되고 의식화될 수 있다. 다음은 그런 '통로'의 몇가지 사례이다.

윤리적 유산 자기가 선호하는 좋은 목적에 유산을 남기는 전통적 방식이 이제 '윤리적 유산'(ethical wills)이라는 전문화된 방식으로 진화했다. 전업 컨설턴트와 전문가들이, 경쟁이 대단히 심한 이 시장에서, 윤리적 유산을 장려하고 배분하기 위해 일하고 있다. '무덤 너머의 시인'인 셈이다.

윤리적 투자 윤리적 투자를 취급하는 전문가들이 '양심적 수익' 같은 구호를 내세우면서 윤리적 연기금, 담보대출, 저축, 생명보험 시장에서 고객들에게 자문을 제공한다. 대부분의 자문은 소극적인 내용이다. 인도적 기준으로 보아 명백하게 문제있는 기업, 은행 등에 투자하지 마라고 권한다. 예를 들어 불공정 무역, 원주민들의 토지 압류, 아동노동 착취, 여성의 불공평한 고용 등이 기준이다. 적극적인 자문도 있다. 명백하게 '윤리적 사업' 관행을 실천하는 회사 또는 공정무역과 부채상환 운동과 연관된 기업에 투자하라는 것이다. 어떤 저축통장에서는 이자의 전부 또는 일부를 자선단체에 기부하도록 하기도 한다.

기금조성용 신용카드('죄책감 제로 신용카드'라고도 함) 이 방식의 기본 아이디어는 신용카드 사용대금 중 일정액을 정기적으로 자선단체에 기부한다는 것이다. 몇년전 아메리칸 익스프레스 신용카드 회원들은 1시간 동안 칵테일을 즐길 수 있는 뉴욕의 시포트라인 유람선을 타면 그중 운임의 절반을 암예방 연구프로젝트에 기부하게 된다는 카드회사 제안을 받은 적이 있었다. WWW(Womankind World-wide)라는 여성단체는 최근 뱅크오브스코틀랜드(Bank of Scotland) 은행과 연계하여 신용카드를 내놓았다. 회원들이 이 카드로 100파운드를 쓸 때마다 은행이 WWW에 25펜스(1파운드의 1/4, 즉 전체 소비액의 0.25퍼센트—옮긴이)를 기부하게 된다. WWW의 대변인은 이렇게 말한다. "정장 세벌 값 또는 900파운드를 썼을 때 우리 단체가 기부받는 금액으로 인도의 지역사회 활동가 한 사람에게 한달치 급여를 줄 수 있고, 아프리카에서는 젖 짜는 염소 한마리와 닭 두마리를 구입할 수 있다." 그 대변인은 흔히 여성들이 쇼핑을 나갈 때 죄책감을 느끼지만 이렇게 기부활동으로 연결되면 기분이 좋아질 것이라고 말한다

선행용 잔돈 '선행용 잔돈'(Change for Good, '선을 위한 변화'라는 이중 의미가 있음—옮긴이)이라는 참신한 표현은 유니쎄프(유엔아동구호기금)에서 지난 10년간 국제선 항공 승객들에게 배포한 동전 수거용 봉투에 적힌 구호이다. 봉투의 제목은 "외국의 동전들을 넣어둘 수 있는 좋은 장소"라고 되어 있다. 봉투는 표준적인 메시지를 전한다. "매일 4만명의 아이들이 영양실조, 탈수, 전염병 때문에 허망하게 죽어가고 있는" 현실을 **당신은 아셨습니까?** 그렇다면 5달러**만 쓰셔도** "한 아이의 질병예방에 꼭 필요한 백신 주사를 놓아줄 수 있습니다." 봉투를 배포하면서 영상을 함께 보여주기도 한다(불쌍한 소말리아 아이를 안고 있는

550

오드리 헵번이나 제리 할리웰의 모습). 기장이나 사무장이 기내방송을 통해 승무원이 여러분의 외국 동전을 수거하러 다닐 거라고 안내한다(당신은 거추장스런 외국 동전을 너무 많이 갖고 있으므로 그것을 봉투에 담아 기부하는 게 속 시원할 뿐이다).

정치적으로 옳은 소비 소비자 불매운동—아파르트헤이트 반대운동과 흔히 연관되곤 했던—은 가장 친숙한 방식의 '시인을 위한 통로'이다. "남아공(또는 스페인이나 이스라엘)산 오렌지를 구입하지 맙시다." 이제 이 방식은 환경운동이나 동물권을 옹호하는 운동에서 널리사용되고 있다. 생태친화적이지 않은 농산물이나 동물실험을 거친 상품을 구매하지 마라는 권고이다. 부정적 호소, 죄의식, 향락의 절제 등을 합친 메시지가 초콜릿은 특히 여성노동자에게 불평등을 안겨주는환금작물이라고 알려준다.[42] 그 수익이 좋은 목적에 쓰인다는 것을 알때에는 어차피 구입해야 할 상품이나 써비스를 잘 고르라는 긍정적메시지도 있다. 영국의 어떤 여행사는 이런 광고를 내보낸다. "우리여행사를 이용하실 때마다 저희는 액션 에이드(Action Aid)에 50파운드를 기부하겠습니다." 벤앤드제리(Ben & Jerry) 아이스크림을 사면수익금 일부가 좋은 목적에 쓰인다(호두 맛 특별 아이스크림이 열대우림을 살립니다). 보디숍(Body Shop)의 '환경친화적' 상품을 구입하면 노동자에게 더 많은 이윤이 돌아간다고 한다. 공정무역재단(Fairtrade Foundation)은 자기들이 검증한 회사에 대해 공정무역 로고를쓰도록 해준다. 이렇게 되면 소비자들이 노동자를 착취하지 않고 생산·유통된 상품을 가려낼 수 있다. '윤리적소비자연구협회'(Ethical Consumer Research Association)에서는 상품에 관한 상세한 지침, 순위표, 회사소개 등을 내놓고 있는데, 이것을 통해 온갖 종류의 숨어 있는 비윤리적 기업활동을 파헤침으로써 소비자가 '무원칙한 구매'를 하지 않도록 도와준다.[43] 각종 인권단체에서는 화려한 카탈로그를 통해(그 물건이 방글라데시산인지 네팔산인지 표시된 부호가 있으며, "이 물품을 구매하실 때마다 수익의 ○○퍼센트가 ○○에게 돌아갑니다"라는 즉각적인 자력화 메시지가 실려 있는) 각국의 토속 상품(가방, 방석, 깔개, 스카프, 카페트 등)을 판매한다. 1992년 까페디렉트 (Cafe Direct)는 '윤리적으로 건전한 커피' 판매를 위한 캠페인(옥스팸이나 크리스천 에이드 같은 단체의 후원을 받아)을 시작했다. 까페디렉트를 통해 구입한 커피 판매금은 라틴아메리카의 커피 생산자들에게 직접 보내진다. 이러한 공정무역 커피는 커피 생산자와 그 가족들에게 직접 혜택을 준다. 홍보를 위한 구호는 단순하고 식별하기 쉬우며 자력화를 돕는 내용이다. "당신은 멋진 커피를 발견합니다. 그들은 학교를 마십니다." 또는 "당신은 멋진 커피를 가집니다. 그들은 백신 주사를 받습니다." 공정무역 캠페인은 매우 효과적이었다. 판매가 단시일내에 안정권에 접어들었고, 사람들이 윤리적 무역 상품을 환영한다—심지어 돈을 더 지불하더라도—는 증거가 계속 나오고 있다.[44]

기분 좋게 선행하는 법 기본 시나리오는 다음과 같다. 할리우드의 유명배우들이 전세계 빈민들과의 연대를 상징하기 위해 공개적으로 밥과 물만 먹는다. 옥스팸 미국지부가 주관하는 연례 기아체험 연회석상에서는 참석자들에게 무작위로 일품요리, 콩과 빵 또는 쌀과 물을 대접한다.[45] 영국의 '워차일드'(War Child)라는 자선단체는 '평화를 위한 축제'를 조직하였는데, 축제에 참가하는 사람들은 단체가 선정한

552

100개의 식당 중 아무 곳에나 가서 식사를 하고 그 식당은 워차일드에 식사대금의 25퍼센트를 기부했다. 당신이 더 많이 먹을수록 그들은 더 많이 기부할 수 있다. 워차일드의 대변인은 캠페인의 원칙을 이렇게 설명했다. "즐거운 시간을 보내면서 좋은 일도 하세요." 반면에 '다이어트하면서 굶는 사람들을 돕는다'(Dieters Feed the Hungry)라는 단체에서는 다이어트하는 사람들이 자기들이 과식하지 않기 위해 줄인 음식을 타인에게 기부하도록 한다. 이 단체의 설립자는 다이어트하는 사람들이 시간과 에너지를 음식이 절실하게 필요한 사람들에게 나눠줌으로써, 단순히 자기의 체중을 줄인다는 목적을 넘어 다이어트 행위에 좀더 깊은 의미를 부여할 수 있다고 주장한다.[46] 이것은 뚱뚱한 부자들이 체중감량 행위를 두고 장난치는 것 같이 들릴지도 모르지만, 이들은 그렇지 않다고 주장한다. 당신의 다이어트를 '기념하면서' 음식을 타인에게 기부하는 행위—참치 통조림 한통 또는 땅콩버터 한병을 내놓거나, 카세롤을 만들어 무료급식소에 가져다주는—는 인권을 깊이있게 '시인'하는 계기가 된다는 것이다. "많은 사람들에게, 그 자리에서 개인수표에 서명해서 내놓는 행위는 인권문제의 저변에 깔린 진짜 문제들을 손쉽게 처리하는 탈출구가 되겠지만, 다른 사람에게 직접 음식을 해 먹이는 행위는 깊고 더 직접적인 의미가 있다."[47]

그런데 이런 방법들은, 부모들이 자녀들에게 아프리카 애들은 먹을 게 없어 굶고 있으니 밥투정 하지 말고 먹으라고 설득하는 것과 흡사하다. 미국의 대중음악가 겸 풍자 개그맨 앨런 셔먼은 이렇게 표현한다. "부모님의 말씀대로 나는 많이 먹었다. 나는 뚱뚱해졌고 아프리카의 아이들은 계속 굶었다." 전후 남아공에서 자란 내 경우를 들자면 단 한번도 우리 주변의 배곯는 사람들 이야기는 들어본 적이 없다. 대신

유럽의 불쌍한 아이들을 생각하면서 더 먹으라는 말을 듣기는 했다. 최악의 경우, 이런 방법은 이기적인 회피전략에 불과하다. 기부자는 현실을 부인하면서 그와 동시에 자기가 자선을 베푼다는 식으로—문화적으로 승인된 자기기만—마음 편하게 행동할 수 있다. 기업은 죄의식을 덜 수 있는 돈을 기부하면서 손쉽게 대중의 평판을 얻을 수 있다.

그런데, 나는 이러한 기금조성 방식(일반적인 시인의 정치가 아닌)을 나 스스로는 눈감아줄 만하다고 생각한다. 그런 단체들이 더러운 사업에 직접 연루되지 않은 이상, '마음의 경찰'을 불러내 사람들의 기부 동기를 꼬치꼬치 캐묻고 검열할 필요는 없다고 생각한다. 그들이 평화로운 마음으로 기부할 수 있도록 내버려두자.

어떤 사회에 존재하는 시인의 총량이 얼마나 되는지를 측정해보면 좋을 것 같다. 그렇게 되면 시간에 따른 변화양상이나 서로 다른 사회들을 비교해볼 수 있을 것이다. 인권침해에 대해 적절한 수준의 사회적 반응을 결정할 수 있는 공식을 개발할 수 있다면 더 좋을 것 같기도 하다. 달라이 라마와 넬슨 만델라가 공동의장을 맡은 '국제좋은사람들위원회'〔가상 단체〕에서 인권침해와 인간고통에 관한 보편적 척도를 만들어보면 어떨까. 사법부의 양형 기준처럼, 이 척도에서의 각 점수는 인권침해에 대한 적절한 (필수적) 반응 수준을 나타낸다. 예컨대 A2 수준의 인권침해(예, 평화적 시위자 10~15명이 사살되고, 5~10명이 최루탄으로 실명하고, 적어도 30명 이상이 자의적으로 체포됨) 또는 B3 수준의 인간고통(예, 난민촌에서 하루에 200명 이상이 이질로 죽어감)에는 '인간 존엄성의 리히터 지수'에서 6점에 해당하는 시인과 대응조치가 나와야 한다는 식으로 말이다.

아! 하지만 이러한 프로젝트를 진지하게 취급할 수는 없다. 인권침해의 평가는 주관적이며, 정치적 판단이 개입되는 행위이다. 동일한 가치관을 지닌 좋은 사람들이라 하더라도 정반대 결론에 도달할 것이다. 나아가 이들은 부인의 경계선을 매우 상이하게 설정할 것이다.

아렌트의 '최소주의'(minimalism)에서 공통분모를 찾을 수 있을지도 모르겠다. 아렌트는 유대인 유격대원들을 도왔던 독일군 하사(나중에 체포되어 처형됨)의 사례를 논하면서 이런 질문을 던진다. 왜 그런 사람이 그토록 적었던가? 그리고 그런 사람들이 더 많았더라면 상황이 달라졌을까? "두려운 상황에서 대다수 사람들은 그런 조건에 순응하지만 어떤 사람들은 그렇게 하지 않을 것이다. 이것은 마치 유대인의 최종해결책이 제시되었던 나라들 중에서, 대다수의 경우 '유대인 최종해결책이 실시될 수도' 있었겠지만, 모든 곳에서 그런 일이 일어나지는 않았던 것과 같은 이치이다. 인간적으로 말하자면, 이것 이상의 행동이 요구되지는 않으며, 상식적으로 이것 이상의 행동을 요구할 수도 없다."[48]

이보다 더 높은 목표를 지향하는 정치철학자들도 있다. 게라스는 유럽 점령지에서 유대인을 도운 구조자들을 일종의 대안적 윤리 지평의 상징으로 간주한다. 그리고 이 구조자들처럼 타인의 안전을 위해 사회 전체가 책임감을 느끼는 도덕적 문화를 상상해보자고 제안한다.[49] 위험에 처하거나 고통받는 타인을 도와야 할 의무가 강력한 도덕적 요청으로 통용되는 전지구적 공동체가 존재할 수 있을까? 또한 대체 어떤 나라에서, 뿌리깊은 수동성에 대한 수치심을 '사회생활에서 어떤 문제를 해결하기 위한 효과적인 동원규범'으로 전환시킬 수 있을 것인가?

우리는 이러한 현실적 유토피아를 꿈꿀 필요가 있다. 하지만 그때까지는 사람들의 '부인'을 비판하는 것이 너무 엄격하고 너무 자기중심적일지도 모른다. 또한 우리가 기대하는 '시인'—사실을 알아보고, 눈을 뜨고, 그냥 지나치지 않고, 순응하지 않고, 어떤 행동이든 취하고, 내부고발을 하는 것—이 너무 높은 기대일지도 모른다. 사악한 사람들—인권침해를 계획하고 실행하거나, 타인에게 고의적으로 고통을 가하는 사람들—이 소수에 불과하다면, 자신의 인생을 인권을 옹호하고 인간고통을 경감시키는 데 바칠 수 있는 시간, 정력, 의지를 가진 사람들 역시 소수에 불과하다. 그 중간 어디쯤에 대다수 평범한 사람들이 존재한다. 사람들이 의지가 없어서가 아니라 하루하루 살아가기가 너무 힘들어서 공적으로 어떤 행동에 나서기가 어려운 사회가 많다.

대다수 사회의 대다수 사람들은 거의 언제나 '역사를 창조'하는 것보다 '생계를 꾸리는' 일에 더 관심이 많은 법이다.[50] 이런 사람들은 이스라엘에서 문자 그대로 '잔대가리'들로 통하는 '로쉬 카탄'(rosh katan)이라는 상태에 의지한다. 너무 큰 문제로 골치를 썩지 않고 그저 조용히 살아가는 보통 서민들의 삶이란 그런 것이다. 인도적 대의명분에 평생을 바칠 수 있을 만큼 운 좋은 사람들(그리고 흥미있고 보람된 일을 하면서 적당한 급여를 받을 수 있는 사람들)은 다른 사람들에게 '무슨 행동이라도 취하라'고 요구할 수 있다. 하지만 그런 사람들(그리고 나 같은 학계의 동조자들)은 평범한 사람들에게 너무 많은 것을 요구해서는 안된다. 그러나 '어떤 행동'이든 취하라고 할 때 그 '어떤' 것이 어느 정도인가? 살라께뜨는 말한다. "법에서는 보통 시민들에게 준법 시민이 되라고 요구할 수 있을 뿐이다. 보통사람들에게 영웅이 되라고 요구할 수는 없다."[51] 그러나 사회정의는 분명 법 이상의 어떤 것을 요구한다. '훌륭한 시민성'(good citizenship)이라는 상태도 있을 수 있다. 이는 영웅적인 것까지는 아니지만 단순히 법을 지키는 것보다는 더 고귀한 상태를 말한다. '훌륭한 시민성'이라는 덕목은 거창한 영웅적 행동을 요구하지는 않지만, 평범한 침묵을 장려하지도 않는다.

11장

우리는 부인의 문화로 향하는가

'부인을 극복'하려 한 본 연구는 상상했던 것보다 훨씬 복잡하고 기이하게 전개되었다. "그러면 너희가 진리를 깨닫게 될 것이다. 그리고 진리가 너희를 자유롭게 할 것이다"(요한복음 8장 32절). 하지만 우리가 '부인'하지 않고 '시인'해야 할 진실이란 무엇인가? 그리고 정확히 어떤 식으로 진리(진실)가 우리를 자유롭게 하는가? 그리고 그 자체가 목적인 진실규명의 절대적 가치 그리고 사회정의를 구현하기 위한 수단이 되는 진실규명의 도구적 가치의 차이를 어떻게 볼 것인가?

　　우리는 이미 이러한 문제에 따르는 복잡한 맥락을 살펴보았다. 예컨대 때로는 개인 차원의 부인이 순기능을 하며 그것이 오히려 건강한 상태일 수도 있다. 그러나 이런 '건강한 부인' 이론을 위협에 직면한 전체 사회에 적용할 수는 없을 것이다. 에이즈 문제가 있음을 부인하는 사회 또는 제노싸이드나 대규모 재난의 조기경보를 무시하는 국제사회가 긍정적일 수는 없는 노릇이다.

그러나 이런 논의는 너무나 뻔한 내용이다. 이보다 훨씬 더 흥미로운 주제는 '통일된 자아'라는 개념인데, 이는 부인에 대한 정신분석적 비판과 정치적 비판의 근저를 이룬다. 어떤 것을 지속적으로 부인한다는 것은 개인적 병리(해리, 해체, 분할 등)와 정치적 발육장애(거짓 속의 삶, 문화적 기억상실)를 의미한다. 그러므로 우리가 근대적 가정에 입각하여 자아의 '통일성'이라는 개념을 받아들일 때에만 '부인'이 문제로 나타난다. 이와 대조적으로 '탈근대적 자아'는 분절되어 있다고 간주되고, 탈근대이론에서는 이를 당연하게 받아들인다.

이러한 접근은 정치적으로 엄청난 결과를 야기한다. 우리는 초점이 분명하고 바람직한 앰네스티/옥스팸 같은 자아〔통일된 근대적 개념의 자아〕를 다루는 메타심리학 관점에서만 수동성과 무관심 그리고 자기기만을 비판할 수 있다. 통일된 자아를 전제하지 않으면 청중의 부인을 거론할 수 없다. 또한 "만일 당신이 이것을 알고 저것을 믿는다면 어떤 일을 해야만 한다"라고 말할 수도 없다. 통일된 자아를 전제로 하는 메타심리학이 사라질 때 그와 연관된 이상인 진실, 성실, 의지도 사라진다. 탈근대적으로 바라본다면 목표와 수단, '경계표'와 '목적지'는 역설적인 관계를 유지할 뿐이다. 더불어 부인의 비도덕성을 논하는 것은 당연히 별 의미가 없고, 정상화된 부인이나 분할 또는 해리 같은 현상을 '폭로'하는 것 역시 마찬가지다. 앙골라에서 열두살 난 아이가 살해되었다는 메시지에 '반응'하는 복잡한 신호들과 메타신호들이 너무나 많다. 우리는 '알려진 사실'(knowledge)과 '시인'(acknowledgement)의 차이, 아는 것과 행동하는 것의 분할을 잘 알고 있다. 따라서 이러한 메시지를 이제 와서 또다시 상기시켜주는 사람은 그저 짜증나는 존재라고 생각되기 십상이다.

이것이 바로 "모든 이들 중 살아 있는 진실의 화신이요 예언자"였던 티레이시아스(오이디푸스가 아버지 라이오스 왕을 죽인 살인자가 누구인지 문의했던 테베의 눈먼 예언자—옮긴이)에게 일어난 일이다. 오이디푸스는 티레이시아스에게 질문한 후 불길한 낌새를 느끼고는 예언자에게 이렇게 대꾸한다. "당신은 우리에게 별다른 위안을 주지 않는구려." 하지만 정황이 점점 더 뚜렷해지자 불같이 화를 내고 티레이시아스에게 저주를 퍼부으며 그가 살인 음모에 연루됐다고 손가락질한다. 그리고 예언자를 내쫓아버린다. 불쌍한 장님 티레이시아스는 불운이 다가오는 것을 감지한다. 진실이 그를 자유롭게 하기는커녕 오히려 부담이 되었다.

> 지혜가 아무 도움이 되지 못할 때
> 지혜는 고통을 가져다주네.
> 너무나도 잘 알고 있었던 내가
> 왜 그것을 잊었던고.
> 절대 오지 말았어야 했는데.

그러나 티레이시아스는 오이디푸스에게 마지막으로 할 말이 있다. "내 말이 잘못이라고 증명할 수 있다면, 나를 맹인이라 불러도 좋소."[1]

하지만 진실과 지혜는 이제 더이상 부담스럽지 않다. 우리는 과거나 현재를 완전히 아는 것만이 "결코 다시는"을 보장할 수 있다고 믿지 않는다. 벌리는 나찌의 '안락사' 프로그램을 다룬 역사 연구의 서문에서 이렇게 말한다. "나는 이 책이 민주적 의식을 고양하거나, 심신장애인들의 인도적 대우를 촉진하리라고 기대하지 않는다."[2] 유럽에서 민주주의를 전복하려고 기도했거나 장애인들에게 가혹행위를 했던 사람들에 대해 벌리는 이렇게 지적한다. "그런 사람들에게 '사건의 진상이 무엇인가?'를 알려준다는 것은 거의 무망한 노릇이다. 현실을 부정하는 행동이 그들의 정치적 의제와 긴밀히 연결되어 있기 때문이다."[3]

사람들은 정치인들이 거짓말을 도구로 이용한다는 점을 잘 알고 있지만, 우리는 "말과 생각을 통해 구체적인 사실을 부인할 수 있는 우리의 능력이 과연 어떤 특징을 띠는지는 거의 알지 못한다. 이러한 적극적이고 공격적인 부인 능력은 오류, 환상, 기억 왜곡에 빠지는 수동적인 부인 경향과는 분명히 다르다."[4] '펜타곤 페이퍼' 사건을 모의한 사람들이 '자신을 속이는' 기묘한 게임을 벌이고 있었음이 드러났다 (1945~67년에 미국의 베트남 개입 전모를 기록한 미국방부의 방대한 극비 자료. 1971년 주 집필자였던 대니얼 엘스버그가 『뉴욕 타임스』에 자료를 공개하여 커다란 파문이 일어났다—옮긴이). 그들은 객관적 사실과 정책결정시 의존했던 가설의 엄청난 괴리를 전혀 모르는 것처럼 행동했다. 그들의 정신이 철저히 자기기만의 장막에 어찌나 가려졌는지 자기네가 실행한 은폐와 거짓말 너머의 진실을 더이상 알지도 기억하지도 못했던 것이다. "그러나 여기서 문제가 생긴다. 거짓말쟁이와 기만자들이 효율적으로 거짓을 행할 수 있는 능력은, 그들이 그토록 감추려 했던 진실을 얼마나 명백히 인식하느냐에 달려 있다. 그것이 문제였다."[5]

지성적 부인

'명백한 진실'이라는 관념은 오늘날 지성인들이 즐겨 내놓는 메시지가 아닌 것 같다. 과거에 지식인의 곡학아세라면 '이념의 철저한 신봉자'와 '사상적 동조자'에게 필요한 '부인의 언어'를 제공하거나 치장하는 것을 돕는 행위를 뜻했다. 그 결과 평소에는 잘 돌아가던 정신이 이념 앞에서 막히거나, 자기가 신봉하는 이념의 청사진과 실험에서 잘못된 부분을 외면하는 일이 벌어졌다. 또는 보상을 바라거나 권력자에게 아첨하기 위해 기꺼이 오류를 저지르기도 했다. 지성인들의 이러한 수치스런 공모는 유구한 역사를 자랑한다.

그러나 지난 20여년 사이에 대단히 논리정연하고 우아한 서구 지성인들이 전혀 새로운 형태의 부인을 설파하기 시작했다. 이는 대부분 선의에서 비롯된 것이고, '급진 사상'이라는 이름으로 불리기도 한다. 그들이 내놓은 주요 상품에는 '해체주의'와 '탈근대이론'이라는 상표가 붙어 있다. 이런 이론에서 '진실'과 '리얼리티'라는 말은 언제나 반어적인 따옴표로 처리되었다. 그들은 문자적 부인이나 해석적 부인을 옛날 방식으로 폭로하는 것이 '특별한' 권위를 갖지 못한다고 생각한다. 부정을 재반박하는 주장들조차 진실을 독점하는 위치에 있지 않고 끝없이 펼쳐지는 진실게임 속의 한 당사자일 뿐이라는 것이다. 또한 우리가 알고 있는 진실이란 것도 사실은 권력과 불가분의 관계에 있고, 특정한 정보에서 도덕적 의미를 끌어낼 수도 없다고 한다. 이들은 도덕성과 가치가 상대적이고, 문화적으로 결정되며, 아무런 보편적 영향력이 없다고 주장한다.

이런 생각 중 다수는 우스꽝스런 헛소리에 불과하다. 탈근대이론가들이 쎄미나장과 학술대회장과 이력서에만 존재하는 한, 이들은 별 문제없는 광대들이라 할 수 있다. 하지만 이들이 자기주장을 중급 문화 또는 심지어 대중문화 속에서 야단스럽게 유포할 때, 이들은 권력자들이 내놓는 부인의 재고목록을 이론적으로 보완하기 시작한다. 물론 이들이 의도적으로 그러지는 않을 것이다. 물론, 독재자들이 늘 해왔던 '부인'을 새삼스레 도덕적으로 뒷받침하기 위해 탈근대이론을 읽어야 할 필요는 없다. 그러나 이런 독재자들 역시 지구화와 재귀성(reflexivity)의 메타규칙이 지배하는 오늘날의 세계에서 살고 있다. 따라서 전통적인 부인만이 아니라 새롭고 그럴듯하게 들리는 이야기가 필요하다. 유엔총회에 나가서, IMF나 세계은행이나 WHO의 특명전권 대표단을 맞아서, 심지어 휴먼라이츠워치(Human Rights Watch, 1978년에 설립된 국제 인권NGO―옮긴이) 같은 인권단체의 조사단이 방문했을 때, 내놓을 수 있는 멋있는 해명이 필요한 것이다.

서사와 진실게임

오늘날 '실증주의' '합리성' '과학' 또는 '계몽주의' 등으로 불리는 근대적 합리주의 사조를 비판하는 탈근대이론 중에서 가장 유해한 요소는, 권력이라는 관점에서 보지 않으면 현재나 과거의 역사적 실체에 접근할 수 없다는 생각이다. 이런 생각에 따르면 궁극적으로 리얼리티의 어떤 버전이 다른 버전보다 더 타당하다고 판단할 기준은 없다. 1960년대에 반실증주의 기치를 흔들어댄 우리들은 이러한 철학적 공중곡예에 대해 책임을 통감해야 한다. 문화적 좌파들이 선호하는 인식론적 상대주의를 숙고해본다면, 우리는 이제 적어도 "1960년대의 우리 투쟁이 그것을 의미했던 것은 아니야"라고 솔직히 인정할 수 있어야 한다.

1991년 3월 걸프전쟁이 끝난 후 보드리야르는 "걸프전은 일어나지 않았다"라는 글을 발표했다.[6] 이라크에서 수천 명이 죽거나 부상했고, 소위 '스마트탄'으로 기반시설이 죄다 파괴되었으며, 쿠르드족의 운명이 경각에 달렸던 전쟁 직후였다. 그는 전쟁의 '진짜 교전 당사자들'은 전쟁의 진실이 무엇인가라는 이데올로기에 매달린 사람들이라고 주장했다. 자기가 결코 전쟁이 일어나지 않을 것이라고 예측했던 바가 옳았다고도 했다.[7] 그에 따르면 '전쟁'이란 실체도 없이 세상을 떠도는 '기표'이며, 아무 준거적 의미가 없다고 한다. 실제로 벌어진 일은 미디어의 씨뮬레이션이 창조한 허구이고, 사실성의 한계를 훨씬 초월한 가상 시나리오들이었다는 것이다. 그'것'은 시청자의 마음속에나 존재했고, 그 이전부터 화면을 채워왔던 비디오게임의 연장에 지나지 않는다고도 했다. 그 결과 황금시간대 텔레비전 앞에 앉은 시청자들뿐 아니라 오성장군들까지도 컴퓨터가 창조한 이미지에 의존한 셈이 되고 말았다. 우리는 어쩌면 화면에 나타나는 사건과 '리얼리티'의 구분을 포기하는 편이 나을지도 모른다.

보드리야르를 비롯한 여러 이론가들은 정치선전 전문가들과 대중매체가 창조한 걸프전 같은 장관을 연출한 행위를 통렬히 비판한 셈이다. 나는 그들의 비판을 '부인의 폭로'로 이해한다. 사실에 근거한 취재라는 허상을 창조하기 위해 아무 의미도 없는 통계수치들을 허황하게 나열하는 것, 민간인들의 대량살상이 일어나지 않았거나(문자적부인) 우연히 일어났을 뿐이라고(책임의 부인) 주장하기 위해 '정밀 타격'이니 '스마트탄'이니 '부수적 피해'니 하는 완곡어법을 쓰는 태도, 시신을 보여주지 않는 전쟁 보도방식 등을 생각해보라. 슈워츠코프(Schwarzkopf) 장군은 사망자 집계나 사망자 시신용 백(bag)은 없고 단지 '유해보존 행랑'만이 있을 거라고도 했다. 공중정찰, 전자지도,

만화로 된 예행연습 등이 모두 이 표현전쟁에서 무기가 되었다. 미디어 회사들은 미국무부와 공모하여 리얼리티와 피해상황과 반대의견을 묵살했던 것이다.

그러나 이러한 표현전쟁은 탈근대적 시대정신의 반영일 뿐 아니라, 고의적인 연출이기도 하다. 미국정부는 또다른 베트남전쟁을 원치 않았다. 텔레비전에 나오는 이미지가 너무나 생생해서 사기저하와 반전여론이 형성되는 것을 원치 않았던 것이다. 그러나 싸이버세계에서 이미지전쟁이 우리 의식을 사로잡았다 하더라도, 전투현장에서는 살아 있는 육신들간의 전쟁이 실제로 일어났다. 그런데 나는 이런 탈근대이론가들 중 누구도 '진짜' 전쟁이 일어나지 않았다고 '진짜로' 믿은 사람은 없었다는, 다소 위안이 되는 소리를 들었다! 나는 결국 메타 반어법을 놓친 셈이다.

크리스토퍼 노리스는 모든 텍스트에는 서사적 이해관계가 포함되므로 사실적·역사적·문헌적 자료와 허구적·가상적·모의적(模擬的) 자료를 구분할 수 없다는 가당찮은 억측이 어떻게 발생했는지 설명한다.[8] 우리가 만일 진실이나 역사적 기록을 믿을 수 없다면, 아무런 인식론적 토대도 없이 타인을 설득하려고 발화(發話)하는 세계만 남는다고 지적한다. 수사가 횡행하고, 미디어나 정부가 우리에게 믿으라고 던져주는 것의 허구성을 입증할 수 없는 세계 말이다.

이런 것은 홀로코스트를 부인하는 사람의 주장조차 뒷받침해주기 딱 좋은 이론이다. "홀로코스트의 부인자에게, 과거의 사건은 오직 현재 합의된 가치에 따라서 혹은 현재 한시적으로 '훌륭한 믿음'이라고 생각되는 '사상'에 의해서만 해석될 수 있다는 주장은 분명 희소식이다."[9] 가장 저급한 역사의 부인자라도 오늘날 지성의 병폐를 악용하

11장 우리는 부인의 문화로 향하는가 567

여, 자기들이 단지 대안적 역사해석을 제시하는 것뿐이라고 주장할 수 있게 되었다.[10]

립슈타트는 홀로코스트 역사 부인을 그저 진실의 '반대 측면' 또는 '또하나의 버전' 정도로 안이하게 바라보는 학자, 대학생, 미디어에 대해 개탄을 금치 못한다.[11] '홀로코스트 주장'과 '홀로코스트 부인'을 고등학교 역사토론 시간에서 똑같은 차원으로 다루는 행위를 지식의 상대성에 근거해서 합리화할 수는 없다(부인행위는 그보다 더 낮은 차원의 억지주장이다). 이것은 지구가 편평하다거나 노예제가 결코 존재하지 않았다는 식의 주장을 어떻게 볼 것인가 하는 차원의 문제가 아니다. 홀로코스트 같은 인권침해에 관해서는 두 '관점들'이 있을 수 없다. 둘 중 하나를 선택하겠다는 입장은 그저 엄연한 증거를 광적으로 거부하는 태도이고, 이성과 논리의 규칙을 준수하지 않겠다는 말밖에 안된다.

나는 이런 논쟁에서 아르메니아 학살사건을 자주 예로 든다. 100만명 이상이 죽은 부인할 수 없는 학살이 80여년 동안 진화해서 그저 하나의 '쟁점'으로 변해버렸다. 그러면서 '한쪽 당사자'인 터키측 주장도 공평하게 들어봐야 한다고 한다. 데스 프레스는 이렇게 묻는다. "과거에는 진실을 찾기 위해 사용되었던 논증방식, 즉 모든 일에는 양면이 있다는 논리가 어쩌다 오늘날 진실을 호도하기 위한 논리로 변질되어버렸는가?"[12] 아르메니아 학살도 과거 권력이 진실을 부정한 것처럼 돼버렸다. 정치적 지지라는 수단으로 무장한 종속국가(터키)가 초강대국(미국)을 설득하여, 미국이 과거에는 부인하지 않았던 역사적 사실을 부인하도록 만드는 데 성공했다. 계몽주의에 대해 회의적인 이론은, 최선의 경우 공식담론과 허위의 학문연구를 허물어뜨릴 수 있

568

다. 그러나 최악의 경우, 그런 이론은 '다중적 서사'라는 식의 무의미한 논리로 지적 진공상태를 조장한다. "증거를 면밀히 검토해서는 진실을 추구하려는 태도가, 공식담론을 무비판적으로 받아들이는 얼빠진 회의주의로 전락해버렸다."[13]

생존자, 내부고발자, 역사가, 언론인 그리고 인권단체들 덕분에 예전에 부인되던 역사가 재발견되고 있으며 오늘날의 부인도 그 진상이 명백하게 밝혀지고 있다. 그러나 진실에 관한 문헌이 늘어날수록 객관적 진실에 대한 회의론도 늘어나고 있다. 이같은 인식론적 상대주의에 따르면, 완전히 입증된 학문적 사실조차 '사회적으로 구성된 것'이 되어버린다. 여러 종류의 서사들이 진실게임에 참여해 공개적으로 경쟁하게 되었다. 어쩌면 과거에서 무엇을 배울 것인가를 둘러싼 이 피곤한 논쟁들이 잠잠해질 날이 올지도 모르겠다. 만일 이 이야기도 옳고, 저 이야기도 똑같이 옳다면 자기 버전만 옳다고 우길 필요가 없지 않겠는가? 그렇게 된다면 교훈을 얻기 위한 논쟁을 벌이는 대신에, 풀리지 않은 문제를 지닌 병자들이 병원에 갇혀 사는 것과 같다. 이 정신병원에는 스스로 구세주 예수 그리스도라고 자처하는 여러 환자들이 모여 있게 될 것이다.[14]

이러한 비정상성이 우리 곁에 이미 다가와 있다는 징표가 있다. 많고 많은 사람들 중에서 하필 법률가들에게 역사적 서사의 중재를 요청하고 있으니 말이다. 이제 법원이 제노싸이드의 부인을 금지하는 법을 시행할 때 점점 더 이러한 인식론적 전쟁에 판결을 내려야 하는 상황이 됐다. 법의 담론이 상식과 부합될 때는 이런 경향도 과히 나쁘지 않을 수 있다. 예컨대 캘리포니아주 대법원의 법관이 1981년 '메르멜슈타인(Mermelstein) 역사문제연구소〔홀로코스트 부인 산업의 사이비 연구소)' 재판에서 내놓았던 간명한 판결문을 보라. "본 법정은 유대인들이 폴란드의 아우슈비츠 수용소에서 가스로 처형당했다는 사실을 법적으로 유념한다." 홀로코스트가 실제로 존재했다는 사실은 분쟁의 대상이 될 수 없다고도 했다. "상식적으로 논란의 여지가 없는 명확한 출처를 참고한다면 홀로코스트는 즉각적이고 정확하게 판별할 수 있다. 홀로코스트는 분명한 사실이다."[15]

그렇다, 분명한 사실이다. 물론 그러한 사실도 꼭 집어 확정하기가 쉽지 않을 수 있고, 상세한 내용은 파악하기 힘들 수 있다. 매시간 영상으로 기록해놓은 인권침해 사건이라 해도 완전히 명확한 것은 아니다. 구유고슬라비아의 교전 당사자들은 똑같은 영상에 대해서도 서로 다르게 인지하고 해석했다. 모든 당사자는 죄가 없다고 확신하지만 그것은 자기들의 '신념'일 뿐이다. 찾기 어렵긴 하지만 사태를 잘 파악할 수 있는 좋은 자리가 있게 마련이다. 양쪽 모두에 속하지 않으면서 양쪽에서 약간 떨어진 그런 자리 말이다. '사실'을 부풀리고 조작하는 것을 이곳에서 낱낱이 관찰할 수 있다. 은폐(비밀 무덤, 증거인멸, 이전에 사진으로 기록된 매장지를 없애버림)현장을 사진촬영할 수도 있고, 카라디치의 목소리를 녹음해둘 수도 있다('이른바 학살' '죽이라는 명령은 없었다' '인권침해 이야기는 쎄르비아를 해치려는 국제적 음모다' '중동국가들이 이런 음모를 꾸몄는데 이들이 서구와 CNN과 석유시장을 지배하고 있다' '이것은 정상적인 전투에서 사망한 무슬림 병사들의 시신이다'). 이러한 관찰지점에서 관찰자들은 적어도 한 가지 진리주장에 동의할 수 있다. 즉 닷새 동안 보스니아의 쎄르비아군이 대부분 비무장 상태인 보스니아 무슬림 주민들을 적어도 7000명 이상 살해했다는 점이다. 국제형사재판소에서 다루더라도 로스앤젤레스 법관이 내렸던 것 같은 결론이 **내려질** 것이다. "그것은 분명한 사실이다."

'은폐' 같은 개념은, 은폐되고 있는 사실이 단순한 수사가 아니라 도덕적 의미를 지닌 서사적 진실이라는 점을 전제한다. 누군가 명령을 내렸고, 누군가는 그 명령에 복종했으며, 무심한 방관자가 그 자리에 있었다는 얘기다. 그렇다고 이러한 사건의 텍스트와 표현이 누구에게나 똑같은 의미를 가진다는 뜻은 아니다. 이 책에서는 그 반대임을 보려주려 했다. 브레히트, 벤야민, 레비, 오웰, 슈타이너의 슬픔은 인권침해 사건에 대해서뿐 아니라 동시에 그 상황과 느낌을 인간의 언어로 전달할 수 없다는 절망감에서 기인한다. 이것은 1994년 르완다에서 언론인들이 느꼈던 절망감이다. 도끼와 몽둥이와 식칼로 사람을 쳐 죽이는 장면을 어떻게 묘사할 수 있단 말인가. 100일 동안 80만 명이 죽었으니 분당 다섯명이 죽은 셈이다. 홀로코스트에서 유대인들이 살해당했던 것보다 세배나 빠른 속도였다. 이 비율대로라면 4년 동안 유대인들이 천만명이나 죽었을 것이다. AP통신의 서아프리카 특파원은 이렇게 썼다. "이 세상 다른 어느 곳에, 그렇게 많은 글쟁이들이 '글로는 도저히 표현할 수 없다'라고 썼던 곳이 또 있을까."[16]

홀로코스트를 성찰한 작가들 그리고 르완다를 취재한 기자들은 똑같은 절망감을 표출한다. 언어의 마비, 언어와 언어가 표현하려는 사건 사이에 놓인 도저히 메울 수 없는 심연 말이다. 이것은 그 사건이 실존했음을 '증명'하는 일과는 아무런 관계도 없다. 당신은 언어의 부적절함이 도대체 어디에서 기인하는지 또는 당신이 무엇에 대해 침묵을 지키는지 모르는 상태에서 언어의 부절적함이나 시적인 침묵을 운운할 수 없다.

이것은 어떤 티셔츠에 적힌 "사실적인 것의 허구성"이라는 구호처럼 '문제시'하거나 '상황시'할 수 있는 주제가 아니다. 프리들랜더 (Friedlander)는 첼모에서 일어났던 강제이송과 학살에 관한 역사교과서를 읽으며 느꼈던 문제점을 꼼꼼히 짚어낸다.[17] 그 교과서는 학문적이고 사실에 근거한 책으로, 역사적 부인에 맞서기 위해 사용하기에 적당한 책이라고 프리들랜드는 지적한다. 그러나 바로 그 '사실성'이 정서적 호소력을 가로막는다. 이 교과서는 두 부분으로 나뉘어 있다. 한쪽에는 "어떤 기차편에 승차했던 유대인들은 그 지방의 게토나 수용소로 보내지지 않았다"라고 기록돼 있다. 다른 부분에는 "이들 유대인들은 도착 즉시 총살당했다"라고 기록돼 있다. 이 둘은 괴리되어 있다. 한 부분에서는 정상적인 화법으로 행정조치를 기술한다. 다른 부분에서는 갑자기 집단학살을 묘사한다. 하지만 문체는 변하지 않는다, 아니 변할 수가 없다. "교과서 집필이라는 사안의 성격상 이 책의 후반부에서도 전반부에 사용했던 관료적이고 객관적인 문체를 유지할 수밖에 없다. 때문에 이 책 전체의 홀로코스트 관련 논의가 무효화되면서, 갑자기 우리 모두는 학살 집행자의 초연한 위치와 무관하지 않은 상황에 몰린다."[18]

이러한 끔찍한 결론은 문체 따위를 따지는 피곤한 심미적 제스처가 아니며 표현과 관련된 절망을 직시하는 데서 비롯된다. 통상적인 진실규명 양식으로는, '적절한' 반응을 끌어내는 것은 고사하고, 정말 잔혹한 실상을 단순히 전달할 수도 없다는 절망감 말이다. 이런 주장은 요즘 문화시장에서 많이 팔리는, 아예 진실에 접근하는 것 자체가 불가능하다는 말과는 전혀 다르다. '서사'라는 말을 한번도 들어본 적이 없는 독재자라 하더라도 무엇이 멋진 이야기인지는 안다. 그들은 문화사업가들에게 의존하여 진실에 관한 메시지를 비디오음악 전용채널 수준으로 끌어내릴 수 있다. 문화계 인사들이 이런 일에 딱 들어맞는다. 소설가 닥터로우(E. L. Doctorow)가 친절히 설명하듯이 말이다. "이제 더이상 소설이니 비소설이니 하는 것은 없다. 오직 서사만 있을 뿐."

도덕적 상대주의

도덕적, 문화적 상대주의에 관한 고매한 사상은 이제 문화의 생필품이 되었다. 우리는 보편주의의 게임이 끝났다는 말을 듣는다. 도덕성에 대한 기초가 없다면 여러 인권선언에 나와 있는 보편적 가치들을 지탱할 수도 없다. 보편성이라는 이상이 바람직하지 않고 성취할 수 없을 뿐 아니라, 그런 이상은 서구적이고 자민족중심적이며 개인주의적인 가치를 반영한다. 세계인권선언은 서구 역사에서 특정한 시점의 산물일 뿐이다. 이러한 이질적인 가치들이 전형적인 식민주의적인 열의로 전세계에 걸쳐 강요되었으며 한걸음 더 나아가 선택적으로 적용된다. 특히 공동체의 책임의식이 개인의 권리보다 더 자연스런 사회, 시민적·정치적 권리보다 경제적·사회적 권리가 더 우선시되는 사회를 멸시하기 위해서이다. 서구의 자유민주주의 체제에서조차 핵심 가치란 있을 수 없다. 이런 사회는 다문화사회이고, 그 속에서 민족, 성별, 쎅슈얼리티 같은 정체성은 각자의 세계관을 가지며, 이들은 모두 나름대로 타당하다 등.

물론 이러한 주장의 역사적 면은 불완전할 순 있어도 절대로 틀린 것은 아니며 그중에는 타당한 것들도 있다. 그러나 보편적 메타이론과 분리된 이러한 주장의 정치적 함의는 지극히 사악하다. 앞에서 봤듯이, 공식적인 부인담론 다음에 자동적으로 따라 나오는 것이, 정부가 국제 인권규범의 적용 가능성에 대해 '원칙있는' 거부를 하겠다는 논리이다. 우리는 다르다, 우리는 특수한 문제가 있다, 우리에겐 고유의 문화가 있다, 이것이 아시아·아프리카·이슬람·유대교의 전통이다. 세계는 우리를 이해하지 못한다. 이러한 부정직한 부인이 이제 그럴듯하게 보이고 심지어 지적으로 고상하게 들린다. '비판하는 사람을 비판함'이라는 세련된 용어도 있다.

다문화와 정체성의 정치에서 좀더 괴짜스러운 북미 버전에서, 과거에 '하위문화 집단'들이라고 불리던 집단들이 이제 어떠한 '지배적' 가치도 인정하지 않게 되었다. 만일 캘리포니아 모 대학의 캠퍼스에서 모든 집단들이 자기는 남들과 다르다고 주장한다면, 인도네시아, 리비아, 우끄라이나 사람들 역시 그러할 것인가? 암묵적으로만 인정되는 인식론적 상대주의와는 달리 문화 특정성에 관한 전위적 이론들은 이러한 경향들에 명백히 포섭되었다. 권력자들이야 지금까지 해온 대로 살아가겠지만, 지성인은 이런 권력자들에게 윌레 쏘잉카가 멋있게 표현한 '문화적 알리바이'를 제공해준다.

물론 보편성 대 문화특수성을 둘러싼 논쟁은 내가 소략하게 소개한 것보다 훨씬 더 복잡하다. 인권의 주창자들은 현지의 가치에 대해 절대 무신경할 수 없다(또는 그러길 바랄 수도 없다). 실제로 이들은 보편적 규범과 이슬람 같은 전통을 화해시키려는 노력의 최전선에 서 있다. 현지의 인권활동가들 역시 특정한 것과 일반적인 것을 동시에 대변한다. 그리고 자기들이 이질적인 외래 가치를 강요하려 한다는 비난을 매일 감수해야 한다. 하지만 그들이 진보적 지식인에게 기대하는 바는 자기들의 딜레마를 인정해주고, 자기네 정부의 문화적 알리바이를 분쇄하는 데 필요한 지적 도움을 달라는 것이다. 그 대신 이들은 진보적 지식인들로부터 자기들이 아직도 보편적 토대와 이제 신용을 잃은 거대서사의 영향을 받고 있으므로, 사회정의를 위한 현지 투쟁은 별 의미가 없다는 말을 듣는다. "계몽주의여 안녕"이다.

오늘날같이 혼탁한 시대에는 '지식인의 역할'은 무엇인가,라는 문제를 고민하게 한다. '지식인의 역할'이라는 말에 따옴표를 친 것은 이 말이 구식 용어처럼 약간 우스꽝스럽게 들린다는 점을 인정하기 위해서이다. 이런 말을 쓰려면 우리는 오웰 같은 '시대착오적'인 인물로 돌아가야 할 것이다. 당대에서 제일 가까운 인물을 찾는다면 촘스키가 될 것이다. 촘스키가 보기에 도덕적 주체로서 글 쓰는 사람의 지적 책임은 너무나 명백하다. 지식인의 책무는 인간고통에 대해 행동을 취할 수 있는 **적합한 청중들**에게, **인간에게 소중한 사안**에 관해, **할 수 있는 한 최선**을 다해 진실을 말하는 것이다.[19] "어떤 사실이 이미 알려졌고 그것을 아무도 부인하지 않지만, 대상을 감안했을 때 크게 관심을 기울일 만한 사안이 아니라고 여겨지는"[20] 상황에서만, 진실을 규명하고 말하는 것 자체가 그리 시급하지 않은 일이 될 수 있다. 이때 심리적으로 미묘한 점은 없다. "사람들이 알고 있지만 상관하지 않는다"는 식이기 때문이다. 촘스키는 "권력에게 진실을 말하라"는 퀘이커교도들의 옛 구호에 동의하지 않는다. 키씬저 같은 위인들에게 '진실을 말하는' 것은 시간낭비에 불과하다. 이미 진실을 너무나 잘 알고 있기 때문이다. 진실을 말해줘야 하는 이들은 '같은 관심사를 가진 공동체'에 속한 사람들이다. 이런 사람들은 자신이 뭔가를 더 알기 위해서가 아니라, "타인의 고통과 환난을 덜 수 있는 최선의 방책을 찾기 위해" 진실을 듣고자 한다.[21] 자기가 아는 것에 침묵을 지키고, 도덕적으로 중대한 범죄를 간과하는 지식인은 폐쇄사회가 아니라 자유·개방 사회에 살 경우 도덕적으로 더욱 책망받아야 한다. 자유롭게 말할 수 있는데도 그러지 않았기 때문이다.

촘스키가 보기에 탈근대 문화적 좌파는 비판할 가치가 있을 만큼 충분히 흥미롭지도 않다. 하지만 그들의 **이론**은 흥미롭다. 그러나 그뿐이다. 내가 남아공이나 에티오피아나 자이르의 시민이라면, 자기 나라 진실화해위원회 위원장에 탈근대 해체론자의 임명을 반길 수 있을까? 그 위원회의 보고서는 '인터레스팅'(interesting, 흥미롭긴) 하겠지만, 내 '인터레스트'(interests, 이익)와는 상관이 없을 것이다.

다소 부인?

2차대전 이후 반세기 동안 약 2500만명이 살해되었다. 이들 대다수가 민간인이며, 국내 분쟁이나 종족·민족주의·종교와 관련된 폭력사태의 와중에 자기들 정부에 의해 희생됐다. 20세기초만 해도 전쟁과 관련된 민간인 사망률이 5퍼센트 정도였지만 1990년대 들어 그 비율이 90퍼센트까지 상승했다. 민간인 약 5000만명이 고향에서 쫓겨나야 했다. 1998년 한해만 해도 대인지뢰 폭발로 매달 2000명 이상이 생명을 잃거나 장애인이 되었다. 이러한 분쟁에서 부상당하고 장애가 생기고 고문이나 강간을 당한 사람들의 숫자를 추산하는 것조차 불가능하다. 빈곤, 기아 그리고 예방할 수 있는 질병인데도 치료받지 못해 죽어가는 아이들에 관한 통계는 우리의 상상을 초월한다. 홍역, 이질, 말라리아 같은 전염성 또는 기생충 관련 질병으로 매년 1700만명이 죽는다. 6억명이 만성적인 영양실조상태에 놓여 있다. 매년 300만명이 폐결핵으로 사망한다. 안전한 식수와 기본적인 위생시설만 갖추더라도 매년 200만명의 어린 생명을 구할 수 있다. 에이즈 바이러스로 전 세계의 광범위한 지역이 초토화되고 사람이 살지 않는 곳으로 변했다. 매일 1만 6000명이 HIV 바이러스에 감염된다.[22]

앞으로도 일어날 인권침해와 인간고통에 어떻게 반응할 것인가? 지난 10년 사이의 정치적 변동이 이런 문제들을 틀짓는 방식을 급격히 변화시켰다. 냉전은 끝났고 통상적인 '전쟁'은 더이상 과거에 이야기하던 그런 전쟁이 아니다. '민족주의' '사회주의' '복지국가' '공공질서' '안보' '피해자' '평화유지' '개입' 등의 개념 역시 변했다. 공산주의와 아파르트헤이트 체제의 종식, 주로 아프리카에서 일부 국민국가의 해체, 신세계 질서의 분절화 등에 이어 극도로 폭력적인 종족·종교·민족주의적 분쟁이 발생했다. 안정된 선진 민주국가내에서도 불평등이 늘어났다. 잘사는 북반구와 가난한 남반구의 격차는 더욱 커졌다. 첨단장비를 활용하는 전근대적 야만행위들(해적, '군벌', 도끼, 고문, 납치, 용병)이 탈근대적 정보통신기술에 의해 묘사되고 있는 실정이다. 1999년 벽두에 전세계는 일찍이 보고된 적 없던 인권침해를 목격했다. 씨에라리온에서 열두살짜리 소년병들이 유엔난민최고대표실이 운영하는 난민촌을 공격하기 위해 기어들어온 것이다.

앞으로도 이러한 상황을 더 많이 접할 거라고 가정한다면, 그런 일을 더 많이 시인하겠는가, 아니면 더 많이 부인하겠는가? 두가지 경우를 모두 거론할 수 있다.

더 많은 부인?

　과부하 또는 피로증 같은 개념이 아무리 모호하다 하더라도 인권침해 이미지가 누적·반복되면 일정한 축적효과가 발생한다. 예순살 노인이 지난 40년간 텔레비전 뉴스를 통해 세상의 일들을 접했다 치자. 그가 본 모든 장면들을 한번 떠올려보라. 오늘날 이러한 장면을 받아들이고 계속 마음에 간직하기란 결코 쉽지 않다. 새로운 정보통신기술로 인해 사회문제들이 더욱 눈에 띄게 되었지만 그 의미를 파악하기는 더 어렵게 되었다. 맥락에 따른 질문은 더더욱 중요성을 잃었다. 식민지배세력이 여기서 무엇을 했는가? 역사적으로 보아 누가 피해자이고 누가 가해자인가? 그 학살사건이 정말 일어났는가? 난민들은 어디로 갔는가? 같은 질문 말이다. 더 나아가, 효과적인 개입방식을 상상조차 하기 힘들어졌다.

　이보다 더 이해하기 어려운 점은 "왜 아무런 조치도 취하지 않는가?"에 대한 수많은 이유들이다. 유엔의 현상태, 분쟁의 복합성, 인도적 개입의 위험, 반(半)합법적 또는 불법적 무기거래, 무역협정 그리고 지정학적 이해관계 등을 꼽을 수 있다. 그러잖아도 얼마 안되는 관심과 온정이라는 자원을 두고 더 심한 경쟁이 일어날지도 모른다. 도움을 청하는 소리들이 도처에서 들려온다. 날이면 날마다 먼 곳의 인간고통, 그리고 국내 문제들을 도와달라는 수많은 캠페인, 보도, 다큐멘터리를 접한다. 인권 캠페인에 주로 호응하는 소수의 자유주의적 청중을 넘어 이러한 호소가 더 많은 대중에게 확산될 수 있을 것인가? 영국의 경우, 자선단체 기부금 총액 중 인권·인도지원 단체로 가는 비율은 고작 4퍼센트에 불과하다. 나머지는 보건, 동물, 종교, 환경, 교육,

예술 단체들이 차지한다.

환경운동의 성공은 놀랄 만하다. 1980년대말까지, 환경운동은 부분적으로 인권·인도지원 단체들의 희생 위에서 성장했다. 환경운동의 메시지는 인권운동보다 더 안전하고, 거의 비정치적이었으며, 개인의 이익에 쉽게 호소할 수 있었다(당신 건강뿐 아니라 자녀들의 건강도 생각해보세요). 환경운동의 의제가 장기적이고 복잡하다 하더라도 대기오염이 줄고, 자연보호구역이 설정되었고, 돌고래를 구했다 등의 가시적인 성공사례들을 보여줄 수 있다. 미디어, 특히 텔레비전은 공해, 산성비, 온실효과, 유독물질 폐기, 야생동물 보호, 열대우림 같은 전지구적 문제와 산업화된 북반구 대중들의 생활방식 사이에 긴밀한 관계가 있음을 입증할 수 있다. "전지구적으로 사고하고, 국지적으로 행동하라"는 구호는 생생한 미디어 메시지라 할 수 있다. 인권 분야는 환경운동 같은 즉각성 그리고 인과관계의 입증을 기대하기가 훨씬 더 어렵다. 쓰레기 재활용과 전세계의 자원 보존을 서로 연관짓는 시각적 이미지에 해당되는 것이 인권 분야에는 없다.

위에서 보았듯이 온정 피로증 개념이 약간 불확실할 수 있다. 그러나 새로운 도덕적 요구를 내놓을 때마다 이전의 요구 방식을 따라하기가 더 어렵다. 또다른 여과장치나 우선순위가 설정되어야 한다. 나는 환경과 동물권 쟁점에 관한 나 자신의 반응을 관찰하여 이같은 가설을 시험해보았다. 두 이슈를 반대할 수 있는 강력한 논증을 내놓기 어려웠다. 그러나 정서적인 차원에서 이들 쟁점이 내 마음을 흔들어놓지는 못했다. 나는 특히 동물 관련 쟁점에 대해 망각에 빠지곤 한다. 나는 잔인한 동물실험이나 공장형 가축사육을 옹호할 수 없음을 잘 알고 있다. 채식주의자가 되는 것에도 일리가 있음을 알겠다. 하지만 결국에는, 인권단체의 리플릿을 내던지는 사람들처럼, 나 자신의 여과 장치 역시 자동모드로 돌아간다. 이게 다 내 책임은 아냐, 이보다 더 심한 문제도 많은걸, 이런 문제에 관심 갖는 사람들이 이미 충분히 많지 않은가? 아니 내가 햄버거를 먹을 때마다 부인을 하고 있다고? 이런 식이다.

우리 인간 동지들의 고통을 놓고 보면 이러한 '동지애'의 구속력과 경계설정이 언제나 문제가 된다. 가족, 친지, 가까운 관계를 넘어서 우리의 온정이 어느 선까지 확대될 수 있는가? 국내 문제와 먼 곳의 타자들 사이 어디쯤에 선을 그어야 할까? 내 '동포'를 먼저 도와야 한다는 메타규칙이 존재한다면, 먼 타자들의 고통에 반응하기 위한 경계선을 어디에서부터 설정할 수 있을까? 더 많은 정보, 더 끔찍한 정보를 제공한다고 해서 그 경계선이 낮아지리라고 확신할 수는 없다. 사람들은 이미 아는 사실을 되풀이하는 것을 지겨워한다. 설교조의 과장된 호소에 질색한다. 그러면서도 인권침해 사실에 대해 경악을 금치 못하고, 속이 상하고, 죄의식과 온정을 느끼곤 한다. 사람들은 지겨워하면서도 인간의 고통에 관심을 기울인다. 문제는 관심과 행동의 격차이다.

지난 10년간 세계질서의 변화는 별로 긍정적이지 않다. 꼬소보 폭격 같은 국제적 개입은 정치적 역풍을 맞아 더 많은 고립주의를 불러올 수도 있다. 서부·중앙 아프리카 같은 지역 전체를 뭉뚱그려 어찌해볼 수 없는 지역으로 포기해버리는 경우도 있다. 지구화와 초국적 기업 그리고 유럽연합 같은 연방체제가 확산된 오늘날 고립주의 운운하는 것이 이상하게 들릴지도 모른다. 그러나 이러한 거대 조직들에서 책임감과 정치적 책무성을 제도적으로 갖추기란 더욱 어렵다. 따라서 더 많은 부인이 일어나는 것이다.

서구 민주주의체제 **내에서** 정치문화를 바꿀 수 있을까? 사실 이조차 비관적이다. 영국의 경우, 자유시장주의 세례를 받고 다시 태어난 개인주의자들의 세대가 존재하며, 이들은 만성적으로 새처시대의 유산인 이기주의에 물들어 있다. 좌파의 경우, 1970년대초에 등장한 '신사회운동'은 국제주의적 헌신에서 한참 멀어졌다. 신사회운동은 어떤 가치로 공유하는 정체성, 영역별 관심 그리고 '자기실현' '개인적인 것이 정치적인 것' '삶의 질' 등의 구호에서 보듯 일상의 문제에 대한 집중 등이 특징이다. 이런 의제들은 수단의 기근이나 알제리 학살사건 같은 국제적 의제에 큰 관심을 기울이지 않는다. 더 나아가, 현재 정체성의 정치 버전은 '**피해자**'로서의 집단적 정체성에 근거하고 있다. '불평의 문화'니 '피해자들의 나라'니 하는 관념은 일부 과장된 면이 있겠지만, 어떤 집단이 제일 많이 '당했는가' 식의 경쟁을 부추기는 풍조가 있는 것도 사실이다.

1960년대만 해도 온갖 종류의 진보적 의제에 동원될 수 있는 만능 활동가(general activist)를 이상으로 간주했다. 오늘날 특수집단의 주관적 경험에만 의존하는 시민사회운동 풍토와는 아주 많이 달랐다. 다문화주의라는 교의가 이러한 분리된 정체성 정치 혹은 특수 정체성 정치를 강화하고 있다. 이러한 경향은 먼 곳의 타인들을 위해 행동하자고 사람들에게 요청하기에는 좋은 풍토가 아니다. 인권의 호소력은 공적인 삶의 영역, 우애, 연대, 보편성, 공통된 시민권 같은 '시대착오적' 이상에서 나온다. 한때 고귀한 이상으로 간주되던 '세계 시민권' 같은 이상은 국내 시민권조차 한물간 것처럼 취급되는 오늘날에는 별 소용없는 생각처럼 들린다.

더 많은 시인?

하지만 훨씬 더 희망적인 서사를 이야기할 수도 있다. 최근 들어 더 보편성을 띨 뿐 아니라 온정과 포용을 강조하는 의식이 진화해왔다. 인간고통을 목도한 텔레비전 시청자들이 "무슨 행동이든 취해야만 하겠다"는 충동을 느끼는 것 자체가 국가와 가족을 초월한 도덕적 의무감이 늘어나고 있음을 방증(傍證)한다.[23] 이러한 온정의 서사가 연약하고 모호하긴 해도, 그리고 인간의 원초적 혈연관계보다 미약하긴 해도, 그러한 감정이 존재한다는 사실을 인정해야 한다. 지난 반세기 동안, 국제인권단체들의 가시적인 노력 그리고 어디에나 전달되는 텔레비전 뉴스 덕분에, 새로운 도덕적 상상력이 확실히 풍부해졌다. 모든일들이 더 가까이에서, 더 빠르게 일어나고 있다. 고통받는 사람들의 얼굴, 그러한 이미지에 접근할 수 있는 시간과 공간, 타인의 생명을 구하는 일에 참여한 의사와 기술자들이 좋은 예이다. '도덕적 충격'의 경계가 확장된 것이다. 이와 함께 자포자기할 게 아니라 어떤 행동을 해볼 수는 있다는 의식도 늘어났다.[24]

역사를 장기적으로 볼 때, 새로운 정보의 홍수가 정보 과부하, 온정 피로증 또는 기부자의 염증을 초래할 것이다,라는 주장은 진부하고 섣부른 예단에 지나지 않는다. 언론인과 인도지원단체들이, 늘상 똑같은 이미지가 시청자들을 싫증나게 만들지 않을까 걱정할지는 몰라도 이런 일이 실제로 일어난다는 증거는 없다. 한정된 양의 온정의 샘물이 이제 다 말라버렸다는 증거도 없다. 인간고통이나 재난이 닥쳤을 때 인도지원단체들이 신속하고 대대적으로 동원되는 현실은, 이타적인 반응이 얼마나 즉각 터져나올 수 있는지를 잘 보여주는 사례이다. 르완다에서 3개월 동안 제노싸이드가 벌어지는 동안 대중의 관심이 크게 집중되지는 못했다. 그러나 그 직후 고마(콩고 동부에 있는 국경도시. 르완다 사태 당시 난민촌이 들어선 곳—옮긴이)의 난민들과 죽어가는 아이들, 콜레라와 이질 등의 문제에 여론이 환기되자 엄청난 양의 지원이 쏟아져 들어왔다. 합리적 자기이익 모델과는 달리 사람들은 여전히 타인의 고통에 **계속** 반응하고 있다. 대규모 재난사태에 대해서만이 아니라, 자신의 이익과 별 관계없는 전통적인 자선단체, 개발·인도지원 단체에 참여하고 동물권 같은 여러 문제들에도 적극적인 관심을 보인다.

일요시사신문의 간지(間紙)에 등장하는 '나-중심 세대'(me-generation)나 '1등주의' 또는 대도시 젊은 중산층의 나르씨시즘 등에 관한 상투구도 전혀 근거가 없는 것은 아니다. 그러나 행동으로 직접 전환되지 않는다 뿐이지 기본 인권원칙에 대해서는 누구나 공감한다. 게다가 여전히 국내문제가 우선 취급되긴 하나, 환경문제, 인권문제, 개발과 인도지원 등의 국제문제들에 대한 나름의 지지기반이 형성되었다. 이들은 국경을 초월한 가치관을 공유하고 있으며, 경쟁하지도 않는다. 똑같은 사람들이 여러 단체들을 돕는다. 즉 앰네스티에도 기부하고 그린피스에도 기부하고 옥스팸에도 기부한다.

정보통신기술 덕에 우리는 고통받는 사람들에 관한 생생한 소식과 '실시간' 영상을 접할 수 있다. '정상화'되고, 천편일률적으로 비치며, 제한적이라는 이유로 고통의 이미지들을 비판하던 목소리도 점차 퇴색하고 있다. 예컨대 불법 무기거래 같은 주제를 미디어가 폭로하는 현실은 1960년대 급진주의자들의 기대치와 정보량을 훨씬 넘어선다. 압력단체, 인도지원단체, 피해자단체들이 기하급수적인 수준으로 발전하여 대중들에게 인간고통을 더 많이 알린다.

정보통신 네트워크의 전지구화와 록음악 같은 국제문화의 등장으로 인도주의적 호소가 신속히 전파되고 있다. 겔도프의 자선행사 '라이브 에이드' 그리고 앰네스티의 '휴먼 라이츠 나우'(Human Rights Now) 세계공연을 보면 보편적이고 이타적인 메시지가 광범위한 청중에게 동기를 부여할 수 있음을 알 수 있다. 겔도프의 비전을 비판해선 안될 것이다. 음악이 상징적인 도구로서 전통적 사회제도를 우회하여 잠재적 인권 지지자들에게 다가설 수 있으며, 자선단체들이 흔히 간과하는 숨은 열정의 보고(寶庫) 같은 집단을 끌어들일 수 있다는 비전 말이다.[25] 물론 열정적인 반응은 금세 가라앉았지만, 이런 행사를 통해 1960년대가 지나면서 사라졌던 제3세계 문제에 대한 관심이 다시 살아났던 것이다.

신사회운동이 특수 정체성의 정치로 변질되었던 것은 사실이다. 그러나 정체성의 정치는 정당정치에 환멸을 느낀 대중을 활용하는 능숙한 수완을 보여주기도 한다. 신세대 운동가들은 좌와 우를 넘어서는 신비한 지점을 찾아 헤매는 것이 아니다. 단일한 쟁점에 관련된 운동들에는 일반목표와 관련된 행동 프로그램이 없기 **때문에** 거기에 전념하는 것이다.

그간의 충성과 정체성에 의존한 제도들——국가, 계급, 종교, 노동조합, 군대 등——이 권위를 상실하면서 더욱 보편적인 정체성에 기반한 운동들이 등장할 수도 있다. "전지구적으로 사고하고, 국지적으로 행동하라"라는 환경운동의 모델은 다른 영역에도 적용될 수 있다. 전통적 권위를 부정하는 건강한 태도가 이러한 평등주의적 지향을 장려하는 것 같다. 이와 함께 어떤 사상에 기반한 권력이든 간에 그 권력이 휘두르는 폭력에 의해 희생당한 사람들에 대한 도덕적 공감도 늘어난다. 이것이 바로 인권개념에서 피해자를 보는 관점이다. 물론 투명성과 책무성을 강조하고 공인들을 철저히 검증하여 그들의 추문을 폭로해야 한다고 강조하던 입장에서, 변화의 가능성이 전혀 없다는 신랄한 냉소주의에 빠질 개연성도 배제할 수 없다. 그러나 이런 입장을 가짐으로써 제한적이나마 인도적 쟁점에 참여할 수 있도록 서로 격려할 수 있고, 국가나 정부가 내놓는 공식 부인을 조건반사적으로 의심하는 태도를 가질 수 있을 것이다.

경계선

이러한 비관적, 낙관적 전망은 더 철저히 따져봐야 한다. 도덕적 상상력이 확장될 것이라고 했던 이그나티에프의 낙관적 서사는 전지구적인 텔레비전 이미지와 1990년대초의 인권사태에 세계 각국이 개입한 데서 비롯했으나, 이는 10년도 못 가서 고립주의와 비관주의로 변질되었다. "어떤 행동이든 취해야겠다"라는 도덕적 조건반사는 "어떤 행동이든 취할 만하다"라는 환상에 기반하고 있다. 국제적인 개입은 대개 실패로 끝났다. 전통적인 분쟁지역에서는 여전히 폭력사태가 끊이질 않고, 체첸 같은 새로운 분쟁지역에서는 과격한 폭력사태가 일어났다. 그리하여 자포자기 의식이나 동정 피로증보다 더 추악한 현상이 나타났다. 외부에서 도와줘도 상황이 좋아지지 않을 뿐 아니라, 이해할 수 없는 혼란과 잔학의 나락으로 떨어지는 것처럼 보이는 사회에 상당한 반감과 **도덕적** 혐오를 토로하는 것이다.[26] 이런 현상은 "거긴 뭘 해줘도 되는 게 없어"라고 개탄하는 방관자들에게서 흔히 볼 수 있다.

저 먼 곳의 인권침해 양상과 경쟁이라도 하듯 보통사람들의 사적인 고통을 둘러싼 괴상한 미디어문화가 창조되고 있다. '오프라 윈프리 쇼' 같은 프로그램에서는 고백과 증언이 거의 예술의 경지로 발전하고 있다. 누구든 피해자가 될 수 있고, 공개적으로 거론하지 못할 문제는 전혀 없다는 식이다. 이러한 피해자는 자신의 고통을 '부인'하기는커녕, 외려 '과시'한다. 토크쇼 진행자 쎌리 제시 라파엘은 자기 프로그램에 출연한 연쇄 강간범이 자기도 성장기에 부모의 학대를 받으며 자랐던 피해자임을 고백하자 감사를 표하기도 했다. 그러나 '연쇄 강간범'은 이미 너무 흔한 '기표'가 되었다. '일탈의 과시'라는 범주는 분명 지금보다 더 정교하게 발전할 것이다. 그런데 "당신의 감정을 정직하게 표출하라"는 공허한 명제는 당사자의 주변상황에만 초점을 맞춘다. 이렇게 되면 먼 곳에서 일어나는 기근이나 정치적 학살 같은 사건들은 동일한 수준에서 경쟁할 수 없다.

자유시장 교의가 자리잡은 후기자본주의는 그 본질상 부인의 문화를 창조한다. 더욱더 많은 사람들이 불필요한 존재, 주변적 존재로 밀려나고 있다. 탈숙련·미숙련 빈곤층, 악화일로의 빈곤층, 더이상 일할 수 없는 노령인구, 직업을 구할 수 없는 청년층, 이주자·망명신청자·난민 등의 대규모 유동인구가 좋은 사례이다. 현 자본주의의 문제에 대한 '해결책'은 부인 상황을 물리적으로도 재생산하는데, 이때 '배제와 분리'의 전략이 사용된다. 낙오자와 탈락자들은 "보지 못하면 잊힌다"는 말에 딱 들어맞도록 분리되어 현대판 게토 같은 고립된 장소에서 살아갈 수밖에 없다. 승리자들 역시 낙오자 집단들과 분리되어 특수층만의 쇼핑몰, 담장으로 둘러싸인 동네, 부유한 은퇴생활자들의 쎌버타운 같은 곳에서 살아간다.

586

돕는 행위의 전문화는 양날의 칼이다. 국내에서뿐 아니라 이제 국제적 차원에서도 인간고통을 돕는 전문가들이 나타났다. 이들 국제 전문가들은 국내 전문가와 마찬가지로 사람들을 돌보고 돕는다. 이 일에는 특수한 기술과 현지 문화에 대한 깊은 이해가 필요하다. '복합적 긴급사태'라는 기술적 용어는 이러한 전문활동의 복합성을 나타내기에 불충분하다. 그러나 이렇게 타인을 돕는 전문활동에서도 재정상의 비용-편익을 따지라는 압력, 감시-평가 활동에 대한 요구가 너무 강하다. 또한 새처류의 '성과 지표' 운운하는 헛소리들이 너무 많이 들린다. 타인을 돕는 행위조차 이렇게 접근하면 전문활동가들이 업무를 독점할 테고, 자원활동가와 아마추어가 배제되며, 보통사람들의 집단적 책임감이 줄어들 수 있다.

우리는 보통사람들의 더 많은 도덕적 시인을 기대할 수 있을 것인가? 바우만은 우리의 모든 '자연스런' 도덕적 조건반사는 전근대의 유산이라고 시사한다. 그것은 "근친적 도덕성이다. 그런 도덕성은 오늘날처럼 모든 중요한 행동들이 먼 곳에서 일어나고 있는 시대에는 적합하지 않다." 르완다 사태에 적용할 수 있는 인과관계의 사슬 그리고 가능한 개입방식을 제대로 이해하려면 우리는 상상력의 한계를 넘어서야만 한다. "그러나 우리는 그런 사건들이 우리의 행동 또는 무행동과 얼마나 긴밀하게 연관되어 있든, 그렇게 먼 곳에서 일어나는 사건에는 '자연스럽게' 책임감을 느끼기 어렵다."[27] 전근대의 '근친적 도덕성'을 넘어 먼 곳에 있는 타인들의 어려운 처지를 시인하려면 통상적인 '동일화'를 비약적으로 초월해야 한다. 그렇게 하려면 어떤 자연적·보편적 인간 정체성 또는 적어도 "굶주림, 갈증, 한기, 탈진, 외로움 또는 성욕 같은 기본적 인간특성"을 가정해야만 한다.[28] 그러나 우리의 책임감, 의무, 감정 등은 자연적인 것이 아니라 사회적인 것에 의해 형성된다. 신체적인 욕구도 사회적 차이를 반영하게 마련이다. "내가 경험해본 굶주림과 캘커타 길거리 노숙인들의 굶주림이 같다는 말은 순전히 말장난에 불과하다."[29]

그렇다면 먼 곳의 타자를 우리의 도덕적 세계 속에 포함시킬 수 있는 방법은 하나밖에 없다. **모든 사람들에게 똑같이 적용되는,** '더이상 견딜 수 없는 상태'가 어느 선인지 그 경계선을 설정하면 된다. 여기서 출발점은 사이비 보편주의 또는 값싼 동정이 아니라, 진정으로 중요한, 근원적이고 환원불가능한 어떤 기준(차이)——어디부터가 인간고통인가를 구분하는 차이——을 인정하는 것이다. 이러한 기준은 내가 속한 민족 집단, 문화, 수입, 세계관, 나이, 쎅슈얼리티, 젠더 등에서 도출되는 것이 아니다. 그 기준은 **내 아이들이 굶어 죽지 않았고 앞으로도 그렇게 되지 않을 거라는 그리고 내 아내가 도끼에 맞아죽거나 내가 우리 집에서 쫓겨나지 않았고 앞으로도 그런 일은 없을 것이라는** 원초적 사실에서 도출된다. 이러한 기준이 너무나 근본적이라는 바로 그 이유 때문에 프랑스혁명의 원칙 중 제일 간과되어온 원칙을 불러올 필요가 있다. 즉 자유도 아니고 평등도 아닌 **우애**의 원칙 말이다.

"못 본 체하다"라는 말은 문자 그대로 보지 않는다는 뜻은 아니다. 묵인하고 보살피지 않고 무관심하게 대한다는 뜻이다. 신체적 시야는 도덕적 시야의 은유이다. 만일 극소수 선택된 집단의 고통에만 '감응'한다면, 도덕적 장(場)이 신체적 시야(근시안)를 닮았다고 볼 수 있다. 그러나 어떤 도덕적 장은 어디선가 끝나는게 아니고 어떤 지점에서 비로소 시작된다. 이 지점을 넘어서면, 당신은 세상 돌아가는 것을 '그냥 내버려둘 수' 없고, 인권침해자들의 '마구잡이'식 행동을 참아 넘길 수 없게 된다. 어떤 도덕적 장은 감정적으로 규정된다. ("그 이상 되면 내속이 뒤집혀서 도저히 그냥 넘길 수 없다.") 순수하게 인지적인 차원에서 눈이 먼 것은 그리 중요치 않다(돌아다니는 정보가 너무 많네. 이쯤에서 더이상의 정보를 받지 말아야지). 이러한 시각적 장은 권력자에 의해 조작될 수도 있다. 인권침해의 참상을 '정상화'하거나 근친적 도덕성의 한계를 규정하는 '자연스런' 지점 또는 정신−심리적 장벽은 존재하지 않는다. 물론, 인간고통의 규모와 심각성이 중요하다. 50명이 죽었느냐 5000명이 죽었느냐의 차이는 크다. 그러나 이 모든 시각적 장의 매트릭스를 어떻게 조합해보더라도 고통의 양이 어느 정도가 되면 사회적 반응을 끌어낼 수 있을까를 예견할 수는 없다.

그 이유는 우리가 완전히 비이성적이고 예측할 수 없으며 심지어 기묘하기까지 한 것들의 영향을 받기 때문이다. 정보 출처의 영향을 받고, 살해방식의 영향을 받으며, 사건을 접했을 때 우리 감정상태의 영향을 받을 수도 있다. 인간고통의 세계 속에서 모두는 도덕적 저능아가 된다. 매카시는 적절한 보기를 든다. 왜 먼 곳에서 스마트탄을 투하하여 기계적으로 사람을 죽인 것보다, 아무런 저항을 할 수 없는 여성과 어린아이가 학살된 미라이 사건이 더 끔찍하게 여겨지는가? 아마도 비인격적·기계적인 집단학살에 관한 정보가, 당신이 밥을 먹을때 듣는 굶주려 죽어가는 어린이들 소식과 비슷하기 때문일 것이다.

만일 어떤 사람이 미라이 사건의 캘리 중위는 비난하면서, 라오스와 캄보디아에서 B-52 폭격기에 의한 융단폭격 소식에는 '견딜만하다'고 한다면, 그것은 그 사람의 냉혹함을 말해 주는 것이 아니라 오히려 그가 철저히 냉혹하지만은 않다는 사실을 의미한다.

그가 곰곰이 생각해본다면 실상을 알 수 있겠지만 다행히도 인간은 하루 24시간 내내 생각하지 않고도 살 수 있다. 세상에는 '단순한 지식'이 있고, '피할 수 없는 지식'도 있다. 이 둘 사이 어디쯤에 용인할 수 있는 경계선이 존재한다. 물론 사람마다 경계선의 위치는 모두 다르다.[30]

모든 사람의 삶 그리고 모든 사회가 부인의 토대 위에 세워져 있다. 어떤 형태의 부인이 문제가 되고, 어떤 부인을 내버려둘 수 있는지는 사회정의 같은 상위의 원칙만이 결정할 수 있다. 그다음에 우리는 '단순한 지식'을 **피할 수 없는 지식**으로 전환함으로써 용인할 수 있는 경계선을 낮추려 한다. 인간고통의 특정한 이미지로 인해 우리가 산산조각나는, 예측할 수 없는 순간들이 있다. 어느 아이의 얼굴에 떠오른 절망을 '보면서' 문자 그대로 가슴이 무너지고 소리 없이 눈물이 흐르는 순간 말이다. 하지만 이런 순간들을 미리 예정해놓을 순 없다. 또한 착한 사마리아 사람에 관한 진부한 설교로 설득될 사람은 아무도 없을 것이다. 마치 제노비스의 사례를 세속적 의미에서 '개입'을 독려하는 이야기로 읽는 것이 부적절한 것만큼이나, 덕행과 온정에 관한 종교적 비유인 착한 사마리아 사람의 이야기를 단순히 '개입'을 독려하는 의미로 읽어서는 곤란할 것이다.

탈근대적 세계에서, 길 위에 누운 강도당한 이방인을 처음이자 마지막으로 만나는, 그리하여 우리의 도덕적 본능을 시험하는 '진실의 순간'은 많지 않다. 우연히 인권침해에 대해 '알게 되는 것'은 아니며, 우리 인식은 늘 깨어 있다. 울고 있는 르완다의 고아가 텔레비전 화면에 나타나는 순간은 우리가 이미 아는 사실을 확인시켜주는 순간이다. 인권 가치를 시인한다는 것은 텔레비전 화면에 비치는 걸인과 앰네스티 광고에 반응적으로 반응하는 문제가 아니라, 그러한 경험 사이사이에서 우리가 어떻게 살아가느냐 하는 문제이다. 우리가 이런 사건들을 알면서도 어떻게 정상적으로 살 수 있단 말인가?

이런 것은 수사적 질문이며 도덕군자인 척하는 잔소리다. 그러나 나는 이 질문을 실증적인 의미로도 제기한다. 우리 자신 그리고 타자들의 집단적 고통 사이에 어떤 공간이 있는가? 오든의 시에는 이러한 냉담한 건축물이 이미 자리를 잡고 있다. 고통에 대한 '인간적 입장'은 우리가 식사를 하거나 창문을 열거나 그저 어슬렁거리는 순간처럼 다른 일에 정신이 팔려 있을 때 생겨난다는 점이다. 옛 거장들이 묘사한 인물들은 고의적으로 타인의 고통을 못 본 체하지 않았다. 그들의 냉담함과 우리의 냉담함은 구조적인 위치의 산물로, 인간에게는 타인의 고통에 초연하도록 하는 뭔가 내장되어 있는 것이다.[31] 이러한 공간은 우리 같은 보통사람과, 우리와 전혀 다른 도덕공동체에 속한 사람들의 사상적 격차보다 훨씬 더 넓다.

자신의 개인적 부인은 용인할 수 있다. 개인의 존엄과 사생활도 중요하기 때문이다. 이 경우 타협이 가능하다. 손해 보는 사람은 아무도 없다. 진실을 알고 그것을 말한다고 당신이 자유로워지지도 않는다. 자신에 관한 진실을 직면하지 않아도 되는 것, 그것도 당신의 인권이다. 당신은 자신이 좋아하는 허구의 세계를 만들어놓고 자기기만과 허상의 세계 속에서 기꺼이 살아갈 수 있다. 그러나 정치적 차원에서는 '부인의 상태' 또는 부인하는 국가를 용인할 수 없다. 타협의 여지가 없다. 진실규명 그 자체가 어떤 가치가 있는 건 아니라 하더라도, 부인은 언제나 모든 사람들에게 영향을 주기 때문이다.

정보와 행동 사이에 복잡한 장애물(이 책의 주제이다)이 있긴 하지만, 어떤 인권단체, 교육조직, 정치조직도 지식의 흐름을 제한하려 해서는 안된다. 그러나 지식의 양이 방대할 뿐 아니라 그것은 재귀적 성격을 갖고 있어 이를 도덕적으로 그리고 초연히 걸러내야 할 것이다. 앞에서 말한 '국제좋은사람들위원회' 같은 조직이 있다면, 인권침해와 인간고통을 정리하고, 원칙있는 방식으로 피해자들의 요구의 경중을 가리며, 여과장치와 인권구제를 위한 통로를 설정할 수 있을 터인데 말이다. 이처럼 선의를 가지고 인권현실을 잘 아는 사람들에게 뉴스 선정 권한을 부여한다면, 시장이 어떤 정보를 팔 것인지를 그리고 국가가 어떤 정보를 부인할 것인지를 선택하도록 내버려두는 것보다 훨씬 좋을 것이다.

하지만 우리 자신의 정신적 안테나만이 서로 다른 종류의 고통을 감지할 수 있다. 진실이 "당신을 자유롭게 할"지를 알 방도는 없다. 여기서 유일한 선택은 피할 수 있는(이런 것은 견딜 만하다) '심란한 인식' 그리고 피할 수 없는 심란한 인식 사이의 선택이다. 이것은 해방의 '적극적 자유'가 아니라, 이런 선택이 주어지는 '소극적 자유'이다. 다시 말해 더 많은 사람들에게 **더 많은** 심란한 정보를 제공하는 것을 뜻한다. 잘 알고 선택하려면 통계, 언론보도, 지도책, 사전, 다큐멘터리, 연대기, 인구조사 자료, 연구물, 목록 등 더 많은 원재료가 있어야 한다. 이 세상의 얼마나 많은 아이들이(그리고 **어디**에서, 어떤 **이유**로) 아직도 홍역으로 죽어가는지, 얼마나 많은 열두살짜리 아이들이 병사로 끌려가 살인기계로 바뀌는지, 얼마나 많은 아이들이 가족에 의해 매매춘 산업에 팔려나가는지, 얼마나 많은 아이들이 부모의 구타로 죽음에 이르는지를 누군가 우리에게 **정확히** 가르쳐주어야 한다. 이런 정

592

보는 정기적이고 대중이 쉽게 접근할 수 있어야 한다. 인간고통에 관한 이런 정보도 뉴욕의 타임스 스퀘어 전광판에 나타나는 뉴스 헤드라인처럼 우리 '눈'앞에 바로 나타나야 한다.

마지막으로 우리의 이런 '눈'에 대해 이야기해보자.

사진은 결코 거짓말하지 않는다

아무것도 알아채지 못하는 '눈'은 없다. 예컨대 굶주리는 소말리아 아이의 사진, 그리고 알제리의 학살 보도는 어떤 관점에서 비롯되며 나름의 입장을 제시한다. 요컨대 '눈'에 특정한 관점이 있다는 사실만은 분명하다. 굶주리는 아이는 실제로 있고, 학살은 분명히 일어났다.

흥미롭게도 우리는 지각된 현상에 함축된 의미를 나타내는 '언어적 반응'보다 '시각적 표현'에 대해 더 많이 알고 있다. 아프리카 아이들을 찍은 장면처럼, 유명한 전쟁 사진과 이미지들은 흔히 "백문이 불여일견"이라고 간주된다. 이것은 이미지 송신자의 의도와 이미지 관람자의 지각이 어느정도 일치함을 가정하는 것이다. 이보다 더 치명적인 가정은 관람자들 각자의 특유한 감성에도 불구하고 극단적인 인간고통의 생생한 광경 앞에서 누구나 영향을 받을 것이라는 가정이다. 누구도 부인할 수 없는 진실 앞에서 인간 보편의 연민을 느낀다는 의미다.

그러나 이러한 가정들 중에 '자명한' 것은 없다. 나는 친구에게 전쟁사진전을 보고 '깊이 감명받았다'고 말한다. 그 친구도 사진전을 관람한다. 하지만 전혀 감명받지 않는다. "썰렁하더군" 하고 친구가 말한다. 사람들의 견해와 취향이 비슷하다면 어떻게 이렇게 완전히 다른 반응이 나올 수 있을까? 나는 결론에 대신하여, 이 수수께끼에 관한 비유를 들까 한다. 뉴욕 출신의 여류 사진작가가 찍은 사진들에 대해 뉴욕 출신의 또다른 여류 작가가 쓴 비평문에 관한 이야기이다.

사진작가는 다이앤 아버스(사회의 주변인들을 묘사한 사진으로 유명한 작가. 난쟁이, 거인, 창녀, 성전환자, 노동계급 등을 다루었다. 1972년 미국 사진작가로는 최초로 빈 비엔날레에 초청되었다—옮긴이)이다. 내게 처음으로 깊은 인상을 남긴 '예술' 사진작가였다. 1970년대초 그녀의 작품을 처음 접했을 때 나는 압도당했고 완전히 최면에 걸린 듯했다. 그 사진들은 내 마음에서 지울 수 없었다. 사진을 들여다 볼 때 사진 속 인물들은 보이지 않는 카메라를 응시하고 있었다. 당시엔 아버스에 대해 전혀 아는 바가 없었지만 나는 그녀의 작품에 깊이 공감했다. 나는 아버스가 '부인의 문제'에 얽혀 있음을 느낄 수 있었다. 작품 속의 대상들(경멸적으로 그리고 부당하게 '기형인간들'freaks이라고 불리던)은 강력하지만 모순적인 두가지 요구를 하고 있었다. 그들의 처지가 우리와 극단적으로 다르다는 것을 시인하라는 요구, 그리고 그들도 우리와 같은 인간임을 시인하라는 요구였다. 그들은 소위 매력있는 인물들은 아니었다. 아마 공개석상에서 함께 있다면 창피함을 느낄 만한 사람들이었다. 그런 사람들과 자신을 쉽게 '동일시'할 수는 없었다. 하지만 그들은 감동을 주었으니, 나는 그들의 불굴의 정신에 경의를 표하지 않을 수 없었다.

하지만 나는 아버스가 자살하고 2년이 지나 출판된 회고작품집에 대해 쑤전 쏜택이 1973년에 쓴 적대적인 평론을 읽고 깜짝 놀랐다.[32] **그녀의 모든 반응**이 나와는 정반대였다. 나는 쏜택의 글을 잊고 있다가

594

© Diane Arbus

무제.

25년이 지난 뒤에 다시 읽어보았다. 전보다 더 동의할 수 없었다. 쏜택은 아버스의 사진 112장을 이렇게 묘사한다. "대부분 추악한 괴물들과 경계선상의 존재들을 모아놓았다. 괴이하거나 노골적인 차림을 하고, 암울하거나 메마른 배경을 한 인간 군상들을 보여준다."[33] 나는 반어법적으로도 '괴물' 따위의 말은 쓰지 않을 것이다. 또한 전체 4분의 1에 해당되는 사진들이 '기형인간'과는 거리가 먼, 상당히 '정상적'인 인물을 다루고 있다. '베일을 걸친 여인' '공원 벤치에 앉은 여인' '금합(金盒) 목걸이를 한 여인' '전시회 개관식장의 네 사람', 누드 인물들,

토플리스 댄서 등을 보라. 이런 사람들이 어째서 괴물 같은가? 그리고 '경계선상의 존재들'은 도대체 누구인가?

쏜택이 문자 그대로 묘사한 내용들이 무엇을 지칭하는지 알아볼 수는 있다. 우리는 분명 같은 사진들을 보았다. 하지만 그 점을 빼놓으면 우리 둘 사이에는 전혀 다른 점이 있다. 쏜택의 글을 예로 들어 설명해 보겠다.

아버스의 작품은 관람자에 대해 그녀가 찍은 천민들 그리고 가련하게 보이는 군상들에게 공감하라고 초대하지 않는다. 인류는 '하나'가 아니다. 아버스의 메시지는 '반휴머니즘'이다. 믿을 수 없는 반응이다. 내가 보기에 아버스의 사진들은 명백하게 우리를 '초대'하고 있을 뿐 아니라, 그 대상에 대해 관람자가 즉각 공감할 수 있게 해준다. 더 놀라운 것은 아버스가 "당신의 피부를 빠져나와 다른 사람에게 들어가기는 불가능하다. 다른 사람의 비극은 당신의 비극과 다르다"[34]라는 사실을 완전히 인식하면서도 타인과의 공감을 이끌어냈다는 점이다. 사진 속의 몇몇 인물은 비참하게 보이는 게 사실이지만 대다수 인물들은 전혀 그렇지 않다. 예컨대 작품집 표지사진에 나오는 쌍둥이 자매 중 한 아이는 완전히 만족한 듯한 표정을 짓고 있다. '무제'라는 제목이 붙은 사진 두 장에 나오는 정신장애 여성들은 웃고 있다. 누드로 나온 사람들은 약간 멍한 표정이지만 다들 행복해 보인다. 성전환자 두사람은 미소 짓고 있다. '춤추는 유대인 부부'라는 아름다운 사진에선 행복이 넘친다. 아버스는 대단히 놀라운 것을 보았고 그것을 우리에게도 보여주었다. "대다수 사람들은 인생에서 비극적인 경험을 할까봐 조바심을 내며 살아간다. '기형인간'들은 트라우마를 타고났다. 그들은 이미 인생의 시험을 통과한 사람들이다."[35] 이런 사람들은 이상하게 평

596

온한 상태에 도달해 있다. 끔찍한 일이 옛날에 이미 일어났기 때문이다. 나는 아버스의 사진을 볼 때마다 이 사실을 느끼는데 쏜택은 전혀 그렇지 못하다. 아버스가 '비정치적'이라는 지적에는 동의한다. 하지만 "반휴머니즘"이라고? 내가 보기엔 아버스의 메시지 자체가 '휴머니즘'이다.

아버스는 예술사진에서 가장 가시적인 작업 중의 하나인 장르—피해자, 불우한 이웃, 낙오자에 초점을 맞춘—를 다루고 있는 것 같지만, 그러한 작업이 복무해야 할 '공감이라는 목표'가 결여되어 있다. 여기에 아버스 작품의 모호함이 있다. 아버스의 작품은 가련하고 불쌍하며 끔찍하고 혐오스러운 사람들을 보여준다. 하지만 어떤 공감도 불러일으키지 못한다.

이 사진들이 쏜택에게 공감을 불러일으키지 않았을 수도 있다. 하지만 나는 사진을 보는 즉시 그런 공감했으며 25년이 지난 오늘날에도 여전히 강렬하게 공감한다. 나는 아버스의 작품에서 손톱만큼의 '모호함'도 찾을 수 없다.

작가는 기형인간들과 하층민들이 사진기를 의식하지 못하는 순간을 포착해서 그들을 몰래 찍지 않았다. 오히려 작가가 그 사람들을 알고 있어서 그들이 포즈를 취해준 것이다. 아버스의 사진작품에서 풀리지 않는 커다란 미스터리가 바로 이것이다. 그들이 사진촬영에 응한 후 그 결과를 봤을 때 작품이 시사하는 것에서 무엇을 느꼈을까? 관람자는 그들이 자신을 사진 속 이미지처럼 인식할까 하는 의문을 갖게 된다. 대상들은 자기가 얼마나 기이한 존재인 줄 알고 있을까? 아마 모르고 있는 것 같다.

그렇다면 쏜택은 대상들을 몰래 관찰하여 비밀리에 촬영했더라면 더 좋았을 거라고 말하는 것일까? 이들이 자신을 어떻게 보는가에 대해 쏜택이 제기하는 가상의 '미스터리'는 자가당착이고 모욕적이다. 이들은 숲속에서 나온 늑대인간이 아니고 우리와 마찬가지로 사회적 존재이다. 다른 사람들을 볼 줄 아는 인간이다. 거울을 가진 사람이다. 형제자매가 있고 부모도 있고 자녀가 있고 이웃도 있다. 영화도 보고 텔레비전도 보는 사람들이다. 이들이 자신의 소위 '추함'을 인식하지 못한다는 쏜택의 추측은 참으로 해괴한 발상이다. 마찬가지로, 아버스의 작품이 "고통받는 사람들, 사고·전쟁·기근·정치적 박해의 피해자들처럼 자신이 고통받고 있다는 사실을 인식하고 있을 사람들을 배제하고 있다"는 무의미한 비난 역시 이해하기 어렵다.

이들 작품들을 바라보고 있는 한, 바라보는 행위 자체가 시련이라는 사실을 부정할 수 없다. 관람자 스스로 얼마나 의지가 강한지를 자아점검하게 해주는 예술 같다. 이 사진들은, 우리가 인생의 끔찍한 측면을 움찔하지 않고 똑바로 쳐다볼 수 있음을 보여준다. 아버스의 작품은 자본주의국가에서 고급예술에 나타나는 한가지 지배적 경향을 보여주는 좋은 사례이다. 그것은 도덕적·감각적 역겨움을 억제하거나 적어도 줄이려는 경향 말이다. 대부분의 현대예술은 참혹한 현실의 경계선을 낮추기 위해 열심히 노력한다.

나는 이 사진들을 보면서 '시련'이라고 느낀 적은 한번도 없었다. 쏜택이 '경계선을 낮춘다'고 한 것은 인간이라는 개념 안에 추악하고 기형이며 성적으로 비정상이고 아이큐검사에서 낮은 점수를 받은 사람들을 포함했다는 뜻일 거라고 나는 상상한다. 만일 그렇다면 우리는 아버스와 소위 세련된 도회풍 자본주의 예술가들에게 영원히 감사해야 할 것이다.

내가 쏜택에게 동의하지 않는 점을 열거한 것은 그녀의 비판정신을 깎아내리려는 뜻이 아니다. 그와 반대이다. 쏜택이 미학과 사진예술 그리고 아버스에 대해 나보다 훨씬 더 잘 알고 있다는 점을 추호도 의심치 않는다. 내가 쏜택을 보기로 든 것은, 어떻게 해서 똑같은 도덕적 세계관을 지닌 사람들이 똑같은 이미지를 이토록 완전히 다르게 볼 수 있는지에 관한 고통스런 사례를 제시하기 위해서였다. 예를 들어 나는 쏜택과 동일한 하위문화에 속한 사람이다. 중산층, 지식인, 영어권, 문화적 앵글로쌕슨, 같은 세대, 좌파-자유주의적 정치관, 특정한 풍토를 넘어선 세계주의 등의 공통점을 갖고 있다. 그런데도 아버스의 사진 한장 한장에서 나는 고결함, 인간성, 공감대를 본 데 반해 쏜택은 그 사진들이 이러한 품격을 결여하고 있다고 본 것이다.

나는 역으로 쏜택의 비판정신을 빌려, 인간고통을 묘사한 다른 사진작가의 작품을 비판하고자 한다. 수많은 사람들이 인도구호활동이나 인권운동의 세계에서 일하고 있다. 나는 그들의 판단을 대부분 존중하는 편이다. 그런데 이런 사람들은 쎄바스띠앙 쌀가도의 작품을 대단히 높게 치는 경향이 있다. 한번 보는 즉시 알아볼 수 있는 도망가는 난민, 노동자, 농민 사진들은 사회적 다큐멘터리이자 '예술적' 리얼리즘을 구현한 작품으로 사람들의 칭송을 받고 있다. 하지만 쌀가도의 흠잡을 데 없는 예술적 의도가 무엇이든, 내가 보기에 그의 작품은

©Sebastião Salgado

「에티오피아 코렘 난민캠프의 어린이 수용소」(Children's Ward in the Korem Refugee Camp, Ethiopia, 1984)

인간고통에 대한 철저한 '심미적' 반응에 불과하다. 그의 사진작품은 비극을 미화하고, 불필요한 종교적 상징성을 내보인다. 예컨대 예수를 연상시키는 아이를 안고 있는 성모 마리아처럼 보이는 난민 여성을 보라. 이런 이미지들에 나는 전혀 감명을 받지 못한다. 어떤 작품은 불쾌하고, 어떤 작품은 창피할 뿐이다. 이런 사진들은 커피테이블 책 (여유있는 집안의 거실을 장식하는 고급 화집류의 도서들—옮긴이)으로 펴내거나 대학생 공부방 벽에 붙여놓으면 딱 좋으리라고 생각한다.

　그러나 '심미적 상대주의'란 것이 인간고통에 대한 보편적인 반응이 없다는 얘기는 아니다. 이러한 공통된 반응은 이런 차원의 반응일 (또는 반응이어야 할) 것이다. 1998년 어느 기자가 당시 유엔 사무총 장이던 코피 아난에게 '아프리카 사람들'이 믿는 인권가치가 유럽인들 이 생각하는 인권가치와 같은 것이냐고 물었다. 아난은 다소 짜증스 럽게 대답했다. "차라리 르완다의 어머니에게 암살대가 자기 아이를 죽일 때 어떤 기분이 들었는지 물어보라."

나는 한때, 절대 부인할 수 없는 원형의 이미지를 드디어 찾았다고 생각한 적이 있다. 1969년 돈 매컬린이 비아프라에서 촬영한, 바짝 마 른 알비노(albino) 아이의 잊을 수 없는 사진이었다(책 366면 사진 참조― 옮긴이). 그 이미지는 내 마음속에 30년 이상 남아 있었다. 내 감정은 매 컬린이 사진 촬영 당시에 어떤 느낌이 들었는지를 묘사한 자서전을 읽 고 더욱 강해졌다. 그는 기독교 미션스쿨을 개조하여 전쟁고아 800여 명을 수용하고 있던 병원으로 걸어 들어갔던 일을 이렇게 회상한다.

병원에 들어섰을 때 나는 어린 알비노 소년을 보았다. 굶주린 비아프라 고아가 되는 것만 해도 아주 가련한 처지에 놓인 것이다. 하물며 굶주린 '백피증'에 걸린 비아프라 고아가 되는 것은 형언할 수 없이 슬픈 처지에 놓였음을 의미한다(아프리카에서 백피증 환자는 차 별받기 쉽다―옮긴이). 그 아이는 굶어 죽어가는 동안에도 친구들 사 이에서 따돌림과 손가락질과 멸시를 받고 있었다. 소년은 나를 쳐 다보고 있었다. 살아 있는 해골 같았다. 온몸이 백골같이 하얬다. 아이가 내게 더 가까이, 더 가까이 다가왔다. 그는 잘 맞지도 않는 상의 쪼가리를 걸치고 쇠고기 통조림 깡통을 들고 있었다. 텅 빈 쇠고기 통조림 깡통이었다.

아이는 나를 뚫어지게 처다보았다. 마치 내게 죄의식과 불편한 마음을 들게 하여 괴롭히려는 듯한 고통스런 눈길이었다. 내게 더 가까이 다가왔다. 나는 그 애를 보지 않으려고, 다른 곳에 시선을 맞추려고 노력했다. '국경없는의사회'에서 나온 프랑스 의사들이 죽어가는 어린 소녀를 살리려 하고 있었다. 그들은 아이의 목구멍에 주사바늘을 넣고 가슴을 쳤다. 견딜 수 없이 고통스러운 광경이었다. 소녀는 내 앞에서 숨을 거두었다. 전쟁 사진작가로서 내가 겪었던 암울한 경험 전체를 통틀어 가장 여리고 가장 슬픈 인간의 죽음이었다.

여전히 알비노 아이는 한쪽 귀퉁이에 서 있었다. 하얀 빛이 스쳐 지나갔다. 아이는 내 주변을 서성이면서 점점 더 가까이 다가왔다. 누군가 고통의 통계수치를 내게 말해주었다. 이 비극적 상황을 몇배로 가중시키는 끔찍한 숫자 말이다. 박탈과 기아의 희생자들을 보고 있노라니 내 마음은 잉글랜드의 내 집으로 되돌아갔다. 이 아이들 또래의 내 자식들은 서구 아이들이 흔히 그러하듯 음식 귀한 줄 모르고 투정하기 일쑤였다. 이 아이들과 내 고향집의 자식들, 이 두 광경이 극심한 정신적 고통을 안겨주었다.

갑자기 내 손을 누가 건드렸다. 어느새 알비노 소년이 내게 다가와 자기 손을 내 손안에 파묻었다. 그 자리에 선 채 아이의 손을 잡고 있는데 내 눈에서 눈물이 흘러내리는 것을 느꼈다. 다른 것을, 무엇이든 다른 것을 생각하려고 했다. 애들 앞에서 눈물을 보일 순 없지 않은가. 나는 주머니에 손을 넣어 보리사탕 하나를 찾아냈다. 아이에게 사탕을 살짝 건네주었고 그 애는 내게서 물러났다. 아이는 약간 떨어진 자리에 서서 서툰 손가락으로 사탕봉지를 벗겼다. 그는 사탕을 핥으면서 큰 눈망울로 나를 쳐다보았다. 혹시 사탕이 금세 사라질지도 모른다는 듯이 그 애는 사탕을 조심스레 빨아 먹으면서도 빈 깡통을 여전히 안고 있었다. 사람 같아 보이지 않았고, 마치 조그만 백골이 어쩌다 살아난 것 같았다.

그 광경은 전쟁을 넘어선, 저널리즘을 넘어선 어떤 것이었다. 그 광경은 사진술을 넘어선 것이었지만 정치를 넘어선 것은 아니었다. 이 형언할 수 없는 고통은 아프리카의 자연재해 때문에 빚어진 비극이 아니었다. 자연의 가지치기가 아니라, 인간의 사악한 탐욕이 빚어낸 사건이었다. 할 수만 있다면 그날을 내 인생에서 들어내고 내 기억에서 영원히 지워버리고 싶다.[36]

매컬린의 카메라(매컬린이, 늘 사용하는 도구라는 점에서 칫솔과 비슷하다고 비유하는)는 좀체 지워지지 않고, 다른 데로 돌릴 수도 없는 '눈'을 우리에게 주었다. 이 '눈'으로 우리는 잠시라도 바라보아야 한다. 매컬린의 작품에 관해 평론을 쓴 존 버거는 이렇게 설명한다. 이 사진들은 우리를 '바짝 끌어당긴다', 문자 그대로 '사람 눈을 잡아끈다', 우리는 '사진에 사로잡힌다' '타인의 고통이라는 순간이 우리를 집어삼킨다'.[37] 그 결과는 **절망**(아무 목적도 없이 타인의 고통을 느끼는 데 따른) 또는 **분노**(어떤 행동을 요구하는)이다. 우리는 이런 사진의 얼어붙은 '순간'을 떠나 일상으로 돌아갈 때 급격한 단절을 느낀다. "이 둘 사이의 차이가 얼마나 큰지, 우리가 방금 본 것을 기억하면서 우리 일상을 다시 시작한다는 게 얼마나 터무니없는 짓일까."[38] 이런 고뇌의 순간은 정상적인 시간과 공간에서 분리된다.

그러나 이러한 단절은 우리가 개인적으로 내보이는 반응의 결과가 아니고 우리 자신의 책임이랄 수도 없다. 그런 사진을 본 순간에는 그 **어떤** 반응을 보이더라도 부적당하다고 느껴지게 마련이다. 그 고뇌의 순간은 스스로 존재하며 우리 삶의 다른 순간들과 단절될 수밖에 없다. 그러나 우리는 인간고통의 이미지가 충격과 시인, 관심과 행동을 불러일으키기 위한 것임을 알고 있다. 다들 그런 식으로 느낄 것이라고 생각된다. 그러나 버거는 우리가 그러한 단절을 우리 자신의 도덕적 불찰이라고 느끼는 순간——그것을 인간조건의 일부로 치부해버리거나 유니쎄프에 기부금을 냄으로써 일종의 보속(補贖)을 행한다——그 문제를 내면으로 돌려버린다고 말한다. 인권침해를 정치적으로 비판하기**보다**, 우리의 도덕적 불찰로 돌리거나 부인하려는 경향을 내보일까 우려하는 것이다.

나는 간혹 비아프라의 알비노 아이를 생각한다. 버거는 사람들이 그러한 이미지에 어떻게 '사로잡히는지'를 묘사한다. 그리고 그냥 지나가는 말처럼 한마디 덧붙인다. "그런 사진을 쳐다보지도 않고 지나치는 사람들이 있음을 나는 알고 있다. 그런 사람들에 대해선 할 말이 없다."[39]

나는 그렇게 믿고 싶지 않다.

| 주 |

머리말

1 Stanley Cohen, *The Impact of Information about Human Rights Violations: Denial and Acknowledgement*(Jerusalem: Centre of Human Rights, Hebrew University 1995).

2 Arthur Kleinman et al.(eds), Social Suffering(Berkeley: University of California Press 1997).

옮긴이 해설

1 Stanley Cohen, *States of Denial: Knowing about Atrocities and Suffering*(Cambridge: Polity 2001).

2 Laurie Taylor, "The other side of the street: Laurie Taylor interviews Stan Cohen", *New Humanist*, Volume 119, Issue 4(2004).

3 Stanley Cohen, 앞의 책.

4 Victoria Brittain, "Everyday atrocities: States of Denial", *The Guardian*(7 April 2001).

5 Stanley Cohen, 앞의 책.

6 International Herald Tribune, "Hawkish sentiment on Gaza grows in Israel", *International Herald Tribune*(26 January 2009).

7 Stanley Cohen, 앞의 책.

8 Kathy Laster, "Why we deny", *Tikkun: Politics, Spirituality, Culture* (September/October 2001).

9 (The) Editors, "Introduction", In: D. Downes et al.(Eds), *Crime, Social Control and Human Rights: From moral panics to states of denial; Essays in Honour of Stanley Cohen*(London: Willan Publishing 2007).

10 같은 책.

11 Adam Kuper, "Growing up with Stan", In: D. Downes et al.(Eds), *Crime, Social Control and Human Rights: From moral panics to states of denial; Essays in Honour of Stanley Cohen*(London: Willan Publishing 2007).

12 Stanley Cohen, *Folk Devils and Moral Panics*, 3rd Edition(London: Routledge 2002).

13 Laurie Taylor, 앞의 책.

14 Ken Plummer, University of Essex: Degree Congregations in 2003; Oration given on 9 July 2003. 〈www.essex.ac.uk/vc/orate2003/stanley-cohen-oration.shtm〉

15 Stanley Cohen and Daphna Golan, *The Interrogation of Palestinians During the Intifada: Ill-treatment, Moderate Physical Pressure or Torture?*(Jerusalem: B'tselem, March 1991).

16 Laurie Taylor, 앞의 책.

17 David Downes et al.(Eds), *Crime, Social Control and Human Rights: From moral panics to states of denial; Essays in Honour of Stanley Cohen*(London: Willan Publishing 2007).

18 Stanley Cohen, 앞의 책.

19 같은 책.

20 Ken Plummer, 앞의 책.

21 Stanley Cohen, *Visions of Social Control: Crime, Punishment and Classification*

(Cambridge: Polity 1984).

22 Ken Plummer, 앞의 책.

23 Stanley Cohen, *States of Denial: Knowing about Atrocities and Suffering*(Cambridge: Polity 2001).

24 Noam Chomsky, "Foreword", In: D. Downes et al.(Eds), *Crime, Social Control and Human Rights: From moral panics to states of denial; Essays in Honour of Stanley Cohen*(London: Willan Publishing 2007).

25 Laurie Taylor, 앞의 책.

26 같은 책.

1장 부인의 초보적 형태

1 Gordon J. Horwitz, *In the Shadow of Death: Living Outside the Gates of Mauthausen*(London: I. B. Tauris 1991), 178면.

2 1999년에 『뉴욕 타임스』 기사들을 모아 출판되었다. A. M. Rosenthal, *Thirty-Eight Witnesses: The Kitty Genovese Case*(Berkeley: University of California Press 1999).

3 Daniel Goleman, *Vital Lies, Simple Truths: The Psychology of Self-Deception*(New York: Simon and Schuster 1985).

4 Robert Jay Lifton and Eric Markusen, *The Genocidal Mentality*(New York: Basic Books 1990).

5 Arthur Miller, Foreword to Amnesty International, *Thoughts on Human Dignity and Freedom*(New York: Universe 1991), 5면.

6 Michael R. Marrus, *The Holocaust in History*(Harmondsworth: Penguin 1987), 157면.

7 Leo Kuper, Preface to Israel Charny(ed.), *Genocide: A Critical Bibliographical Review*, vol. 2(London: Mansell 1991), xiv면.

8 Michael Ignatieff, *The Needs of Strangers*(London: Vintage 1994).

9 'Death of a Nation', John Pilger 감독의 작품으로 채널4에서 방영되었음. John Pilger, 'Journey to East Timor: Land of the Dead', *Nation*, 1994년 4월 25일, 550~52면도 참조.

2장 아는 것과 모르는 것—부인의 심리학

1 Israel W. Charny, '"Innocent Denials" of Known Genocides: A Further Contribution to a Psychology of Denial of Genocide(Revisionism)', *Internet on the Holocaust and Genocide*, 46(Sept. 1993), 23~25면. 그러나 홀로코스트의 어떤 부인자들도 이런 의미에서 '진정성'이 있는 사람은 없다. 그들은 아르메니아 학살사건에 대해 진정 단 한번도 들어본 적이 없는 사람들과는 전혀 다르다.

2 Leon Wurmser, 'Blinding the Eye of the Mind: Denial, Impulsive Action and Split Identity', in E. L. Edelstein et al.(eds), *Denial: A Clarification of Concepts and Research*(New York: Plenum Press 1989), 175~201면.

3 George E. Vaillant, *Ego Mechanisms of Defence: A Guide for Clinicians and Researchers*, Appendix 5: 'Ego Defence Mechanisms Manual'(Washington, DC: American Psychiatric Press 1992), 272면.

4 Christopher Bollas, *Being a Character: Psychoanalysis and Self Experience*(London: Routledge 1993), 167면.

5 J. Laplanche and J.-B. Pontalis, *The Language of Psycho-Analysis*(London: Hogarth Press 1973), 118~21면.

6 같은 책 118면.

7 S. Freud, 'The Neuro-psychoses of Defence'(1894), in *Standard Edition*, III(London: Hogarth Press 1961).

8 Freud, 'The Infantile Genital Organization'(1923), in *Standard Edition*, XIX, 143~44면.

9 Freud, 'Some Psychical Consequences of the Anatomical Distinction between the Sexes'(1925), in *Standard Edition*, XIX, 248~58면.

10 같은 책 252면.

11 같은 책 253면.

12 같은 책.

13 Freud, 'The Loss of Reality in Neurosis and Psychosis'(1924), in *Standard Edition*, XIX, 183~87면.

14 같은 책 185면.

15 같은 책 187면.

16 Freud, 'Fetishism'(1927), in *Standard Edition*, XXI, 350~57면.

17 같은 책 352면.

18 그러나 어느 비평가는 걸프전 당시 이라크인들의 피해상황을 미국인들이 거의 '보지' 못했던 상황을, 신경장애 환자들이 겪는 '암점화'와 비교했다. 이 증상은 시야의 독특한 장애현상이다. 환자들은 다른 사람의 얼굴을 쳐다보지만 실제로 보지는 못한다. 심지어 '얼굴'이라는 개념을 잠시 망각하곤 한다. 이것과 유사하게 미국 대중은 이라크인들이 겪은 일을 직시하거나 상상할 수 없었던 것이다(Lawrence Wechsler, 'Notes and Comments', *New Yorker*, 25 Mar. 1991, 25~26면). 부인에 관한 여타 신경증적 비유에는, 환자들이 반신불수 같은 장애를 인지하지 못하거나 그런 병에 걸린 것 자체를 부인하는 '질병불각증'(疾病不覺症, anosognosia)을 일으키는 대뇌 이상증후군이 포함된다. 이것과 연관된 희귀한 증상, '안톤 증후군'(Anton's syndrome)의 경우 환자가 자신이 눈이 먼 사실을 부인한다. 즉 '시각장애 불각증' 환자(visual anosognesics)는 실제로는 전혀 보지 못하면서도 마치 자기가 사물을 볼 수 있다는 듯이 행동한다. "이들은 시각장애로 인해 방향을 잡지 못하면서도 자신의 상태를 절대 받아들이지 않으려 한다"(Ruth Shalev, 'Anosognosia: The Neurological Correlate of Denial of Illness', in Edelstein et al., (eds), *Denial*, 123면). 또다른 형태의 시각장애인 '반맹증'(半盲症, hemianopsia)의 경우, 그 상태를 '부인'하는 것이 아니라 잘 모르는 듯하다. 이때 환자는 자신의 시각이 "괜찮다"고 우긴다(다음을 보라. David N. Levine, 'Unawareness of Visual and Sensorimotor Defects', *Brain and Cognition*, 13 (1990), 233~81면).

19 Freud, 'Fetishism', 355면.

20 같은 책 356면.

21 다음에서 인용. John Steiner, 'The Relationship to Reality in Psychic Retreats', in *Psychic Retreats: Pathological Organizations in Psychotic, Neurotic and Borderline Patients*(London: Routledge 1993), 88~115면. 이 부분에서 나는 스타이너의 영향을 많이 받았다.

22 Eugene E. Trunnel and William E. Holt, 'The Concept of Denial or Disavowal',

Journal of the American Psychoanalytic Association, 22(1974), 771면.

23 Freud, *An Outline of Psychoanalysis*(1940) and 'Splitting of the Ego in the Process of Defence'(1940), in *Standard Edition*, XXIII면.

24 Freud, *Outline*, 203면.

25 나는 이 구절을 프로이트의 말이라고 인용한 글을 여러차례 접했지만 출처가 부정확하여 정확한 원문을 찾을 수 없었다. 이 말이 프로이트의 느낌을 강하게 풍기는 건 사실이다.

26 Trunnel and Holt, 'Concept of Denial', 775면.

27 같은 글.

28 Anna Freud, *The Ego and Mechanisms of Defence*(New York: International Universities Press 1966), ch. 7; 그리고 Anna Freud and Joseph Sandler, *The Analysis of Defence: The Ego and Mechanisms of Defence Revisited*(New York: International Universities Press 1985).

29 A. Freud, *Ego and Mechanisms of Defence*, 95면.

30 Anna Freud, in Freud and Sandler, *Analysis of Defence*, 351~353면.

31 Theo L. Dorpat, 'The Cognitive Arrest Hypothesis of Denial', *International Journal of Psycho-Analysis*, 64(1983), 47~57면.

32 Martin Wangh, 'The Evolution of Psychoanalytic Thought on Negation and Denial', in Edelstein et al.(eds), *Denial*, 5~15면.

33 같은 책 12면.

34 H. Samuel Ehrlich, 'Adolescent Denial: Some Psychoanalytical Reflections on Strengths and Weaknesses', in Edelstein et al.(eds), *Denial*, 144면.

35 Michael Frederic Chayes, 'Concerning Certain Vicissitudes of Denial in Personality Development', in Edelstein et al.(eds), *Denial*, 87~105면.

36 John Steiner, 'Turning a Blind Eye: The Cover Up for Oedipus', *International Review of Psycho-Analysis*, 12(1985), 163면. 또한 다음을 보라. 'The Retreat from Truth to Omnipotence in Sophocles' "Oedipus at Colonus"', *International Review of Psycho-Analysis*, 17(1990), 227~37면. 이 문헌을 추가한 스타이너의 새로운 저술로는 다음을

보라. Psychic Retreats, ch. 10, 'Two Types of Pathological Organization in *Oedipus the King* and *Oedipus at Colonus*', 116~30면.

37 Steiner, 'Two Types', 120면.

38 Steiner, 'Turning a Blind Eye', 161면.

39 같은 글.

40 같은 글.

41 Steiner, 'Retreat from Truth', 228면.

42 같은 글 233면.

43 같은 글 233~34면.

44 Michael A. Milburn and Sheree D. Conrad, *The Politics of Denial*(Cambridge, MA: MIT Press 1996).

45 같은 책 3면.

46 American Psychiatric Association, *Diagnostic and Statistical Manual of Mental Disorders*, 4th edn [DSM—IVtm](Washington, DC: American Psychiatric Association 1994), 751~753면.

47 Harold I. Kaplan et al., *Kaplan and Sadock's Synopsis of Psychiatry, Behavioral Sciences, Clinical Psychology*, 7th edn(Baltimore: Williams and Wilkins 1994), 249~253면. 출생에서부터 한살이 되기 직전까지의 구순기에 자아 방어기제로 사용되는 '부인'—유아의 '발달단계 비교표'상에 자주 나타나는—만큼이나 더 미성숙한 상태도 없을 것이다. 이때 승화, 금욕, 유머, 이타주의 등은 이 비교표의 제일 상위단계인 성숙 방어기제로 나타난다.

48 그 반대가 맞다. 당신이 예컨대 가학성-피학성 음란증 주제에 관한 책이 아니라, 비만 주제에 관한 책을 구입한 이유는 당신이 비만상태에 관해 불안을 떨쳐버릴 수 없기 때문이다. 이때 당신은 '부인'하는 것이 아니라 그 주제에 강박적으로 매달려 있는 것이다.

49 R. D. Laing, *Knots*(London: Tavistock 1970), 5면.

50 J. A. Barnes, *A Pack of Lies: Towards a Sociology of Lying*(Cambridge: Cambridge University Press 1994), 11면.

51 W. Peter Robinson, *Deceit, Delusion and Detection*(London: Sage 1996), 33면.

52 Barnes, *Pack of Lies*, 87~98면.

53 Herbert Fingarette, *Self-Deception*(London: Routledge 1969), 67면. 그리고 같은 저자에 의한 요약본, 'Self-deception and the "Splitting of the Ego"', in R. Wollheim and J. Hopkins(eds), *Philosophical Essays on Freud*(Cambridge: Cambridge University Press, 1982), 212~27면.

54 Sisela Bok, *Secrets: On the Ethics of Concealment and Revelation*(New York: Vintage Books 1982), 60면.

55 같은 책 61면.

56 Jean-Paul Sartre, *Being and Nothingness*(New York: Philosophical Library 1956), 50면.

57 같은 책 49면.

58 같은 책.

59 Jon Elster, *Ulysses and the Sirens: Studies in Rationality and Irrationality*(Cambridge: Cambridge University Press 1984), 172~79면.

60 같은 책 178면.

61 Brian P. McLaughlin and Amelie Oksenburg Rorty(eds), *Perspectives on Self-Deception*(Berkeley: University of California Press 1988), 1면.

62 Amelie Oksenberg Rorty, 'The Deceptive Self: Liars, Layers and Lairs', in McLaughlin and Rorty(eds), *Perspectives*, 10~28면.

63 같은 책 17면.

64 Elster, *Ulysses*, 172면.

65 인지심리학에서는 불필요하다고 여겨진 프로이트적 영향을 모두 제거하기 위해 단순한 문제들을 설명할 때조차 새로운 의사과학적 설명방식을 도입했다. 서덜랜드가 잘 보여주듯이, 우둔함, 허영, 멍청함, 미치광이 상태로 수많은 '인지적 오류'(및 동기화된 부인)가 발생한다. 이러한 인지적 오류에는 소망, 불편한 증거에 노출되는 것을 회피함, 상반되는 정보의 거부 또는 왜곡, 선택적 기억, 증거의 잘못된 해석, 허위의 추론, 자신만만, 부정확한 리스크 평가 등이 포함된다. Stuart Sutherland, *Irrationality: The Enemy Within*(Harmondsworth: Penguin Books 1992).

66 이 분야의 개설을 위해서는 다음을 보라. Robert J. Sternberg, *Cognitive Psychology*(Fort

Worth, TX: Harcourt Brace 1996).

67 편리한 요약으로는 다음을 보라. Michael W. Eysenck and Mark Keane, *Cognitive Psychology: A Student's Handbook*(Hove: Lawrence Erlbaum 1990), ch. 3: 'Theoretical Issues in Perception'.

68 Lawrence Weiskrantz, *Blindsight: A Case Study and Implications*(Oxford: Oxford University Press 1986). 그리고 같은 저자, 'Blindsight', in M. W. Eysenck(ed.), *The Blackwell Dictionary of Cognitive Psychology*(Oxford: Blackwell 1994), 44~46면.

69 Daniel Goleman, *Vital Lies, Simple Truths: The Psychology of Self-Deception*(New York: Simon and Schuster 1985), 67면.

70 F. Christopher Kolb and Iochen Braun, 'Blindsight in Normal Observers', *Nature*, 377(Sept. 1995), 336~39면.

71 고전적 설명으로는 다음을 보라. Elliott McGinnies, 'Emotionality and Perceptual Defense', *Psychological Review*, 56(1949), 244~51면.

72 Matthew Erdelyi, 'A New Look at the New Look: Perceptual Defence and Vigilance', *Psychological Review*, 81(1974), 1~25면.

73 Duncan Howie, 'Perceptual Defense', *Psychological Review*, 59(1952), 311면.

74 다음에 명확히 나와 있다. Richard Nisbett and Lee Ross, *Human Inference: Strategies and Shortcomings of Human Judgment*(Englewood Cliffs, NJ: Prentice-Hall 1980).

75 Goleman, *Vital Lies*, 19면.

76 같은 책 43면.

77 같은 책 61~66면.

78 Laing, *Knots*, 1면.

79 다음을 보라. Sternberg, *Cognitive Psychology*, ch. 3: 'Attention and Consciousness'.

80 같은 책 95~100면.

81 같은 책 109면.

82 같은 책, ch. 12: 'Decision Making and Reasoning'.

83 Susan T. Fiske and Shelley E. Taylor, *Social Cognition*(Reading, MA: Addison-Wesley 1984), 88면.

84 다음을 보라. John Searle's accessible and(to me) convincing account of the current debates: *The Mystery of Consciousness*(New York: New York Review of Books 1997).

85 Daniel C. Dennett, *Consciousness Explained*(Harmondsworth: Penguin 1992). 오웰식 정신모델과 스딸린식 정신모델에 관해서는 다음을 보라. 특히 116~24면.

86 Ronnie Janoff-Bulman, 'Assumptive Worlds and the Stress of Traumatic Events: Applications of the Schema Construct', *Social Cognition*, 7/2(1989), 113~36면.

87 Shelley E. Taylor, 'Adjustment to Threatening Events: A Theory of Cognitive Adaptation', *American Psychologist*, 38/11(Nov. 1983), 1161~73면; Shelley E. Taylor and Jonathon D. Brown, 'Illusion and Well-Being: A Social and Psychological Perspective on Mental Health', *Psychological Bulletin*, 103/2(1988), 193~210면.

88 Anthony G. Greenwald, 'The Totalitarian Ego: Fabrication and Revision of Personal History', *American Psychologist*, 35/7(July 1980), 603~18면.

89 Saul Bellow, *Mr. Sammler's Planet*(London: Weidenfeld and Nicholson 1970), 81면.

3장 부인의 실제—메커니즘과 수사적 장치

1 Nadera Shalhoub-Kevorkian, 'Tolerating Battering: Invisible Methods of Social Control', *International Review of Victimology*, 5(1997), 1~21면.

2 Shlomo Breznitz, 'The Seven Kinds of Denial'. 같은 저자(ed.), *The Denial of Stress*(New York: International Universities Press 1983), 185~235면.

3 M. J. Horowitz, 'Psychological Responses to Serious Life Events', in Breznitz(ed.), *Denial of Stress*, 129~59면.

4 Sydney H. Croog et al., 'Denial among Male Heart Patients: An Empirical Study', *Psychosomatic Medicine*, 33/5(Sept. 1971), 385~97면.

5 초기의 한 연구는 연구대상이 된 암환자 중 19퍼센트가 진단 후 몇주밖에 되지 않은 시점에서 자신이 암에 걸렸다는 사실을 부인했다. 기타 부인 사례로서, 확연히 드러나는 기형증상에 대해서도 치료를 거부한 경우, 심지어 출산 이후에도 임신 사실을 부인한

경우, 심장발작을 일으켰다 회복기에 있는 환자가 병상 옆에서 〔심장에 해로운〕 엎드려 팔굽혀펴기 운동을 하는 경우 등을 들 수 있다. 이와 유사한 연구로는 다음을 보라. David Ness and Jack Ende, 'Denial in the Medical Interview', *Journal of the American Medical Association*, 272(Dec. 1994), 1777~81면. 그리고 Jacob Levine et al., 'A Two Factor Model of Denial of Illness', *Journal of Psychosomatic Research*, 38(1994), 99~110면.

6 Levine et al., 'Two Factor Model'.

7 Karen G. Langer, 'Depression and Denial in Psychotherapy of Persons with Disabilities', *American Journal of Psychotherapy*, 48/2(Spring 1994), 191면.

8 다음에 요약됨. Paul Martin, *The Sickening Mind: Brain, Behaviour, Immunity and Disease*(London: Flamingo 1998), 229~234면.

9 Timothy R. Elliott et al., 'Negotiating Reality after Physical Loss: Hope, Depression and Disability', *Journal of Personality and Social Psychology*, 61/4(1991), 608~13면.

10 그러한 연구결과를 내 나름대로 상식적이고 깊이 있게 독해한 것이다. 개인적 상처를 추스르고 있는 사람은 겉으로 드러나지 않는 법이다. 단순한 발견조차 어수룩한 이론과 과학을 자처하는 이론의 영향을 받기 쉽다(서열회귀분석Hierarchical Regression Analysis에 사용되는 상관관계 변수 매트릭스Correlation Matrix of Variables는 '희망척도'Hope Scale, 우울증 진단 목록Inventory to Diagnose Depression 그리고 질병 영향력 프로필Sickness Impact Profile을 포함한다).

11 Shelley E. Taylor, 'Adjustment to Threatening Events: A Theory of Cognitive Adaptation', *American Psychologist*, 38/11(Nov. 1983), 1161~73면.

12 Neil D. Weinstein, 'Unrealistic Optimism about Susceptibility to Health Problems: Conclusions from a Community-Wide Sample', *Journal of Behavioral Medicine*, 10/5(1987), 481~500면. 그리고 같은 저자, 'Why it Won't Happen to Me: Perceptions of Risk Factors and Susceptibility', *Health Psychology*, 3/5(1984), 431~57면.

13 폐결핵에서 암에 이르는 질병을 은유로서 비판한 손탁의 글은 다음을 참고하라. Susan Sontag, *Illness as Metaphor and AIDS and Its Metaphors*(New York: Anchor Books 1989).

14 Eva Lowy and Michael W. Ross, "'It'll Never Happen to Me'": Gay Men's Beliefs, Perceptions and Folk Constructions of Sexual Risk', *AIDS Education and Prevention*, 6/6(1994), 467~482면.

15 Elisa J. Sobo, *Choosing Unsafe Sex: Aids-Risk Denial among Disadvantaged Women*(Philadelphia: University of Pennsylvania Press 1995).

16 다음에 인용됨. Shelley E. Taylor, *Positive Illusions: Creative Self-Deception and the Healthy Mind*(New York: Basic Books 1989), 4면.

17 Christopher Layne, 'Painful Truths about Depressives' Cognitions', *Journal of Clinical Psychology*, 39/6(Nov. 1983), 848~53면; 이 증거를 다음 연구에서 재검토했다. Shelley E. Taylor and Jonathon D. Brown, 'Illusion and Well Being: A Social Psychological Perspective on Mental Health', *Psychological Bulletin*, 103(1988), 193~210면.

18 Taylor, *Positive Illusions*.

19 C. Wright Mills, 'Situated Actions and Vocabularies of Motive', *American Sociological Review*, 15(Dec. 1940), 904~13면.

20 Marvin B. Scott and Stanford M. Lyman, 'Accounts', *American Sociological Review*, 33(Feb. 1968), 46~62면.

21 같은 책 47면.

22 Gresham Sykes and David Matza, 'Techniques of Neutralization', *American Sociological Review*, 22(Dec. 1957), 664~70면.

23 Laurie Taylor, 'The Significance and Interpretation of Replies to Motivational Questions: The Case of Sex Offenders', *Sociology*, 6(1972), 23~39면.

24 Scott and Lyman, 'Accounts', 47면.

25 행위 적응과 행위자 적응(그리고 방어적 해명과 공격적 해명)의 차이에 관해서는 다음을 보라. Jason Ditton, *Part-time Crime: An Ethnography of Fiddling and Pilferage*(London: Macmillan 1977).

26 Charles H. McCaghy, 'Drinking and Deviance Disavowal: The Case of Child Molesters', *Social Problems*, 25/2(1968), 43~49면. '일탈 거부' 개념은 다음의 고전적

연구에 나온다. Fred Davis, 'Deviance Disavowal: The Management of Strained Interaction by the Visibly Handicapped', *Social Problems*, 9(Fall 1961), 120~32면.

27 Diana Scully and Joseph Marolla, 'Convicted Rapists' Vocabularies of Motive: Excuses and Justifications', *Social Problems*, 31 /5(June 1984), 530~44면.

28 사례와 이론은 '강박적' 범죄와 '충동적' 범죄에 관한 다음의 고전적 연구에 나온다. Donald R. Cressey, 'Role Theory, Differential Association and Compulsive Crimes', in Arnold M. Rose(ed.), *Human Behaviour and Social Process*(Boston: Houghton Mifflin 1962), 443~67면.

29 Robert J. Kearney, *Within the Wall of Denial: Conquering Addictive Behaviors*(New York: W. W. Norton 1996).

30 L. Charles Ward and Paul Rothaus, 'The Measurement of Denial and Rationalization in Male Alcoholics', *Journal of Clinical Psychology*, 47/3(May 1991), 465~69면.

31 Daniel Goleman, *Vital Lies, Simple Truths: The Psychology of Self-Deception*(New York: Simon and Schuster 1985), 17면.

32 다음을 보라. Stephanie Brown, *Treating Adult Children of Alcoholics: A Developmental Perspective*(New York: John Wiley and Sons 1987), 특히 33~57면. 그리고 같은 저자, 'Adult Children of Alcoholics: The History of a Social Movement and its Impact on Clinical Theory and Practise', in Marc Galanter(ed.), *Recent Developments in Alcoholism*, vol. 9(New York: Plenum Press 1991), 267~85면.

33 Christopher Bollas, 'Violent Innocence', in *Being a Character: Psychoanalysis and Self Experience*(London: Routledge 1993), 165~92면.

34 같은 책 168면.

35 같은 책 180면.

36 같은 책 183면.

37 같은 책 184면.

38 다음에 요약되어 있다. Goleman, *Vital Lies, Simple Truths*, 180~93면.

39 스콧조사위원회 활동에 관한 자료로는 다음을 보라. Richard Norton-Taylor, *Truth is a Difficult Concept: Inside the Scott Inquiry*(London: 4th Estate 1995). 그리고 B.

Thomson and F. Ridley, *Under the Scott-Light*(Oxford: Oxford University Press 1997).

40 Richard Norton-Taylor et al., *Knee Deep in Dishonour: The Scott Report and its Aftermath*(London: Gollanz 1996).

41 I. F. Stone, 'It Pays to be Ignorant', *New York Review of Books*, 9 Aug. 1973, 6~9면. 워터게이트에 관한 다른 구절도 이 고전적 연구에서 인용했다.

42 Bib Latane and John M. Darley, *The Unresponsive Bystander: Why Doesn't He Help?*(New York: Appleton-Crofts 1970).

43 Petruska Clarkson, *The Bystander(An End to Innocence in Human Relationships?)*(London: Whurr Publications 1996), xi면, 강조 추가.

44 같은 책 6면.

45 Melvin Lerner, *The Belief in a Just World: A Fundamental Delusion*(New York: Plenum Press 1980).

46 다음을 보라. N. Eisenberg and P. A. Miller, 'The Relation of Empathy to Prosocial and Related Behaviors', *Psychological Bulletin*, 101(1987), 91~119면; Lauren Wispe, *The Psychology of Sympathy*(New York: Plenum Press 1989).

47 Latane and Darley, *Unresponsive Bystander*, 125면.

48 Pat Carlen, *Jigsaw: A Political Criminology of Youth Homelessness*(Milton Keynes: Open University Press 1996).

49 Cathryn A. Christy and Harrison Voigt, 'Bystander Responses to Public Episodes of Child Abuse', *Journal of Applied Social Psychology*, 24(1994), 824~47면. 저자는 47건의 방관자 연구에 관한 문헌해제를 실어놓았다.

50 같은 책 844면.

51 Stuart W. Twemlow et al., 'A Clinical and Interactionist Perspective on the Bully-Victim-Bystander Relationship', *Bulletin of the Menninger Clinic*, 60/ 3(Summer 1996), 296~313면.

52 다음을 보라. Diana E. H. Russell, *The Secret Trauma: Incest in the Lives of Girls and Women*(New York: Basic Books 1986); R. L. Scott and J. V. Flowers, 'Betrayal of the Mother as a Factor Contributing to Psychological Disturbance in Victims of Father-

Daughter Incest', *Journal of Social and Clinical Psychology*, 6(1988), 147~54면.

4장 인권침해의 해명─인권침해자와 공직자

1 일반 범죄와 이데올로기적 범죄의 구분에 관해서는 다음을 보라. Stanley Cohen, 'Crime and Politics: Spot the Difference', *British Journal of Sociology*. 47(1996), 2~21면.

2 Daniel Jonah Goldhagen, *Hitler's Willing Executioners: Ordinary Germans and the Holocaust*(London: Little Brown and Co. 1996).

3 Zygmunt Bauman, *Modernity and the Holocaust*(Cambridge: Polity Press 1989).

4 피고들이 법정에 나오기 전의 모습을 관찰했던 미국 심리학자는 이들이 법정에서 해명을 집단적으로 짜맞추었다고 말한다. G. M. Gilbert, *Nuremberg Diary*(New York: Farrar Straus 1947).

5 Yisrael Gutman, *Denying the Holocaust*(Jerusalem: Institute of Contemporary Jewry, Hebrew University 1985), 14면.

6 Israel W. Charny, 'The Psychology of Denial of Known Genocides'. 같은 저자(ed.), *Genocide: A Critical Bibliographical Review*, vol. 2(London: Mansell 1991), 3면.

7 다음에 표준 방식으로 기록하고 정리한 내용이 나온다. Michael Marrus, *The Holocaust in History*(Harmondsworth: Penguin Books 1989). 인용은 다음의 유용한 요약에서 따왔다. Michael Berenbaum, *The World Must Know: The History of the Holocaust as Told in the United States Holocaust Museum*(Boston: Little, Brown & Co. 1993), 106~07면.

8 Hannah Arendt, *Eichmann in Jerusalem: A Report on the Banality of Evil*(New York: Penguin USA 1994; original edn, 1965), 84~86면.

9 같은 책 85면.

10 같은 글.

11 다음에 명확히 요약되어 있음. Berenbaum, *The World Must Know*, 112~17면.

12 같은 책 115면.

13 다음을 보라. Frank Graziano, *Divine Violence: Spectacle, Psychosexuality and*

Radical Christianity in the Argentine Dirty War(Boulder, CO: Westview Press 1992), 그리고 Marguerite Feitlowitz, *A Lexicon of Terror: Argentina and the Legacies of Torture*(New York: Oxford University Press 1998).

14 Feitlowitz, *Lexicon of Terror*, 65. 저자는 군부독재가 끝나고 한참 뒤에도 '빠리야' (parrilla) 같은 도착적 어휘를 계속해서 사용하는 것이 "그 이전의 오염되지 않은 의미 를 구해내려는 의도적 행위인지, 부인의 상징인지, 아니면 어떤 일이 있더라도 삶은 계속되어야 한다는 말인지"(같은 책 61면) 명확지 않다고 지적한다.

15 Ronald D. Crelinsten, 'In Their Own Words: The World of the Torturer', in R. D. Crelinsten and A. P. Schmid(eds), *The Politics of Pain: Torturers and Their Masters*(Boulder, CO: Westview Press 1995), 34~64면.

16 같은 책 39면.

17 Graziano, *Divine Violence*, 8면.

18 *El Libro de El Diario del Juicio*, 다음에서 재인용. Graziano, *Divine Violence*, 45면.

19 Michael Taussig, 'Terror as Usual: Walter Benjamin's Theory of History as a State of Siege', in *The Nervous System*(London: Routledge 1992), 11~35면.

20 같은 책 21면.

21 같은 책, 'Talking Terror 4', 26~30면.

22 Michael Burleigh, *Death and Deliverance: 'Euthanasia' in Germany, 1940~45*(Cambridge: Cambridge University Press 1994), 150면.

23 Gitta Sereny, *Albert Speer: His Battle with Truth*(London: Picador 1996).

24 Dan van der Vat, *The Good Nazi: The Life and Lies of Albert Speer*(London: Phoenix 1997), 2면. 이 책은 조야하고 저급하지만 슈피어가 "비정치적인 나찌 관료로서, 나중 에 자신의 죄과를 자백함으로써 구원을 찾았다는 식으로 자신의 이미지를 조심스럽 게 관리"(364면)한 것에 대해 비판적이다. 슈피어는 일개 관료가 아니었고, 철저히 자 백한 적도 없었다.

25 Sereny, *Albert Speer*, 167면.

26 같은 책 340면.

27 같은 책 690면.

28 같은 책 115면.

29 같은 책 115~16면.

30 같은 책 161면.

31 같은 책 164면.

32 같은 책 175면.

33 같은 책 379면.

34 같은 책 200면.

35 같은 책 148면.

36 같은 책 707면.

37 Van der Vat, *Good Nazi,* 24면.

38 Albert Speer, *Inside the Third Reich*(London: Weidenfeld & Nicholson 1970). 113면.

39 이 절의 나머지 인용구는 모두 다음에서 따왔다. Sereny, *Albert Speer*, 707~08면.

40 같은 책 222면.

41 같은 책 706면.

42 같은 책 707면.

43 같은 책 222면.

44 Bauman, *Modernity and the Holocaust* 163면.

45 대다수 논평가들이 밀그램의 이 중요한 실험을 과도하게 단순화했다. 밀그램이 실험 조건을 변형시켜 드러낸 차이점들은 무시하였고, 권위에 대한 복종 심리를 날카롭게 통찰한 내용에 대해서도 마찬가지였다. Stanley Milgram, *Obedience to Authority*(New York: Harper and Row 1974)를 참조.

46 Herbert C. Kelman and V. Lee Hamilton, *Crimes of Obedience*(New Haven: Yale University Press 1989).

47 Crelinsten, 'In Their Own Words', 48면.

48 Gordon Horwitz, *In the Shadow of Death: Living Outside the Gates of Mauthausen*(London: I. B. Tauris 1991), 80면.

49 같은 책.

50 고전적 분석으로 Everett C. Hughes, 'Good People and Dirty Work', *Social Problems,*

10(1962), 3~11면을 참조.

51 Robert Jay Lifton, *The Nazi Doctors: Medical Killing and the Psychology of Genocide*(New York: Basic Books 1986). 그리고 같은 저자, 'The Genocidal Mentality', *Tikkun*, 5(June 1990). 29~32, 97~99면.

52 독일의 법률가들이 주류 법학이론에 내장된 '부인'기제를 활용하여 반인도적 범죄를 어떤 식으로 묵인했는지를 조사한 설득력 있는 연구로 Ingo Muller, *Hitler's Justice: The Courts of the Third Reich*(Cambridge, MA: Harvard University Press 1991)를 참조.

53 Burleigh, *Death and Deliverance*, 154면.

54 같은 책 252면.

55 Melvin Lerner, *The Belief in a Just World: A Fundamental Delusion*(New York: Plenum Press 1980).

56 Michael Ignatieff, *Blood and Belonging: Journeys into the New Nationalism*(London: Vintage 1994), 6면.

57 같은 책.

58 'Moral Inclusion and Injustice', Special Issue of *Journal of Social Issues*(1990), 146면을 참조. 다음 두편의 연구를 이 부분에 많이 인용했다. Susan Opotow, 'Moral Inclusion and Injustice: An Introduction', 1~20면; Albert Bandura, 'Selective Activation and Disengagement of Moral Control', 27~46면.

59 Michael Ignatieff, 'The Narcissism of Minor Difference', in *The Warrior's Honour: Ethnic War and the Modern Conscience*(London: Chatto & Windus 1998), 60면.

60 Ignatieff, *Blood and Belonging*, 30면.

61 Ernst Klee et al., *'Those Were the Days': The Holocaust through the Eyes of the Perpetrators and Bystanders*(London: Hamish Hamilton 1991), 220면.

62 Obersturmbannführer Dr Strauch 보고서에서 인용. 다음에서 재인용. 같은 책 193면.

63 같은 책 197면.

64 같은 책 69면.

65 Mary McCarthy, *Medina*(London: Wildwood House 1973).

66 같은 책 44면.

67 Arendt, *Eichmann in Jerusalem*, 287면.

68 같은 책 116면.

69 같은 책, 강조는 인용자.

70 이 절의 더 장문의 버전은 Stanley Cohen, 'Government Responses to Human Rights Reports: Claims, Denials and Counterclaims', *Human Rights Quarterly*, 18(1996), 517~43면을 참조.

71 Noam Chomsky, *The Culture of Terrorism*(London: Pluto Press 1989); 같은 저자, *Necessary Illusions: Thought Control in Democratic Societies*(Boston: South End Press 1989).

72 Elaine Scarry, *The Body in Pain*(Oxford: Oxford University Press 1987), and Crelinsten and Schmid(eds), *Politics of Pain*을 참조.

73 Ariel Dorfman, 'Political Code and Literary Code: The Testimonial Genre in Chile Today', in *Some Write to the Future*(Durham, NC: Duke University Press 1991), 141면.

74 Feitlowitz, *Lexicon Of Terror*, 22면.

75 Mark Danner, *The Massacre at El Mozote: A Parable of the Cold War*(New York: Vintage Books 1994).

76 Graziano, *Divine Violence*, 41~45면.

77 Feitlowitz, *Lexicon of Terror*, 49면.

78 George Orwell, Appendix to *Nineteen-Eighty Four*(Harmondsworth: Penguin 1954 〔1949〕); 같은 저자, 'Politics and the English Language', in his *Selected Essays* (Harmondsworth: Penguin 1957), 143~58면. 완곡어법 및 기타 '통제 언어'에 관해서는 Stanley Cohen, *Visions of Social Control*(Cambridge: Polity Press 1985), 273~81면을 참조.

79 Orwell, 'Politics and the English Language', 362면.

80 Robert Jay Lifton and Eric Markusen, *The Genocidal Mentality*(New York: Basic Books 1990)를 참조.

81 Feitlowitz, *Lexicon of Terror*, 50면에서 재인용.

82 이 용어들은 1955년 프랑스 정부가 고문혐의에 대해 내놓은 공식조사 결과인 '위음

보고서'(Wuillaume Report)에서 따온 것이다. 이 보고서에는 약 25종의 고문기법이 소
개되고 있지만 실제로 '고문'이라는 말은 두번밖에 나오지 않는다. 다음을 보라. Rita
Maran, *Torture: The Role of Ideology in the French-Algerian War*(New York: Praeger
1989).

83 '경미한 물리적 압박'이라는 용어는 1987년 이스라엘 정부의 법사위원회에서 발명한
것이다. 이 용어 덕분에 이스라엘 보안대는 팔레스타인 수감자에 대해 이러한 심문방
식(심문 수칙의 부록에 비밀목록으로 실린)을 계속 사용할 수 있었다. 고문에 관한 논
쟁과 증거에 대해서는 다음을 보라. Stanley Cohen and Daphna Golan, *The
Interrogation of Palestinians during the Intifada: Ill-treatment, 'Moderate Physical
Pressure' or Torture?*(Jerusalem: B'tselem March 1991); 같은 저자, *The Interrogation
of Palestinians during the Intifada: Follow-up Report*(Jerusalem: B'tselem, March
1992). 보고서에 대한 반응은 다음을 보라. Stanley Cohen, 'Talking about Torture in
Israel', *Tikkun*, 6(Dec. 1991), 23~32면.

84 Leo Kuper, *Genocide*(Harmondsworth: Penguin 1981), 161면.

85 같은 책 39면.

86 본문에 나온 것을 비롯한 다른 무수한 기법들은 Bandura, 'Selective Activation'에 실
려 있다.

87 1982년 레바논 침공과 베이루트 폭격에 국제적으로 비판이 비등하자 당시 이스라엘
수상 메나햄 베긴(Menachem Begin)은 의회에서 이렇게 발언했다. "이 세상의 그 누
구도 우리 〔유대〕 민족에게 도덕성을 설교할 자격이 없다."

88 Kanan Makiya, *Cruelty and Silence: War, Tyranny, Uprising and the Arab World*(London:
Jonathan Cape 1993).

89 실제로 정부는 더 세련된 방식으로 대응할 개연성이 높다. 비판에 대한 대응 과정—
고문당했다는 주장, 정부 답변, 재비판 등—은 몇년을 끌 수도 있다. 인권 관련 관료
조직이 늘어나면서 문서처리 과정도 지체될 개연성이 높아졌다. 이스라엘정부는 인
권침해 주장에 대해 공식답변을 내놓는 공무원들을 따로 두고 있을 뿐 아니라, 국제인
권단체 회원들이 보낸 항의편지에 답하는 자원활동가 조직을 보유하고 있다. 성업중
인 소규모 '부인산업'이라 할 수 있겠다.

5장 과거의 차단——개인적인 기억들과 공적인 역사들

1 Vaclav Havel, 'Dear Dr. Husak', in *Open Letters: Selected Writings, 1965~1990*(New York: Vintage Books 1992), 50~83면.

2 Sigmund Freud, *The Interpretation of Dreams*(1900), in *Standard Edition*, IV(London: Hogarth Press 1953), 600면.

3 Freud, 'Repression'(1915), in *Standard Edition*, XIV.

4 더 정확히는 우리 내면의 어떤 바보가 계속 그런 짓을 저지른다. David L. Weiner, *Battling the Inner Dummy: The Craziness of Apparently Normal People*(Amhurst, NY: Prometheus Books 1999).

5 원래의 비판이 여전히 최고의 안내서라 할 수 있다. Richard Ofshe and Ethan Waters, *Making Monsters: False Memories, Psychotherapy and Sexual Hysteria*(Berkeley: University of California Press 1996); Mark Prendergast, *Victims of Memory: Sex Abuse Accusations and Shattered Lives*(Hinesberg, Va.: Upper Access Books 1996). 또한 Frederick Crews, *The Memory Wars: Freud's Legacy in Dispute*(New York: New York Review of Books 1995)도 참조. 이 책은 원색적인 비난이 담겨 있고 프로이트 학파의 측은할 정도의 수세적 방어논리에도 불구하고 본 논쟁의 훌륭한 개론서라 할 만하다.

6 Ellen Bass and Laura Davis, *The Courage to Heal: A Guide for Women Survivors of Child Sexual Abuse*(New York: Harper Perennial 1988), 42면. 이 책은 이 주제에 관한 지침서들 중 첫째 물결의 원형에 속하는 저술이다. 가장 중요한 이론화로 Judith Herman's *Trauma and Recovery*(New York: Basic Books 1992)를 참조. 이러한 이론들은 모든 비판자들이 주로 거론하는(또한 제일 쉬운) 공격 대상이다.

7 Ofshe and Waters, *Making Monsters*, 33면.

8 Jody Davies, quoted by Crews, *Memory Wars*, 25면.

9 Nicholas P. Spanos, *Multiple Identities and False Memories*(New York: American Psychological Association 1996). '다중인격장애'(MPD)는 그후 '해리성정체성장애'로 재명명됐다.

10 다중인격장애, 아동 성적 학대, 기억복구 운동 간의 연계성, 그리고 이러한 범주의 사회적 구성에 관한 풍부한 논의는 Ian Hacking, *Rewriting the Soul: Multiple Personality and the Sciences of Memory*(Princeton: Princeton University Press 1998)를 참조.

11 성적 학대 혐의를 받는 가해자들은 이론상 대칭적이지만 정치적으로는 정반대 취급을 받는다. 한 정신분석 치료사(나중에 억압기억증후군에 대한 믿음을 철회하고 억압기억증후군을 앓는 '환자의 치료사'로 변신한)는, 자기가 세살 때에 아버지에게 성적 학대를 받았다는 편지를 아버지에게 쓴 어느 환자를 맡았던 일을 회상한다. "아버지는 그 환자에게 전화를 해서 그 모든 일을 부인했다. 그러나 우리는 아버지의 그런 행동을 부인의 증거로 받아들였다(Prendergast, *Victims of Memory*, 237면에서 재인용).

12 이 말은 극단적인 기억복구론자에 속하는 르네 프레드릭슨(Renée Fredrickson)의 표현이다. 새로이 '복구한' 기억을 환자들이 '절대로 못 믿는' 경향에 대해 프레드릭슨은 "환자들이 그런 기억을 절대 믿지 못하는 경향이야말로 그 기억이 진짜라는 사실을 보여준다"라고 지적한다(Ofshe and Waters, *Making Monsters*, 108면에서 재인용).

13 Lawrence L. Langer, 'The Alarmed Vision: Social Suffering and Holocaust Atrocity', in Arthur Kleinman et al.(eds), *Social Suffering*(Berkeley: University of California Press 1997), 47~65면.

14 같은 책 55면.

15 'Avoiding the Truth Trap': the heading of a case-study in a 1994 *Family Therapy Newsletter*, 같은 책 512면에서 인용. 크루스(Crews)는 프로이트류의 정신분석학이 야심만만한 허세를 벗어던지고 '해석학적 관점론'(hermeneutic perspectivism)──즉 진리주장을 포기하고, 환자가 자신의 정체성에 덜 위협적인 환상과 화해하는 것을 정신치료의 목표로 재설정하는 쪽으로──으로 퇴각했다는 흥미로운 주장을 내놓는다(*Memory Wars*, 20면).

16 Ofshe and Waters, *Making Monsters*, 110~11면.

17 Dan Bar-On, *Legacy of Silence: Encounters with Children of the Third Reich*(Cambridge, MA: Harvard University Press 1989).

18 진실로서의 '시인' 외에도 나는 정의와 화해 그리고 기타 이슈들을 다른 자리에서 더 포괄적으로 다루었다. Stanley Cohen, 'State Crimes of Previous Regimes: Knowledge,

Accountability and the Policing of the Past', *Law and Social Inquiry*, 20(1995), 7~50면.

19 1988년 발트하임의 전력이 드러났을 때 많은 이들이 유엔 사무총장을 지냈던 그의 문자적 부인('기억의 허망함')에 대해 평했을 뿐 아니라, 그가 부인하면서도 그것의 심각성을 깨닫지 못한 것 같다는 점도 지적했다. 발트하임은 과거 나찌시대의 군경력 조작을, 학생이 자기 이력서 한줄을 약간 고치는 것 정도로 생각했던 것 같다.

20 Andrew Gumbel, 'Touvier Retreats into Forgetfulness', *Guardian*, 3 Mar. 1994.

21 Marguerite Feitlowitz, *A Lexicon of Terror: Argentina and the Legacies of Torture*(New York: Oxford University Press 1998), 151면.

22 같은 책.

23 Hannah Arendt, *Eichmann in Jerusalem: A Report on the Banality of Evil*(New York: Penguin USA 1994; orig. edn, 1965), 52면.

24 모든 인용은 David Beresford, 'Vlok "Knew Nothing" of Police Abuses', *Guardian*, 16 Oct. 1997에서 따왔고 남아프리카공화국의 신문들과 대조했다.

25 Raul Hilberg, *Perpetrators Victims Bystanders: The Jewish Catastrophe, 1933~45*(New York: Harper Collins 1992), 26면.

26 Michael Burleigh, *Death and Deliverance: 'Euthanasia' in Germany, 1940~45*(Cambridge: Cambridge University Press 1994), 125면.

27 Timothy Garton Ash, *The File: A Personal History*(New York: Random House 1997); 같은 저자, 'Bad Memories', *Prospect*, Sept. 1997, 20~23면.

28 Michael Lynch and David Brogen, *The Spectacle of History: Speech, Text and Memory at the Iran Contra Hearings*(Durham, NC: Duke University Press 1996); Richard Norton-Taylor et al., *Knee Deep in Dishonour: The Scott Report and its Aftermath*(London: Gollancz 1996).

29 남아프리카공화국 진실화해위원회의 증언록에서 발췌. Antjie Krog, *Country of My Skull*(London: Jonathan Cape 1998)에서 재인용.

30 Lawrence L. Langer, *Holocaust Testimonies: The Ruins of Memory*(New Haven: Yale University Press 1991), 40면.

31 같은 책 9면. ch. 1: 'Deep Memory: The Buried Self'를 참조.

32 Dori Laub, 'An Event without a Witness: Truth, Testimony and Survival', in Shoshana Felman and Dori Laub, *Testimony: Crises of Witnessing in Literature, Psychoanalysis and History*(New York: Routledge 1992). 애석하게도 이 책은 휴머니즘적인 통찰이 어떻게 유행을 타는 학술서 나부랭이로 변질될 수 있는지를 보여주는 전형적인(온건하기 하지만) 사례이다. 우리는 증언의 어려움에 대해 적절한 이야기를 들은 후 이런 말을 또 듣는다. "따라서 우리는 홀로코스트에 대해, 사건의 안쪽에서나 바깥쪽에서나, 역사적으로 증인이 없다고 말해도 될 것이다"(81면). 정말인가? 그리고 "내 생각으로는 이러한 '증언의 종언'이 홀로코스트 경험의 핵심이라고 본다"(80면). 정말인가? 우리 대다수는 600만명이 희생된 대학살 사건이 "홀로코스트 경험의 핵심"이라고 생각한다.

33 같은 책 81면.

34 Arendt, *Eichmann in Jerusalem*, 126~27면.

35 Israel W. Charny, 'The Psychology of Denial of Known Genocides'. 같은 저자, (ed.), *Genocide: A Critical Bibliographical Review*, vol. 2(London: Mansell 1992), 3~37면.

36 터키의 아르메니아 제노싸이드 사건이 어떻게 부인되고 잊혀졌는지를 다룬 초기 설명으로는 Leo Kuper, *Genocide*(Harmondsworth: Penguin 1981)를 참조. 최근 연구로는 Hovannisian, *Remembrance and Denial: The Case of the Armenian Genocide*(Detroit: Wayne State University Press 1999)와 Vahakn Dadrian, *Warrant for Genocide: Key Elements of Turko-Armenian Conflict*(New Brunswick, NJ: Transaction Publishers 1999)를 참조.

37 다음 기관에서 발행한 학술대회 프로그램에 사건의 전말이 기록되어 있다. Institute of the International Conference of Holocaust and Genocide, Jerusalem 1983. 대회 의장이었던 엘리 비젤(Elie Wiesel)만이 이스라엘 외무부의 설득을 받아들여 대회 취소 협상에 나서려고 했다. 자신도 대회에 참석하지 않았다.

38 Mark Danner, *The Massacre at El Mozote: A Parable of the Cold War*(New York: Vintage 1994).

39 Deborah Lipstadt, *Denying the Holocaust: The Growing Assault on Truth and Memory*(New York: Free Press 1994).

40 Roger Eatwell, 'The Holocaust Denial: A Study in Propaganda Technique', in Luciano Cheles et al.(eds), *Neo-Fascism in Europe*(London: Longman 1991), 120~46면.

41 1993년 4월 발표된 로퍼 여론조사(Roper Poll)의 놀라운 결과에 대해 대중의 관심이 높았다. 발표에 따르면 미국인들의 22퍼센트가 홀로코스트가 전혀 일어나지 않았을 수도 있다고 응답했다. 그러나 설문 문항의 질문들이 복잡하게 구성되어 있었고 실제 부인 현황을 과대평가한 것으로 드러났다. 그후 실시된 열두건의 여론조사 결과를 분석했을 때 전체 응답자의 2퍼센트가량이 시종일관 신념에 의거해서 홀로코스트를 부인하는 것으로 나타났다. 또다른 2퍼센트는 홀로코스트가 발생하지 않았을 개연성이 있다고 생각했다. 1~8퍼센트의 응답자들은 '잘 모르겠다'고 대답했는데 이는 사건의 진실에 대한 의혹에서가 아니라 역사를 잘 모르는 데서 나온 대답이었다. 불확실성과 의혹은 일반적인 역사 지식의 결여 때문이었으며, 네오 나찌 이념을 받아들였기 때문은 아니었다. Tom W. Smith, 'Poll Review: The Holocaust Denial Controversy', *Public Opinion Quarterly*, 59(1995), 269~95면을 참조.

42 Martin Shermer, *Why People Believe Weird Things: Pseudoscience, Superstitions and Other Confusions of Our Time*(New York: W. H. Freeman 1998).

43 Rene Lemarchand, 'Burundi', in Helen Fein(ed.), *Genocide Watch*(New Haven: Yale University Press 1992), 70~86면.

44 물론 칠레 국민 중 일부는 두 전략을 동시에 구사한다. 즉 아무 일도 일어나지 않았다, 그리고 그 일은 정당했다. 그러나 새처 수상이 1999년 내세웠던 것 같은 셋째 주장—즉 우리는 칠레에 민주주의를 회복시켜준 피노체트 장군에게 감사해야 한다는—을 추가하는 사람은 거의 없었다.

45 아인후드와 시온주의자와 팔레스타인 서사의 이중적 역사가 얼마나 복잡다단한지에 관해서는 Susan Slyomovics, *The Object of Memory: Arab and Jew Narrate the Palestinian Village*(Philadelphia: University of Pennsylvania Press 1998)를 참조. 저자는 1953년 유대계 아인후드의 예술가–설립자였던 마르셀 얀코(Marcel Janco)의 다다이스트로서의 정체성과 그의 시온 민족주의 사이의 '모순'을 지나치게 비판하는 듯하다. "다다는 시온주의에 문화적·지성적 알리바이를 제공했다. 이 알리바이는 부조리한 냉소주의, 그리고 과거에나 현재에나 모든 아랍적인 것의 화해시키기 어려운 측면

을 숨기기 위한 미적 포장에 불과하다(7면). 일반적인 시온주의를 위해, 또는 아인후드 사원을 바-레스토랑으로 개조하는 데 무슨 엄청난 정보가 필요할 것 같지는 않다.

6장 방관국가들

1 Walter Laqueur, *The Terrible Secret: Suppression of the Truth about Hitler's Final Solution*(Boston: Little Brown, 1980), ch. 5. Raul Hilberg, *Perpetrators, Victims, Bystanders: The Jewish Catastrophe, 1933~45*(New York: Harper Collins, 1995)도 참조.

2 Lawrence L. Langer, *Holocaust Testimonies: The Ruins of Memory*(New Haven: Yale University Press 1991), 20~22면.

3 Hannah Arendt, *Eichmann in Jerusalem: A Report on the Banality of Evil*(New York: Penguin USA 1994; orig. edn, 1965), 196면.

4 Primo Levi, 'Beyond Judgement', *New York Review of Books*, 17 Dec. 1987, 14면.

5 Aharon Appelfeld, *Badenheim 1939*(Boston: David Goine 1980).

6 다음에 잘 나와 있다. Tom Segev, *The Seventh Million: The Israelis and the Holocaust*(New York: Hill and Wang 1993).

7 같은 책 103면.

8 같은 책 104면.

9 Norman Geras, *The Contract of Mutual Indifference: Political Philosophy after the Holocaust*(London: Verso 1998), 96면.

10 David Bankier, *The Germans and the Final Solution: Public Opinion under Nazism*(Oxford: Blackwell 1996), ch. 6: 'Awareness of the Holocaust'.

11 Laqueur, *Terrible Secret*, 201면.

12 Zygmunt Bauman, *Modernity and the Holocaust*(Cambridge: Polity Press 1989), 74면.

13 Bankier, *Germans and the Final Solution*, 115면.

14 Hilberg, *Perpetrators*, 195면.

15 Gordon J. Horwitz, *In the Shadow of Death: Living Outside the Gates of Mauthausen*(London: I. B. Tauris 1991), 2면.

16 같은 책 35면. 1941년 348명의 네덜란드계 유대인들이 부헨발트 수용소에서 이송되어왔다. 이들 모두 경비대에 의해 총에 맞아 죽거나 머리가 깨져 죽었다. 깊은 구덩이로 몸을 던져 자살한 사람들도 있었다. 이 광경을 목격했던 민간인 노동자들이 유대인들의 자살을 막아달라고 수용소 당국에 청원했다. "바위에 인간의 살점과 뇌가 붙어 있는 너무 끔찍한 광경을 보고 싶지 않다"는 이유에서였다(53면).

17 같은 책.

18 같은 책 110~14면.

19 같은 책 120면.

20 같은 책 175면.

21 이런 광경들 그리고 이와 유사한 장면을 묘사한 사진, 일기, 편지 등이 다음 책에 잘 나와 있다. Ernst Klee et al., 'Those Were the Days': The Holocaust through the Eyes of the Perpetrators and Bystanders(London: Hamish Hamilton 1991). "Schöne Zeiten" (Those Were the Days)이라는 제목은 트레블링카 수용소의 마지막 소장이었던 쿠르트 프란츠(Kurt Franz)의 앨범에 나오는 표제에서 따온 것이다.

22 Christopher R. Browning, Ordinary Men: Reserve Battalion 101 and the Final Solution in Poland(New York: Harper Collins 1992), 112면.

23 Klee et al., 'Those Were the Days', 28면.

24 같은 책 6면.

25 이 말은 원래 1960년대 후반부터 1980년대초까지 군부독재세력에게 적용된 용어이다. 다음을 보라. Juan E. Corradi et al.(eds), Fear at the Edge: State Terror and Resistance in Latin America(Berkeley: University of California Press 1992).

26 Marguerite Feitlowitz, A Lexicon of Terror: Argentina and the Legacies of Torture(New York: Oxford University Press 1998), 20면.

27 Frank Graziano, Divine Violence: Spectacle, Psychosexuality and Radical Christianity in the Argentine Dirty War(Boulder, CO: Westview Press 1992), 73면. 'The Strategic Theatrics of Atrocity', 61~106면 전체 장을 참조.

28 같은 책 77면.

29 Feitlowitz, Lexicon of Terror, 34면.

30 Tu Wei-ming, 'Destructive Will and Ideological Holocaust: Maoism as a Source of Social Suffering in China', in Arthur Kleinman et al.(eds), *Social Suffering*(Berkeley: University of California Press 1997), 162면.

31 Vaclav Havel, *Open Letters: Selected Writings, 1965~1990*(New York: Vintage Books 1992), 52면. 이후 체코슬로바키아와 여타 공산권 국가들에 관한 인용은 다음에서 발췌한 것이다. 'Dear Dr. Husak'(1975) 50~83면; 'On Evasive Thinking'(1965) 10~24면; 'The Power of the Powerless'(1978) 125~214면.

32 같은 책 58면.

33 같은 책 12면.

34 같은 책 13면.

35 같은 책 136면.

36 Lacqueur, *Terrible Secret*, 74면.

37 이 문제에 관한 최신 논의는 Richard Breitman, *Official Secrets: What the Nazis Planned, What the British and Americans Knew*(Harmondsworth: Penguin 1999)를 참조.

38 Mark Danner's seven-part *New York Review of Books* series, 특히 'America and the Bosnian Genocide', Dec. 1997을 참조

39 같은 책 57면.

40 Helen Fein(ed.), *The Prevention of Genocide: Rwanda and Yugoslavia Reconsidered*, Working Paper(New York: Institute for the Study of Genocide 1994).

41 'Officials Told to Avoid Rwanda Killings Genocide', *New York Times*, 10 June 1994.

42 Michael Stohl, 'Outside of a Small Circle of Friends: States, Genocide, Mass Killing and the Role of Bystanders', *Journal of Peace Research*, 24(1987), 151~66면.

43 Noam Chomsky, 'Human Rights: The Pragmatic Criterion', in *Year 501: The Conquest Continues*(Boston: South End Press 1993), 120면.

44 Michael Ignatieff, *The Warrior's Honour: Ethnic War and the Modern Conscience*(London: Chatto & Windus 1998), 5면.

45 약간 편파적이긴 하나 정당화될 수 있는 비판으로는 Paul Hollander, *Political Pilgrims: Travels of Western Intellectuals to the Soviet Union, China and Cuba,*

1928~1978(New York: Oxford University Press 1981)을 참조.

46 Kanan Makiya, *Cruelty and Silence: War, Tyranny, Uprising and the Arab World*(London: Jonathan Cape 1993), 325면.

47 David Rohde, *Endgame: The Betrayal and Fall of Srebrenica, Europe's Worst Massacre since World War II*(New York: Farrar, Straus and Giroux 1998).

48 같은 책 350면.

49 Jeshajahu Weinberg, 'From the Director', in Michael Berenbaum, *The World Must Know: The History of the Holocaust as Told in the United States Holocaust Museum*(Boston: Little, Brown & Co. 1993), xv면.

7장 고통의 이미지

1 Arthur Kleinman and Joan Kleinman, 'The Appeal of Experience, The Dismay of Images: Cultural Appropriations of Suffering in Our Times', in A. Kleinman et al.(eds), *Social Suffering*(Berkeley: University of California Press 1997), 1~24면.

2 Michael Ignatieff, 'Is Nothing Sacred? The Ethics of Television', in *The Warrior's Honour: Ethnic War and the Modern Conscience*(London: Chatto & Windus 1998), 11면.

3 같은 책 10면.

4 Jonathan Benthall, *Disasters, Relief and the Media*(London: I. B. Tauris 1993), 3~4면.

5 같은 책 11면.

6 *Studies of Public Awareness: Times Mirror News Interest Index*(Washington, DC: Times Mirror Center for the People and the Press)를 참조. 1993년 12월의 뉴스 열독률 추이를 보면 레노르 보비트(Lenore Bobbit)라는 여성이 남편의 성기를 자른 사건이 보스니아전쟁 소식보다 열독률이 더 높았다.

7 Justin Lewis, 'What Do We Learn from the News?' *Extra*, Sept. 1992, 16~17면에 요약되어 있다.

8 Noam Chomsky, *Necessary Illusions: Thought Control in Democratic Societies*(Boston: South End Press 1989); 같은 저자, *Year 501: The Conquest Continues*(Boston: South

End Press 1993); 같은 저자, *Secrets, Lies and Democracy*(Tucson, AZ: Odonia Press 1994); 같은 저자, *Media Control*(New York: Seven Stories Press 1997).

9 James W. Morentz, 'Communication in the Sahel Drought: Comparing the Mass Media with Other Channels of International Communication', in Committee on Disasters and the Mass Media, *Disasters and the Mass Media*(Washington, DC: National Academy of Science 1980), 158~83면.

10 Paul Harrison and Robin Palmer, *News out of Africa: Biafra to Band Aid*(London: Hilary Shipman 1986). 국가가 강요한 미디어의 부인에 관해서는, 1980년대 에티오피아와 수단의 기근, 그리고 1959~61년 중국정부가 자국의 기근에 관해 내놓았던 엄청난 거짓 선전을 다룬 알렉스 드 발(Alex De Waal)의 *Starving in Silence: A Report on Famine and Censorship*(London: Article 19, April 1990)을 참조.

11 Benthall, *Disasters, Relief and the Media*, 8면.

12 *Genocide in Iraq: The Anfal Campaign against the Turks*(New York: Human Rights Watch July 1993).

13 Susan D. Moeller, *Compassion Fatigue: How the Media Sell Disease, Famine, War and Death*(London: Routledge 1999).

14 같은 책 102면.

15 Rony Brauman(당시 '국경없는의사회' 대표), 'When Suffering Makes a Good Story', in Francis Jean(ed.), *Life, Death and Aid*(London: Routledge and Hachette 1993), 149~58면.

16 Ignatieff, 'Is Nothing Sacred?', 25면.

17 이 주제에 관해서는 헨리에타 리드치(Henrietta Lidchi)의 도움에 크게 힘입었다. 이후에 나오는 내용은 리드치가 액션에이드와 국제아동구호기금의 캠페인을 관찰하고 논의한 내용을 다시 정리한 것이다. "All in the Choosing Eye": Charity, Representation and the Developing World'(Ph.D. thesis, School of Education, Open University, Oct. 1993).

18 Patricia Holland, What is a Child? Popular Images of Childhood(London: Pandora Press 1992), 157면.

19 *New Internationalist*, 228(1992), 다음에서 재인용. Lidchi, 'All in the Choosing Eye', 4면.

20 Bill Nichols, *Representing Reality: Issues and Concepts in Documentary*(Bloomington: Indiana University Press 1991)를 참조.

21 Jorgen Lissner, 'Merchants of Misery', *New Internationalist*, 100(1981), 23면.

22 Holland, *What is a Child?*, 150면.

23 Harrison and Palmer, *News out of Africa*, and Peter Burnell, *Charity, Politics and the Third World*(Heme l Hempstead: Harvester Wheatsheaf 1992)를 참조.

24 Harrison and Palmer, *News out of Africa*, 122면.

25 Lidchi, "All in the Choosing Eye", 119~20면.

26 Jon Bennett, *The Hunger Machine: The Politics of Food*(Cambridge: Polity Press 1987).

27 Save the Children Fund, *Focus on Images*(London: IMG Sept. 1991).

28 이것에 관한 증거는 더 흥미 있는 이슈를 정리한 다음 문헌에 인용되어 있다. Maggie Black, *A Cause for our Times: Oxfam, the First Fifty Years*(Oxford: Oxfam 1992).

29 Caroline B. Eayrs and Nick Ellis, 'Charity Advertising: For or Against People with a Mental Handicap?', *British Journal of Social Psychology*, 29(1990), 349~66면.

30 같은 책 362면. 이것과 반대되는 증거도 있다. 어느 연구에 따르면 긍정적인 이미지(예컨대 아이가 웃고 있는 사진)로 기금조성 캠페인을 벌였던 사람들이 부정적인 이미지로 캠페인을 벌였던 사람들보다 더 많은 기부금을 회사했다고 한다. Evelyne Dyck and Gary Coldevin, 'Using Positive and Negative Photographs for Third World Fund Raising', *Journalism Quarterly*, 69(Fall 1992), 572~79면을 참조.

31 Lissner, 'Merchants of Misery', 24면.

32 Peter Gabriel, launching the Witness programme at the Reebok Human Rights Awards Ceremony, 10 Dec. 1992(press release).

33 그래도 '인권침해'라는 말은 나오지 않았다. 만일 같은 사건이 북미나 서유럽에서 일어나지 않고 자이르에서 발생했다면 분명 인권침해라는 꼬리표가 붙었을 것이다.

34 Daniel Goleman, *Vital Lies, Simple Truths: The Psychology of SelfDeception*(New York: Simon and Schuster 1985), 216면을 참조.

35 Petruska Clarkson, *The Bystander(An End to Innocence in Human Relationships?)*(London: Whurr Publications 1996), 11면.

36 Pascal Bruckner, *The Tears of the White Man: Compassion as Contempt*(New York: Free Press 1986), 63~66면.

37 1967~74년 그리스의 군부독재세력이 개발한 훈련기법에 대해서는 Mika Haritos-Fatouros, 'The Official Torturer: A Learning Model for Obedience to the Authority of Violence', in R. D. Crelinsten and A. P. Schmid(eds), *The Politics of Pain: Torturers and Their Masters*(Boulder, CO: Westview Press 1995), 129~46면을 참조.

38 다음 책에서 이들 집단을 모두 다룬다. Michael Lesy, *The Forbidden Zone*(New York: Anchor Books 1989).

39 Clarkson, *Bystander*, 31면.

40 Peter Burnell, 'Aid Fatigue: Concept and Methodology', Working Paper no. 51, Department of Politics and International Studies, University of Warwick 1991.

41 'Crisis after Crisis Tiring Aid Donors', AP, cited by Moeller, *Compassion Fatigue*, 141면.

42 같은 책 2면.

43 같은 책 9면.

44 같은 책 306면.

45 같은 책 283면

46 Arthur Kleinman and Joan Kleinman, 'Appeal of Experience', 4면. 사진사와 죽어가는 아이의 도덕적 관계에 대한 저자의 설명은 3~7면을 참조. 카터는 이 사진으로 퓰리처상을 수상한 후 몇달 뒤에 자살했다.

8장 호소—분노를 행동으로

1 상세한 출처와 인용을 참고하려면 다음을 보라. Stanley Cohen, *The Impact of Information about Human Rights Violations: Denial and Acknowledgment*(Jerusalem: Centre for Human Rights, Hebrew University 1995). 다른 설명이 없는 한 모든 인용문은 앰네스티 영국지부(AmB) 또는 미국지부(AmU)에서 나온 것이다. '학생 그룹'은 브

루나 슈(Bruna Seu)가 런던대학 학생들을 대상으로 실시한 초점집단 연구에 참여한 그룹이었다.

2 텍스트 사이에서 흥미로운 문화적 차이를 발견할 수 있다. 미국 텍스트의 스타일과 톤은 개인적인 편지 형식으로 되어 있고 감정적이며 '애잔하고' 약간 저속한 느낌이 든다. 반면, 영국 텍스트는 공격적이고 시비를 거는 투이며, 정치적으로 노골적이고 복잡한 화법을 사용한다. 예컨대 반어법, 풍자, 냉소, 고의적인 축소어법 등이 많이 나온다.

3 (옮긴이—주)마르틴 니묄러 연구의 권위자인 캘리포니아대학의 독일사 교수 해럴드 마르쿠제(Harold Marcuse, 비판이론 철학자 헤르베르트 마르쿠제의 손자)에 따르면 니묄러의 「그들이 왔다」라는 시에는 여러 버전이 있다. ⟨www.history.ucsb.edu/faculty/marcuse/niem.htm#discsources⟩ 여기서는 마르쿠제가 논리적으로 제일 일관성이 있다고 평가한 프랭클린 리텔(Franklin H. Littell)의 버전을 소개한다. 독일의 마르틴니묄러 재단의 공식 버전에는 유대인 부분이 빠져 있다. ⟨www.martin-niemoeller-stiftung.de/4/daszitat/a31⟩ 참조.

Als die Nazis die Kommunisten holten,

habe ich geschwiegen;

ich war ja kein Kommunist.

Als sie die Sozialdemokraten einsperrten,

habe ich geschwiegen;

ich war ja kein Sozialdemokrat.

Als sie die Gewerkschafter holten,

habe ich nicht protestiert;

ich war ja kein Gewerkschafter.

Als sie die Juden holten,

habe ich geschwiegen;

ich war ja kein Jude.

Als sie mich holten,
gab es keinen mehr, der protestieren konnte.

제일 먼저 그들은 공산주의자를 잡으러 왔지만
나는 아무 말도 하지 않았다
공산주의자가 아니었으므로

그리고 그들은 사민주의자를 감옥에 가뒀지만
나는 아무 말도 하지 않았다
사민주의자가 아니었으므로

그리고 그들은 노동조합원을 잡으러 왔지만
나는 아무 항의도 하지 않았다
노동조합원이 아니었으므로

그리고 그들은 유대인을 잡으러 왔지만
나는 아무 말도 하지 않았다
유대인이 아니었으므로

마지막으로 그들은 나를 잡으러 왔다
나를 위해 항의해줄 사람은 아무도 없었다

4 *Campaign*(16 Nov. 90; 14 Dec. 90; 14 Dec. 94)을 참조.

5 이런 스타일을 창안해낸 가장 영향력 있는 카피라이터는 대부분의 캠페인 광고문안을
직접 지었던 인드라 시나(Indra Sinha)이다. 다음을 보라. Diana Allard, 'A Quiet
Rage', *Campaign*, 3 May 1991.

6 같은 책 29면.

7 설득에 관한 사회심리학에 관해서는 Anthony Pratkanis and Eliot Aronson, *Age of Propaganda: The Everyday Use and Abuse of Persuasion*(New York: W. H. Freeman and Co., 1992)을 참조. 인권 메시지를 수용하지 않으려는 경향을 극복하기 위한 광고 기법에 대해서는 Israel W. Charny, 'Innovating Communication Initiatives for Human Rights'(Amnesty International Conference on Extra-Judicial Executions, Amsterdam, 1982)를 참조.

8 Richard Nisbet and Lee Ross, *Human Inference*(Englewood Cliffs, NJ: Prentice-Hall 1980), 44면. 광고의 생생한 효과에 대한 연구로는 Pratkanis and Aronson, *Age of Propaganda*, ch. 18을 참조.

9 'Findings from Focus Groups Conducted among Current Regular and Lapsed High Dollar Donors for Amnesty International'(Washington, DC: Peter D. Hart Research Associates June 1992), 10~11면.

10 Barbara Harff, 'Empathy for Victims of Massive Human Rights Violations and Support for Government Intervention: A Comparative Study of American and Australian Attitudes', *Political Psychology*, 8/1(1987), 1~20면.

11 *Famine Myths: Setting the Record Straight*(London: Save the Children, first pub. 1991).

12 R. Lord et al., 'Biased Assimilation and Attitude Polarization: The Effect of Prior Theories on Subsequently Considered Evidence', *Journal of Personality and Social Psychology*, 37(1979), 2098~2109면.

13 R. P. Vallone et al., 'The Hostile Media Phenomenon: Biased Perception and Perceptions of Media Bias in Coverage of the Beirut Massacre', *Journal of Personality and Social Psychology*, 49(1985), 577~85면.

14 Harff, 'Empathy for Victims'.

15 Bill Thornton et al., 'Influence of a Photograph on a Charitable Appeal', *Journal of Applied Social Psychology*, 21(1991), 433~45면.

16 C. Daniel Batson et al., 'Immorality from Empathy-Induced Altruism: When

Compassion and Justice Conflict', *Journal of Personality and Social Psychology*, 68(1995), 1042~54면.

17 Peter E. Warren and Iain Walker, 'Empathy, Effectiveness and Donations to Charity', *British Journal of Social Psychology*, 30(1991), 325~37면.

18 Charny, 'Innovating Communications Initiatives', 21면.

19 앰네스티 회원. 'Findings from Focus Groups', 26면에서 재인용.

20 Petruska Clarkson, *The Bystander(An End to Innocence in Human Relationships?)*(London: Whurr Publications 1996), 74면.

9장 묘지를 파헤치고 상처를 건드리다——과거를 시인함

1 이 이야기는 Lawrence Weschler in *A Miracle, a Universe: Settling Accounts with Torturers*(New York: Penguin USA 1990)에 극적으로 나와 있다.

2 영문판은 *Report of the Chilean National Commission on Truth and Reconciliation*(South Bend, IN: University of Notre Dame Press 1993)을 참조. 특히 진실화해위원이자 이행기 정의에 관한 논의의 핵심 인물인 호세 살라께뜨(José Zalaquett)의 서문을 참조.

3 Weschler, *A Miracle*, A Universe 4면.

4 *State Crimes: Punishment or Pardon?* Papers and Report of Conference organized by Justice and Society Program(Queenstown, Md.: Wye Centre, Aspen Institute 1989).

5 Archbishop Desmond Tutu, 'Chairperson's Foreword', *Truth and Reconciliation Commission of South Africa Report*, vol. 1(London: Macmillan 1999), 8면(투투 주교는 한걸음 더 나아간다. "그리고 그들이 '종결'을 경험할 수 있게 해주었다." 이러한 엉터리 접근은 그의 명확한 설명에 아무것도 보태주지 않을 뿐 아니라 잘못되었다. 자녀가 살해당한 부모에게 '종결'이란 있을 수 없다.)

6 *Truth and Reconciliation Commission*, 104면.

7 Tutu, 'Chairperson's Foreword', 18면.

8 *Truth and Reconciliation Commission*, ch. 5: 'Concepts and Principles', 103~34면을 참조.

9 같은 책 115면.

10 종합적인 개요로는 Mark Osiel, *Obeying Orders: Atrocity, Military Discipline and the Law of War*(New Brunswick, NJ: Transaction Publishers 1997)를 참조.

11 줄리언 반스가 풍자적으로 묘사한 '스토요 페트카노프'(Stoyo Petkanov)──불가리아의 통치자였던 토도르 지브코프(Todor Zhivkov)의 사례에 어느정도 근거한──의 재판은 과거 공산권 국가에서 재판을 통해 드러난 '진실'이 얼마나 모호한 것인가를 잘 묘사하고 있다. Julian Barnes, *The Porcupine*(London: Picador 1992).

12 Mark Osiel, *Mass Atrocity, Collective Memory and the Law*(New Brunswick, NJ: Transaction Publishers 1997).

13 Alain Finkelkraut, *Remembering in Vain: The Klaus Barbie Trial and Crimes against Humanity*(New York: Columbia University Press 1992).

14 프랑스에서의 논쟁은 Robert O. Paxton, 'The Trial of Maurice Papon, *New York Review of Books*. 16 Dec. 1999, 32~38면을 참조.

15 Henry Rousse, *The Vichy Syndrome: History and Memory in France since 1944*(Cambridge, MA: Harvard University Press 1991)를 참조.

16 Paxton, 'Trial of Maurice Papon', 7, Eric Conan's detailed *Le Procès Papon: un journal d'audience*에서 인용.

17 Lawrence Weschler, 'The Velvet Purge: The Trials of Jan Kavan', *New Yorker*, 19 Oct. 1992, 82면에서 재인용.

18 Nadezhda Mandelstam, *Hope Abandoned*(New York: Athenaeum 1972), 572면.

19 James E. Young, *The Texture of Memory: Holocaust Memorials and Meanings*(New Haven: Yale University Press 1993)를 참조.

20 저속한 키치예술을 분석하기 위해서는 Saul Friedlander, *Reflections of Nazism: A Essay on Kitsch and Death*(New York: Harper and Row 1984)를 참조.

21 Peter Novick, *The Holocaust in American Life*(Boston: Houghton Mifflin 1999)를 참조.

22 순진한 관광객들은 전혀 눈치 채지 못하겠지만 이 박물관은 마이어 카하네(Meier Kahane, 1932~90)가 이끈 '카크'(ㄱ"ㄱ, 유대 랍비인 마이어 카하네가 1970년대초에 창설한 유대우월주의 준파시스트 정당. 히브리어로 '카크'는 '카하네를 국회로'라는 어구의 약자이다─옮긴이)와 미국의 협력단체인 유대방위연맹(Jewish Defense League, 카하네가

1968년 미국 뉴욕에서 창설한 극우 폭력행동 단체—옮긴이)이 운영한다.

23 Michael Taussig, 'Violence and Resistance in the Americas: The Legacy of Conquest', in *The Nervous System*(London: Routledge 1992), 특히 48~51면.

24 같은 책 48면.

25 구콩고민주공화국에서 '정당성 입증' 방식이 어떻게 사용되었는지에 관해서는 John Borneman, *Settling Accounts: Violence, Justice and Accountability in Postsocialist Europe*(Princeton, NJ: Princeton University Press 1997)을 참조.

26 Kadar Asmal et al., *Reconciliation through Truth: A Reckoning of Apartheid's Criminal Governance*, 2nd edn(Cape Town: David Philip 1997).

27 미뇨네는 아르헨띠나의 저명한 지식인으로 딸이 '실종'된 바 있다. Marguerite Feitlowitz, *A Lexicon of Terror: Argentina and the Legacies of Torture*(New York: Oxford University Press 1998), 195면에서 재인용. 상세한 내용은 ch. 6: 'The Scilingo Effect', 193~255면을 참조.

28 Erving Coffman, *Relations in Public*(London: Allen Lane 1971), 113면.

29 신부가 자녀의 실종에 대해 위로하자 그 우루과이 여성이 신부에게 대꾸했던 말. 다음에서 재인용. Alex Boraine et al.(eds), *Dealing with the Past: Truth and Reconciliation in South Africa*(Cape Town: IDASA 1994), 121면.

30 Letter from Human Rights Watch to President de Klerk, in 'South Africa: Accounting for the Past', *Human Rights Watch Africa*(newsletter), 4(23 Oct. 1992), 2면.

31 Antjie Krog, *Country of My Skull*(London: Jonathan Cape 1999), 109면에서 재인용.

32 Gunnar Theissen and Brandon Hamber, 'A State of Denial: White South Africans' Attitudes to the Truth and Reconciliation Commission', *Indicator South Africa: The Barometer of Social Trends*, 15(1998), 7~12면.

33 Ronald D. Crelinsten, 'The World of Torture: A Constructed Reality', unpublished paper, 1993.

34 George Orwell, *Nineteen-Eighty Four*(Harmondsworth: Penguin 1954; first pub., 1949), 31면.

35 같은 책 170~71면.

36 사회적 통제에 관한 나의 설명은 Steven Spitzer, 'Policing the Past', unpublished paper read at the Law and Society Association, Amsterdam, June 1991에서 영향을 받았다. 나는 저자의 이 논문과 그와 나눈 대화를 통해 많은 것을 배웠다.

37 마르틴 에이미스의 다음 소설은 이 주제에 관해 독창적인 성찰을 제공한다. 작품 속에서 현재 미국에 살고 있는 나찌 전범이 자기 삶을 거꾸로 살아가다 결국 아우슈비츠의 의사시절로 돌아간다는 내용이다. Martin Amis, *Time's Arrow*(New York: Vintage 1991).

38 Harold Rosenberg, 'The Shadow of the Furies', *New York Review of Books*, 20 Jan. 1977, 47면.

39 같은 책 48면.

40 Vaclav Havel, 'The Post-Communist Nightmare', *New York Review of Books*, 27 May 1993, 10면.

41 Noam Chomsky, *The Culture of Terrorism*(London: Pluto Press 1989), 특히 74~111면.

42 Terence Des Pres, 'On Governing Narratives: The Turkish-Armenian Case', *Yale Review*, 75(1986), 517~31면; Gregory F. Goekjian, 'Genocide and Historical Desire', *Semioiica*, 83(1991), 211면.

43 Alexandr R. Luria, *The Mind of a Mnemonist*(Cambridge, MA: Harvard University Press 1968).

44 Patrick H. Hutton, 'The Art of Memory Reconceived: From Rhetoric to Psychoanalysis', *Journal of the History of Ideas*, 48(Sept. 1987), 372면.

45 Michael Ignatieff, *Blood and Belonging: Journeys into the New Nationalism*(London: Vintage 1994); 같은 저자, *The Warrior's Honour: Ethnic War and the Modern Conscience*(London: Chatto & Windus 1998).

46 David Rohde, *Endgame: The Betrayal and Fall of Srebrenica, Europe's Worst Massacre since World War II*(New York: Farrar, Straus and Giroux 1998), 167면에서 재인용.

47 Amnesty International, 'Morocco: Tazmament: Official Silence and Impunity' (London: Amnesty International, Nov. 1992)를 참조.

48 'More Humility, Fewer Illusions: A Talk between Adam Michnik and Jürgen

Habermas', *New York Review of Books*, 24 Mar. 1994, 29면.

10장 지금 당장 시인하라

1 상세한 내용으로는 Patrick Cockburn, 'Campaign of Mutilation Terrorizes Iraqis', *Independent*, 13 Jan. 1995를 참조.

2 모든 직접 인용은 Linda Galloway, 'Domestic Worker Opens Madam's Eyes On Violence', *Cape Argus*, 14 Sept. 1991, 4면에서 따왔다.

3 나는 그녀의 이름과 정확한 배경은 바꾸었다.

4 상세한 내용은 Richard Dowden, 'A Glimmer of Hope Flickers in the Wake of the Carnage', *Independent*, 15 Feb. 1994에서 인용.

5 Alice Miller, *Breaking Down the Wall of Silence: The Liberating Experience of Facing Painful Truth*(New York: Meridian 1993).

6 Marcia P. Miceli and Janet P. Near, *Blowing the Whistle*(New York: Lexington Books 1992), 45면.

7 같은 책 133~35면.

8 Sisela Bok, *Secrets: On the Ethics of Concealment and Revelation*(New York: Vintage Books 1982), 211면.

9 Vaclav Havel, 'The Power of the Powerless', in *Open Letters: Selected Writings, 1965~1990*(New York: Vintage Books 1992), 특히 146~48면.

10 같은 책 147면.

11 Interview in *Signature*, Jan. 1992, 10면.

12 Bernie Glassman, *Bearing Witness: A Zen Master's Lesson in Making Peace*(New York: Bell Tower 1998). 이들의 주요 일정으로 이런 것들이 있었다. 아우슈비츠 박물관에서 숙박, 수용소에서 명상, 처형벽 앞에서 유대교 카디슈(송영誦詠) 기도 드리기, 철로변 걷기, '평화만들기 서약' 암송(예컨대 "나는 나 자신 그리고 다른 사람들을 치유할 것을 서약합니다." 또는 "나는 하나 되기를 서약합니다."), 그리고 수인들의 선별장 앞에서 죽어간 사람들의 이름(사망자 명부에서 따온)이 적힌 용지를 빨간 상자 안

에 넣기 등이었다.

13 Ervin Staub et al.(eds), *Development and Maintenance of Prosocial Behaviour: International Perspectives on Positive Morality*(New York: Plenum Press 1984)를 참조.

14 모든 직접 인용은 Mary McCarthy, Medina(London: Wildwood House 1973)에서 따왔다. 미라이 학살사건의 상세한 전모와 재판에 대해서는 Michael Billington and Kevin Sims, *Four Hours at My Lai*(Harmondsworth: Penguin 1993)를 참조.

15 McCarthy, *Medina*, 77면.

16 같은 책 78면.

17 Helen Fein, *Accounting for Genocide*(New York: Free Press 1979)를 참조.

18 유용한 요약을 위해서는 Raul Hilberg, *Perpetrators Victims Bystanders: The Jewish Catastrophe*, 1933~1945(New York: Harper Collins 1992), 75~86, 212~24면을 참조.

19 Philip Hallie, *Lest Innocent Blood be Shed: The Story of the Village of Le Chambon*(New York: Harper and Row 1979).

20 Samuel P. Oliner and Pearl M. Oliner, *The Altruistic Personality: Rescuers of Jews in Nazi Europe*(New York: Free Press, 1988); 같은 저자, 'Righteous People in the Holocaust', in Israel Charny(ed.), *Genocide: A Critical Bibliographical Review*, vol. 2(London: Mansell 1991), 363~85면. 올리너 부처는 유럽 점령지에서 유대인의 목숨을 구해주어 이스라엘의 야드바셈박물관에서 '이방인 의인들'로 추모되고 있는 406명을 조사했다.

21 Oliner and Oliner, *Altruistic Personality*, 186면.

22 같은 책 251면.

23 Eva Fogelman, *Conscience and Courage: Rescuers of Jews during the Holocaust*(New York: Doubleday 1994).

24 같은 책 xviii면.

25 같은 책 56면.

26 Kristen R. Monroe et al. 'Altruism and the Theory of Rational Action: Rescuers of Jews in Nazi Europe', *Ethics*, 101(1990), 103~22면. 바드와르는 이 경우 자기 이익과 보상이라는 합리적 선택 모델이 틀리다고 보지만, 이타적 행동도 구조자의 도덕적 가

치에 필수적이고 자아감에 맞게 살 수 있도록 해준다는 의미에서는 자기 이익에 부합한다고 할 수 있다고 주장한다. Neera Kapur Badhwar, 'Altruism versus Self-Interest: Sometimes a False Dichotomy', in Ellen Frankel Paul et al.(eds), *Altruism*(Cambridge: Cambridge University Press 1993), 90~117면.

27 Oliner and Oliner, *Altruistic Personality*, 216면.

28 Badhwar, 'Altruism versus Self-Interest', 98면.

29 같은 책 118면.

30 Dorothy Rabinowicz, *New Lives: Survivors of the Holocaust Living in America*(New York: Knopf 1977).

31 Erwin Staub, 'Transforming the Bystanders: Altruism, Caring and Social Responsibility', in Helen Fein(ed.), *Genocide Watch*(New Haven: Yale University Press 1992), 162~81면.

32 Petruska Clarkson, *The Bystander(An End to Innocence in Human Relationships?)*(London: Whurr Publications 1996), 108면.

33 E.g. *How to Make the World a Better Place; A Guide to Doing Good; The Campaigning Handbook, How Can I Help?* etc.

34 Angela Browne, 'The Victim's Experience: Pathways to Disclosure', *Psychotherapy*, 28/1(Spring 1991), 150~56면.

35 이 문제의 정리로는 Stephen J. Roth, 'Denial of the Holocaust as an Issue of Law', *Israel Yearbook of Human Rights*, 23(1993), 215~35면을 참조.

36 Priscilla Hayner, 'International Guidelines for the Creation and Operation of Truth Commissions', *Law and Contemporary Problems*, 59/4(Autumn 1996), 173면에서 비판적으로 인용됐다.

37 이 문제들의 종합적인 요약은 Michael A. Menlowe and Alexander McCall Smith, *The Duty to Rescue*(Aldershot: Dartmouth 1994)를 참조.

38 다이애너 왕비의 자동차 사고사 이후 프랑스판 구조법이 대중에 널리 알려졌다. 구조하지 않은 혐의 또는 구조를 지연시킨 혐의로 사진사, 언론인, 구경꾼들을 재판에 회부해야 한다는 논의가 많았다.

39 Bok, *Secrets*, ch. 5.

40 같은 책 68면.

41 Carlo Felice, 'On the Obligation to Keep Informed about Distant Atrocities', *Human Rights Quarterly*, 12(1990), 397~414면.

42 Cat Cox, *Chocolate Unwrapped: The Politics of Pleasure*(London: Women's Environmental Network 1993).

43 Jane Turner et al., Ethical Consumer Guide to Everyday Shopping(Manchester: ECRA Publishing 1996)을 참조. 이 지침서는 겉으로 무해한 듯한 브랜드와 그 제품의 모회사를 연결시켜 생각하게 한다. 예컨대 공주 얼굴이 그려진 콩요리가 미쓰비시 사의 플루토늄 공급, 사라와크 주 열대우림 파괴, 요격 미사일 판매 등과 연관이 있다는 식이다. 여기서 모든 이들이 약간씩 '부인'을 한다. 회사는 표준적인 공식 부인을 내놓고, 뭐가 뭔지 헷갈리고 게으르고 만사가 귀찮은 소비자는 이렇게 대꾸한다. "나 보고 어쩌라고, 콩요리 깡통을 살 때마다 그 지침서를 읽으란 말이야?"

44 1993년 여론조사 기관 NAP가 크리스천 에이드의 의뢰를 받아 실시한 조사에 의하면 83퍼센트의 응답자가 공정무역 상품을 환영했으며, 73퍼센트는 더 비싸더라도 공정무역 제품을 구입하겠다고 응답했다(다음에 인용됨. *Media Natura*, 'Cafe Direct Campaign', 1993).

45 캘리포니아 쌘타모니카에서 열린 세번째 연회에 관한 기사는 *Los Angeles Times*, 21 Nov. 1992를 참조.

46 Ronna Kabatznik, 'Hunger's Many Meanings', *Tikkun*, 7(July 1992), 28면.

47 같은 책 65면. 자기 손으로 직접 이타주의를 행한다는 본보기가 있다면 바로 이런 것이리라.

48 Hannah Arendt, *Eichmann in Jerusalem: A Report on the Banality of Evil*(New York: Penguin USA 1994; orig. edn, 1965), 233면; 원문은 이탤릭체.

49 Norman Geras, *The Contract of Mutual Indifference: Political Philosophy after the Holocaust*(London: Verso 1998), 57~60면.

50 Richard Flacks, *Making History: The Radical Tradition in American Life*(New York: Columbia University Press 1988).

51 Jose Zalaquett, 'Discussion', in Alex Boraine et al.(eds), *Dealing with the Past: Truth and Reconciliation in South Africa*(Cape Town: IDASA 1994), 105면.

11장 우리는 부인의 문화로 향하는가

1 Penguin edition(1969) of Sophocles, *King Oedipus*에서 모두 인용했다.

2 Michael Burleigh, *Death and Deliverance: 'Euthanasia' in Germany, 1940~1945*(Cambridge: Cambridge University Press 1994), 7면.

3 같은 책.

4 Hannah Arendt, 'Lying and Politics: Reflections on the Pentagon Papers', in *Crises of the Republic*(New York: Harcourt Brace 1972), 3~47면.

5 같은 책 36면.

6 Jean Baudrillard, 'La Guerre du Golfe n'a pas en lieue', *Liberation*, 29 Mar. 1991.

7 Jean Baudrillard, 'The Reality Gulf', *Guardian*, 11 Jan. 1991.

8 Christopher Norris, *Uncritical Theory: Postmodernism, Intellectuals and the Gulf War*(London: Lawrence and Wishart 1992).

9 같은 책 21면.

10 Pierre Vidal-Naquet, *Assassins of Memory*(New York: Columbia University Press 1992)를 참조.

11 Deborah Lipstadt, *Denying the Holocaust: The Growing Assault on Truth and Memory*(New York: Free Press 1994).

12 Terence Des Pres, 'On Governing Narratives: The Turkish-Armenian Case', *Yale Review*, 75(1986), 519면.

13 같은 책 521면.

14 이 부분은 Milton Rokeach, *The Three Christs of Ypsilanti*(New York: Columbia University Press 1981; orig. pub, 1964)의 훌륭하나 잊혀진 연구에서 따왔다.

15 Erich Kulka, 'Denial of the Holocaust', in I. W. Charny(ed.), *Genocide: A Critical Bibliographical Review*, vol. 2(London: Mansell 1991), 55면에서 재인용.

16 Mark Fritz, quoted by Susan D. Moeller, *Compassion Fatigue: How the Media Sell Disease, Famine, War and Death*(London: Routledge 1999), 297면.

17 Saul Friedlander, *Reflections of Nazism: An Essay of Kitsch and Death*(New York: Harper and Row 1984), 89~92면.

18 같은 책 91면.

19 Noam Chomsky, 'Writers and Intellectual Responsibility', in *Powers and Prospects: Reflections on Human Nature and the Social Order*(Boston: South End Press 1996), 55~69면. 나는 54, 55면의 두 개념 정의(원문 이탤릭체)를 여기서 종합했다.

20 같은 책 62면.

21 같은 책 60~61면.

22 통계는 유엔개발계획(UNDP)의 다음 보고서에서 따왔다. UNDP Human Development Report(New York: Oxford University Press 1998).

23 Michael Ignatieff, *The Warrior's Honour: Ethnic War and the Modern Conscience*(London: Chatto & Windus 1998).

24 같은 책 90면.

25 Frances Westley, 'Bob Geldof and Live Aid: The Affective Side of Global Social Innovation', *Human Relations*, 44(1991), 1011~36면.

26 이그나티에프의 『도덕적 개탄의 유혹』(*The Seductiveness of Moral Disgust*)은 1995년에 처음 출판되었다. 도덕적 관여와 사회적 고통의 지구화에 관한 낙관적 서사는 그 후의 비관론과 혼란에 비추어 약간 시기상조였다고 생각된다.

27 Zygmunt Bauman, *Postmodern Ethics*(Oxford: Blackwell 1993), 18면. "먼 곳의 윤리 그리고 먼 곳의 결과"에 대해서는 다음을 보라. Norman Geras, *The Contract of Mutual Indifference: Political Philosophy after the Holocaust*(London: Verso 1998).

28 Michael Ignateiff, *The Needs of Strangers*(London: Vintage 1994), 28면.

29 같은 책 29면. 말을 문자 그대로 사용하기 좋아하는 친구가 있을 것이다. 이런 친구는 이런 표현을 견디지 못한다. "배고파 죽을 것 같아" "배고파 죽을 지경이야" "이건 기아선상에 가깝군" "이 구두를 신는 건 완전 고문이네" 등.

30 Mary McCarthy, *Medina*(London: Wildwood House 1973), 43면.

31 David Morris, 'About Suffering: Voice, Genre and Moral Community', in Arthur Kleinman et al.(eds), *Social Suffering*(Berkeley: University of California Press 1997), 25~47면.

32 *Diane Arbus: An Aperture Monograph for The Museum of Modern Art*(New York: MoMA 1972).

33 Susan Sontag, 'Freak Show', *New York Review of Books*, 15 Nov. 1973, 13면(세편의 에쎄이 중 둘째 에쎄이는 나중에 다음 제목으로 출판되었다. *On Photography*). 아래의 모든 인용은 원래 에쎄이에서 따온 것이다.

34 Diane Arbus, 2면.

35 같은 책 3면.

36 Don McCullin, *Unreasonable Behaviour*(London: Vintage 1992), 123~24면.

37 John Berger, 'Photographs of Agony'(1972), 다음에 재수록되었다. *About Looking*(New York: Pantheon 1986), 38면.

38 같은 책.

39 같은 책.

스탠리 코언 Stanley Cohen

현재 런던정경대학(LSE) 사회학과 명예교수이다. 인권, 사회통제 및 일탈이론의 세계적 권위자이며, 인권사회학과 정치범죄학의 개척자 중 한 사람이다. 영국의 더램대학과 에씩스대학 교수, 예루살렘의 헤브루대학 교수 및 같은 대학 형사정책연구소 소장을 역임했다. 팔레스타인 주민 인권운동의 핵심 인물이었고, 제네바 소재 국제인권정책협의회의 설립을 주도했다. 저서로 『대중의 적과 도덕적 공황』(*Folk Devils and Moral Panics*) 『사회통제의 비전』(*Visions of Social Control*) 『범죄학의 거부』(*Against Criminology*) 등이 있다.

조효제 趙孝濟

성공회대학 사회과학부 겸 NGO대학원 교수이다. 저서로 『인권의 문법』 『인권의 풍경』 *Human Rights and Civic Activism in Korea*, 편서로 『NGO의 시대』, 역서로 『직접행동』 『전지구적 변환』 『세계인권사상사』 『머튼의 평화론』 등이 있다.

잔인한 국가, 외면하는 대중
왜 국가와 사회는 인권침해를 부인하는가

초판 1쇄 발행 2009년 6월 1일
초판 5쇄 발행 2021년 6월 3일

지은이 스탠리 코언
옮긴이 조효제
펴낸이 강일우
책임편집 김도민 박기효
펴낸곳 (주)창비
등록 1986년 8월 5일 제85호
주소 10881 경기도 파주시 회동길 184
전화 031-955-3333
팩시밀리 영업 031-955-3399 편집 031-955-3400
홈페이지 www.changbi.com
전자우편 human@changbi.com